BIBLIOTHÈQUE INTERNATIONALE D'ÉCONOMIE POLITIQUE
Publiée sous la direction de Alfred Bonnet

TRAITÉ

7618

DE

POLITIQUE COMMERCIALE

PAR

L. FONTANA-RUSSO

Professeur de Politique commerciale
à l'Institut supérieur d'Etudes commerciales et coloniales de Rome
Ex-professeur à l'Université de Rome

TRADUIT DE L'ÉDITION ITALIENNE REMANIÉE PAR

Félix POLI

PARIS (5e)

V. GIARD & E. BRIÈRE

LIBRAIRES-ÉDITEURS

16, RUE SOUFFLOT ET 12 RUE TOULLIER

1908

TRAITÉ

DE

POLITIQUE COMMERCIALE

BIBLIOTHÈQUE INTERNATIONALE D'ÉCONOMIE POLITIQUE
Publiée sous la direction de Alfred Bonnet

TRAITÉ

DE

POLITIQUE COMMERCIALE

PAR

L. FONTANA-RUSSO

Professeur de Politique commerciale
à l'Institut supérieur d'Etudes commerciales et coloniales de Rome
Ex-professeur à l'Université de Rome

TRADUIT DE L'ÉDITION ITALIENNE REMANIÉE PAR

Félix POLI

PARIS (5ᵉ)
V. GIARD & E. BRIÈRE
LIBRAIRES-ÉDITEURS
16, RUE SOUFFLOT ET 12, RUE TOULLIER

1908

PRÉFACE

———

J'ai écrit ce livre avec le désir de combler, dans une mesure si modeste soit-elle, une lacune de la littérature économique.

La politique commerciale, dont la force fécondatrice est au service de tous les États et à laquelle se rattachent des problèmes économiques du plus haut intérêt, n'a jamais fait l'objet d'une étude complète qui en examine les fins, les limites et les facteurs déterminants. Les problèmes qu'elle soulève sont discutés partout — en Europe et hors d'Europe — avec une ardeur très grande, peut-être excessive, et cependant ceux qu'ils intéressent n'ont pas toujours les moyens de se reconnaître au cours d'un débat aussi âpre. Les savants eux-mêmes n'ont pas su, le plus souvent, se dégager des préjugés empiriques ou doctrinaires et ils ont abouti à de lourdes erreurs. On a négligé d'approfondir les phénomènes pour en découvrir les conséquences dernières ; et l'on ne s'est pas toujours placé à un point de vue assez élevé, qui permit d'apercevoir leur ensemble, d'en découvrir les lois et les rapports de réciprocité. La politique commerciale, qui actionne une infinité de forces et agit par elles sur la production et sur la répartition des richesses, méritait l'étude la plus consciencieuse et la plus approfondie.

La littérature de chaque pays possède de nombreuses monographies historiques concernant la politique commerciale. Si ces monographies ont le mérite d'éclairer quelques côtés du problème, elles ont le tort de ne pas mettre en évidence les lois *qui se manifestent partout où se retrouve la même situation économique.*

La littérature allemande, plus riche que les autres à cet égard, justifie aussi cette critique. Les remarquables ouvrages de ELFFERICH *et de* GRUNZELL (Handelspolitik, Leipzig, 1901), *celui de* MAX SHIPPEL (Grundzüge der Handelspolitik zur Orientirung in den Wirschaftlichen Kämpfen, Dr. John Edelheim, Berlin-Bern, 1902), *celui encore de* VAN DER BORGHT (Handel und Handelspolitik) *diffèrent peu du livre très connu de* COGNETTI-DE MARTIIS *sur les* Due sistemi di politica commerciale ; *et ils se bornent à l'exposition des méthodes déjà connues. Les* Schriften der Centralstelle für Vorbereitung von Handelsverträgen, *qui contiennent cependant des monographies très intéressantes, ne s'écartent pas non plus de cette façon de faire. Et il en est partout ainsi, en Allemagne comme en Italie, en France comme en Angleterre, comme aux Etats-Unis, etc.*

J'ai voulu, avant de développer la théorie et la technique de la politique commerciale, exposer la théorie du commerce international. Cela était indispensable pour faciliter la lecture des deux dernières parties de ce livre à ceux qui ne possèdent pas toute la science économique nécessaire. C'était encore utile parce que la théorie du commerce international est à la base des lois du libre-échange.

Dans la seconde partie je n'ai pas trop insisté sur les phénomènes les plus connus dont je me suis borné à faire un examen rapide. Pour les raisons opposées, j'ai traité longuement les questions relatives aux différents facteurs de la politique commerciale et à ses rapports avec la population, avec la répartition des richesses et avec la politique coloniale.

Quant à la dernière partie, j'appelle l'indulgente attention du lecteur sur le chapitre qui traite de la mesure des droits de douane ; *cette question a été négligée par tous les auteurs et aucun Gouvernement n'en a tenu compte dans la règlementation du protectionnisme. L'incidence des droits de douane — autre question plus que jamais controversée — a également été l'objet d'un long développement en raison des nombreuses et déplorables erreurs auxquelles elle a donné lieu.*

Je crois avoir fait de cet ouvrage un tout organique puisque j'y ai traité toutes les questions liées par un rapport étroit d'interdépendance.

Je veux encore, dans cette courte préface, adresser de très vifs remerciements à MM. NAPOLEONE COLAJANNI, FRANCESCO NITTI et AUGUSTO GRAZIANI, professeurs à l'Université de Naples, qui ont bien voulu ne pas me refuser leurs conseils. Je dois des remerciements tout particuliers au colonel E. BARONE, l'un des esprits les plus érudits dont s'honore l'Italie, qui accepta de discuter avec moi plusieurs parties de ce livre.

Je ne sais si j'ai atteint le but que je m'étais fixé. Je crois toutefois n'avoir rien négligé pour cela.

Que le lecteur lise cet ouvrage sans parti-pris, car son auteur s'est efforcé de rester dans le domaine purement objectif, même à propos des questions les plus controversées et les plus âprement débattues.

L'AUTEUR.

Rome, septembre 1906.

NOTE DU TRADUCTEUR

La traduction du livre de M. Fontana-Russo nous a paru ne pas se prêter à une recherche littéraire, d'ailleurs sans objet, dont l'inconvénient eût été d'exiger parfois qu'il ne fût pas tenu un compte exact de la pensée de l'auteur.

Nous avons préféré, dans un ouvrage scientifique où sont exposées des questions complexes et délicates, suivre cette pensée très fidèlement. C'est pourquoi nous avons serré le texte de très près et même conservé, lorsque c'était possible, la construction italienne, bien que l'élégance du style se fût mieux accommodée d'une autre.

FÉLIX POLI.

TRAITÉ DE POLITIQUE COMMERCIALE

LIVRE PREMIER

Le Commerce international

CHAPITRE PREMIER

ORIGINE ET NATURE DU COMMERCE INTERNATIONAL

1. Le commerce. — 2. Causes physiques, ethniques et sociales donnant naissance au Commerce. — 3. Le Commerce dans les conflits contemporains de peuple à peuple. — 4. Marchandises et marchés. — 5. Le commerce international et ses caractères. — 6. Le commerce et les transports.

1. Le Commerce. — Le commerce est le grand moteur de l'activité humaine, car il est le canal par lequel la richesse circule entre les couches de la vie économique, imprimant à celle-ci un mouvement d'autant plus rapide que l'échange est plus facile. Le commerce, en tant qu'agent de circulation, stimule également la production sur laquelle il agit d'une façon efficace et permanente. C'est le commerce qui permet aux petites forces productrices de travailler pour un cercle de consommateurs toujours plus étendu, et qui les développe au point d'en faire les grandes énergies de l'économie mondiale.

A la base de l'échange il y a une raison exclusivement utilitaire.

Fontana-Russo.

1

Les individus ont des besoins très différents, et les choses ont des utilités très diverses, ou pour mieux dire, présentent des prédispositions différentes à la satisfaction des besoins. Mais l'échange, bien qu'il résulte de l'utilité des choses et aussi des besoins, et bien qu'il soit toujours inspiré par des raisons utilitaires, revêt des caractères très variés et donne lieu à des manifestations opposées. Tantôt il semble développer la solidarité humaine, il resserre entre ses innombrables mailles les enfants d'une même race, il met en contact leurs diverses productions et il les enrichit. Aucune cause d'antagonisme économique ne semble vouloir les diviser ; seule la nécessité de combler mutuellement les lacunes respectives de leur capacité productive paraît animer les citoyens d'un même pays. Tantôt, au contraire, le commerce semble poussé par une volonté invincible de domination et, fort de juvéniles énergies, il abat les organismes débiles qui s'opposent à son ardeur conquérante et sème sa route de ruines fumantes. On pouvait croire que la constitution politique des peuples, l'émulation des races et les jalousies économiques avaient suffi à fractionner le marché mondial ; mais celui-ci, au contraire, en dépit d'une répartition artificielle, se présente souvent comme un tout indivisible ; comme si la nature, par sa puissance et ses ressources, voulait rendre vains les efforts particularistes des hommes, leurs rivalités ineptes et leurs néfastes conflits. Toute cette floraison de barrières protectionnistes n'empêche pas les Continents et les Etats de multiplier leurs échanges et de relier, par de nouvelles et généreuses artères, des marchés que la nature elle-même essaya vainement de séparer par des océans, et que les hommes tentèrent inutilement de morceler avec les *douanes*. Au-dessus du particularisme, qui fleurit sur les antagonismes de la politique et des races, s'étend souventes fois la solidarité économique. Elle fait que les productions d'outre-mer arrivent à point pour conjurer les disettes, autrefois impossibles à combattre. Grâce à elle, les matières exotiques alimentent l'activité de nos fabriques, ranimant ainsi la production manufacturière, provoquant une meilleure rémunération du travail, un plus large profit pour le capital. Les courants commerciaux contemporains subissent peu l'influence des tarifs protecteurs contre lesquels ils réagissent, et franchissent victorieusement les barrières artificielles que le protectionisme veut leur opposer.

Mais une telle complexité de phénomènes et une telle abondance d'avantages ne sont possibles que grâce à la durable et toujours jeune énergie du commerce.

Cette énergie, si parfois elle écarte et abandonne des productions séculaires pour leur en substituer d'autres jadis inconnues, ne fait autre chose en résumé, qu'augmenter de plus en plus l'utilité des richesses en les rendant plus accessibles aux peuples. Du reste, presque tous les progrès se conquièrent au cours de crises douloureuses, et le commerce qui, étant la concurrence, représente dans l'ordre économique ce qu'est la lutte pour l'existence dans l'ordre biologique, bien qu'il soit presque toujours une cause de hardiesse et de vie, a parfois pour résultat l'abandon et la mort. Il est une cause de féconde vitalité lorsque, par la création de nouveaux marchés, il pousse vers ceux-ci les capitaux disponibles et le trop-plein de la population d'autres pays, et qu'il s'enrichit à son tour du fruit de ces nouveaux emplois.

Mais, même lorsqu'il accroit l'émulation des peuples dans le domaine de la production, il les oblige à fraterniser dans le domaine intellectuel. C'est, en effet, le commerce qui les rapproche en facilitant l'échange des idées nouvelles qu'il fait entrer dans le patrimoine des biens universels, alors qu'elles seraient restées circonscrites dans les cercles restreints où elles se firent jour, sans applications cosmopolites et sans fécondes innovations.

Le commerce augmente sa propre puissance en même temps que s'accroît la division du travail, que se perfectionnent les transports, que se spécialisent les activités économiques. Dans l'économie capitaliste, chaque producteur cherche à produire par grandes quantités une seule spécialité de marchandise, laquelle, ayant pour lui une valeur d'usage restreinte, mais une valeur d'échange considérable, confère une force nouvelle au commerce moderne qui, grâce aux moyens puissants dont il dispose, facilite précisement la circulation des marchandises multipliées à l'infini par la division du travail. Donc, si d'une part, le commerce est activé par la division du travail, il est de l'autre un agent de cette division : ce sont là des facteurs interdépendants.

La force du commerce est proportionnelle à la quantité des marchandises produites. Mais le commerce agit sur la richesse non seulement parce qu'il facilite l'augmentation de la production des marchandises, mais encore parce qu'il en augmente l'utilité, précisément en mieux distribuant les produits dans le temps et l'espace.

Herbert Spencer parle d'organes régulateurs, producteurs et répartiteurs. Le commerce est en même temps répartiteur de biens, puisqu'il les distribue dans l'espace et selon les besoins ; il en est le régulateur, puisqu'il indique aux producteurs l'exubérance ou la pénurie des biens, leur conseillant ainsi de ralentir ou d'accélérer la production ; il est finalement producteur, puisqu'il augmente l'utilité de ces biens. Grâce à lui les organes de la vie économique et les membres de la société se trouvent et se maintiennent dans un rapport d'interdépendance toujours plus étroit. En effet, selon Schmoller (1), le commerce met l'agriculture et l'industrie dans un juste rapport vis-à-vis l'une de l'autre et fait en sorte qu'elles coopèrent sans secousses.

Quant aux personnes, le commerce provoque le contact de celles qui sont susceptibles de s'adapter au travail spécialisé et au travail d'organisation, en les faisant entrer dans un système de coordination sociale et de solidarité morale.

C'est un préjugé vulgaire de croire que dans le commerce, le profit des uns se constitue au détriment des autres ; presque toujours, au contraire, le commerce est avantageux pour les deux contractants et augmente leur richesse.

(1) G. SCHMOLLER, *Principes d'économie politique*, Paris, Giard et Brière, 1905-1908.

2. Causes physiques, ethniques et sociales du commerce.
— Au développement du commerce prennent part des causes
physiques, ethniques et sociales. Les premières dépendent du
milieu physique, c'est-à-dire de la situation géographique, des
ressources minières, de la fécondité de la terre, du climat, des
voies fluviales de communication, et en somme de tout ce dont
la nature est plus ou moins prodigue.

Parmi les causes ethniques figurent le génie des habitants,
leur aptitude à agir sur le monde extérieur et à tirer profit
des ressources naturelles, l'initiative, l'épargne, la force de travail, etc. Les causes sociales dérivent de l'organisation économique et politique, c'est-à-dire des moyens employés par la
collectivité pour son organisation et pour la poursuite de fins
élevées, communes à tous les citoyens.

A ces trois causes la Hollande a dû sa prospérité commerciale. La lutte engagée pour vaincre une malheureuse situation
topographique a poussé les habitants à la conquête de la mer,
cette éternelle envahisseuse de leurs terres. Leur lutte séculaire
contre les eaux leur donna la suprématie sur les mers voisines,
et cette suprématie s'étendit par la suite aux grandes voies océa-
niques. De nouveaux marchés s'ouvrirent à l'initiative hollandaise, qui devint l'intermédiaire et qui tira des colonies naissantes des trésors de vie économique. A mesure que progres-
saient et se consolidaient les conquêtes, l'organisation de la vie
sociale s'améliorait et ce n'était pas sans contribuer considérablement à l'augmentation de la prospérité du pays.

L'Angleterre doit aux mêmes causes l'épanouissement de son
commerce. Les richesses physiques furent plus grandes et par
suite fut plus grande et plus durable sa prospérité commerciale.
Située sur les grandes voies commerciales ouvertes par la
Hollande, elle en enleva la domination à cette dernière. Riche de
forces restées jusqu'alors inactives, elle put s'en servir quand les
perfectionnements techniques et les grandes découvertes ouvrirent de nouveaux champs à la production et de nouveaux
emplois aux capitaux accumulés dans l'exercice des échanges.

Mais l'Angleterre ne fut pas seulement l'intermédiaire des grands commerces ; elle devint bientôt un atelier cosmopolite, et elle pourvoit actuellement à la consommation d'une partie du monde. Cette puissante énergie de production contribue considérablement à sa puissance commerciale.

La Hollande aurait décliné même sans ses guerres avec la Grande-Bretagne, car il n'est pas possible, actuellement, de devenir un pays doué d'une activité commerciale intense sans disposer en même temps d'une abondante production cosmopolite. Au temps passé, il était possible de concevoir un peuple commerçant et non producteur ; il n'en est plus de même aujourd'hui.

Etant donnée la nouvelle organisation de la grande industrie et ses visées ambitieuses, il était naturel que le pays le plus manufacturier conquît la suprématie commerciale. L'industrie britannique précéda de deux générations l'industrie continentale ; cette suprématie manufacturière renforça rapidement la suprématie commerciale et toutes deux se consolidèrent de telle sorte qu'elles purent résister victorieusement aux coups de la concurrence la plus acharnée.

Le Portugal, de même que la Hollande, participe aujourd'hui d'une façon bien restreinte au commerce mondial. Sa situation, en face de l'Atlantique, l'ouvre aux voies interocéaniques, et cependant son commerce languit ; parce que, maintenant comme jadis, il manque de toute énergie productrice ; parce que, contrairement à ce qui avait lieu autrefois, l'épanouissement du commerce n'est pas possible sans une grande puissance de production.

D'autres pays, au contraire, situés dans des conditions géographiques malheureuses, participent chaque jour davantage aux échanges internationaux, uniquement parce qu'ils sont susceptibles de fournir une production abondante.

C'est le cas de l'Allemagne. Située au cœur de l'Europe, avec un littoral très peu étendu, et de rares débouchés sur mer, elle a pu prendre rang, dans les dernières années, parmi les pays commerciaux.

Pendant une période de sage recueillement, elle a employé les dons puissants de sa race à assujettir, en le transformant, son milieu physique. Mais quand la nature fut soumise à la volonté de fer des Allemands, l'expansion vers les marchés étrangers se manifesta irrésistiblement. De nouvelles formes d'échanges avec d'autres pays se dessinèrent au point de donner à l'activité germanique un caractère commercial très accusé et qui promet de devenir prédominant. Ainsi, la marine allemande est admirable dans ses audaces. Dans plusieurs branches du commerce particulièrement, elle dispute la suprématie aux autres flottes marchandes et dans plusieurs cas ses progrès ont dépassé en rapidité ceux même de la marine britannique (1).

Sur les nouveaux marchés, ouverts depuis peu à l'initiative européenne, la supériorité maritime de l'Angleterre n'apparaît plus comme invulnérable. Il est vrai que la participation de la marine anglaise au commerce par mer avec la Chine augmente, mais l'augmentation correspondante de la participation allemande et de la participation américaine est encore plus rapide. En attendant, le port de Hambourg dispute aux plus grands ports anglais la centralisation du grand commerce de transit ; et les banques allemandes, transplantées partout, aident à l'activité marchande de leurs nationaux disséminés par le monde.

Le même fait se reproduira pour l'Union Nord Américaine, quand tout le milieu physique sera soumis à la volonté de l'homme. Alors les citoyens de l'Union ne seront pas seulement des producteurs, mais s'adonneront encore au commerce de leurs marchandises ; alors ils gagneront sur le champ de bataille commercial les mêmes lauriers qu'ils recueillent incontestablement dans le domaine de la production.

Donc, de nos jours, la situation géographique n'est pas, parmi les avantages physiques, une condition essentielle de la vitalité du commerce. C'est elle, certainement, qui contribue à

_____

(1) Depuis 1890, deux pavillons ont changé leur participation au trafic du canal de Suez : le pavillon anglais a diminué la sienne, le pavillon allemand l'a augmentée.

pousser la Grande-Bretagne dans la glorieuse voie commerciale ;
mais peut-être ce noble pays n'eût-il pas atteint un tel degré de
prospérité commerciale, si, à une situation géographique favorable, n'était venu s'ajouter une grande abondance de ressources naturelles. Ces ressources ont d'ailleurs suffi à assurer
le succès même lorsque faisait défaut la possession d'un point
précieux de la stratégie commerciale.

Il est désormais très difficile qu'un milieu physique, riche en
avantages naturels, puisse rester longtemps à la disposition d'une
race impuissante à le dominer. Il est fatal que de telles races,
que leur immobilité même désigne comme inférieures, soient assujetties ou dispersées par celles dont le génie est prompt, l'initiative ardente et l'action énergique. Avant que la race blanche
ne soit transplantée sur le continent américain, il y eut d'autres
peuples, qui vécurent en parasites au milieu de tant de splen-
dides ressources économiques ; mais ces peuples furent rapidement vaincus et dispersés, cependant que le milieu physique,
resté pendant si longtemps intact, se pliait docilement à la volonté de ses nouveaux maîtres. Le même fait se produit aujour-
d'hui pour l'Afrique, les Indes, l'Australie, et il en a toujours
été de même pendant l'évolution historique, pour tous les
pays.

Il n'est pas possible, dans le monde économique, que l'association des richesses physiques au génie ethnique puisse être
circonscrite dans le seul domaine de la production. Bientôt la
production donne naissance au besoin de l'échange international ; et le commerce, à la façon d'une raffale régénératrice,
avive l'œuvre féconde qui met une masse croissante de richesses
à la disposition du marché mondial.

Si le champ d'activité qu'offre un pays au travail et au capital dépend des ressources naturelles et de l'organisation sociale
et industrielle, il n'en est pas moins vrai qu'il dépend aussi de la
facilité de renvoyer à l'extérieur les marchandises produites que
le pays en question se trouve dans l'impossibilité de consommer. De nos jours, par exemple, la principale cause de prospé-

rité pour les jeunes pays d'Amérique et d'Australie réside dans le vieux continent. La production croissante des pays d'outre-mer a été possible dans la mesure où elle pouvait approvisionner les marchés européens. L'échange agissait donc d'une part sur la production ; mais en revanche, il recevait de celle-ci une énergie nouvelle et toujours plus grande. L'échange, dans les pays anciens plus développés, donnait libre cours à la loi des revenus industriels croissants, tandis qu'il limitait les effets de la loi des revenus agricoles décroissants.

Il faisait de telle sorte, en somme, qu'une incalculable abondance de gains jaillissait de la production, que seul l'échange rendait possible ou que, tout au moins, seul il pouvait intensifier et élargir (1).

3. Le commerce et les conflits contemporains de peuple à peuple. — Les causes des guerres futures seront des causes commerciales. L'histoire nous rappelle de nombreux exemples de luttes provoquées par des motifs de cette nature. Les conflits fratricides qui éclatèrent entre les républiques italiennes du Moyen Age, n'eurent d'autre but que la conquête des marchés levantins. La guerre pour la succession d'Espagne fut entamée pour la défense des intérêts des marchands hollandais et anglais. La guerre poursuivie pendant si longtemps et avec tant d'acharnement entre la France et l'Angleterre eut pour principal objet la possession des meilleures colonies et la suprématie sur le marché mondial. Dans des temps plus rapprochés de

(1) Quand les pays jeunes commencèrent à produire les denrées alimentaires et à les échanger avec les produits manufacturés européens, les valeurs internationales étaient complétement favorables aux pays d'Europe industriellement plus développés. Le taux de l'échange était tel, que l'on obtenait une quantité considérable de denrées agricoles contre une quantité minime de produits manufacturés.

En même temps, la facilité pour les pays anciens, de s'approvisionner de produits agricoles exotiques leur donnait la faculté de restreindre la culture à celle des denrées pour lesquelles la loi des revenus décroissants avait une moins grande influence. Donc, de tels pays non seulement augmentaient leurs bénéfices présents mais encore éloignaient et diminuaient un péril futur très grave.

nous, nous trouvons le conflit anglo-chinois de 1842, provoqué par le besoin d'expansion commerciale dont souffrait la Grande-Bretagne. Et toutes les guerres entreprises par l'Angleterre dans le courant du xix° siècle furent de cette nature, jusque et y compris la conquête du Transvaal et de l'Orange.

Après les guerres d'indépendance et le groupement des peuples par nationalité, il semble que les futurs conflits entre les Etats ne peuvent plus avoir d'autre origine que les mobiles économiques. La France a presque oublié les tragiques péripéties de 1870 : l'idée de la Revanche décline, cependant que s'amplifient et s'aigrissent les antagonismes avec l'Angleterre, antagonismes qui naissent uniquement du commerce colonial. Les faits économiques ont parlé plus haut que le ressentiment et la France, en maintes occasions, depuis 1870, a été plus proche d'un conflit armé avec la Grande-Bretagne qu'avec son ennemie détestée de l'Est. La raison de cette discorde ne résidait pas dans le désir de reconstitution intégrale du territoire de la République, mais dans la volonté d'accaparer les meilleurs points stratégiques du commerce mondial et la question de Faschoda en a été l'épisode principal.

A l'heure actuelle le péril d'une guerre européenne réside en Extrême Orient et la cause d'un conflit aussi épouvantable serait, encore une fois, de nature commerciale.

La politique suivie par les plus grandes nations rivales se ressent, dans ces lointains pays, de la constitution économique des métropoles. L'Angleterre, riche de capitaux et d'initiatives, d'espérances et d'audaces commerciales, préconise la politique du commerce libre, sans conquêtes territoriales et par conséquent en dehors de toute intervention armée. La Russie, au contraire, dont les capitaux sont rares et qui ne jouit pas des ressources économiques de son formidable adversaire, pratique une politique de rapacité violente. La conquête territoriale est à la base de son action, et cette action s'adapte mieux à ce système qui lui permet de développer selon ses forces, c'est-à-dire avec la plus grande lenteur, son programme économique commercial. Avec le système opposé, les avantages iraient tous à la Grande-Bretagne, qui est plus forte et, par conséquent, plus prompte à conquérir les marchés complètement ouverts à l'activité européenne pacifique.

Le Japon, de son côté, indépendamment de la valeur stratégique militaire de la péninsule coréenne, s'oppose énergiquement à la conquête de cette terre par la Russie, et cela précisément parce que la Corée est un précieux marché de consommation pour la production manufacturière de l'Empire japonais.

Par conséquent, une raison commerciale importante concourra à précipiter les événements dans ces lointaines régions.

A cette nécessité inexorable les pays plus jeunes ne peuvent pas non plus se soustraire. La guerre de Cuba fut motivée par des considérations commerciales et, comme c'était naturel, le plus imparfait et le plus faible des deux organismes économiques en conflit dut succomber dans la lutte.

La guerre a perdu désormais une grande partie de l'idéalisme qui s'y attachait. C'est le capital, cet inexorable agent de la richesse, qui la fait éclater pour en retirer des conquêtes, sources généreuses des profits les plus élevés (1).

4. Marchandise et marché. — En parlant de l'échange il sera bon d'établir ce que l'on entend par *marchandise*, et à propos de commerce international, il conviendra de définir ce que l'on entend par *marché*.

La *marchandise* est un bien échangeable dont l'utilité s'accroît par l'échange contre d'autres biens de valeur équivalente. Les

_____

(1) La conférence d'Algésiras n'a été qu'un épisode de ces contestations commerciales, qui deviennent chaque jour plus âpres parce que chaque jour augmente le besoin de trouver de nouveaux débouchés. L'œuvre de la diplomatie évita le péril d'une lutte sanglante. Mais les frottements augmentent à mesure que s'étend l'expansion de chaque pays ; et les attitudes pacifiques dans de tels conflits deviennent de plus en plus difficiles.

biens perdent le caractère de marchandise au moment où, n'étant plus l'objet d'un échange, ils sont consommés.

Il n'y a pas de marchandises dans l'économie primitive, lorsque l'homme produit les biens pour son usage propre. Mais la marchandise apparaît lorsque la production dépasse la consommation individuelle et que le troc se constitue ; les marchandises se multiplient lorsque la production envisage l'échange comme le but principal. La grande industrie moderne, avec son énorme production, écoule une quantité croissante de marchandises ; et le producteur agricole lui-même crée des marchandises lorsque, après s'être pourvu des biens nécessaires à son entretien, il échange l'excédent inutilisé contre d'autres biens. Sont donc des marchandises tous les biens qui forment l'objet de l'échange international.

On appelle communément *marché* le lieu où les marchandises s'échangent. Certains économistes, au contraire, désignent par ce mot la région dans laquelle les consommateurs et les vendeurs ont entre eux des rapports libres, en sorte que les prix des mêmes marchandises atteignent à peu près le même niveau. Evidemment dans cette définition est sous-entendue une délimitation territoriale, car les marchandises atteignent rapidement des prix uniformes là où les communications sont faciles, les mœurs semblables, les lois identiques ainsi que les conditions monétaires, en somme, là où de graves obstacles ne s'opposent pas à la circulation des marchandises, et, par conséquent, à leur distribution en raison des besoins, distribution qui par la suite conduira naturellement à l'équilibre des prix.

Mais ces conditions s'obtiennent à l'intérieur de chaque nation et il en résulte que le marché, entendu dans ce sens, correspond parfaitement au mot : Etat.

Désormais en parlant de politique commerciale, nous supposerons que les échanges internationaux se font entre les Etats et non entre les marchés. On appelle Etat, en effet, un pays ayant une constitution politique propre, et dans lequel les marchandises s'importent, presque toujours, en leur faisant franchir des obstacles artificiels appelés « douanes », sauf à circuler ensuite librement dans l'intérieur du pays. Parfois l'exportation elle-même des marchandises n'est pas libre, parce que les douanes, non contentes de faire obstacle à leur entrée, font encore obstacle à leur sortie. Quant aux prix, leur nivellement et leur stabilité par rapport à l'extérieur s'obtiennent moins promptement et avec une approximation plus lente, car les obstacles que cette tendance à l'équilibre devra surmonter sont plus grands encore.

Par *marché*, au contraire, nous désignerons les conditions réciproques de l'offre et de la demande d'une marchandise dans tous les États, sans délimitations territoriales.

Ainsi le marché du coton, des laines, du fer et de toutes les marchandises qui satisfont des besoins d'ordre universel, comprendra les conditions auxquelles ces marchandises peuvent s'acquérir et se vendre dans tous les États. Et l'on aura de même un marché financier qui comprendra la cote de tous les titre de bourse, et un marché de l'or qui embrassera toutes les demandes et toutes les offres de ce métal.

Donc, le marché au sens économique comprend une marchandise unique, mais s'étend à tous les États, tandis que le marché pris dans le sens vulgaire devrait comprendre toutes les marchandises intéressant un État unique. Mais le marché tel que nous le concevons est limité dans le temps, sinon dans l'espace. En effet, les rapports entre l'offre et la demande doivent être basés sur des conditions d'achat et de vente à la même date.

Certes, cette simultanéité doit être comprise dans un sens assez large, car si le marché d'une marchandise donnée est très vaste, les oscillations que peut présenter sa valeur sont parfois lentes et demandent un délai plus grand pour se manifester librement.

5. Le commerce international et ses caractères. — Quant au rôle du commerce international nous pouvons dire :

1° Qu'il consiste à approvisionner chaque marché des marchandises que des obstacles naturels invincibles l'empêchent de produire, ou que, par suite de causes accidentelles, il ne produit pas en quantité suffisante pour sa propre consommation ;

2° Qu'il facilite la division mondiale du travail, en réduisant le coût de production des marchandises et en se chargeant de leur distribution internationale ;

3° Qu'il active la concurrence, en empêchant jusqu'à un certain point la formation de *trusts* et les oscillations trop rapides des prix ;

4° Qu'il facilite l'exportation de la main-d'œuvre et des capitaux.

Dans chaque pays le commerce intérieur, est certainement plus important que le commerce international, quant à la quantité totale de produits échangés. Mais si nous considérons la qualité des services rendus par ce dernier, nous sommes forcés de reconnaître que son œuvre est aussi utile que celle du commerce intérieur.

Le commerce extérieur, au point de vue de son utilité immédiate, ne diffère pas sensiblement du commerce intérieur.

Celui-ci a pour but : 1° de mettre en équilibre la distribution territoriale des produits ; 2° de niveler les prix, en leur donnant une plus grande stabilité et en rendant les crises moins faciles ; 3° de faciliter la production et la consommation en les mettant plus directement en contact ; 4° d'accroître la richesse nationale.

Comme l'on voit, les deux premiers objets du commerce intérieur sont basés sur la concurrence ; c'est celle-ci, en effet, qui déplace les marchandises, les enlevant aux lieux où elles abondent pour les déverser là où la pénurie s'en fait sentir. C'est elle qui agit, ce faisant, sur l'offre et la demande, et détermine le nivellement et la stabilité des prix.

Le commerce, même restreint à un État unique, est fait de concurrence et c'est un facteur de progrès économique, car c'est le stimulant qui transforme la production, abaisse les prix, intensifie la consommation.

Or, le commerce extérieur, sans s'écarter du rôle du commerce intérieur, a des manifestations telles, qu'en certaines circonstances il se trouve être plus utile encore et pour ainsi dire indispensable.

A l'intérieur d'un pays, la division du travail ne pourra jamais acquérir l'importance qu'elle présente sur le marché mondial. Il est difficile, en effet, de trouver un pays, qui, de même que les Etats-Unis d'Amérique, dispose de belles étendues de terre, d'autant de variété de climats, et de richesses aussi diverses, au point de pouvoir tenter toutes les productions et de réussir dans toutes. Au contraire, dans la majorité des cas, les limites du pays sont étroites, et cette exiguité est aggravée par une conformité du climat et du sol qui s'oppose à une grande variété dans la production agricole.

Les aptitudes au travail de fabrique elles-mêmes ne sont pas de nature à conduire à des productions trop différentes les unes des autres. Dans ces conditions, dans les diverses régions d'un pays fermé à la concurrence extérieure, la rareté ou la pléthore des marchandises dues à l'activité nationale ne pourraient jamais constituer un péril sérieux ; car ces marchandises étant presque partout également produites en vue de besoins bien déterminés, l'équilibre s'établirait sans efforts considérables.

Ainsi en Italie, la vigne vient partout, de sorte que lorsque la production est insuffisante dans le Piémont et abondante en Sicile, il ne sera ni bien difficile, ni trop onéreux d'envoyer dans le Nord le vin produit dans le Sud. Il n'en est pas de même pour les marchandises qui, en raison de conditions climatériques et telluriques sont produites seulement par certains pays, même étant largement consommées dans d'autres.

Le café du Brésil, le jute des Indes, les cotons des Etats-Unis, produits presque exclusivement par ces pays, ou par les quelques Etats situés dans les mêmes conditions naturelles, doivent vaincre une difficulté plus grande pour équilibrer les besoins qui se manifestent sur le marché européen. Ce n'est pas tout : parfois les centres de production sont trop différents et trop éloignés les uns des autres. Souvent les mêmes marchan dises, suivant leur provenance, sont soumises à des régimes douaniers différents par les pays qui les importent; de sorte que la diversité des conditions d'achat rend plus difficile le rôle du commerce international par rapport au commerce intérieur. Donc il est exact, que le commerce intérieur, comme l'autre, conduise à une distribution meilleure des produits, mais sa fonction est rendue moins aisée par la distance des centres de production et de consommation, par les variations qui se présentent fréquemment dans le prix des transports, par la connaissance inexacte de chaque pays, par la diversité des conditions artificielles inhérentes aux régimes douaniers, etc.

Le commerce international, avec ses statistiques, reproduit rapidement et avec une exactitude relative, la physionomie économique de chaque État. Cela présente une importance particulière, car tous les pays ne sont pas pourvus de bonnes statistiques économiques, suffisantes pour donner une conception exacte de la production indigène dans toutes ses manifestations.

Chaque État importe de l'extérieur ce qui lui manque et lui est nécessaire, et, en général, toutes les marchandises pour lesquelles l'approvisionnement indirect est plus avantageux que la production directe. L'entrée des marchandises étrangères signale donc une lacune dans la production nationale, tandis que la sortie des marchandises nationales indique une situation économique inverse. Et si l'on étend cette étude à toutes les marchandises qui font l'objet d'un échange international, on obtient une représentation à peu près complète de la production multiforme de chaque pays.

En consultant les statistiques du commerce extérieur italien, nous remarquons que l'importation a augmenté, tandis que diminuait l'exportation en ce qui concerne les marchandises industrielles brutes. Cela démontre que les fabriques nationales ont augmenté leur activité propre, car elles ont transformé en objets manufacturés une quantité plus considérable de matières premières.

L'augmentation des achats à l'extérieur de marchandises industrielles semi-ouvrées et la stabilité approximative des ventes effectuées témoigne en faveur du progrès manufacturier, car il s'agit de produits qui trouvent un emploi courant dans les fabriques.

Ces indices trouvent d'ailleurs une confirmation complète dans l'échange des produits manufacturés, car l'augmentation progressive des ventes à l'extérieur et la diminution des achats prouvent que les usines italiennes suffisent non seulement dans une mesure croissante à la consommation nationale, mais encore alimentent la consommation étrangère. Quant aux produits alimentaires, la diminution constatée dans les entrées et les sorties montre que l'agriculture nationale tend plutôt à satisfaire les besoins du pays que ceux des pays étrangers.

Poussant plus loin la synthèse, nous voyons que nous sommes en présence d'un pays qui est en marche vers la vie industrielle, mais pour lequel, cependant, l'agriculture constitue toujours l'organe principal de la structure économique.

D'autres exemples très instructifs nous sont donnés par le commerce international de l'Allemagne. Les échanges de ce pays, qui traverse une période d'activité économique intense, sont de telle nature qu'on y reconnaît immédiatement des progrès notables dans la voie manufacturière. Le pourcentage de l'importation des marchandises industrielles brutes est de beaucoup supérieur à celui de l'Italie ; il en est de même du pourcentage de l'importation des produits alimentaires. L'importation des objets manufacturés est inférieure à la nôtre. Quant à l'exportation, les produits manufacturés y figurent dans une proportion triple de celle qu'ils atteignent dans l'exportation italienne ; tandis que pour les produits alimentaires, la proportion est deux fois moindre. Par conséquent, les fabriques allemandes pourvoient dans une plus large mesure que les nôtres à la consommation étrangère, après avoir suffi à la presque totalité de la consommation nationale.

En ce qui concerne l'alimentation, nous remarquons que

Fontana-Russo.   2

l'agriculture italienne satisfait dans une proportion plus grande que l'agriculture allemande aux besoins intérieurs du pays, et qu'elle pourvoit plus largement aussi à l'alimentation des autres peuples. Cette différence répond parfaitement à la nature différente des deux Etats. L'Allemagne, en effet, est devenue un pays plus spécialement industriel, alors que l'Italie est restée un pays plutôt agricole. La première a transporté ses meilleures forces de l'agriculture à l'industrie ; et, tandis que par rapport aux besoins du pays la production manufacturière est surabondante, la production agricole s'amoindrit. L'Italie, au contraire, n'a pas encore accompli cette transformation, et tandis que la production industrielle trouve son plus large débouché dans la consommation nationale, la production agricole, surabondante dans certaines branches, doit chercher à l'extérieur le placement qu'elle ne trouve pas dans le pays.

Si l'on étendait le même examen à la Belgique et à l'Angleterre, c'est-à-dire aux deux marchés d'Europe qui se sont le plus développés dans la voie industrielle, ou à de jeunes pays, comme la République Argentine et le Brésil, qui s'attardent encore dans les premiers stades de l'économie agricole, le commerce international nous montrerait des différences essentielles, dont nous trouverions la justification absolue dans la nature économique de chacun des Etats.

Donc, en règle générale, on peut dire qu'un pays est à prédominance industrielle quand le commerce international le pourvoit de marchandises industrielles brutes et de produits alimentaires dans des proportions telles que chacune de ces marchandises figure avec un pourcentage élevé dans l'importation totale. A de tels caractères, déjà très éloquents par eux-mêmes, doivent correspondre une exportation importante de marchandises manufacturées et une exportation minime de marchandises industrielles brutes et de produits alimentaires.

Quand, au contraire, le commerce international a charge de déverser à l'extérieur une forte quantité de marchandises industrielles brutes et de produits alimentaires, et d'importer en retour, dans une proportion élevée, les objets manufacturés étrangers, il est hors de doute qu'il s'agit d'un pays à prédominance agricole.

Naturellement, la proportion dans laquelle aura lieu l'entrée et la sortie des diverses catégories de marchandises, témoignera du degré de développement industriel ou agricole atteint par e pays en question.

Il existe, d'ailleurs, des pays d'une structure économique agricole, pour lesquels le commerce international a des manifestations singulières. Tel est le cas des Etats-Unis d'Amérique. Mais même pour ce pays d'une complexion économique exceptionnelle, les échanges internationaux font entrevoir avec une clarté suffisante la situation réelle de la production nationale.

Le commerce national met à notre disposition des éléments innombrables, en plus des précédents, pour approfondir l'étude de la nature économique des différents pays.

Mais ces brèves considérations suffisent pour montrer son importance, lorsqu'il s'agit de bien étudier les divers aspects de la production de chaque Etat.

6. Commerce et Transports. — L'organe dont le commerce se sert dans sa fonction est l'industrie des transports.

Carey, qui eut cependant une grande pénétration d'esprit, vit dans le développement des transports un parasitisme malsain et dangereux ; il s'insurgea contre ces pays qui, en se donnant principalement à cette industrie, enlèvent aux autres la faculté de diversifier leurs productions et les condamnent à un état de barbarie. Cet économiste éminent n'était pas d'avis que seul le progrès des transports permet une division toujours plus grande du travail et une utilisation des avantages naturels ou acquis dérivant de tout acte productif.

Les échanges et les transports se complètent réciproquement et constituent les moteurs de la circulation des richesses ; le premier naît de la division du travail interpersonnel, le second de la division du travail interlocal, qu'il soit national ou international. Ici encore, comme dans tous les phénomènes économiques, la division du travail et le transport sont en relation d'interdépendance : si la division du travail a agi sur le transport, aujourd'hui elle est subordonnée à celui-ci.

Le transport, comme instrument de commerce, augmente l'utilité des richesses et provoque les mêmes avantages qui dérivent de celui-ci.

En outre, son développement a donné naissance à beaucoup de faits économiques qui ont des rapports intimes avec la politique commerciale et qu'il y aura lieu d'examiner attentivement.

1° Le transport a diminué le coût de production des marchandises et en a, par conséquent, baissé le prix. En effet, presque partout les tarifs de chemins de fer et les tarifs maritimes ont diminué de telle sorte que les marchandises brutes, le charbon, les machines, etc., arrivent aux fabriques grevées de frais beaucoup moindres ; et cela a réduit, en proportion, le coût des objets manufacturés. En outre, les produits fabriqués arrivent dans les centres de consommation après des dépenses moins importantes et il en résulte une réduction des prix. On peut donc dire que les prix diminuent pour deux raisons ; d'abord parce que diminue le coût de la production, ensuite parce que décroissent aussi les frais de transport des centres de production aux centres de consommation. Cet abaissement des prix provoque une consommation plus grande, et, par conséquent, une satisfaction plus facile des besoins. De l'accroissement de la consommation résulte une augmentation de la force de production des fabriques et aussi une demande plus large de marchandises brutes.

Dans les pays jeunes, toujours sous l'action de cette même cause, la culture des céréales se substitue à l'élevage ; dans les pays de céréales, la culture extensive cède la place à la culture intensive ; le fait d'avoir rendu transportables à de grandes distances les produits agricoles placés au dernier degré dans l'échelle des prix a pour résultat la mise en valeur de nouvelles terres (1).

(1) Pendant longtemps l'élevage des bestiaux dans la République Argen-

En résumé, abaissement du coût de production et des prix, diffusion et intensification de la consommation et de la production, ce sont là les anneaux d'une même chaîne et le développement des transports les resserre toujours plus étroitement.

2° Le transport transforma les productions qui de locales devinrent interlocales ; de nationales, internationales ; car il permet aux produits de se répartir dans un cercle toujours plus grand en raison de la rapidité des transports et de l'abaissement des tarifs. Désormais la distance géographique importe peu ; au contraire, la distance économique constituée par le prix des transports offre la plus grande importance (1).

Toute réduction du tarif rapproche les pays et élargit la clientèle des centres de production, de la même façon qu'une circonférence augmente d'ampleur lorsqu'augmente son rayon. Il en résulte un avantage plus grand pour les producteurs et un plus grand bénéfice pour les consommateurs. Les prix s'équilibrent plus facilement et aussi plus rapidement. Une plus grande abondance de biens est mise à la disposition des besoins mondiaux.

3° Le transport facilite plus que jamais la division du travail mondial dont nous avons examiné les effets bienfaisants ; et, par conséquent, elle répartit plus avantageusement les diverses

tine, l'Australie et la Colonie du Cap, eut pour principal but la production des laines ; plus tard, quand se perfectionnèrent les moyens de transport, les éleveurs envisagèrent aussi la production des viandes congelées et de conserve et y trouvèrent une nouvelle source de bénéfices.

(1) Le fait suivant est caractéristique et peut démontrer l'influence de la distance économique sur la production locale et sur l'échange international. Autrefois les colonies britanniques de l'Amérique, du nord, quoique produisant les céréales à meilleur marché que l'Angleterre, ne pouvaient, à cause de la cherté des transports, les exporter dans la mère-patrie pour concurrencer les céréales anglaises. Les colonies, impuissantes à ce faire, échangeaient leurs propres denrées contre le sucre des Indes occidentales, sauf ensuite à envoyer ce sucre dans la Grande-Bretagne pour avoir en échange des objets manufacturés. Lorsque plus tard, les prix de transport diminuèrent, l'exportation des céréales des colonies en Angleterre fut possible et l'échange direct put s'effectuer.

formes de production entre les différentes régions. Dans les
Etats-Unis d'Amérique, à la suite de l'amélioration du service
des transports, l'agriculture s'est déplacée progressivement de
l'Est vers l'Ouest, et aujourd'hui, les *farmers*, redevenus riches,
sont les meilleurs clients des chemins de fer, lesquels trans-
portent les récoltes vers les centres d'embarquement et de
consommation, pendant qu'ils amènent dans les centres agricoles
les marchandises nécessaires aux agriculteurs.

4° Le transport permet aux pays jeunes d'adopter une évolution économique lente et rationnelle. Ceux d'entre eux qui disposent de terres libres et fertiles, de peu de capitaux et d'une
population clairsemée, peuvent s'adonner à l'agriculture et en
échanger ensuite les produits contre les marchandises des pays
qui, ayant un caractère opposé, sont obligés de s'adonner à la
production manufacturière. Il en résulte que les premiers, en
raison d'une concurrence plus active, déterminée précisément
par la faiblesse des prix des transports, aborderont ensuite la
production des marchandises les plus faciles à obtenir, production pour laquelle ils ont plus d'aptitudes, de sorte que l'évolution vers le stade manufacturier sera naturelle et non artificielle,
précipitée et éphémère.

5° Le transport donne une nouvelle ardeur au commerce, lequel, au fond, n'est que la manifestation extérieure des progrès
réalisés dans les moyens de transport. Il augmente la mobilité
du capital et du travail et constitue un palliatif aux inconvénients d'une agglomération exagérée de population et de capitaux. Il améliore la condition économique des classes laborieuses
des pays anciens ; car, par l'importation des denrées des pays
nouveaux, il réduit le prix des aliments et augmente les salaires réels, tandis que par l'émigration il diminue l'offre de la
main-d'œuvre.

6° Le transport atténue les différences de la rente de la
terre dans les divers pays. Les terres ont un degré différent
de fertilité et sont plus ou moins éloignées des centres de consommation. Dans les pays de population clairsemée et de grands

territoires, on cultive les terres les plus fertiles et les plus rapprochées des centres, de sorte que les différences de revenu sont minimes et, par conséquent, la rente ricardienne est faible.

Le contraire se produit dans les vieux pays où, étant données les exigences de la consommation, toutes les terres sont cultivées, qu'elles soient fertiles ou stériles. Mais les prix, naturellement réglés sur le coût de production des terres stériles, assurent aux premières une rente très élevée. Aujourd'hui les moyens de transport permettent une plus grande exportation agricole de la part des pays nouveaux et provoquent la mise en culture de terres nouvelles, ce qui fait hausser la rente. Cette rente diminue, au contraire, dans les vieux pays, qui recevant du dehors les denrées alimentaires à des prix plus bas renoncent à la mise en valeur des terrains les plus éloignés et des terrains les moins productifs.

7° Le transport facilite le crédit et imprime une mobilité plus grande aux capitaux. Étant donnée la rapidité avec laquelle se déplacent les produits, il est possible que l'industrie ait le temps de transformer en objet manufacturé, la marchandise brute reçue de l'extérieur, de la revendre et d'éteindre avec le produit de cette vente la dette contractée par l'acquisition de la matière première. Il est donc possible d'entreprendre la production avec un capital roulant relativement faible et d'y remédier par une plus grande rapidité dans le roulement.

Cela n'aurait pas été possible à l'époque où les transports exigeaient beaucoup de temps et beaucoup d'argent.

Les raisons pour lesquelles le crédit est aujourd'hui plus facile et plus économique sont d'évidence.

Au point de vue du commerce international, les conséquences des grands travaux intercontinentaux sont du même ordre.

Les prix des transports subiront certainement de nouveaux rabais, mais de la même façon que le prix des marchandises qui, suivant l'offre et la demande, trouve ses limites naturelles dans le coût de production et dans l'utilité des consommateurs; ainsi, les oscillations des tarifs trouvent deux limites extrêmes, dont l'une

est constituée par le coût des transports, qui régit l'offre,
l'autre par le bénéfice du transport, qui régit la demande. Mais
ici comme dans toute autre industrie, on tend à rapprocher les
tarifs du coût des transports ; la concurrence tend de toutes ses
forces vers cette limite. Certes les progrès de la technique con-
tribueront à une réduction toujours plus grande du coût des transports, augmentant ainsi, en proportion, les avantages dont nous
avons parlé plus haut. Ces variations touchent de trop près
la politique commerciale de chaque pays pour n'être pas constamment rappelées au cour de notre étude (1).

Certains phénomènes, qui se rattachent aux systèmes douaniers, s'expliqueraient difficilement, sans l'influence continue et
considérable que les transports exercent dans les échanges de
pays à pays.

(1) Le lecteur pourrait consulter avec grand profit l'excellent travail du
professeur CAMILLO SUPINO, *La navigazione dal punto di vista economico*,
Torino, Soc. ed., 1905.

CHAPITRE II

LES COÛTS COMPARATIFS ET LES VALEURS INTERNATIONALES

7. Les termes de l'échange dans le commerce intérieur et dans le commerce international. — Nous avons dit que le commerce facilite la division mondiale du travail, mais nous n'avons pas approfondi les raisons pour lesquelles il en résulte un si grand nombre d'avantages. Nous n'avons pas parlé non plus des causes qui déterminent les termes de l'échange à l'intérieur d'un pays ou dans des pays différents.

Selon Cairnes, « ce serait un abus de pouvoir manifeste que de contraindre à un travail purement mécanique un homme qui pouvait réussir dans un emploi plus élevé ». De même on aurait de désastreuses déperditions de forces si l'on obligeait un pays doué de bonnes aptitudes agricoles à s'adonner à la production manufacturière.

On aboutirait aux mêmes néfastes résultats si un pays doué d'excellentes prédispositions pour le travail de fabrique s'adonnait exclusivement à la culture de la terre.

Il est évident que la production de marchandises déterminées doit coûter un sacrifice moindre dans les pays qui sont prédisposés par la nature à cette production. Les efforts nécessaires pour obtenir l'unité de produit seront moindres là où existe cette prédisposition naturelle ; ce qui revient à dire que le même effort sera rémunéré par une quantité de produit plus considérable.

Comme conséquence de ce fait, nous voyons que le commerce est plus développé entre des marchés qui diffèrent profondément par leurs ressources naturelles ou, plus encore, par le degré de civilisation économique qu'ils ont atteint. Un exemple parfaitement adapté aux conditions du premier cas nous est fourni par le commerce de l'Angleterre et de la Hollande, pays anciens tous deux, mais très différents par leur complexion naturelle. La Hollande, en 1905, a vendu à l'Angleterre pour environ 35 millions de livres sterling de marchandises et lui en a acheté pour 14 millions de livres (1). Dans les relations de la Grande-Bretagne avec les autres pays d'Europe, une telle abondance d'échanges a été surpassée seulement par le commerce franco-britannique et le commerce anglo-allemand. Mais si l'on compare cette abondance d'échanges avec la population et le territoire de la Hollande, on s'aperçoit facilement de l'efficacité avec laquelle la différence des structures économiques agit sur le développement de l'échange international. Un autre exemple qui reproduit bien les conditions du second cas, nous fut donné, pendant longtemps, par l'échange établi entre la Grande-Bretagne et les États-Unis, lorsque ces derniers, bien qu'ils eussent tous les éléments nécessaires à la production industrielle, s'adonnaient presque exclusivement à la culture du sol. Mais, de nos jours encore, quoique l'Union Nord-Américaine ait atteint un développement industriel considérable, cette situation

_____

(1) *Statistical Abstract for the United Kingdom*, 1906, page 65.

persiste, bien qu'atténuée. L'exportation britannique aux États-Unis diminue parce qu'elle est alimentée par des produits manufacturés, lesquels, en raison de la rapide transformation industrielle de ce pays, sont produits en quantité croissante par les États de l'Union.

A mesure que la physionomie économique des deux pays tend vers un aspect identique, les exportations anglaises aux États-Unis doivent forcément diminuer. Et l'importation croissante des marchandises américaines dans la Grande-Bretagne ne contredit pas ce principe général.

En réalité, l'Union américaine, au point de vue international, apparaît comme un pays à prédominance agricole, en raison de ses fortes ventes à l'extérieur des produits du sol ; produits qui se dirigent en grande partie vers des pays à prédominance industrielle, comme l'Angleterre.

Un autre exemple, de même nature, peut-être plus complet, nous est donné par le commerce de la Grande-Bretagne avec plusieurs colonies australiennes. Ces dernières trouvent actuellement plus de profit dans la culture de la terre. Cependant, lorsqu'elles auront évolué vers l'industrie, pour laquelle elles présentent d'éminentes aptitudes naturelles, la production, ayant acquis les mêmes caractères que dans la métropole, il en résultera une diminution des échanges.

Le facteur principal, après les conditions physiques, qui détermine la productivité des entreprises, et qui établit ensuite les termes de l'échange des produits, est le degré de mobilité du capital et du travail. Il est certain que cette mobilité est plus grande à l'intérieur d'un pays, de sorte que le capital et le travail se déplacent avec moins de difficulté et quittent les emplois moins rémunérateurs pour ceux qui assurent une rémunération plus certaine ou plus importante. Ce déplacement, relativement facile, change continuellement le prix des marchandises et fait varier, par suite, les termes de l'échange.

Ces déplacements semblent moins difficiles à obtenir, si l'on remarque qu'ils n'obligent pas toujours le capital à se dégager des formes sous lesquelles il se trouve employé pour se consacrer à d'autres productions. En général, le capital n'abandonne son emploi qu'assez difficilement. Au contraire, l'épargne, désireuse de profits plus élevés, ne reste pas dans l'entreprise où est employé le capital dont elle est née. Devenue à son tour producteur de richesses, elle est attirée par les productions plus rémunératrices que celles qui l'engendrèrent.

Le travail aussi se déplace avec une facilité relative. Les migrations intérieures prouvent chaque jour la force d'attraction qu'exercent la cherté des marchandises et la stabilité des emplois.

Aujourd'hui, l'équilibre qui s'établit avec une facilité relative dans la distribution du capital et du travail entre les diverses productions, aboutit à ce que, à l'intérieur d'un pays, le coût des marchandises similaires oscille aux environs d'un même niveau. D'un autre côté, le taux des profits ne peut pas varier beaucoup d'un emploi à l'autre ; et le taux des salaires ne peut pas présenter non plus de différences considérables selon les diverses formes de travail.

Mill et Ricardo crurent que cette mobilité était très grande à l'intérieur, alors qu'elle est au plus d'une facilité relative et animée seulement d'un mouvement modéré. Ils admirent, d'autre part, que le capital et le travail ne pourraient jamais se détacher du marché intérieur et que l'exportation leur était interdite. En raisonnant ainsi, ces économistes croyaient que les termes de l'échange, susceptibles de fluctuations continuelles à l'intérieur d'un pays, ne l'étaient point pour les marchandises produites sur des marchés différents. Mais l'expérience de chaque jour prouve précisément le contraire.

Dans les vieux pays, la capitalisation est tellement rapide que, par suite de l'augmentation plus grande des emplois, on voit chaque jour diminuer le taux des profits et de l'intérêt. Selon les calculs de Giffen, en dix ans, de 1894 à 1903, le capital anglais est monté de 291 à 373 milliards de francs : donc une accumulation annuelle de 8 milliards et demi environ s'est effectuée (1).

Dans les États-Unis, cette augmentation de la richesse privée, selon les données des deux derniers recensements, aurait été d'environ 14 milliards et demi par an. Il s'agit comme l'on voit d'une accumulation énorme, laquelle comprime le capital en rendant trop étroit le champ sur lequel il opère. Les capitaux, actionnés par cette cause, surmontent la répugnance qu'ils éprouvaient jadis à s'employer à l'extérieur et s'exportent là où ils sont sûrs de trouver une rémunération plus large et plus sûre. Le capital moderne, composé d'innombrables actions qui répartissent les risques sur un grand nombre d'entrepreneurs, est devenu une vraie puissance anonyme et rend cette tendance plus hardie. L'amélioration et la rapidité des communications lui donnent une nouvelle puissance d'initiative et permettent au capitaliste de surveiller l'emploi du capital, de le diriger même de loin et de le retirer de l'entreprise en temps opportun, dès qu'il y a menace de crise. Il y a enfin une autre raison qui influe sur cette mobilité : c'est la prédominance du capital mobilier sur le capital immobilier. Dans les pays les plus riches ce phénomène devient chaque jour plus important. En France, par exemple, la prédominance de la richesse mobilière est très remarquable, l'une est à l'autre dans la proportion de 100 à 122.

La proportion est encore plus grande en Angleterre et peut-être encore plus grande aux États-Unis.

Ces quatre faits : 1° augmentation de la capitalisation et diminution parallèle de l'intérêt et du profit ; 2° association représentée par le capital en actions ; 3° développement et perfectionnement des moyens de communication ; 4° accumulation plus rapide de la richesse mobilière par rapport à la richesse immobilière, rendent le capital plus mobile et le poussent en

(1) Beaucoup, bien qu'ils reconnaissent la haute compétence de Giffen, croient que la capitalisation contemporaine ne soit pas, de longtemps, aussi rapide. Cependant elle conserve toujours une importance assez grande et ses effets sont ceux énumérés plus haut.

partie à l'extérieur. L'accession des colonies britanniques à la vie économique a été due précisément à l'action des capitaux produits en Angleterre et exportés dans les colonies (1).

Il ne faut pas croire que l'Angleterre et ses colonies constituent un même pays et que, par conséquent, à l'intérieur de celui-ci, la mobilité du capital et du travail doit être considérable. Entre la Grande-Bretagne et les colonies existent certaines différences essentielles, dont nous parlerons dans la suite, et qui donnent à chacun de ces pays une physionomie propre qui en fait un état distinct. Robert Giffen évalue à 7 milliards 250 millions de livres sterling le capital des colonies britanniques. Ce capital, d'origine exclusivement anglaise, a probablement désormais acquis la nationalité des colonies et une grande partie de ses profits et de ses intérêts reste certainement dans ces mêmes colonies. Mais, en dehors de celles-ci, l'Angleterre a exporté beaucoup d'autres capitaux dans les nations indépendantes, capitaux qui doivent atteindre un chiffre considérable, si leurs intérêts, ajoutés aux bénéfices de la marine marchande, suffisent à payer l'énorme dette que la Grande-Bretagne contracte chaque année à l'extérieur, pour acquérir les marchandises qu'elle ne peut payer avec d'autres marchandises.

Une récente enquête, effectuée en France, fixe à trente milliards de francs les capitaux français employés dans les Etats indépendants. Comme la richesse de ce pays est évaluée à 205 milliards, il ressort que le septième de cette richesse se trouve engagée à l'extérieur.

Le capital anglais a de plus grandes tendances cosmopolites que le capital français. De toutes façons, en supposant que le premier, dans la même mesure que l'autre, trouve à s'employer dans les pays étrangers, son emploi extérieur ne sera pas inférieur à deux milliards vingt millions de livres sterlings.

Mais, même dans les pays qui n'ont pas atteint une grande

(1) Charles DILKE, *Problems of Greater Britain*, 4e édition, London and New-York, Macmillan, 1890. L'illustre auteur évaluait à vingt milliards de francs le capital que l'Angleterre avait exporté dans les colonies.

accumulation de capitaux, ou suppléé à leur peu d'abondance par une plus savante organisation du capital; et en vertu de cette disposition, il ne leur est pas interdit de participer aux emplois à l'étranger. L'Allemagne, par exemple, grâce à son sens de l'association et à ses banques, a su féconder les ressources naturelles d'autres marchés et disputer dans quelques cas particuliers la suprématie à l'Angleterre, bien qu'elle ne jouisse pas de l'énorme accumulation de capitaux de cette dernière.

Ces capitaux internationaux sont certainement moindres que ceux employés directement par la nation qui les produit; mais aucun fait ne vient contester le caractère international du capitalisme moderne. Que de tels capitaux suffisent à féconder toutes les ressources disséminées par le monde, personne ne peut l'affirmer. Des trésors infinis d'énergie économique restent inconnus, beaucoup d'autres resteront pendant longtemps encore improductifs et constitueront l'héritage des générations futures.

Le travail donne lieu aux mêmes phénomènes. L'augmentation de la population, plus rapide dans certains pays que l'augmentation de la richesse, le besoin de marchandises plus raffinées, le désir de s'affranchir du capital, sont autant de stimulants qui influent sur l'émigration du travail, avec la même efficacité dont font preuve d'autres raisons en ce qui concerne l'émigration des capitaux. Même, cette influence est plus grande, ou tout au moins plus violente, parce que l'émigration du travail tire le plus souvent son origine des besoins profonds de la vie, tandis que l'émigration du capital résulte seulement du désir d'un profit plus élevé.

Il y a là une nécessité douloureuse et inévitable, tandis qu'il y a ici une aspiration qui, même retardée ou non satisfaite, ne provoquerait point d'aussi grosses conséquences. Depuis 1881-02 jusqu'à 1903-1904, six millions d'habitants de villes européennes ont abandonné le vieux continent pour les Etats-Unis d'Amérique (1).

---

(1) *Annual Report of the Commissioner general of Immigration for*

Le même événement se passe dans les pays jeunes que les
moyens de communication ont rapprochés des pays plus anciens
en facilitant l'émigration. La République argentine, le Brésil,
l'Afrique australe et l'Australie demandent à leur tour du capital et du travail à l'Europe et l'obtiennent. Et quand l'Europe
se montre impuissante à les pourvoir de la main-d'œuvre dans la
mesure requise, la main-d'œuvre inférieure des populations
asiatiques est appelée, bien qu'elle offre une très faible énergie
de travail et par suite une très faible productivité. Etant données
les forces qui agissent continuellement sur la distribution mondiale des agents de la production, les idées de Ricardo et de Mill
à cet égard apparaissent comme inexactes. Il reste cependant le
fait que la mobilité cosmopolite du travail et du capital ne sera
jamais aussi prompte et aussi active que celle qu'on constate à
l'intérieur de chaque marché. A cela s'opposeront toujours : 1° des
obstacles de nature géographique (distance) ; 2° des obstacles
d'ordre politique (différences des constitutions); 3° des obstacles
de nature ethnique et sociale (diversité des races, des religions,
des usages, etc.). Mais ces obstacles ne sont pas insurmontables
pour les capitaux hasardeux, pas plus qu'ils ne le sont pour les
audaces du travail. Ils peuvent limiter l'émigration humaine
et capitaliste, et la limitent en fait, en déterminant une différenciation sensible dans la productivité des emplois et dans les
termes qui régissent l'échange des produits des divers marchés.
Ici les profits et les marchandises ne peuvent pas osciller aux
environs du même niveau ; les coûts des mêmes marchandises
seront nécessairement différents et l'échange s'exercera même
dans des conditions différentes de celles constatées à l'intérieur
de chaque pays.

L'échange peut naître entre deux pays indépendants et devenir profitable pour chacun d'eux, dans des conditions telles qu'il
n'aurait pas eu lieu si les centres de production et d'échange

the Fiscal year ended June 30, 1901, Washington, Government Printing
office, 1904.

avaient appartenu à un même marché, à l'intérieur duquel le
capital et le travail eussent pu se mouvoir librement.

La Sicile a un avantage incontestable sur la Lombardie dans
la production du vin, tandis que cette dernière a un avantage
au moins aussi considérable dans la production des cotonnades.
Actuellement, ni la Sicile ni la Lombardie ne pourront éprouver
de dommage du fait de la production et de l'échange des marchandises qui font l'objet de leur propre commerce ; aucune
d'elles ne pourra en retirer un avantage longtemps supérieur à
celui qu'y trouve l'autre. S'il en était ainsi, ou bien le vin ne
serait plus produit en Sicile, ou bien les cotonnades ne seraient
plus produites en Lombardie. Le capital et le travail émigreraient
vers des lieux où ils pourraient trouver des avantages plus considérables dans la production et l'échange cesserait entre les
deux provinces. Ainsi que le dit Cairnes, une émigration des instruments de production remplacerait le commerce des produits.

Que l'on suppose maintenant que les centres de production et
d'échange se trouvent dans des pays différents, entre lesquels,
par conséquent, le capital et le travail se meuvent avec difficulté ou même ne se déplacent pas du tout. Que l'on suppose,
par exemple, que les centres de production soient la Sicile pour
les vins et le Lancaster pour les cotonnades. On sait que cette île
a une énorme supériorité par rapport au Lancaster dans la production du vin, et que le Lancaster bénéficie de cette même supériorité dans la production des tissus de coton. Il en résulte
que le vin se produit à meilleur compte en Sicile que dans le
Lancaster et que l'inverse a lieu en ce qui concerne les cotonnades. Ainsi, la Sicile a intérêt à produire le vin et à l'échanger
avec les cotonnades anglaises parce que, ce faisant, elle acquiert les cotonnades au coût même auquel elle produit le vin,
c'est-à-dire à un coût relativement faible. De même le Lancaster
qui produit facilement les cotonnades acquiert le vin au coût de
production de ces tissus. Toutefois, il pourra se faire que les sacrifices étant différents, l'avantage que l'un des pays retire de
l'échange sera plus grand que pour l'autre, mais le commerce,

continuera à s'exercer également ; dans ce cas on aboutira difficilement à l'émigration des moyens de production, émigration qui peut, ainsi que nous l'avons vu, s'établir entre les centres d'un même marché.

Voilà donc la différence essentielle qui distingue le commerce intérieur du commerce international.

8. Le coût comparatif. — De tout ce que nous avons dit jusqu'à présent sur la différence entre le commerce intérieur et le commerce international, se dégage la notion du coût comparatif. La condition essentielle pour qu'un commerce quelconque s'établisse entre des pays étrangers, est qu'il y ait une différence entre les coûts comparatifs des marchandises qui font l'objet de l'échange ; tandis qu'à l'intérieur d'un pays, il suffit que cette différence existe entre les coûts absolus (1). Il faut, par conséquent, spécifier que la comparaison doit être faite entre l'ensemble des coûts auxquels chaque pays produit ces marchandises, et non entre les coûts de la même marchandise, objet de l'échange, dans chaque pays. Ainsi, dans le cas cité au précédent paragraphe, la comparaison doit avoir lieu entre les coûts du vin et des cotonnades en Sicile d'un côté et les coûts de ces mêmes marchandises dans le Lancaster d'autre part. La comparaison n'est donc pas établie entre les coûts du vin en Sicile et dans le Lancaster, pas plus qu'entre les coûts des cotonnades dans ces deux pays.

Naturellement, chaque Etat trouve avantageux d'exporter le

---

(1) Il est facile de montrer que la différence des coûts absolus des produits de deux pays ne suffit pas pour faire naître l'échange international. Supposons qu'une unité de blé, en Italie et en Allemagne, puisse être produite aux coûts suivants :

Blé	coût en Italie 25	coût en Allemagne 20
Fer	do 25	do 20

Les coûts sont supérieurs en Italie et cependant l'échange n'offrirait aucun avantage pour ce pays. En effet, l'Italie, en donnant du blé, produit au coût de 25, obtiendrait une unité de fer, qui en Allemagne revient à 20, mais qu'elle-même pourrait produire sur son marché au même coût de 25. Elle ne retirerait donc aucun bénéfice de l'échange, pas plus d'ailleurs que l'Allemagne.

produit qui a un coût comparatif moindre chez lui qu'à l'extérieur, et il importe, au contraire, le produit dont le coût comparatif chez lui est supérieur à celui auquel il atteint dans l'autre pays contractant. Ainsi, en restant toujours dans le cas précédent, la Sicile aurait intérêt à exporter du vin pour importer des cotonnades, tandis que l'Angleterre aurait intérêt à faire précisément le contraire. Les deux pays ont avantage à pratiquer l'échange puisqu'il en résulte pour chacun une économie.

L'influence du coût comparatif est telle, qu'un pays peut avoir intérêt à importer une marchandise qu'il produirait lui-même à un coût moins élevé; et cela a lieu s'il lui est possible de produire une deuxième marchandise à un coût encore plus faible contre laquelle il peut échanger la première.

« Nous pouvons avoir avantage à nous procurer du fer de Suède en échange de nos cotons, lors même que les mines et les usines à fer de l'Angleterre seraient plus productives que celles de Suède ; car si nous avons un avantage d'un demi sur les cotons, et seulement un avantage d'un quart sur les fers, et si nous vendons nos cotons à la Suède au prix auquel la Suède les paierait si elle les fabriquait elle-même, nous aurons les fers à un demi de bénéfice aussi bien que les cotons. Nous pouvons souvent, dans notre commerce avec les étrangers, obtenir les marchandises au prix d'une somme moindre de capitaux et de travail que celle qui a été employée en frais de production. Le marché est encore avantageux pour l'étranger, parce que la marchandise qu'il reçoit en échange, bien qu'elle nous ait coûté moins, lui aurait coûté plus cher à produire (1). »

C'est là une simple hypothèse, aussi ingénieuse que facilement réalisable dans la pratique ; mais Cairnes, qui a expliqué clairement ces phénomènes, rapporte l'exemple historique des colonies australiennes.

Il nous raconte que, lorsque furent découvertes, là-bas, les mines d'or et que leur exploitation se développa, le coût de pro-

(1) STUART MILL, *Principes d'économie politique*, trad. Courcelle-Seneuil, t. II, p. 109.

duction de l'or diminua de 4 à 1, tandis que celui des autres marchandises ne changea pas. Donc, le coût de l'or, comparé à celui
des autres produits, avait subi une diminution considérable,
assez importante pour déterminer une modification profonde
dans le commerce international des colonies. En effet, l'Australie eût désormais intérêt à importer les bois de construction des
Provinces Baltiques que, cependant, elle aurait pu produire à un
coût moins élevé, puisqu'elle possédait d'immenses forêts encore
vierges. Mais l'échange lui était avantageux, car le travail consacré à l'exploitation aurifère était beaucoup plus productif, et
cela étant, il devenait préférable de payer avec l'or extrait les
bois de construction demandés à l'étranger.

Le cas cité par Bastable (1) est identique à celui-là et lui est
fourni par Jersey et la Grande-Bretagne. Jersey pourrait produire
le blé plus avantageusement que l'Angleterre, mais comme la
culture des arbres fruitiers est pour elle encore plus productive,
elle s'y adonne et importe le froment dont elle a besoin.

Comme l'on voit, la condition nécessaire et suffisante pour que
l'échange international s'établisse entre deux marchés, c'est que
les coûts comparatifs soient inégaux, c'est-à-dire que l'échange
doit procurer aux deux marchés une économie de coût, ou encore
doit leur permettre, pour un coût égal, d'obtenir une plus grande
quantité de biens.

Naturellement, l'échange sera d'autant plus avantageux que
la différence des coûts comparatifs sera plus grande.

Mais que faut-il entendre par coût ?

Nous parlerons en temps voulu du coût de production. Il nous
suffira de dire, pour le moment, que nous nous écartons des dé-
finitions généralement admises pour le coût. Presque toutes
semblent imprécises et manquent de solidité; car elles impli-
quent la conception d'une somme de quantités hétérogènes et,

(1) C. F. BASTABLE, La théorie du commerce international, Paris, V. Giard
et Brière, 1900. Dans l'exposé de la doctrine des coûts comparatifs nous
suivrons le système de Bastable. Pour plus de rigueur dans les démonstrations, nous nous servirons, dans plusieurs cas, des méthodes graphiques.

par conséquent, non sommables. Il vaudra mieux, au cours des démonstrations, que le coût des marchandises, sur chaque marché, soit exprimé en éléments d'un numéraire quelconque (qui peut ne pas être monnaie) matériellement défini.

9. Les avantages de l'échange international, comment ils se répartissent et comment ils dépendent de la différence des coûts comparatifs. — Nous avons vu pourquoi il est *indispensable qu'une différence existe entre les coûts comparatifs pour que l'échange international se produise.*

Nous allons voir maintenant si les avantages qui dérivent de cet échange, peuvent se manifester au bénéfice exclusif de l'un des contractants, et de quelle façon ces avantages se répartissent entre les pays mêmes. Il est donc nécessaire de fixer le mode de détermination de la valeur des marchandises dans les échanges internationaux (1); ou pour mieux dire d'énoncer le taux d'échange international (2).

(1) Ricardo, tout en ayant éclairé la théorie des coûts comparatifs, a laissé sans l'avoir résolu le problème des valeurs internationales. Il laissa croire que chacun des pays qui pratiquent l'échange, avait un bénéfice égal à la différence entière entre les coûts comparatifs des marchandises échangées. Mill, au contraire, partit du coût comparatif pour rechercher dans quelle proportion le bénéfice dérivant de l'échange se trouve partagé entre les différents pays. Il étudia les causes déterminantes de ce partage, en examinant à fond la nature et l'importance des valeurs internationales.

(2) Que le lecteur ne soit pas surpris si le terme *taux d'échange* est employé ici au lieu de *valeur internationale*. Ainsi que le fait justement observer Pareto (pag. 235 de son *Manuale di Economia Politica*, Milan, 1906; trad. franc., Paris, 1908) le terme *valeur d'échange*, étant données les nombreuses distinctions établies par les économistes, n'exprime pas seulement un rapport, le taux de l'échange de deux marchandises; mais il s'y rattache, dans une mesure encore peu précise, certaines notions de puissance d'achat, d'équivalence entre deux marchandises, d'obstacles à surmonter etc., et il en résulte une certaine entité assez mal définie. Par conséquent, ainsi que l'a déjà fait Jevons, nous emploierons le terme *taux d'échange* en lui donnant le sens qu'attachait Walras au prix d'une marchandise exprimé en unités d'une autre marchandise avec laquelle elle est échangée. Si on a deux marchandises : a et b, le taux d'échange sera déterminé par la quantité de a qu'il faut donner pour obtenir une quantité de b.

Pour partir des cas les plus simples, sauf à arriver aux plus complexes, nous supposerons qu'il y ait seulement deux pays : la France et l'Italie, lesquel pourront produire et échanger seulement du fer et du blé, et chez lesquels ces deux marchandises seront susceptibles d'augmenter proportionnellement à l'intensité de la demande. Supposons, en outre, que l'échange ait lieu sous forme de troc, sous un régime de libre concurrence, et qu'aucun frais de transport ni aucun autre obstacle ne vienne gêner la circulation des marchandises. Cette élimination de tout obstacle à l'échange n'altère en rien notre théorie, pas plus que les lois de la gravitation ne sont modifiées suivant l'importance des poids posés dans une balance.

Admettons que la France puisse, avec le même coût, produire 10 quintaux de blé et 20 quintaux de fer ; tandis que l'Italie, au même coût, peut obtenir 10 quintaux de blé ou 15 quintaux de fer. Nous aurons alors :

France : 10 blé = 20 fer.
Italie : 10 blé = 15 fer.

En vertu de la loi des coûts comparatifs, la France se donnerait à la production directe du fer et à la production indirecte, c'est-à-dire par voie d'échange avec l'Italie, du blé. L'Italie au contraire se donnerait uniquement à la culture du blé, pour l'échanger ensuite avec le fer français (1).

(1) Les théorèmes qui se rapportent aux valeurs internationales semblent plus clairs si on les démontre par la méthode graphique.

Pour toutes les marchandises produites à l'intérieur d'un pays on peut tracer la courbe des coûts comparatifs.

Portons sur AO le coût OX d'une quantité de fer, avec laquelle on obtient en échange une certaine quantité de vin, dont nous porterons le coût OY sur OB. Si nous opérons de même pour le coton et le blé, dont les coûts respectifs seront représen-

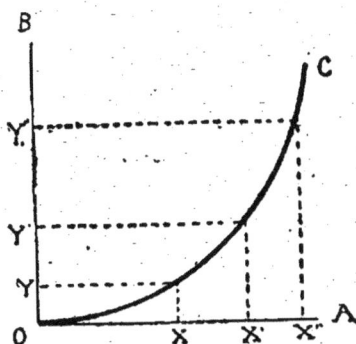

Fig. 1.

Si chacun des deux pays devait produire lui-même les marchandises qui lui sont nécessaires, la production totale des deux serait :

20 blé + 35 fer.

Mais si, au contraire, chacun se donnait à la production de la marchandise pour laquelle il a les meilleures aptitudes, le produit total serait :

20 blé + 40 fer.

Il en résulterait donc un gain de 5 fer.

Avant de voir comment ce bénéfice de 5 quintaux de fer se

tés par OX' et OY' ; pour la sole et le riz, dont les coûts seront représentés par OX'' et OY'' etc.., nous obtiendrons une courbe OC qui représentera les coûts comparatifs des marchandises produites dans le pays choisi (*fig.* I).

L'Italie et la France, que nous désignerons plus brièvement par F et I, (*fig.* 2) auront chacune une courbe propre des coûts comparatifs.

Supposons que OX représente la courbe des coûts comparatifs en F, et OY celle des coûts comparatifs en I. Les *abcisses* de la première indiqueront les quantités de fer ayant le même coût que les quantités de blé représentées par les *ordonnées* correspondantes. Donc, sur le marché F, avec une quantité de fer égale à OC on peut avoir une quantité de blé égale à CD. Le coût des deux quantités de marchandises est le même ; mais la quantité de fer est supérieure à

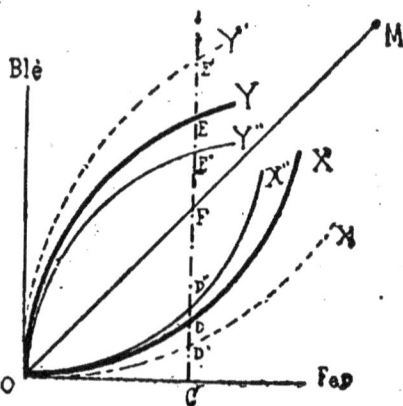

Fig. 2.

la quantité de blé, c'est-à-dire qu'en F la production du fer est plus facile que celle du blé, c'est-à-dire encore qu'en F les aptitudes naturelles sont plus favorables à la production du fer.

Les *abcisses* et les *ordonnées* ont la même signification pour le pays I ; avec une quantité CE de blé on a seulement une quantité OC de fer. Ici encore, les coûts des deux quantités de marchandises échangées sont les mêmes, mais, comme à égalité de coût, on obtient une plus grande quantité de blé, on en conclut que I a des aptitudes naturelles plus développées pour la production de cette dernière marchandise. Comme F pro-

répartit entre les deux pays, il est bon d'énoncer une nouvelle loi, d'après laquelle *plus la différence des coûts comparatifs est grande, plus le bénéfice résultant de l'échange est considérable.* En effet, si en France et en Italie, avec le même coût, on pouvait avoir :

$$F : 10 \text{ blé} = 30 \text{ fer.}$$
$$I : 10 \text{ blé} = 12 \text{ fer.}$$

le gain total résultant de l'échange ne serait plus de 5 fer mais de 18 fer.

Demandons-nous maintenant, comment le bénéfice de 5 quintaux de fer se répartit entre la France et l'Italie. Il est impossible que le taux d'échange, c'est-à-dire le rapport entre la quantité de fer échangée et la quantité de blé, soit représenté par 10 blé = 20 fer ; car dans ce cas, le bénéfice serait exclusivement en faveur de l'Italie ; il n'est pas possible non plus, que le taux d'échange soit exprimé par 10 blé = 15 fer car dans ce cas, le gain irait tout entier à la France. Pour ces motifs, le taux d'échange reste compris entre 10 blé = 20 fer et 10 blé = 15 fer.

Si ce taux d'échange s'exprimait par 10 blé = 16 fer, le gain serait de 4 quintaux de fer pour la France et d'un seul pour l'Italie (1). Et le taux d'échange ne varierait pas tant que la

---

duit le fer à plus bas coût — alors que pour *I*, c'est le blé — il en résulte que *F* a intérêt à ne pas produire le blé, mais à l'obtenir par voie d'échange. En d'autres termes, étant donné la différence des coûts comparatifs des deux marchandises dans les deux pays, l'échange de ces marchandises est avantageux pour chacun d'eux.

(1) Reprenons la démonstration graphique, et supposons que le taux d'échange qui s'établit entre *F* et *I* pour l'échange des deux marchandises soit représenté par *DM* (*fig.* 2).

Comme on le voit, on est situé entre les limites des coûts comparatifs.

Donc, il résulte de l'échange international, que *F*, avec une quantité *OC* de fer, reçoit une quantité *CF* de blé. En outre, on voit que *I*, pour avoir la même quantité *OC*, de fer, donne seulement la quantité *CF* de blé. Le gain pour *F* est représenté par *DF* ; il est représenté par *EF* pour *I*.

Dans ces conditions, chaque pays a intérêt à se donner à la production de la marchandise obtenue au plus bas coût, pour obtenir, par voie

demande réciproque resterait la même, c'est-à-dire tant que la France demanderait, par exemple, 100 fois 10 quintaux de blé et l'Italie 100 fois 16 quintaux de fer.

10. Taux d'échange d'équilibre. — Nous avons vu, que n'importe quel taux d'échange, compris entre les coûts comparatifs, procure plus d'avantages aux deux pays que l'absence même de l'échange. Le taux d'échange d'équilibre est celui pour lequel la quantité offerte de marchandise exportée et la quantité demandée de marchandise importée par l'un des pays — quantités déterminées par le désir de retirer de l'échange le maximum d'avantage — sont respectivement égales à la quantité demandée et à la quantité offerte qu'importe et qu'exporte l'autre pays (1).

d'échange, la marchandise, qui, produite à l'intérieur, aurait atteint un coût plus élevé. Il est clair, qu'étant donné l'isolement des deux pays et les conditions dans lesquelles ils exercent l'échange, le taux d'échange sera déterminé par le degré de productivité qu'ils atteignent en ce qui concerne les marchandises produites par chacun, ainsi que de la demande et de l'offre de la marchandise elle-même.

Les avantages résultant de l'échange seront donc bien d'autant plus considérables que la différence est grande entre les coûts comparatifs, et inversement.

En effet, si les courbes OX et OY s'éloignaient encore, prenant par exemple les positions OX' et OY', les avantages de l'échange seraient : pour $F : FD' + DD'$; et pour $I : FE + EE'$. Si les courbes prenaient les positions OX'' et OY'', les avantages diminueraient. Ce ne serait plus DF pour F, mais bien $DF - DD''$; et pour I, ce serait : $EF - EE''$ au lieu de EF. Tout avantage pourrait disparaître si les deux courbes se rencontraient en F.

Donc en général nous pouvons dire :

1° Que les avantages de l'échange international sont d'autant plus grands que la différence des coûts comparatifs est plus considérable ; et que naturellement, tout avantage disparaît lorsque cette différence n'existe pas.

2° Que quel que soit le taux d'échange, compris d'ailleurs entre les coûts comparatifs, il en résulte plus d'avantage pour les pays contractants que si l'échange n'avait pas lieu.

(1) Supposons qu'il s'agisse toujours des mêmes pays : F et I, et qu'ils se trouvent encore dans les conditions définies précédemment. Etant donné un taux d'échange OM (*fig.* 3), quel sera le plus grand avantage

Si une modification survient dans la demande réciproque, si
la France, au cours de 10 blé = 10 fer, demande une plus
grande quantité de blé, par exemple 100 fois 10 blé, tandis que
l'Italie ne change pas sa demande de fer, évidemment, la France
devra donner une plus grande quantité de fer pour obtenir la
même quantité de blé. Donc le nouveau taux d'échange imposera

que F peut retirer de l'échange ? Comme nous l'avons dit précédemment,
les avantages de l'échange seront d'autant plus grands que la différence
des coûts comparatifs sera plus considérable. C'est-à-dire, dans le cas qui
nous occupe, que plus le bénéfice de F sera important, plus sera grande
la distance entre le coût comparatif de la marchandise qu'elle voudrait
céder et le taux d'échange. Le point le plus éloigné de la courbe des
coûts comparatifs par rapport au taux d'échange OM sera le point où
la droite O' M', parallèle à OM, sera tangente cette même courbe, c'est-
à-dire le point R. Ainsi, F aurait intérêt à donner CP, de fer en
échange de PQ de blé, car OP représente précisément la quantité qui,
avec le taux d'échange en question, procure l'avantage maximum, représenté ici par RQ.

Supposons que l'on ait un taux d'échange différent. Ici encore, le

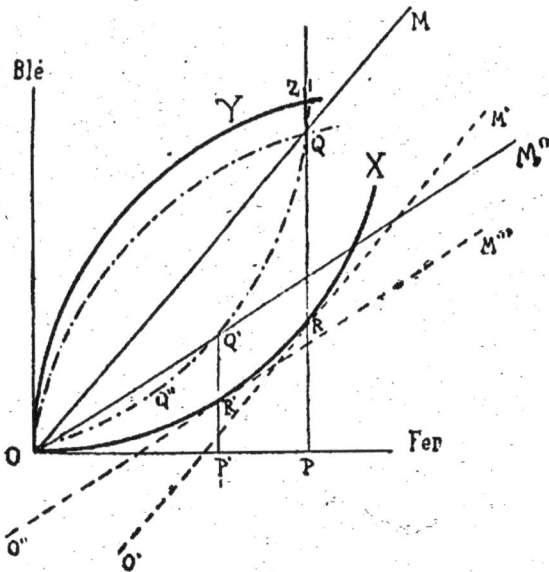

Fig. 3.

gain de F sera d'autant plus grand, que la distance entre le taux
d'échange et le coût comparatif de la marchandise qu'elle veut céder sera

un sacrifice plus grand à la France qui limitera sa demande de blé ; l'Italie en retirera, au contraire, un avantage plus considérable et augmentera sa demande de fer. Et le nouveau taux d'échange deviendra stable, retrouvera son équilibre, quand la demande aura acquis une importance égale ; par exemple, lorsque s'établira la relation suivante :

$$105 \times 10 \text{ blé} = 105 \times 17 \text{ fer.}$$

Cela signifie que *dans le commerce international, le taux d'échange des marchandises dépend de l'intensité de la demande de chaque pays, mais toujours entre les limites établies par les coûts comparatifs.*

Lorsque, par suite de causes naturelles, il sera impossible d'obtenir l'équivalence dans les demandes internationales, il pourra se faire que tout l'avantage de l'échange soit recueilli par l'un des deux pays contractants, à l'exclusion de l'autre. Si la France demande une quantité de blé restreinte, tandis que l'Italie demande une quantité de fer considérable, il est possible que le taux d'échange s'établisse comme il suit : 10 blé =

plus considérable. Naturellement, le point le plus éloigné de la courbe des coûts comparatifs, par rapport au taux d'échange OM', sera encore le point de tangence de cette courbe avec la droite $O'M'$, parallèle à OM'. Donc, F aurait intérêt à donner OP' de fer, pour obtenir $P'Q$ de blé, car OP' est précisément la quantité qui, avec le nouveau taux d'échange, lui procure le gain maximum, représenté ici par $Q'R'$.

En changeant encore une fois le taux d'échange, et en reproduisant le même raisonnement, nous trouverions d'autres points : $Q'Q''$, etc. En joignant tous ces points, on obtient une courbe qui indique, pour chaque taux d'échange, la quantité de fer que F est en mesure d'offrir. Si on procède de même pour le pays I, on aura une courbe analogue. Ces deux courbes, en tirets, représentent les offres et les demandes réciproques, et leur intersection déterminera le taux d'échange d'équilibre. Les diagrammes indiquent encore la répartition entre les deux pays du gain résultant de l'échange. Il est évident que F, étant donné le taux d'échange O''', gagnera QR de blé et que I gagnera QZ de la même marchandise. Il sera bon de ne pas oublier que RZ, c'est-à-dire le gain total des deux pays, atteindra son maximum seulement pour le taux d'échange d'équilibre. Tout autre taux d'échange peut augmenter le gain de l'un des pays, mais au détriment de l'autre.

15 fer, c'est-à-dire que l'Italie fera des concessions jusqu'aux limites au delà desquelles il deviendrait préférable pour elle de produire directement le fer.

11. Le taux d'échange et les rendements de la production. — Jusqu'à présent, nous avons supposé que le coût de production de chaque marchandise était invariable. Mais si, pour serrer de plus près la réalité, nous envisageons les variations possibles de la production, les limites établies par les coûts comparatifs cesseront d'être fixes. L'augmentation de la demande d'une marchandise soumise à la loi du rendement moins que proportionnel, peut conduire à la production partielle de cette marchandise dans chacun des deux pays (1). L'augmentation de la demande d'une marchandise soumise à la loi du rendement plus que proportionnel a, au contraire, des effets opposés. Dans le premier cas le champ des échanges internationaux se rétrécit ; il s'élargit dans le second.

Quand les marchandises qu'un pays importe, ne subissent pas, dans leur pays d'origine, la loi du rendement moins que proportionnel, alors qu'elles y seraient soumises dans le pays importateur, ce dernier retirera un avantage notoire du commerce international, car il aura à sa disposition des marchandises qui, obtenues autrement, auraient un coût plus élevé. Il y a lieu de croire que le développement agricole des pays nouveaux s'est effectué sous la loi du rendement plus que proportionnel, et que les effets de la concurrence de cette agriculture nouvelle dans les pays européens ont été plus sensibles parce que l'agriculture européenne était régie, au contraire, par la loi du rendement moins que proportionnel. Les mêmes considérations expliquent la constante suprématie d'un pays manufacturier sur tout autre, car sa production est presque toujours

(1) La possibilité de la production simultanée d'une même marchandise, sur deux marchés pratiquant l'échange a donné lieu à une savante discussion entre les professeurs Loria et Edgeworth. Voir, à ce sujet : *Economic Journal* de 1894 et de 1901 ; MANGOLDT, *Grundriss des Volkswirtschaftslehre*, Stuttgart, 1871, pag. 214.

aiguillonnée par le stimulant qu'est le rendement plus que proportionnel.

12. Le taux d'échange, les frais de transport et les douanes. — Introduisons maintenant un facteur jusqu'à présent négligé et qui est constitué par les frais de transport. Il est difficile de dire avec exactitude comment les frais se répartissent entre les deux pays exportateur et importateur, car tout dépend de l'intensité de la demande et de la marche de la production. La charge est toujours plus forte pour le pays où la demande est plus active et où la production de la marchandise demandée à l'étranger est plus réduite, parce que plus difficile.

Il pourra même se faire que les frais incombent entièrement à l'un des deux pays, et cela lorsque la marchandise est l'objet d'un monopole naturel pour l'autre contractant.

Quoi qu'il en soit, *les frais de transport réduisent toujours le gain résultant de l'échange, mais ne peuvent pas s'élever au delà d'une limite donnée sans supprimer l'échange même.*

Dans l'exemple précédent nous avons vu que le gain total était de 5 fer. Si les frais de transport se chiffrent par 2 fer, il peut se faire que ces frais se répartissent également entre les deux pays, de sorte que 1 fer viendra à la charge de F et 1 fer à la charge de I ; il pourra encore arriver que la totalité des frais incombe à un seul des deux pays, lequel sera grevé de 2 fer. Mais il est impossible que ces frais atteignent 5 fer ou une somme plus élevée, car alors tout intérêt cesserait d'être attaché à la pratique de l'échange (1).

---

(1) Prenons encore les deux pays déjà envisagés, F et I, et leurs courbes respectives des coûts comparatifs : OX et OY (*fig.* 4). Si les frais de transport, évalués en vin, s'élèvent à QR, pour la quantité PR de cette marchandise, qui est transportée de I en F, ce dernier pays F devra avoir un taux d'échange tel que contre la quantité OP de fer il puisse obtenir plus que QP de vin. Sans les frais de transport, au contraire, il se serait contenté d'une quantité de vin supérieure à PR. L'échange aurait donc été plus facile.

De même, si le prix du transport, exprimé en fer, est ST pour une quantité OP de fer, allant de F en I, ce dernier pays I, pour demander

Les taxes de douane, comme les frais de transport, comme d'ailleurs tout autre obstacle à l'échange, conduisent aux mêmes conséquences.

13. Le taux d'échange et la demande que fait un pays de toutes les marchandises de l'autre. — Mais il n'est pas dit qu'il doive y avoir deux marchandises seulement formant l'objet de l'échange ; il peut y en avoir trois ou davantage. Supposons donc que les deux pays produisent une autre marchandise : le vin ; et que les coûts comparatifs soient les suivants :

$$F : 10 \text{ blé} = 20 \text{ fer} = 100 \text{ vin}.$$
$$I : 10 \text{ blé} = 15 \text{ fer} = 90 \text{ vin}.$$

Quels changements seront apportés aux valeurs internationales par l'entrée en ligne de la nouvelle marchandise ?

Si, avant l'introduction du vin, le taux d'échange était, par exemple, 10 blé = 16 fer, avec l'entrée en ligne de la nouvelle marchandise, F aura intérêt à prendre une certaine quantité de vin au cours de 17 fer = 90 vin, car l'échange lui donnera un gain de 5 vin. Ce gain provient de ce que, en F, le coût d'un quintal de fer équivaut à celui de 5 hectolitres de vin et que, par suite, le coût de 17 fer est égal à 85 vin ; tandis qu'au contraire, grâce à l'échange, F obtiendrait, avec le même coût de 17 fer, non pas 85 vin, mais bien 90 vin. Les termes de l'échange

le fer à l'étranger plutôt que de le produire directement, devra avoir un taux d'échange grâce auquel, contre OP de fer il puisse donner moins de PS de vin ; alors que sans frais de transport, il eût pratiqué l'échange en donnant à peine moins que PT de vin. Comme l'on voit, les frais de transport resserrent la marge existant entre les coûts comparatifs ; en effet, aux courbes OX et OY se substituent les courbes OX' et OY'

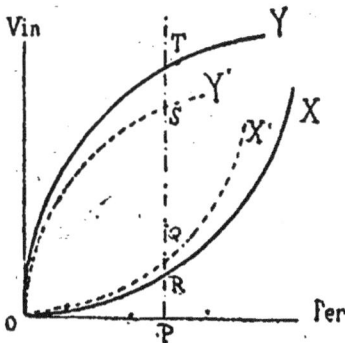

Fig. 4.

dépendront des quantités de blé et de vin requises par *F*, par rapport à la quantité de fer demandée par *I*. Si au lieu de trois marchandises, on en avait un nombre indéfini, les choses ne seraient pas changées, car *les termes de l'échange seront toujours déterminés par la demande que chaque pays fait de toutes les marchandises de l'autre qui font l'objet du commerce international. Naturellement, le fait même de l'échange suppose que les exportations de chaque pays sont compensées exactement par les importations.*

14. Les avantages de l'échange se répartissent d'autant mieux que le nombre des pays est plus grand. — Supposons maintenant, pour nous rapprocher encore de la réalité, qu'un troisième pays, la Suisse, productrice de blé, de fer et de vin, entre en rapport d'échange avec l'Italie et la France. Nous supposerons encore, qu'avec le même coût, les producteurs suisses peuvent obtenir : 10 blé = 14 fer = 80 vin.

Les coûts comparatifs des trois marchandises dans les trois pays seront donc :

$$F : 10 \text{ blé} = 20 \text{ fer} = 100 \text{ vin.}$$
$$I : 10 \text{ blé} = 15 \text{ fer} = 90 \text{ vin.}$$
$$S : 10 \text{ blé} = 14 \text{ fer} = 80 \text{ vin.}$$

Il est facile de comprendre comment l'intervention de la Suisse ne pourra pas altérer, en quoi que ce soit, l'intérêt qu'avait la France à produire du fer et à se procurer le vin par voie d'échange avec l'Italie. Pour l'Italie également, il ne cesse pas d'être avantageux de se donner à la production du vin et de se procurer le fer par l'échange avec la France. La Suisse, à son tour, ne pouvant s'adonner à la production du vin et du fer, étant donné que la productivité de ces deux marchandises est supérieure en France et en Italie, se consacrera à la culture du blé, et demandera aux pays voisins les marchandises qui lui seront nécessaires.

Si chacun des trois pays produisait lui-même les marchandises en question, la production totale serait :

$$30 \text{ blé} + 49 \text{ fer} + 270 \text{ vin.}$$

Si, au contraire, chacun s'adonnait à la production pour laquelle il a les meilleures aptitudes, le total serait changé comme il suit :

$$30 \text{ blé} + 60 \text{ fer} + 270 \text{ vin.}$$

Il y aurait donc un gain total de 11 fer. Mais, ce n'est pas là la seule conséquence du fait que l'échange est pratiqué, non plus entre deux pays, mais entre plusieurs. Et, à dire vrai, la même marchandise peut être fournie par deux marchés différents et cette offre double empêche que les avantages de l'échange soient accaparés, dans une trop large mesure, par l'un des deux pays.

Si, par exemple, la France et la Suisse étaient deux pays isolés, l'échange de 10 blé pourrait se faire contre une quantité de fer à peine inférieure à 20, et cela avec un bénéfice trop considérable pour la Suisse. Mais la concurrence de l'Italie empêcherait ce résultat, car, étant donné le taux d'échange, ce pays qui devait auparavant donner 90 vin pour obtenir 18 fer, trouverait actuellement avantageux d'abandonner la production du vin pour celle du blé ; car avec 10 blé elle obtiendrait une plus grande quantité de fer. Ici encore, tout dépendra de l'intensité de la demande que chaque pays adresse aux autres marchés pour les marchandises qu'il veut obtenir par l'échange, et de l'intensité de l'offre de ces mêmes marchandises. De toute façon, on peut dire que *plus le nombre des pays pratiquant l'échange est grand, et mieux se répartissent les avantages qui en dérivent.*

15. Un pays a toujours intérêt à pratiquer l'échange international quel que soit le coût auquel il produit ses marchandises. — Il n'est pas dit que l'échange apporte des bénéfices aux seuls pays qui produisent les marchandises au plus bas coût. S'il existait un pays qui produisît toutes les marchandises à des coûts plus élevés que dans les états avec lesquels il pourrait pratiquer l'échange, ce pays aurait toujours avantage à se livrer au commerce international. Supposons que la France,

la Suisse et l'Italie puissent produire le blé, le fer et le vin aux
coûts suivants :

	blé	fer	vin
F —	10	15	20
S —	8	20	15
I —	15	30	60

L'Italie, quoique ayant les coûts les plus élevés, retirerait des
avantages considérables de l'échange. Elle pourrait produire le
blé et obtenir par l'échange, le fer de la France et le vin de la
Suisse. Ce faisant, l'échange lui amènerait plus d'avantages que
la production directe ; la France ne pourrait pas se montrer
trop exigeante pour l'échange de son fer, car elle pourrait être
évincée par la Suisse. De même, la Suisse serait obligée de modérer ses prétentions en ce qui concerne le vin, car l'Italie aurait là ressource de demander le vin français.

**16. Le taux d'échange entre les pays métropoles et les
colonies.** — Il y a des pays qui, politiquement, ne sont pas
libres (colonies, possessions, etc.) et ils subissent trop souvent une sujétion économique, qui équivaut pour eux à une
véritable perte. Les pays protecteurs ou possesseurs leur imposent un régime douanier qui favorise les intérêts métropolitains. Soit OX (fig. 5) la courbe des coûts comparatifs dans le
pays protecteur A. Soit OY la courbe des coûts comparatifs
dans le pays quelconque, que nous appellerons B, avec lequel
l'échange donnerait les avantages réciproques les plus importants. Etant donné le taux d'échange OR, l'échange du sucre
de A avec les machines de B donnera au premier un bénéfice
cd, équivalent à la quantité de machines $c'e$. Le gain, pour le
second, sera fd, équivalent à la quantité $f''b$ de sucre. Le bénéfice
sera sensible car, — étant données les aptitudes différentes des
deux pays, — la différence des coûts comparatifs est considérable.

Mais le pays protecteur, que nous appellerons C, impose à A
un tarif douanier qui frappe les marchandises étrangères, et,
par conséquent, celles de B, avec qui le commerce avait commencé, ou aurait commencé et conduit à des avantages ré-

Fontana-Russo.   4

ciproques, tandis que C laisse ses propres marchandises entrer librement en A. Il en résulte qu'à la courbe OY des coûts comparatifs de B, le pays C veut substituer la sienne OZ. Cette courbe renfermera des coûts comparatifs présentant des variations moins grandes que ceux de la courbe éliminée ; car, s'il en était autrement, C n'aurait pas eu besoin d'avoir recours à un tarif qui le favorise seul. Il est donc compréhensible que la courbe OZ soit plus voisine de la courbe OX que ne l'était la courbe OY. L'ancien

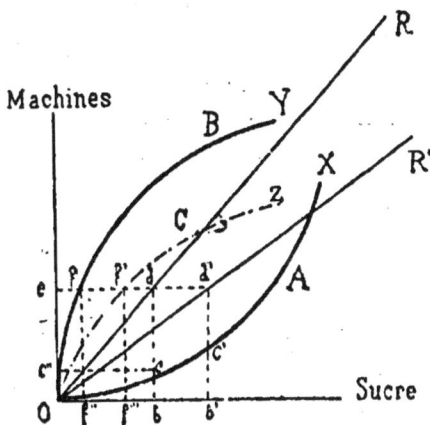

Fig. 5.

taux d'échange ne pourra pas rester le même, il deviendra nettement défavorable à A, puisque ce pays n'a d'autre débouché pour ses marchandises que C. Le pays C, en empêchant les autres de participer à l'approvisionnement de A, oblige ce dernier à acheter chez lui les marchandises dont il a besoin. Donc A, pour obtenir la même quantité Oe de machines, devra donner une quantité de sucre plus grande de bb' ; en effet, les quantités échangées sont maintenant : $b'd' = Ob'$, c'est-à-dire $Ob + bb'$. Donc bb' représente une perte sèche pour A, par rapport au bénéfice réalisé avec l'ancien taux d'échange, quoique le taux nouveau lui procure un bénéfice $c'd'$. Le pays C, au contraire, obtient un échange auquel il n'aurait jamais pu prétendre, et qui lui rapporte, pour chaque opération, un bénéfice $f'd$ équivalent à $f'''b'$ de sucre.

17. Les taux d'échange et les traités de commerce. — Quelle est l'influence des traités de commerce sur les échanges réciproques? Deux pays A et B (fig. 6) ont respectivement leurs courbes naturelles de coûts comparatifs représentés par OA et OB.

Mais ils sont soumis au régime protectionniste et substituent ainsi à ces courbes naturelles, les nouvelles courbes OA' et OB'. Soit OZ le taux d'échange tant que, en vertu des tarifs douaniers, les courbes OA' et OB' ne changent pas. Chaque opération d'échange donnera au pays A, un bénéfice $d'c$ de fer; au pays B, $f'c$ de laine. Le traité de commerce intervient, et, réduisant les tarifs, il a pour effet de remplacer les anciennes courbes par de nouvelles OA'' et OB'',

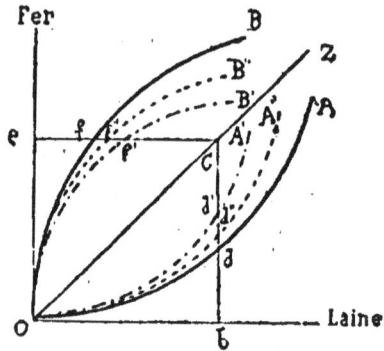

les bénéfices de l'échange augmentent alors et deviennent respectivement :

$$d'c + d'd'' \quad \text{et} \quad f'c + f'f''$$

Si le traité est conçu selon des tendances de libre-échange encore plus accusées, de façon à tendre à la suppression des taxes, les courbes naturelles se substituent aux autres, et les deux pays bénéficient des avantages les plus élevés, c'est-à-dire :

$$d'c + d'd'' + a''d \quad \text{et} \quad f'c + f'f'' + f''f.$$

Naturellement l'équivalence économique des avantages réciproques sera obtenue quand ceux-ci se traduiront par des bénéfices égaux, c'est-à-dire lorsque l'on aura :

$$d'd'' = f'f'' \quad \text{et} \quad d''d = f''f.$$

Les deux pays dirigeront leur commerce de façon à obtenir l'équivalence dans les avantages définitifs (1).

---

(1) Nous parlerons, plus loin, d'autres théorèmes, en même temps que nous citerons ceux qui se rattachent plus directement à d'autres questions. C'est ainsi que nous renvoyons au chapitre traitant des *meilleures formes de protectionnisme*, l'examen critique et les compléments de certains problèmes concernant les coûts comparatifs et les taux internationaux d'échange. Nous renvoyons également au chapitre des rap-

Ainsi nous avons étudié les causes déterminantes du commerce international, ses principales lois et les avantages qui en dérivent pour les pays qui y participent.

ports entre la *politique financière et la politique commerciale* la démonstration d'une autre loi régissant la concurrence entre deux pays (produisant à des coûts différents les marchandises qui en font l'objet) sur un état neutre.

CHAPITRE III

LA BALANCE ÉCONOMIQUE

18. La balance économique et la balance commerciale. — 19. Les facteurs de la balance économique : *a*) les importations et les exportations ; *b*) les emprunts contractés à l'extérieur par les Etats et les particuliers ; *c*) les intérêts des dettes de cette nature ; *d*) les gains des nationaux établis à l'étranger ; *f*) les frêts de la marine marchande ; *g*) les indemnités payées par un Etat à un autre ; *h*) autres facteurs d'importance secondaire. — 20. Comment l'expérience prouve que, la plupart du temps, les marchandises se paient avec des marchandises. — 21. Cas où les marchandises ne se paient pas avec d'autres marchandises. — 22. Le solde définitif de la balance économique.

18. La balance économique et la balance commerciale. — Jusqu'à présent nous avons parlé de l'échange des marchandises et nous avons dit que les importations devaient être compensées par les exportations. Cette compensation semblait nécessaire, parce que l'on avait supposé que l'échange se pratiquait sous la forme du troc direct et encore qu'aucune convention d'autre nature n'intervenait dans les rapports de pays à pays. Mais, en complétant la théorie petit à petit, nous voyons que l'équilibre exact est rarement atteint et que d'autres facteurs interviennent pour le rétablir, lorsqu'il est compromis. Si nous consultons les statistiques commerciales de presque tous les pays, nous constatons que l'équivalence des importations et des exportations n'est jamais réalisée ; on remarque, au contraire, que, dans beaucoup de cas, les importations l'emportent de beaucoup sur les exportations. Ce fait suffirait bien à démontrer

la vanité de la théorie mercantiliste. Colbert et ses successeurs,
crûrent que les achats à l'extérieur ne pouvaient dépasser les
ventes sans compromettre toutes les forces économiques du
pays, et le conduire à la ruine ; tandis que l'expérience de
chaque jour confirme que la richesse de presque tous les États
augmente, bien que les importations dépassent les exportations.

Nul ne peut nier la rapidité de l'accumulation du capital
anglais, ni la prospérité grandissante de l'Angleterre ; et bien,
en 1905, la balance commerciale de cet heureux pays se soldait
par un passif de 162 millions de livres sterling. Nous trouvons
d'autres années, dans l'histoire économique de la Grande-Bretagne, pour lesquelles la différence est encore plus grande.
Mais, en dépit de la permauence de ce fait, personne n'a jamais cru au déclin économique de l'Angleterre (1). De tout
temps, il est vrai, même lorsque les progrès étaient les plus
considérables, il ne manqua pas de gens qui crurent à la décroissance rapide de la production britannique. Mais les faits dé-
montrèrent que cette opinion, née le plus souvent de la passion
politique, était sans fondements ; car l'Angleterre continua pai-
siblement le merveilleux progrès de l'accumulation de ses capitaux sans éprouver d'arrêt malencontreux , sans même souffrir
un retard dans sa marche.

L'exemple de l'Italie est encore plus éloquent. Là, les symp-
tômes réconfortants d'une énergie retrouvée se sont manifestés
plus vivement pendant ces dernières années. De 1900 à 1905, la
balance commerciale se solde par un passif de 400 millions en
moyenne, alors que pendant les six années précédentes, au plus
fort de la crise, le passif descendit à 68 millions et ne dépassa
209 millions qu'en l'année 1898.

Le même phénomène se répète dans tous les grands pays

(1) Que dirait maintenant ce pauvre M. d'Avenant, inspecteur général
des douanes, sous le règne de Guillaume d'Orange et de la reine Anne,
qu'une dette commerciale de deux millions de livres sterling jetait dans
une profonde tristesse, et, revenant à la vie, il retrouvait sa patrie affligée
d'une dette environ 90 fois supérieur !

d'Europe, excepté l'Autriche-Hongrie et pour quelques années seulement.

Si donc, en dépit de ces faits, un pays ne s'appauvrit pas, c'est grâce à l'action d'autres facteurs, susceptibles de compenser largement la perte qui résulte de ce que les achats à l'extérieur sont supérieurs aux ventes. Au-dessus de la balance commerciale il y a la balance économique, qui comprend tous les éléments du Doit et de l'Avoir, dont les importations et exportations ne représentent qu'un seul facteur.

19. Les facteurs de la balance économique. — Les facteurs de la balance économique sont :

a) *Les importations et les exportations de marchandises, dont nous venons de parler.*

b) *Les emprunts contractés à l'extérieur par les gouvernements ou les particuliers.* Les états modernes, sous la pression de besoins nouveaux et croissants, contraints aussi par la nécessité de ne pas recourir à de nouveaux impôts, ont recours aux emprunts, qui permettent seuls de faire face immédiatement à tous les engagements et d'en répartir les charges sur une longue série d'années. Tous les Etats ont fait un large usage de la dette publique.

En 1900, la dette totale de l'Autriche-Hongrie, de la Belgique, de la France, de l'Allemagne, de l'Italie, des Pays-Bas, de la Russie, de l'Angleterre et des Etats-Unis, s'élevait à 156 milliards de francs (1).

D'ailleurs de telles dettes ne sont pas toujours contractées à l'intérieur ; le plus souvent on a recours à l'étranger. Ainsi, la Russie, par exemple, supporte une dette intérieure de 3.132 millions de roubles et une dette extérieure de 3.080 millions. Au moment où la dette est contractée, le pays débiteur reçoit les capitaux qui représentent le montant de cette dette, c'est-à-dire

(1) Voir pour de plus amples renseignements, l'excellent livre de FRANCESCO S. NITTI, *Principii di scienza delle finanze*, (Naples, L. Pierro, 1905, 2ᵉ édition, p. 590 ; trad. franc., Paris, Giard et Brière. Voir également *National Debts of the World Principii*, publication du *Bureau of Statistics* de Washington.

que si sa balance commerciale s'est clôturée par un solde
débiteur, ce passif peut être compensé par l'emprunt. L'effet
inverse peut se manifester pour le pays créditeur ; car, si un
nouveau facteur n'entre pas en ligne, ce pays verra l'excédent d'actif de sa balance commerciale disparaître par
suite de l'exportation des capitaux qui représentent l'emprunt.

Quant aux dettes particulières, les choses ne vont pas autrement. Les grandes sociétés anonymes, lors de leur constitution,
émettent des actions qui peuvent être placées tant à l'intérieur
qu'à l'extérieur. Ces actions équivalent aux titres de la dette
publique, c'est-à-dire qu'elles sont susceptibles de provoquer
une entrée ou une sortie de capitaux, qui pourra équilibrer le
passif ou l'actif de la balance commerciale.

c) *Les intérêts de dettes contractées à l'extérieur tant par les
Gouvernements que par les particuliers.* Les dettes contractées à
l'extérieur ou à l'intérieur, à quelque titre que ce soit, sont
productrices d'intérêts payés à des échéances régulières. Il en
résulte, que périodiquement on a, de ce chef, dans chaque
pays, une entrée ou une sortie de capitaux.

Certes, les pays plus riches perçoivent des intérêts supérieurs
à ceux qu'ils paient, et cela tend à les rendre créditeurs plus
que débiteurs, par rapport à l'étranger.

On peut dire que les paiements effectués en dehors des frontières, pour régler les intérêts des capitaux empruntés, indiquent
avec beaucoup d'exactitude la situation de l'économie nationale.
En effet, les pays les plus riches, même lorsqu'ils ne recourent pas
au crédit international, rachètent les titres placés à l'extérieur,
à mesure que s'améliore leur situation intérieure, et ils diminuent ainsi les intérêts payés annuellement aux capitalistes
étrangers. Les pays pauvres, où les capitaux sont rares, ne peuvent pas procéder ainsi. L'exemple de l'Italie à cet égard est
caractéristique. Pendant l'exercice financier 1892-93, elle a payé
à l'extérieur, comme intérêt du consolidé 5 0/0, seulement le
43 0/0 de la somme destinée à cet effet. Depuis, la proportion a

constamment diminué, tellement qu'en 1902-1903 cette somme se réduisait à 10,30 0/0.

Il est vrai que pendant les années antérieures à 1893, le paiement des intérêts ne représentait pas exactement le montant de la rente italienne placée hors du royaume, parce que la spéculation sur le change incitait les porteurs nationaux à présenter leurs coupons à l'extérieur, au lieu d'en demander le règlement en Italie même (1). Il est incontestable, cependant, qu'à cette époque une grande partie de la rente italienne était détenue par les étrangers, et elle est rentrée en Italie, à mesure que s'est améliorée la situation économique générale et que la puissance de capitalisation est devenue plus active.

Lorsque un pays place sa dette à l'extérieur et en reçoit l'équivalent, il agit en créancier ; lorsque, au contraire, il paie les intérêts de cette dette, il apparaît débiteur, ce qu'il est en réalité.

d) *Les gains des nationaux qui résident à l'étranger.*

Nous avons dit, d'autre part, que le capital devient chaque jour plus cosmopolite. Il afflue en abondance partout où il y a un emploi avantageux. Parfois le capital émigre en même temps que le capitaliste et les profits réalisés ont tendance à retourner au pays d'origine.

L'Angleterre, par exemple, employa beaucoup de ses capitaux dans les entreprises argentines, et la République Argentine agit en pays créditeur aux instants où ces capitaux émigrèrent sur son territoire. Mais quand le profit qu'ils avaient réalisé retourna en Angleterre, la République Argentine apparut dans sa position débitrice envers la Grande-Bretagne. Ritchie écrit que l'Angleterre retire annuellement 2.250 millions de francs d'intérêt des capitaux qu'elle emploie à l'extérieur.

Ce facteur acquiert une importance grandissante.

Il peut se faire que ce soient des conditions artificielles qui dé-

---

(1) Le change s'est maintenu très élevé pendant cette époque. En 1893 il atteignait son maximum, 15,95 0/0, c'est-à-dire que les coupons envoyés à l'extérieur (où le paiement se faisait en or, alors qu'il se faisait en papier à l'intérieur) bénéficiaient d'un gain de 15 fr. 95 par cent francs.

terminent des situations telles que le capital ait avantage à se déplacer d'un pays à l'autre, sur le marché européen.

Quand l'Italie voulut s'inféoder au protectionnisme, elle obligea les usines étrangères qui travaillaient pour la clientèle italienne à se transplanter au delà des Alpes. D'autres entrepreneurs survinrent, pour s'adonner aux industries qui étaient le plus efficacement protégées.

Le même phénomène s'est passé en Russie, particulièrement en Pologne. Quand cet empire, sous l'influence de Witte, stimula plus énergiquement l'activité industrielle en lui assurant de très hauts profits, beaucoup d'entrepreneurs allemands vinrent s'établir sur le territoire russe et produisirent les marchandises les plus protégées.

Ces capitaux y trouvèrent un profit, qui n'apporta aucun changement tant qu'il resta là où s'était transplantée l'entreprise en question. Toutefois, comme le profit tend souvent à émigrer vers les pays d'où est venu le capital, il en résulte que les Etats où celui-ci s'emploie deviennent rapidement débiteurs.

Toutes les nations ne sont pas en mesure d'exporter des capitaux, beaucoup se contentent d'exporter les individus. L'Italie est de celles-ci. L'épargne réalisée par cette émigration de prolétaires tend, plus encore que le profit capitaliste, à retourner dans les pays d'origine. L'entrepreneur, étant donné l'énorme chiffre de capital immobilisé exigé par les industries modernes, abandonne difficilement ses usines pour retourner dans sa patrie. Parfois il devient citoyen du pays qui lui donne l'hospitalité et il n'envoie pas les profits de ses capitaux dans sa propre patrie. L'émigration prolétarienne ne procède pas ainsi. Tant que les ouvriers n'ont pas acquis la propriété d'un capital relativement important, leur seule ressource est toujours le travail. Cela leur permet une grande facilité de déplacement et dès qu'ils ont réalisé quelque économie, ils reviennent là où ils étaient d'abord. L'Italie le sait bien, elle qui ne reçoit pas moins de 200 millions de francs, chaque année, de ses enfants disséminés par le monde.

e) Les dépenses des nationaux voyageant à l'étranger.

Certains pays, comme l'Italie, sont dotés d'attractions climatériques ou artistiques, qui appellent les riches habitants d'autres pays et les amateurs de choses d'art. Ces voyageurs laissent dans le pays des sommes considérables, en frais de voyage, d'existence, d'achats, etc. ; ces sommes atteignent annuellement en Italie trois cents millions de francs, d'après des calculs attentifs. Donc ce pays devra faire figurer cette somme dans le compartiment de ses créances.

Il est vrai que les nationaux italiens voyagent aussi et dépensent à l'étranger, mais non pas autant que les étrangers voyagent et dépensent en Italie. Le contraire a lieu en Russie, car les visiteurs y sont rares par rapport au grand nombre des voyageurs russes qui parcourent l'Europe.

f) Les frêts payés aux marines marchandes étrangères.

Toutes les marchandises qu'un pays exporte ou importe ne sont pas transportées par la marine nationale. On peut dire qu'aucune nation n'est en mesure de le faire, excepté l'Angleterre. La Grande-Bretagne n'est pas seulement la grande usine du monde, mais encore le moteur dont la puissance colporte les marchandises à travers tous les océans.

Donc, tous les États du monde sont plus ou moins tributaires de l'Angleterre, c'est-à-dire que tous les États verseront entre des mains anglaises le montant des frais de transport représentant la rémunération du travail accompli par la marine britannique. Cela signifie encore qu'à cet égard la Grande-Bretagne est créditrice vis-à-vis de l'étranger.

Les dettes contractées de ce chef envers l'Angleterre par les différents pays, varient avec l'importance des services rendus. La suprématie dont la Grande-Bretagne a joui pendant si longtemps, dans ce domaine, ne semble pas devoir durer encore beaucoup comme par le passé, sans susciter des compétitions. Chaque année la concurrence des pavillons étrangers, dans les ports anglais mêmes, devient de plus en plus active. Non seulement l'Allemagne, mais d'autres pays encore, s'efforcent de diminuer les paiements faits à l'Angleterre pour les transports maritimes. Actuellement, le prix des services rendus par la marine auglaise aux autres pays atteint annuellement un milliard et demi de francs. Par conséquent, un bon tiers du passif que présente la balance commerciale de ce pays est compensé par les revenus de la marine marchande; et nul ne doute que les deux autres tiers de ce passif ne trouvent une large compensation dans les profits des capitaux anglais à l'extérieur, et dans l'épargne, réalisée de quelque façon que ce soit, par les nationaux anglais établis à l'étranger.

g) *Les indemnités de guerre, ou d'autre nature, payées par un État à un autre.*

Naturellement, ce facteur n'a pas une influence permanente. Il intervient seulement à l'issue des grands conflits internationaux ou des perturbations intérieures. Nul n'ignore les indemnités de guerre payées par la France à l'Allemagne et par la Chine au Japon; nul n'ignore, non plus les sommes payées par les États Sud-Américains, et récemment encore par la Chine, aux nations étraugères, comme indemnités accordées aux étrangers lésés au cours des troubles intérieurs dans ces deux pays.

h) *Autres facteurs d'importance secondaire.*

Par exemple a) : Les commissions des banquiers, élément non négligeable pour les pays qui, à l'instar de l'Angleterre, sont les intermédiaires des paiements internationaux. C'est ainsi que la Banque d'Angleterre fait le service de trésorerie pour beaucoup de pays dont elle reçoit une rétribution en conséquence (1).

b) Les dots des jeunes filles américaines qui se marient à

---

(1) D'après les tableaux du ministère des finances autrichien concernant la statistique de la valeur des monnaies, on dispose annuellement sur l'Angleterre, pour le commerce du continent avec les pays d'outre-mer, pour plus de 7 milliards et demi de francs; et cette dernière y gague environ 6 millions de francs. D'après des observations du *Board of Trade*, se rapportant à l'année 1898, le bénéfice total de l'Angleterre, en commissions de banque ou autres s'élevait cette année-là à 18 millions de livres sterling. *Revue économique internationale*, 3e année, vol. III, n° 3, p. 477.

l'étranger. *c*) Les dépenses faites dans les pays à travers lesquels s'exerce le commerce de transit. *d*) Les revenus de la propriété littéraire et artistique, des brevets d'invention et des monopoles industriels ; les successions, les legs et les pensions au bénéfice de personnes étrangères. *e*) L'obole de saint Pierre pour l'Italie, etc.

Ce sont là les principaux éléments de la balance économique. Peu importe si le commerce d'importation n'équivaut pas au commerce d'exportation ; mais il est indispensable, sous peine d'insolvabilité, que les dettes d'un pays ne dépassent pas constamment ses créances. Un État pourra, même pendant de longues années, enregistrer un excédent d'importation par rapport à l'exportation, et prospérer ou décliner. Au contraire, ce pays, s'il présentait une balance économique débitrice, devrait y remédier promptement pour éviter la multiplication des faillites et la diminution du crédit qui lui est accordé.

20. Comment l'expérience confirme que le plus souvent, les marchandises se paient avec d'autres marchandises. — Bien qu'il ne soit pas vrai que les marchandises importées se paient exactement avec les marchandises exportées, on ne peut pas nier que les achats et les ventes internationaux s'influencent réciproquement. Voyons, en effet, de quelle façon les importations et les exportations des principaux pays du monde ont oscillé chaque année de 1883 à 1904. Les signes + ou — indiquent l'augmentation ou la diminution par rapport à l'année précédente. Naturellement, à chaque augmentation ou diminution des ventes devrait correspondre une augmentation ou une diminution des achats. Cela ne peut arriver qu'assez difficilement et il faut l'attribuer en partie à l'imperfection des statistiques. Mais cela devrait s'observer au moins approximativement. Disons de suite que, dans le tableau suivant, les signes représentatifs sont établis d'après des calculs basés sur le commerce *spécial* d'entrée ou de sortie, et que les augmentations ou diminutions ne sont jamais inférieures à cinq millions de francs.

Voyons ce que donne l'expérience pour chacun des pays envisagés.

Années	France		Allemagne		Italie		Autriche-Hongrie		Etats-Unis		Angleterre		Suisse	
	Imp.	Exp.	Imp.	Exp.	Imp.	Exp.	Imp.	Exp.	Imp.	Exp.	Imp.	Exp.	Imp.	Exp.
1883	−	−	+	+	−	+	−	−	+	+	+	−		
1884	−	−	−	−	+	−	−	−	−	−	−	−		
1885	−	−	−	−	+	−	−	−	−	+	−	−		
1886	+	+	−	+	−	+	−	+	+	−	−	−	+	−
1887	+	−	+	+	+	−	+	−	+	+	+	+	+	+
1888	+	−	+	+	+	−	−	+	+	−	+	+	−	+
1889	+	+	+	−	+	+	+	+	+	+	+	+	+	+
1890	+	+	+	+	+	−	+	+	+	+	−	+	+	−
1891	+	−	−	−	+	+	+	+	+	+	+	−	−	−
1892	−	−			+	+	−	−	+	+	−	−	−	−
1893	−	−	−	+	+	+	+	+	−	−	−	−	−	−
1894	−	−	−	−	−	+	−	−	+	−	+	−	−	−
1895	−	+	+	+	+	+	+	−	−	+	+	+	+	+
1896	+	+	+	+	−	+	+	+	−	+	+	+	+	+
1897	+	+	+	+	+	+	+	−	+	+	+	−	+	+
1898	+	−	+	+	+	+	+	+	−	+	+	+	+	+
1899	+	+	+	+	+	+	−	+	−	+	+	+	+	+
1900	+	−	+	+	+	−	+	+	+	−	+	+	−	+
1901	−	−	−	−	+	+	−	−	+	+	−	−	−	+
1902	+	+	+	+	+	+	+	+	−	+	+	+	−	+
1903					+	+					+	+		
1904					−	+								

En France, de 1883 à 1885, nous voyons qu'à la diminution des importations correspond constamment une diminution des exportations. En 1886 les achats augmentaient et les ventes aussi. De 1888 à 1890 se succèdent trois années pendant lesquelles les entrées et les sorties s'accroissent parallèlement. En 1891, première discordance, les achats augmentent et les ventes diminuent. Mais ce fait s'explique par l'entrée en vigueur, en 1892, du nouveau tarif autonome, établissant des droits bien plus élevés que les anciens, devant avoir pour conséquence anticipée l'augmentation considérable des approvisionnements, alors que les ventes ne pouvaient compenser ces achats d'ordre exceptionnel (1). A partir de 1892, pendant trois années, nous relevons la décroissance simultanée des importations et des exportations.

En 1895, nouvelle discordance : les entrées diminuent alors que les sorties augmentent. Ici encore la diminution des entrées est provoquée par un événement exceptionnel. L'abondance de la récolte des céréales eut pour résultat de diminuer de 190 millions de francs les achats à l'extérieur ; et cette diminution s'ajoute à la diminution de 152 millions, constatée l'année précédente et affectant les importations.

Ensuite, deux années de reprise dans les deux branches. En 1898, troisième discordance, mais à peu près négligeable, car l'augmentation est de 173 millions sur une importation totale supérieure à 4.500 millions, et la diminution se chiffre par 42 millions, sur une exportation totale de 4 milliards. Toutefois, même en 1898, nous en trouvons la justification complète. L'augmentation des entrées fut due aux achats exceptionnels de blé étranger, par suite de la faiblesse de la production intérieure ; ces achats dépassèrent de 350 millions de francs ceux de l'année précédente. La diminution de l'exportation doit être attribuée à la vente plus faible des denrées alimentaires, particulièrement du vin, dont la récolte fut d'ailleurs très abondante, à l'étranger.

Mais, dès que les causes perturbatrices cessent d'intervenir, les importations et les exportations reprennent leur mouvement harmonique : elles diminuent simultanément en 1901, pour augmenter ensemble en 1902.

De tout cela, il ressort clairement, qu'un rapport étroit unit, en France, les importations et les exportations. Par exception seulement, il peut arriver, dans les périodes de dépression ou de

---

(1) Les exportations furent accrues pour éviter les droits plus élevés du nouveau tarif. En effectuant par avance les approvisionnements, on bénéficiait des droits plus faibles du tarif ancien encore en vigueur,

reprise, que les importations devancent les exportations ou inversement.

Les statistiques allemandes ne concluent pas différemment. Pendant trente ans, elles ne nous présentent que trois discordances, ici encore, d'un caractère non pas définitif mais transitoire, et, par conséquent, dues à des causes passagères ; tandis qu'au contraire, le mouvement harmonique des entrées et des sorties de marchandises se continue pendant de longues périodes, qui atteignent jusqu'à 6 années, par exemple de 1895 à 1900. Plusieurs des discordances s'expliquent complètement. Ainsi, l'augmentation des ventes en 1893, alors que les achats diminuaient, fut provoqué par l'entrée en vigueur des traités récemment stipulés avec les Etats de l'Europe centrale et inspirés par le désir de pousser à la conquête des marchés étrangers les fabriques allemandes armées pour la lutte. Depuis lors, il n'y a pas de variations dans les ventes qui ne soit accompagnée d'une variation parallèle dans les achats.

L'Italie nous offre les discordances les plus importantes ; et ce phénomène s'observe pour les pays à prédominance agricole ou qui se manifestent comme tels vis-à-vis de l'extérieur. Il est facile de comprendre comment la marche des récoltes peut influer sur les ventes, altérant ainsi, toujours passagèrement, le parallélisme qui devrait s'établir avec les achats. De toute façon cela se constate seulement pendant les premières années de la période envisagée, et on peut l'attribuer à l'imperfection des statistiques italiennes et aux troubles continuels qui résultèrent à cette époque de la politique commerciale de ce pays (1). Mais après 1888, les choses procèdent avec la régularité habituelle. Il ne faut pas oublier, d'ailleurs, que plusieurs des discordances n'ont qu'une importance numérique négligeable. Ainsi, en 1896, les importations diminuèrent de sept

(1) Nul n'ignore qu'en 1885 et 1887 les importations furent artificiellement accrues par des approvisionnements abondants. Si on tient compte de ce fait, on voit que la discordance signalée pendant les premières années de la période envisagée est loin d'être naturelle.

millions seulement et les exportations augmentèrent seulement
de 15. En 1904, le signe — pour les importations est dû seulement à une diminution des achats montant à 3 millions.

En étendant l'examen aux nations qui figurent au tableau
précédent, nous voyons que les discordances ne se prolongent
pas au delà d'une période de deux années successives. Au contraire, les années qui marquent un mouvement parallèle des
entrées et des sorties se suivent pendant des périodes beaucoup
plus longues. Nous croyons que le phénomène est dû à ce que
les compensations internationales s'effectuent, le plus souvent,
au moyen de l'échange des marchandises.

**21. Cas où les marchandises ne se paient pas avec des
marchandises.** — Quoique les marchandises constituent le facteur principal de la balance économique, on ne peut pas prétendre, d'une façon absolue, que dans tous les cas les marchandises se paient avec des marchandises, ni qu'une importation de
produits exige nécessairement sa contrepartie dans l'exportation d'autres produits.

Quand un pays, par des profits exceptionnels, attire le capital étranger, et que cette importation a 'lieu, non pas sous la
forme de monnaie, mais bien sous forme de biens instrumentaux,
machines, matières premières, etc., alors la contrepartie peut
faire défaut et les marchandises importées peuvent être inférieures, quant à la valeur, aux marchandises exportées.

Dans le cas contraire, c'est-à-dire pour les pays très riches
de capitaux, l'exportation de ceux-ci vers les emplois étrangers
peut se faire sous forme de biens instrumentaux, et ne pas
exiger de contre-partie. L'exportation des marchandises peut
alors dépasser l'importation.

Quand un entrepreneur anglais veut fonder en Italie une
fabrique de tissus de fil ou de laine, il peut n'y apporter
qu'une partie minime de son capital monnayé. Il enverra les
broches, les métiers, les moteurs, etc., produits en Angleterre. Il enverra même une partie du charbon qu'il emploiera
pour le développement de la force motrice. Et il commandera

la matière première à la colonie du Cap ou à l'Australie, pour
qu'elle lui soit directement envoyée en Italie. Cela n'est pas un
cas exceptionnel, mais normal, quand il s'agit d'un pays surchargé de capital et désireux de l'employer à l'extérieur. Etant
donné cette situation, ilsemble évident que l'entrée des biens instrumentaux n'exige pas nécessairement sa contrepartie dans les
sorties. L'Angleterre, qui fait rayonner son capital dans beaucoup
d'autres pays, voit, pour cette raison, diminuer la différence
entre le commerce d'importation et le commerce d'exportation.
Pour les pays importateurs de capital anglais, c'est précisément
le contraire qui a lieu : ils voient augmenter cette différence ou
la voient diminuer dans le cas où les exportations dépassent
les importations. On peut objecter que les profits de ce capital
retournent ensuite en Angleterre et que la contrepartie se retrouve lentement, année par année, dans les exportations. Il est
vrai, mais il n'est pas dit que le profit doive toujours retourner
dans le pays d'où est venu le capital. Ce profit peut aussi rester
sur le marché où s'est employé le capital, soit pour engager de
nouvelles entreprises, soit à toute autre titre.

Une importation de marchandises peut ne retrouver que très
tard et très lentement sa contrepartie dans les exportations.

Prenons le cas d'un pays qui place ses dettes à l'étranger ou
qui les rachète de l'extérieur. Dans le premier cas, les importations de ses marchandises sont compensées par l'exportation
des titres, titres d'Etat ou titres privés (1). Donc l'entrée des
marchandises peut ne pas correspondre à la sortie des marchandises.

Ce fut le cas de l'Italie au temps où elle augmentait inconsi-
dérément sa dette publique. Les créanciers étrangers envoyaient leurs marchandises contre ses titres ; par conséquent,
l'importation des produits étrangers venait diminuer la production italienne, et elle ne trouvait pas sa contrepartie dans
l'exportation.

(1) Il est évident que, dans ce cas, nous considérons les titres comme
une marchandise quelconque.

Le contraire se produisit quand l'Italie commença le rachat de la dette placée à l'extérieur. Alors que les exportations augmentaient, on eut une rentrée de titres plus considérable ; donc, en ce cas encore, la contrepartie en marchandises fit défaut.

Le même fait se produisit aux Etats-Unis d'Amérique.

Mais, dans les cas précédents la contrepartie est simplement différée et atténuée. Les titres sont producteurs d'intérêts, et ces intérêts, sous la forme de marchandises, prennent chaque année le chemin de l'étranger ; et cette exportation continuera jusqu'à ce que ces titres soient rachetés par les pays débiteurs. La contrepartie est complète au moment de ce rachat.

De cela il résulte, que dans un pays les importations sont d'autant plus vite compensées par les exportations que le capital suffit à faire face aux besoins actuels de la production et du trésor public.

22. Le solde définitif de la balance économique. — Il peut se faire que les facteurs de la balance économique ne suffisent pas à rétablir l'équilibre entre les dettes et les créances internationales.

Dans ce cas, le débit peut être éteint au moyen d'exportation de monnaie du pays débiteur vers le pays créditeur. Mais cette exportation, pour des motifs que nous examinerons au prochain chapitre ne peut jamais être définitive.

Il peut se faire que l'usage de la monnaie soit rendu difficile si la circulation monétaire métallique est insuffisante dans le pays débiteur et se trouve remplacée par la circulation de monnaie fiduciaire à cours forcé, et non acceptée par les créanciers étrangers. Il peut encore se faire que la monnaie métallique ait émigré complètement à l'extérieur. Alors, l'insolvabilité se manifeste par une série de faillites à l'intérieur du pays débiteur, et aboutit à un solde définitif (1), en vertu duquel :

1° L'étranger peut se faire payer au moyen de la prestation

(1) M. Pantaleoni, *Scritti varii di economia*, Palerme, R. Saudron, 1904, p. 134.

des services des nationaux du pays débiteur ou des débiteurs de
ceux-ci. Que l'on suppose un armateur français, débiteur par
rapport à un négociant en charbons anglais, n'ayant à sa disposition aucun des moyens habituels pour satisfaire sa dette. Rien
d'étonnant, dans ce cas, si l'armateur, à la requête du créancier
ou sur son initiative propre, met ses navires à la disposition du
commerçant anglais pour le nombre de transports dont le frét
est équivalent à la dette en question. Il pourra se faire, de même,
que l'armateur français cède au commerçant britannique une de
ses créances sur un armateur espagnol, et que ce dernier éteigne
la dette en mettant temporairement ses navires à la disposition
du créancier anglais, au lieu du créancier français.   —

Donc, la dette internationale s'éteint définitivement par un
service rendu par le débiteur, ou par un débiteur de celui-ci.

2° L'étranger peut se faire livrer les biens mobiliers ou les
produits de biens immobiliers par le débiteur. Une société italienne pour la raffinerie du sucre est débitrice envers une société
française du même genre. La première a fait une acquisition
considérable de sucre brut à l'extérieur, dans la crainte que la
culture de la betterave sur ses terrains ne donne une récolte
trop faible. Au contraire, cette récolte a été surabondante, au
point de dépasser toute prévision, Il peut se faire alors que la
raffinerie italienne livre à la raffinerie française jusqu'à extinction de la dette contractée le sucre brut qu'elle a acheté ou une
partie de celui qu'elle a retiré de ses terrains. Dans ce cas la
dette s'éteint par la livraison de biens mobiliers ou de produits
de biens immobiliers.

3° Il peut se faire enfin que le pays créditeur transporte une
partie de sa population dans le pays débiteur, dans le but d'y
jouir des biens reçus en solde, soit parce que ces biens et leurs
produits ne sont pas susceptibles d'exportation, soit parce qu'il
est préférable d'en jouir dans leur lieu d'origine, au lieu de les
exporter comme cela serait cependant possible.

Reprenons l'exemple donné tout à l'heure, mais en supposant
que la dette contractée à l'extérieur soit très considérable. Alors

la société italienne cède à la société française une de ses fabriques, avec la quantité de sucre brut nécessaire à son fonctionnement. Si, sur le marché italien, l'industrie de la raffinerie est très rémunératrice, la société française n'aura aucun intérêt à porter ailleurs les machines et la matière première qui lui ont été cédés. Dans ce cas, elle enverra ses agents en Italie et continuera l'exploitation de la fabrique ; elle viendra donc jouir sur le territoire italien des biens qui lui ont été donnés en compensation de la dette contractée. Ce cas se présente avec plus de fréquence entre les pays anciens et les pays nouveaux. Dans ces derniers, la colonisation s'accomplit avec les capitaux étrangers. Lorsque les sociétés qui colonisent se trouvent dans des conditions telles qu'elles ne peuvent satisfaire aux engagements pris à l'extérieur, il peut arriver que les capitalistes créanciers interviennent, par l'intermédiaire de colons à eux et qu'ils achèvent directement cette colonisation qui menaçait de ne pas atteindre son but sous la direction première.

Quelques-uns des cas énumérés peuvent se présenter sans qu'intervienne le solde définitif. Cependant, quand pendant une longue série d'années, une nation ne réussit pas à mettre sa balance économique en équilibre, ces cas deviennent nombreux et fréquents ; ils représentent alors les seuls modes d'extinction des dettes internationales.

CHAPITRE IV

LA MONNAIE DANS LE COMMERCE INTERNATIONAL

23. Le Commerce international et la circulation des métaux précieux. — Jusqu'à présent nous avons fait abstraction de la monnaie ; nous avons supposé que l'échange des marchandises avait lieu sous la forme du troc. Mais la monnaie a une fonction importante et délicate dans le commerce international, fonction qui ne peut être méconnue si l'on veut bien comprendre le mécanisme du commerce d'un pays à l'autre, et les phénomènes dont il provoque la manifestation.

La monnaie sert comme mesure des valeurs, comme moyen

d'échange et de paiement et comme porte valeur dans le temps
et dans l'espace. Mais elle ne cesse pas d'être une marchandise
comme les autres. Elle a quelques qualités spéciales au point
de vue de l'utilité, de la valeur, de l'inaltérabilité, etc., mais
elle reste toujours une marchandise. Les métaux précieux qui
constituent la monnaie, produits dans le pays ou importés de
l'extérieur, suivent les lois des taux internationaux d'échange.
En effet, c'est grâce au commerce international que les pays
qui ne disposent pas d'exploitations argentifères ou aurifères, se
procurent les métaux destinés au monnayage.

Supposons que la France veuille obtenir de l'or, et qu'elle
puisse l'obtenir du Transvaal seulement. Elle donnera des marchandises en échange de l'or. Supposons que la marchandise
donnée en échange soit de la soie, et que chaque kilogramme
de celle-ci coûte vingt journées de travail. Si un quintal de soie
était échangé contre un kilogramme d'or, cet or serait acheté
au prix de deux mille journées de travail. Si, au lieu de soie, la
France voulait donner du coton, du chanvre, du soufre ou
d'autres marchandises de valeur moindre, le rapport d'échange
ne changerait pas pour cela, puisque on donnerait une plus
grande quantité de ces marchandises contre la même unité d'or,
de façon à obtenir le prix de deux mille journées de travail, c'est-
à-dire que l'on donnerait trois quintaux de coton si le coût du
coton était le tiers du coût de la soie, six quintaux de chanvre
si le coût de cette matière textile était la moitié de celui du coton et le sixième de celui de la soie. La condition indispensable
est de donner contre un kilogramme d'or deux mille journées
de travail représentées par la quantité nécessaire d'une marchandise quelconque.

Mais la France, par suite de l'augmentation de la masse des
valeurs en circulation, réalisée plus rapidement que l'augmentation de la monnaie, peut avoir besoin d'augmenter sa circulation
métallique, et accroître, par conséquent, la demande de métal
étranger. Supposons qu'elle accepte, dans ce cas, un taux
d'échange de 2.001 journées de travail = 1 kilogramme d'or.

Le coût d'importation de l'or s'élève donc, ou pour parler vulgairement, la valeur de l'or augmente.

Si le coût de production du métal diminue au Transvaal, quelles en seront les conséquences pour la France ? L'abaissement du coût de production de l'or n'implique pas nécessairement une diminution de sa valeur internationale. Mais supposons que cela se produise. Si alors le métal est employé seulement comme monnaie, la France n'en augmente la demande que proportionnellement à la diminution du coût, et la valeur du métal en France diminue dans la même proportion dont a diminué le coût au Transvaal (1). Au contraire, cette valeur diminuerait dans une mesure moins que proportionnelle à la diminution du coût, si la France avait augmenté sa demande de métal dans un but industriel.

C'est là le cas de deux pays seulement, dont un possède des mines et se trouve en relation directe avec un autre pays qui en est dépourvu. Voyons comment vont les choses quand un troisième État intervient dans l'échange. Supposons que la France, au lieu d'expédier de la soie au Transvaal pour en tirer de l'or, en envoie aussi en Suisse pour obtenir des cotonnades. Supposons que la Suisse ne soit pas en relation d'échange avec le Transvaal. Si nous demandons à la Suisse beaucoup plus de marchandises qu'elle n'en exige de nous, la France devra expédier de l'or en Suisse jusqu'à extinction de sa dette. La valeur de la monnaie s'élèvera en France, et le Transvaal aura intérêt à exporter du métal chez nous, dans le but de profiter de cette augmentation de valeur. Mais cette importation d'or, si elle est supérieure à l'exportation, fera monter les prix, par conséquent, l'équilibre de l'équivalence internationale entre la France et la Suisse sera rompu de nouveau, et donnera lieu à une nouvelle exportation de monnaie de France en Suisse. Ces nouvelles exportations de monnaie en feront remonter la valeur chez nous,

_____

(1) A. LORIA, *Il valore della moneta*, Turin, Unione tip. edit., 1905, page 27.

par conséquent renouvelleront l'importation de l'or du Transvaal, ce qui produira, en France, une nouvelle dépression de la valeur de la monnaie, et une nouvelle exportation dans la confédération suisse.

Ces forces continueront à agir dans le même sens jusqu'à ce que le Transvaal ne soit plus disposé à augmenter l'exportation de son or en France, malgré l'élévation de la valeur de la monnaie ; ou jusqu'à ce que les prix se soient tellement élevés en Suisse que l'exportation des marchandises suisses en France, diminue et qu'au contraire l'exportation des marchandises françaises en Suisse augmente, de façon à rétablir l'équilibre international.

Donc : 1° La variation de la demande réciproque entre deux pays dépourvus de mines change à la fois le rapport d'échange entre celui de ces pays qui est en relation avec le pays minier et ce pays même ; 2° La variation du taux d'échange entre ces États recule le moment où l'équilibre international entre les deux pays dépourvus de mines parviendra à se rétablir. En effet, dans le cas présent, la variation de la demande réciproque entre la France et la Suisse, provoquant une émigration de monnaie de la première vers la seconde, provoque par suite une émigration de métal du Transvaal vers la France ; et cette émigration, en maintenant l'élévation des prix en France, contribue à reculer le moment où sera réalisé l'équilibre international entre la France et la Suisse.

Ces exemples (1) peuvent servir à donner une idée de la façon dont le commerce international répartit les métaux précieux entre les divers marchés. Le commerce extérieur est, en effet, le moteur de la circulation internationale des métaux précieux.

Le fleuve aux eaux d'or et d'argent, ainsi que dit le professeur Loria, part des mines de métaux précieux (Amérique, Australie, Afrique australe) et se dirige vers le pays qui jouit de la

(1) Si l'on veut connaître tous les phénomènes complexes qui se rattachent à la circulation internationale des métaux précieux, on peut utilement consulter l'excellent travail de A. Loria, cité ci-dessus, en particulier le chapitre III, page 24.

suprématie-mondiale (l'Angleterre). Là il se divise en deux courants. L'or s'épand sur les marchés européens qui l'emploient
pour le monnayage. L'argent se dirige vers les pays qui persis-
tent encore dans l'usage du métal blanc comme monnaie (l'Inde
et la Chine). A ces deux marchés l'Angleterre cède l'argent
qu'elle a obtenu par une autre voie et paie ainsi les marchandises indiennes et chinoises qu'elle importe.

Mais à côté de cette circulation principale, à côté de cette
circulation artérielle, il y en a une autre encore qui dépend de
phénomènes différents et d'autres forces déterminantes.

24. Coûts comparatifs et prix comparatifs. — L'intervention de la monnaie dans les échanges entre pays nous oblige à
tenir compte des prix comparatifs dans une plus forte mesure
que des coûts comparatifs. La théorie exposée ne perd rien pour
cela de sa rigueur. La monnaie, même en intervenant dans les
échanges, n'altère pas les lois qui régissent les taux internationaux d'échange. La monnaie, terme commun de comparaison des valeurs, peut faciliter les transactions, mais sans en
changer la nature et les règles. Même alors, un pays recherchera
l'importation des marchandises étrangères à bas prix, pour les
échanger contre les marchandises d'un prix élevé. L'avantage
sera d'autant plus grand que la différence entre les coûts comparatifs est considérable. Les frais de transport ne pourront pas
dépasser la différence des prix comparatifs. Ici encore, il pourra
se faire qu'un pays importe des marchandises qu'il pourrait produire avec moins de dépenses à l'intérieur.

La monnaie constitue un élément d'apparente instabilité,
lorsque les marchés pratiquant l'échange emploient un agent
de circulation différent et dont la valeur, par conséquent, n'est
pas susceptible de variations uniformes. Dans les pays à circulation d'or, les prix des marchandises varient peu, précisément
parce que la valeur de l'or est relativement stable. Dans les
pays à circulation de monnaie blanche, les changements sont,
au contraire, fréquents et sensibles. C'est bien pis dans les pays
à circulation fiduciaire à cours forcé.

Mais tout cela n'a qu'une importance relative, car nous savons que les prix comparatifs, comme les coûts comparatifs, résultent des rapports entre les prix des différentes marchandises sur le même marché.

Supposons que dans l'Inde, pays à circulation de monnaie blanche, la différence entre les coûts comparatifs de deux marchandises soit égale à 10. La différence des prix comparatifs sera aussi égale à 10, car ces deux coûts sont rattachés à la valeur d'une troisième marchandise : l'argent. Il en sera de même dans les pays où les prix s'expriment au moyen de l'or. Donc, l'intervention de la monnaie n'altère pas les bases de l'échange.

25. L'équilibre de la balance économique entre pays ayant le même type monétaire. — Nous avons vu comment l'équivalence des dettes réciproques doit être réalisée pour maintenir la solvabilité de chaque Etat. Mais, en pratique, cette équivalence ne s'établit pas toujours exactement, et il peut arriver qu'un Etat ressorte débiteur envers un autre avec lequel il pratique l'échange.

Si ces pays ont le même type monétaire, la monnaie d'or par exemple, la dette peut être soldée par une exportation de monnaie de l'Etat débiteur vers l'Etat créditeur (1). Si cette première exportation de monnaie est insuffisante, l'émigration continuera jusqu'à ce que l'équilibre soit rétabli. La monnaie est mieux apte à constituer l'élément de ces règlements, car elle est acceptée de tous. Le créancier étranger n'accepterait pas, à la place de ce qu'il demande, une marchandise dont il n'a pas besoin, tandis qu'il accepte la monnaie, qui lui permet d'acquérir une marchandise quelconque, qui lui sera nécessaire.

L'émigration de la monnaie, sauf le cas où elle prend origine dans les pays pourvus de mines d'or et d'argent, ne peut pas présenter un caractère permanent et définitif. Elle provoque l'intervention d'autres facteurs, l'entrée en ligne d'autres forces, qui

---

(1) On parlera plus longuement, au prochain chapitre, des moyens normaux auxquels on a recours pour l'extinction des dettes internationales.

ont pour effet, en définitive, de rétablir l'équilibre des dettes réciproques. Les métaux précieux, grâce à la concurrence commerciale, se répartissent entre les différents pays, de sorte que les échanges s'accomplissent de la même façon que si le commerce s'effectuait sous forme de troc. C'est là la fameuse loi que David Ricardo découvrit et énonça à la suite d'une synthèse scientifique rigoureuse.

Nous savons, pour l'avoir vu d'autre part, que lorsque le commerce s'exerce sous forme de troc, l'équivalence des demandes internationales est basée sur les taux internationaux d'échange et que pour rétablir l'une il faut agir sur les autres. Lorsque les métaux précieux trouvent à s'employer dans le commerce intérieur, les valeurs sont évaluées en monnaie ; il en résulte que pour changer les valeurs, il est indispensable d'agir sur les prix. Mais un changement dans les prix équivaut à une variation de valeur de la monnaie, et comme cette valeur est déterminée principalement par la quantité de monnaie, il en résulte que là où ne s'est pas établie l'équivalence des demandes internationales, le moyen le plus rapide d'y remédier consistera dans le transport de la monnaie, transport qui cessera d'ailleurs, dès que l'équivalence sera réalisée à nouveau.

Donc l'équivalence des demandes internationales, qui résulte des conditions naturelles lorsque est en vigueur le système du troc, constitue encore la situation normale lorsque intervient l'emploi de la monnaie (1).

_____

(1) Les envois de monnaie comportent des frais de transport et d'assurance, que tout commerçant a intérêt à éviter. Ces frais sont évités lorsque la balance des dettes réciproques est en équilibre. Donc, c'est l'équivalence des dettes et des créances qui peut seule écarter ces dépenses, en sorte que d'innombrables forces, constituées par les commerçants, agissent constamment dans le but de la rétablir, si elle vient à être rompue : de la maintenir, si elle existe. Mais, en dépit de ces innombrables énergies, agissant sans cesse dans ce but, il est impossible qu'un pays parvienne à maintenir l'équilibre entre ses dettes et ses créances envers tous les pays qui pratiquent l'échange avec lui. Aussi une certaine quantité de monnaie est-elle toujours en mouvement pour l'extinction des dettes qui

L'Importation de monnaie provoque dans le pays créditeur un abaissement de la valeur de celle-ci, et par suite une élévation des prix de toutes les marchandises. Le contraire a lieu, pour les raisons opposées, dans le pays exportateur. Les commerçants auront donc avantage à acquérir les marchandises dans ce dernier pour les revendre dans l'autre. Cet état de choses prendra fin quand l'équilibre des prix sera rétabli, c'est-à-dire quand la monnaie sera retournée dans son pays d'origine. Mais ce retour s'effectuera seulement lorsque l'augmentation des exportations du pays débiteur l'aura mis dans la situation de créancier, et aura provoqué par suite, dans l'autre pays devenu débiteur à son tour, le besoin d'éteindre sa nouvelle dette au moyen d'un envoi de monnaie. Cet envoi représentera en réalité le retour au pays d'origine de la monnaie qui avait temporairement émigré.

Il en résulte que le commerce entre deux nations qui ne disposent pas de mines d'or ou d'argent, ne peut pas priver l'une ou l'autre de sa provision de monnaie, c'est-à-dire ne peut pas créer un écoulement de monnaie continu de l'un des pays vers l'autre. Cet exode complet et définitif ne pourrait s'accomplir que sous l'influence de la loi de Gresham (la mauvaise monnaie chasse la bonne). Une émigration continue de monnaie est seulement possible lorsque cette monnaie constitue la marchandise que le pays exportateur produit avec le coût comparatif le plus bas; et cela n'a lieu que dans deux cas: 1° lorsque un pays a des mines du métal dont est constituée la monnaie , 2° lorsqu'il obtient par l'échange avec d'autres pays ce métal à monnayer à un coût comparatif inférieur à celui auquel l'obtient lui-même le pays qui l'importe. Dans ce cas, du côté du pays qui importe sans cesse, il faut que la consommation industrielle du métal-monnaie soit, elle aussi, constante.

en résultent, c'est-à-dire que d'innombrables ruisseaux d'or et d'argent vont d'un pays vers l'autre, sauf à changer de direction suivant les variations de la balance économique. Les embouchures deviennent alors les sources et inversement.

Donc, c'est la monnaie métallique qui intervient dans le règlement de la balance économique, et c'est sur ses propriétés qu'est basée la théorie du commerce international.

Il sera bon, pour plus de clarté, de rappeler l'attention sur le principe suivant : la fonction de la monnaie dans le commerce international n'est pas de niveler les prix. Ce serait là une œuvre inutile ; en effet, l'influence de la monnaie ne peut changer les causes, bien plus stables qu'elle-même, qui provoquent les différences de prix, car elles résultent du coût de production.

Le prix du blé aux Etats-Unis, quoique influencé par la monnaie, sera toujours plus faible qu'en Italie ; et de même, beaucoup de marchandises européennes manufacturées reviendront toujours meilleur marché qu'ailleurs. Donc, ce qui nous intéresse, c'est seulement qu'entre les prix de deux pays différents il y ait un rapport tel que la balance économique puisse s'équilibrer. Et la monnaie, grâce à sa circulation internationale, loin de niveler les prix, ne fait autre chose que de rétablir ce rapport, rétablissement qui permet de retrouver plus facilement l'équilibre de la balance économique.

L'émigration de la monnaie, pour agir sur les prix, doit être considérable et comprendre une bonne partie de la circulation monétaire d'un pays. La production annuelle des métaux précieux, quoique abondante, n'influe sur la valeur de la monnaie qu'aux époques de productivité exceptionnelle et seulement au terme de séries d'années assez longues. Cette production, selon Price, est tellement faible, par rapport à la masse de monnaie existante, que son influence ordinaire, d'année en année, n'offre pas d'importance et n'est pas perceptible (1). Il en est de même de l'augmentation et de la diminution de la monnaie sous l'influence des causes dépendant de la balance des paiements. Ordinairement, l'exportation et l'importation de la monnaie sont peu

---

(1) L. Price, *Trattato sulla moneta e saggi su questioni monetarie.* Turin, Soc. edit., page 587.

de chose par rapport à la circulation intérieure de chaque pays, et leur influence sur les prix demeure nulle ou presque, sauf le cas où elle se trouve renforcée par des phénomènes convergents d'autre nature (1). On eut, il est vrai, en 1873, une diminution sensible des prix, mais à quelles causes particulièrement efficaces ne faut-il pas l'attribuer. Vers cette époque la production de l'or diminua de 25 0/0 environ, alors que la demande d'or augmentait de plus de 200 millions (2). Cette demande vint en grande partie de l'Allemagne, désireuse d'introduire la monnaie d'or chez elle ; et aussi des Etats-Unis, qui reprenaient les paiements en métal.

26. L'équilibre de la balance économique entre pays dotés de types monétaires différents. — a) *Comment s'établit l'équilibre lorsque le rapport des deux métaux varie.* — Tous les pays n'ont pas adopté le même type monétaire ; et, par conséquent, il n'est pas toujours possible d'obtenir l'équilibre de la

(1) Pour montrer combien cette faible influence des mouvements ordinaires des métaux précieux sur les prix de chaque pays, il suffira de les mettre en regard du chiffre de la circulation monétaire totale des pays respectifs. Le tableau suivant est établi d'après les chiffres publiés par les *Monthly Summary of Commerce and Finance of the United-States,* (avril 1904) et par le *Bulletin de statistique et de législation comparée,* 1903, page 392. Ces chiffres (en millions) se rapportent à 1902.

	Or	Argent	Papier fiduciaire	Excédent de l'importation des métaux précieux sur l'exportation
Autriche-Hongrie . . .	257.0	80.0	39.0	17.0
Angleterre	528.0	116.8	116.2	25.6
France	903.0	419.0	134.5	56.6
Allemagne	762.3	207.5	153.4	9.4
Italie	105.5	38,4	174.8	4.5

Comme l'on voit, l'entrée annuelle des métaux précieux est restreinte par rapport à la circulation monétaire. Le rapport semble encore plus faible si l'on songe qu'une bonne partie des métaux précieux importés est destinée à l'industrie.

(2) Robert GIFFEN, *Essays in Finance,* 1re série, XIV ; 2e série, I, II.

balance économique par une exportation de monnaie. L'Inde, l'Indo-Chine, la Chine, le Mexique emploient l'argent, alors que partout l'or règne en Europe. De quelle façon peut donc être rétabli l'équilibre économique entre des pays dotés de types monétaires différents?

C'est là un des problèmes les plus difficiles, entre tant d'autres — tous abstrus et compliqués — qui se rattachent à la question de la monnaie. Ici encore, les recherches statistiques, partout ailleurs et si sûres et si fécondes en indications, nous laissent sans aucun secours.

L'or et l'argent n'ont pas la même valeur; entre la valeur de l'un et celle de l'autre existe un certain rapport susceptible de changements (1).

Prenons deux pays; l'un, O, qui emploie la monnaie d'or; l'autre, A, faisant usage de la monnaie d'argent. Soit X la quantité d'or équivalente à une masse a de marchandises importées par A. Soit Y la quantité d'argent équivalente à une masse b, de marchandises, de même valeur que a, importée par O. Si R est le rapport entre l'or et l'argent, c'est-à-dire si un kilogramme d'or équivaut à R kilogrammes d'argent, le commerce entre les deux pays se trouve en équilibre lorsque $\dfrac{Y}{X} = R$.

Si l'un de ces pays, à un moment donné, ressort débiteur vis-à-vis de l'autre, il sera contraint de se procurer du métal em-

---

(1) Les variations de la valeur des deux métaux sont déterminées, généralement, par les changements survenus dans l'offre et la demande, ou par la variation du coût de production de l'un d'entre eux. Dans un pays faisant usage de monnaie métallique, l'augmentation de l'offre de métal peut être consécutive à la découverte de nouvelles mines, de perfectionnements apportés dans le traitement du métal, de la mise en circulation d'une partie des réserves, ou enfin des ventes effectuées par les gouvernements dans le but de substituer la monnaie d'or à la monnaie d'argent.

La diminution de la demande peut se produire, au contraire, soit parce que les Gouvernements demandent une quantité plus faible d'argent pour leurs émissions de monnaie ou pour l'exportation, soit parce que les particuliers en exigent moins pour les besoins de l'industrie.

ployé dans le pays créancier, et de le lui envoyer pour éteindre la dette. L'augmentation de la demande de ce métal produira une hausse de sa valeur évaluée en monnaie du pays débiteur, et par suite une altération du rapport existant jusqu'alors entre l'argent et l'or. Cela aura pour effet de faire varier tous les prix en or évalués en argent, et tous les prix en argent évalués en or ; et ce changement équivaut à une altération des prix comparatifs dans les deux pays. Quelle peut en être la conséquence ? C'est que l'élévation des prix — évalués en monnaies du pays débiteur — dans les pays qui ont reçu du métal, et l'abaissement des prix — évalués en monnaie du pays créancier — dans les pays qui ont cédé ce métal auront pour résultat de stimuler l'exportation des seconds vers les premiers. Et cette exportation continuera jusqu'à ce qu'un nouvel état d'équilibre se retrouve, c'est-à-dire jusqu'à ce que l'ancien rapport $\dfrac{Y}{X} = R$ soit rétabli.

Cette conception apparaîtra plus nette si l'on s'en réfère à l'exemple fourni par le commerce anglo-indien.

La Grande-Bretagne fait usage de la monnaie d'or, et l'Inde de la monnaie d'argent. Lorsque la Grande-Bretagne ne peut arriver à solder sa balance économique avec sa colonie, elle éteint la dette en achetant, en France, la quantité d'argent nécessaire et en l'envoyant dans l'Inde.

Il s'ensuit que, dans les circonstances ordinaires, l'augmentation de la demande d'argent en élèvera la valeur par rapport à l'or. Supposons, si l'ancien rapport entre les deux métaux était de 10 0/0 en faveur de l'or, que devant l'extension de la demande d'argent ce rapport soit actuellement tombé à 5 0/0. Les prix des marchandises indiennes évalués en or se trouveront accrus de 5 0/0, et ceux des marchandises anglaises évalués en argent auront diminué dans la même proportion. Il en résultera une plus large exportation des marchandises anglaises dans l'Inde, et une importation moindre des marchandises indiennes en Angleterre. Ce double mouvement aura pour effet de rétablir l'équilibre rompu. Si, au contraire, l'Inde était débitrice de l'Angleterre, on assisterait aux phénomènes inverses.

Donc, là où le transport direct de la monnaie est impraticable, l'équilibre se rétablit à la suite d'une variation du rapport qui existait jusqu'alors entre les divers types monétaires.

Nous avons considéré ces variations de la valeur des deux métaux et des prix comme subordonnées au solde de la balance économique. Mais, elles peuvent se produire pour des causes indépendantes de ce solde, et de même alors, elles conduisent au même résultat. En effet, si pour une raison quelconque (variation des prix évalués en or, ou des prix évalués en argent, ou du rapport établi entre les deux métaux) les marchandises exportées du pays à monnaie d'or dans les pays à monnaie d'argent s'échangent contre une quantité d'or *relativement* supérieure à celle que l'on aurait obtenue en restant dans les pays où il est fait usage de monnaie d'or, on assistera à une intensification de l'exportation. Pour les mêmes raisons, si les marchandises exportées par les pays à monnaie d'argent s'échangent contre une quantité d'argent *relativement* supérieure à celle qu'on eût obtenue en restant dans les pays où circule la monnaie d'argent, l'exportation recevra une impulsion nouvelle.

b) *Comment l'équilibre se rétablit lorsque varie le rapport entre la valeur de l'un des deux métaux et les marchandises.* — L'équilibre peut être rompu par suite du changement de la valeur d'un des métaux par rapport aux marchandises.

Le rapport entre les valeurs des deux métaux reste fixé à 10 0/0 en faveur de l'or. Supposons qu'en Angleterre, pour une raison quelconque, la valeur de l'or par rapport aux marchandises augmente de 20 0/0. Celui qui, avec 110 unités d'argent, achetait dans l'Inde une pièce de drap anglais valant 100 unités d'or en Angleterre, achètera maintenant avec 88 unités d'argent ce qui, en Angleterre, revient à 80 unités d'or, c'est-à-dire que, tandis que les prix des marchandises anglaises, évalués en or, se trouvent réduits de 20 0/0, ceux des mêmes marchandises, évalués en argent, sont réduits de 22 0/0.

Dans l'Inde, les gens sont incités à faire leurs achats en Angleterre, où, avec la même quantité d'argent, ils peuvent obtenir une plus grande quantité de marchandises, ou comme le dit Nicholson (1), une plus grande quantité d'or. Les exportations anglaises dans l'Inde se multipliant sous l'action de ce stimulant, l'Inde deviendra débitrice à son tour, et devra rechercher de l'or pour solder sa dette. Cette demande d'or élèvera la valeur de ce métal par rapport à l'argent, et ainsi, petit à petit, les prix des marchandises anglaises, évalués en or ou en argent, arriveront au niveau où ce stimulant artificiel s'atténue automatiquement et disparaît.

Imaginons maintenant que la valeur de l'or par rapport aux marchandises faiblisse de 10 0/0, c'est-à-dire que le prix du drap ne soit plus de 100, mais bien de 110. Le consommateur indien qui était habitué à acheter cette marchandise avec 110 unités d'argent, devra en donner 121 maintenant, c'est-à-dire que l'augmentation évaluée en argent sera de 11 0/0. Il en résulte un obstacle aux importations anglaises dans l'Inde, et la balance économique peut pencher du côté de ce dernier pays, ce qui provoquera une demande d'argent, dont la valeur s'élèvera par suite, et l'état de choses ne différera pas de celui que nous avons examiné précédemment ; cet état de choses aboutira encore à l'équilibre.

Supposons que la valeur de l'argent, par rapport aux marchandises, s'élève de 20 0/0 ; un quintal de coton qui coûtait avant 110 unités, n'en coûtera plus que 88. Si ce rapport entre l'or et l'argent reste invariablement fixé à 10 0/0, ce quintal de coton qui valait avant 100 en Angleterre, ne vaudra plus que 79,20. Donc, les prix des marchandises indiennes évalués en argent éprouveront une réduction plus forte (110 — 88 = 22) que s'ils étaient évalués en or (100 — 79,20 = 20,80). Par conséquent, l'exportation des marchandises indiennes en Angleterre en sera

(1) G. SHIELD-NICHOLSON, *Saggi su questioni monetarie*, Turin, Soc. ed., 1905, page 524.

stimulée, et cela prendra fin lorsque l'Angleterre, pour éteindre
sa dette vis-à-vis de l'Inde, aura étendu sa demande d'argent;
cette extension augmentera la valeur de l'argent même par
rapport à l'or, et par conséquent rétablira l'ancien rapport,
ou même un nouveau, susceptible de faire retrouver l'équilibre.

Au contraire, supposons que la valeur de l'argent par rapport
aux marchandises indiennes ait faibli de 20 0/0. Le coton, qui
coûtait auparavant 110 unités d'argent, en vaut 132 maintenant;
la différence entre l'ancien prix et le nouveau est donc de 22.
L'augmentation des prix évalués en or sera moins sensible:
(118,8 -— 100 = 18,8) et l'avantage des commerçants indiens
sera d'acheter les marchandises anglaises, jusqu'à ce que, par
suite de ce stimulant, l'Inde ne soit obligée d'acheter de l'or
avec son argent, ce qui élèvera la valeur de l'or et, produisant
ainsi une variation du rapport des valeurs des deux métaux,
permettra le rétablissement de l'équilibre. Nous pouvons donc
dire que l'équilibre des opérations commerciales entre des pays
employant des types monétaires différents peut être rompu :
1° par la variation du rapport des valeurs des deux métaux;
2° par le changement de la valeur de l'un des métaux par
rapport aux marchandises, même si le rapport entre les valeurs
des deux métaux reste fixe.

Dans le premier cas, c'est-à-dire lorsque c'est le rapport des
valeurs des deux métaux qui varie, cette variation peut résulter :

a) De l'augmentation de la valeur de l'argent, ce qui affaiblit
le rapport des valeurs des deux métaux ; dans ce cas, les prix
évalués en or renchérissent dans le pays où la valeur de la monnaie s'est élevée, et l'importation des marchandises du pays employant la monnaie d'or s'accroît de ce fait.

Cette augmentation d'importation modifie progressivement la
balance des paiements jusqu'à ce que le pays à monnaie d'argent
soit contraint de se procurer de l'or ; cette demande élève la
valeur de l'or et rétablit l'ancien rapport des valeurs des deux

métaux, ou un rapport nouveau tel que l'équilibre puisse se maintenir.

b) De l'abaisement de la valeur de l'argent, qui conduit à des phénomènes exactement opposés, et aboutit, par d'autres voies, au rétablissement de l'équilibre.

Dans le second cas, c'est-à-dire lorsque varie la valeur de l'un des deux métaux par rapport aux marchandises, et que le rapport des valeurs des deux métaux reste le même, l'équilibre se retrouve :

a) Si la valeur de l'or par rapport aux marchandises augmente aussi, ou si la valeur de l'argent par rapport aux marchandises décroît, par suite d'une extension de l'exportation des marchandises vers les pays faisant usage de la monnaie d'argent ;

b) Si la valeur de l'or, par rapport aux marchandises, diminue, ou si la valeur de l'argent, par rapport aux marchandises, augmente, par suite d'une extension de l'exportation des marchandises vers les pays employant la monnaie d'or.

Dans les deux cas, le dernier effort vers le rétablissement de l'équilibre est constitué par l'extension de la demande des deux métaux, extension provoquée par le besoin d'éteindre les dettes contractées à l'extérieur sous l'impulsion de facteurs stimulant l'importation ; cette demande accrue a pour effet d'élever la valeur du métal recherché par rapport à l'autre ; et le rapport des valeurs de l'or et de l'argent revient au point où l'équilibre peut se rétablir (1).

Mais, dans les pays qui adoptent, pour les motifs les plus rationnels, le système monométallique, — et même dans ces pays là plus encore que dans les autres — il existe une circulation de papier monnayé. Cette circulation n'a cependant pas plus d'influence sur les prix que la monnaie métallique, puisqu'elle est garantie par

---

(1) A. Marshall explique longuement l'influence de la différence des types monétaires sur le commerce international, dans l'*Appendix to Final Report of the Gold and Silver Commission*, page 47 et suivantes.

Voir, à la *note mathématique*, qui termine ce chapitre, une démonstration plus rigoureuse de la façon dont se rétablit l'équilibre entre des pays dotés de types monétaires différents.

le métal déposé dans les banques. Les billets, dans ce cas, sont remboursables à vue et représentent réellement de l'or. La réserve peut même être inférieure à la somme de papier en circulation, mais rien n'est changé pour cela.

Le crédit, même à l'époque la plus favorable de son développement, doit reposer sur une réserve métallique. Si cette base venait à manquer, tout l'édifice dont le crédit représente la superstructure s'écroulerait complètement.

Mais lorsque la circulation de papier ne dépasse pas les limites des besoins des transactions intérieures et se trouve garantie, en totalité ou en partie, par la réserve métallique, et lorsque le billet est remboursable à vue, les prix des marchandises sont déterminés de la même façon que si la circulation monétaire était exclusivement métallique.

Dans les rapports internationaux, lorsque l'équilibre des dettes est rompu, les pays à circulation fiduciaire peuvent toujours envoyer aux États créanciers la quantité d'or ou d'argent nécessaire à l'extinction de la dette.

Cette quantité est prélevée sur celle qui circule à l'intérieur du pays, puisque le billet de banque et les lettres de change, qui représentent cependant les principaux instruments des transactions modernes, n'excluent pas la nécessité d'une circulation métallique partielle plus ou moins importante.

Supposons qu'un pays faisant seulement usage de la circulation métallique émette une certaine quantité de monnaie de papier. Naturellement, tous les prix augmenteront, et cela facilitera l'importation des marchandises étrangères et l'exportation des métaux précieux. Si une seconde émission de papier suit la première, les mêmes phénomènes se répèteront, jusqu'à ce que toute la monnaie métallique en circulation dans le pays ait disparu. Jusque là les conséquences de la circulation fiduciaire sont les mêmes que les billets soient remboursables ou ne le soient pas (1).

_____

(1) Camillo Supino, *Principi di Economia Politica*. Naples, Pierro, 1904, page 171 et suivantes.

Mais la différence apparaît dès que les métaux ont complètement émigré. Alors les émissions successives font également monter les prix des marchandises, de l'or et de l'argent, mais si les billets sont remboursables, les établissement ayant fait l'émission recevront de nombreuses demandes de remboursements et seront obligés de se procurer les métaux précieux nécessaires ; si, au contraire, les billets ne sont pas remboursables, les émissions pourront s'accumuler indéfiniment, et déterminer par suite une baisse de plus en plus forte de la valeur des billets.

Les billets ne sont pas remboursables dans le cas où la circulation se fait à cours forcé. On peut alors considérer le billet comme formé d'un métal quelconque, infiniment déprécié par rapport aux autres métaux monnayables ou monnayés.

Ici, comme dans le cas des pays dotés de types monétaires différents, la balance des paiements ne peut pas se remettre en équilibre au moyen d'une exportation de monnaie, mais seulement par suite d'une variation de la valeur du papier monnaie par rapport aux métaux précieux. Et le rétablissement s'effectue selon le processus que nous avons développé en examinant les rapports commerciaux entre les pays employant la monnaie d'or et ceux faisant usage de la monnaie d'argent ; il est inutile d'y revenir.

27. Forces susceptibles d'atténuer ou d'éluder l'action des mouvements de va et vient de la monnaie sur les prix : a) *Lorsque l'immigration de la monnaie correspond à un relèvement général des coûts de production des marchandises, ou à une augmentation de la somme des valeurs en circulation.* — Quoique qu'il faille repousser la théorie des dépôts disponibles (1),

(1) Selon cette théorie, qui trouva en Fullarton le plus aveugle défenseur les variations de la balance des dettes et créances et de la quantité de monnaie importée seraient dépourvues de toute influence sur la valeur de l'intermédiaire circulant. La quantité de monnaie en circulation serait irrévocablement déterminée par la valeur de cette monnaie ; tout l'excédent, après avoir satisfait aux besoins de l'industrie, s'accumulerait sous la forme de dépôts disponibles, pour intervenir précisément dans les

victorieusement réfutée par Loria (1), il est à croire que les prix ne sont pas extrêmement sensibles à chaque émigration ou immigration de monnaie, subordonnées au sens de la balance des paiements internationaux.

Il peut se faire qu'une émigration de monnaie — quoique relativement abondante — ne provoque aucune hausse des prix (2). Cette hausse fait défaut, si l'émigration de monnaie correspond à une augmentation générale des coûts de production dans le pays importateur ou bien à un accroissement proportionnel de la somme des valeurs en circulation dans ce même pays.

Il ne manque pas d'exemples prouvant que l'importation de la monnaie ne produit aucune hausse des prix dans les pays importateurs, lorsqu'elle est accompagnée d'une augmentation correspondante des valeurs en circulation. Et il ne manque pas, non plus, d'exemples du contraire, montrant que les prix ne varient pas lorsque l'émigration de la monnaie est proportionnelle à la diminution de la somme de ces valeurs. L'Angleterre, comme l'on sait, vers la moitié du XIXᵉ siècle, après une importation irrégulière de céréales, subordonnée aux variations de la production nationale, entra dans une période pendant

paiements internationaux. Par conséquent le déséquilibre économique, provoquant l'exportation de monnaie, ne ferait autre chose que de transvaser la monnaie dormant dans les dépôts, sans exercer aucune influence sur la quantité de l'intermédiaire circulant et sur sa valeur.

(1) A. LORIA, *Il valore della moneta*, page 86 et s.

(2) Pour simplifier le raisonnement, nous avons supposé que la valeur de la monnaie est déterminée seulement par sa quantité ; alors qu'au contraire, cette valeur est déterminée, à la fois, par le coût de production du métal et par la quantité de celui-ci. En outre, l'élément quantitatif à proprement parler ne régit pas seul la question. Il faut tenir compte encore :

1° De la mesure dans laquelle le troc est employé au cours des échanges, et peut éliminer, par suite, l'intervention de la monnaie ; 2° de l'emploi des métaux précieux en dehors de l'usage monétaire ; 3° de la rapidité de circulation de la monnaie ; 4° de la fonction du papier-monnaie ; 5° de l'emploi du crédit ; 6° de l'importance des échanges.

laquelle l'importation du blé fut constante. Ainsi s'amplifia une cause de débit vis-à-vis des Etats-Unis, qui presque exclusivement lui fournissaient les céréales.

Dans le même temps, les Etats-Unis n'augmentaient pas leur demande de marchandises anglaises, parce que — par l'effet même du protectionnisme, appliqué par eux avec une constance rigoureuse — ils pourvoyaient eux-mêmes aux besoins des fabriques, alimentées d'abord par l'importation. Il en résultait un déséquilibre considérable, auquel venait remédier une exportation de l'or anglais vers l'Amérique. Toutefois, cette importation d'or étranger n'eut aucune influence sur les prix, car l'augmentation de la production, correspondant à la densité de plus en plus grande de la population, produisait un accroissement de la masse des valeurs en circulation. Mais, à la longue, les prix faiblirent en Europe par suite de la raréfaction de la monnaie et comme les prix américains restaient à peu près invariables, il en résulta une exportation des marchandises européennes en Amérique, exportation qui rétablit l'équilibre.

Il est inutile d'ajouter que l'augmentation de la population a le même effet que l'augmentation des valeurs en circulation, et qu'aux Etats-Unis, à l'époque dont nous parlons, la stabilité des prix, malgré les entrées plus fortes de monnaie étrangère, résultait en partie du rapide accroissement de la population américaine.

La hausse des prix peut encore faire défaut par l'effet d'une augmentation considérable de la valeur d'une marchandise importante.

Si une mauvaise récolte réduit la production du blé, et en élève le prix dans une mesure plus que proportionnelle par rapport à la diminution constatée, une quantité additionnelle de monnaie deviendra nécessaire. L'augmentation de la circulation monétaire en Angleterre, de 1787 à 1791, fut le résultat de la hausse des prix agricoles.

Si, dans le pays exportateur, l'émigration de monnaie coïncide avec une baisse des coûts de production, les prix ne seront pas changés, de même que, pour des raisons contraires, ils ne changeront pas dans les pays vers lesquels s'est dirigée l'émigration. Il peut encore se faire que la hausse des prix coïncide avec un excès de spéculation, lequel produit dans le pays dont la monnaie émigre une élévation des prix générale, sinon durable.

b) *Lorsque les dettes sont éteintes par l'envoi de titres.* — Le pays débiteur, au lieu d'envoyer de la monnaie à son créancier, peut lui envoyer des titres d'Etat ou de sociétés particulières, ou faire un envoi de titres et de monnaie à la fois.

Dans ce cas, momentanément, ou les prix ne subissent aucune variation ou celle qu'ils éprouvent se trouve très limitée. Il est vrai que les titres produiront des intérêts qui pourront, par la suite, provoquer cette exportation de monnaie que l'on a momentanément évitée. Mais en attendant, cette abstention temporaire peut permettre à d'autres forces d'entrer en ligne et de provoquer des variations des prix dont l'effet peut être de rendre inutile l'envoi de monnaie pour le règlement définitif. Aux Etats-Unis, de 1832 à 1838, on constata un excédent considérable de l'entrée des marchandises et des métaux précieux sur les exportations. Le solde fut réglé par un envoi en Europe de titres américains.

La France aussi, en 1847-48, paya par un envoi de titres de rente l'importation des blés de Russie.

Nul n'ignore que le même fait se produisit en Italie aux époques où la balance des paiements internationaux ne penchait pas vers ce pays ; et qu'aux Etats-Unis, à présent que la balance des paiements leur est favorable, le contraire se passe de ce qui eut lieu de 1832 à 1838.

Loria (1) nie que l'exportation ou l'importation des titres puisse servir de moyen d'équilibre dans la balance économique sans que les prix en soient influencés. « Les titres, dit-il, ne sont qu'une marchandise, laquelle est choisie par le pays débiteur pour être dépréciée et offerte ainsi au pays étranger en guise

(1) A. Loria, *Il valore della moneta*, page 52-91 et s.

d'appoint ; et c'est l'élévation du taux de l'intérêt, résultant immédiatement d'une balance défavorable, qui déprécie les titres et en facilite l'exportation destinée à solder les marchandises. »

Il ne semble nullement exact que le prix des titres doivent diminuer seulement par l'effet de l'élévation déjà survenue du taux de l'intérêt ; élévation qui, à son tour, aurait trouvé son origine dans le déséquilibre économique. Les titres d'État, particulièrement, sont soumis à bien d'autres influences, en dehors du taux de l'intérêt.

La situation des finances publiques du pays auquel ils appartiennent, et la rémunération qu'ils assurent, constituent déjà deux causes qui agissent d'une façon bien plus décisive que le taux normal de l'intérêt en usage courant dans le pays. La démonstration peut en être fournie par la cote des titres du 5 0/0 italien dans les bourses françaises. Une expérience de plusieurs années a montré clairement que les cours purent se maintenir très hauts lorsque les finances italiennes — déjà guéries du déficit — méritaient la confiance de l'étranger ; et cela, en dépit de l'excédent considérable de la dette internationale de l'Italie sur ses créances internationales. Au contraire, aux époques où les finances, sous le dernier règne, étaient en proie au déficit, les cours de la rente italiennes s'effondraient à Paris, bien que la balance des dettes et des créances se fût améliorée très sensiblement.

Nous sommes d'accord avec Loria lorsqu'il affirme que l'exportation des titres a seulement pour effet de différer la nécessité d'une exportation de marchandises pour solder la balance économique lorsqu'elle ressort débitrice, et conduit, par conséquent, à un affaiblissement des prix (1). En effet, le pays débiteur ne fait que différer le moment où il devra expédier à l'extérieur l'équivalent de ce qu'il doit, augmenté des intérêts échus au cours de la période pendant laquelle l'étranger a détenu les titres de crédit.

Mais le désaccord apparaît entre nous lorsque Loria soutient

(1) *Il valore della moneta*, page 87.

que toutes les fois que le pays émetteur des titres devra en payer les intérêts, il sera obligé de déprécier les marchandises envoyées à l'étranger pour ce paiement (1). Le désaccord est justifié par le fait que pendant le temps où les titres restent à l'étranger, le pays émetteur des titres, en vertu des autres facteurs de la balance économique, peut remettre cette balance en équilibre. Il peut encore en changer le sens, en la rendant créditrice, de débitrice qu'elle était, et alors les titres eux-mêmes, en totalité ou en partie, peuvent faire retour au pays d'origine pour équilibrer une créance, de même qu'ils étaient à l'extérieur comme équivalents d'une dette. Ou même, sans déprécier les marchandises nationales et sans importer les titres placés à l'étranger, le pays en question peut céder aux détenteurs de ses titres les créances qu'il a sur d'autres pays. De cette façon les intérêts sont réglés sans envoi de monnaie et, en définitive, sans envoi de marchandises dépréciées.

Loria, à l'appui de sa thèse, pour démontrer que l'exportation des titres ne suffit pas toujours à empêcher l'exportation de l'or, cite l'exemple des deux crises américaines de 1837 et de 1857, qui furent, en partie, provoquées par la rétrocession imprévue faite par l'Angleterre aux États-Unis des titres que ceux-ci avaient exporté pour solder les importations anglaises. Mais ces événements, incontestablement vrais, succédèrent à des perturbations extraordinaires. En 1837, la Grande-Bretagne, par suite de la faiblesse des récoltes, dut importer une énorme quantité de blé continental, qu'elle était obligée de payer en or, parce que le protectionnisme en vigueur sur le continent ne lui permettait pas de s'acquitter immédiatement en marchandises. Le protectionnisme anglais agissait dans le même sens par rapport aux marchandises américaines. De sorte que les États-Unis lui envoyaient des titres pour compenser l'excédent des marchandises reçues. Lorsque ensuite l'Angleterre eut besoin d'or pour payer les importations exceptionnelles de blé

(1) *Il valore della moneta*, page 88.

européen, elle réalisa les titres américains en les renvoyant à leur pays d'origine, ce qui compromit la prospérité des banques de l'Union obligées d'effectuer les paiements. Vingt ans après, le même fait se reproduisit, mais ce fut encore pour des raisons exceptionnelles, déterminées par les avatars des chemins de fer américains, dont Frédéric List parle dans son célèbre ouvrage.

Naturellement, ces faits exceptionnels conduisent à des perturbations monétaires dues aux titres en circulation à l'extérieur. Il en fut ainsi dans les cas envisagés ci-dessus. Mais, en temps normal, les événements se déroulent différemment ; et les compensations sont obtenues, en partie, au moyen des valeurs mobilières, ce qui rend inutile l'emploi de la monnaie et, par une conséquence naturelle, élude fréquemment les effets ordinaires de ses mouvements d'immigration ou d'émigration.

Les États-Unis, peu après 1857, devenus à nouveau les débiteurs de l'Angleterre, remédièrent au déséquilibre économique par des envois de titres. Plus tard, le sens des paiements internationaux ayant changé, ils rachetèrent ces titres petit à petit ; et même, depuis quelques années ils sont parvenus à endetter l'Europe à leur égard, à lui prêter des capitaux par l'acquisition de valeurs et de fonds publics. Tout cela s'est produit naturellement, sans provoquer des troubles d'aucune sorte. Ces titres seront graduellement rachetés lorsque le sens des paiements internationaux aura de nouveau changé.

Loria en arrive toujours à ce fait que les créanciers se dessaisissent des titres ; mais il faut tenir compte aussi du désir que manifestent les débiteurs de les reprendre et des conditions auxquelles ils sont disposés à le faire. Les premiers peuvent faire pression sur les seconds en abaissant le prix des titres et ceux-ci peuvent avoir intérêt à reprendre les titres ainsi dépréciés, et qui pouvaient ne pas l'être au moment de leur exportation. Ce phénomène est devenu aujourd'hui plus important que jamais ; car aujourd'hui les valeurs mobilières, multipliées considérablement, circulent dans tous les pays, et elles amplifient les anciennes causes de débit ou de crédit, ou comblent temporairement certaines différences survenues dans la balance des paiements.

En 1899, à la bourse de Londres, sur 9.079.499.206 livres sterling de négociations, 5.329.401 portaient sur des valeurs étrangères (1). A Paris, en février 1900, sur un total de 124 milliards environ de capitaux inscrits à la *cote officielle*, plus de 60 milliards étaient constitués par des titres étrangers (2). Tous ceux qui ont voulu déterminer le montant approximatif de la richesse française, Léon Say, Paul Leroy-Beaulieu, Neymark, Levy et Théry, quoique aboutissant à des résultats différents, s'accordent à signaler la grande affluence des titres étrangers sur le marché français. Le même phénomène, bien que plus restreint, s'est produit ailleurs. L'Allemagne, par exemple, a progressé sensiblement dans cet ordre d'idées. Et même en Italie, en raison de l'amélioration des conditions économiques, on possède actuellement des titres étrangers.

Quelle est l'influence de ces titres sur le marché international ? S'il s'agit de nouvelles émissions ou d'achats et de ventes exécutés comme une opération commerciale ordinaire, les valeurs mobilières qui entrent dans un Etat ou en sortent ne représentent pas autre chose que les divers éléments d'un des facteurs de la balance des dettes et des créances. Ces titres peuvent, par conséquent, augmenter ou diminuer, augmentant ou diminuant ainsi l'importance d'un tel facteur, sans pour cela accélérer ni retarder le paiement qui peut éventuellement devenir nécessaire pour remettre la balance en équilibre. Au contraire, ils peuvent servir précisément à cette fin, et alors ils rendent inutile l'emploi de la monnaie, sans cependant provoquer nécessairement les phénomènes qui résultent d'ordinaire des

---

(1) *Congrès International des valeurs mobilières*, 1900, t. I, Rapport de Cosson.

(2) *Idem*, t. III, *Rapport* de Neymark.

Selon E. Théry, — dans son mémoire *Les valeurs mobilières en France* présenté au Congrès susdit à Paris — pendant les années 1889, 1890 et 1899, les différents titres étrangers cotés étaient en nombre, respectivement, de 137, 183, et 273. Le progrès a donc été très rapide.

mouvements d'émigration ou d'immigration de cette monnaie. La circulation intérieure n'est pas diminuée et par suite les prix ne se trouvent pas dépréciés, non plus que les titres, puisque ceux-ci ne constituent en définitive qu'une marchandise. C'est cependant une marchandise douée de qualités spéciales et dont la valeur ne suit pas la loi qui régit les autres marchandises. Cette valeur, ainsi que nous l'avons déjà dit, dépend principalement de l'intérêt ou du dividende qu'assurent les titres et de la confiance accordée aux sociétés qui les ont émis. Si ces deux principales conditions sont satisfaites de telle façon qu'elles donnent toute sécurité aux créanciers étrangers, ceux-ci accepteront volontiers les titres qu'on leur envoie.

Il ne faut pas dire, à l'encontre de ce qui arrive pour la monnaie qui est acceptée par tous, que certains auront de la répugnance à accepter ces titres. Entre les divers titres qui circulent sur un marché, il s'en trouvera toujours qui seront susceptibles d'offrir les garanties exigées. Et il sera bon de ne pas oublier ce fait, que la circulation internationale des titres, comme celle des lettres de change, est entre les mains des banquiers, lesquels, mieux encore que les particuliers, connaissent la solidité réelle des titres qu'ils soumettent à un commerce d'arbitrage et dont ils facilitent le mouvement d'un marché à l'autre.

Pour les pays où la balance des paiements est depuis longtemps débitrice, il se produit le phénomène rapporté par Loria ; à savoir, que la monnaie devra être exportée pour le paiement des intérêts de ces titres et que, en définitive, les marchandises nationales restent dépréciées, par conséquent plus facilement exportables. Il peut encore se faire que cette dépréciation soit différée (sinon complètement éludée) par l'envoi d'autres titres en quantité équivalente aux intérêts déjà échus.

Mais il n'en est pas de même entre des pays dont la situation économique est excellente, et chez lesquels le déséquilibre économique, pour n'être pas absolument éphémère, présente toujours un caractère transitoire ; chez lesquels, par conséquent,

l'action stimulée de l'un quelconque des facteurs favorables de
la balance économique peut remettre la balance elle-même en
équilibre, avant que se manifeste le besoin d'envoyer à l'extérieur l'équivalent des intérêts échus. Et c'est réellement ainsi
que se passent les choses. En étudiant les oscillations du change
de Paris sur Berlin et de ces deux cités sur Londres, on voit que
le rétablissement de la balance économique s'obtient au bout de
périodes très courtes.

Il semble donc évident que les titres, quoique rendant inutile l'emploi de la monnaie dans le trafic international, peuvent dans plusieurs cas ne pas provoquer les mêmes phénomènes qui résultent de l'émigration ou de l'immigration de cette
monnaie.

c) *Lorsque intervient un changement dans le coût de production
des métaux précieux.* — La valeur de la monnaie, comme nous
l'avons dit, ne dépend pas seulement de sa quantité mais encore
du coût de production des métaux précieux ; ce coût de production, à son tour, agit graduellement sur les prix. Les prix varient d'abord dans les pays qui se trouvent en rapport direct
avec les mines ; puis, petit à petit, dans les pays qui reçoivent
les métaux précieux plus ou moins directement. Etant donné la
nature et la marche de cette variation, il pourra se faire,
qu'étant combinée avec la variation résultant des mouvements
de la monnaie, elle retarde temporairement tout changement de
prix, éludant ainsi les causes déterminantes d'un mouvement
consécutif de marchandises.

Un exemple. Le coût de production de l'or californien s'élève
et la valeur du métal monte en proportion. L'Angleterre sera la
première à subir l'affaiblissement des prix des marchandises, quoiqu'elle reçoive en même temps une certaine quantité de monnaie,
que l'Allemagne lui envoie pour solde de ses paiements. Cependant cette quantité de monnaie est suffisante pour neutraliser
en partie la tendance à la baisse des prix anglais et alors il
peut se faire que cette baisse, proportionnelle à celle qu'a produit en Allemagne la raréfaction de la monnaie, conduise à un

nouvel état d'équilibre ; cet équilibre durera jusqu'à ce que la baisse des prix résultant de l'augmentation du coût de production de l'or se soit étendue à l'Allemagne. On aurait un état d'équilibre temporaire d'une nature qui n'est pas tout à fait différente dans le cas où la baisse du coût de production de l'or californien n'aboutirait pas à élever les prix anglais, par suite d'une exportation simultanée de la monnaie anglaise vers l'Allemagne, cette exportation étant capable d'atténuer la hausse des prix anglais dans la même mesure qu'elle provoque l'élévation des prix allemands.

On aurait des effets complétement opposés si la baisse du coût de production du métal coïncidait avec une émigration de l'or allemand vers la Grande-Bretagne ; ou bien, si la hausse du coût de production était accompagnée d'une émigration de l'or anglais vers l'Allemagne. Dans ces deux derniers cas, la variation considérable des prix provoquerait une exportation intense des marchandises de l'un des pays vers l'autre, et cette exportation conduirait à l'équilibre.

d) *Lorsque le crédit n'est pas proportionnel aux variations de la production et du commerce.* — L'extension et le rétrécissement du crédit, lorsqu'ils se produisent parallèlement à l'augmentation et à la réduction de la production et du commerce, loin d'altérer les prix, assurent la stabilité de la valeur de la monnaie ; ce résultat est particulièrement sensible dans une période de progrès économique, lorsqu'une augmentation de la quantité de monnaie ne correspond pas à l'extension des transactions commerciales (1). Mais qui pourra jamais affirmer que ces deux éléments, quoique agissant parallèlement, procèdent avec la même rapidité ?

Nous savons que les phénomènes économiques présentent une gradation infinie et que l'on n'a jamais une correspondance exacte entre des facteurs en relation d'interdépendance. Le crédit peut donc s'étendre plus rapidement que la production et

(1) E. Nazzani, *Sunto di economia politica*, Forli, 1906.

que le commerce et laisser les prix invariables même lorsque
une partie de la monnaie a émigré (1).

Le crédit peut encore se restreindre plus rapidement que la
production et le commerce, et neutraliser les effets que l'immigration de la monnaie aurait eu sur les prix. Il est vrai qu'il pouvait accentuer les variations des prix si l'émigration coïncidait
avec son rétrécissement, ou si l'immigration était accompagnée
de son expansion. Mais ces deux derniers cas n'excluent pas les
précédents et tous démontrent que les rapports entre l'expansion et le rétrécissement du crédit, l'augmentation et la réduction de la production, ont des relations étroites avec les mouvements de la monnaie.

**28. L'émigration de la monnaie d'un pays a une in-
fluence sur tous les pays qui se trouvent en rapport d'é-
change avec lui.** — Pour plus de clarté, en rappelant l'exemple de Mill, nous avons dit qu'un pays peut envoyer au pays
créditeur, comme solde de la balance économique, une quantité
équivalente au passif ; et qu'alors, par suite de l'abaissement
des prix dans le premier pays et de leur augmentation dans le
second, les importations de ce dernier augmenteront et pro-
voqueront le retour de la monnaie dans le pays qui était d'a-
bord débiteur. Dans ce cas, le procédé est simple et expéditif, et
l'action de la monnaie sur les prix est efficace et rapide. Mais en

---

(1) La monnaie a un usage restreint, qui tend à se réduire de plus en
plus chez les peuples civilisés. Ils la remplacent par des billets de banque,
des chèques, des lettres de change, des virements de compte de banquiers, etc. Le *Clearing-House* moderne donne lieu à des transactions tellement vastes, qu'elles ne pourraient matériellement pas s'accomplir si on
devait faire exclusivement usage de monnaie métallique. La somme de
monnaie métallique en circulation, toujours chez les peuples les plus civilisés, reste à peu près constante : elle est peu élastique, alors que les
transactions commerciales s'étendent dans une proportion énorme, grâce
aux intermédiaires employés à la place de la monnaie.

La réduction de la monnaie ne sera jamais exagérée. Si les échanges
exigent qu'elle soit augmentée, ces mêmes échanges créeront un bon
porte-feuille, c'est-à-dire un porte-feuille composé de valeurs saines,
authentiques, et réalisables.

fait, les événements sont plus complexes et le rétablissement de l'équilibre se fait plus lentement.

En réalité, un pays se trouve en rapport d'échange avec beaucoup d'autres Etats, et l'élévation des prix dans le pays créancier ne stimule pas seulement les exportations du pays débiteur, mais de tous ceux qui ont des relations commerciales avec le premier. Le pays B a une grosse dette envers le pays A et la solde par un envoi de monnaie. Les prix s'élèvent en A de 20 0/0, ils diminuent en B dans la même mesure. Le dénivellement des prix est dont le 40 0/0. Mais ces deux pays se trouvent en rapport d'échange avec les nations C, D, E, etc., chez lesquelles aucun trouble analogue n'étant survenu, les prix sont restés les mêmes. La différence des prix de ces pays avec ceux de A sera donc de 20 0/0. Il n'est pas douteux que l'exportation de B vers A sera plus active, car elle est le plus fortement stimulée. Mais cela n'empêche pas C, D, E, etc., d'avoir intérêt à exporter en A et d'y exporter certainement une grande quantité de marchandises. La monnaie ne retournera à B qu'en partie et le reste se répartira entre les autres marchés, donnant lieu à de nouveaux changements de prix, selon une gradation indéfinie, et à un processus long et compliqué dans la redistribution de la monnaie (1).

29. La valeur de la monnaie dans le rachat des titres placés à l'extérieur. — La valeur de la monnaie a une grande,

(1) La théorie que les économistes classiques nous ont donnée du commerce international est, à cet égard, encore incomplète. Il peut se faire, en effet, qu'entre deux Etats, A et B, se produise un mouvement de monnaie continu du premier vers le second, même si A n'est pas producteur de métaux précieux. Le pays A ne se trouve pas seulement en rapport d'échange avec B, mais encore avec C, D, E, etc.; il peut donc toujours avoir une balance économique débitrice par rapport à B, et se trouver constamment dans la nécessité d'exporter de la monnaie en B. Cela ne contrarierait nullement les échanges, si les autres pays, C, D, E, etc., lui procuraient la quantité de monnaie qu'il exporte en B d'une façon constante. Par conséquent, une exportation constante d'un marché à l'autre est possible même si le marché exportateur n'est pas producteur de métaux précieux. Ceux qui sont familiarisés avec le calcul, peuvent se reporter à la *note mathématique* qui termine ce chapitre.

importance dans les paiements différés ; car il est certain que grâce à l'instabilité de cette valeur, les débiteurs ou les créanciers peuvent retirer un gain ou une perte de leurs rapports réciproques. Cette perte ou ce gain seraient éliminés si la puissance d'achat de la monnaie restait immuable pendant le temps de son emploi. Mais la monnaie comme toutes les autres marchandises, bien que dans une mesure moindre, est sujette à des variations de valeur.

Il en résulte que si la valeur de la monnaie, à l'époque où expire son emploi, est plus élevée que la valeur qu'elle avait au moment où la dette a été contractée, le débiteur éprouve une perte et le créancier recueille un gain. L'expression monétaire, au moment où la dette a été contractée ou éteinte, doit correspondre au montant réel des marchandises que la monnaie peut payer ; la quantité de marchandises qui est maintenant nécessaire est plus considérable que celle exigée d'abord, car la vente de celles-ci doit produire la quantité de monnaie exigée pour l'extinction de la dette. Dans le cas opposé, c'est-à-dire lorsque la valeur de la monnaie se trouve réduite, les résultats sont contraires : c'est le débiteur qui est avantagé et non pas le créancier.

Lorsqu'il s'agit de pays créditeurs ou débiteurs et non de particuliers, les conséquences ne sont pas différentes.

Supposons qu'un pays quelconque A ait contracté avant 1873 une grosse dette à l'extérieur, représentée par un capital monétaire de X, lorsque les prix se maintenaient élevés en raison de la valeur dépréciée de la monnaie. Les producteurs du pays créditeur B, pour recueillir la somme de richesses demandées par A, c'est-à-dire pour acquérir les titres que celui-ci leur envoyait, furent obligés de vendre une quantité de marchandises Y. Après 1873, pour les raisons que nous avons exposées, il se produisit une hausse considérable dans la valeur de la monnaie ; les prix tombèrent, et si A eût voulu éteindre sa dette, il aurait dû envoyer en B une masse de marchandises Z, quantitativement supérieure à Y, quoique nominalement égale à X. Donc A, pays débiteur, en raison de l'augmentation de valeur de la monnaie aurait subi une perte égale à $Z — Y$.

Si, au contraire, A avait placé des titres à l'extérieur au moment de la dépression des prix qui vint après 1873, et les avait rachetés lorsque, plus tard, la valeur de la monnaie baissa, il aurait, pour des raisons exactement opposées, réalisé un bénéfice égal à $Y — Z$; et B aurait subi une perte équivalente à cette différence. Par conséquent, le ministre avisé de la reine Elisabeth avait bien raison (l'exemple nous est rapporté par Smith) (1) lorsque les prix tendaient à s'élever, à la suite de la découverte de l'Amérique, de prescrire que les revenus de certaines institutions fussent payés partie en nature et partie en monnaie. De cette façon il évita les pertes qui résultèrent de la dépréciation de l'argent.

Nous avons supposé ici pour plus de clarté, que le changement des prix, consécutif aux variations de la monnaie, était uniforme et simultané dans tous les pays. Nous avons même supposé que le cours des titres au moment du rachat était au même niveau qu'à l'époque où fut contractée la dette.

Au contraire, en pratique, non seulement les prix ne varient pas d'une façon uniforme et simultanée dans tous les pays, mais il est encore très difficile que la valeur des titres en bourse se retrouve au même niveau à plusieurs années d'intervalle.

Pour ces raisons, le phénomène offre une gradation différente mais son essence reste identique.

30. La monnaie et le taux de l'escompte. — L'émigration de la monnaie peut encore rencontrer un obstacle dans l'élévation opportune du taux de l'escompte, quoique dans ce cas la dépréciation des marchandises ne puisse être empêchée. Au contraire, cette dépréciation s'accélère et, par suite, provoque plus rapidement, et peut-être même plus efficacement, l'exportation de marchandises nationales, grâce à laquelle l'équilibre finit par se rétablir.

(1) A. SMITH, *Richesse des nations*, livre I, chap. v.

On sait que la Banque d'Angleterre, plus encore que toutes les autres, change facilement le taux de son escompte. Cela résulte du fait que son action est mondiale ; tous les peuples emploient ses services, et le remboursement à vue des billets s'effectue sans hésitation ni restriction. D'autres banques européennes sont tenues de rembourser les billets à vue, mais lorsque ces remboursements tendent à se multiplier, elles les exécutent de mauvaise grâce, ou recourent à des expédients. La Banque de France, par exemple, lorsque la demande d'or devient plus intense, rembourse les billets en argent, ou institue sur l'or une prime, qui a quelquefois atteint jusqu'à 1 0/0.

Non seulement la Banque d'Angleterre change le taux de son escompte avec facilité, mais encore les variations en sont-elles souvent très sensibles. Le 26 janvier 1893, par exemple, ce taux était de 2 1/2 0/0, mais le 24 août de la même année il atteignait le double. Et l'histoire de cette banque, nous offre des cas où l'augmentation fut encore plus rapide et plus considérable.

Quels sont les effets de ces variations de l'escompte ?

1° L'élévation du taux de l'escompte, en rendant les achats à crédit plus difficiles, provoque une baisse des prix qui facilite l'exportation des marchandises nationales et l'importation de monnaie métallique, ce qui retarde l'émigration de la monnaie ou neutralise les effets même de cette émigration (1).

2° Les banquiers étrangers, qui détiennent des traites payables dans le pays où l'escompte vient de monter, et qui les feraient escompter si le taux était suffisamment bas, attendent l'échéance pour en exiger le paiement et sont heureux même de les renouveler, lorsque le taux est élevé, de sorte que la nation débitrice retarde ainsi le paiement et, par suite, l'envoi de monnaie qu'il nécessiterait (2).

(1) C. Supino, *Principii*, pag. 227.
(2) Supposons que l'Italie doive acquitter une dette envers l'Allemagne ; si en Allemagne l'escompte est de 4 o/o et n'est que de 3 o/o en Italie, les allemands auront intérêt à escompter de suite les lettres de change payables en Italie ; ils attendraient, au contraire, l'échéance, si l'Italie portait son escompte à 5 o/o, car ils paieraient alors 1o/o de plus que

3° Non seulement l'élévation du taux de l'escompte retarde l'exportation de l'or et de l'argent, mais encore elle en facilite l'importation ; car les banquiers étrangers achèteront des lettres de change payables dans le pays où l'escompte est élevé, et enverront immédiatement les métaux précieux, dans le but d'employer leur argent à de meilleures conditions (1).

Ces changements ne sont autre chose que la conséquence de la diminution du numéraire en circulation, qui résulte du nombre moindre, ou de la valeur moindre des effets escomptés. Naturellement, une partie du numéraire offerte d'ordinaire à l'escompte reste dans les caisses des banques, ce qui diminue en proportion la quantité de monnaie en circulation. Ce rétrécissement de la circulation a déjà un premier effet, immédiat, sur les prix, qu'il déprime, et facilite ainsi l'exportation des marchandises.

L'action exercée sur les prix s'effectue, dans ce cas, dans un sens unique ; alors qu'au contraire, en exportant la monnaie, le commerce d'exportation se trouverait facilité de deux côtés : par la réduction des prix à l'intérieur et leur élévation à l'extérieur. Mais il faut croire que l'usage de l'escompte est plus efficace lorsque la sortie de la monnaie ne peut influer de façon décisive sur les prix qu'à la suite d'une exportation considérable de celle-ci ; car alors le rétrécissement de la circulation monétaire est plus sensible et plus rapide. Donc, même lorsque l'économie fiduciaire atteint un très haut développement, la quantité de numéraire existante a une influence directe dans la déter-

___

chez eux, de sorte que l'exportation de la monnaie italienne serait retardée et, dans le même temps, l'exportation accrue des marchandises italiennes vers l'Allemagne se traduirait par de nouvelles créances venant compenser la dette précédente.

(1) L'escompte, contrairement à ce que soutiennent certains auteurs, (Voir C. SUPINO, *Il saggio dello sconto*, Turin, 1892, pag. 22. — NEUMANN SPALLART, *Uebersichten der Weltwirthschaft*, Stuttgart, 1887, pag. 52) peut avoir une influence sur le taux de l'intérêt. Dans ce cas, par d'autres voies, il peut rappeler le capital étranger, et, par suite, aider à un rétablissement plus rapide de l'équilibre de la balance économique.

mination des prix à l'intérieur et, par suite, sur le développement des rapports internationaux.

Si d'un côté l'escompte a le mérite d'arrêter l'émigration monétaire, de l'autre, il agit comme si cette émigration avait eu lieu et donne naissance aux phénomènes qui en auraient résulté.

NOTE MATHÉMATIQUE

I

Les problèmes inhérents à l'équilibre de la balance économique entre pays dotés de types monétaires différents peuvent — avec plus de rigueur — recevoir une démonstration mathématique.

A est le pays employant la monnaie d'argent ;

O est le pays employant la monnaie d'or ;

De A on exporte la marchandise C, et on y importe la marchandise F ;

En A, évalués en argent, les prix sont p_c et p_f ; en O, évalués en or, les prix sont P_c et P_f. Nous aurons alors :

Sur le marché international une unité de monnaie d'or s'échange contre m unités de monnaie d'argent.

Pour qu'il y ait en O une importation de C, on doit avoir :

$$p_c < P_c.\, m \left. \right\} (1)$$

Pour que en A il y ait une importation de F, on doit avoir :
$P_f.m < p_f$ c'est-à-dire : $\qquad p_f > P_f.m$

ce qui s'écrit encore :

$$\frac{\overrightarrow{p_c}}{p_f} < \underset{\longleftarrow}{\frac{P_c}{P_f}}$$

et cette relation confirme la loi énoncée des coûts comparatifs.

L'équilibre final se produit lorsque :

$$\left. \begin{array}{l} p_c = P_c.m \\ p_f = P_f.m \end{array} \right\} (1 \text{ bis})$$

Pour que les échanges restent équilibrés sans transport de monnaie, il faut que la quantité $C.p_c$ d'argent que O donne en paiement à A, équivale, sur le marché international, à la quantité d'or $F.P_f$, que A donne en paiement à O ; il faut donc que

$$C.p_c = F.P_f m \quad (2)$$

II

Comment arrive-t-on à l'équilibre, et comment l'équilibre se rétablit-il lorsqu'il vient à être rompu ?

Si l'équation (2) n'est pas satisfaite il peut se produire plusieurs cas.

I α) le premier membre est supérieur au second, et alors O devra envoyer en A une quantité d'argent égale à

$$C.p_c - F.P_f.m.$$

I β) le premier membre est inférieur au second, et alors A devra envoyer en O une quantité d'argent égale à $F.P_f m - C.p_c$, ou bien une quantité d'or égale à

$$F.P_f - C.p_c. \frac{1}{m}.$$

et il peut se présenter deux cas.

à) le pays 0, pour envoyer de l'argent en A, doit en acheter avec son or sur le marché mondial, de sorte que les prix des marchandises en 0 diminueront. En A, au contraire, l'abondance d'argent fera augmenter les prix. Par conséquent, si on se reporte aux relations (1), on voit que dans la première l'inégalité s'atténue, dans la seconde l'inégalité s'accentue; l'importation de C en 0 diminue, l'importation de F en A augmente, et cela, jusqu'à ce que l'échange reprenne la forme du troc pur et simple, c'est-à-dire s'effectue sans nécessiter un solde en monnaie.

β') Le pays A, pour envoyer l'or en 0, devra l'acheter avec son argent; les prix augmenteront donc en 0. Donc, dans les relations (1), la première inégalité s'accentuera et la deuxième s'atténuera; l'importation de C en 0 augmentera, l'importation de F en A diminuera, et cela, jusqu'à ce que l'échange ait repris la forme du troc.

III

Qu'advient-il lorsque, cette condition d'équilibre étant réalisée, m varie?

Alors l'équation (2) cesse d'être satisfaite. Il se présentera deux cas :

II α) m diminue, l'or est déprécié par rapport à l'argent; alors la première des inégalités (1) s'atténue, la seconde s'accentue; les importations diminueront en 0 et augmenteront en A. Ce pays devra envoyer de la monnaie en 0, les prix baisseront donc en A et s'élèveront en 0; par suite, les importations augmenteront en 0 et diminueront en A, ce qui corrigera les premiers effets de la diminution de m, et tendra à rétablir l'égalité (2) avec la nouvelle valeur de m sur le marché international.

II β) De même, si l'argent est déprécié par rapport à l'or, m croît; la première des inégalités (1) s'accentue, la seconde s'atténue; d'où augmentation des entrées en 0, diminution en A. Le premier de ces deux pays devra donc envoyer de la monnaie au second, ce qui fera tomber les prix en O et les fera monter en A. Il en résultera une importation plus importante en A, une importation moindre en O; cela corrigera les premiers effets de l'accroissement de m et tendra à rétablir l'égalité (2), avec la nouvelle valeur de m sur le marché international. Il y a, ici encore, deux phases dont la seconde vient corriger la première.

IV

En discutant les cas ($I\ \alpha$) et ($I\ \beta$), nous avons supposé que la demande d'or et d'argent faite sur le marché international, par l'un ou l'autre pays, pour solder la balance, n'avait pas d'action sur m. C'était là une supposition légitime et nécessaire pour l'étude de l'évolution principale du phénomène. Mais supposons que m diminue, lorsque O demande de l'argent, à échanger contre son or, pour l'envoyer ensuite en A; et que m augmente, lorsque A réclame de l'or, à échanger contre son argent, pour l'envoyer ensuite en O. Il sera facile de voir que les effets étudiés au cas $I\alpha$ s'ajouteront à ceux du cas $II\alpha$, et que les effets étudiés au cas $I\beta$ s'ajouteront à ceux du cas $II\beta$.

En résumé, nous pouvons dire :

1° Que dans les échanges entre deux pays dotés de types monétaires différents, une variation de m agit sur la balance en faveur du pays dont la monnaie se trouve dépréciée (Voir $II\alpha$ et $II\beta$).

2° Qu'une balance créditrice détermine une importation de monnaie, une augmentation des prix, une diminution de l'exportation, un accroissement de l'importation, jusqu'à ce que l'équilibre soit rétabli dans la position où l'échange adopte la forme du troc pur et simple.

V

La théorie exposée, qui est celle de l'économie classique, est incomplète, car elle suppose deux marchés seulement en relation d'échange et séparés du reste du monde. Cette théorie nous montre que le commerce de A avec le reste du monde B, C, D, E, F, G, etc., ne se prête pas à un équilibre grâce auquel A, qui ne produit pas de métal, pourrait exporter constamment de la monnaie. Cela est vrai, mais il n'est nullement vérifié que l'exportation de monnaie ne puisse affecter un caractère de pérennité vis-à-vis d'aucun des pays ci-dessus.

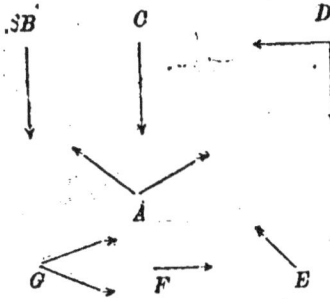

On peut constater l'afflux permanent, ou l'émigration constante de la monnaie, — dans l'état de parfait équilibre, — pourvu que l'on ait :

$$AB + AD = CA + GA + EA.$$
$$BG = AB.$$
$$CA = DC.$$
$$DC + DE = AD.$$
$$EA = FE + DE.$$
$$FE = GF.$$
$$GA + GF = BG.$$

Si ces conditions sont satisfaites, le commerce international se trouvera en parfait équilibre ; et il y a cependant, dans les relations des pays A et D, par exemple, un exode de monnaie permanent de A

vers D; il n'est donc nullement vrai que le commerce de A avec D présente les caractères du troc.

Les caractères du troc s'observent dans le commerce de l'un des pays avec *l'ensemble* des autres, et non pas dans les relations de deux pays seulement.

CHAPITRE V

LES CHANGES ÉTRANGERS ET L'AGIO

31. Comment sont éteintes les dettes internationales. — L'achat et la vente des marchandises, les intérêts et les profits des capitaux, les épargnes des travailleurs, les frêts de la marine marchande, et, en général, toutes les dettes et toutes les créances entre les différents pays, de quelle façon se règlent-ils ? Dans chaque Etat y a-t-il une entrée et une sortie de monnaie pour chaque marchandise vendue, pour chaque service rendu, pour chaque engagement pris, ou bien satisfait-on à ces obligations par d'autres moyens ?

La circulation internationale de la monnaie, figure pour des sommes minimes dans la valeur totale des échanges (1), c'est-

(1) Pour citer un exemple, l'Italie, en 1906, sur un trafic international

à-dire que les dettes réciproques sont comblées autrement que par un transport de monnaie à chaque opération effectuée. Et, en effet, la monnaie est reléguée dans un rôle assez modeste par l'usage des lettres de change sur l'étranger, qui la remplacent excellemment pour les paiements internationaux. Par exemple : A, producteur du Nord-Amérique, vend pour 1.000 francs de coton à B, industriel italien ; C, producteur italien d'engrais, vend pour 1.000 francs de ce produit à D, commerçant nord-américain. Si le crédit, et ses procédés perfectionnés, n'intervenaient pas, B devrait envoyer à A les 1.000 francs en or qui constituent le montant de sa dette ; et D devrait en faire autant vis-à-vis de C : on aurait ainsi un double mouvement de monnaie, contraire au mouvement des marchandises. Comme les échanges entre l'Italie et l'Amérique se chiffrent par centaine de millions, une partie non négligeable de la circulation monétaire des deux pays devrait être consacrée à cet emploi, qui est par lui-même superflu autant que coûteux.

En fait, A, au moment où il envoit ses marchandises à B, émet un ordre de paiement (traite) que B devra exécuter pour éteindre la dette contractée par lui. Puis, au lieu d'envoyer cette traite en Italie, il la cède à son concitoyen D, dont il en exige l'équivalent en monnaie.

Donc A reçoit ce qui lui est dû, sans que B lui envoie de monnaie de l'Italie. Entre temps, C a tiré une autre traite sur D, il la vend ensuite à B pour en obtenir l'équivalent en monnaie.

De sorte que B est satisfait, et les deux dettes sont acquittées par un mouvement de monnaie entre deux personnes situées à l'intérieur d'un même pays, et non pas par un mouvement de cette monnaie entre deux pays différents.

La lettre de change est donc l'intermédiaire qui facilite les paiements ; c'est un instrument de compensation internationale.

de marchandises montant à 4.252 millions de francs, n'effectua, en tout, qu'un échange de métaux précieux montant à 140 millions.

Quoique évitant à la monnaie d'être employée à cet usage, elle se distingue sensiblement de celle-ci, car sa valeur est sujette à de continuelles oscillations, alors que la valeur de la monnaie d'or est plus stable. Les lettres de change constituant un moyen de paiement que l'on se procure contre de la monnaie, se trouvent subordonnées au marché monétaire, en particulier lorsqu'elles sont tirées à longue échéance. Les traites à courte échéance, sont au contraire, plus directement influencées par l'offre et la demande (1).

Mais il est difficile que les créanciers et les débiteurs d'un même marché puissent se connaître et échanger les traites contre la monnaie, comme il est difficile que les dettes et les créances puissent se compenser exactement. C'est le commerce des traites, auquel se consacrent les arbitragistes, qui facilite l'acquittement des dettes et leur compensation par les crédits.

Les possesseurs de papiers étrangers s'adressent aux arbitragistes pour le leur vendre, et les débiteurs pour leur en acheter. Ce service est consenti moyennant une légère rétribution.

Le commerce d'arbitrage est très simple, et même, grâce à la rapidité des communications, très expéditif. Supposons qu'un banquier de Gênes s'aperçoive que les lettres de change sur Berlin sont très demandées, et que devenues rares à Gênes, elles soient nombreuses à Paris. Il achètera ces lettres de change à Paris et les revendra à Gênes. Inversement, si elles sont très offertes à Gênes et très demandées à Paris, il les achètera là-bas pour les revendre ici. Pour les changeurs, la traite est une marchandise comme les autres ; on l'achète là où elle est à bas prix pour la revendre là où les prix sont élevés. Pour les traites comme pour les marchandises de toute nature, une différence considérable dans les prix de deux marchés différents ne peut durer longtemps. Précisément pour cela, le prix du papier de

(1) Pour les traites à longue échéance, il est naturel que la longueur du papier ait une influence sur le prix, car le temps à courir entre l'émission et l'échéance détermine l'intérêt du capital nominal de la lettre.

Rome sur Paris diffère peu du prix du papier de Rome sur Londres ou sur Berlin.

Les lettres de change sur l'étranger peuvent être tirées du pays créditeur sur le pays débiteur, et aussi sur un troisième pays qui absorbe une grande partie du commerce mondial. Les producteurs indiens vendent leurs marchandises aux États-Unis et font traite sur Londres et non sur New-York ; les producteurs argentins préfèrent, pour les marchandises vendues à la Russie, tirer sur Londres au lieu de Saint-Pétersbourg. Et cela parce que les importations anglaises rayonnent abondamment vers tous les pays du monde, même les plus lointains : ces pays se livrent à une active recherche des lettres de changes sur Londres, de sorte que ces lettres se vendent plus facilement que les tirages sur n'importe quel autre marché, moins important que l'Angleterre. En pratique, il peut se faire que la France, par exemple, importe une forte proportion de marchandises chinoises et exporte une quantité considérable de ses propres marchandises dans l'Inde. La France, la Chine et l'Inde ont des rapports commerciaux avec la Grande-Bretagne ; par conséquent, la France peut payer la Chine en lui cédant le crédit sur l'Angleterre, qu'elle a reçu elle-même de l'Inde en retour de ses exportations. Plus simplement encore, nous dirons que les lettres de change sont tirées de l'Inde sur l'Angleterre, et cédées à la France en paiement ; la France, à son tour, les passe à la Chine, qui pourra s'en servir facilement, puisqu'elle est en relations constantes avec la Grande-Bretagne. En d'autres termes, Londres fait fonction d'une chambre de compensation à l'usage du monde entier ; c'est chez elle, en effet, que viennent se liquider et se compenser une infinité de négociations internationales.

Maintenant que d'autres pays viennent disputer à l'Angleterre la suprématie commerciale, cette fonction d'intermédiaire dans les paiements internationaux, n'est plus son monopole absolu. En effet, étant donné l'énorme exportation nord-américaine, New-York acquiert une importance de plus en plus

grande dans le commerce du papier étranger. Nous voyons
encore, pour le même motif, l'importance d'Hambourg et de
Berlin augmenter chaque jour.

Grâce à cette organisation, un pays peut exporter ses marchandises dans l'un des pays étrangers seulement ; il peut, au
contraire, importer les produits de toutes les nations, ou
encore il peut importer les produits d'une seule d'entre elles et
exporter chez tous les autres ; et compenser ensuite les débits
et les crédits au moyen de lettres de change qui lui permettront
de payer les marchandises achetées avec les marchandises
vendues.

Il est utile cependant de dire que là où il existe un échange
actif de marchandises et de services, les affaires peuvent se
liquider sans l'intervention d'un troisième pays.

Mais, directs ou indirects, les paiements internationaux
s'effectuent toujours par le moyen des lettres de change sur
l'étranger. Ce n'est qu'au cas où les débits et les crédits sont
très inégaux, que l'on a recours, pour rétablir l'équilibre économique, à une émigration ou à une immigration de monnaies
qui provoque les phénomènes que nous avons examiné,
d'autre part.

32. Le change, son origine, ses limites. — Quoique les
lettres de change — nous ne nous occuperons que de celles
tirées à courte échéance — comportent le paiement d'une
somme déterminée à l'avance, leur prix ainsi que nous l'avons
dit, est variable comme celui d'une marchandise quelconque.
Susceptibles d'être négociées, elles subissent les fluctuations
consécutives à l'offre et à la demande, et sont même soumises
à d'autres causes de fluctuations (1), dont nous ne tiendront pas
compte au cours de notre raisonnement.

(1) Comme, par exemple, même pour les lettres de change à courte
échéance, la valeur des signatures, la distance géographique entre les divers marchés, et l'intervention de causes politiques.
    Les lettres de change portant des signatures de premier ordre seront
toujours préférées aux autres, et par suite mieux cotées. A conditions

La demande des lettres de change sera faible dans les pays dont les créances vis-à-vis de l'extérieur dépassent les dettes ; elle sera intense dans ceux dont la situation vis-à-vis de l'extérieur est plus débitrice que créditrice.

Dans le même temps, les lettres de change en faveur des pays créditeurs abonderont et celles en faveur des pays débiteurs deviendront moins nombreuses. L'abondance de ces lettres et le peu d'intensité de la demande qui en est faite dans les pays créditeurs en fera tomber le prix au-dessous de la valeur nominale. Dans les pays débiteurs, au contraire, précisément parce que la demande est intense et l'offre rare, le prix de ces lettres montera au-dessus du pair. C'est ce prix qui prend le nom de *change*.

Le *change* est donc le cours de négociation du papier étranger. On dit, improprement d'ailleurs, qu'il est *favorable* ou *actif*, lorsqu'il est au-dessous du pair, *défavorable* ou *passif* lorsqu'il est au-dessus du pair. Le change, à proprement parler, n'est autre chose que le prix des lettres de change sur l'étranger. Mais pour plus de clarté, nécessaire ici autant que l'exactitude de la terminologie scientifique, nous pouvons appeler *change* le surplus dont le prix de la lettre dépasse la valeur nominale ; et, de même, nous pouvons désigner par *déchange* la différence en moins qui peut exister entre le prix de la lettre et cette même valeur nominale. Ces dénominations ne satisfont pas tous les économistes, mais elles ont le mérite de rendre le raisonnement plus simple et plus clair. Loria, lui aussi, a recours à une terminologie toute spéciale, dans son excellent ouvrage sur la monnaie. De toute façon, il s'agit là d'une pure convention, qui

---

égales, les traites sur des marchés éloignés seront cotées plus haut que les traites sur des marchés voisins, car elles évitent des frais de transport de numéraire et d'assurance plus considérables. Les événements politiques peuvent, en outre, faire baisser les prix des lettres de change si elles représentent des créances sûres et, par conséquent, d'un recouvrement certain. Dans ces moments de panique, tout le monde veut se procurer du numéraire et on cède les traites à des prix très bas.

ne peut changer en rien la substance même du débat, mais peut en rendre l'étude plus facile.

Le cours du change entre pays ayant le même type monétaire a des limites qu'il est difficile de forcer.

Il ne peut dépasser les frais de transport et d'assurance inhérents à l'envoi de la monnaie destinée à éteindre la dette. Supposons que ces frais de Berlin à Londres soient de 5 0/0. Le change ne pourra jamais dépasser ce taux, car le débiteur aurait alors intérêt à expédier la monnaie au lieu d'acheter le papier étranger, qui lui reviendrait plus cher. Donc, dans le cas extrême, même si l'Allemagne était largement débitrice vis-à-vis de l'Angleterre, le change dans le premier pays ne monterait jamais au delà de 105 francs par 100 francs, et dans le second ne descendrait pas au-dessous de 95 francs par 100 francs. S'il n'en était pas ainsi, les statistiques douanières enregistreraient une forte exportation d'or allemand vers l'Angleterre.

Voici un exemple. En 1904, les Etats-Unis, à la suite de mauvaises récoltes, ne purent pas exporter en Europe la quantité de blé habituelle. A New-York, le papier sur Paris et Londres, qui représentait d'ordinaire ces exportations, se fit rare. Le nombre des traites diminua, le change s'éleva, et, vers la fin de l'automne, l'Amérique envoya de l'or en Europe ; alors que le mouvement inverse avait toujours eu lieu à cette époque, pendant les années précédentes. Le change s'était tellement élevé que l'envoi de la monnaie devenait plus avantageux.

Donc, le change oscille entre deux limites bien déterminées : la limite supérieure est établie par la valeur au pair de la traite augmentée des frais de transport et d'assurance de l'or qui équivaut à la valeur même de la traite ; la limite inférieure est donnée par la valeur nominale de la traite diminuée de ces mêmes frais.

33. L'Agio, son origine, ses cours. — Le cours du change est également influencé dans ses variations par la différence des monnaies adoptées par chaque pays. Jusqu'à présent, nous avons supposé que les pays en relations d'échange étaient dotés du même type monétaire, et qu'il était toujours possible, par conséquent, d'opérer un envoi de monnaie de l'un à l'autre, au cas où il n'y aurait pas eu avantage à faire usage des lettres de change.

Les variations du prix des traites ne peuvent pas être très considérables lorsque la circulation est métallique, quoique faisant usage de types monétaires différents. Mais lorsqu'au contraire, le régime du cours forcé est en vigueur dans l'un des pays et que le papier-monnaie y est sensiblement déprécié, les oscillations du change peuvent dépasser toute limite et toute prévision. Il peut se faire cependant que dans un pays faisant usage du cours forcé, l'agio n'existe pas, c'est le cas actuellement de l'Italie. L'argent est aujourd'hui déprécié par rapport à l'or et, par conséquent, la monnaie blanche est dépréciée par rapport à la monnaie jaune, comme le papier non remboursable peut être déprécié, toujours par rapport à l'or.

Lorsque la monnaie se trouve dans les conditions normales, dit un auteur distingué, les oscillations du change peuvent être comparées à celle d'un vaisseau solide et bien construit, qui tend toujours naturellement à se remettre en équilibre. Lorsque la circulation de papier est excessive, ou lorsque la circulation métallique est dépréciée, cette circulation présente l'image d'un vaisseau qui fait eau de toutes parts. Dès qu'il penche d'un côté, il ne peut plus se redresser jusqu'à ce qu'il épuise, avec ses pompes, l'eau qui le surcharge.

Dans ces derniers cas, aux oscillations du change s'ajoutent celles de l'agio (1), c'est-à-dire le degré de dépréciation du pa-

(1) L'agio est constitué par la dépréciation d'une monnaie par rapport à une autre. Le change, au contraire, ainsi que nous l'avons dit, est la différence en moins ou en plus, qui sépare le prix de la lettre de change de sa valeur nominale. Les lettres de change sur l'étranger équivalent à de l'or. Donc, si le change est de 3 o/o, une traite de 100 francs, vaudrait en or 103 francs. Mais si l'agio de l'or par rapport au papier-monnaie ou à l'argent était de 10 o/o, le prix de la lettre de change, en monnaie dépréciée serait de 113 fr. 30 centimes, c'est-à-dire précisément égal au montant de la valeur nominale de la traite, augmentée du change et de l'agio.

pier non remboursable, ou de l'argent par rapport à l'or. Et les variations du prix des lettres de change sont alors démesurées, si on les évalue en monnaie dépréciée.

Dans un pays à circulation de papier, pour retrouver le montant du change, exprimé en monnaie métallique, il faudrait déduire du prix des lettres de change, évalué en papier, la dépréciation du papier par rapport à l'or, c'est-à-dire l'agio. Si, par exemple, le change en papier, de Madrid sur Londres, était de 130 et l'agio de 28, le change évalué en or serait de 102 (1).

Celui qui, à Madrid, veut vendre une traite sur Paris, la négociera à un prix supérieur à la valeur nominale, d'une quantité égale à la prime de l'or sur le papier monnaie ; il demandera

---

(2) Cet exemple n'a d'autre portée que de rendre plus évidente l'influence de la dépréciation du papier-monnaie sur le cours des lettres de change. Pratiquement, les choses pourraient prendre une tournure très différente.

L'exemple choisi convient tant que la recherche du papier étranger est plus large et plus active que celle de l'or. Ce cas se présenta, en France, pendant le paiement de l'indemnité de guerre. Le pair de la monnaie française et de la monnaie anglaise s'établit au taux de 25 fr. 20 pour une livre stérling. En octobre 1871, le change s'éleva à 26 fr. 28 3/4, c'est-à-dire à presque 4 o/o au-dessus du pair, tandis que l'agio ne s'éleva jamais, même aux époques de ses plus fortes crues, au-dessus de 2, 50 0/0.

Mais ce système, il est bon de le dire, peut induire en erreur. Il peut se faire, en effet, dans l'exemple ci-dessus, que le change restant à 130, la recherche de l'or à l'intérieur pour le paiement des taxes douanières ou pour d'autres opérations n'ayant rien de commun avec les paiements internationaux fasse monter l'agio jusqu'à 31 par exemple ; alors, le change, évalué en or, tomberait à 99, c'est-à-dire au-dessous du pair, t semblerait signifier que ce pays est créancier vis-à-vis de l'étranger, tandis qu'il est en réalité débiteur. La recherche de l'or n'aurait, dans ce cas, aucune influence sur le change. D'autre part, si le change et l'agio peuvent atteindre des niveaux différents, la différence ne peut durer longtemps, si elle dépasse certaines limites, qui sont assez étroites. De même qu'avec la circulation métallique le cours du change ne peut, pendant longtemps, rester supérieur ou inférieur au pair, d'une quantité plus forte que le montant des frais de transport et d'assurance de la monnaie, de même il ne peut aller au-delà de cette limite, au-dessus ou au-dessous du prix local de l'or, dans un pays à circulation de papier.

même quelque chose en plus pour les frais de transport et d'assurance épargnés à l'acquéreur de la traite.

Et celui-ci acceptera ces conditions, mais n'ira pas au delà, car il aurait alors avantage à acheter de l'or et à l'expédier.

84. L'agio par rapport à l'or et la dépréciation par rapport aux marchandises. — Une autre distinction importante doit être faite et c'est avec raison qu'y insistent Ricardo, Tooke, Wagner et tous ceux qui traitèrent cette question. Il ne faut pas confondre, en effet, la diminution de la valeur et la dépréciation du papier-monnaie. La diminution de la valeur est la conséquence des variations que le papier-monnaie subit par rapport aux marchandises en général, et ces variations sont en proportion de l'élévation générale des prix. La dépréciation, au contraire, qui pourrait s'appeler plus proprement *désagio*, est constituée par l'abaissement de la valeur du papier-monnaie par rapport à l'or. Les nombres représentant l'une et l'autre à un moment donné peuvent être différents. Mais cela ne veut pas dire que l'une et l'autre évoluent sans s'influencer réciproquement. Donc, pour parler plus clairement, si la valeur du papier-monnaie décroît de 10 0/0, si la valeur de l'or n'a pas changé, le désagio aura tendance — il s'agit simplement d'une tendance — à atteindre 10 0/0. Si, au contraire, la valeur de l'or avait augmenté de 5 0/0, son agio aurait tendance à atteindre 15 0/0. Si la valeur de l'or et celle du papier éprouvaient simultanément des variations de même sens et de même importance, il n'y aurait pas de désagio, ou tout au moins le désagio existant ne serait pas changé.

Parmi les pays auxquels l'agio s'impose, l'exemple de la République Argentine est typique. Ce pays, jusqu'à ces quelques dernières années, possédait plus de deux milliards de francs de papier-monnaie (piastres nationales) pour une population d'un peu plus de quatre millions d'habitants. La France, selon la même proportion, aurait dû avoir vingt milliards de papier en circulation, alors qu'elle n'en avait que huit milliards seulement. Etant donné cette situation, l'agio monta à 400 0/0. Il

fallait donner 400 piastres en papier pour en avoir seulement
100 en or. On comprend que dans les pays qui, à l'instar de
l'Argentine, se trouvent dans de semblables conditions, l'agio
soit singulièrement variable. Pour eux, l'agio, tout en ayant
une influence sur le commerce international et aussi sur le commerce des traites, réflète principalement le rapport des valeurs
du papier-monnaie et de l'or à l'intérieur du pays. Cet agio
varie en suivant les variations même de ce rapport.

La question des frais de transport de l'or, de ce pays dans les
autres ou inversement, devient moins importante.

Cela prouve que la balance commerciale des dettes et des
créances, le prix de la monnaie, la distance des marchés et les
événements politiques font, à eux tous, varier les changes dans
une proportion de beaucoup inférieure à celle dans laquelle
l'agio est influencé par le système monétaire.

Etant données la variété et la complexité des causes qui déterminent l'agio, on ne peut pas dire que celui-ci soit un indice fidèle de la situation des paiements internationaux. On tomberait
dans une erreur profonde si l'on considérait l'agio espagnol uniquement comme la conséquence des énormes dettes envers
l'étranger, en faisant abstraction de la dépréciation de la monnaie (1).

(1) Nous sortirions du cadre de ce livre si nous recherchions les causes
de l'agio, alors qu'au contraire, l'examen de ses effets nous intéresse au
premier chef. Qu'il nous suffise de dire que la dépréciation du papier-
monnaie vis-à-vis de l'or dépend de raisons nombreuses.

Il semble que l'influence prépondérante soit exercée par le jeu de la
demande et de l'offre de monnaie métallique et, par conséquent, par des
affaires qui comportent une transaction de monnaie ou de lingots. Cette
cause semble réellement la plus décisive lorsque la circulation ou papier
s'effectue dans les conditions normales, c'est-à-dire lorsque la situation
financière de l'Etat considéré apparaît telle, que la circulation des billets
doive être rapidement supprimée.

Cependant il n'est pas douteux que le défaut de crédit de l'Etat, contraint d'adopter une mesure aussi grave que l'émission de papier-monnaie, ait une influence importante, quoique secondaire ; et que la quantité de papier émis agisse elle aussi dans le même sens.

Il se produit entre des pays dotés de types monétaires différents ce qui se produit entre des pays dont l'un adopte le système métallique et l'autre la circulation de papier à cours forcé.
Dans le premier comme dans le second cas, la différence des types
monétaire modifie les cours de l'agio toutes les fois que le rapport entre les deux métaux s'altère sensiblement. Etant donnée
la dépréciation de l'argent par rapport à l'or, le prix d'une
traite de 100 francs, tirée de l'Inde sur l'Angleterre, dépendra,
à Calcutta, en outre des facteurs habituels, du rapport existant entre les valeurs des deux métaux. Ce rapport s'ajoute
au prix de la lettre de change, puisque celui qui la vend ne fait
autre chose qu'échanger de l'or contre de l'argent, c'est-à-dire
une monnaie de valeur donnée contre une monnaie de valeur
moindre. Si le degré de dépréciation de l'argent par rapport à
l'or est de 10 0/0, le prix de la traite, évalué en argent, sera
augmenté de 10 0/0, et augmentera ou diminuera par la suite,
si la dépréciation de l'argent s'élève au-dessus ou tombe au-dessous de 10 0/0.

35 L'agio et les titres d'Etat. — Dans les pays qui ont
placé à l'étranger une grande partie de leur dette, et dont les
titres servent d'intermédiaire dans les compensations internationales, l'agio varie fréquemment par le simple effet des mouvements de la rente, sans que la circulation métallique intérieure, ni le crédit de l'Etat, aient subi aucun changement. Tel
fut le cas de l'Italie à l'époque où elle avait à l'étranger pour
plus de trois milliards de consolidés, d'obligations de chemins
de fer, et de titres rachetables de toute espèce.

Alors, particulièrement en 1893-94, le change italien s'éleva
jusqu'à 116.12. Pendant ces mêmes années il n'y eut aucun
épuisement du patrimoine monétaire du Royaume ; au contraire, la circulation relevant des banques d'émission diminua et
si la circulation relevant de l'Etat s'était accrue de peu, elle se
trouvait, d'ailleurs, plus largement garantie. Donc, les hausses
de l'agio, imprévues et violentes qui marquèrent cette période,
ne pouvaient pas s'expliquer par les motifs ordinaires. Quelque

autre facteur devait exercer son influence, et c'était précisément la rente italienne placée à l'étranger.

A cette époque, le cours de la rente italienne à l'étranger descendit jusqu'à 85 fr. 25 et il y eut une rentrée importante des titres d'Etat en l'Italie. Il en résulta une extension considérable de la demande de monnaie métallique et de traites sur l'étranger, nécessitée par le paiement des titres ; et il s'en suivit une forte dépréciation du papier-monnaie.

Une autre cause encore contribuait à la hausse de l'agio : la spéculation ; celle-ci, devant la baisse progressive de la rente et la hausse consécutive de l'agio, poussait à l'achat du papier sur l'étranger et en augmentait ainsi le prix. Cette dépendance où se trouvait l'Italie vis-à-vis de l'extérieur, due au caractère de titre international que présentait alors la rente italienne, a heureusement disparu au cours de ces dernières années, parce que l'Italie, petit à petit, a racheté une grande partie des titres détenus autrefois par les étrangers. En général, dans les pays dont la balance économique est créditrice, les arbitragistes achètent les lettres de change sur l'extérieur au-dessous du pair, et les emploient à l'acquisition de titres étrangers. Ils se procurent ainsi un revenu déterminé avec une dépense inférieure à celle qui serait nécessaire dans le pays où les titres sont émis. D'autre part, les pays dont la balance économique est débitrice, ont intérêt à vendre leurs titres aux pays créditeurs, pour obtenir des lettres de change qui se négocient chez eux au-dessus du pair. De sorte que des variations de la balance dérivent des variations importantes dans le domaine des titres, du change et de l'agio.

36. Les effets du change sur le commerce international. — Quels sont les effets du change et de l'agio sur le commerce international ? Le stimulent-ils ? Lui sont-ils un obstacle ?

Dans les pays où existe un change défavorable, les exportations sont stimulées et les importations rendues plus difficiles. Cette double action influe sur la balance commerciale, et, par suite, sur la balance économique, de façon à en rétablir l'équilibre. Toute force qui tend à rétablir cet équilibre agit de telle sorte qu'elle fait disparaître, ou, tout au moins, réduit le change, qui, ainsi qu'on l'a déjà dit, résulte de l'inégalité des dettes et des créances internationales. Par conséquent, le change, jusqu'à un certain point, se corrigerait lui-même ; né de la rupture de l'équilibre des dettes et des créances, il agirait dans le sens du rétablissement de cet équilibre. Un exemple pourra rendre plus clair ce que nous venons de dire.

Prenons le cas de deux pays dotés du même type monétaire : l'Allemagne et l'Angleterre. Si l'Allemagne est débitrice de l'Angleterre, elle disposera de traites peu nombreuses et d'une faible valeur totale ; ces traites seront très recherchées par suite de l'importante dette à payer à l'étranger. Il en résultera un change élevé que nous fixerons à 5 0/0. Un producteur allemand quelconque, qui exporte pour 100 francs de marchandises en Angleterre, et vend sa lettre de change à l'intérieur, touche de ce fait 105 francs au lieu de 100. Il touche donc une prime de 5 0/0, et naturellement, tous les producteurs qui se trouvent dans les mêmes conditions, bénéficieront du même avantage ; cette prime devient donc un stimulant pour l'exportation. Cependant, en Angleterre, le contraire se produira. Le papier sur l'étranger étant abondant, et la demande qu'on en fait étant restreinte, son prix diminuera de 5 0/0 et une traite de 100 francs se paiera 95 (1). Donc, celui qui exporte pour 100 francs de marchandises en Allemagne et vend sa traite en Angleterre, en reçoit 95 francs ; il abandonne donc 5 0/0 du prix des marchandises. Evidemment tous les exportateurs anglais se trouvent dans les mêmes conditions et doivent subir un dommage assez lourd. Ces exportateurs peuvent-ils élever le prix de leur marchandise de façon à neutraliser les pertes dues au change ? Ils le pourraient certainement, mais ils s'exposeraient à la concurrence intérieure du pays même auquel ils envoient ces

(1) « Singulier contraste — s'écriait, à ce sujet, V. Ellena — l'agio élevé, signe de malaise aigu des finances publiques et de l'économie nationale, aurait été utile à l'industrie ; l'agio peu élevé, signe de l'amélioration économique et financière, lui aurait nui ! »

marchandises. Le change peut donc agir comme un tarif protecteur et les industriels qui produisent pour le marché intérieur,
s'en prévalent souvent ; en particulier ceux d'entre eux qui ne
sont pas dans l'obligation d'employer des matières premières
étrangères.

Pour ces derniers, les avantages des prix plus élevés atteints
à l'intérieur en raison de l'obstacle puissant que le change oppose à l'entrée des marchandises étrangères, seraient neutralisés, en totalité ou en partie, par les prix élevés auxquels les
marchandises brutes venant de l'extérieur atteindraient pour
les mêmes motifs.

37. Les effets de l'agio sur le commerce international. —
Comme il est facile de l'imaginer, l'influence du change est
d'autant plus grande que son cours est élevé, c'est-à-dire qu'il
s'approche le plus des limites extrêmes dont nous avons parlé
plus haut. Les oscillations de l'agio ont une influence encore
plus décisive, parce qu'elles sont plus fortes que celles du
change.

Les troubles inhérents aux émissions du papier-monnaie se
répercutent et l'agio est par suite très élevé. Celui qui vend
pour 100 francs de marchandises à l'extérieur, ne cède pas sa
traite à un prix égal à la valeur nominale augmentée du
change ; à ces deux facteurs s'ajoute la prime dont l'or bénéficie vis-à-vis du papier-monnaie, ce qui augmente le gain du
cédant. D'aucuns croient, et parmi eux Goschen, que, dans le
second cas, l'avantage n'est pas plus élevé que dans le premier,
parce que l'abondance du papier-monnaie fait monter, à l'intérieur, les prix de toutes les marchandises, ce qui neutralise les
avantages résultant de la vente de la traite.

Il n'est pas possible d'établir exactement dans quelle mesure
s'élèvent les prix des marchandises en raison de la dépréciation
de la monnaie, mais il n'est pas douteux qu'une hausse artificielle se produit.

Il ne faut pas se laisser induire en erreur par ce fait que, parfois, les prix ne changent pas, bien que l'agio monte à des

chiffres importants. Tooke nous rapporte qu'en Angleterre, pendant la période où fut en vigueur le régime du cours forcé, les prix furent stables, alors que l'agio atteignait 30 0/0. Cela était dû à la hausse importante de la valeur de l'or à cette même époque. L'agio, en raison de son habituelle répercussion sur les prix, empêcha ceux-ci de tomber, ce qui aurait eu lieu autrement. La dépréciation de la valeur du papier peut affecter la forme positive en produisant une élévation des prix, ou la forme . négative en empêchant la baisse de ces mêmes prix, contrebalançant ainsi l'influence du renchérissement de l'or.

La dépréciation de la monnaie, qui se traduit immédiatement par l'agio, n'agit que lentement sur les prix, qui opposent une force d'inertie sérieuse à tout changement d'équilibre (1). Par conséquent, l'agio et les prix ne varient pas toujours simultanément, et ne varient jamais dans la même mesure.

Le cas actuel de l'Espagne (2), comme celui plus

(1) La résistance que les prix opposent aux variations de l'agio est déterminée par des forces diverses ; elle dépend, par exemple, des contrats déjà conclus, qui constituent un lien entre l'ancien état d'équilibre et le nouveau, et qui empêchent tout changement de prix pour les marchandises visées par ces contrats.

(2) Des études excellentes, publiées par la *Revista de Economia y Hacienda* en 1903, ont prouvé que de 1890 à 1903, époque où l'agio espagnol subit de fortes hausses, le prix de certaines marchandises, à Madrid, s'est élevé de 25 0/0, le prix de certaines autres de 41 0/0, alors que le prix de ces mêmes marchandises restait à peu près invariable dans les pays où la circulation était normale. Il est vrai, qu'étant donné l'organisation fiscale de l'Espagne, son système de transport, les frais d'intermédiaire plus forts, etc., auraient justifié un niveau des prix plus élevé à Madrid que partout ailleurs ; mais ces causes n'auraient pu provoquer une telle différence.

Les effets précis de l'influence de l'agio sur les prix pourraient être analysés, si l'on comparait les cours des mêmes marchandises dans les pays jouissant de conditions économiques identiques et différenciés seulement par la nature et la quantité de l'intermédiaire circulant. Mais cela n'est pas possible. Il faut, par suite, faire confiance à des recherches d'une valeur approximative. Cependant le fait que toutes les études conduites d'après une méthode scientifique concluent dans le même sens que les recherches basées sur les indications pratiques, comporte une signification remarquable.

éloigné des Etats-Unis, confirment cette observation (1).

Donc, il n'est pas douteux que l'élévation des prix à l'intérieur neutralise en partie les effets de la vente des traites. Mais cela ne veut pas dire que les exportateurs ne puissent retirer quelque avantage de leur commerce.

Il ne faut pas oublier ce fait que les pays où sévit le cours forcé, jouissent rarement de l'équilibre de la balance des dettes et des créances. Dans ces pays la situation économique et financière est anormale. Les dettes dépassent les créances. Pour ce motif, ils auraient un change défavorable, même si la circulation monétaire se trouvait dans de meilleures conditions. Il en résulte que le prix des traites reste assez élevé, non seulement par suite de la dépréciation de la monnaie, mais encore pour les raisons qui dépendent des cours ordinaires du papier étranger.

En Espagne, la *Revista di Economia y Hacienda* de février 1904, et la Chambre de Commerce de Madrid (V. *Dictamen y conclusiones de la Camara official de commercio de Madrid*) s'accordent pour reconnaître que la hausse des prix fut provoquée par la dépréciation de l'étalon monétaire.

(1) Aux Etats-Unis, le cours forcé fut adopté en 1861, pendant la guerre de Sécession. L'agio monta rapidement de 13,3 0/0 en 1862, à 45,2 0/0 l'année suivante, à 103,3 0/0 en 1864, où il atteignit son niveau le plus élevé. Il décrût ensuite graduellement jusqu'à disparaître tout à fait en 1878. L'enquête à laquelle on se livra alors, qui nous est rapportée par l'*Aldrich Report* — (elle s'étendit aux prix de 90 marchandises pour la période 1840-1890, de 392 pour la période 1860-90) — montre précisément qu'aux Etats-Unis, les prix, tout en ne suivant pas avec une sensibilité extrême les oscillations de l'agio, sont influencés par celui-ci dans une proportion directe et constante. En comparant les *Index-numbers* de Sœtbeer, concernant Hambourg, avec ceux de Sauerbeck, se rapportant à l'Angleterre, et ceux de l'*Aldrich Report* pour la période 1866-78, on voit que si les premiers se suivent de près et coïncident presque, les autres, au contraire, les dépassent de beaucoup. Il y a surtout une circonstance remarquable ; lorsque, en 1864, l'agio s'éleva, aux Etats-Unis, à 103,3 0/0, les *index-numbers* montèrent de 148,6, où ils étaient en 1863, à 190,5 et 216,8 pendant les deux années consécutives. Au contraire, ceux de Hambourg passèrent de 103,7 à 106,9 et retombèrent à 101,4 pendant les trois mêmes années ; alors que ceux de l'Angleterre, aux mêmes époques, étaient, respectivement, 109,2 ; 111,3 et 105,8.

Les résultats furent identiques pour l'Autriche-Hongrie, pendant le temps où le cours forcé fut mis en vigueur.

Dans ces conditions, l'exportateur des pays à monnaie dépréciée retire toujours de la vente des traites un bénéfice résultant du change, même lorsqu'il emploie le produit de cette vente
à l'acquisition de marchandises à l'intérieur. Ces marchandises ont un prix plus élevé, il est vrai, mais non pas dans la
mesure de l'agio, parce que dans cet agio est compris le change,
qui n'a aucune influence sur le prix, sinon une influence tout à
fait indirecte, résultant de la protection plus efficace dont la production nationale bénéficie par l'effet du change passif. Peut-être
est-il préférable de donner une démonstration plus synthétique.

Un pays A a une dette qui dépasse sensiblement ses créances,
et doit, par suite, payer les traites sur l'étranger à un prix supérieur au pair d'une quantité X. Ce pays, si cette situation se
maintient, est obligé de recourir au cours forcé, en vertu duquel, pour obtenir 100 francs d'or, il faudra en donner 100 en
papier-monnaie, plus une certaine somme Y représentant le
pourcentage de la dépréciation du papier-monnaie par rapport
à l'or. Il est naturel que Y seulement, et non X, puisse faire
monter le prix des marchandises à l'intérieur ; et que, par conséquent, l'exportateur, même lorsqu'il achète des marchandises
nationales avec l'équivalent en monnaie de la lettre de change,
puisse voir les avantages résultant de Y être neutralisés, mais
non pas ceux résultant de X. Donc, les exportateurs des pays à
cours forcé, même en faisant abstraction du degré de dépréciation de la monnaie, retirent un avantage du fait que le prix
de leurs traites est poussé vers la hausse par deux forces convergentes : la rareté des lettres de change et l'intensité de la
demande qui en est faite.

Les exportations étant de la sorte stimulées, les importations
sont empêchées pour des raisons de même nature.

**38. Dans quels cas, et dans quelle mesure, l'agio assure-
t-il un bénéfice aux exportateurs des pays à cours forcé.** —
Après avoir examiné les effets du prix en or auquel les traites
sont négociées, nous passons à l'étude de l'action de l'agio.

Lorsque l'exportateur vend sa traite et reçoit en échange une

quantité Y de papier-monnaie en plus de la valeur nominale,
a-t-il réellement un gain égal à Y? Le gain sera-t-il supérieur
ou inférieur à cette somme? Les choses n'iront pas toujours de
même, et les effets ne se feront pas toujours sentir dans la même
mesure. On pourra distinguer plusieurs cas :

1°) L'exportateur emploie le montant de la lettre de change
vendue à l'acquisition de marchandises étrangères. Alors tout
avantage disparaît, car Y se trouvera employé à l'acquisition de
la traite ou de l'or nécessaire pour l'extinction de la dette contractée à l'extérieur par l'achat des marchandises. Si, en vendant
la lettre de change, il avait obtenu en plus le 25 0/0 en papier
monnaie, ce 25 0/0 sera exigé par l'acquisition de l'autre lettre
de change.

2°) L'exportateur emploie l'équivalent en papier-monnaie de
la lettre de change vendue à l'acquisition de marchandises à
l'intérieur ; dans ce cas :

a) Tout avantage disparaît si le prix des marchandises nationales s'est élevé, par le fait de la dépréciation de la monnaie,
d'une quantité égale à l'agio ;

b) Au contraire, il reste un bénéfice si les prix de l'intérieur
se sont élevés d'une quantité moindre que l'agio.

Si l'agio montait à 15 0/0, tandis que l'augmentation des prix
n'atteignait que 10 0/0, cela signifierait que l'or, par rapport aux
marchandises, aurait une valeur supérieure de 5 0/0 à celle du
papier-monnaie, toujours par rapport aux marchandises. Donc
en vendant la lettre de change on réaliserait au moins un bénéfice de 5 0/0, même sans tenir compte de l'augmentation du prix
de la lettre de change, résultant de la rareté des traites, si le
pays était débiteur par rapport à l'extérieur. L'avantage de
l'exportateur est augmenté lorsque, les forces qui agissent dans
ce sens restant invariables, la valeur de l'or augmente. Dans
ce cas, comme nous l'avons vu plus haut à propos de l'Angleterre, les prix restent stationnaires ou s'élèvent dans une mesure
minime, lorsque l'agio atteint un niveau très élevé.

Le même phénomène s'observe, quoique plus passager,

lorsque la valeur de l'or augmente seulement sur le marché à cours forcé, à cause de l'exceptionnelle demande de métal qui s'y manifeste.

Nous trouvons mal fondée l'argumentation de ceux qui croient que l'augmentation de l'exportation et, par suite, de l'intensité de la demande des marchandises, en en élevant le prix (évalué en or) d'un côté, et de l'autre, en provoquant une plus grande offre d'or (soit par une importation effective, soit à cause de disponibilité sur les marchés étrangers), puisse conduire rapidement à la disparition de l'agio. Il est vrai que si d'autres causes n'agissaient pas en sens contraire, les prix en or devraient augmenter et l'agio, par suite des plus grandes disponibilités d'or, devraient diminuer. Mais l'histoire économique n'enregistre aucune de ces merveilleuses corrections naturelles et automatiques qui n'apparaissent possibles que dans la théorie pure. En fait, l'agio ne disparaît complètement que par l'abolition du cours forcé; quoique les causes que nous avons énumérées plus haut (renchérissements des marchandises et disponibilités d'or plus importantes) aient tendance à relever la valeur du papier-monnaie, tant par rapport à l'or qu'aux marchandises.

c) Si c'est l'opposé qui se produit, il peut en résulter un désavantage.

On peut dans ce cas observer un mouvement plus rapide des importations de marchandises étrangères, en particulier si l'agio a sensiblement diminué et si l'abaissement des prix se maintient quelque temps.

Mais, ici encore, il s'agit de phénomènes transitoires. En effet, en raison des importations plus considérables, la demande d'or ou de lettres de change pour effectuer les paiements ne tarde pas à augmenter. L'agio augmentera donc. Dans le même temps, l'affaiblissement de l'exportation des marchandises nationales en abaisse le prix et en rapproche les limites, qui étaient tout d'abord trop éloignées. Il est facile de comprendre comment de tels phénomènes déploient rapidement une action énergique, à mesure que les moyens de communication deviennent plus faciles, plus rapides et plus économiques.

L'influence de la dépréciation du papier-monnaie sur les prix se fait sentir d'abord sur les centres commerciaux les plus importants, puis, peu à peu, sur les autres. Elle s'exerce plus efficacement sur certains produits, dans le commerce de gros plus que dans le commerce de détail. On peut dire en résumé, que les prix, dans ces cas, sont affectés d'un coefficient d'inertie variable. Il en résulte que le gain de l'exportateur, tout en existant, dépendra de ces circonstances. Mais quoique les prix se refusent à un mouvement simultané égal aux oscillations de l'agio, ils tendent tous, après une période plus ou moins longue, à s'élever si l'agio augmente, à s'abaisser si l'agio diminue. La démonstration statistique de ce phénomène a été donnée par le professeur Hertzka, qui a étudié les effets du cours forcé en Autriche-Hongrie pendant la période 1840-72.

Mais le cas où la dépréciation du papier-monnaie par rapport aux marchandises est supérieure à la dépréciation par rapport à l'or, se rencontre rarement. Nous avons dit que les prix varient avec une grande lenteur, alors que l'agio est plus prompt dans ses mouvements ascensionnels. Ce n'est pas tout : la baisse de l'agio, lorsqu'elle est graduelle et durable, a une marche lente et pénible, de sorte qu'elle rejoint rarement la dépréciation de la monnaie par rapport aux marchandises.

En Espagne, en 1902, des mesures énergiques furent adoptées pour atténuer l'agio. On prescrivit le paiement en or des taxes douanières et l'on réduisit la circulation fiduciaire de 1638 à 1623 millions de *pesetas*. On réalisa, en outre, des bénéfices considérables sur les opérations de rente extérieure. Malgré cela l'agio ne fut réduit que de 2 points 1/2 seulement ; il descendit de 38,15 en 1901, à 35,53 en 1902. Dans la République Argentine, quatre ans suffirent à peine (1887-1891) pour porter l'agio de 35 à 278 0/0. Au contraire, lorsque l'agio eut tendance à diminuer d'une façon constante, il fallut neuf ans (1894-1912) pour aller de 258 à 136 0/0. Dans son mouvement ascensionnel, en quatre ans, il gagne 257 points ; dans son mouvement de descente, il lui faut neuf années pour perdre 122 points. Naturellement les prix, qui étaient déjà de beaucoup distancés par l'agio, quoique ayant commencé leur mouvement de descente plus tard — étant donnée la diminution progressive de l'agio — purent maintenir leur position par rapport à lui, tout en assurant les anciens avantages aux exportateurs.

3°) L'exportateur, après avoir vendu la traite, en emploie le montant à l'extinction de dettes anciennes :

a) Ces dettes ont été contractées lorsque l'agio n'existait pas ou lorsqu'il était à un cours plus bas. Dans ce cas, l'exportateur aurait un avantage ; d'ailleurs cet avantage est toujours réservé à ceux qui soldent avec de la monnaie dépréciée un engagement pris lorsque cette monnaie avait sa valeur entière. Ici cependant, l'avantage pourrait être différent de celui qui s'obtient normalement lorsque l'on fait usage d'une monnaie dépréciée pour l'extinction d'une dette ; car, ainsi que nous le savons, l'agio peut être différent de la hausse des prix qui résulte de la dépréciation de la monnaie.

b) Ces dettes ont été contractées lorsque l'agio était plus élevé. Dans ce cas, l'exportateur, pour les raisons opposées à celles que nous avons développées, éprouverait une perte.

4° L'exportateur, après avoir vendu sa lettre de change, emploie tout ou partie de son montant en monnaie au paiement des impôts. Ces impôts, même dans les pays où la situation financière est troublée, ne changent que lentement ; de sorte que l'exportateur pourra, selon les cas exposés plus haut à propos de l'extinction des dettes, éprouver un dommage ou réaliser un bénéfice.

5° L'exportateur emploie la valeur de sa traite au paiement des salaires. On sait que les salaires suivent assez péniblement les variations survenues dans le prix des marchandises nécessaires à la vie, et par suite les oscillations de l'agio (1). Le prix

_____

(1) L. L. Price, *Moneta e i sui rapporti coi prezzi*, Biblioteca degli Economisti, IV° série, page 603, dit que « l'expérience économique

de la marchandise-travail varie donc assez lentement, alors que
l'agio est doué d'une faculté dynamique beaucoup plus grande.
Précisément pour cela, comme dit Mill, l'agio constitue un vol
déguisé, au détriment des salaires. Quelles en sont les conséquences ? C'est que lorsque l'agio tend à monter, l'exportateur
aura, de ce chef, un gain assuré ; lorsque l'agio tend à baisser,
l'exportateur est exposé à une perte probable. En Espagne, il
n'y a pas longtemps, une société de plomb argentifère calculait
que la hausse de l'agio lui procurerait un bénéfice important, car
elle vendait ses marchandises en Angleterre, les réalisait en or et
payait les salaires, qui n'avaient pas changé, sinon de très peu,
en *pesetas* de papier.

Mais l'action de l'agio ne se limite pas au commerce d'exportation ; elle s'étend aussi au commerce d'importation.

Celui qui, à l'intérieur, acquiert les marchandises étrangères
trouve les lettres de change à un prix très élevé. Celles-ci deviennent presque toujours plus rares en raison des conditions
où se trouve la balance des dettes et des créances ; de sorte que
celui qui les recherche pour satisfaire un engagement contracté
à l'extérieur, les paiera un prix évalué en papier-monnaie, dans
lequel est compris l'agio et le change. Le prix des marchandises
en est donc élevé indirectement ; les importations, comme dans
le cas où le change agit seul, sont entravées. Les importateurs,
à l'encontre des exportateurs, n'ont pas en leur faveur toute une
série de cas où, si quelquefois un dommage exceptionnel est
possible, un gain exceptionnel est le plus souvent réalisable. Si
les importateurs achètent des traites, ils doivent donner une
quantité de monnaie égale à la valeur de la traite augmentée de
l'agio, ou de la plus-value dont elle bénéficie en raison de l'intensité de la demande. Si, au contraire, ils veulent envoyer de

démontre comme un fait incontestable la variation beaucoup plus rapide
des prix que celle des salaires. Les salariés se trouvent à certaines époques dans la position de gens dont les revenus sont fixes et les dépenses variables, et, par conséquent, ils sont avantagés par la diminution
des prix alors que l'augmentation de ceux-ci leur fait subir un dommage. »

l'or directement, ils se trouvent encore dans les mêmes conditions et doivent, en outre, supporter les frais de transport et d'assurance nécessités par l'envoi de la monnaie d'or.

Dans cet état de choses, les importateurs éprouvent un dommage qu'ils feront supporter aux consommateurs, directement et immédiatement, s'il s'agit de marchandises dont la consommation est directe autant qu'indispensable. S'il s'agit, au contraire, d'autres marchandises, cette répercussion peut faire complètement défaut et le dommage s'en trouve augmenté. Un entrepreneur acquiert à l'extérieur les machines nécessaires à une nouvelle entreprise. Ces machines, pour les raisons énumérées, lui coûteront plus cher que ne les paierait un autre entrepreneur établi dans un pays où la circulation est saine. Le coût de ses marchandises se trouve donc augmenté par suite de l'augmentation des frais d'amortissement, qu'il aura soin de retrancher du rendement brut de l'entreprise ; cette augmentation des frais d'amortissement lui imposera un prix de vente plus élevé pour ses produits. Ce prix de vente plus élevé sera facilement obtenu, car l'importation des marchandises étrangères similaires se heurtera à une difficulté de la même nature, sinon de la même importance, que celle qui s'est rencontrée lors de l'entrée des machines. En fait, les taxes sur ces marchandises se sont élevées.

Mais l'entrepreneur aura besoin, en outre, des matières premières qu'il traite ; celles-ci ne s'importent pas en une seule fois, ou à de longs intervalles, comme des machines, mais bien par des expéditions annuelles, à des époques pour ainsi dire déterminées. Donc, l'agio exerce ici une action bien autrement active et variable. Il suffit que les paiements des acquisitions déjà faites tombent à une époque où l'agio est élevé et qu'ensuite l'agio diminue, pour que l'entrepreneur se trouve dans une situation difficile et même dans l'impossibilité d'élever les prix des objets manufacturés proportionnellement à l'augmentation de prix qu'il a subie lors de l'achat des matières premières. Il suffit que le contraire se produise pour qu'il se trouve en mesure d'élever les prix de vente au point de compenser, et même de dépasser, l'augmentation des frais qui résulte pour lui des oscillations de l'agio à l'époque où il a acheté les matières premières. Ici encore, un trouble continuel se constate, au cours duquel ce sera un hasard, s'il n'y a pas de tarifs d'entrée, que l'industriel qui achète les matières premières à l'extérieur, puisse résister à la concurrence étrangère. Au contraire, là où les tarifs existent et sont assez lourds, l'industriel peut seulement voir ses profits diminuer, mais non pas disparaître tout à fait ; souvent, au contraire, il les voit augmenter, toujours à cause de l'agio, dans des proportions inespérées. Tout cela, naturellement, se résout au détriment du consommateur.

Les choses se passent bien mieux, en ce qui concerne le producteur, au point de vue exclusif de la concurrence étrangère, lorsqu'il s'agit de marchandises produites entièrement dans le pays, avec les moyens techniques dont il est susceptible. Dans ce cas, on bénéficie d'un peu plus de stabilité, bien que les éléments aléatoires, causes durables de variations impérieuses, ne fassent pas défaut.

De tout ce que l'on a dit, il ressort évidemment que l'agio a une influence considérable sur le commerce international, mais elle ne se traduit pas toujours par une stimulation des exportations. Mais si l'on examine bien les phénomènes qui en dérivent, il sera facile de voir que les exportateurs sont plus en mesure de gagner que de perdre ; les avantages semblent certains, les pertes ne sont que probables. Le bénéfice le plus considérable provient du fait que les prix des marchandises à l'intérieur s'élèvent dans une mesure moindre que l'agio.

39. Dans quels cas et dans quelle mesure l'agio assure-t-il un bénéfice aux exportateurs des pays dont la circulation métallique est dépréciée. — Nous allons voir maintenant quelle influence peut exercer sur le commerce international une autre forme d'agio ; il s'agit de l'agio qui ne dépend pas du rapport des valeurs de l'or et du papier-monnaie, mais bien du rapport des valeurs de l'or et de l'argent.

Reprenons l'exemple de l'Angleterre et de l'Inde. Nous avons supposé que le rapport entre les deux métaux était de 10 0/0 en faveur de l'or. Supposons que la valeur de l'argent augmente. Cette variation, selon Pierson (1), peut résulter ou de la rareté de l'argent en Angleterre ou de l'abondance de l'or sur le même marché. Supposons qu'elle résulte de la première cause. Au début, la valeur de l'intermédiaire circulant dans l'Inde ne sera pas influencée, car le métal précieux et la monnaie métallique sont deux choses bien distinctes. Une augmentation de prix du premier entraînera une augmentation de prix de la seconde, mais un certain laps de temps sera nécessaire. La conséquence immédiate se réduit à ceci : étant donné le cours ordinaire de l'agio, il devient avantageux d'envoyer l'argent en Angleterre et d'émettre des traites pour une somme égale. Mais, en raison de l'extension de l'offre des traites, le prix de celles-ci diminue ; supposons que cette diminution soit de 5 0/0. La baisse du prix des traites a une influence néfaste sur les exportations indiennes (2). Celui qui envoie des marchandises en Angleterre reçoit, il est vrai, autant de francs en or qu'il en recevait auparavant ; mais, contre 100 francs en or il n'obtiendra plus que 105 francs en monnaie indienne, au lieu de 110. Les importations dans l'Inde, sont, au contraire stimulées ; car, pour chaque livre sterling on paie moins de roupies qu'auparavant. Ce stimulant artificiel du commerce d'importation, comme l'obstacle artificiel que rencontre le commerce d'exportation, prendra fin aussitôt que l'augmentation du prix de l'argent sur le marché international se sera étendue à la monnaie blanche indienne ; c'est-à-dire aussitôt que les prix des marchandises indiennes d'exportation ou d'importation auront baissé de la même quantité dont le prix de l'argent s'est élevé en Angleterre.

(1) N. G. PIERSON, *Trattato di economia politica*, Turin, Bocca frères, 1905, vol. II, page 153. Pierson a le mérite de corriger certains points de la célèbre *Théorie des échanges étrangers* de Goschen.

(2) Cette phrase de Pierson suffirait à faire connaître sa pensée sur l'influence exercée par l'agio.

Mais l'agio peut encore changer par suite de l'abaissement de
la valeur de l'or. Dans ce cas les conséquences sont différentes
en ce qui concerne le commerce international. En Angleterre,
la diminution de valeur de l'or a eu pour effet d'élever le prix
de toutes les marchandises ; et l'importateur indien ne peut plus
continuer son commerce d'importation aux conditions habi-
tuelles, si le prix des traites avec lesquelles il doit payer les marchandises qu'il importe, ne baisse pas dans la même proportion. Il offrira donc des prix plus bas pour ses traites. Mais à
ces cours inférieurs, l'offre des traites ne sera pas moindre
qu'avant ; car l'exportateur, à cause de la hausse des prix à
l'extérieur, peut se contenter d'un cours plus faible, tout en conservant son gain habituel. Par conséquent, la diminution de la
valeur de l'or se traduira par un abaissement du cours de l'agio
exprimé en monnaie d'argent indienne, sans influer, même légè-
ment, sur le commerce.

Nous pouvons dire que, entre des pays dotés de types monétaires différents, l'agio varie en même temps que la valeur d'un
seul des métaux employés dans la circulation (1). Si la valeur
de l'or reste fixe, alors que celle de l'argent augmente, l'agio diminue ; les importations dans le pays à monnaie d'argent en sont
stimulées ; au contraire, les exportations de ce pays vers le pays
à monnaie d'or sont entravées. Si la valeur de l'argent diminue,
c'est le contraire qui se produit.

Mais si le rapport des valeurs des deux métaux varie pour
des causes dépendant de l'or, l'agio, quoique s'élevant ou fai-
blissant immédiatement, n'apporte aucun changement dans le
commerce international.

Depuis environ vingt ans, les oscillations de l'agio ont été déterminées par la dépréciation constante de l'argent, dont la valeur se trouve réduite de près de la moitié ; par conséquent l'influence de l'agio sur le commerce extérieur a été considérable.

---

(1) L'agio peut encore provenir du changement de valeur des deux
métaux, mais les effets n'en seront pas très différents.

Ce phénomène, presque négligé pendant un certain temps, a acquis une importance primordiale depuis la prohibition de la frappe libre de la monnaie d'argent (1873) et l'abandon du système bi-métallique. Ces deux faits contribuent à maintenir, avec une fermeté relative, le rapport existant entre l'or et l'argent sur le marché. L'augmentation de la production, quoique admirable dans son mouvement, avait produit une variation à peine sensible de ce rapport. Dès que fut prohibée la frappe libre de l'argent et que plusieurs pays eurent abandonné le bimétallisme, qui avaient eu une influence égalisatrice remarquable, les forces ordinaires du marché agirent librement, et la valeur de l'or, évaluée en argent, augmenta avec rapidité. On aurait dû constater, comme conséquence logique, une élévation des prix dans les pays à système monométallique blanc, et une baisse des prix dans ceux dotés du système monométallique jaune. Au contraire, dans les premiers, aucune hausse ne fut enregistrée, sinon extrêmement lente (1).

La baisse de la valeur de l'argent fit augmenter, dans les pays à monnaie d'argent, le prix des traites sur les pays à monnaie d'or. Lorsque, à Calcutta, la roupie valait 22 *pence*, on obtenait moins de 11.000 roupies avec une traite de 1.000 livres sterling sur Londres. Après la baisse de l'argent à 14 *pence* l'once, le prix d'une traite de 1.000 livres sur Londres dépassait 17.000 roupies. Les effets furent les suivants : la balance économique devint rapidement favorable à l'Inde, qui vit alors augmenter l'importation d'argent. Le stimulant donné aux exportations et l'entrave apportée aux importations ne pouvaient aboutir à des résultats différents.

Pierson (2), tout en reconnaissant cela, nie qu'il en résulte un avantage; car, dit-il, l'entrée du métal déprécié ne fait que déprécier plus encore celui qui reste en circulation, et favorise la perturbation des échanges ultérieurs. Mais l'observation

---

(1) V. le rapport de la *Gold and Silver Commission*, Sec. 52 et R. GIFFEN, dans le *Statistical Journal*, décembre 1888, page 762.

(2) *Op. cit.*, page 201.

de l'économiste hollandais, — exacte lorsque le pays dont la monnaie est dépréciée bénéficie d'une balance économique favorable, — ne vaut plus lorsque, au contraire, cette balance est passive et, par conséquent, susceptible de retrouver son équilibre par l'effet d'une exportation plus active de marchandises.

Il serait faux de croire que l'avantage retiré par le pays dont la monnaie est dépréciée, est exactement égal à la dépréciation de l'argent par rapport à l'or ; comme il serait encore faux de croire qu'aucun avantage n'en résulte parce que les prix des marchandises à l'intérieur se sont élevés en proportion de cette dépréciation. De 1873 à 1885, la valeur de l'argent, estimée en or, diminua énormément ; la valeur de la monnaie d'argent par rapport aux marchandises indiennes diminuait dans une mesure moindre ou ne diminuait pas du tout (1).

Cela a été prouvé par d'indiscutables données matérielles. Loria, avec juste raison, reproche à Marshall l'obstination qu'il met à croire que la roupie se déprécie constamment dans une mesure égale, tant par rapport à l'or que par rapport aux marchandises, et à nier qu'un gain particulier puisse être réservé aux exportateurs indiens. Marshall, dans sa déposition devant la *Gold and Silver Commission* en 1887, affirma d'abord que la dépréciation de l'argent ne pouvait absolument pas constituer une prime à l'exportation indienne : *My own view is that a priori it is impossible.* Mais il fut contraint, ensuite, de reconnaître qu'il existe, en fait, une prime, jusqu'à ce que la valeur de l'argent, par rapport aux marchandises indiennes, ait faibli dans la même mesure que par rapport à l'or.

L'auteur de ce livre trouve réconfortant de se trouver d'accord avec Achille Loria, qui n'a rien ignoré et n'a rien connu à demi des phénomènes les plus intimes de la vie économique. L'éminent clinicien de la *proprietà capitalistica* estime que, dans les circonstances ci-dessus, le producteur indien était sollicité vers l'exportation des marchandises en Europe, puis-

(1) LORIA, *Il valore della moneta*, page 44.

qu'il en obtenait une quantité d'or équivalente, ou peut être même moindre, mais avec laquelle il se procurait, en définitive, une quantité d'argent supérieure, qui lui permettait ensuite l'acquisition d'une quantité plus considérable de marchandises indiennes. De sorte que l'excédent de l'agio sur la dépréciation de l'argent constituait à cette époque une prime importante à l'exportation des marchandises indiennes. On n'a pas oublié encore les affirmations de Bagehot sur la *surdité* des prix indiens et celles de Goschen sur la *perversité* de la roupie, qui s'obstinait à maintenir invariable sa valeur par rapport à l'or. D'aucuns pensent que la *surdité* de la roupie indienne résulte des habitudes particulières des peuples de l'Orient, où les prix sont réguliers, et ne varient pas selon les conditions du marché. Par suite, les effets de la dépréciation de la monnaie auraient dans l'Inde un caractère spécial, qui ne s'étendrait pas aux pays placés dans la même situation monétaire. Que la régularité des habitudes influe sur la stabilité des prix en Orient, cela n'est pas douteux. Mais on exagère beaucoup cette tendance, ainsi que l'indique Nicholson (1).

L'explication que Wernicke (2) et d'autres donnent de ce phénomène est évidemment erronée. Ils prétendent que l'accroissement de l'exportation constaté dans les cas de ce genre est dû à des causes se rapportant uniquement aux produits indiens, ou à la demande plus considérable que le marché peut en faire, mais en tous cas à des raisons tout à fait étrangères à l'élément monétaire. Mais il est étrange que l'augmentation très rapide des exportations de l'Inde en Europe se constate toujours aux époques où l'agio dépasse sensiblement la dépréciation de la roupie. S'il en est ainsi, c'est que l'agio permet à

---

(1) G. Schield Nicholson, *Trattato della moneta e saggi su questioni monetarie*, dans la 4e série de la Biblioteca dell' Economista, page 378.

(2) Dans les *Jahrbücher* de 1896, fasc. III et IV, et dans le *System der nationalem Schutzzollpolitik nach Aussen*, Iéna, 1896, p. 145 et suivantes. Cité par Loria à la page 45 de son étude, *Il valore della moneta*, 2e édition.

l'exportateur indien, qui vend à un prix en or à peu près invariable, d'atteindre un prix mesuré en argent bien plus élevé.

Du reste, la réalité de ces faits peut être contrôlée par ce qui
s'est produit ailleurs, sous l'influence de causes contraires, donnant lieu à des effets opposés.

Pierson (1) rappelle l'exemple de la Hollande, lorsqu'elle
faisait usage de la circulation blanche. En 1847, la valeur de
l'argent par rapport à l'or augmenta dans ce pays, tandis que
sa valeur par rapport aux marchandises ne s'éleva pas. Les exportations hollandaises en furent entravées, alors que les importations étaient facilitées.

Pourquoi? Parce que les producteurs hollandais, en vendant
leurs marchandises dans les pays à monnaie d'or, obtenaient une
quantité d'or constante, avec laquelle ils se procuraient une
quantité d'argent inférieure, et par suite, une quantité moindre
de marchandises hollandaises. Au contraire, le producteur des
pays à monnaie d'or qui importait des marchandises en
Hollande, avec une quantité d'argent déterminée obtenait une
plus grande quantité d'or, et, par suite, de marchandises. Il
semble donc que l'action exercée par la dépréciation de l'argent
sur le commerce avec l'extérieur soit incontestable. Mais cependant, cette loi subit quelques modifications : elle ne se manifeste pas toujours avec la même énergie ni dans le même sens.
Il faut se rappeler :

1° Que les phénomènes dont nous avons parlé se manifestent
lorsque l'agio est dû à la dépréciation de la valeur de l'argent,
et non à une élévation de la valeur de l'or. Dans ce cas, l'or
renchérit par rapport à toutes les marchandises, y compris
celles exportées par les pays à circulation blanche, dans la
même mesure que par rapport à l'argent. Il en résulte que l'exportateur du pays à circulation blanche reçoit, en échange de
ses marchandises, une moindre quantité d'or — la diminution
étant égale à-l'agio — avec laquelle il se procure une quantité

_____

(1) N. G. Pierson, *Trattato di economia politica*, vol. II, page 153.

d'argent ou de produits indigènes exactement égale à celle qu'il obtenait précédemment.

2° Que l'excédent de l'agio sur la dépréciation de l'argent, lorsqu'elle est due à des raisons intéressant exclusivement ce métal :

a) cause une perte aux producteurs des pays à monnaie d'or, mais seulement lorsque les marchandises du pays à monnaie d'argent où sévit la dépréciation, sont des produits finis, c'est-à-dire prêts à être livrés à la consommation ;

b) cause un gain lorsqu'il s'agit de matières industrielles. La baisse de leur prix en or, due à l'excédent mentionné plus haut, profite au fabricant des pays à monnaie d'or, car elle atténue le coût de production de ses produits.

3° Que les phénomènes résultant de la marge laissée entre l'agio et la dépréciation de l'argent ont un caractère transitoire, par suite de la nature éphémère de leur cause même. L'exportation considérable provoquée par la dépréciation de la monnaie augmente l'offre des lettres de change payables en or dans les pays à circulation d'argent et influe ainsi sur l'agio dans le sens d'une atténuation. En outre, l'importation de l'argent augmente et contribue à en accentuer la dépréciation. La valeur de l'argent par rapport à l'or s'élevant, d'un côté, sa valeur par rapport aux marchandises s'abaissant, de l'autre, le moment ne tarde pas où ces valeurs s'équilibrent et où, nécessairement, disparaît tout stimulant artificiel à l'exportation des marchandises et à l'importation du métal.

L'expérience conclut dans ce sens ; de 1873 à 1885, l'agio dépasse la dépréciation de la roupie et, par suite, stimule les exportations ; mais, à partir de 1885, la valeur de la roupie diminue graduellement et sa dépréciation rentre dans les proportions de l'agio de l'argent. De 1871 à 1892, le rapport des valeurs de la roupie et du blé descend de 100 à 69 1/2, c'est-à-dire dans la même mesure que le rapport des valeurs de l'argent et de l'or. Ce n'est pas tout : le chiffre relatif indiquant le prix total des marchandises indiennes, qui était de 99 en 1861, monte à 141 en

1892, ce qui prouve clairement la dépréciation simultanée de la
monnaie blanche par rapport aux produits indiens. Les prix
varient, enfin, en proportion de cette dépréciation de l'argent
et éliminent toute influence pouvant stimuler les exportations
et limiter les importations.

En plus des conséquences énumérées par le professeur Loria, on pourrait en prévoir d'autres, analogues à celles que
nous avons énoncées en étudiant les effets de l'agio de l'or par
rapport au papier non remboursable. Mais nous éviterons de
nous répéter. Le lecteur, avec discernement, saura appliquer
notre raisonnement à ce cas.

**40. De certaines controverses concernant les effets de
l'agio.** — L'action du change et de l'agio sur le commerce avec
l'extérieur n'a pas fourni aux économistes l'occasion de se
mettre d'accord. Comme dans tous les cas où la statistique est
incapable de donner une démonstration absolument claire, les
opinions sont restées partagées. Dans le cas qui nous occupe,
la loi énoncée par nous serait démontrée en partie si, pendant
une longue série d'années, et dans plusieurs pays, les exportations augmentaient lorsque le change monte, et diminuaient
lorsqu'il s'atténue.

Mais, même alors, la preuve serait insuffisante. Les achats
opérés à l'extérieur ne compensent pas exactement les ventes,
mais il est certain que les achats et les ventes sont liées par un
rapport d'interdépendance. Pour cette raison, les plus fortes
ventes, correspondant aux changes élevés, pourraient être bien
plus la conséquence de l'importance plus grande des achats,
que celle des oscillations du change. Nous pourrons nous contenter de noter si le commerce total varie en même temps que
le change, mais cela ne nous montrera pas si les importations
ont augmenté, et dans quelle mesure, par suite de l'augmentation des exportations.

Ce serait, de toute façon, une indication assez vague, puisque
dans l'une ou l'autre branche du commerce, ou dans toutes
deux à la fois, il pourrait se produire des fluctuations imputa-

bles à des causes tout à fait indépendantes du change (1). Si l'on tient compte encore de la spéculation, du placement des emprunts à l'étranger, des mouvements de bourse naturels ou artificiels, des incidents anormaux de la politique intérieure et internationale, et d'autres faits susceptibles d'une action sur la balance commerciale, on comprendra facilement que les recherches statistiques soient impuissantes à donner une preuve précise de ce phénomène.

Mais si la statistique ne nous est d'aucun secours dans l'étude des effets du change, d'autres observations sont susceptibles de jeter quelque clarté sur cette importante question. En Russie, le niveau élevé de l'agio eut toujours pour effet, même dans les années de mauvaises récoltes, de pousser les produits agricoles à l'extérieur, ce qui en élevait encore les prix à l'intérieur, et

(1) Ce serait erreur, par exemple, de croire que l'extension de la marge dont les importations dépassent les importations, constatée en Italie depuis 1884, a dépendu exclusivement de la disparition de l'agio. Cette marge, très étroite jusqu'en 1883, s'élargit de 1884 à 1890, jusqu'à atteindre 420 millions, en moyenne, annuellement. Les cours du change, qui avaient été contraires à l'Italie jusqu'en 1880, lui devinrent favorables dans la période suivante. Il semblerait, à première vue, que la diminution et la disparition du change aient provoqué immédiatement une importation croissante, cessant d'être entravée par le change, et un arrêt dans l'exportation, cessant d'en être stimulée. Au contraire, ce phénomène n'a pas été dû seulement à l'action du change. L'extension de la marge entre les importations et les exportations doit être attribuée aux raisons suivantes : 1º Nouvelles émissions de la dette publique, émissions qui, de 1886 à 1892, montèrent à plus d'un milliard et demi de francs et dont une bonne partie fut placée à l'extérieur ; 2º Placement à l'étranger des emprunts des grandes compagnies italiennes (chemins de fer) ; 2º Emigration de la monnaie italienne d'or et d'argent, et aussi des titres du consolidé italien avant l'imposition de l'affidavit.

Naturellement, l'extérieur donna en marchandises ce que l'Italie demandait à titre d'emprunt, d'où une augmentation considérable et continue des importations. Le même fait contribuait à déprimer les cours du change, parce que l'Italie avait recours, pour acquitter en partie les dettes contractées, aux envois de monnaie et de titres et à l'émission de titres nouveaux, au lieu de recourir à l'acquisition de lettres de change.

donnait à la disette une intensité nouvelle (1). Les exportateurs, certains de tirer d'importants bénéfices de l'agio, multipliaient leurs ventes à l'extérieur, avec la certitude que ces gains seraient supérieurs à ceux qui aurait pu leur procurer l'élévation des prix à l'intérieur.

L'exemple de l'Australie conclut dans le même sens. Là, pendant la période d'agio élevé (1860-67), l'importation augmenta seulement de 7,9 0/0, tandis que l'accroissement de l'exportation atteignait 37,8 0/0. Pendant la période d'agio moyen (1868-75), l'importation augmenta de 51,9 0/0 et l'exportation de 37,2 0/0 seulement. L'exportation a suivi une marche parallèle à celle de l'agio, tandis que l'importation adoptait un mouvement contraire. De l'examen de ces faits, il découle que, même pendant les périodes d'agio élevé, le commerce de sortie fut plus important que le commerce d'entrée, et que cette différence en faveur du premier fut d'autant plus considérable que l'agio était plus élevé.

Pendant les années de faible agio, au contraire, la différence, cette fois en faveur de l'importation, fut importante. L'expérience de l'Autriche, ajoute Ferraris (2), montre que l'agio élevé favorise l'exportation, car il la stimule par la perspective de gains importants résultant de la vente à l'extérieur, contre de la monnaie métallique, des marchandises achetées à l'intérieur avec du papier-monnaie. Mais la conclusion de Ferraris est trop absolue. Elle nous apparaît même exagérée, car elle doit être atténuée par le compte qu'il faut tenir de faits susceptibles de donner au phénomène des intensités différentes, ou d'autres faits qui, en partie, peuvent même le contrarier.

Pour l'Italie, par exemple, le cours de l'agio fut défavorable jusqu'en 1889. De 1881 à 1891, il lui fut relativement favorable

---

(1) F. DE ROCCA, *La circolazione monetaria e il corso forzoso in Russia* Rome, Botta, 1881, page 420 et 432.

(2) CARLO F. FERRARIS, *Moneta e corso forzoso*, Milan, U. Hœpli, 1879, page 46.

et lui redevint hostile de 189⸗ à 1901 ; et depuis il est de nouveau en sa faveur.

Les deux premières périodes, pour les raisons déjà énoncées (emprunts placés à l'extérieur),ne se prêtent pas à une comparaison utile. Il n'en est pas de même des deux autres. Si l'on examine l'excédent de l'importation sur l'exportation pendant ces deux périodes, on voit qu'il est plus important pendant les années où le change fut favorable à l'Italie et bien moindre pendant les années où le change lui était contraire. Il est vrai toutefois, que le change, en Italie, n'atteignit jamais un niveau très élevé ; le niveau moyen maximum ne dépassa jamais 9 0/0 ; mais il est vrai aussi, que les statistiques italiennes ne signalent aucune influence, même minime, du change sur les exportations.

L'exemple de la République Argentine ne se prête pas non plus à des conclusions absolues, bien que l'agio y ait atteint parfois une hauteur extraordinaire.

La République de la Plata est un pays spécial, où les récoltes agricoles, par leurs variations successives, provoquent tantôt un accroissement démesuré des exportations, tantôt en exagèrent la diminution, et dominent l'influence que l'agio est susceptible de développer.

L'Espagne, qui se trouve dans d'autres conditions, et qui, elle aussi, est dotée d'un agio assez fort, ne nous fournit pas davantage des arguments qui conduisent à des conclusions formelles, même si l'on tient compte des années où son commerce se développa normalement, sans subir l'influence de la révolution cubaine et de la guerre avec les Etats-Unis.

L'action de l'agio peut être mieux définie si l'on examine la concurrence établie entre les mêmes marchandises sur un marché neutre, lorsque, tout en ayant le même coût de production et supportant les mêmes frais de transport, elles proviènnent de pays divers, dont les uns sont affligés de l'agio, alors que les autres en sont exempts. Une étude de ce genre fut faite en Italie, dans le but de définir les causes de la concurrence des vins espagnols contre les vins italiens sur le marché allemand. Cette enquête montra qu'il fallait éliminer toutes raisons de concurrence ne dérivant pas directement de la supériorité de l'agio espagnol par rapport à celui, plus faible, de l'Italie.

Pour les motifs exposés dans ce qui précède, nous nous refusons à admettre que les exportations sont toujours stimulées et accrues dans la mesure où s'élève l'agio, tout en convenant qu'une certaine influence peut s'exercer dans ce sens.

Le bénéfice de l'exportateur est variable. Il dépend de la rapidité avec laquelle la dépréciation de la monnaie par rapport aux marchandises suit les oscillations de l'agio. Il se peut même, que dans certain cas tout bénéfice disparaisse.

41. Les remèdes contre la concurrence des pays où la monnaie est dépréciée. — Pour éliminer la concurrence des pays où sévit l'agio, on a proposé de soumettre leurs marchandises à un tarif *sui generis* dit : tarif de l'agio (1).

Les droits ordinairement applicables devraient s'élever dans une mesure égale à l'importance de l'agio, au moment où la marchandise est offerte à l'importation. Ces droits varieraient donc en même temps que l'agio. Si le droit applicable à une marchandise est de 100 et l'agio du jour de 40 0/0 ; ce droit, pour les marchandises originaires des pays où la monnaie est dépréciée, s'élèvera à 140 ; si l'agio n'est que de 20 0/0, le droit montera seulement à 120, etc. Ce faisant, on espère pouvoir neutraliser la concurrence plus active, qui est faite par les pays où la monnaie est dépréciée.

Mais il y a de nombreuses et sérieuses raisons pour penser qu'un tel système présenterait plus d'inconvénients que d'avantages.

Il faut ne pas oublier, d'abord, que le gain de l'exportateur n'est pas exactement égal au montant de l'agio. La plupart du

(1) Cette proposition a été vivement soutenue par Edmond THÉRY à la page 261 de son livre, *La crise des changes* et aussi par Jacques SIEGFRIED, dans une discussion sur *Le change, son importance croissante dans les traités de commerce*, qui eut lieu à Société d'Economie politique, à Paris, dans la séance du 5 janvier 1894.

temps, il est inférieur ; mais il peut être plus important dans certains cas spéciaux. Par suite, on aboutirait à frapper les marchandises des pays visés plus fortement qu'il serait nécessaire pour neutraliser la concurrence résultant de l'agio. Au point de vue des conséquences immédiates et réelles, cela équivaudrait à un régime différentiel, toujours nuisible, autant pour les pays auxquels il est appliqué que pour les pays qui le mettent en vigueur.

La concurrence des pays à monnaie dépréciée s'intensifie parce que les exportateurs font participer les acheteurs étrangers aux bénéfices qu'ils recueillent du fait de l'agio. Cette participation s'effectue par la vente à des prix plus faibles. Nous avons vu que le gain résultant du change reste sensiblement et presque toujours inférieur au change lui-même. Une partie de ce gain seulement sera cédée aux acheteurs, et ce ne sera pas la plus forte ; de sorte que pour vaincre cette concurrence plus intense il ne faut pas recourir à des mesures douanières extraordinaires. Les systèmes actuels sont toujours très efficaces.

Mais, si un pays veut avoir recours à des surtaxes variables de cette nature, il légitimera des représailles de la part des États frappés par le tarif, et cela génera ses propres exportations dans une mesure peut-être plus large que celle dans laquelle le tarif avantage ses propres productions. En outre, les opérations du commerce international deviendraient plus que jamais instables et aléatoires. Celui qui achète les marchandises frappées par l'agio ne ressent pas complètement, ou ressent d'une façon très indirecte, les effets des variations ultérieures de la valeur de la monnaie. Cela, parce que l'or étant la monnaie internationale, il devra l'employer à l'extinction de la dette qu'il a contractée à l'extérieur. Une hausse de l'agio aurait pu lui permettre d'acheter à meilleur prix, de même qu'une baisse de l'agio aurait pu l'obliger à acheter à un prix plus élevé. Mais, une fois l'achat conclu, il n'a plus rien à craindre.

Il n'en est pas de même si les droits d'entrée sont élevés en raison directe de l'agio. En effet, dans ce cas, celui qui acquiert des marchandises lorsque, par exemple, l'agio est de 20 0/0, et base ses calculs sur ce chiffre, peut, au moment de l'importation, voir l'agio s'élever à 30 0/0, et être obligé de payer une surtaxe augmentant sensiblement le droit prévu d'abord. De même que, si l'agio diminuait, il verrait diminuer ce même droit.

Une nouvelle cause de perturbation constante entrerait donc en ligne, qui, s'unissant aux précédentes, rendrait les échanges encore plus aléatoires. Les commerçants, qui, avec raison, désirent avoir des tarifs stables, les verraient, au contraire, se modifier tous les jours. On aboutirait aux mêmes résultats que ceux auxquels conduiraient des variations continuelles de la valeur de la monnaie employée pour les échanges internationaux.

Une mesure de protection extraordinaire serait donc injustifiée dans les pays vers lesquels se dirigent les marchandises des Etats où la monnaie est dépréciée, et l'usage commun des droits d'entrée serait adopté mieux à propos.

La concurrence est au contraire dangereuse pour les pays dont la monnaie a sa valeur normale, et qui exportent les mêmes marchandises que les pays à monnaie dépréciée. Dans ces cas, aucun secours n'est possible et nous nous en sommes rendus compte en examinant les conditions de la concurrence des vins italiens et espagnols en Suisse et en Allemague.

49. Les dommages causés par la dépréciation de la monnaie. — Un auteur italien (1), qui dénie au cours du change toute influence sur le commerce international, sinon absolument infime, ajoute que l'on ne peut pas admettre que le régime monétaire le plus utile à un pays soit celui de la monnaie dépréciée.

Nul ne peut souhaiter un tel malheur. Les économistes se

_____

(1) STRINGHER, Il commercio con l'estero e i corsi del cambio. (Nuova Antologia, novembre 1894).

sont bornés à mettre en évidence l'action de l'agio sur le commerce international, action que l'on ne peut nier ni réduire au-delà des limites réelles. Nul n'ignore que l'agio, s'il peut stimuler l'exportation, offre d'innombrables désavantages et des plus considérables. Nul non plus n'a jamais estimé que la monnaie dépréciée fût préférable à la monnaie jouissant de sa valeur normale, sous le prétexte que les exportations peuvent en être accrues, quelquefois même très sensiblement. L'agio, particulièrement s'il atteint un niveau élevé, provoque une spéculation effrénée qui annonce de nouvelles ruines.

Pendant ces périodes désastreuses, on stipule d'innombrables marchés à terme portant sur des dépôts de monnaie métallique, en prévision de la hausse ou de la baisse de l'agio, exactement comme l'on en use avec les valeurs de bourse ordinaires. L'échéance venue, ceux qui suivirent avec trop de confiance leur prévision de baisse, agitent le marché par une recherche fébrile de monnaie d'or, ce qui fait monter l'agio à des niveaux bien plus élevés. Au contraire, quelquefois, les acheteurs d'or, confiants dans la progressive élévation du prix de ce métal, en achètent, au comptant, des stocks importants ; mais, surpris par une réaction de l'agio, n'ayant pas les moyens de retarder la liquidation des affaires conclues précédemment ou encore craignant une baisse plus forte, ils se hâtent de vendre, et précipitent ainsi le mouvement de baisse commencé (1). Mais, même en négligeant la spéculation, combien n'y a-t-il pas de raisons qui engagent à retourner au régime monétaire normal ! La plupart des commerçants, ignorants des futures variations des prix, sont désireux de vendre au comptant. Les ventes à long délai, si fréquentes dans le commerce international, deviennent

(1) On eut un exemple de ce genre aux Etats-Unis. Là, en mai 1845, l'agio était monté à 186 0/0 pour tomber ensuite, pendant les années suivantes, à un niveau relativement bas. Mais, en septembre 1869, les spéculateurs (formant une ligue), firent de gros achats d'or, ce qui fit monter l'agio au-dessus de 62 0/0. Le jour même où ce niveau fut atteint, le secrétaire du trésor mit en vente quatre millions de dollars en or. Peu d'instant après l'agio tombait à 12,50 0/0 puis à 3,3 0/0.

plus rares, et cela dérange la marche ordinaire des affaires. Ceux qui sont contraints de vendre à terme ne sont jamais certains que les ventes produiront un bénéfice, et ignorent quel en sera l'importance, et cela, en raison des continuelles oscillations de l'agio. Par conséquent, même dans cette branche du commerce international : l'exportation, où le change pourrait agir comme un heureux stimulant, s'agitent des causes de troubles perpétuels, qui contrebalancent en partie les avantages énumérés plus haut. Les conditions deviennent encore plus difficiles pour le commerce d'importation qui est exposé aux mêmes influences néfastes sans bénéficier d'aucun avantage.

Si nous passons dans l'autre camp, nous voyons que l'agio épouvante les détenteurs extérieurs des titres nationaux, lesquels retournent dépréciés dans leur pays d'origine et provoquent, pour leur paiement, une demande de fonds angoissante. Dans le même temps, le capitaliste étranger se défend d'accepter des emprunts, et le capitaliste national préfère thésauriser et se contente des emplois improductifs. Les demandes restent sans réponse, ou sont satisfaites à des conditions onéreuses. Ainsi, l'agio réagit lui-même continuellement sur le crédit général du pays, et régénère sans cesse les causes de sa propre augmentation. Il en résulte, en définitive, une confusion continue d'intérêts, une incertitude, une angoisse, une panique dont il serait difficile d'évaluer exactement les dommages.

Étant donnée cette action néfaste, l'agio ne peut trouver d'autres défenseurs que le commerçant qui s'est approvisionné à crédit, le banquier qui a spéculé sur les valeurs mobilières, l'industriel qu'épouvante la concurrence extérieure, le débiteur qui escompte une dépréciation ultérieure de la monnaie.

Mais que sont tout ces intérêts particuliers, qui ne peuvent triompher qu'au détriment des intérêts généraux. L'intérêt de l'économie générale est autrement important et tout mesquin avantage individuel est négligeable devant les dommages qui sont infligés à la nation.

LIVRE DEUXIÈME

La politique commerciale.

CHAPITRE PREMIER

LA POLITIQUE ÉCONOMIQUE ET LA POLITIQUE COMMERCIALE

43. La politique économique. — 44. La politique commerciale. — 45. La
politique commerciale et la politique fiscale : *a)* la non-péréquation fiscale dans un même pays et entre des pays différents ; *b)* la politique
commerciale et les effets de la non-péréquation fiscale à l'intérieur d'un
marché; *c)* les effets de la non-péréquation sur le commerce international ; *d)* les effets de la non-péréquation sur la concurrence des
marchés neutres. — 46. La politique commerciale et la politique des
chemins de fer. — 47. La politique commerciale et la politique monétaire.

43. La politique économique. — Le but suprême de l'Etat
est de conserver l'organisme économique et d'en accroître la
puissance, en sorte qu'une abondance toujours plus grande de
biens reste à la disposition des citoyens, qui en jouiront dans la
mesure où le leur permet la fonction sociale qu'ils remplissent
et la part qu'ils prennent à la production. L'Etat emploie à cette
fonction complexe les organes de la politique économique, qui
embrasse tous les moyens capables d'influer sur la production
et sur la répartition de la richesse. Par conséquent, la politique

économique devrait être, à la fois, un instrument augmentant la production et améliorant la distribution.

A égalité de conditions, là où est en vigueur une politique économique sage, la production est plus abondante et l'épargne plus intense. L'intensification de l'épargne donne à son tour une nouvelle ardeur à la production, car elle augmente les capitaux disponibles, qui s'emploient ensuite dans les industries nouvelles ou dans celles déjà existantes qui assurent une rémunération plus large. La politique économique n'a pas toujours besoin de promouvoir, mais seulement de seconder ce mouvement ; car l'augmentation de la puissance du travail, l'extension de la division du travail, l'emploi des machines et l'utilisation plus complète des forces naturelles aboutissent bien à rendre la production naturellement plus intense.

D'autre part, la politique économique ne peut perdre de vue la répartition du revenu, car l'épargne est en proportion directe de la meilleure répartition des richesses. La prospérité d'un pays n'est pas constituée par quelques grandes fortunes, mais par les nombreuses fortunes ordinaires, et l'épargne est plus grande précisément dans ce dernier cas. Une répartition meilleure n'est pas seulement avantageuse à cause de la plus grande énergie de capitalisation qui lui est inhérente, mais aussi parce qu'elle rend la production plus rationnelle ; parce que, là où la richesse n'est pas concentrée, mais est, au contraire, bien répartie, la production a principalement en vue les marchandises dont la consommation est générale et nécessaire, et elle ne songe point à satisfaire d'abord les besoins du luxe.

En ce qui concerne l'augmentation de la production, aucune branche de la politique économique n'y est plus intéressée que la politique commerciale. Celle-ci, si son orientation est rationnelle et sage, stimule les productions les plus rémunératrices, soit en les encourageant dans la première phase de leur développement, soit en facilitant l'exportation des marchandises produites. Grâce à elle, les capitaux sont désireux d'élargir et de perfectionner leurs emplois, donnant ainsi un nouvel élan à la production.

La politique des chemins de fer, en faisant usage d'un tarif bien compris, peut conduire aux mêmes résultats. Mais son importance, bien que considérable au point de vue national, est assez réduite dans ses rapports avec les autres pays. L'organisation des chemins de fer n'a aucune influence à l'extérieur, et toute mesure stimulatrice adoptée est d'une application impossible au dehors du territoire. Tout régime de faveur est d'ailleurs difficile à pratiquer là où les chemins de fer sont exploités par des sociétés privées, et là où l'Etat, tout en étant l'ordonnateur suprême des tarifs, est dans l'impossibilité, pour de sérieuses raisons financières, de consentir les réductions demandées.

Cependant la politique fiscale est susceptible de faciliter la production par des encouragements donnés sous la forme d'exonération d'impôts. On compte beaucoup d'exemples de ce genre ; mais le système rencontre parfois des obstacles insurmontables dans de graves raisons financières. De nos jours, les besoins de l'Etat augmentent. Le fisc recourt aux formes de perception les plus subtiles et ses prétentions deviennent chaque jour plus exhorbitantes. Les Etats qui ont eu recours aux exonérations d'impôts pour encourager la production ne l'ont pas fait sans de longues hésitations et sans de lourds sacrifices.

Au contraire, l'impulsion donnée par la politique commerciale, comme celle qui, jusqu'à un certain point et pendant un certain temps, peut être donnée au détriment du fisc, devient de plus en plus large. Et l'on ne peut pas dire que le système ne réussisse, avec une rare efficacité, à stimuler la production.

1 n'en est pas de même pour la répartition. En général, la politique commerciale, quand elle a recours au protectionnisme, provoque la constitution de monopoles, qui conduisent à une concentration importante de la richesse. Mais lorsque le système douanier s'efforce d'être équitable, il est capable d'empêcher les profits non justifiés, de sorte que le capital n'est plus susceptible de s'augmenter au détriment de la consommation et, par conséquent, des petites fortunes. De toute façon, on ne peut nier que le système protecteur conduise à une mauvaise répartition.

Mais il ne faut pas oublier que le libre-échange aussi peut conduire à une répartition imparfaite. La répartition est certes plus
mauvaise avec le protectionnisme qu'avec le libre-échange ;
cependant beaucoup d'autres facteurs de la politique économique peuvent contribuer à améliorer la répartition de la richesse
plus efficacement que la politique commerciale. La politique fiscale, en effet, en frappant les grandes fortunes dans une mesure
plus forte, en étant plus équitable pour les moyennes et en épar-
gnant les petites, pourrait conduire plus sûrement à une certaine
péréquation de la richesse ; mieux encore, elle pourrait arrêter la
concentration capitaliste. Ce n'est pas pour rien que David Ricardo
vit dans l'incidence de l'impôt l'objet principal de la science
financière. On peut considérer jusqu'à un certain point que des
finances en bon état sont susceptibles de modérer les tendances
ploutocratiques.

Le mouvement ouvrier, plus encore qu'une bonne politique
fiscale, est un correcteur efficace de la répartition imparfaite de
la richesse. Les luttes entre le capital et le travail ne se limitent
plus au cercle étroit des contestations individuelles ; elles écla-
tent presque partout où existent de grandes organisations de
travail. Les *trusts* se révèlent comme l'expression du besoin nouveau d'une production mieux ordonnée. Mais s'ils tendent à la
ploutocratie, les associations prolétariennes, grâce aux armes
formidables dont elles disposent, font en sorte qu'une quantité
croissante de profits se transforme en salaires, ce qui conduit à
une répartition plus juste. Toutefois, quoiqu'il ne soit pas possible de résoudre les problèmes compliqués de la politique économique par des axiomes, on peut dire que la production peut être
efficacement stimulée par l'usage d'une politique commerciale
rationnelle et que les conséquences défectueuses de cette dernière
sur la répartition peuvent être combattues par l'emploi d'une
politique fiscale avisée, ou encore par l'appui prêté aux grandes
associations du travail, qui ont souvent raison de la puissance
exagérée du capitalisme.

Il n'est pas vrai que les plus grands économistes aient toujours refusé à l'Etat tout droit d'ingérence dans la vie économique. Les économistes classiques, par exemple, n'élevèrent jamais le *laisser-faire* à la hauteur d'un principe scientifique ; ils s'insurgèrent unanimement contre les privilèges alors existants en faveur de certaines classes, et préconisèrent l'intervention plus large de l'Etat dans le cours des phénomènes économiques. Ils attachaient trop de prix à l'élévation progressive des classes pauvres et ils avaient trop d'amour de la justice économique, pour pouvoir prêcher l'exclusion de l'Etat de la vie économique. Les économistes classiques réclamèrent, il est vrai, la plus grande liberté d'échange à l'intérieur et à l'extérieur, mais ils ne prétendirent pas instituer la liberté absolue dans la répartition ; à ce point de vue, ils furent les précurseurs des doctrines économiques des théoriciens socialistes.

Adam Smith, toutes les fois que surgit un conflit d'intérêts entre le faible et le fort, est toujours favorable au premier, et dans ses œuvres, ce sens élevé de chaude sympathie pour les opprimés ne se démentit jamais. Cette sympathie serait restée platonique et, par conséquent, toujours impuissante, si l'Etat avait dû renoncer à toute ingérence dans le domaine économique. C'est précisément par cela que la conception géniale de Smith n'est pas seulement sentimentale. En effet, non seulement il déplore que la législation refuse aux classes prolétariennes le droit de coalisation qui seul aurait pu les sauver du capitalisme, mais il préconise encore un taux progressif des impositions fiscales. Cet idéal, bien qu'il faille le distinguer de bien d'autres caressés par le maître, n'aurait pu recevoir de réalisation que par l'adoption d'une politique économique active et efficace dans toutes ses parties. Adam Smith combattit le mercantilisme. Mais cela n'infirme nullement la conception qu'il avait des obligations de l'Etat ; la politique mercantiliste fut combattue par lui parce qu'elle favorisait les classes riches au détriment des classes pauvres. Si cette politique avait pu, à ses yeux, aboutir à des résultats opposés, peut-être s'en serait-il fait le défenseur.

L'esprit qui anima Ricardo en ce qui concerne les critères de politique économique que l'Etat devrait adopter, n'est pas différent. Il examine longuement l'intervention de l'Etat dans la circulation monétaire et le système des banques, mais en cela il professe des principes aussi neufs que hardis. Il voudrait enlever aux banques tout profit excessif pour l'attribuer aux finances publiques, particulièrement aux époques heureuses pour les banques, mais désastreuses pour les contribuables. Ricardo, dans la politique banquaire, qui n'est pas une petite partie de la politique économique, allait jusqu'à l'adoption d'une banque d'Etat.

Mais J. Stuart Mill, dont on connaît les idées hardies en ce qui touche la propriété de la terre et les devoirs de l'Etat à son égard, va bien plus loin, et son opinion est aujourd'hui encore considérée par beaucoup comme dénuée de fondement.

Cairnes se montre aussi radical que J. Stuart Mill ; il réclame l'intervention législative dans le système de la propriété foncière. J. B. Say pensait comme lui ; à une législation agraire il aurait voulu ajouter une législation forestière et une législation ouvrière. Cette dernière conception fut envisagée dans le même sens par Malthus et Mac Culloch.

Il est vrai, que contre Smith, Ricardo, Stuart Mill et les autres économistes de l'école classique, se sont élevés Bastiat, Carey, Cobden et Schulze-Delitsch, lesquels furent toujours contre toute ingérence de l'Etat dans le domaine économique. Mais l'autorité et la valeur des premiers dépasse de beaucoup celle des seconds.

La conception qu'eurent les écomonistes classiques des devoirs de l'Etat, est basée sur ce principe civique, à savoir que l'Etat doit pratiquer une politique économique qui corrige les privilèges et les abus des hommes.

44. La Politique commerciale. — On appelle politique commerciale la partie de la politique économique qui, en agissant sur le commerce international, pousse la production vers les formes que l'on suppose répondre le mieux à l'économie d'un pays. Ces formes seront d'autant plus rapidement et facilement adoptées que les aptitudes naturelles du pays seront plus étendues et plus en harmonie avec le but que l'on se propose. Naturellement, au moins pendant certaines périodes, la politique commerciale devra tenir compte de la production étrangère et de sa puissance de concurrence à l'intérieur du pays.

La politique commerciale change alors les limites que l'Etat assigne à sa propre compétence et qui donnent à son action un caractère négatif ou positif. Négatif, lorsque l'action de l'Etat se limite au domaine juridique, c'est-à-dire à la protection des droits des citoyens qui font le commerce à l'intérieur et à l'extérieur. Dans ce cas l'Etat s'abstient de tout acte préjudiciable à la liberté du mouvement commercial. Positif, lorsque l'Etat règle, dans un sens donné, le cours des échanges, c'est-à-dire lorsqu'il réglemente les prix de façon à éliminer ou à restreindre la concurrence des produits étrangers, stimule la production par divers procédés, facilite les ventes à l'étranger, etc., etc... En Angleterre l'action de l'Etat, en ce qui touche au commerce, se rapproche de la forme négative. Dans tous les autres pays continentaux, au contraire, cette action est positive.

Il devrait s'agir, comme l'on voit, d'une fonction essentiellement économique. Mais, trop souvent, la politique commerciale ne s'inspire pas des seules fins économiques. Elle se trouve influencée par des considérations fiscales, qui prennent souvent le dessus sur les considérations d'autre nature. Heureusement, étant donnée la technique douanière moderne, un système douanier inspiré par de graves nécessités financières n'est pas incompatible avec une politique libre-échangiste. Les deux termes ne se trouvent pas toujours en opposition. En Angleterre, par exemple, les taxes douanières contribuent beaucoup à la prospérité financière, bien qu'il y soit adopté au système de liberté presque absolue. Dans les pays qui sont inféodés au protectionnisme, les plus forts revenus douaniers résultent rarement des impôts de nature économique. Cela dépend du fait que d nos jours, la taxe qui frappe une marchandise de consommation générale que l'on est obligé d'importer, donne un rendement supérieur à celui d'un grand nombre de taxes douanières. Il est encore vrai, cependant, que dans les périodes d'extrême difficulté financière la politique commerciale tout entière est influencée par le fisc et que, dans ce cas, tout autre objectif disparaît.

La politique commerciale met la richesse en mouvement en développant les forces économiques que le pays possède à l'état latent. Mais, tout en s'efforçant de stimuler la production nationale et d'augmenter ses ventes à l'extérieur, elle ne devrait pas empêcher l'entrée des marchandises dont la production à l'intérieur imposerait un déploiement de forces trop considérable. Aucun des moyens choisis pour stimuler la production nationale ne devra coûter trop cher aux consommateurs nationaux ni présenter un caractère permanent.

Une augmentation de la production se traduit par une extension des profits recueillis par le capital et par une plus grande sécurité d'emploi garantie au travail, sinon par des salaires plus élevés. Cette augmentation comporte la possibilité d'une accumulation plus grande de capitaux, ce qui permettra de tenter de nouvelles entreprises. Le résultat final se traduira par un abaissement toujours plus accentué du coût de production et des prix, et par une extension et une intensification grandissantes de la consommation. Cet objectif ne devra jamais être perdu de vue et de très graves raisons seulement pourront excuser les partisans d'une politique commerciale qui n'en tiendrait pas compte autant qu'il le faudrait.

La politique commerciale devra baser son action sur la connaissance exacte de l'économie nationale et de celle des pays étrangers prenant part aux échanges. Ce faisant, elle saura de quelle façon, et avec quel avantage, elle pourra combler les lacunes des productions réciproques et à quels moyens il faudra recourir pour exclure les plus dangereuses concurrences.

La concurrence peut être constituée par : 1° la lutte des marchandises étrangères et nationales sur le marché intérieur ; 2° la lutte engagée entre les marchandises étrangères qui viennent satisfaire à la consommation intérieure ; 3° la lutte des marchandises nationales contre celles des autres États sur les marchés neutres.

Le but de la politique commerciale est donc très délicat ; elle devra remonter aux origines de la concurrence et faire en sorte que les marchandises nationales, en raison du régime douanier, ne se trouvent jamais dans des conditions d'infériorité vis-à-vis des autres. Elle cherchera, avec un soin assidu, à assurer à ses marchandises un régime préférentiel, jamais différentiel. Et dans les traités commerciaux, elle aura en vue cette égalité économique qui devrait former la base de tout pacte de cette nature.

La politique commerciale, loin d'aider simplement au recueillement économique intérieur, ou de servir toujours comme moyen de défense, peut devenir un instrument efficace d'expansion économique. Elle répond très bien aux exigences qui se manifestent au cours du processus évolutif de la production. Tous les pays traversent les trois stades de la vie économique : 1° stade de recueillement économique, pendant lequel le pays ne songe qu'à mettre en valeur ses ressources naturelles ; 2° stade d'expansion commerciale, lorsque cette mise en valeur est accomplie et que la production, déjà forte, éprouve le besoin d'étendre son action hors des frontières où elle fut longtemps enclose ; 3° stades des conquêtes coloniales, qui, sous une autre forme, ne sont qu'une manifestation différente de l'expansion commerciale.

Cette expansion trouve un auxiliaire puissant dans la politique commerciale qui assure des avantages concrets et permanents au commerce national, lequel, bien que vigoureux, a toujours besoin d'être protégé. L'Allemagne, grâce à l'intelligence du chancelier Caprivi, entra dans une phase de politique commerciale très active et basée sur les traités de commerce vers 1890, c'est-à-dire lorsque sa production industrielle commença à chercher des débouchés vers l'extérieur. L'Angleterre ne s'y prit pas différemment lorsque son industrie, devenue très forte, exigea de nouvelles conquêtes.

La politique commerciale, comme nous l'avons dit, forme une partie de la politique économique. Cette dernière, en outre, comprend la politique des chemins de fer, la politique fiscale, la politique monétaire, la politique de l'émigration, la politique du travail, etc... Il ne sera pas inutile de voir combien de relations il peut exister entre ces diverses formes de l'action de l'Etat, quelles sont ces relations et quelle place la politique commerciale occupe vis-à-vis de chacune de ces formes et au sein de la vie économique tout entière.

45. La politique commerciale et la politique fiscale. — *a) La non-péréquation fiscale dans un même pays et dans des pays différents.* — La politique fiscale, en particulier, si elle grève lourdement le pays, influe sur tous les organes de la vie économique et agit activement sur le commerce international. Cette influence, bien qu'indirecte, est proportionnelle au poids des impôts publics et à la non-péréquation.

L'organisation fiscale est importante non seulement en raison des institutions douanières qu'elle fait naître, mais encore pour l'aptitude spéciale aux échanges internationaux que les marchandises produites peuvent acquérir ou perdre, en vertu du poids des impôts.

Dans certains pays le fisc frappe, sans discernement et sans équité, la richesse dans toutes ses manifestations, dans sa production, sa circulation et sa consommation. Cela intimide les capitaux nationaux et n'encourage pas l'immigration des capitaux étrangers ; de sorte que la production reste immobilisée dans une phase statique ou ne progresse que très lentement. La consommation faiblit devant les exigences du fisc, la force de travail des salariés diminue et en définitive la production se ralentit.

Le poids des impôts a rapidement augmenté partout, mais cette montée continue n'a presque jamais été proportionnelle à la capitalisation croissante de chacun d'eux. Il existe une non-pé-

réquation géographique de la richesse, mais la non-péréquation géographique est plus grande encore dans l'incidence de
l'impôt.

M. Leroy-Beaulieu distingue, en Europe : a) les pays où l'impôt est léger, comme la Belgique, où les contribuables sont grevés, en moyenne, du 5 à 6 0/0 de leur revenu ; b) les pays où
l'impôt est modéré, comme l'Angleterre, où les impositions atteignent 7 à 8 0/0 ; c) les pays où l'impôt est lourd, parmi lesquels la France, où les impositions montent à 11 0/0. A ces trois
catégories on peut en ajouter une autre comprenant les pays où
es impôts sont très lourds, parmi lesquels viennent en première
ligne l'Italie, la Russie, l'Autriche-Hongrie.

Ces chiffres ont seulement une valeur approximative.

Les mêmes revenus sont frappés dans une mesure variable, et
même sous les formes les plus diverses, à travers lesquelles il
est souvent impossible d'établir une comparaison. Quelle variété
ne trouve-t-on pas, par exemple, dans le régime fiscal des valeurs mobilières (1) ! Et quelle variété dans le taux de chacun
des genres d'impôt qui grève ces valeurs !

En France, l'*impôt des patentes* est un véritable impôt sur l'industrie et dont l'importance, vis-à-vis des finances de l'Etat,
s'accroît sans cesse. Mais, en dépit de son poids, cet impôt

(1) En Allemagne les valeurs mobilières sont frappées : 1° par l'impôt
du timbre ; 2° par l'impôt sur les successions ; 3° par l'impôt général sur
le revenu ; 4° par les taxes communales ; 5° par les impôts complémentaires.

En France les valeurs sont frappées par 1° l'impôt du timbre ; 2° les
taxes d'enregistrement ; 2° l'impôt des patentes.

Dans la Grande-Bretagne, ce sont : 1° le droit de timbre ; 2° le droit
direct sur les transmissions de titres entre vivants ; 3° les droits en cas
de mort ; 4° l'impôt sur le revenu.

Comment faire une comparaison entre tant de systèmes divers ? En
Allemagne, par exemple, le même impôt, celui du timbre impérial, frappe
les actions des sociétés allemandes dans la mesure de 2 %, ceux des sociétés étrangères dans la mesure de 2 1/2 %, ceux des sociétés minières
de 1 marck 50 par titre ; enfin les titres de rente et les obligations allemandes de 6 %. Comme on le voit, le même impôt a des manifestations
tout à fait différentes.

frappe les revenus industriels dans une mesure bien moindre que l'impôt italien sur la *richesse mobilière* (*richezza mobile*).

En Prusse, les revenus industriels sont frappés par la *Gewerbesteuer*, mais la taxation est encore plus légère qu'en France et, par conséquent, très faible vis-à-vis de l'impôt italien mentionné. Il n'existe pas en Italie, à proprement parler, un véritable impôt sur le revenu industriel, mais l'impôt sur la richesse mobilière atteint le revenu industriel dans une forte mesure. Etant donnée la richesse du pays, cet impôt est extrêmement productif. Peu d'impôts, en trente ans, ont augmenté aussi rapidement que celui-là ; il est actuellement vingt fois plus fort qu'en 1864 et a presque doublé depuis 1871. Néanmoins, cette augmentation est loin de correspondre à un accroissement égal de la richesse. Le taux de cet impôt n'a sans doute pas d'équivalent dans les législations fiscales en vigueur à l'étranger. Le fameux *Income tax* anglais, en temps normal, aboutit à des taxes très faibles qui ne dépassent pas 4 0/0.

Mais, même si le plus élevé des impôts italiens qui pèse sur les revenus industriels, avait un taux égal à celui des impôts analogues dans les autres pays, il ne faudrait pas en déduire que son poids serait la même.

Il y a toute une série d'autres impôts qui grèvent dans une mesure plus ou moins lourde tous les revenus industriels. En Italie les droits d'enregistrement, de timbre, la taxe sur les affaires, etc., alourdissent d'une façon directe ou indirecte les impôts sur les objets manufacturés et élèvent, par conséquent, le coût de production de ces derniers. De même que l'Italie, il existe d'autres pays où la production éprouve des difficultés pour les mêmes raisons.

Tout cela concerne les industries manufacturières qui ont une grande mobilité et des ressources importantes et qui subissent des transformations continuelles. Mais pour l'agriculture qui n'évolue que lentement et dans des limites étroites, la non-péréquation est encore plus forte et, par conséquent, les conséquences qui en dérivent sont plus graves. L'influence des impôts sur l'agriculture est plus néfaste encore pour une autre raison. La terre est limitée en extension et en fertilité, et à l'encontre de ce qui arrive ailleurs, la superposition des capitaux détermine ici une production proportionnellement décroissante. Il est donc facile de voir que les terres se trouvant dans des conditions très différentes, l'incidence des impôts qui grèvent la culture doit être, elle aussi, très variable.

En Italie, si l'on examine seulement l'impôt qui grève les propriétés foncières et si on le compare au montant total du revenu des terres, on voit que le premier absorbe seulement le 7 0/0 du second. Donc cet impôt serait léger. Mais si, à l'impôt principal, on ajoute les surtaxes, le pourcentage de l'impôt monte à 10 0/0. C'est là une moyenne théorique, car en pratique, en raison de la non-péréquation intérieure, beaucoup de terres sont taxées dans une mesure de 30 et même de 40 0/0. Mais ce n'est pas tout. Le système fiscal italien, en raison de la rapidité avec laquelle il se forma devant des nécessités inéluctables, présente des inégalités tellement criantes, des répercussions tellement inattendues, un enchevêtrement tellement étrange de taxes et impôts multiformes, une superposition tellement irrationnelle, souvent imprévue, de charges sur les mêmes sources de revenu, que toute l'économie nationale, et l'agriculture plus que toute autre branche de production, est gênée dans son développement et souvent complétement arrêtée (1).

De sorte que le développement progressif de la vie économique est souvent empêché, alors que si, au contraire, il se trouvait facilité, il offrirait une plus large base d'imposition, et les charges actuelles deviendraient, en proportion, plus supportables (2).

(1) G. VALENTI, *Il sistema tributario in relazione cogli interessi dell' agricoltura*, Rome, Tipographia della Camera, 1898.

(2) La non-péréquation résulte en grande partie des vingt-et-un impôts italiens établis selon des méthodes différentes. Depuis leur établissement jusqu'à nos jours, les changements de la production et des procédés agricoles ont été infinis; de même les changements survenus dans

Ces faits, toujours douloureux, provoquent des formes mauvaises de concurrence intérieure, et modifient même les coûts comparatifs dans le commerce international. Cette altération des coûts semble plus grave si l'on pense qu'en outre de l'impôt foncier et des surtaxes, l'agriculture est toujours frappée dans une large mesure par l'impôt sur les objets manufacturés, par celui qui atteint la *richesse mobilière*, les revenus des colons et toutes les industries agricoles. Le plus grand malheur c'est que les impôts locaux s'appesantissent à leur tour, en outre des surtaxes, des taxes d'exercice sur les entreprises agricoles, des taxes dites de famille et d'autres encore concernant le bétail.

Comme l'on voit, l'impôt foncier, avec ses inévitables répercussions, pèse sur les revenus agricoles dans une mesure au moins égale à celle de l'impôt mobilier vis-à-vis des revenus industriels. Mais si à cet impôt principal on adjoint les autres impôts et taxes de tous genres, cette mesure est de beaucoup dépassée. Une telle différence de régime paraît encore plus nuisible, si l'on tient compte de la diminution très sensible constatée depuis vingt-cinq ans pour tous les revenus agricoles; cette diminution a eu pour résultat que les impôts quoique restant invariables ont absorbé la plus grande part du revenu.

Dans les conditions actuelles de l'économie italienne, ainsi que dans beaucoup d'autres pays de l'Europe continentale, l'incidence de l'impôt ne peut atteindre l'acheteur. Désormais la théorie de la rente de Ricardo qui, au moment historique où elle fut conçue, réflétait la réalité, a perdu une grande partie de son importance. Actuellement, et pour des causes qui n'ont rien de transitoire, la théorie de Carey s'affirme de plus en plus; et si l'on ne peut précisément dire que le prix des denrées agricoles est déterminé par le coût minimum, il faudra au moins convenir que dans les pays d'importation, ce prix est déterminé par

les prix et le commerce des denrées ; de sorte que l'impôt agricole italien, qui grève les revenus fonciers est loin d'être appliqué selon la proportionalité voulue, proportionalité qui devrait être la condition essentielle d'un bon système fiscal.

le coût des marchandises dont la production peut être augmentée selon les exigences, et qui sont nécessaires pour compléter l'approvisionnement du marché. Le prix des céréales, par exemple, n'est plus déterminé par le coût de l'agriculture nationale, mais par lo prix auquel on peut vendre sur notre marché le blé d'Amérique et d'Australie, où l'on produit à un coût inférieur et *où l'on paie des impôts plus faibles*. La superposition et la répartition des charges publiques se manifestent, vis-à-vis de l'agriculture, comme un obstacle à cette évolution que les conditions actuelles du marché lui imposent et qu'un intérêt économique suprême exige.

b) **La politique commerciale et les effets de la non-péréquation fiscale à l'intérieur d'un marché.** — Donc, dans les pays où les charges fiscales sont lourdes, l'industrie, autant que l'agriculture, se trouve dans des conditions plus défavorables que dans les pays où les impôts sont légers. Mais comme la péréquation de l'impôt n'est pas réalisable, il y aura des productions moins atteintes que d'autres ; il y aura aussi une tendance spéciale des capitaux à se porter vers les productions les moins frappées, lesquelles n'ont cependant pas toujours les meilleures aptitudes naturelles de vie et d'extension. C'est là un inconvénient sérieux auquel la politique commerciale, plus encore qu'une sage transformation fiscale, peut apporter un remède, en accordant une protection raisonnable aux productions les plus frappées par le fisc (1).

Et dans ce cas, la protection douanière est encore utile, pour empêcher la rétrogadation des systèmes de culture de la terre ; pour donner à l'Etat le temps d'accomplir les réformes fiscales et faire en sorte que les anciennes cultures puissent reprendre leur développement, sans qu'il soit entravé par de trop grosses

(1) Les transformations fiscales, particulièrement dans les pays où la balance économique n'est pas solidement établie, sont assez difficiles en daison de la crainte que l'on peut avoir de compromettre encore la situation financière. L'Italie en donne une preuve ; depuis vingt ans on parle re ces réformes sans aboutir jamais à rien.

charges d'impôt. Il s'agirait de maintenir temporairement le *statu quo*, au moyen d'un système artificiel auquel on ne pourrait pas adresser les accusations dirigées d'ordinaire contre les systèmes de ce genre ; il faudrait encore que ce système ne détermina pas la transformation économique néfaste que précisément on voudrait éviter.

Actuellement les libre-échangistes les plus autorisés reconnaissent eux-mèmes, que la politique commerciale doit recourir à un état de choses analogue, comme palliatif, M. Loria croit que lorsque l'impôt frappe seulement la rente foncière, et, par conséquent, ne compromet en aucune façon l'entreprise agricole, il n'est pas besoin de recourir à des mesures de compensation. Il ajoute cependant que lorsque l'impôt foncier frappe les profits agricoles plus que les autres profits et que les profits agricoles des pays étrangers, il compromet nécessairement la vitalité de l'entreprise agricole, et qu'il serait alors désirable de rétablir l'équilibre au moyen d'une taxe douanière de compensation (1).

C'est actuellement bien dans ces conditions que se trouve l'agriculture européenne et en particulier l'agriculture italienne. C'est une raison pour laquelle les libres-échangistes les plus raisonnables ont reconnu qu'il était impossible d'abolir le droit sur le blé sans avoir d'abord tenté une organisation plus rationnelle des impôts qui frappent l'agriculture. Après ces notes rapides sur la non-péréquation fiscale intérieure et internationale et les effets généraux qui en dérivent, nous examinerons ses conséquences en ce qui concerne le commerce extérieur.

c) **Les effets de la non-péréquation sur le commerce international.** — Les pays où les impôts sont élevés, à égalité de conditions, produisent les marchandises à un coût plus élevé que les pays où les impôts sont faibles. Cela parce que les impôts entrent presque toujours dans la constitution du coût. Il en ré-

---

(1) A. LORIA, *Verso la giustizia sociale; Saggio sul dazio sui cereali*, page 316.

sulte que même les marchandises dont la production est indirecte, ont un coût plus élevé, parce que le coût des marchandises nationales qui servent à payer les marchandises étrangères s'enfle de l'augmentation artificielle de l'impôt. Le contraire se produit dans les nations où les exigences du fisc sont moins fortes.

De toute façon les avantages du commerce extérieur restent toujours appréciables tant que, en dépit des charges fiscales, la différence entre les coûts comparatifs des marchandises échangées reste invariable. Deux pays, A et B, produisent respectivement le coton et la laine au coût de 10 et 25 pour le premier, de 15 et de 30 pour le second, c'est-à-dire que A s'adonne à la production du coton qu'il échange contre la laine de B. Si maintenant en A, en raison de la lourdeur croissante de l'impôt les coûts s'élèvent de trois, portant à 13 celui du coton et à 28 celui de la laine, la différence des coûts de production reste invariablement égale à 15. Il en sera ainsi dans l'un et l'autre pays, tant que les coûts augmenteront ou diminueront dans une même mesure.

Mais les coûts comparatifs ne sont que les limites extrêmes entre lesquelles peuvent osciller les valeurs internationales, et il nous importe de connaître quelles peuvent être les variations de ces valeurs lorsque survient un changement général du coût, provoqué par une variation des charges fiscales.

Si l'augmentation des impôts est trop considérable et que la consommation des marchandises frappées ne soit pas indispensable, il peut se faire que le pays le plus opprimé par le fisc, renonce, précisément pour ce motif, à se procurer des marchandises déterminées, soit directement, soit par voie d'échange ; et, par conséquent, toute demande d'échange disparaissant, une partie du commerce international péricliterait et un dommage immédiat frapperait la production et les consommateurs.

Heureusement, ce cas se présente difficilement en pratique. Dans la généralité des cas, l'augmentation des impôts, bien que souvent très nuisible, ne présente pas un caractère de violence

stérilisante, de sorte que la demande des marchandises persiste.
Dans ce cas cependant, la consommation se restreint et une plus
petite quantité des marchandises en question est seulement demandée par le pays le plus imposé. La demande réciproque se
déplace donc et, avec elle, le taux de l'échange ; ce déplacement
peut même ne pas être complètement défavorable à ce dernier
pays.

Si, au contraire, l'augmentation des impôts n'est pas considérable, ou vient grever des marchandises dont le caractère de
première nécessité empêche qu'on en restreigne la consommation, la demande réciproque ne varie pas et par suite les valeurs
internationales restent les mêmes.

Jusqu'à présent, nous avons supposé une condition idéale, à
savoir que le poids de l'impôt charge également toutes les productions, mais, en réalité, il n'y a peut-être pas d'exemple de
revenus frappés dans une même mesure. Par conséquent, on est
plus près de la vérité si on admet, par hypothèse, que dans le pays
A, en raison des besoins financiers, l'augmentation des impôts
se répartit inégalement sur les diverses marchandises produites.
Si, dans le pays A, les impôts frappent de cinq la production du
coton et de 1 celle de la laine, la différence des coûts comparatifs se réduit de 15 à 11 et, par conséquent, les avantages que ce
pays peut tirer de l'échange international semblent réduits. Cela
prouve que les pays où le poids de l'impôt est considérable, pays
qui sont encore ceux où la répartition des impôts est la plus
mauvaise, n'aboutissent, par la modification continuelle des impositions dans le but d'obtenir un meilleur rendement financier,
qu'à altérer continuellement les bases sur lesquelles reposent les
échanges avec l'extérieur.

En général, les avantages augmentent quand les impôts
frappent dans une mesure plus forte les marchandises ayant un
coût plus élevé ; ces avantages diminuent quand les impôts
frappent dans une mesure plus large les marchandises dont le
coût est le plus bas. En Italie, par exemple, où les impôts pèsent
plus lourdement sur les produits de la terre, qui pourraient être

obtenus à un coût plus faible, que sur les produits industriels, qui ont un coût plus élevé, la pression fiscale — en vertu de sa non péréquation — atténue la différence des coûts comparatifs et réduit les bénéfices du commerce extérieur. Il n'est pas douteux que cette raison ait influé sur les exportations agricoles italiennes et n'en ait limité l'expension.

d) **Les effets de la non-péréquation et la concurrence sur les marchés neutres.** — Ce que nous avons dit jusqu'à présent s'entend des pays qui sont directement unis par des rapports d'échange. Mais il peut se faire que ces pays où la pression fiscale est différente se rencontrent sur un troisième marché. Dans ce cas, comment iront les choses ? En faveur duquel la victoire penchera-t-elle dans la lutte de la concurrence ? Les prévisions concluent toutes en faveur du pays où la pression fiscale est la moins forte, car c'est celui qui donne les marchandises à meilleur compte (1). Mais en fait, les choses se passent différemment. Supposons que l'on ait, dit le professeur Pantaleoni (2), deux marchés A et B, fermés aux rapports réciproques, et N, marché neutre, ouvert à la concurrence des deux autres. A et B fournissent la marchandise a à N et en reçoivent la marchandise b. Dans le premier, le coût de production est α pour la marchandise a et β pour la marchandise b ; dans le second, ces coûts sont respectivement α' et β'. Sur le marché N ces coûts sont respectivement α'' et β''.

Pour les raisons que nous avons exposées plus haut, les limites extrêmes entre lesquelles, sur le marché B, peut osciller la marchandise b, sont mesurées par α' et β' ; par conséquent, il sera impossible à ce marché d'exporter cette marchandise en N, à moins que la différence ne soit plus grande pour B que pour A, c'est-à-dire que l'on ait $\alpha' - \beta' > \alpha - $.

(1) Les effets de ces changements s'apprécient mieux dans la partie du livre qui traite de l'incidence des taxes douanières. Nous supposons que le poids des impôts peut déterminer une majoration du coût de la marchandise, même si celle-ci, sans la charge de l'impôt, pouvait être produite à un coût plus faible.

(2) M. Pantaleoni, *Teoria della pressione tributaria*, Rome, 1887.

Cette condition peut être réalisée de deux façons : 1° Si en B la production directe de la marchandise b est aussi difficile que sur le marché A, mais si la production directe de la marchandise a y est plus facile que sur l'autre marché, c'est-à-dire si l'on a $\beta' = \beta$, mais $\alpha' < \alpha$. 2° Si sur le marché B la production directe de la marchandise a est aussi facile que sur le marché A, mais si la production directe de la marchandise b y est plus difficile, c'est-à-dire, si l'on a $\alpha = \alpha$ mais $\beta' > \beta$. La conclusion est que la possibilité de prétendre victorieusement par rapport à un autre pays, à l'approvisionnement d'un Etat neutre, peut résulter aussi facilement d'une plus grande productivité du travail pour la marchandise dont le coût comparatif est le moindre, que d'une productivité de travail plus faible pour la marchandise qui a un coût comparatif supérieur ; cette possibilité résulte donc d'une supériorité relative ou d'une infériorité relative. Par conséquent, la pression fiscale ne change en rien les coûts comparatifs et ne peut, par suite, faciliter ni entraver la concurrence engagée sur les marchés neutres.

Mais la conclusion à laquelle arrive l'éminent professeur se base sur une hypothèse qui ne trouve jamais sa réalisation pratique ; il suppose, en effet, un système d'impôts qui frappe également toutes les marchandises qui sont l'objet d'un échange international, un système qui, soit par les surcharges, soit par les exonérations, intéresse toutes ces marchandises dans une mesure rigoureusement égale. Ceux qui ont tant soit peu l'expérience de la vie économique, ne savent que trop, — nous l'avons déjà dit — que cette condition n'est jamais réalisée. Le système fiscal pèse sur certaines branches de la production plus lourdement que sur d'autres ; et ces inégalités sont d'autant plus nombreuses et sensibles que la pression du fisc est plus forte.

Les pays où les exigences du fisc sont plus étendues, sont presque toujours contraints par ces exigences impérieuses d'imposer arbitrairement la richesse. Le besoin les fait passer sur l'équité. Ces pays n'osent pas, néanmoins, entamer la réforme de l'organisation fiscale, car ils craignent que le rendement des impôts n'en soit, même temporairement, diminué, de sorte que les inégalités n'ont pas un caractère éphémère mais permanent.

Supposons que le marché B parvienne à vaincre le marché A dans l'approvisionnement du marché N de la marchandise a. Naturellement, cette concurrence victorieuse subsistera tant que $\beta' - \alpha' > \beta - \alpha$. Si B, toujours poussé par des besoins financiers, établit de nouveaux impôts, il pourra se présenter, en raison de ce que nous avons dit plus haut, trois cas : 1° la différence des coûts comparatifs reste la même par suite de la répartition égale de l'augmentation d'impôts entre les divers chefs d'imposition ; 2° La différence augmente, si l'augmentation la plus forte frappe la marchandise b et élève son coût β ; 3° La différence diminue, si la surcharge fiscale frappe plus lourdement la marchandise a et fait monter α. Dans le second cas, B voit sa suprématie renforcée en ce qui concerne l'approvisionnement du marché N de la marchandise a.

Dans le troisième cas, au contraire, il peut perdre cette suprématie à l'avantage de A, si en A aucun événement nouveau n'a fait varier les coûts comparatifs. Il se pourra encore que B conquière le marché N au détriment de A, si le remaniement des impôts a suffisamment élevé le coût de b pour rendre possible la condition qui n'existait pas auparavant, à savoir : $\beta' - \alpha' > \beta - \alpha$.

Nous pouvons dire, d'une façon générale, que l'augmentation de la pression fiscale dans un pays exportateur quelconque affaiblit la concurrence qu'il est en mesure de tenter sur les marchés neutres, lorsque les impôts pèsent plus lourdement sur la marchandise échangée dont le coût est le plus bas ; cette augmentation renforce au contraire la concurrence, lorsque les surcharges les plus lourdes frappent la marchandise échangée dont le coût est le plus élevé. Les pays exportateurs de produits agricoles, en imposant plus fortement le sol, peuvent voir leurs exportations diminuer. Le même fait se produit pour les pays exportateurs d'objets manufacturés, si les industries sont plus durement atteintes par l'impôt que la terre.

Etant donné cet état de choses, dans la généralité des cas, la pression de l'impôt, loin d'influencer favorablement le commerce extérieur, non seulement ne crée aucune branche de commerce nouvelle, mais encore trouble le développement des relations déjà établies, en provoquant les variations des taux d'échange. Dans l'exemple cité précédemment, si les marchandises de B sont frappées par le fisc dans une mesure très inégale, de sorte que la différence des coûts de a et de b en soit de beaucoup diminuée ou même disparaisse complètement, nous voyons que ce marché peut être privé de toute possibilité de lutter avec le pays A pour l'approvisionnement de N. Il est vrai que les échanges internationaux trouvent leur raison d'être dans la différence des coûts comparatifs et non des coûts absolus ; mais il est vrai, néanmoins, que la pression fiscale agit sur les uns et sur les autres et aboutit à atténuer et même à anéantir toute raison d'échange.

En étudiant les actions réciproques établies entre la politique fiscale et la politique commerciale, nous avons vu : 1° que cette dernière est surtout utile lorsqu'il s'agit de remédier momentanément à la non-péréquation de l'impôt ; 2° que le commerce extérieur ne peut être troublé dans son cours tant que les impôts pèsent uniformément sur tous les revenus, bien que, dans ce cas, les pays les plus lourdement imposés se procurent à un coût plus élevé les marchandises produites indirectement ; 3° que la conquête des marchés neutres peut réussir même aux pays les plus lourdement grevés par l'impôt ; et si ce dernier présente un état de non-péréquation, il se pourra : a) que cette conquête soit facilitée, si la charge la plus lourde pèse sur les marchandises dont le coût est le plus élevé ; b) que cette conquête soit, au contraire, rendue plus difficile, si l'imposition la plus forte frappe les marchandises exportées dont le coût est le plus faible.

16. La politique commerciale et la politique des chemins de fer. — La politique des chemins de fer est susceptible d'imprimer un élan nouveau à la production et d'accroître considérablement son travail utile. Cette politique, d'autre part, prédispose le pays à réagir plus énergiquement vis-à-vis de l'étranger et à multiplier les échanges internationaux qui forment spécialement l'objet de la politique commerciale.

Mais les rapports entre la politique des chemins de fer et a politique commerciale sont encore plus intimes. Il existe des lignes stratégiques commerciales, de même que des lignes stratégiques militaires. Les voies ferrées n'unissent pas seulement les marchés internationaux de production et de consommation. Lorsqu'elles sont régies par de bons tarifs, elles atténuent les effets du protectionnisme et poussent les productions nationales vers l'extérieur.

Les tunnels sous les Alpes ont rapproché l'Italie des pays du centre de l'Europe avec un grand avantage pour les échanges réciproques. Ils ont réduit, en fait, les droits de douanes élevés s'opposant auparavant à l'exportation des marchandises italiennes, qui, arrivant aux centres de consommation grevées de frais de transport moindres, peuvent supporter plus aisément les taxes douanières. De plus, lorsque l'on élève les taxes étrangères, il est toujours possible de neutraliser cette augmentation par une diminution correspondante des tarifs de transport.

L'Allemagne eut recours à ce procédé pour faciliter l'exode de ses marchandises vers les marchés voisins, et elle y réussit.

Certes, la réduction des tarifs ne doit pas dépasser la limite après laquelle les frais bruts de transport ne sont plus couverts et l'entreprise du chemin de fer ne retrouve plus un profit en rapport avec ses besoins. Ce fait se traduirait par une prime à l'exportation et un bénéfice pour les consommateurs étrangers. Quand la réduction est notable, mais non excessive, elle provoque une extension du commerce, et elle peut même aboutir à une activité financière inespérée. Mais là où l'Etat a la direction de l'entreprise des chemins de fer, les transports à perte doivent être évités, même si l'on songe à y recourir dans le but louable de faciliter l'exportation, car cette facilité d'exportation se résumerait en un bénéfice recueilli par quelques exportateurs riches au détriment de la généralité des contribuables.

Donc, dans l'établissement des droits d'entrée et dans la conclusion des traités de commerce, l'étude des tarifs douaniers doit aller de pair avec l'étude des tarifs de transport de toute nature. Mais, même sans tenir compte de ces raisons, la politique des chemins de fer a une influence sur le commerce international par suite de ce que, pratiquée rationnellement, elle tend à réduire le coût de production et les prix de vente des marchandises nationales. Cette réduction résulte de ce que les marchandises brutes et alimentaires arrivent dans les centres de production et de consommation grevées de frais de transport moins onéreux.

L'abaissement du coût de production peut avoir pour conséquence de diminuer l'importation étrangère ou d'augmenter l'exportation nationale.

L'exemple de la politique des chemins de fer adoptée en France est instructif. Lorsque, après la révolution de février 1848, vinrent au jour plusieurs projets de rachat des chemins de fer par l'Etat, ces projets s'appuyaient bien plus sur des raisons politiques et économiques, que sur des considérations financières. On songea à ne pas laisser à l'arbitraire des compagnies le soin de déterminer les prix de transport. Et cette conception reparut plus tard, lorsque, après les tragiques événements de 1870, la France parut renaître avec une confiance entière dans ses forces profondes et dans le régime républicain nouveau. Le principe d'une politique des chemins de fer très active prévalut alors ; et le programme conçu par de Freycinet, énergiquement soutenu par Gambetta et Léon Say, avait pour but une réduction notable des tarifs, inspirée par le désir de favoriser la production et l'exportation françaises. Ce programme fut en grande partie réalisé et sous son action le coût des transports diminua énormément. Les tarifs furent beaucoup réduits et en 1898 ils étaient la moitié moins onéreux qu'en 1841. Si la France n'avait pas adopté une politique des chemins de fer susceptible dé favoriser l'exportation, elle aurait éprouvé plus durement les effets mauvais de sa politique commerciale protectionniste et du relèvement des tarifs douaniers étrangers qui en fut la conséquence indirecte. Ce relèvement fut en partie neutralisé par l'abaissement des tarifs de transport en France.

Les États-Unis d'Amérique adoptèrent une politique des chemins de fer dont les intentions étaient très libérales, et leur influence sur le commerce international fut décisive. Les compagnies de chemin de fer de l'Union, laissées complètement libres ou aidées par d'importantes concessions gratuites de terrains, ont couvert le pays d'un réseau étroit de voies ferrées que l'on ne peut comparer à celui d'aucun autre pays. La concurrence des Compagnies produisit, dès le début, un fort abaissement des tarifs, qui ne contribua pas médiocrement à l'intensification des exportations américaines. Les marchandises arrivaient aux ports de l'Atlantique grevées de frais très faibles et étaient, par suite, mieux en mesure de franchir les barrières douanières des pays auxquels on les destinait.

Ce fait contribua beaucoup au désintéressement de la politique commerciale américaine, en ce qui regarde les autres pays. Les marchandises de l'Union, en vertu du moindre coût de production et du prix modique des transports, pouvaient, en dépit du protectionnisme étranger, être vendues sur les marchés éloignés à de meilleures conditions que les marchandises d'une autre origine. Plus tard, la concurrence fit place aux trusts, mais l'influence de la politique des chemins de fer sur le commerce avec l'extérieur ne cessa pas pour cela. Sous le régime du monopole, les tarifs des chemins de fer, arbitrairement arrêtés, commencèrent à favoriser les localités et les produits selon que la Compagnie y avait intérêt. Chemins de fer, monopoles industriels et monopoles commerciaux associés entr'eux, constituent une coalition féroce d'intérêts privés, qui peut agir avec une efficacité singulière sur le commerce d'exportation, toutes les fois qu'elle le veut, et qui peut arrêter les importations lorsque les marchandises sont destinées aux États intérieurs de la Confédération. Dans le premier cas, il suffit d'un abaissement des tarifs, d'un relèvement dans le deuxième, pour atteindre le but indiqué.

Sous le régime du trust, il y eut quelque élévation du prix des transports, mais le commerce d'exportation n'en fut pas troublé parce que, malgré les efforts des législateurs et la vigilance de l'*Inter State Commerce Commission*, les Compagnies ne manquèrent pas d'accorder des rabais considérables aux grands exportateurs, c'est-à-dire à ceux qui déversent à l'extérieur l'excédent de la production américaine. Le dernier jugement de la suprême Cour de Justice, qui déclara illégal le fameux trust des chemins de fer organisé par P. Morgan, en est une preuve. Il n'est pas extraordinaire, toutefois, que la formidable organisation du capitalisme américain ait vaincu encore une fois la magistrature même de la République.

Le système des chemins de fer prussiens, auquel nous avons fait une allusion, n'eut pas une faible importance dans la détermination de la politique commerciale de l'Allemagne. Là est en vigueur le système opposé à celui des Etats-Unis, car les voies ferrées prussiennes appartiennent presque toutes à l'Etat, qui les exploite directement. L'influence de ce système sur la politique douanière est extrêmement efficace, car les tarifs de faveur qui sont appliqués font l'office : --

1° De primes à la production, pour permettre à certaines régions de lutter avec les pays étrangers. Ainsi le charbon de la Westphalie est transporté à Hambourg et dans d'autres ports avec des facilités spéciales, pour lui permettre la lutte avec les charbons anglais.

2° De primes à l'exportation. En 1890, on adopta les tarifs réduits pour les marchandises expédiées de Hambourg à destination du Pirée, de Salonique, de Constantinople, de Symrne et d'autres lieux. Le traité de commerce entre l'Allemagne et la Turquie en 1890 fut le complément naturel des méthodes adoptées dans ce système de transport par voie ferrée. D'autres tarifs de faveur furent consentis en faveur du sucre allemand exporté en Suisse, et cela dans le but de concurrencer le sucre austro-hongrois. Des facilités importantes furent données au transport du matériel de chemin de fer expédié en Roumanie. Et ce ne sont pas là les seuls exemples qui puissent démontrer combien la politique allemande des chemins de fer a prêté son aide à la politique douanière de l'Empire.

3° De moyens d'attraction pour le commerce de transit. Ainsi certaines réductions sont accordées au chanvre et au lin qui viennent de Russie et qui sont destinés à d'autres Etats. De grands efforts furent faits, également, pour attirer le coton américain à destination de l'empire moscovite. Ces efforts furent cependant abandonnés, parce que la Russie, désireuse de voir se développer les plantations du Turkestan et du Caucase, éleva les droits sur le coton brut étranger au point de rendre l'importation impossible. Trieste était le port qui offrait les plus grands avantages aux transports de plusieurs marchandises brutes à destination de la Saxe. Aussi on réduisit considérablement les tarifs de chemin de fer, pour obtenir que ces marchandises passent par les ports allemands. On pratique de même pour aider Dantzig et Königsberg dans leur lutte contre le port russe de Libau.

4° De secours directs donnés à certaines industries. Des réductions de tarif sont consenties pour le transport du fer et de l'acier qui servent aux constructions navales ; et on favorise également le développement industriel de certains centres en abaissant les tarifs en faveur du charbon.

5° De moyens susceptibles de pallier aux dommages des mauvaises récoltes. En 1891, par exemple, en raison de calamités analogues, on réduisit pour trois ans le tarif des céréales, et l'on fit de même, en 1898-1899, au bénéfice de certains produits de la Prusse orientale.

Il est donc évident que les rapports entre la politique des chemins de fer et la politique commerciale sont très étroits. Cette dernière ne peut développer complètement son action si elle n'est pas aidée par l'influence favorable des autres facteurs de la politique économique.

47. La politique commerciale et la politique monétaire.
— Nous avons vu comment la monnaie contribue au développement du commerce international et comment elle peut être employée pour combler le passif que présente souvent la balance des paiements. Nous allons voir maintenant comment la politique commerciale vient en aide à la politique monétaire.

Les importations et les exportations constituent le facteur de la balance économique sur lequel on peut agir le plus efficacement ; car presque tous les autres éléments se soustraient à une action profonde de la part de l'Etat. Lorsqu'un pays où la circulation est dépréciée, circulation d'argent ou de papier, veut adopter un type monétaire de pleine valeur, c'est-à-dire l'or, il faut que ce pays agisse sur la balance des paiements de telle sorte qu'elle lui devienne favorable. C'est seulement ainsi qu'il pourra provoquer une entrée considérable de l'or étranger et cette entrée aura un résultat définitif si l'on diminue en quantité correspondante la circulation dépréciée, de sorte que la variation des prix qui rend éphémère la rentrée de l'étranger disparaisse peu à peu. Donc, une politique commerciale s'essayant à stimuler de toute façon les exportations, c'est-à-dire à accroître les créances vis-à-vis de l'extérieur, sera, même à ce point de vue, infiniment avantageuse. Le système aura une action efficace si l'Etat, dans le même temps, s'abstient de placer d'autres dettes à l'extérieur et de neutraliser les effets bienfaisants d'une balance commerciale dont l'actif est en sa faveur.

Tous les gouvernements avisés, lorsqu'ils ont l'intention d'assainir la circulation de leur pays, recourent à une politique commerciale qui soit un stimulant puissant de l'exportation. Ainsi, le Japon, dernier pays né à la civilisation, pendant la période préparatoire de sa dernière réforme monétaire, encouragea par tous les moyens, sous l'influence particulière du comte Matsukata (1), alors ministre du trésor, l'exportation nippone vers les

(1) Voir l'excellente publication concernant le Japon : *Report on the Adoption of the Gold Standart in Japan*, Tokio 1899, et les commentaires

pays qui adoptaient la monnaie d'or, dans le but d'obtenir des créances en or vis-à-vis de l'extérieur et de réaliser la réserve métallique nécessaire à la réforme projetée. La théorie mercantiliste, qui a été souvent extrêmement utile dans des cas analogues, fut appliquée alors dans un sens meilleur encore ; mais elle ne suffit point toute seule à pourvoir le trésor des réserves d'or nécessaires à la réalisation de la réforme.

Les rapports entre la politique monétaire et la politique commerciale sont plus étroits là où le système des banques du pays se rattache aux ressources financières qui résultent des droits d'entrée. A cet égard, l'exemple des Etats-Unis, à l'époque de la fameuse crise de 1893, est très instructif.

La trésorerie américaine a une double fonction financière et banquaire — la fonction financière consiste dans les encaissements et les paiements effectués pour le compte du gouvernement fédéral ; la seconde, dans le remboursement d'une quantité considérable d'obligations qui circulent comme monnaie et qui sont couvertes par une réserve d'or. Ces deux fonctions présentent des points de contact, car l'or sert à payer les dettes de l'Etat et à rembourser à vue les obligations émises. Etant donné cette organisation, le devoir du gouvernement devait être de maintenir un rapport constant entre les entrées et les sorties de la trésorerie, dans le but de ne pas amoindrir la réserve d'or et de ne pas atténuer le crédit représenté par le papier de l'Etat. Comme les finances nord-américaines reposent presque entièrement sur le revenu des douanes fédérales, il en résulte que la politique commerciale aurait dû toujours tenir compte des conséquences monétaires d'une orientation financière plus ou moins avantageuse. Le tarif Mac-Kinley, à cet égard, fut complètement inefficace. Entre autre but, il se proposait de diminuer l'excédent des entrées par la réduction des taxes fiscales. Il y réussit en effet, mais dans le même temps, la réserve du trésor

---

rapportés par Loria dans son travail magistral : *Le recenti vittorie dell' oro* (Nuova Antologia), 1901.

fédéral diminua, alors que de dures épreuves allaient lui être imposées par les événements en préparation.

En 1891-1893, les récoltes furent mauvaises et provoquèrent la diminution des exportations, tandis que les importations ne diminuaient pas dans la même mesure. D'où un excédent de presque 19 millions de dollars en faveur de l'importation, alors que, l'année précédente, le contraire s'était produit. Cela contribua beaucoup à accentuer le passif de la balance économique, passif qui était dû spécialement au *Scherman Act*. Cet acte menaçait de la suspension des paiements en or et avait incité les détenteurs européens de titres américains à les reverser sur le marché de New-York, d'où une double cause à l'exode de l'or vers l'extérieur et une double cause, par suite, au déséquilibre économique : rachat des titres et excédent des importations sur les exportations. La recherche de l'or pour l'extinction des dettes contractées à l'extérieur devint extrêmement pénible. Au début de 1893, la réserve d'or de la trésorerie fédérale était de 120 millions de dollars, mais elle se réduisit à 90 vers les premiers jours de juin. La réserve de la trésorerie, déjà mise à mal par la diminution des revenus douaniers, se trouva dans une situation difficile. Beaucoup de banques, étant donnée l'impossibilité du remboursement à vu des billets, firent faillite ; il en fut de même de beaucoup de sociétés. En somme, on assista à une crise profonde qui ne fut vaincue rapidement que grâce à la puissance économique de la confédération.

Ce qui se produisit aux Etats-Unis prouve, encore une fois, que la politique monétaire et la politique commerciale s'influencent réciproquement, tantôt se nuisant, tantôt s'aidant. Le tarif du premier octobre 1890 accentua les dangers de l'organisation défectueuse de la trésorerie fédérale, qui ne put fournir l'or qu'on lui demandait. Le *Scherman Act* contribua à son tour à l'augmentation du passif de la balance économique et au drainage de l'or vers l'extérieur, d'où résultèrent tant de maux.

La politique commerciale doit, par conséquent, tenir un compte étroit de la situation monétaire intérieure par rapport à celle des pays avec lesquels on se trouve en rapports d'échange. S'il est entendu que l'élévation du change à l'intérieur d'un pays favorise les exportations, il n'en est pas moins vrai que cette politique commerciale devra se contenter de réductions fiscales modérées, au cours de la signature des traités de commerce. En réalité, la prime résultant du change suppléé au peu d'importance de ces réductions. Si l'on sait, au contraire, que d'autres pays, en concurrence avec le nôtre, offrent un change élevé, tandis que nous en sommes dépourvus, la politique commerciale saura évaluer le mal fait à nos exportations par cet état de choses et de quelle façon il conviendra de le combattre. Elle pourra demander à un troisième pays, où la concurrence est plus active, des facilités douanières préférentielles, si c'est possible. Elle devra donc, dans le cas contraire, apporter une diversion salutaire au commerce d'exportation, en le dirigeant là où la lutte est moins aiguë. Elle pourrait encore appeler à son aide la politique des chemins de fer, car la réduction des tarifs de transport peut neutraliser les effets du change, en favorisant le pays concurrent.

La politique commerciale s'inspirera de la politique monétaire pour prévoir la durée des variations de la valeur de la monnaie ; pour savoir également, jusqu'à quel point elle pourra compter sur la protection plus efficace que le travail national retire des oscillations de l'agio et du change ; jusqu'à quand pourront se manifester les incertitudes résultant des défectuosités de la circulation ; et à quelles limites pourront atteindre les dommages imputables à cet état de choses.

La politique commerciale ne peut pas négliger non plus les crises qui dépendent d'une contraction subite du stock métallique, comme cela se présenta en Allemagne à l'époque de la réforme monétaire et comme cela arriva, dans l'Union Latine, lorsque fut suspendue la frappe de la monnaie d'argent. Dans des cas semblables l'exportation des pays où subsiste la contraction monétaire augmente. Mais cette augmentation est artificielle, et on ne peut tabler dessus pour évaluer l'expansion

commerciale ultérieure du pays ; pas plus qu'on ne peut en tirer
des déductions absolues en ce qui regarde les résultats des traités et des conventions de commerce.

Il est également intéressant de suivre les variations monétaires, car elles produisent un déplacement dans la répartition
de la richesse, sur laquelle la politique commerciale se propose
d'agir. Lorsqu'un pays est frappé par une crise de cette nature,
les entrepreneurs qui ont acheté sous un régime où les prix
étaient plus élevés, vendront à des prix inférieurs ; ils ne pourront donc réussir à réaliser le capital employé. Cette perte se
traduit par un gain pour les créanciers, pour les détenteurs de
titres portant intérêt et pour les producteurs de marchandises
dont le prix n'a pas baissé proportionnellement aux autres et en
même temps. Par conséquent, un déplacement a bien lieu dans
la répartition de la richesse (1).

Une augmentation du stock monétaire en circulation entraîne une modification considérable dans la répartition des
richesses, de sorte que, non seulement l'expansion mais encore
la diminution de l'intermédiaire circulant doivent être l'objet
d'une étude attentive de la part de la politique commerciale.

La politique commerciale doit donc savoir si les phénomènes
économiques ont un caractère permanent ou transitoire, et dans
quelle mesure ; s'il est possible de compter sur eux, et avec
quel degré de certitude. Ainsi, lorsque l'on est en présence
d'une élévation des prix, on doit rechercher si elle dépend d'une
intensité plus grande de la demande consommatrice, ou d'une
augmentation du coût de production, ou de l'augmentation de
la monnaie en circulation. C'est de cette étude que la politique

(1) Il est presque inutile de dire que les phénomènes dont nous avons
parlé se rapportent aux crises résultant d'une restriction subite de l'intermédiaire circulant.

Les autres, ceux qui dérivent de la contraction lente et progressive du
stock monétaire, frappent, en général en même temps et suivant la
même proportion, toutes les marchandises. Ils ne modifient donc pas le
taux d'échange, laissent invariables les rapports établis entre les divers
producteurs et ne provoquent aucun trouble dans la répartition.

commerciale devra s'inspirer, soit pour intervenir en faveur du travail national, soit pour suivre le phénomène sans agir sur lui en aucune façon.

La politique douanière doit, dans ses décisions, tenir compte des formes trompeuses de prospérité économique qui se manifestent parfois. Lorsqu'on constate une dépréciation progressive de la monnaie, les capitaux disponibles se dirigent souvent vers les industries dont les produits ont ressenti avant les autres et dans une mesure plus grande l'influence de l'augmentation de la quantité de monnaie. La production s'accroît naturellement et proportionnellement à la hausse, qu'elle dépasse parfois. Cet accroissement est basé sur une conception fausse de l'état réel des choses ; par suite, la consommation ne peut absorber la production grandissante, le capital mis en valeur n'est pas remboursé, les prix tombent et la prospérité apparente ne tarde pas à disparaître. Les entrepreneurs ne remarquent pas que cette hausse partielle des prix n'est souvent qu'une manifestation éphémère due à la dynamique monétaire ; ils oublient que lorsque l'augmentation de la circulation aura étendu ses effets à toutes les parties de la vie économique, ces prix devront baisser dans une mesure dépendant de la quantité dont s'élèveront ceux des marchandises qui n'avaient pas encore ressenti l'influence du changement survenu dans la circulation monétaire. Le pays qui, dans les manifestations de sa politique commerciale, ne fait pas une part à des éventualités analogues, s'expose à des mécomptes.

Ces faits montrent, de même que pour la politique fiscale et pour la politique des chemins de fer, que les rapports de la politique monétaire avec la politique commerciale sont du plus grand intérêt.

L'examen des relations établies entre la politique commerciale et le mode de compensation choisi par l'Etat pour satisfaire à ses engagements dans les différents domaines de l'économie publique, nous entraînerait trop loin. Il nous suffira de dire quelques mots au sujet de la politique du travail.

La politique du travail, en y comprenant la question de l'émigration, influe sur la politique commerciale. Les exportations des pays d'émigration vers les pays d'immigration sont abondantes et certaines. On en a eu un exemple dans les rapports de l'Italie avec la République Argentine. La vente de certaines marchandises italiennes dans cette république, vente qui a vaincu même la concurrence anglaise, s'explique par le grand nombre d'italiens qui y résident. L'émigrant est le fidèle consommateur des produits de la mère-patrie et ne consent à s'en passer que s'il est dans l'impossibilité de se les procurer. Mais ces produits le suivent partout, car la véritable fonction du commerce consiste à mettre toujours le produit à la portée du consommateur. Cette branche commerciale une fois développée, la politique commerciale devra en faire grand cas dans ses manifestations. Elle s'efforcera toujours d'aider à ce développement et de l'étendre le plus possible, de donner toujours plus de vigueur aux relations d'échange qui se sont greffées sur les relations individuelles.

Les émigrants, d'autre part, agissent sur l'équilibre international des dettes. Leurs remises contribuent, ainsi que nous l'avons vu, à corriger la balance économique ; elles déterminent donc, ou modifient, de concert avec d'autres facteurs, les oscillations du change et la solvabilité des différents pays. Les rapports de la politique commerciale et de la politique du travail sont donc évidents, même lorsqu'il ne s'agit pas seulement de l'émigration des travailleurs. Certains pays sont dotés de toute une législation du travail, qui impose des frais, lourds parfois, aux entrepreneurs. Si les lois sur les accidents, sur le travail des femmes et des enfants, sur les machines à vapeur, etc., sont une garantie pour l'ouvrier — et c'est un bien — et préservent la société de quelques malheurs, il n'en est pas moins vrai, qu'elles agissent sur le coût de production dont elles entraînent l'élévation. Dans les rapports internationaux, ces conséquences sont loin d'être dénuées d'importance.

La politique commerciale, par conséquent, ne doit pas perdre de vue les facteurs économiques sur lesquels l'Etat agit le plus directement, et qui peuvent entraver ou faciliter le commerce. Elle ne pourra jamais agir seule et ne comportera aucun avantage, tant qu'elle ne mettra pas son action en harmonie avec les forces principales du marché, et avec l'action de l'Etat dans les autres domaines de la vie économique.

CHAPITRE II

LES DEUX SYSTÈMES DE POLITIQUE COMMERCIALE (1).

48. Le libre-échange : les raisons économiques, juridiques, politiques et morales qui militent en sa faveur. — 49. Le protectionnisme, ses diverses formes. — 50. Comment le protectionnisme peut être défendu.

48. Le libre-échange : raisons économiques, juridiques, politiques et morales qui militent en sa faveur. — Des deux formes de la politique commerciale, celle du libre-échange a toujours séduit les hommes d'études, et l'on peut émettre une telle affirmation, bien que l'histoire économique de tous les pays présente d'innombrables violations du principe du libre-échange. De nos jours encore, alors qu'on sacrifie à toutes les libertés, la liberté commerciale est violée presque partout. Tandis que tout s'est transformé dans le domaine politique et dans le domaine économique, seul le protectionnisme conserve tout son empire et trouve encore la plus large application.

D'aucuns estiment que la liberté d'échange constitue un droit naturel, sur lequel l'Etat ne devrait pas mettre la main. Smith se rapproche de cette opinion, lorsqu'il dit que les obstacles opposés à l'échange constituent une violation de la liberté na-

(1) L'enchaînement des divers chapitres de ce livre ne nous permet pas de nous étendre longuement sur cette question. Nous nous sommes donc bornés à un rapide examen de tout ce qui a été écrit sur la matière. Du reste, la bibliographie intéressant les deux systèmes de politique commerciale est très volumineuse, et il n'est personne, s'occupant des questions économiques, qui ne la connaisse, au moins en partie.

turelle et sont, par cela même, une institution injuste. Certes,
la liberté économique, pour être complète et harmonique dans
toutes ses manifestations, devrait s'étendre à l'échange. Pourquoi l'exercice des transactions ne serait-il pas libre, lorsque
la production l'est complètement, puisque chacun peut employer
ses capitaux et son travail de la façon qui lui semble être la
meilleure et la plus efficace (1) ?

Les arguments favorables à la liberté d'échange figurent tous
dans les manuels d'Economie politique et nous ne ferons autre
chose, ici, que de les résumer brièvement. Déjà, beaucoup de
ces arguments, ceux mêmes qui possèdent le plus de puissance
logique, ont été exposés par nous dans la théorie du commerce
international, puisque c'est des doctrines que professèrent, sur
cette question, Ricardo et Stuart Mill, que découle spontanément et en toute évidence la théorie du libre-échange.

Les raisons qui étayent le plus fortement cette théorie, sont
de nature économique, juridique, politique et morale :

a) Le libre-échange facilite la division internationale du travail
et par suite élargit et intensifie ses effets. Les avantages sont,
en beaucoup plus grand, de la même nature que ceux aperçus
par Smith dans le cercle très restreint d'une fabrique d'aiguilles.
Grâce à cette spécialisation, les coûts diminuent de plus en
plus, pour des raisons naturelles et acquises. Les plus importantes découlent d'une meilleure utilisation des ressources physiques mondiales dans chaque branche du travail. Les autres
tirent leur origine du fait que les marchandises, en général,
ont un coût d'autant plus bas que leur production est plus

---

(1) En réalité, on ne peut dire, même de la liberté économique, qu'elle
est complète. Le fisc la viole souvent, en intervenant dans la production
pour en détourner une part au bénéfice des finances publiques. En fait,
l'intervention fiscale limite la liberté économique, soit par le régime de
monopole auquel elle a souvent recours, soit par les droits qui frappent
la production et qui éloignent de certaines industries les capitaux qui se
refusent à des obligations de ce genre.

Certes, ces obligations sont peu de chose par rapport à celles qu'impose
le protectionnisme.

vaste, et que les services exigent une rémunération d'autant
plus modique qu'ils sont plus souvent répétés (1).

Ce principe, dans une mesure très variable, mais avec une
égale constance, est favorable aux industries autant qu'à l'agriculture. Patten craint que si une terre, en raison de la division
du travail réalisée partout, continue à donner pendant longtemps le même produit, elle ne s'appauvrisse plus rapidement (2). Mais la division du travail n'exclue pas les changements de culture, et ses avantages ne sont pas même atténués
par la pratique de ces changements. La division du travail
n'exclue pas, non plus, la culture intensive, qui rend à la terre
la fertilité perdue. Dans l'emploi de ces remèdes, la protection
n'est pas indispensable, et elle ne retarderait pas de beaucoup
l'entrée en vigueur de la loi des rendements décroissants.

La division du travail, étant une conséquence du libre-
échange, présente un intérêt considérable pour les petits
marchés, qui sont susceptibles seulement d'une production à
peu près uniforme, bien plus que pour les grands marchés
doués d'aptitudes très variées et où la division du travail pourrait se réaliser malgré le protectionnisme.

b) Le libre-échange pousse les capitaux vers les emplois les
plus rémunérateurs et augmente la capitalisation.

L'emploi du capital est plus rénumérateur lorsqu'il a pour
objet la mise en valeur des ressources naturelles d'un pays, car
les éléments naturels utilisés sont acquis sans efforts, et il en résulte un rendement plus élevé (3). Par conséquent, le taux
moyen des profits se maintient, précisément pour cette raison,
assez élevé et laisse une marge plus considérable à l'épargne,
c'est-à-dire à la capitalisation. Comme le prix des marchandises
n'est pas augmenté d'un droit de douane, les revenus des con-

(1) Courcelle-Seneuil, *Traité d'économie politique*, Livre I, Chap. vii.

(2) S. Patten, *Les bases économiques de la protection*, Chap. iv, trad.
franc., Paris, Giard et Brière, 1899.

(3) J. Stuart-Mill, dans le chapitre x du livre V de ses *Principes*, montre
avec beaucoup de clarté la réalité de ces avantages.

sommateurs ne subissent aucune réduction, de sorte que la capitalisation s'amplifie même en ce qui les concerne. L'augmentation du capital en étend et en permet l'usage à ceux qui en sont
privés ; elle multiplie et spécialise les emplois ; elle répartit la
richesse.

c) Le libre-échange assure un avantage plus grand aux transactions, car il aboutit à la plus importante économie de travail
qui puisse être réalisée sur toute opération du commerce international.

Quelle que soit le taux d'échange de deux marchandises, il
existe un certain avantage réciproque pour les contractants. Les
droits de douane, comme les frais de transport, atténuent ce
bénéfice, dans une mesure souvent inégale pour les deux nations intéressées, mais toujours de telle sorte que tous deux en
éprouvent un désavantage. Parfois, la liberté dont jouit l'importation peut, par un effet contraire, remettre les choses en l'état
naturel, c'est-à-dire qu'elle donne à l'échange le bénéfice
maximum dont il est susceptible. Il n'y a rien là que l'on n'ait
déjà dit en traitant la théorie du commerce international.

d) Le libre-échange stimule le progrès de la technique et rend
la production plus économique. La concurrence internationale
a une faculté stimulatrice plus considérable que la concurrence
intérieure, maintenant surtout, où la production tend partout
à adopter la forme du monopole. Alors qu'il existe une infinie
variété de *trust* et de *cartels* développant leur action à l'intérieur des pays, il y en a fort peu qui opèrent sur le champ
international. Il semblerait donc aux yeux de certains économistes, que le protectionnisme, précisément parce qu'il fait
éclore les syndicats industriels, supprime la concurrence intérieure et endort la production.

Le libre-échange élimine les *drawbacks* et rend la production
plus économique ; celle-ci, en d'autres circonstances, aurait un
coût plus élevé, en raison des droits grevant les matières premières. Désormais, les protectionnistes eux-mêmes admettent que
l'entrée des marchandises industrielles brutes doit être laissée

libre. Mais, disent les libre-échangistes, tous les produits
doivent être exempts de droits d'entrée ; car ce qui constitue un
produit fini pour une branche de la production est matière
première pour une autre branche. Mais, de nos jours, les tendances du progrès industriel sont telles qu'il est assez difficile
que le produit fini d'une usine puisse être la matière première
d'une autre. Le coton brut, par exemple, est filé et tissé dans
la même fabrique et reste la matière première à tous les stades
de la fabrication. Il est vrai que lorsque l'organisation industrielle était défectueuse, certaines fabriques s'occupaient seulement de la filature et vendaient ensuite leur produit, à titre de
matière première, à d'autres fabriques qui procédaient au tissage. Mais, actuellement, il n'en est plus ainsi, sinon rarement.

e) Le libre-échange rend les crises moins fréquentes et en atténue les effets. Au fond, le libre-échange ne fait autre chose
que faciliter l'organisation d'une répartition meilleure et plus
active de toutes les marchandises du marché mondial. Il rend,
par suite, impossible la longue durée d'une différence notable
entre les prix des mêmes marchandises. Il facilite également
l'entrée des produits qui font défaut et enraie ou atténue les
crises de pénurie à l'intérieur et de surproduction à l'extérieur.

f) Le libre-échange vient en aide à la classe prolétarienne,
car il facilite sa consommation et augmente la demande de
travail. Ce fut là l'argument préféré de Cobden ; alors que l'intérêt qui poussait les entrepreneurs à faire partie de la ligue en
faveur du libre-échange était, en réalité, tout autre. Les ouvriers,
il est vrai, escomptaient une augmentation des salaires réels ;
mais les industriels espéraient que la diminution des prix due
au libre-échange produirait un abaissement des salaires en
monnaie, ce qui les intéressait bien plus.

Il n'est pas douteux que le libre-échange fasse tomber les
prix à l'intérieur et provoque le déploiement des *standard of life*
du prolétariat. Mais il est inexact qu'une élévation des salaires

réels doive correspondre à une diminution des salaires nominaux ; le désir de conquêtes ouvrières nouvelles et la forte organisation de classe du prolétariat s'y opposeront énergiquement. Donc, étant donnée la stabilité des salaires nominaux
malgré l'élévation des salaires réels, ou étant donnée même
une élévation simultanée des deux, le résultat final se traduira
par une épargne plus considérable, c'est-à-dire une plus large
capitalisation, et par suite une extension du travail et des
emplois.

Mais est-il bien vrai que le libre-échange, suivant le processus
que nous avons indiqué, provoque une extension du travail ?

A peine le libre-échange est-il établi, que plusieurs marchandises nationales sont balayées par la concurrence étrangère,
d'où il résulte la dispersion d'une partie du capital fixe, le défaut
temporaire d'emploi pour le capital circulant, ou la diminution
du nombre des emplois pour le travail. Mais les marchandises
se paient avec des marchandises, et en raison de l'importation
devenue plus intense, l'exportation augmentera à son tour.

Dans ces conditions, le travail demeuré momentanément sans
emploi par l'effet du libre-échange peut se tourner vers la production de marchandises nouvelles, destinées à être expédiées à
l'étranger pour le paiement des nouvelles marchandises importées ; ce travail peut encore être utilisé dans les productions
auxquelles se consacre l'épargne réalisée grâce à l'achat, à
meilleur compte, des marchandises étrangères.

Ce sont là les principales raisons économiques qui militent
en faveur du libre-échange. Mais il y en a d'autres d'essence juridique et morale.

Le libre-échange garantit le droit de propriété, tandis que le
protectionnisme le viole. L'échange implique un contrat naturel
et il est injuste que la loi intervienne en faveur d'un seul des
contractants en modifiant les taux d'échange, c'est-à-dire
l'équilibre des degrés d'utilité. Supposons que sous le régime
du libre-échange, un hectolitre de blé s'échange contre un
mètre d'étoffe. Un droit d'entrée intervient en faveur de cette

dernière. Il faudra donc donner plus d'un hectolitre de blé pour
obtenir la même quantité d'étoffe ou encore donner un hectolitre de blé contre une quantité d'étoffe moindre. La protection a
modifié le taux d'échange à l'avantage des filateurs, et au détriment des producteurs de céréales ; elle a violé le droit de propriété, puisqu'elle a empêché l'agriculture de tirer, de la marchandise produite, tout l'avantage qu'elle possède naturellement.

A ce point de vue, l'analogie entre le protectionnisme et le socialisme semble étroite. Si l'Etat doit garantir un prix rému-
nérateur à certaines marchandises, à plus forte raison doit-il
garantir un prix adéquat à la marchandise-travail. Entre le
droit au profit et le droit au travail, le plus injuste n'est certes
pas le second. Le protectionnisme, en dernière analyse n'est
qu'un socialisme à rebours. D'ailleurs, si la taxe est considérée
comme un impôt, il est clair que le bénéfice de cet impôt doit
aller à l'Etat et non aux particuliers. C'est là une injustice qui
a des manifestations très variées, car les degrés du protectionnisme sont infinis et, par suite, le montant des impôts que
les particuliers paient aux particuliers peut varier à l'infini.
Les protectionnistes répondent à cette argumentation que le
libre-échange, bien qu'il doive être d'une application constante,
peut bien souffrir quelques exceptions. La législation de tous
les pays civilisés montre seulement une tendance vers la liberté
dans son acception la plus large. Mais, dans beaucoup de cas,
cette tendance est réfrénée. Pourquoi donc le protectionnisme
ne pourrait-il constituer un de ces cas?

Evidemment, les libre-échangistes se basent sur la conception abstraite d'un droit naturel immuable et éternel, adapté à
toutes les conditions et à tous les pays. Mais l'admissibilité de ce
principe est plus que jamais contestée par la science juridique.

A ces arguments principaux, d'ordre économique et juridique,
on voudrait en ajouter d'autres d'importance secondaire et
d'ordre différent. Laveleye (1) croit que l'extension des rapports

_____

(1) E. LAVELEYE, *Etudes historiques et critiques sur la liberté du commerce*, pag. 13.

commerciaux résultant du libre-échange est un obstacle à la naissance de certains conflits entre les divers pays. Il est trop vrai que le merveilleux développement des échanges internationaux n'a pas empêché les luttes meurtrières entre les peuples ; il a seulement donné à ces luttes le caractère très marqué de compétitions commerciales. Il est vrai, toutefois, qu'à côté des intérêts économiques incitant à la guerre, il en est d'autres, qui, pour des raisons opposées, constituent un obstacle. Mais il s'agit là d'un frein assez souvent impuissant.

D'autres pensent, et parmi eux Stuart Mill, que le libre échange, en multipliant les avantages du commerce international, élève le degré de civilisation d'une nation par la stimulation constante de ses aspirations et l'augmentation de ses besoins. Le libre-échange, en outre, élimine la cause accidentelle de corruption des pouvoirs publics, qui inspire souvent l'action politique, lorsqu'il s'agit d'assurer les privilèges du protectionnisme à certaines catégories de producteurs au détriment des consommateurs. Cela est vrai. L'histoire de tous les pays est riche d'exemples montrant à nu la détestable lutte qui se déroule au sein des assemblées politiques, dans le but de maintenir ou de conquérir une protection plus efficace.

Le libre-échange empêche encore que le privilège se consolide et persiste lorsque les causes qui le produisirent ont disparu.

49. Le Protectionnisme : ses diverses formes. — Le protectionnisme, bien qu'il ne présente pas le séduisant aspect d'une liberté sans limite, trouve néanmoins des partisans ; mais il rencontre des adversaires résolus en plus grand nombre encore. Tandis que la théorie du commerce international est une plaidoirie continue en faveur du libre-échange, elle est, au contraire, un acte d'accusation incessant contre le protectionnisme.

Le protectionnisme a donné naissance aux discussions scientifiques les plus aiguës, au point que souvent le sens de toute recherche méthodique a pu disparaître. Aux yeux de beaucoup, il présuppose la défense irréductible d'intérêts inférieurs et de

coalitions immorales. Aucun avantage ne peut en atténuer la
puissance corruptrice. A une époque comme la nôtre, où la
méthode scientifique a justifié, aux yeux de l'histoire, les hor-
reurs de l'esclavage, il n'est peut-être pas juste de condamner
le protectionnisme *a priori*, sans-tenir compte des raisons qui
plaident en sa faveur.

Le colbertisme, qui eut cependant des manifestations plus
graves que le protectionnisme, a été, de même que tous les phénomènes économiques, le résultat inévitable de l'état des choses
à l'époque où il sévit. Une doctrine qui prévalut si longtemps,
dans la théorie comme dans la pratique, ne pouvait devoir son
origine au préjugé et à l'erreur exclusivement. Le colbertisme
sortit des besoins d'argent qui sévirent à l'époque où il fut en
vigueur, de la nécessité de défendre l'intr .médiaire circulant dans
une période de pleine anarchie monétaire, du désir, enfin, de ne
pas troubler les transactions par l'émigration de la monnaie,
émigration, qui, en raison de l'extrême étroitesse du marché,
aurait eu une répercussion immédiate et sensible. Etant donnée
la constitution économique de ces temps-là, et les continuelles
crises qui la modifiaient, la monnaie représentait la meilleure
et la plus sûre forme d'emploi du capital.

Le protectionnisme, plus encore que le colbertisme, augmente
tous les jours sa puissance et trouve partout une large application. Son empire, aussi vaste, peut-on dire, que le monde,
montre une prospérité croissante. Les progrès économiques des
pays qui se sont affiliés au protectionnisme sont énormes,
peut-être plus rapides que ceux réalisés par les pays qui suivirent le système opposé et qui, précisément pour cela, se tournent, petit à petit, vers la protection douanière (1).

(1) En ce qui concerne le développement économique de l'Allemagne,
le pays le plus protectionniste de l'Europe à l'heure actuelle, voir :
G. BLONDEL, *L'essor industriel et commercial du peuple allemand*, Paris,
Larose, 1900.
Pour les Etats-Unis, le pays le plus protectionniste du monde, voir :

Le protectionnisme est plus ou moins justifié, selon la nature des pays qui le pratiquent dans le but de satisfaire à un besoin économique et social, et selon son efficacité et son aptitude à atteindre des buts déterminés.

Nous avons donc deux formes de protectionnisme ; l'une, naturelle, constituée par les frais de transport, ou mieux encore, par ce que nous avons appelé plus haut, la distance économique ; l'autre artificielle, représentée par les droits de douane. Ces deux formes de protection ont, au fond, une action parallèle. Mais il existe entre elles une différence essentielle : la seconde est susceptible de renforcer ou de diminuer son intensité ; la première, au contraire, a une tendance constante à la diminuer. Le progrès continu de l'industrie des transports conduit à un coût toujours moindre et diminue, par suite, la distance économique entre les différents pays, c'est-à-dire la protection naturelle dont bénéficie les marchandises propres de chaque marché.

Des frais de transport, en effet, résulte une augmentation des prix, qui, dans les manifestations de la concurrence, équivaut à une augmentation des coûts de production. Ces frais déterminent le cercle d'action où s'exerce la concurrence de chaque marchandise. Supposons que le coût d'un produit soit, pour chaque unité, de 100 en Angleterre, 120 en France, 130 en Italie ; que le prix de la marchandise elle-même, soit, sur ces mêmes marchés respectivement 112, 124, 135. Il est évident que si les frais de transport qui grèvent chaque unité de marchandise sont de 10 pour arriver en France, et de 20 pour arriver en Italie, la concurrence britannique s'étendra jusqu'à l'Italie. Si, au con-

Twelfth Census of the United States, taken in the year 1900. Washington, United States Census Office, 1901-1903.

Pour le Canada, qui a inauguré depuis longtemps la politique protectionniste, voir : *The Statistical Yearbook of Canada for* 1903. Ottawa, Printed by S. E. Dawson, Printer to the King's most excellent majesty, 1904.

Pour l'Australie, protectionniste elle aussi, voir : *A Statistical Account of Australia and New Zeland* 1900-6. T. A. Coghlan.

traire, le prix du transport jusqu'aux centres italiens de consommation était de 35, la concurrence se limiterait à la France ;
car les fabricants anglais, même en cédant la marchandise à un
prix égal au coût de production, ne pourraient disputer le
marché aux producteurs italiens. Les exemples pourraient être
multipliés et étendus à des zones toujours plus vastes ; mais ils
démontreraient toujours que la concurrence, qui résulte de la
différence du coût de production, trouve une limitation naturelle dans les frais de transport, même si elle ne rencontre
pas d'autres obstacles artificiels.

Mais, lorsque la concurrence n'est pas éliminée par les frais
de transport et lorsque la protection douanière est reconnue
nécessaire, ce sont les droits de douanes qui procèdent à cette
élimination. Ces droits élèvent les prix des marchandises étrangères concurrentes, de sorte que leur concurrence ne peut plus
se donner cours sur le marché national. Ces droits, en somme,
modifient les taux d'échange tout à l'avantage des producteurs nationaux.

Lorsque nous parlerons de la protection, nous entendrons celle
qui résulte des mesures artificielles prises par l'Etat.

Le protectionnisme, bien qu'employant toujours les mêmes
méthodes, prend des noms différents selon les domaines économiques auxquels il s'étend.

On a ainsi le protectionnisme agraire, qui a pour but d'augmenter le revenu de la terre. Cette forme de protectionnisme est
particulièrement en usage aujourd'hui. L'Allemagne est aux
mains du parti agrarien ; et il en est de même pour l'Autriche-
Hongrie, la France, la Suisse, ainsi que pour d'autres Etats.

On a encore le protectionisme industriel, qui se propose de
stimuler la production manufacturière en élevant les profits.
C'est dans ce but que l'Italie fit choix de la politique commerciale protectionniste ; l'Angleterre, pendant longtemps, eût recours à cette forme du protectionnisme.

Nous trouvons encore le protectionnisme maritime, qui s'efforce
d'aider au développement de la marine marchande nationale.

Et, finalement, un protectionnisme qui n'est pas évident pour tous, et qui est constitué par l'agio et le change.

Mais la protection peut subsister sans recourir aux moyens dont elle fait généralement usage. Il existe, en effet, un protectionnisme sans taxes douanières, dont nous parlerons plus loin.

50. Comment le protectionnisme peut être défendu. — Les arguments que l'on donne pour la défense du protectionnisme sont les suivants :

a) Il a pour effet d'assurer le développement du commerce national avant celui du commerce extérieur, ce qui conduit a de plus sérieux bénéfices. C'est là l'argument préféré de Hamilton et de List (1). Tous deux estiment que le voisinage du consommateur et du producteur constitue une sauvegarde contre les crises ; tandis que les libre-échangistes se refusent à voir cette sauvegarde ailleurs que dans le libre-échange.

Quoi qu'il en soit, même lorsqu'en vertu du protectionnisme on aboutit à une production mieux ordonnée, cet avantage se trouve chèrement payé, car tous les taux d'échange sont bouleversés. Parfois la protection, loin de l'éviter, provoque la crise en rassemblant les capitaux dans les productions protégées et en multipliant les produits correspondants, au delà des besoins du marché.

Quant à l'avantage de l'échange, il est plus considérable si l'échange s'effectue entre deux producteurs nationaux ; car, dans ce cas, le bénéfice de chacun des contractants reste dans le pays. Dans l'échange international, au contraire, une partie seulement de l'avantage est dévolue au marché, car l'autre partie revient au producteur étranger. Mais nul ne peut contester que, sous le régime du libre-échange, l'échange s'exercera à l'intérieur ou avec l'extérieur, selon qu'un bénéfice plus large est escompté. On a la liberté du choix ; il n'en est pas de même avec le protectionnisme ; sous ce dernier régime, les emplois du

---

(1) L'un, dans son célèbre *Report on Manufactures ;* l'autre, dans son non moins célèbre *Système national d'économie politique.*

capital national peuvent être plus nombreux, mais non plus productifs.

b) Le commerce national permet d'éviter des frais de transport. Hamilton et Carey font beaucoup de cas de cette raison ; mais elle est inconsistante, si on se place au point de vue général et absolu ; elle n'est valable qu'à des points de vue spéciaux.

Les frais de transport, s'ils atténuent le gain résultant de l'échange avec l'extérieur, peuvent lui laisser une importance suffisante pour que les transactions internationales soient encore plus avantageuses que les transactions effectuées à l'intérieur. La répartition de ces frais est excessivement variable. Il peut se faire d'ailleurs qu'ils soient plus élevés à l'intérieur des pays, qu'entre les pays eux-mêmes. Ainsi, le transport d'une tonne de charbon de Newcastle à Gênes, coûte moins que de Gênes à Bologne. Dans ces cas, l'argument précédent n'a plus aucun sens. Il en acquiert beaucoup, au contraire, pour les pays nouveaux, exportateurs de matières premières. Si la République Argentine vendait la laine brute à l'Angleterre, pour acheter de celle-ci des objets manufacturés, il y aurait évidemment une perte dans l'ensemble de l'économie mondiale, si l'Argentine avait les moyens de transformer la matière première à des coûts peu différents de ceux obtenus en Angleterre.

c) Dans les pays nouveaux le protectionnisme empêche l'élévation excessive du revenu de la terre.

Sous la pression de la demande étrangère, stimulée par le libre-échange, la valeur des marchandises exportées augmente, et provoque l'élévation du revenu de la terre, augmentant ainsi les inégalités sociales, diminuant les profits et, avec les profits, les salaires. Au contraire, le protectionisme, en limitant indirectement l'exportation, affaiblit la demande étrangère, et même lorsque la demande intérieure des mêmes produits augmente, ces deux demandes ne seront pas assez étendues pour provoquer l'élévation du revenu de la terre au point de faire qu'il devienne un danger.

d) Le protectionnisme n'élève pas les prix à l'intérieur, soit parce que les droits d'entrée sont payés par les producteurs étrangers, soit en raison de la concurrence intérieure.

Il n'est pas douteux, au moins dans certains cas, que les droits d'entrée soient payés en partie par les exportateurs (1). Il est inexact, toutefois, d'en conclure que les prix des marchandises protégées ne s'en trouvent pas augmentés, car, dans ce cas, le protectionnisme n'aurait plus sa raison d'être. Il se peut encore, qu'en raison de la concurrence intérieure, les prix ne puissent s'élever beaucoup. Mais, de nos jours, il est à remarquer que les formes de monopole (trusts, cartels...) dominent la production et tendent à neutraliser les effets de la concurrence (2).

e) On n'éprouve aucun dommage lorsque toutes les marchandises sont également protégées ; la richesse totale ne subit aucune diminution, parce que les producteurs recueillent ce que les consommateurs perdent. Lorsque le protectionnisme est unilatéral, les conflits d'intérêts se multiplient entre les différentes catégories de producteurs. Les drapiers se plaignent de ce que les droits sur le fer augmentent le coût des machines ; les tisseurs de coton, de ce que les droits sur le coton élèvent le prix de la matière première ; etc. Il en résulte, selon les auteurs de ce système, qu'en étendant les droits d'entrée à toutes les productions, les conflits d'intérêts s'atténuent peu à peu, et chacun sera satisfait d'acheter à un prix plus élevé, s'il peut, à son tour, vendre plus cher.

Cairnes fit une critique sans pitié de cette argumentation spécieuse (3). Il n'est pas possible de faire en sorte que tous les producteurs bénéficient, au même degré, de la protection, si bien que les moins protégés finiraient par devoir quelque chose au plus protégés. Il y a d'ailleurs toute une catégorie de gens dont la fonction est plus de consommer que de produire, et

---

(1) Voir le chapitre qui traite de l'incidence des taxes.
(2) Voir le chapitre qui traite de l'influence du protectionnisme sur les industries monopolisées.
(3) CAIRNES, *Some Leading Principles*, III. Chap. IV.

comme la rémunération qui leur est donnée (émoluments, salaires, etc.) ne suit pas proportionnellement l'élévation des
prix, ils éprouvent un dommage considérable, qu'aucune forme
de protection ne peut neutraliser. Il y a encore des producteurs
auxquels la protection ne donnerait aucun avantage. Que feraient
ceux qui exploitent les mines siciliennes des droits d'entrée sur
le soufre, puisqu'il est reconnu que leur île possède, sur ce point,
un monopole naturel qu'on ne peut lui disputer ? De même, aux
Etats-Unis, les producteurs de coton brut et de pétrole n'ont que
faire de droits sur ces matières.

L'argument qui consiste à dire que la richesse nationale n'est
pas diminuée du fait que les producteurs recueillent ce_que
les consommateurs perdent, a une valeur moindre encore ;
et c'est tout dire ! Cela est d'ailleurs suprêmement injuste.
Lorsqu'un voleur me vole cent francs, la richesse que nous
possédions à nous deux n'a pas diminué. Mais cela n'empêche
pas qu'il se soit indûment approprié une richesse m'appartenant. Le vol ne trouve de justification en aucune science ; à plus
forte raison ne peut-il en trouver dans l'économie politique.

f) Le protectionnisme offre de nouvelles formes d'emploi au
travail et assure des salaires élevés. Cela signifie que de la production croissante des marchandises à l'intérieur d'un pays résulte une augmentation du nombre des emplois pour le travail
national ; et que, au contraire, l'acquisition en quantités considérables des marchandises étrangères a pour conséquence de
retirer leur emploi à une partie des ouvriers nationaux. Les
libres-échangistes répondent à cet argument que les marchandises étrangères importées devant être payées avec des marchandises nationales qu'il faudra demander à une production
plus intense, le travail ne verra pas diminuer le nombre de ses
emplois.

Les protectionnistes répliquent en affirmant que, au point de
vue de l'utilisation du travail, il est préférable d'exporter des
marchandises manufacturées dans lesquelles est incorporée une
plus grande quantité de travail. Il n'est pas douteux, en effet,

qu'un pays manufacturier puisse faire vivre plus d'ouvriers qu'un pays agricole (1). Mais il est vrai, également, que cette extension des emplois ne peut aller de pair avec l'intensification du protectionnisme ; en effet, l'orientation de l'activité nationale vers les industries dépend bien plus des disponibilités des capitaux que des effets du protectionnisme. Or, il est démontré que le protectionnisme n'accroît pas le capital, mais le transforme seulement. Mais il est également démontré que le protectionnisme attire les capitaux étrangers. On peut dire que la transformation dans le sens industriel des Etats entrés les derniers dans la civilisation économique est dûe aux capitaux étrangers. En cela, Carey et Roscher sont d'accord.

Le protectionnisme assure-t-il des salaires plus élevés ? D'aucuns estiment que les salaires suivent de très près les prix des marchandises alimentaires, et que l'importation de celles-ci à des prix inférieurs doit provoquer l'abaissement des salaires. La distinction n'est pas faite, ici, entre les salaires nominaux et les salaires réels, qui sont bien les plus importants pour les prolétaires. Mais cette corrélation intime entre les prix et les salaires n'est pas vérifiée, tout au moins d'une façon constante. L'organisation et l'insatiabilité des ouvriers s'opposent résolument à ce qu'elle soit observée. En Angleterre, les salaires nominaux et réels sont plus élevés que partout ailleurs en Europe, bien que l'entrée des aliments soit libre et que leur prix soit très réduit (2). La valeur des salaires dépend de bien d'autres causes.

L'argument qui consiste à dire que le protectionnisme est rendu nécessaire par les hauts salaires, n'offre pas une plus grande consistance. Dans ce cas, la protection devrait rester invariable : d'abord, pour assurer des salaires plus élevés ; ensuite, parce que ces hauts salaires élèvent le coût de production et rendent très difficile la lutte contre la concurrence étrangère.

(1) Un développement plus complet est donné, plus loin, au chapitre qui traite des rapports de la population et de la politique commerciale.

(2) V. chap : *La politique commerciale et la répartition de la richesse.*

Lorsque le travail est largement rétribué, il est beaucoup plus productif, de sorte que le coût des marchandises peut ne pas être surchargé. Cairnes fit une critique définitive de ces affirmations des protectionnistes. Il démontra aux américains, qui en font le plus fréquent usage, que les salaires aux Etats-Unis se maintiennent à un niveau élevé dans les productions non protégées aussi bien que dans les autres. Lorsque, en 1888, la question de la réforme douanière était agitée dans l'Union américaine, Mills, de la Chambre des Représentants, en proposant la réduction des tarifs, rappelait l'opinion du sénateur Sherman, qui estimait que les neuf dixièmes des objets manufacturés nécessaires à la consommation nationale pouvaient être produits au même coût qu'en Angleterre, sans le secours de la protection.

g) Les inventions nouvelles et les améliorations de la technique, dont la théorie pure ne tient pas compte et que le protectionnisme stimule, sont d'autant plus faciles et variées que l'usage des objets manufacturés est plus étendu. Déterminer la spécialisation des aptitudes du pays dans des voies multiples et mettre l'ingéniosité de l'esprit à la recherche des problèmes des sciences appliquées, c'est un but qui a, pour la civilisation, une importance considérable, presque comparable à celle des plus grandes découvertes. Un peuple qui ne s'efforce pas d'apprendre à transformer la matière première qu'il possède en propre et celle d'autrui, croupit dans les formes inférieures de la production. S'il ne s'est jamais essayé à la construction des machines, ni à l'étude des progrès de la chimie industrielle, il lui sera difficile d'inventer de nouvelles machines et de trouver de nouveaux traitements chimiques. Il devient même rétif et lent pour l'utilisation des découvertes d'autrui. Les usines stimulent les progrès de l'agriculture qui s'industrialise elle-même et remédie à l'épuisement du sol grâce aux résidus des diverses industries. Le libre-échange fait abstraction de ces influences réciproques si fécondes et de cette perspective d'améliorations et d'inventions.

Dans les pays où la population se développe rap'dement et alimente une émigration considérable, cette émigration, en raison de l'éducation industrielle du pays, comprend des individus doués d'aptitudes techniques très variées, qu'ils ont acquises dans la pratique manufacturière. La valeur économique et intellectuelle plus considérable des émigrants, auxquels on offre, à l'étranger, toutes les variétés' d'emplois possibles, atténue le caractère pénible de l'émigration et en facilite le débouché. L'émigrant est utilisé en raison de l'usage plus ou moins étendu qui est fait de sa langue nationale, en raison de sa nationalité même et du prestige moral de son pays d'origine (1).

h) Le protectionnisme est utile à l'évolution de certains pays vers le progrès industriel, pour lequel ils présentent des prédispositions naturelles ; il peut encore empêcher une transformation trop rapide et qui aboutirait à une dispersion notable des capitaux et, peut-être même, à une régression violente de la culture, s'il s'agit d'industries agricoles.

De ce que nous avons dit, il ressort clairement que le protectionnisme, à l'encontre du libre-échange, ne se base pas sur un cosmopolitisme chimérique, mais bien sur le développement des forces productives de chaque pays. Il ne s'élève pas sur un matérialisme stérile, qui considère seulement la valeur variable des choses, sans tenir compte des intérêts, même importants, d'ordre moral et politique. Il n'est pas inféodé à un individualisme rigoureux, mais bien à l'association des énergies d'un état tout entier. Les nations, s'écrie mélancoliquement A. Balfour, dans ses *Economic Notes on Insular Free Trade*, se sont aperçues que ce qui est bon pour la puissance productrice du monde, peut ne pas être bon pour chaque Etat en particulier. Il en est bien ainsi, en effet.

(1) R. BENINI, *Politica doganale*, dans *Riforma Sociale*, 1905.

CHAPITRE III

LES MEILLEURES FORMES DE PROTECTIONNISME

51. Les meilleures formes de protectionnisme ne limitent pas le commerce international, mais le transforment et le développent. — 52. Le protectionnisme et la loi des coûts comparatifs : *a*) le protectionnisme peut améliorer l'échange international ; *b*) le protectionnisme peut empêcher les crises et donner de la stabilité à la production ; *c*) le protectionnisme atténue les effets de la concurrence sur les marchés neutres ; *d*) cas où le libre-échange unilatéral se substitue au protectionnisme. — 53. Le protectionnisme ne supprime pas complétement la concurrence étrangère, et stimule des productions ne bénéficiant pas directement de la protection. — 54. Le protectionnisme et la diminution de la différentiation économique entre les divers pays. — 55. Le choix des productions qui méritent d'être protégées est toujours possible. — 56. Le protectionnisme et la transformation des capitaux : *a*) comment s'effectue la transformation des capitaux ; *b*) le capital fixe de l'agriculture et les raisons qui en retardent la transformation ; *c*) les prévisions illusoires sur la concurrence d'outre-mer et les causes de retard de la transformation agraire.

51. Les meilleures formes de protectionnisme ne limitent pas le commerce international, mais le transforment et le développent. — Il existe une forme de protectionisme, la moins nuisible selon quelques-uns, la plus féconde selon d'autres, qui tend à changer les conditions d'infériorité d'un pays — lorsqu'elles ne sont pas économiquement irréductibles — et à préparer une réserve de force, qui permette une évolution sans à-coups, c'est-à-dire graduelle et progressive. Cette réserve provoque une série d'initiatives dans des sens différents ; nous les avons déjà longuement étudiées et avec méthode ; ces initiatives, certes, ne sont pas exemptes de risques, mais elles semblent nécessaires dans l'intérêt général. C'est là, au fond, la pensée de Stuart Mill, lorsqu'il dit : « Le seul cas dans lequel les droits protecteurs puissent être soutenus, d'après les simples principes de l'économie politique, est celui dans lequel ils sont établis temporairement, surtout chez un peuple jeune et qui grandit, dans l'espoir de naturaliser une industrie étrangère, qui, par elle-même, convient aux conditions dans lesquelles le pays se trouve. Souvent la supériorité d'un pays sur l'autre, dans une branche d'industrie, tient tout simplement à ce que le premier a commencé plus tôt. Il se peut qu'il n'y ait aucun avantage naturel d'un côté, aucun désavantage de l'autre, mais seulement une supériorité actuelle d'habileté et d'expérience. Un pays qui a cette habileté, mais qui manque d'expérience, peut, sous d'autres rapports, être mieux placé pour la production que le pays qui a commencé le premier. D'ailleurs, comme l'a remarqué M. Rae, dans toute branche de production, rien n'encourage mieux le progrès qu'un changement dans les conditions où il se développe. Mais on ne peut pas s'attendre à ce que des particuliers introduisent à leurs risques, ou plutôt avec la certitude de perdre, une nouvelle industrie dans un pays, et supportent les charges auxquelles il faut se soumettre pour le soutenir jusqu'à ce que les producteurs se voient au niveau de ceux qui fabriquent par tradition. Un droit protecteur maintenu pendant une période raisonnable est souvent l'impôt le plus convenable qu'une nation puisse établir sur elle-même pour soutenir une expérience de ce genre. Mais la protection devrait être bornée aux cas dans lesquels on a lieu de croire que l'industrie ainsi soutenue pourra s'en passer au bout d'un certain temps (1).»

La protection, selon l'économiste anglais, pourrait être pratiquée à condition : 1° quelle soit temporaire ; 2° qu'elle soit restreinte aux produits des industries-limites ; 3° qu'elle soit mesurée de façon à éviter les extra-profits (2). L'inobservation d'une seule de ces trois conditions équivaudrait à l'instauration du privilège au détriment de tout principe de justice écono-

(1) *Principes*, livre V, chap. x.
(2) R. Benini, *Politica doganale*, dans *Riforma sociale*, 1905.

mique. Il est nécessaire, en outre, que le protectionnisme, même dans ce cas spécial, ne s'oppose pas au libre-échange des moyens de production et des matières premières.

Un produit fini est la résultante de divers facteurs, coût de la matière première, de la force motrice, du travail, etc., et ces éléments entrent dans une mesure variable dans le coût total du produit (1). Il pourra arriver qu'il n'y ait pour aucun de ces éléments une infériorité irrémédiable, ou que cette infériorité n'existe que pour quelques-uns d'entre eux. De même il se pourra que pour d'autres encore il existe une égalité relative ou une infériorité pouvant être vaincue par l'exercice même de l'industrie. Dans ce cas, une taxe qui limite l'importation du produit fini, ne fait que déplacer les échanges qui se portent des marchandises manufacturées vers les éléments nécessaires à leur fabrication, que l'on laisse exempts de droits d'entrée et au sujet desquels le pays est en état d'infériorité naturelle et irrémédiable. L'Italie, avant 1878, ne protégeait pas l'industrie cotonière nationale et importait, en 1877, environ 129.000 quintaux de fil et 116.000 quintaux de tissus de coton. Dans la même année, elle importait encore 234.682 quintaux de coton brut. En 1904, plusieurs années après le jour où l'on instaura la protection en faveur de cette industrie, l'importation des fils et des tissus de coton se réduisit, respectivement, à 9.233 et 18.000 quintaux ; mais l'entrée du coton brut atteignit 1.547.496 quintaux. Le commerce de l'Italie avec l'extérieur diminua-t-il ? Il n'en est rien. Tandis que l'importation totale du coton brut et des cotonnades avait été de 479.682 quintaux en 1857, elle atteignit 1.574.729 quintaux en 1904, c'est-à-dire tripla d'importance.

En 1892, lorsque les effets du protectionnisme commençaient à se faire sentir, l'Italie acheta pour 1.173 millions de marchandises à l'extérieur, dont : 408 de matières premières industrielles, 197 de marchandises semi-manufacturées, 270 de produits manufacturés, 298 de produits alimentaires. En 1906,

(1) Cf. le chapitre sur « La mesure du droit de douane ».

l'Italie augmentait ses achats à l'extérieur d'environ 1.243 millions, puisqu'ils atteignaient 2.416 millions. Seule la décomposition de ces achats semble avoir changé. Ainsi les acquisitions de matières premières montèrent à 887 millions et celles des marchandises semi-manufacturées à 476 millions. Evidemment l'Italie, au lieu d'importer les objets manufacturés eux-mêmes, acheta à l'extérieur les produits bruts et en tira les produits finis dont elle avait besoin. Le même raisonnement pourrait s'appliquer — et conduirait aux mêmes conclusions — aux marchandises vendues à l'intérieur. Leur décomposition semble avoir changé. L'Italie porta à 423 millions les ventes de produits manufacturés, alors qu'en 1892, elles atteignaient à peine 131 millions ; elle porta à 698 millions les ventes des produits semi-manufacturés, qui douze ans avant se chiffraient par 158 millions.

Donc le protectionnisme ne supprima point le commerce international, mais en modifia seulement la composition. Au lieu d'importer des objets manufacturés, on importa, en plus grande abondance, la matière première, le charbon, etc. Les exportations — en admettant toujours que les marchandises se paient avec des marchandises — finirent par en être avantagées, ou tout au moins n'en éprouvèrent aucun dommage ; car une sortie plus étendue des marchandises nationales dut correspondre à l'augmentation de l'importation du coton brut, afin de maintenir l'équilibre.

Non seulement le commerce n'a pas été supprimé, mais l'absence de force motrice, qui paraissait, de la part de l'Italie, une infériorité irrémédiable, a cessé de constituer une difficulté par suite de la substitution de la force hydro-électrique au charbon. L'infériorité relative qui tenait à la main-d'œuvre, tend à disparaître par suite de l'habileté technique plus parfaite des ouvriers. On peut en dire autant des autres éléments qui entrent dans la détermination du coût.

On peut s'accommoder de ce protectionnisme qui comporte la possibilité et l'intention d'un progrès définitif, durable, et qui

n'est pas en antagonisme ouvert et permanent avec la nature
même des différents pays (1). Il tend vers une répartition internationale décentralisée et étendue des matières premières et du
travail, et se propose, non pas de rien supprimer, mais de créer
de nouvelles et avantageuses conditions de concurrence.

52. Le protectionnisme et la loi des coûts comparatifs. —
a) *Le protectionnisme peut améliorer l'échange international.* —
Nous avons dit que, même lorsque le coût de production de
toutes les marchandises d'un pays est plus élevé qu'à l'étranger,
ce pays tire avantage de l'échange international ; mais nous
avons dit aussi que plus le coût des marchandises produites
dans ce pays est élevé, plus s'élève en conséquence le coût
auquel il se procure, grâce à l'échange, les marchandises étrangères. Nous verrons comment ce principe peut, dans certains
cas spéciaux, légitimer le protectionnisme.

Supposons que l'on ait deux pays isolés, la France et l'Italie,
qui échangent deux marchandises : les soieries et la laine

Supposons encore que chaque unité de ces marchandises
puisse être produite, dans chacun des pays, au coût suivant :

France :	soieries... 10	laines... 15
Italie :	« 30	« 20

Quelle que soit la supériorité des coûts italiens sur les coûts
français, l'Italie n'en a pas moins intérêt à pratiquer l'échange
et à se consacrer à la production directe de la laine avec laquelle, par la voie indirecte, elle se procure les soieries. Donc
l'Italie pourra acquérir, au coût de 20, les soieries que, sur le
marché intérieur, elle eût produites au coût de 30. L'échange
lui vaudra un gain de 10. D'autre part, la France, qui acquiert
au coût de 10 la laine qu'elle produirait au coût de 15, retire,
elle aussi, un bénéfice de l'échange. Ces faits, quoique avantageux pour les deux contractants, n'empêchent pas que l'Italie

---

(1) Nous avons parlé, à propos de la politique fiscale et de ses rapports
avec la politique commerciale, des autres formes acceptables du protectionnisme.

se procure les marchandises dont elle a besoin à un coût trop élevé ; et qu'elle puisse trouver le moyen d'obtenir le charbon français à un coût plus faible.

Supposons que l'Italie produise une troisième marchandise : les cotonnades ; et que, pour un certain temps, ce produit, en raison des difficultés de premier établissement, ne puisse être obtenu à moins de 20. Imaginons encore que le coût du coton italien puisse, au bout de quelques années, tomber à 14 et s'y maintenir définitivement. Si la France, qui l'a précédée dans cette production, obtient ses cotonnades à 16, par exemple, elle empêchera, par sa concurrence, le développement de cette industrie en Italie ; et cependant l'Italie présente des aptitudes plus favorables pour cette industrie que celles qui se rencontrent en France.

Etant donnée une telle situation, nul ne pourrait s'opposer à une taxe protectrice temporaire en faveur de l'industrie cotonnière italienne ; cette taxe devrait être supprimée dès que la production, allégée et fortifiée, serait capable de se développer librement. L'Italie pourrait alors, dès que le coût de ses cotonnades serait descendu à 14, son niveau naturel, se consacrer entièrement à cette production et, grâce à elle, acquérir les marchandises étrangères dont elle aurait besoin. Elle pourrait donc se procurer au coût de 14, et non plus de 20, les machines et les soieries françaises. L'épargne qui en résulterait serait considérable et l'artifice de la protection momentanée serait plus que jamais justifié par l'abaissement naturel des coûts auxquels il aurait abouti.

David Ricardo démontre que tout pays a intérêt à se consacrer exclusivement aux productions pour lesquelles il présente des aptitudes naturelles relativement supérieures, et à demander à l'échange les marchandises qu'il ne produit pas. Dans le cas de l'Italie, le droit d'entrée ne constitue qu'un moyen transitoire qui permet, par la suite, de mettre en pratique avec plus d'ampleur et d'efficacité le principe de Ricardo.

b) *Le protectionnisme peut empêcher les crises et donner de la stabilité à la production.* — Nous allons voir maintenant, comment le libre-échange, plus encore que le protectionnisme, peut conduire à une destruction étendue de la richesse. Soient deux pays libre-échangistes : l'Amérique et l'Italie, qui produisent, au même coût, les unités indiquées des marchandises suivantes :

Italie...   cotonnade : 10 unités... blé : 15 unités
Amérique...   «   : 10   «   «   : 17   «

Supposons que ces deux pays soient capables de s'assurer réciproquement, grâce à l'échange, des avantages supérieurs à ceux qu'ils tireraient des mêmes transactions avec tout autre pays. Etant donnée cette situation, l'Italie se consacrera à la production des cotonnades, avec lesquelles, par la voie indirecte, elle se procurera le blé américain. La valeur internationale s'établira ainsi : 10 cotonnade = 16 blé. De sorte que le gain se répartit également entre les deux marchés. Ce taux d'échange serait, en vertu de l'hypothèse émise, le plus avantageux pour les deux contractants, puisqu'il n'y aurait pas un pays étranger capable d'en offrir de meilleur.

Supposons que l'on ait, en Amérique, une série d'années défavorables à la culture des céréales pendant lesquelles on produira, au même coût, 10 unités de cotonnades et 15 unités de blé, ou même une quantité de blé moindre. Dans ce cas, tout intérêt à l'importation du blé américain disparaîtrait pour l'Italie, puisque tout taux d'échange lui serait moins avantageux que la production directe. La culture des céréales commencerait en Italie.

Mais, en Amérique, une période d'abondantes récoltes peut survenir rapidement et l'ancien état de choses peut aussitôt se reproduire. L'Italie abandonnera alors la culture des céréales, sauf à y retourner si la situation, en Amérique, se modifiait à nouveau. C'est ainsi, indéfiniment, que se succéderaient les périodes d'abandon et de reprise, c'est-à-dire que les crises se multiplieraient. Cela aboutirait à une dispersion continue et considérable des richesses, plus ou moins étendue selon l'importance du capital italien employé à la culture du blé. Si, dans les terres consacrées au blé, on avait, sous la pression du faible coût des céréales américaines, commencé la culture des arbres fruitiers, la perte provoquée par le retour à la production des céréales serait encore plus considérable, en raison des sacrifices qu'eût exigés la culture précédente. Si ces terres avaient été mises en pâturages, le dommage serait moindre, mais non pas négligeable, car le retour à la culture du blé exigerait la vente précipitée du bétail, alors que toutes les dépenses effectuées pour le sélectionner, l'abriter, etc... seraient absolument perdues.

Avec l'échange des marchandises industrielles, la dispersion des richesses résultant des motifs que l'on vient d'exposer serait plus grande encore. Supposons que, dans l'exemple choisi, les coûts comparatifs soient ceux des cotonnades et des lainages et non plus ceux des cotonnades et du blé. Si, par suite du renchérissement de la matière première américaine, ou pour tout autre motif, la productivité des fabriques de lainages américaines diminuait et tombait à 15 ou plus bas encore, l'Italie se déciderait à produire directement les draps de laine. Des fabriques seraient créées qui absorberaient une quantité notable du capital fixe ; une nouvelle forme d'emploi s'offrirait au travail. Mais lorsque les causes du renchérissement des lainages américains cesseraient d'agir, les fabriques retrouveraient leur ancienne productivité, ou en atteindraient une plus forte, si bien que les fabriques de drap italiennes devraient disparaître ou se transformer pour s'adapter à des productions nouvelles. Elles pourraient renaître ensuite, si l'état de choses leur redevenait favorable, mais elles disparaîtraient à nouveau si les conditions économiques leur devenaient, encore une fois, contraires.

Le rôle du protectionnisme peut être heureux, au cours d'événements de ce genre, assez fréquents dans la vie économique de tous les pays. L'Etat devra protéger ces productions-limites : celle du blé et celle des lainages pour l'Italie. Il en résultera, il est vrai, une perte de force, mais elle sera de beaucoup moins importante que celle que l'on aurait subi si, en persévérant dans le libre-échange, ces productions avaient été balayées pour re paraître ensuite, selon les changements survenus dans le coût des marchandises étrangères et dans les valeurs internationales. La protection, dans ce cas, peut empêcher les mouvements précipités dans un sens ou dans l'autre ; on pourrait donc éviter les crises périodiques et la destruction de richesse qu'elles entraînent. Le protectionnisme ne peut alors être temporaire ; il est destiné à se prolonger jusqu'à ce qu'une transformation profonde des industries-limites se soit produite.

La théorie des coûts comparatifs est vraie dans son essence. Mais les économistes classiques la conçurent sans tenir le compte qu'il faut de ce manque de stabilité du coût, qui provoque les variations continuelles de la valeur internationale d'échange. Ces maîtres envisagèrent les marchés et les productions comme cloués dans une phase statique.

c) *Le protectionnisme atténue les effets de la concurrence sur les marchés neutres.* — Jusqu'à présent nous nous sommes occupés de pays presque exclusivement agricoles, mais offrant des prédispositions naturelles au travail des fabriques. Voyons à quoi ils aboutiraient s'ils s'obstinaient dans la pratique du libre-échange.

Reprenons l'exemple de la France et de l'Italie, où, chaque unité des marchandises suivantes est produite au coût indiqué :

France :   vin : 10   lainages : 15
Italie :   « : 9   «   : 20

L'Italie produit le vin pour l'échanger ensuite contre les lainages français. Supposons que le taux d'échange soit de 4 unités de vin pour 10 unités de lainages, et qu'il reste invariable jusqu'à ce qu'un troisième pays, l'Espagne, entre en ligne. En Espagne les coûts du vin et des lainages sont respectivement de 9 et de 30. Etant donnée la difficulté de la production des lainages, l'Espagne acceptera le taux d'échange suivant : 6 unités de vin contre 10 unités de lainages. Cela signifie simplement que l'Espagne fait baisser les prix et triomphe de la concurrence des vins italiens sur le marché français ; la condition de l'Italie serait pire si le coût du vin espagnol était inférieur à 9 et celui des lainages supérieur à 30. En d'autres termes, la concurrence espagnole dépend, en raison inverse, du coût du vin et, en raison directe, du coût des lainages ; en définitive, elle modifie son intensité proportionnellement à la différence des coûts comparatifs. Dans ces conditions, l'Italie devrait accepter le même taux d'échange que l'Espagne, et finirait par acquérir les lainages français à un prix très élevé, tellement élevé qu'elle aurait intérêt à les produire elle-même. Mais tant que les dispositions prises à cet effet ne seront pas terminées, elle devra subir des prix très réduits pour la vente de son vin. La perte serait plus lourde si le matériel nécessaire aux nouvelles entreprises devait être demandé à la France, et être payé avec le vin déprécié par suite de la concurrence espagnole.

L'Italie serait poussée à la production des lainages par un pays beaucoup moins avancé, au point de vue industriel.

L'Italie étant astreinte par la concurrence espagnole à produire elle-même les lainages, cette production, qui constitue pour l'Italie une industrie-limite, ne pourrait avoir qu'une existence précaire, tant que persisterait l'état de marché ouvert. Toute atténuation de l'exportation vinicole espagnole en France, comme tout perfectionnement technique de l'industrie textile, dont la France ferait la première et la meilleure application, puisqu'elle connaît mieux cette industrie, aurait pour effet de rendre avantageuse la reprise partielle de l'échange des vins italiens contre les lainages français. Cela conduirait à des crises périodiques de l'industrie textile en Italie et au découragement qui tuerait toute initiative (autre élément moral dont il n'est pas question dans la théorie pure) ; personne, en résumé, se ne hasarderait à exercer l'industrie des lainages suivant des méthodes perfectionnées, qui exigent, le plus souvent, de fortes immobilisations de capital. On aurait, en somme, la situation décrite déjà dans l'exemple précédent.

La situation de la France serait bien différente, et, en géné-

ral, celle des pays qui ont su créer chez eux les industries que
leurs aptitudes naturelles ont rendues, par la suite, puissantes et
exportatrices. Ces pays importent seulement les marchandises
pour la production desquelles leur infériorité relative est irrémédiable. Ces pays, n'ayant pas à protéger des industries-limites, sont déjà mûrs pour le libre-échange. La propagande libre-
échangiste qu'ils font dans les pays dont le progrès industriel est
moins avancé, semble doublement avantageuse : 1° parce qu'elle
rend plus difficile, pour ceux-ci, le parcours de la distance
d'habilité technique qui les sépare des premiers ; 2° parce que
tout pays jeune, qui commence à participer au commerce international et dont l'infériorité réside principalement dans la _
duction industrielle, exerce, avec ses matières premières, une
concurrence qui est dommageable pour les pays que leur capacité
industrielle place le plus près de lui et dont bénéficient ceux qui
lui sont de beaucoup supérieurs. Ce fût le cas de l'Angleterre,
par rapport à l'Allemagne ; jusqu'à 1875, l'Allemagne fournit à
l'Angleterre les céréales dont celle-ci avait besoin. Plus tard,
comme le dit Peez, le marché anglais se ferma peu à peu à
l'agriculture continentale et eut recours aux produits agricoles d'outre-mer. Le prix du blé, que l'agriculture de l'Allemagne du nord apportait sur le marché anglais, fut déprimé
par la concurrence des États-Unis, puis de l'Inde et des
pays balkaniques. L'Allemagne songea, après que les taux
d'échange avec l'Angleterre lui devinrent défavorables, à produire directement les marchandises manufacturées qu'elle recevait avant d'outre-Manche. Et comme elle ne voulait pas
exposer ses industries-limites, à toutes les oscillations de la
concurrence extérieure, elle les protégea par le tarif douanier
de 1878.

La capitalisation, en Angleterre, a progressé en raison de
ces conjonctures favorables et des économies réalisées graduellement dans le coût, tout au long du progrès industriel.

Le libre-échange, pour les pays débutants dans l'industrie
manufacturière par rapport aux pays plus avancés, ressemble

un peu à la liberté contractuelle qui intervient dans les rapports de l'ouvrier isolé, sans organisation, avec le capitaliste. Tout nouvel ouvrier qui se présente, plus pauvre et dans l'impossibilité d'attendre un emploi mieux rémunéré, contribue à déprimer le salaire de toute sa classe et à rendre la position du capitaliste plus forte et plus avantageuse.

d) Dans quels cas le libre-échange unilatéral se substitue au protectionnisme. — Nous avons montré comment la théorie classique et la pratique se trouvent en désaccord ouvert en ce qui touche au système de politique commerciale à adopter. En fait, tous les pays sont protectionnistes; l'Angleterre seule, ainsi que quelques marchés jeunes, pratiquent le libre-échange. Il sera intéressant de connaître les raisons de ce libre-échange unilatéral, qui est la résultante de forces agissantes du monde économique et, par conséquent, toujours susceptibles d'êtres mesurées.

Supposons que l'on ait deux pays, dont l'un se consacre entièrement à une seule forme de production, tandis que l'autre est en voie de transformation. Le premier sera, par conséquent, presque exclusivement industriel ou agricole; l'autre, au contraire, s'adonnera en même temps à l'industrie et à l'agriculture. Ces pays peuvent très bien être représentés par l'Angleterre les Etats-Unis. Supposons que, tous deux protectionnistes, ils produisent le fer et le blé aux conditions suivantes :

	Coût par quintal :		Droit par quintal
Angleterre =	fer : 20	blé : 70	blé : 50
Etats-Unis =	« : 60	« : 10	fer : 40

L'Angleterre applique un droit de 50 sur chaque quintal de blé importé d'Amérique; les Etats-Unis imposent de 40 chaque quintal de fer anglais. Supposons que les droits, dans la totalité, frappent exclusivement les consommateurs des deux pays; le blé américain coûtera à l'Angleterre la quantité de fer donnée en échange, augmentée des droits c'est-à-dire, dans le cas présent, 20+50=70 par quintal.

Le coût du fer anglais sera de 10+40=50. Dans ces conditions l'échange, quoique naturellement avantageux, deviendrait, par l'effet des droits de douanes, impraticable pour l'Angleterre, dont les coûts comparatifs n'offriraient plus aucune différence. Il en résulterait, pour elle, un dommage considérable et sans compensation, ou tout au moins sans compensation appréciable. Étant donnée son degré d'industrialisation, tout entrave à l'exportation provoquerait une crise de surproduction sidérurgique à l'intérieur. Dans le même temps, la taxe sur le blé étranger n'apporterait aucune compensation ; la culture des céréales en Angleterre, ayant perdu presque toute son importance, serait négligeable en face de la puissance manufacturière acquise. Le maintien de cette taxe serait un obstacle au mouvement économique ; l'Angleterre la réduirait alors, pour rendre possible la reprise des échanges avec l'Amérique ; ou même, elle l'abolirait complètement pour étendre son commerce à d'autres pays et en augmenter les avantages. En réalité, en procédant ainsi, elle rétablirait la différence existant naturellement entre les coûts comparatifs, ce qui rendrait l'échange praticable ; ou bien elle accentuerait cette différence, ce qui rendrait l'échange plus avantageux. C'est pour cette raison, qu'au cours du siècle écoulé l'Angleterre réduisait graduellement ses tarifs. Chaque réduction était suivie d'une augmentation du commerce international ; et lorsque on eut atteint le libre-échange absolu, ce commerce acquit son plus vaste développement.

Un pays exclusivement agricole, pour éviter des inconvénients de même nature ou pour s'assurer des avantages correspondants, aurait intérêt à pratiquer le libre-échange unilatéral. La liberté, dans l'un et dans l'autre cas, est indispensable au développement de l'industrie et de l'agriculture (1).

(1) Tout cela ressort plus clairement d'une démonstration graphique. Sans revenir sur les préliminaires déjà énoncés — au chapitre des coûts comparatifs et des valeurs internationales, lorsque nous avons parlé pour la première fois de cette méthode — nous dirons que, par l'effet du libre-échange, l'Angleterre gagne CD et les Etats-Unis BC de fer. Mais les États-Unis établissent un droit sur le fer anglais ; ce droit, exprimé en

53. Le protectionisme ne supprime pas complétement la concurrence étrangère et stimule les productions qui ne sont pas directement protégées. — Voyons comment le protectionisme peut créer des conditions nouvelles et avantageuses pour la concurrence. Dans l'exemple précédent, tant que les cotonnades sont produites exclusivement en France, on ne peut tabler que sur la concurrence des cotons français. Mais aussitôt que, grâce à la protection, l'Italie commence à s'adonner à cette production, la concurrence redouble d'efforts pour conserver son ancienne clientèle.

Les cotonniers français, pour atténuer les effets des droits d'entrée, réduiront les prix de leurs marchandises à vendre en Italie. Peut-être, parmi tous les exportateurs français, resteront seuls en ligne ceux qui, employant les méthodes techniques les plus parfaites, peuvent supporter des prix réduits au point de neutraliser les droits d'entrée, et conserver ainsi une partie de leur clientèle italienne. La taxe, en définitive ne s'ajoutera pas au prix des marchandises avant l'établissement des droits d'entrée, mais au prix où elle sont tombées, par suite de la sélection opérée parmi les cotonniers français et des efforts de ceux-ci pour

fer, est équivalent à *BB'*. L'Angleterre établit à son tour sur le blé américain un droit qui, exprimé en fer, est équivalent à *DD'*. Les nouvelles courbes *OX* et *OY* se substituent aux anciennes ; le gain résultant de chaque opération se trouve réduit. Les Etats-Unis augmenteront encore le droit sur le fer anglais, et la nouvelle taxe, évaluée en fer, sera équivalente à *B'D'*. L'échange devient alors impraticable. L'Angleterre abolit alors la taxe *DD'*, ce qui rétablit la différence des coûts comparatifs, et l'échange est de nouveau possible. Le gain est sensiblement réduit ; mais un gain, même faible, est toujours bon à prendre.

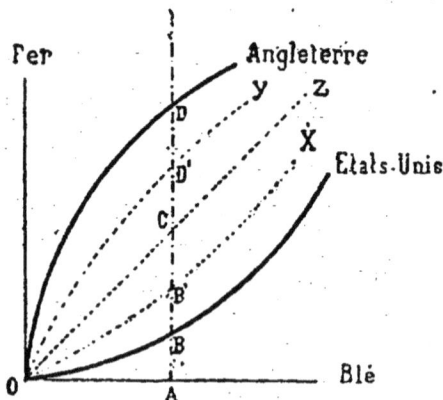

Fig. 7.

ne pas perdre complètement le marché italien. L'expérience a
montré que la taxe peut être payée en partie par les producteurs
étrangers ; comme elle a montré, également, que le remplacement d'une clientèle par une autre n'est pas une chose aisée.
Les efforts de chaque fabrique tendront donc à conserver la
clientèle ancienne. Après l'adoption du protectionnisme en Italie,
les producteurs étrangers firent l'impossible pour maintenir invariablement leur suprématie dans la péninsule. Ce ne fut que
lorsqu'ils s'aperçurent — les producteurs suisses en particulier
— que ces efforts leur imposaient de trop lourdes charges,
qu'ils préférèrent émigrer en Italie pour y jouir des mêmes
avantages que la production nationale.

En même temps, à mesure que le produit fini importé
par le pays protecteur cède la place aux éléments de la production, chacun de ces éléments, matière première et auxiliaire,
machines etc., devient l'objet d'études et d'expérience spéciales.
On découvre alors la façon d'utiliser des forces inactives, les
produits secondaires et les résidus ; on trouve le moyen d'éliminer un intermédiaire, ou d'adapter les nouvelles marchandises manufacturées aux goûts particuliers des diverses catégories de clients. Mais il faut surtout tenir compte de l'habileté
croissante de la direction qui se familarise avec le nouveau
travail, et de la réduction des frais généraux d'exploitation, qui
résulte de l'expansion de la production en question sur le
marché intérieur. De sorte que, pour chacun de ces éléments,
le coût initial est différent de ce qu'il pourra être par la suite ;
ce coût initial est donc bien loin d'être irréductible. Si les
premières entreprises avaient besoin d'être protégées, la nouvelle industrie peut arriver à une assise tellement vaste qu'on
est forcé de la considérer comme une industrie convenant
naturellement au pays, et dont les coûts comparatifs se modifient, en déplaçant simplement les échanges réciproques et les
échanges avec tous les autres pays, au lieu de les éliminer
comme nous l'avons vu à propos des rapports franco-italiens.

Il n'est pas non plus impossible qu'une branche d'industrie formée grâce à la protection ne donne à son tour naissance à d'autres industries de complément ou de perfectionnement, pour lesquelles il existe des conditions naturellement favorables et que l'on n'avait point soupçonnées. La naissance de l'industrie de la soude et de la potasse en Italie fut consécutive au progrès réalisé par les industries chimiques et textiles nationales (1), auxquelles elle fournit la matière première auxiliaire, car la soude et la potasse trouvent un emploi important dans le traitement des matières textiles et des produits chimiques. Mais il a fallu pour cela, que ces deux dernières industries viennent s'implanter dans le pays, faute de quoi l'industrie de la potasse et de la soude ne serait pas née, et le chlorure de sodium, la matière première que le pays possède en grande abondance, n'aurait pu trouver une utilisation très avantageuse. On peut en dire autant de l'industrie des bourres de soie ; elle devint très prospère lorsque l'on protégea les soieries et l'on eut une plus grande abondance de matière première à utiliser. Il n'en fut pas autrement pour la production du coton en ouate, lorsque le traitement sur une vaste échelle du coton brut exigea une plus grande quantité de matière première : la bourre de ce coton. On pourrait citer beaucoup d'autres exemples de ce genre.

54. Le protectionnisme et l'atténuation de la différenciation économique entre les divers pays. — L'évolution vers l'industrie semble plus facile depuis un certain temps, parce que la différence entre les pays doués d'aptitudes industrielles et ceux présentant une prédisposition à l'agriculture s'est atténuée. Il sembla, pendant longtemps, que les nations destinées à la production industrielle devaient disposer d'un sous-sol riche en charbon et en minerai de fer ; et que celles qui en étaient privés devaient renoncer à toute aspiration vers l'industrie. Ce fut en raison de leurs importantes ressources naturelles

(1) L'importation de la potasse et de la soude caustique a passé, de l'année 1902 à l'année 1904, de 175.400 de quintaux à 165.500, puis à 141.800, tandis que leur emploi prenait une extension plus grande.

que l'Angleterre d'abord, l'Allemagne ensuite, et enfin les Etats-Unis purent bénéficier d'un énorme développement industriel. Les Etats-Unis, très riches en charbon et en fer, tirèrent la plus grande partie de leur fortune des exploitations industrielles. Il sembla que leur suprématie ne pût admettre aucune compétition par ce fait que les autres pays étaient fatalement destinés à la culture exclusive de la terre.

Mais la suprématie économique, semblable en cela à la suprématie politique, peut être absolue, mais n'est jamais immuable. D'autres facteurs entrent en ligne et remplacent le charbon et le fer et changent, par suite, les bases de l'organisation manufacturière. La force hydro-électrique se substitue à la vapeur et triomphe partout rapidement. Aussitôt que seront résolus certains problèmes relatifs au transport à bon marché de cette nouvelle et mystérieuse énergie, son usage s'étendra avec une rapidité de plus en plus grande jusqu'aux industries qui en sont encore privées. Mais dès à présent, où beaucoup de difficultés n'ont pas encore été vaincues, l'emploi de la force hydro-électrique domine dans certaines régions et dans de nombreuses usines. Elle se plie docilement à toutes les exigences de la production et à un coût de beaucoup inférieur à celui de la force motrice empruntée à la vapeur.

Les pays arrosés par des cours d'eaux nombreux, qui semblaient par suite prédisposés à l'agriculture, se trouvent actuellement en possession de ce puissant facteur d'activité industrielle. Les marchés qui possédaient déjà le fer et qui peuvent aujourd'hui utiliser la force hydro-électrique, se trouvent dans de meilleures conditions que ceux qui possédaient autrefois le charbon et le fer. Ces conditions sont meilleures non seulement parce que la force motrice électrique revient à meilleur marché que la vapeur, mais encore parce que cette différence des prix doit augmenter à l'avantage de la première. L'exploitation de plusieurs mines anglaises, par exemple, tend à devenir plus coûteuse, en raison de la profondeur à laquelle a lieu l'extraction du minerai. Bien plus, le rôle prédominant qui, dans l'industrie métallique, revient aujourd'hui au fer, semble devoir diminuer d'importance. Grâce aux progrès de la technique, nous connaissons des métaux nouveaux et d'autre part, on a trouvé des alliages qui se substituent avantageusement aux métaux purs. L'alluminium entre dans divers produits et un emploi très large lui paraît réservé dans l'industrie moderne.

Donc, la suprématie du charbon et du fer décline lentement et une suprématie nouvelle se dessine, qui tend à déplacer les bases mêmes de l'hégémonie industrielle ; ce déplacement se constate dans l'ordre économique et aussi dans l'ordre géographique. Plusieurs régions, cependant très riches en charbon, ne le sont point autant en ce qui concerne la force hydro-électrique ; d'autres, très pauvres en charbon, sont au contraire parfaitement pourvues des éléments nécessaires à la production de la force nouvelle.

Dans la production chimique, nous assistons à un revirement plus complet encore. De nos jours, le Schlössing menace d'enlever au Chili et au Pérou l'importance qu'ils ont acquise grâce au monopole de la production du nitrate de soude, auquel leur concurrent veut substituer l'azotate de calcium ; un procédé spécial, auquel Birkeland et Eyde ont attaché leur nom, fixe, par le moyen de fours électriques, l'azote de l'air et conduit à l'acide azotique. D'autre part, Cécil de Schwarz nous indique quelle utilisation peut recevoir l'énorme quantité des résidus de la sidérurgie, pour la production des ciments. En résumé, on constate partout une évolution continue et constamment bienfaisante.

Qui donc pourrait blâmer les pays qui possèdent ces nouveaux facteurs de civilisation industrielle de chercher à faciliter cette évolution en ayant recours au protectionnisme? On pourra objecter que lorsqu'une transformation est encouragée par de nombreuses et puissantes raisons naturelles, il est inutile de faire intervenir la protection ; que le capital n'a pas besoin d'être artificiellement stimulé lorsqu'il est sûr d'obtenir des profits élevés et de vaincre les productions industrielles des autres pays.

Il s'agit ici de transformations qui exigent des efforts énormes, malgré l'aide que peuvent leur donner les excellentes aptitudes naturelles du pays. Les industries nouvelles, au moins pendant les premiers temps de leur exploitation, produisent à un coût relativement élevé ; et c'est seulement plus tard, grâce à l'expérience technique plus développée, grâce à l'amortissement du capital, qu'elles peuvent soutenir la libre concurrence de l'étranger.

On peut faire valoir d'autres arguments pour justifier l'emploi du protectionnisme dans de telles circonstances économiques. Un pays jeune, bien que pressentant de telles aptitudes naturelles, peut, par exemple, manquer de capitaux. Il est vrai que le capital moderne est très mobile, mais sa mobilité est en raison directe de l'élévation du profit escompté. Par conséquent, si, aux aptitudes naturelles du pays pour la production industrielle, s'ajoute l'action d'une protection équitable, l'appel des capitaux sera plus facile et mieux entendu et la transformation s'effectuera avec plus d'énergie. Dans ce cas, le protectionnisme pourrait être défendu avec les mêmes arguments qui sont invoqués en faveur du libre-échange. Et, en réalité, un tel protectionnisme tend bien vers le libre-échange. La loi des coûts comparatifs n'en souffrirait aucunement, car les pays jeunes, après cette rapide parenthèse protectionniste, s'adonneraient à la production libre des marchandises qui répondent le mieux à leurs prédispositions naturelles, et ils obtiendraient, avec celles-ci, les marchandises étrangères d'une autre nature et produites ailleurs dans des conditions tout autant favorables.

Etant donnée la non-stabilité des facteurs de la suprématie économique, et le progrès géant des découvertes scientifiques et des inventions qui se succèdent rapidement, nul ne peut nier que l'hégémonie économique tende à se déplacer d'un pays vers l'autre et que ce déplacement ne puisse être facilité par le protectionnisme.

55. Le choix des productions qui méritent d'être protégées est toujours possible. — Mais comment distinguer les industries-limites et comment ensuite, discerner entre toutes, celles qui sont susceptibles de se développer généreusement, même sans le secours de la protection? Comment les distinguer de celles qui devront peut-être rétrograder jusqu'aux opérations uniques du marché intérieur; et de celles qui, se trouvant justes sur la limite des conditions économiques favorables, ont une existence intermittente, se ressentant des contre-coups continuels de la concurrence internationale? Certes, celles qui exportent leurs propres produits et qui ne permettent pas, étant déjà maitresses du marché intérieur, l'importation étrangère des objets manufacturés similaires, ne sont pas des industries-limites. Il faut, au contraire, rechercher ces industries-limites parmi celles qui essaient d'exporter leurs produits sans être encore capables d'approvisionner tout le marché intérieur, et parmi celles qui commencent à produire pour ce marché, mais sont encore loin de pouvoir songer à l'exportation. Naturellement, ces industries-limites varient sans cesse; elles peuvent disparaître complètement devant la concurrence étrangère, ou passer dans la catégorie de celles que la puissance acquise éloigne désormais de la limite. L'industrie cotonnière italienne appartint, pendant quelques temps, aux industries-limites; cela n'a pas lieu à présent qu'elle est devenue plus vigoureuse; ce sont les industries du lin et du chanvre qui ont pris sa place.

En France, vers 1900, l'industrie de la laine figurait parmi les industries-limites, et, en effet, beaucoup de fabriques de drap se transformèrent en fabriques de cotonnades (1). En associant les indications du commerce international et celle que peut fournir la complexion naturelle du pays, il ne sera pas difficile de désigner les industries-limites qui méritent d'être protégées. Cette protection sera accordée aux industries, qui, même étant sur la marge extrême des conditions économique favorables, disposent de ressources sérieuses et permettent d'espérer une activité considérable.

(1) *Commission permanente des valeurs de douane*, Session de 1899 pag. 211.

Pour la production agricole, les choses ne vont pas différemment. Il existe des terres-limites, comme des industries-limites. Lorsque, les valeurs internationales ayant changé sous l'influence de la concurrence étrangère, on estime qu'une transformation des cultures est nécessaire, il n'est pas difficile de distinguer, parmi les cultures-limites, celles qui méritent l'aide la plus efficace en raison de l'avenir prospère qui leur est réservé. Lorsqu'en Allemagne on encouragea l'industrie du sucre et que l'on protégea indirectement la culture de la betterave, on ne fit pas autre chose que de faciliter la transformation des terres-limites dont les rendements, jusqu'alors, avaient été peu satisfaisants. Ces terres, d'une façon indirecte mais efficace, contribuèrent à l'introduction d'un nouveau produit — le sucre — dans le commerce d'exportation de l'Allemagne ; elles eurent également une influence favorable sur le changement qui survint dans les valeurs internationales.

Cette forme de protection, à l'étude de laquelle Stuart Mill s'appliqua et qui apparaît, même aux esprits les moins avertis, comme une des meilleures formes d'encouragement mérité, a été l'objet de critiques nombreuses et violentes. Bastable dénie aux corps législatifs la compétence nécessaire pour distinguer, selon une saine méthode, les productions qui méritent d'être protégées ; il estime que, même dans le meilleur cas, on accepte un dommage immédiat et réel dans l'espérance d'un avantage qui est incertain et éloigné. Cairnes rappelle que lorsque les industriels demandent le bénéfice de la protection, ils mettent toujours en avant des considérations relatives à la jeunesse de l'industrie et à ses prédispositions naturelles pour un développement considérable ; mais qu'ensuite, cette industrie, de l'avis de ceux qui l'exercent, ne doit jamais être privée de la protection, et même, souvent a besoin d'une protection plus énergique. L'économiste anglais en conclut que la protection ne tend pas à développer les facultés industrielles ; qu'elle a même une influence tout à fait opposée ; et qu'elle provoque inévitablement le besoin d'une défense ultérieure. Lorsque Cavour, qui cependant se comporta en libre-échangiste pratique et très prudent, inaugura les réformes douanières du Piémont, il soutint que le protectionnisme devait être réprouvé, même dans les cas de ce genre, parce que, pendant que les jeunes industries prennent de la vigueur, les industries rivales se développent démesurément ; et il en résulte que le motif qui a justifié la protection ne disparaît jamais et que celle-ci est toujours nécessaire (1). Toutes les critiques des libre-échangistes, en ce qui touche aux jeunes industries, se groupent autour de ces arguments principaux, lesquels d'ailleurs n'ont pas toujours une valeur absolue, car ils se trouvent parfois en contradiction avec l'histoire.

L'incompétence des Parlements s'est montrée à tous les yeux, lorsqu'ils ont entrepris de légiférer dans le domaine économique ; toutefois il ne manque pas d'exemples où la protection fut accordée fort à propos. Nul ne niera qu'en Angleterre, avant et après la crise industrielle, la protection n'ait été accordée à des industries qui le méritaient. Les succès qu'elles ont obtenus, même après l'abolition des barrières douanières, le démontrent clairement. Il y eut, il est vrai — et comment l'éviter ? — des industries protégées sans qu'elles possédassent des aptitudes naturelles suffisantes, mais la sélection s'opéra dès l'inauguration du libre-échange (2). L'Allemagne, elle aussi, protégea des productions qui, loin de rester immobiles dans la phase initiale, se développèrent rapidement et prirent une telle vigueur qu'elles dépassèrent même, quant à l'organisation, les industries anglaises correspondantes.

Les erreurs sont faciles quand il s'agit de choisir les industries à protéger et d'en déterminer la mesure. Mais combien d'erreurs ne se cachent-elles pas dans toutes les lois faites par les hommes, et cependant les Parlements ne discontinuent pas de légiférer pour cela. Certes, les erreurs devraient être réduites au minimum,

---

(1) V. de l'auteur : *Industria dello zucchero : commercio, importanza economica, legislazione doganale*, Milan, Hœpli, 1889.

(2) En Angleterre, l'industrie des sucres raffinés disparut pour ce motif.

et c'est pourquoi tous les efforts devraient tendre à restreindre le protectionnisme aux productions dont l'avenir promet le plus.

L'objection de Cavour a moins de valeur.

La mesure du progrès n'est pas la même pour toutes les industries. La rapidité initiale du progrès manufacturier est plus grande dans les nouvelles usines que dans les anciennes. Une nouvelle usine se crée, qui adopte toute la machinerie des anciennes ; au point de vue de la technique de la production, la différence ne sera pas grande. Au point de vue de son organisation, la distance qui sépare la nouvelle usine des anciennes sera vite parcourue ; car la jeune entreprise s'aidera de l'expérience de ses aînées et des exemples qu'elles lui donneront. Cette objection put être adressée aux industries allemandes, lorsqu'elles cherchèrent un abri derrière le protectionnisme. Plusieurs fabriques allemandes, quoique beaucoup plus jeunes que les fabriques anglaises, leur font une concurrence victorieuse. Une enquête anglaise récente met en évidence tous les dangers de cette concurrence (1).

L'Italie qui, elle aussi, est arrivée très tard possédait, en 1897, des usines disposant des machines les plus puissantes et les plus récentes de toute l'Europe (2).

Il n'est nullement vrai qu'il soit impossible de secouer le joug de la protection une fois qu'on l'a accepté. En Angleterre la protection disparut et sa suppression fut demandée, imposée par les industriels eux-mêmes. En Allemagne, en 1902, lorsque la réforme douanière était à l'étude, beaucoup d'industries se déclarèrent contre elle. Et le jour ne semble pas éloigné, où ces industries, unissant leurs efforts à ceux de la classe des travailleurs,

---

(1) BOARD OF TRADE, *Bristish and Foreign Trade and Industrial Conditions*, Londres, 1903. En particulier *German and American Iron and Steel in the Bristish Marcket*, 1900-1903, pag. 343 et suiv.

(2) En 1897, une fabrique italienne (Ackermann et Cⁱᵉ) employait les presses rotatives les plus fortes de l'Europe. V. le livre de l'auteur : *I trattati di commercio e l'economia nazionale*. Rome, Societa editrice Dante Alighieri, 1902.

réussiront à réduire la protection exagérée dont jouissent actuellement certaines branches de l'activité manufacturière et agricole.

L'opinion de Cairnes, qui conteste le développement des facultés industrielles des pays protectionnistes, n'est pas justifiée non plus.

Nous n'assisterions pas, aujourd'hui, aux lamentations des industriels anglais, si l'Allemagne et les Etats-Unis n'avaient pas pu développer, grâce au protectionnisme, leurs facultés industrielles propres.

56. Le protectionnisme et la transformation des capitaux. — a) *Comment s'effectue la transformation des capitaux.* — Le protectionnisme est susceptible de déployer une action bienfaisante, même pendant les périodes où s'élabore une transformation économique ; et cela parce qu'il adoucit le passage d'une forme de production à une autre et atténue la déperdition de force qui accompagne presque toujours ces crises.

La différence des profits détermine la transformation des capitaux. Il est difficile, sinon impossible, de réaliser le passage de tous les capitaux d'une forme d'emploi à une autre ; le déplacement, en général, n'intéresse qu'une partie de ces capitaux.

L'équivalence des profits s'obtient :

1° Par l'afflux des capitaux disponibles vers les emplois les plus rémunérateurs ;

2° En dirigeant vers ces emplois les capitaux retirés d'emplois moins avantageux.

Une certaine quantité de capital est constamment en voie de transformation, car il est très difficile de réaliser un état de parfait équilibre. Cette transformation n'offre pas toujours les mêmes manifestations ; elle varie selon qu'il s'agit de capitaux circulants ou fixes. Si un capital circulant donne, dans un emploi déterminé, un revenu net élevé, de nombreux entrepreneurs consacreront leurs capitaux à cet emploi ; les produits verront leur prix diminuer, en raison de l'offre plus considérable

qui en sera faite et la valeur d'usage de ce capital tombera au
niveau de la valeur de coût.

Si, au contraire, le capital circulant employé sous une forme
donnée ne fournit qu'un revenu inférieur ; si, par exemple, les
matières premières nécessaires à une industrie n'atteignent pas,
après leur transformation en produits manufacturés, une augmentation de valeur équivalente à l'intérêt normal de l'argent ;
alors les entrepreneurs retireront immédiatement leurs capitaux
de cette forme d'emploi, de sorte que l'offre des produits diminuant, leur prix augmentera jusqu'à ce que la valeur d'usage
du capital soit équivalente à la valeur de coût.

En ce qui concerne les capitaux fixes, les choses vont différemment. Si les produits qu'on retire de leur emploi augmentent
de prix, beaucoup d'entrepreneurs transforment leurs capitaux
circulants en capitaux fixes, pour obtenir un revenu supérieur ;
de telle façon que l'offre plus considérable des produits de ce
capital fixe abaissera leur prix et la valeur d'usage du capital
redeviendra égale à la valeur de coût (1).

Supposons, au contraire, qu'en raison de l'abaissement du
prix des produits, la valeur d'usage du capital fixe diminue tout
à coup et tombe au-dessous de la valeur de coût ; l'inégalité de
ces valeurs ne peut être supprimée, car la transformation du
capital fixe et circulant en capital libre et disponible est impossible. Dans ce cas, le revenu de l'emploi en question est, en permanence, inférieur au revenu normal ; ce qui provoque une diminution équivalente de la valeur d'échange du capital fixe et
cette diminution persiste tant que dure cette situation économique. Nous pouvons donc dire que, tandis que pour les capitaux circulants la valeur d'usage est toujours égale à la valeur
de coût ; pour les capitaux fixes, au contraire, la valeur d'usage
peut être tantôt supérieure, tantôt inférieure à la valeur de
coût, ce qui conduira tantôt à des bénéfices exceptionnels, tantôt à des pertes considérables.

(1) C. Supino, *Teoria della trasformazione dei capitali*, Turin, Bocca
1891.

Le capital qui s'emploie dans la culture de la terre est lui-même sujet à se transformer. Quand le prix des produits agricoles augmente, la valeur d'usage de la terre s'élève ; et comme la terre est limitée et ne peut se multiplier, le propriétaire se trouve en mesure de la vendre à un prix supérieur au prix d'achat et peut employer le produit de la vente sous une autre forme. La valeur d'échange de la terre s'élève en même temps que sa valeur d'usage ; de sorte qu'une partie toujours plus grande de la richesse nationale est absorbée par l'acquisition du sol. Si, après l'achat, le prix des produits diminue, il entraîne une diminution du revenu, et, par suite, de la valeur d'usage de la terre. Le progrès des moyens de transport, en particulier, peut, ainsi que le dit Price à propos du revenu de la terre, changer ce qui était autrefois une augmentation injustifiée en une diminution également injustifiée. Cela eut lieu, au cours de ces dernières années, à cause de la concurrence américaine et de l'abaissement continu des tarifs de transport. Ces deux facteurs déprécièrent le revenu agricole dans les pays anciens, et neutralisèrent, en partie, les avantages qui provenaient de la proximité des consommateurs. Dans des cas de ce genre l'agriculture languit.

Parmi les causes de la transformation des capitaux, la première place appartient au protectionnisme. Les droits de douane élèvent les prix et, par suite, les profits des industries protégées, en leur conférant une faculté d'attraction puissante vis-à-vis des capitaux. D'où résultent des transformations qui varient selon l'élévation des taxes et selon les industries protégées. L'attraction indiquée continue son œuvre, même lorsque les autres emplois ne voient pas diminuer leurs profits ou les voient augmenter dans une mesure moins large que les industries les plus faiblement protégées.

Il en résulte que, dans les pays où les conditions naturelles favorisent le développement de l'industrie manufacturière, celle-ci finit — à la longue — par dominer la production agricole, et oriente le pays vers une forme industrielle bien caractérisée.

Une fois ce mouvement donné, la transformation des capitaux continuera son œuvre, même si la cause première qui l'a déterminée, la protection, vient à faire défaut.

L'Angleterre, par exemple, même après l'adoption du libre-échange, continua à dégager les capitaux des emplois agricoles pour augmenter le capital industriel. La terre, frappée par la concurrence d'outre-mer, voyait son revenu diminuer rapidement, alors que l'industrie, sous l'action de facteurs favorables, élevait ses profits avec la même rapidité. Cause de répulsion d'un côté, cause d'attraction de l'autre ; il en résulta une transformation extrêmement rapide du capital.

Cet état de choses, qui fut déterminé par le libre-échange, aurait également pu être la conséquence du protectionnisme : l'exemple de quelques Etats continentaux européens est, à cet égard, typique. En effet, au début du protectionnisme industriel, l'agriculture se ressentait péniblement de l'influence de différentes causes très complexes, alors que l'industrie bénéficiait de profits élevés. Il n'est pas douteux que le mouvement industriel ait été accéléré en raison de cet état de choses.

La transformation peut être plus lente : 1° si l'industrie protégée offre des aptitudes naturelles restreintes et par suite n'a que peu de vitalité ; 2° si la protection est faible ; 3° si l'agriculture se développe dans des conditions normales de même que les autres exploitations.

La protection serait plus que jamais condamnable, si, en raison de son intensité et de son irrationalité, elle provoquait le retrait des capitaux de leurs emplois normaux, pour les diriger vers ceux qui ne sauraient donner des résultats s'ils étaient privés de secours artificiels. Au contraire, lorsqu'elle retire les capitaux des industries moins rémunératrices à l'avantage de celles qui, dans un délai relativement court, peuvent, sans aucun artifice, donner des profits élevés, la protection peut être avantageuse.

b) *Le capital fixe de l'agriculture et les raisons qui en retardèrent la transformation.* — Il est encore un autre cas où la protection peut être utile : c'est lorsque il s'agit d'arrêter l'irruption de la concurrence étrangère et de donner aux capitaux nationaux le temps de se mettre à l'abri, soit en se transformant en temps opportun, soit en renouvelant, après les avoir modifiées, les productions auxquelles ils sont consacrés.

Tout le monde sait avec quelle impétuosité les céréales d'outre-mer firent irruption en Europe ; leur concurrence fut presque irrésistible, la production européenne en fut submergée. Le revenu de la terre faiblit et la situation fut très grave pour les pays dont la prospérité reposait principalement, sinon uniquement sur la culture de la terre. Seule l'Angleterre, grâce à son industrie déjà puissante, put abandonner l'agriculture devant la concurrence d'outre-mer, et éviter le malaise dont elle eut certainement souffert dans d'autres conditions. Tout cela se traduisit, en définitive, par une dispersion considérable des capitaux ; et, si cette dispersion des capitaux n'eut pas de conséquences désastreuses pour l'économie intérieure de l'Angleterre, on le dut : 1° à la grande accumulation de richesses dont bénéficiait l'Angleterre, et qui lui permit de résister le plus fortement aux attaques les plus sérieuses ; 2° à la puissance, déjà considérable de l'industrie, qui travaillait pour les marchés étrangers et ne ressentit pas, ou tout au plus dans une mesure restreinte, le contre-coup de la réduction de la consommation nationale en raison de la crise agricole. Et même, à un autre point de vue, non seulement l'industrie neutralisa les conséquences néfastes de la crise intérieure, mais elle en sortit plus forte. L'importation accrue des marchandises agricoles se traduisit par une nouvelle raison d'extension en faveur de l'exportation manufacturière. L'exode des travailleurs de la terre vers les usines s'accentua, et la main-d'œuvre s'offrit plus abondante. Dans le même temps, le coût de la vie ayant faibli, il fut plus difficile aux ouvriers d'obtenir une élévation rapide du taux des salaires.

Mais, parmi les États continentaux de l'Europe, aucun ne se trouvait dans les conditions de la Grande-Bretagne. Leur com-

plexion économique était beaucoup plus faible, et l'agriculture
en représentait le principal organe. Le dommage le plus grand
provint, non seulement de ce que l'agriculture était leur plus
importante ressource, mais encore du fait que l'énorme capital
fixe employé à la mise en valeur de la terre était d'une transformation toujours difficile.

Ce capital représenté par des plantations, des travaux de ter-
rassement, de dessèchement, de fabriques, etc..., dépassait la
valeur du sol même (1). Les terrains les plus riches et les mieux
situés eux-mêmes ne peuvent éviter l'emploi d'un capital fixe
aussi considérable, beaucoup plus considérable que le capital
fixe exigé par les industries. C'est là la raison — tout au moins
une des raisons — pour lesquelles les pays qui ne peuvent
trouver de compensation dans l'activité des fabriques, doivent,
autant qu'il est possible, utiliser cet énorme patrimoine, fruit
du travail de plusieurs générations. Et l'utilisation n'est possible, l'adaptation de tout ce capital à une autre forme de production ne peut être réalisée que par la pratique d'une sage politique commerciale, qui, tout en poussant l'agriculture vers de
nouvelles productions, lui donne le temps nécessaire pour que
la transformation puisse s'accomplir selon un mouvement lent
et graduel. Si une protection équitable n'était pas venue en
aide à l'agriculture continentale après la violente offensive des
produits d'outre-mer, on aurait abouti à une vaste, à une incalculable destruction des capitaux, ce qui aurait eu pour conséquence dernière d'atteindre mortellement l'industrie elle-même.
L'industrie continentale, à cette époque, travaillait presque
exclusivement pour le marché intérieur et elle aurait beaucoup souffert de la diminution de la consommation nationale. Cette forme de protection est admise comme opportune
par les libre-échangistes les plus sérieux. Toutefois, ils re-

(1) G. SOREL, *Notes sur les bases des règlements d'arrosage*, Paris, 1891.
G. GATTI, *Agricoltura e socialismo*, R. Sandron, Palerme, 1900, pag. 123
et suiv. U. MAZZOLA, *La colonizzazione interna in Prussia*, Rome, Tipo-
grafia nazionale, 1900.

prochent à l'agriculture d'avoir trop conseillé le retrait des capitaux consacrés à certaines cultures pour les employer à
d'autres, ce qui rendait permanente une défense douanière qui
aurait dû conserver un caractère transitoire (1).

Certes, la protection ne fut pas toujours raisonnable, de sorte
qu'en trop élevant le prix des denrées et le revenu de la terre,
elle ne laissa plus sentir l'aiguillon de la concurrence et per-
pétua un état de choses qui aurait dû être éphémère. Dans
beaucoup de cas, on ne constata même pas un indice de transformation lente et pondérée, précisément parce que la concurrence fut vaincue par les mesures artificielles de défense. Mais
dans des cas nombreux la concurrence continua à se faire sentir,
particulièrement en raison de l'abaissement continu du coût de
production dans les pays d'origine, ce qui neutralisait en
partie les taxes de protection en usage dans les pays destina-
taires.

Toutefois, dans les transformations de ce genre, il faut que le
temps disponible soit en rapport avec les obstacles à surmonter.
Et ces obstacles, de nos jours, sont en nombre infini. C'est la
technique moderne qui peut seule permettre une production plus
abondante, meilleure ou variée. Elle comprend, actuellement,
des machines agricoles plus perfectionnées, des engrais chimiques mieux composés et mieux utilisés, des remèdes efficaces
contre les maladies des bestiaux et des végétaux, des règles
nouvelles concernant l'hydraulique agricole, des manipulations
complexes et perfectionnées appliquées aux produits afin d'en
bonifier la qualité et d'en faciliter la vente (2). Il suffit d'énumérer les divers éléments de la technique moderne pour comprendre qu'elle ne peut être mise à la portée de l'agriculteur,
simplement s'il en manifeste la volonté. Pour que l'agriculture
moderne entre graduellement en possession de la technique
nouvelle, il lui faut beaucoup de ressources et beaucoup de

(1) LORIA, *Verso la giustizia sociale*, Rome, Societa editrice libraria, 1904,
pag. 317.

(2) G. GATTI, *op. cit.*, pag. 293.

temps. Ces ressources ne s'improvisent pas, et on ne les obtient, au contraire, que péniblement, avec d'autant plus de lenteur que le pays est plus pauvre. Quant au temps, il ne peut être donné que par la protection.

Il est injuste de demander à l'agriculture la transformation relativement rapide dont l'industrie est susceptible. De profondes dissemblances d'organisation et de structure distinguent l'agriculture de l'industrie. Dans celle-là, la technique est relativement beaucoup plus complexe et plus coûteuse que dans celle-ci.

Bien plus, les résistances du milieu naturel sont presque complètement éliminées pour l'industrie, tandis qu'elles restent puissantes, nombreuses et ont un caractère de limitation pour l'agriculture. L'industrie travaille et produit toute l'année, tous les jours, à toutes les heures, jour et nuit. La production est immédiate et continue. Il n'en est pas de même de l'agriculture, qui est soumise au cycle inexorable des saisons et aux lois immuables de la physiologie végétale et animale. Elle subit sans trêve les variations atmosphériques et les maladies parasitaires. La production ne peut donc être immédiate, continue, ni certaine. Le défaut de production immédiate impose de longues périodes de préparation. La viticulture exige la mise en action de capitaux considérables, qui restent improductifs pendant cinq ou six ans. La culture des fruits demande une période d'attente plus longue. La culture des oliviers et les plantations forestières sont encore plus exigeantes. En somme, il suffit d'une année à une exploitation industrielle pour donner les premiers rendements, alors qu'une exploitation agricole demande environ dix années pour entrer dans la phase productive (3). Il est vrai que la science vient actuellement en aide à l'agriculture, grâce aux découvertes de Boussingault, de Liebig, de Ville, de Solari et d'autres savants; mais, si ces découvertes ont accru la pro-

(1) C. GATTI, op. cit., pag. 136.

ductivité de la culture, elles ont aussi augmenté démesurément le capital nécessaire aux exploitations agricoles modernes.

On comprend donc que, les transformations étant plus longues et plus difficiles dans le domaine agricole, la protection douanière doit être de plus longue durée. Cette durée plus considérable est justifiée. 1° par l'énorme capital fixe employé dans la terre, qui permet difficilement les changements de culture, en raison de leur impuissance à rétribuer un tel capital ; 2° par la complexité de la technique moderne, dont l'adoption exige de longues études ; 3° par les résistances du milieu naturel, qui constituent des difficultés très grandes et imposent de longues périodes de préparation ; 4° par le long délai nécessaire pour que les nouvelles cultures donnent un rendement suffisant.

c) *Les prévisions illusoires sur la concurrence d'outremer et les raisons du retard de la transformation agraire.* — En se basant sur la concurrence des céréales d'outre-mer, on découvre d'autres raisons pour lesquelles la protection accordée à l'agriculture ne put être temporaire dans la mesure que beaucoup ont indiquée. Lampertico, dès 1885, avait prévu que l'exportation nord-américaine de blés considérablement dépréciés ne pouvait être durable. Ce qu'il avait prévu, dit Loria, arriva. L'intuition de Lampertico eut le défaut d'être unilatérale, et l'affirmation de Loria, celui d'être inexacte.

En fait, au contraire, l'exportation des céréales des Etats-Unis augmenta toujours après 1885, l'année où écrivait Lampertico, et même après 1892, l'année où parlait Loria. Et les prix de cette exportation continuèrent à être ruineux pour l'agriculture européenne. En 1885, les assauts les plus violents venaient de l'Amérique du Nord, et la prévision d'une concurrence future moins vive se basait sur la nécessité où serait ce pays d'avoir recours à des terres moins fertiles, ce qui devait élever les coûts de production. Mais la prévision ne fut vérifiée pour l'Union Nord-Américaine, que plusieurs années plus tard (1), et

(1) Lampertico écrivait en 1885 et Loria en 1892. Depuis lors, aux Etats

n'est pas vérifiée, même aujourd'hui, pour d'autres pays plus jeunes, dont la concurrence pouvait se manifester, et s'est manifestée en effet. La République Argentine, l'Inde, l'Australie et d'autres régions possédant des terres très étendues relativement à la population et, par suite, devant forcément exporter les produits agricoles à bon marché, ne laissent pas de trève à la culture européenne des céréales. On en a une preuve, dans les résultats d'une récente enquête anglaise, de ce que, quoi qu'en ait dit Loria, les prix ne se sont pas rétablis ; cette enquête (1) nous montre, qu'après 1885 les prix continuèrent à baisser sur le marché anglais et sur le marché américain, tandis qu'en France et en Allemagne la taxe protectrice n'eut d'autre influence (malgré ses élévations successives en 1887 et 1894 en France, en 1888 en Allemagne) que de maintenir le prix au même niveau. Ce fut là une nouvelle raison pour laquelle on dut temporiser avec la taxe sur le blé et même temporiser sa suppression.

Il se peut qu'un pays se trouve parfois dans la nécessité de défendre, en même temps, diverses productions agricoles. Tel est le cas de l'Italie, qui protège la culture du blé et aussi celles de la vigne et de l'olivier.

La viticulture italienne fut autrefois florissante et prit part au commerce d'exportation avec beaucoup de vigueur et dans un esprit libre-échangiste. Mais les conditions qui l'avaient rendue prospère se modifièrent rapidement, et il devint nécessaire de la protéger dans une mesure de plus en plus large (2).

Unis, la production du blé et son exportation ont augmenté progressivement.

Et même le rendement moyen par *acre*, jusqu'à ce jour, n'a subi aucune diminution. V. *Statistical Abstract of the United States*, pag. 370, 296 et suiv.

(1) *British and Foreign Trade and Industrial Condition*, Londres, 1903, pag. 121.

(2) Pour ce motif le Parlement italien repousse, en décembre 1905, le *modus vivendi* avec l'Espagne, car il réduisait la taxe sur le vin de 20 à 12 francs par hectolitre. Dans cette occasion, les libre-échangistes italiens

Jusqu'à ces dernières années, la valeur annuelle de la production vinicole en Italie se chiffrait par 750 millions de francs ; cette somme représentait le revenu de 7 milliards et demi employés à 10 0/0. Supposons qu'un vingtième seulement de cet énorme capital, soit 375 millions, fut en mesure de se transformer ; vers quelles cultures, ne redoutant rien de la concurrence étrangère, aurait-on pu les diriger ? On n'aurait pu choisir ni la culture de l'olivier qui péricliterait sans le secours de la protection, ni celle des céréales, qui se trouve dans des conditions identiques, ni d'autres cultures·arborifères, dont le rendement se fait trop longtemps attendre. Où donc porter son choix ? En Italie, pays à prédominance agricole, aucune des grandes cultures n'est capable de prospérer sans le secours de la protection douanière. Pour employer ces 375 millions supposés transformables, on aurait dû accomplir tout un travail de sélection, afin de déterminer les cultures pouvant convenir et pour choisir parmi celles-ci, afin d'être à l'abri de toute surprise, celle qui aurait pu vivre sous le régime de libre-échange, et qui aurait pu assurer une rémunération équitable au capital employé. Il aurait fallu étudier la vente des produits des nouvelles cultures, non seulement au point de vue intérieur, mais encore au point de vue international. En résumé, tout un travail de préparation, demandant du temps, des connaissances techniques et de la prudence aurait été nécessaire. Mais ce travail ne peut s'accomplir lorsque l'ennemi vous assiège et qu'on n'a recours à aucune mesure pouvant le faire reculer momentanément. Sous la pression violente de la concurrence étrangère, on aurait abouti à l'un des deux phénomènes suivants : 1° à une transformation précipitée des cultures, pouvant être, par la suite, une source de désastres ; 2° au retrait du capital effrayé, et qui eût cherché, de préférence, des em-

---

les plus intransigeants se prononcèrent pour la taxe la plus élevée. Cela prouve que la politique commerciale doit toujours s'inspirer de la réalité des faits, devant laquelle les spéculations abstraites perdent beaucoup de leur rigueur.

plois improductifs parce qu'ils eussent offert plus de sécurité.

Mais ici, un autre problème se présente ; en pareil cas, quel degré de protection devra-t-on accorder pour éviter les crises violentes et pour, en même temps, ne pas perpétuer une situation économique qui n'a plus pour conséquence de stimuler l'augmentation de la richesse ?

La protection devra être mesurée de façon à faire sentir légèrement aux producteurs l'aiguillon de la concurrence étrangère, afin de leur faire comprendre que leur situation est précaire et que tous les efforts doivent tendre vers un emploi meilleur des forces productives dans l'avenir. Si la protection est trop forte, elle assure un profit certain aux producteurs et les encourage à persévérer dans l'ancienne forme de production, au détriment continu et considérable de la consommation et de l'économie générale.

Ceux-là ont tort, qui estiment que la protection n'est pas susceptible de permettre aux transformations économiques de suivre leur voie normale. Ceux-là croient que la concurrence étrangère fait sentir ses effets suivant un mouvement lent et graduel, qu'elle ne se manifeste pas tout d'un coup, et que, par conséquent, la transformation pourrait s'effectuer avec le calme nécessaire, même sans le secours de la protection. De nos jours, les inventions se succèdent avec tant de rapidité et leur efficacité est telle, que la concurrence elle-même en reçoit des impulsions nouvelles et imprévues, dont les effets sont immédiats et étendus.

Le transport des viandes d'outre-mer, aussitôt que fut employé le procédé de la congélation, s'accrut, en effet, avec une rapidité extraordinaire. Si la protection n'était parvenue, dans plusieurs pays, à réfréner cette concurrence acharnée, aurait-on trouvé le moyen, sans encourir une grande destruction de forces, de sélectioner les races et de s'adonner à l'élevage de celles qui étaient le mieux adaptées à notre consommation ? On dit que l'État ne peut que très péniblement assigner une juste mesure à cette protection préservatrice. En réalité, l'Etat pourrait et saurait obtenir ce résultat. S'il n'y atteint pas c'est parce qu'il n'en a point la volonté, parce qu'il tient d'abord à servir les intérêts de la classe à laquelle il se trouve assujetti. Mais, dans beaucoup de ses manifestations, on voit agir l'Etat, selon les intérêts de la classe dominante, et on ne songe pas, pour cela, à supprimer sa fonction. On ne peut comprendre, par suite, qu'on puisse lui dénier tout droit d'ingérence dans la vie économique dans le but d'empêcher qu'il abuse de son pouvoir. Cette ingérence se constatera toujours et partout, et l'on pourra seulement discuter des moyens les meilleurs pour réduire les abus, accroître les avantages, et atténuer les influences néfastes.

CHAPITRE IV

LE PROTECTIONNISME SANS DROITS PROTECTEURS

57. Les divers genres de primes. — 58. Les primes à la production : en quoi elles sont préférables aux taxes protectrices. — 59. Les primes à la production : en quoi elles sont plus mauvaises que les taxes protectrices et sont d'une application difficile. — 60. Les primes à l'exportation.

57. Les divers genres de primes. — Le protectionnisme n'agit pas seulement par le moyen des droits protecteurs, il peut affecter une forme spéciale efficace bien que ne s'appuyant sur aucune taxe. Les primes se substituent aux droits et développent une action qui n'est pas très différente.

Les primes peuvent être accordées à la production ou à l'exportation et se mesurent exactement à la quantité de marchandises produites ou exportées. Dans l'un et l'autre cas, elles ont pour but l'augmentation de la production nationale, et elles y atteignent, soit en réservant le marché intérieur à l'industrie protégée, soit en poussant celle-ci à la conquête des marchés étrangers.

La taxe protectrice élève le prix des marchandises protégées au-dessus de ce qu'il pourrait être dans les conditions normales, et assure aux producteurs une prime représentée par la différence entre le prix naturel de la marchandise et le prix artificiel que lui donne la taxe. Dans ce cas, la prime est payée par les consommateurs nationaux. La prime à la production, au contraire, n'élève pas le prix de la marchandise protégée ; elle l'abaisse même d'une quantité qui permet encore de triompher de la concurrence étrangère. Mais comme la prime est supérieure à cette quantité, le producteur en retire toujours un avantage direct ; et il a, en outre, celui de pouvoir se substituer petit à petit aux concurrents étrangers, au point de s'emparer complètement du marché national. Dans ce cas la prime n'est pas payée par les consommateurs nationaux de la marchandise en question, qui peuvent même, au contraire, en retirer un bénéfice, mais par tous les contribuables de l'Etat, consommateurs ou non de la dite marchandise ; car, c'est la finance publique qui supporte le poids de la prime, et tous les citoyens y contribuent.

A ce genre de primes appartiennent toutes les mesures d'ordre fiscal qui se traduisent par des avantages pour les industries que l'on veut encourager. C'est ainsi que l'exonération des impôts directs dont bénéficient les usines nouvelles dans plusieurs pays, n'est autre chose qu'une prime à la production, et elle est d'autant plus forte que le taux des impôts est plus élevé. Cette prime avantage les producteurs sans nuire directement aux seuls consommateurs des produits des nouvelles fabriques ; mais elle pèse sur tous les contribuables, car, pour le trésor public, il en résulte une rentrée de moins, ce qui conduit au maintien tel quel ou même à l'accentuation des impositions qui incombent aux autres catégories de citoyens.

Les primes à l'exportation grèvent également les finances de l'Etat et, par suite, pèsent sur les citoyens qui alimentent celles-ci ; mais les consommateurs nationaux, à l'encontre de ce qui a lieu pour les primes à la production, n'en retirent aucun bénéfice ; ce bénéfice appartient exclusivement aux consommateurs étrangers.

Parfois, les primes à la production comme celles à l'exportation s'ajoutent à des droits d'entrée. Toutefois l'effet définitif de ces derniers n'en est pas essentiellement changé ; cette superposition se traduit presque toujours par le bénéfice plus important que recueille le producteur et le sacrifice plus grand qui s'impose aux consommateurs. Les contribuables en éprouvent peut-être un malaise moindre, parce que le rendement de la taxe compense en totalité ou en partie ce qui est prélevé à titre de prime sur le budget de l'Etat.

Lorsque la taxe est établie en même temps que la prime, le taux de cette dernière peut être plus faible sans qu'elle cesse d'avoir le même effet. Il s'agit là d'une vérité évidente, qu'il serait inutile de démontrer.

58. Les primes à la production, en quoi elles sont préférables aux taxes protectrices. — Les primes, de même que les taxes, ont une origine très ancienne. Colbert en usa largement, particulièrement en faveur de la sériciculture. Elles furent employées également en Irlande, pour encourager les industries du lin et du chanvre. Il en fut de même un peu partout, pour stimuler tantôt la production manufacturière, tantôt la production agricole, ou les industries maritimes. Mais elles n'auront jamais une application constante et presque universelle comme les taxes de douane. La France est le pays qui, actuellement, en fait le plus large usage; toutes les formes de protection sont d'ailleurs représentées dans ce pays (1).

Les économistes, en général, les ont négligées. Smith en fut un adversaire décidé (2), mais il visait particulièrement les primes à l'exportation sans s'occuper des primes à la production. Alexandre Hamilton, au contraire, qui étudia spécialement ces dernières, les défend avec une chaleur de conviction plus forte que lorsqu'il préconise les droits d'entrée (3). Certes, les primes à la production, quoique étant d'une application difficile, évitent plusieurs des inconvénients qui donnent leur caractère nuisible aux taxes protectrices. En effet :

(1) A. DE LAVISON, *La protection par les primes*, Paris, Arthur Rousseau, 1900. L'auteur s'occupe presque exclusivement des primes adoptées en France.

(2) V. le chapitre v, du livre IV, de son célèbre ouvrage.

(3) Dans son fameux *Report on Manufactures*, qu'il présenta le 5 décembre 1791, en qualité de ministre du Trésor, à la Chambre des Représentants de la Fédération nord-Américaine.

1° Elles ne provoquent, ainsi que nous l'avons dit, aucune hausse du prix de toutes les marchandises similaires produites à l'intérieur ; et à cet égard, elles aboutissent à une répartition moins défectueuse.

Le droit d'entrée pèse parfois exclusivement sur les consommateurs les plus pauvres, dont il diminue le salaire. La prime, au contraire, grève tous les contribuables ; donc, la charge résultant de la protection n'est plus proportionnelle à la pauvreté du consommateur lorsqu'il s'agit de produits alimentaires de première nécessité ; elle est, au contraire proportionnelle à leur richesse. Et, là où le principe de la proportionalité a cédé la place au principe de la progression, la protection charge, plus lourdement encore, les riches au bénéfice des pauvres. A ce point de vue, la supériorité de la prime n'est pas contestée.

2° On peut en dire autant de son efficacité. Quel est l'effet de la taxe ? Elle protège également toutes les producteurs nationaux, ceux qui produisent peu, comme ceux qui produisent beaucoup ; ceux qui adoptent des procédés perfectionnés et modernes, comme ceux qui produisent selon des systèmes imparfaits et arriérés. La protection est donc accordée dans une même mesure aux producteurs qui en éprouvent un besoin restreint, comme à ceux pour lesquels ce besoin est primordial. Tout cela est injuste autant que dangereux et aboutit facilement à la production monopolisée. Les usines puissantes évoluent plus facilement parce qu'elles gagnent davantage, ayant un coût de production plus bas et bénéficiant des mêmes prix que les autres. Les petites entreprises, en raison du peu de résistance qu'elles peuvent opposer, disparaissent vite devant la concurrence des grandes.

Il en est tout autrement avec le système des primes. Avec celui-ci on peut mesurer la protection aux besoins réels de chaque entreprise. On fera beaucoup pour les entreprises naissantes, peu de chose pour celles qui sont déjà robustes. Ainsi la concurrence deviendra plus facile, à l'avantage des consommateurs, qui bénéficieront de la réduction des prix. L'évolution sera plus harmonique, les sacrifices mieux rémunérés.

3° Un des reproches que l'on peut adresser aux taxes de douane c'est d'assoupir l'activité productrice aussitôt qu'elle a atteint le degré de développement qui suffit à la consommation intérieure. Ce reproche n'est pas complétement justifié, car on connaît beaucoup de cas montrant que le progrès, par suite de l'augmentation de la concurrence intérieure ou du besoin d'exporter, peut toujours suivre un mouvement graduel et continu. Toutefois, dans beaucoup de cas, ce reproche est plus mérité ; particulièrement lorsque l'accord s'établit rapidement entre les producteurs nationaux, et lorsque les entreprises, à cause de l'insuffisance des ressources naturelles, ne se trouvent jamais en mesure de lutter avec l'extérieur. La prime, étant mesurée à la quantité de marchandise produite, a pour effet de stimuler continuellement la production, de l'inciter à transformer les entreprises, à mieux organiser les ventes.

4° L'évaluation des charges résultant du protectionnisme est plus facile et plus sûre, car les primes constituent un élément de la balance des exportations, élément qui devra, annuellement, obtenir l'approbation du Parlement. Au contraire, avec le protectionnisme actuellement en vigueur, étant donné la nature indirecte de l'impôt, il n'est pas toujours possible d'évaluer la masse des richesses qui passe du consommateur au producteur ; ou bien, si ce calcul est possible, le résultat ne peut être connu de ceux qui supportent les charges de la protection. C'est là un fait très grave, dans une question où la discussion et le contrôle doivent pouvoir intervenir pour empêcher ou atténuer les abus. Dans les pays où quelques productions seulement sont protégées, le nombre des consommateurs des marchandises qu'elles produisent reste toujours inférieur à la masse entière des contribuables ; par conséquent, l'opposition de ces derniers sera toujours plus efficace que l'opposition desdits consommateurs.

Le principe de la protection étant admis, il est à croire que les primes seront établies dans la mesure strictement nécessaire au développement des productions protégées, sans assurer au capital qui y est employé des profits excessifs. Chaque année, en discutant le budget de l'Etat, toute la question des primes vient en discussion, et le syndicat parlementaire déploie nécessairement plus d'activité et d'influence. Il n'en est pas de même avec le protectionnisme actuellement en vigueur. Une fois les tarifs douaniers approuvés, peu de gens s'en rappellent et les producteurs continuent à prélever, pendant des années et des années, une part des ressources, souvent très minces, des consommateurs.

5° Les primes rendent plus harmonique la production des biens instrumentaires, même lorsqu'on veut protéger un seul de ces biens. Lorsque l'on veut stimuler, au moyen des tarifs douaniers, la production d'une matière première, on en élève le prix à l'intérieur et l'on augmente, par suite, le coût des marchandises manufacturées tirées de cette matière première. La vie des manufactures devient donc plus difficile, en particulier si elles ne sont pas à leur tour aidées par d'autres taxes. Quelle en est la conséquence? Ou une industrie qui périclite, à cause du droit qui grève la matière première, ou un système protecteur compliqué qui englobe toutes les marchandises pouvant être tirées du produit brut.

Avec le système des primes, au contraire, la protection accordée aux matières premières n'en augmente pas, et même en diminue le prix; cela facilite la production des marchandises manufacturées, qui, à cet égard, auraient un coût plus faible que les marchandises similaires étrangères produites dans les conditions naturelles. On peut donc stimuler la production des marchandises brutes, sans s'occuper des marchandises manufacturées, et même en les favorisant, sans qu'intervienne une organisation protectrice compliquée.

6° Les primes sont utiles, parce qu'elles représentent l'unique moyen de protection pour les marchandises qui proviennent des pays avec lesquels on jouit des mêmes barrières douanières. Le *Zollwerein* allemand, par exemple, ne permet pas une autre

forme de protection ; car les marchandises de la Saxe industrielle peuvent circuler dans tout l'empire en bénéficiant du
libre-échange, et vaincre les produits similaires de la Prusse
orientale. Les produits de la Poméranie agricole, pour la même
raison, peuvent triompher de ceux de la Bavière. Il en est de
même en Autriche-Hongrie, entre les pays manufacturés qui se
trouvent en deçà du Leitha, et ceux qui se trouvent au delà. Il
n'en est pas autrement en Australie, où les manufactures de la
province de Victoria détiennent la suprématie dans toute la Fédération, tandis qu'une suprématie analogue revient aux denrées de la Nouvelle-Zélande.

La conséquence inévitable des ligues douanières serait le
manque d'industrialisation des provinces qui, cependant, présenteraient toutes les aptitudes naturelles au développement
industriel. Le développement manufacturier deviendrait extrêmement difficile, sinon complètement impossible, en raison de la
grande habileté des ouvriers et de toutes les supériorités qui découlent d'une longue expérience industrielle.

Etant donné cet état de choses, lorsque les causes qui rendent
une taxe temporaire nécessaire se trouvent réalisées, la prime
peut constituer un moyen efficace et avantageux. La Hongrie y
eut recours lorsqu'elle eut à reconquérir son indépendance économique vis-à-vis de l'Autriche, et l'on ne peut pas dire que le
système en question lui ait été d'un secours peu appréciable (1).
A Budapest, des fabriques puissantes se fondèrent, et furent capables de résister à la concurrence des usines de Bohême bien
autrement aguerries ; les résultats auraient été de beaucoup
meilleurs, si la Hongrie avait offert de meilleures dispositions
naturelles pour l'industrie et si son audacieux programme manufacturier ne s'était trop inspiré d'un esprit passionné d'indépendance.

59. Les primes à la production : en quoi elles sont plus

---

(1) *La grande industrie du Royaume de Hongrie*, publié par le ministre
royal hongrois du commerce, Buda-Pesth, 1901.

mauvaises que les taxes protectrices, et sont d'une application difficile. — En face de ces avantages, nous trouvons plusieurs difficultés d'application et des défauts d'une importance considérable. Il faut citer d'abord :

1° Les obstacles d'ordre financier. Le budget de l'Etat supporte toutes les charges des primes et n'en retire aucun revenu direct. Une des raisons pour lesquelles le protectionnisme s'est rapidement étendu doit être attribué à ce que les finances publiques, gênées par d'impérieux besoins, y ont trouvé des ressources importantes et continues. La nature même de l'imposition, qui la dissimule aux yeux de ceux qu'elle charge, a permis d'en user dans une très large mesure. Mais la transformation du protectionnisme douanier en protectionnisme basé sur les primes comporterait non seulement la perte des revenus actuels, mais encore une charge pesante et d'un caractère permanent. Quels sont les Etats d'Europe dont le budget permettrait une transformation de cette nature, qui se traduirait par une perte énorme et certaine ?

2° Le système des primes expose le trésor à des fraudes nombreuses, qu'il n'est pas toujours possible de réprimer, à des frais de contrôle très onéreux, et impose à la production une discipline et des règlements qui entravent son développement. Le système douanier, lui aussi, comporte des frais considérables pour la suppression de la contrebande ; mais les marchandises étrangères, une fois entrées dans l'Etat, y bénéficient d'une libre circulation et leur emploi est par suite à l'abri de toute ingérence fiscale. Ici, au contraire, cette ingérence est plus que jamais active. Elle doit suivre la production dans les petites comme dans les grandes fabriques, pour pouvoir leur mesurer la prime. Elle devra aussi surveiller la marchandise produite, dans toutes les phases de sa circulation à l'intérieur, pour empêcher qu'après avoir joui de la prime, elle essaie d'en obtenir une nouvelle en entrant dans d'autres fabriques pour apparaître ensuite comme produit neuf. Le dommage pourrait être atténué, mais non complètement éliminé, s'il s'agissait de marchandises produites dans la grande industrie, où la concentration dans quelques fabriques très puissantes faciliterait le contrôle. Au contraire, la surveillance est impossible lorsque les productions se répartissent entre un nombre infini de fabriques minuscules, disséminées partout. Quelle savante organisation fiscale pourrait dénombrer avec exactitude les marchandises produites et empêcher les substitutions et les multiplications de produits dolosives pour l'Etat? Nous avons, il est vrai, aujourd'hui, des biens qui sont assujettis à des impôts de production, sur lesquels la vigilance fiscale, pour des raisons opposées à celles dont nous parlions, doit s'exercer activement. Mais il s'agit de biens (sucres, alcools, etc.). que seule la grande industrie produit convenablement, et où, par conséquent, les intérêts du fisc sont défendus facilement. Avec le système des primes, les dommages résultant des fraudes frapperaient les producteurs mêmes qui ne peuvent ou ne veulent employer la fraude, et qui se trouvent exposés à la concurrence des producteurs plus avisés qui ont su augmenter les bénéfices de la prime.

On peut donc dire que les intérêts du fisc seraient souvent lésés, si le système des primes étaient largement employé et étendu aux produits de la petite et de la moyenne industrie.

3° Pour diverses raisons, les frais de répartition des primes seraient aussi considérables que les frais de surveillance et de répression de la fraude. La détermination de la prime est plus simple, et par suite, moins dispendieuse, lorsqu'il s'agit de protéger les productions de la terre et lorsque la prime est mesurée à la superficie des cultures. Il n'en est pas de même dans les fabriques où la marchandise varie continuellement en quantité et en qualité. Les usines modernes peuvent produire une variété infinie de marchandises et si la prime devait être mesurée différemment pour chacune de ces variétés, les opérations deviendraient extrêmement compliquées et difficiles.

4° Les primes à la production, même contre la volonté du législateur, se transforment rapidement en primes à l'exportation.

Avec le protectionnisme douanier, les marchandises nationales ont le privilège de pouvoir être vendues sur le marché intérieur à un prix plus élevé que les marchandises étrangères. Mais si elles veulent engager la lutte sur les marchés étrangers, elles ne sont plus aidées par la protection, car, sur ces marchés le prix est déterminé par les marchandises étrangères, qui s'y vendent à meilleur compte. Il en résulte que le protectionnisme douanier n'influe pas du tout, ou influe à très longue échéance, sur l'exportation ; cette influence se fait sentir seulement lorsque le tarif douanier agit sous l'impulsion des *trusts* et des *cartels*.

Le protectionnisme sans droits de douane, au contraire, agit par l'abaissement des prix par rapport au niveau normal, et permet donc une exportation plus facile. De même que les marchandises étrangères ne peuvent lutter avec les marchandises nationales sur le marché intérieur, de même elles lutteront difficilement sur le marché étranger. Il en résulte que les producteurs sont rapidement entraînés à l'exportation, et transforment en primes à l'exportation les primes qui étaient destinées, tout au moins d'une façon immédiate, à faciliter l'approvisionnement du marché national. Nous exposerons plus loin les inconvénients qui sont attachés aux primes à l'exportation.

De ce que nous avons dit, il ressort que les primes à la production, bien que présentant des avantages notables quant à l'efficacité, la répartition et la mesure, ne peuvent être appliquées qu'à quelques productions exclusivement. Leur emploi, s'il était trop étendu, comporterait des difficultés pratiques importantes, exposerait le Trésor public à de grosses pertes et stimulerait la fraude.

60. Les primes à l'exportation. — Si les primes à la production sont quelquefois à conseiller, en particulier lorsque sont réunies les causes qui rendent nécessaire une grande sagesse dans le système douanier, par contre, les primes à l'exportation doivent être repoussées parce qu'elles constituent un privilège inique et sans aucune justification. Elles représentent une forme de protection spéciale, grâce à laquelle la défense des

produits nationaux, après s'être déployée à l'intérieur des frontières de l'Etat, s'étend au delà de ces limites.

Le protectionnisme est tolérable seulement à titre transitoire.
Or, les primes à l'exportation, loin de l'atténuer graduellement
pour aboutir à sa disparition complète, le renforcent au delà de
toute expression. A la protection résultant du droit d'entrée, et
dont on a bénéficié pendant longtemps, elles ajoutent un encouragement à l'exportation qui équivaut à une nouvelle taxe. Le
mal est d'autant plus grand qu'il augmente la protection,
lorsque celle-ci, en raison de la force grandissante des fabriques, perd toute raison d'être.

Le processus à travers lequel se fait sentir l'action de ce système est connu de beaucoup, sinon de tous. On accorde un
droit protecteur à une production. Celle-ci, à l'abri de cette protection, s'étend et acquiert des forces au point de s'emparer de
tout le marché national. Elle s'adonne alors à l'exportation, et
dans cette nouvelle phase de son développement, elle est stimulée par la prime qui est parfois évidente, parfois dissimulée.
L'exemple classique de la prime dissimulée est celui des exportateurs de sucres allemands, qui en jouirent pendant de longues
années. En Allemagne, comme partout en Europe, le sucre était
assujetti à un impôt de production qui s'établissait d'après la
quantité de matière première entrée dans les fabriques. Supposons que cet impôt ait été de 2 marks par quintal de betterave
et que, pour produire un quintal de sucre il en fallut dix de
matière première. L'impôt aurait frappé le produit final à raison de 20 marks par quintal. Ce système incitait les producteurs à perfectionner leurs procédés de façon à obtenir de la
betterave un rendement meilleur, qui aurait atténué le poids de
l'impôt. Sous l'action de cette taxe de production, l'industrie
sucrière allemande fit les progrès les plus rapides.

Imaginons, pour un instant, qu'à la suite de ces progrès,
huit quintaux de matière première seulement et non plus dix,
aient été nécessaires pour la production d'un quintal de sucre.
Dans ce cas, le taux de l'impôt, quoique n'ayant pas changé en

principe, n'était plus que de 16 marks par unité de produit. Ce fait, déjà considérable pour la finance publique et pour les contribuables, acquerrait une importance spéciale en raison de l'exportation. En effet, les quantités de sucre exportées bénéficiaient de la rétrocession de l'impôt de production payé à l'intérieur, selon le taux établi par la loi et qui n'était que nominalement payé par les producteurs. Celui qui exportait recevait 20 marks par quintal, et non les 16 marks qu'il avait payés, le gain illicite était donc de 4 marks et constituait la prime dissimulée accordée par l'Etat. L'ingéniosité humaine a été féconde même dans ce domaine des expédients protecteurs ; beaucoup d'autres systèmes furent essayés dans le but d'encourager l'exportation par le moyen des primes clandestines. Mais l'exemple rapporté est trop éloquent pour qu'il soit nécessaire d'en rappeler d'autres de même nature.

Nous signalerons, par contre, d'autres primes clandestines, qui se rattachent non à la restitution des impôts de production, mais aux *drawbaks*.

Ce sont là, comme nous le verrons mieux par la suite, des rétrocessions de droits de douane qui comportent tout un calcul très compliqué pour l'établissement de leur mesure exacte. Le plus souvent, cette rétrocession s'élève, ostensiblement, à un taux plus élevé que celui qui devrait réellement être appliqué aux producteurs ; comme il est aisé de le comprendre, cette accentuation cache une prime à l'exportation.

Quelles peuvent être les conséquences économiques et financières de ce système? Déplorables.

Les finances publiques sont mises au service des exportateurs, et la prime constitue un facteur variable qui provoque une perturbation continue au détriment de ces finances. Ici, encore il est difficile de faire des prévisions, et un budget passant pour très solide peut rapidement se trouver en *déficit*, si l'exportation primée a dépassé les limites prévues. Un lord anglais écrivait, avec raison, que les primes sont le point faible de beaucoup de budgets et le martyre de bien des ministres. Devant le bouleversement des prévisions faites sur ce point, tous les éléments du budget sont désastreusement affectés, et il faut souvent recourir à la dette flottante pour y remédier. Mais cela est peu de chose par rapport à l'influence néfaste que ces primes exercent dans d'autres domaines.

En effet, comme les primes à la production, elles se traduisent par un gain illicite que recueillent les producteurs riches et une charge injuste qui s'impose aux consommateurs pauvres. Et, comme si ce n'était pas suffisant, elles comportent encore un avantage pour le consommateur étranger. Car, ce n'est que grâce au secours des primes, que les producteurs nationaux peuvent établir des prix plus faibles pour l'étranger que pour le marché intérieur. C'est la raison pour laquelle les Anglais, après la disparition de leurs raffineries, se réjouissaient toutes les fois que les Etats continentaux, en lutte réciproque pour l'approvisionnement du marché britannique, élevaient les primes à l'exportation. Les consommateurs allemands et français, faisaient, en tant que contribuables, les frais du bon marché dont bénéficiaient les consommateurs anglais qui, en raison de l'accumulation énorme des richesses de la Grande-Bretagne, se trouvaient dans de meilleures conditions économiques que leurs collègues de France et d'Allemagne.

Ces inconvénients, loin de s'atténuer avec le temps, s'aigrissent et se multiplient, particulièrement lorsque la même marchandise est primée dans différents pays. A toute augmentation de prime accordée par l'un d'eux, les concurrents répondent par des augmentations consécutives. La lutte n'est plus due à l'amélioration de la production et à l'abaissement du coût qui en résulte ; il faut, au contraire, en voir la cause dans l'élévation de la prime et le secours volontaire de l'Etat. En attendant, les les productions qui reçoivent une prime, sans presque s'en apercevoir, deviennent esclaves des marchés étrangers. La fermeture de l'un d'eux, obtenue par les mesures de représailles dont nous parlerons plus loin, suffit pour que les fabriques en éprouvent un malaise durable et difficile à guérir. Ceux qui mettent leur espérance dans les marchés neufs, qu'ils comptent substituer aux anciens déjà fermés, courent souvent à des déceptions. La recherche de ces marchés n'est pas toujours facile, et ne donne pas toujours des résultats qui compensent les pertes subies.

Les primes à l'exportation exagèrent le protectionnisme, non seulement par les mesures de représailles qu'elles provoquent, mais aussi par les difficultés que rencontre la conclusion des traités de commerce. Ces primes se traduisent par l'élision partielle ou totale des droits protecteurs. Il en résulte que, dans les conventions commerciales, on regarde de plus près aux concessions à faire, on restreint la portée des traités et l'on raffermit la protection.

Si donc, on peut admettre, dans certains cas, les primes à la production et les mesures diverses qu'elles provoquent, on ne peut, par contre, tolérer que le principe des primes à l'exportation s'introduise dans la législation douanière, car il dérange la marche naturelle des productions et du commerce.

CHAPITRE V

LA POLITIQUE COMMERCIALE ET LES « TRUSTS »

61. Les différents genres de *trusts*. Influence de la politique commerciale sur les *trusts*. — 62. Influence des *trusts* sur la politique commerciale.

61. Les différents genres de trusts. Influence de la politique commerciale sur les trusts. — La politique commerciale se trouve en relation avec la production monopolisée, qui domine aujourd'hui dans beaucoup de pays.

L'action concordante des producteurs a trop d'influence sur le coût de production et sur le prix de vente pour que la concurrence internationale ne s'en ressentît pas. Le XIXᵉ siècle, avec le triomphe de la grande industrie et du travail mécanique, vit la concurrence la plus violente se développer et s'imposer orgueilleusement. Mais aujourd'hui la lutte libre des marchandises s'est transformée ; sous certaines de ses formes au moins, elle n'existe plus à l'intérieur d'aucun pays et son intensité a augmenté dans le commerce international seulement.

Les tendances au monopole du capital moderne s'expriment par les *cartels* et les *trusts*. Les premiers, selon Brentano, sont constitués par des coalitions d'entrepreneurs formées dans le but de maintenir élevés les prix des marchandises produites. Ces *cartels* laissent la production libre ; il n'en est pas de même des *trusts* qui représentent une triple concentration : industrielle, commerciale et financière.

Ces puissantes formes capitalistes poussent fatalement les productions qui les adoptent dans la voie de l'exportation. Après s'être emparées du marché intérieur, elles se lancent à la conquête de la consommation étrangère. Il leur importe peu que le gain par unité des ventes à l'extérieur soit réduit, car elles ont la certitude de retirer de la seule consommation nationale un profit très élevé pour le capital engagé. Cette certitude donne aux productions associées une faculté de concurrence irrésistible. A cet égard, les *trusts* se trouvent en meilleure posture que les *cartels*, car ils peuvent élargir la marge des profits, non seulement en élevant les prix, mais encore en réduisant le coût, grâce aux puissantes ressources productrices dont ils disposent ; tandis que les *cartels* doivent compter seulement sur de meilleures conditions de vente, les perfectionnements apportés à la production n'étant pas le but qu'ils se proposent. Ces perfectionnements pourront, ou non, se produire ; tout dépendra de l'initiative particulière des associés, le *cartel* n'étant pas destiné à intervenir dans les phénomènes de la production.

Le monopole, qu'il prenne la forme du *cartel* ou celle du *trust*, peut être en corrélation avec le protectionnisme dans deux phases distinctes de son développement. D'abord, lorsque la protection douanière facilite la formation du monopole et lui subordonne toute l'économie nationale ; et aussi, dans le cas où la protection donne à ce monopole assez de force et de vigueur pour le lancer à la conquête des marchés étrangers.

Certains contestent la part que peut avoir le protectionnisme dans la monopolisation de la production, et nient résolument qu'il y ait, de l'un à l'autre, une relation quelconque de cause à effet. Ils prétendent que tout pays ayant atteint un certain degré de l'évolution capitaliste doit, par la nécessité des choses, adopter, après le régime de la concurrence, celui de la coalisation des producteurs. Ils affirment que cette évolution est indépendante de la forme extérieure de la politique commerciale en vigueur, laquelle, de toute façon, ne constitue qu'une simple circonstance facilitant la transformation. Donc, le monopole serait une phase naturelle de l'évolution capitaliste et dépendrait de conditions économiques et techniques différentes, pour chaque branche de production et pour chaque marché.

D'autres n'aboutissent pas à cette négation absolue et admettent, au contraire, l'existence d'un rapport plus ou moins direct entre le protectionnisme et la coalition des producteurs. Ce lien assez fragile se manifesterait par ce fait, que les tarifs influent directement sur l'industrie en créant pour elle, artificiellement, les conditions de vie qu'elle n'eût pas trouvées dans le milieu naturel. Ils croient cependant que, l'industrie formée, le syndicat éclora spontanément, à peine le régime de concurrence se sera révélé comme anti-économique et rendra nécessaire une forme meilleure et plus élevée d'organisation industrielle. C'est-à-dire, selon ceux qui raisonnent ainsi, que le protectionnisme disparaissant, le syndicat disparaîtrait aussi, car l'industrie, issue elle-même de la protection, se trouverait supprimée. Les liens entre la protection et le syndicat seraient des liens d'origine, mais seraient toujours assez forts pour décider de la vie ou de la mort de ce dernier.

L'argument le plus solide sur lequel s'appuient ceux qui nient tout rapport de causalité entre la protection et la production de monopole leur est fourni par l'Angleterre. La Grande-Bretagne, qui a adopté le libre-échange et qui est, par conséquent, ouverte à la concurrence internationale, a vu surgir et se multiplier sur son marché toutes les formes de syndicat. Quel exemple pourrait mieux prouver, par conséquent, que la protection n'est pas nécessaire au syndicat, et par suite, à l'établissement arbitraire des prix que le syndicat a précisément fonction de réaliser? Nous croyons, au contraire, que l'on a cherché inutilement à enlever toute efficacité à l'action du protectionnisme dans le champ de la vie économique; d'après nous, Pareto a raison lorsqu'il dit que le nombre et l'importance des *trusts* est en raison directe de l'intensité de la protection douanière; mais cet auteur est trop absolu dans son affirmation, et il aurait mieux fait d'en atténuer la rigueur et de lui donner un sens de relativité, plus que jamais nécessaire dans ce cas. De toute façon les rapports entre le syndicat et la protection douanière sont presque toujours nombreux et très étroits ; on ne peut les méconnaître sans nier l'existence de plusieurs lois économiques universellement acceptées.

La coalition des industries développe, par rapport à la concurrence intérieure, la même action limitatrice que le protectionnisme exerce sur la concurrence internationale ; à ce point de vue, elle apparaît comme le complément naturel du système protecteur. Ce système provoque-t-il de nouvelles productions et peut-il intensifier les anciennes ? Pourquoi permet-il que la marchandise soit vendue à des prix différents sur le marché intérieur et sur le marché international, chose impossible lorsque la protection n'était pas encore établie et que la concurrence du dehors mettait les prix au même niveau à l'étranger et à l'intérieur. Il est certain que cette coalition agit dans le même sens sur la concurrence intérieure ; mais si la protection douanière venait à faire défaut, la concurrence étrangère se substituerait à la concurrence intérieure et rendrait impossible toute augmentation ou toute stabilité dans la différence des prix. C'est une loi économique élémentaire, que, sur le même marché, pour la même marchandise, des prix différents ne peuvent coexister pendant longtemps.

Il est également admis qu'étant donné les moyens actuels de communication, s'il n'existait pas des obstacles artificiels d'ordre douanier, tous les marchés du monde en constitueraient un seul, très sensible à tout léger changement dans la production et les prix. Dans ce cas, la permanence de prix différents n'étant pas possible, la raison d'être des *trusts* disparaîtrait. Le *trusteur*, en désignant par ce mot celui qui dirige toutes les entreprises syndiquées, n'aurait plus la liberté de choisir le prix qui lui laisse le bénéfice net le plus élevé, il lui serait donc impossible d'atteindre le prix de monopole. En raisonnant ainsi, on arriverait logiquement à cette conclusion que toute forme de syndicat est impraticable dans les pays libre-échangistes, et l'on serait en contradiction, par conséquent, avec l'indication pratique la plus nette, puisque l'Angleterre, tout en n'ayant pas de douanes, offre de nombreux exemples de productions coalisées. Mais cette contradiction n'existe pas si l'on songe aux nombreux systèmes autour desquels les trusts se forment et aux multiples adaptations dont ils sont susceptibles.

Le syndicat des producteurs, plutôt que de modifier directement le prix de vente, se propose parfois de réduire le coût de production en éliminant tous les frais qui peuvent être évités par l'effet même de la coalition. De sorte que les profits du capital peuvent augmenter, ou rester invariables, bien qu'ils eussent d'abord tendance à faiblir ; ce résultat est obtenu sans modifier le prix de vente. La marge du profit peut être élargie, soit par l'abaissement du coût, soit par l'augmentation du prix ; on peut donc lorsque celle-ci ne peut être réalisée, essayer d'abaisser le coût. Cette vérité, qui nous paraît évidente, explique très bien l'état florissant des syndicats de production sur les marchés libre-échangistes comme l'Angleterre. Là, nous voyons de puissants *trusts* métallurgiques, textiles, chimiques, etc., qui opèrent depuis longtemps avec des capitaux énormes. La formation de ces *trusts* ne se retrouve que de l'autre côté de l'Atlantique, puisqu'il s'agit de vrais syndicats de production, et non de simples accords pour maintenir la stabilité des prix de vente.

La coalition est nécessaire, dans ce cas, non seulement pour agir sur le coût de production, mais aussi pour empêcher la concurrence que se faisaient les divers producteurs anglais pour la conquête des marchés coloniaux et étrangers. Cette concurrence, voulue par les producteurs anglais, leur fut pendant longtemps dommageable. Les entrepreneurs britanniques ne pensaient pas qu'il y eût un moyen pacifique de se partager les marchés étrangers, sans que de néfastes compétitions se manifestent par de continuelles réductions de prix et des diminutions consécutives des profits. Cependant lorsque la concurrence étrangère commença à se faire sentir, ils songèrent à s'entendre pour mieux lui résister.

Mais ces *trusts* peuvent-ils établir le prix de monopole sur le marché anglais, Il n'en est rien. Qu'ils essaient d'établir des prix arbitraires et ils verront les marchandises similaires des autres pays faire irruption dans la Grande Bretagne. Déjà, même actuellement, les récriminations sont vives au sujet de la concurrence allemande et américaine sur le marché anglais même. Qu'arriverait-il donc si ces mêmes marchandises allemandes et américaines étaient plus efficacement encouragées à l'exportation par le relèvement artificiel des prix voulu par le *trust*? Quelqu'effort qu'ils fassent, les syndicats de production des pays de libre-échange n'arrivent jamais à maintenir leurs propres prix à un niveau plus élevé que celui des prix des marchés concurrents augmentés des frais de transport. Comme, d'ailleurs, ces frais sont susceptibles d'une diminution progressive, on voit que la marge qu'ils représentent peut se rétrécir de plus en plus. Sans compter que, dans certains cas, la distance ne constitue plus aucune protection ; parce que, ainsi que nous le verrons, les *trusts* pratiquent parfois des prix plus bas à l'extérieur que sur le marché national. Ils se comportent dans ce cas comme dans celui des primes accordées à l'exportation et atteignent leur but avec la plus grande rapidité et le plus grand dommage pour les productions étrangères intéressées. En somme, le but de la coalition dans un pays de libre-échange est de réaliser une production plus économique et d'éliminer les frais qui ne sont pas indispensables (1). Son but, dans un pays protectionniste, comprend aussi la conquête d'une certaine puissance de monopole, rendue possible par ce fait que la concurrence existe seulement à l'état latent. Elle ne devient effective que lorsque les prix imposés par les *trusts* dépassent la marge que la protection prévoit. A l'intérieur de cette marge,

---

(1) De puissantes machines sont substituées au travail humain, et évitent le paiement d'une partie des salaires. A la production de la marchandise principale s'ajoute le traitement des résidus, ce qui répartit la même somme de frais généraux sur un plus grand nombre de produits. La spécialisation est encouragée, et c'est elle qui permet une division du travail plus rationnelle et en augmente les avantages. Les frais nécessités par la recherche de la clientèle diminuent, etc...

dont [les limites extrêmes sont le coût de production, et ce même coût augmenté du droit d'entrée, le syndicat choisit ensuite le prix de monopole qui lui laisse le gain net le plus important.

Les producteurs des pays libre-échangistes trouvent quelque soulagement par l'effet de la coalition ; mais c'est une erreur de croire que, à l'instar de leurs collègues des pays protectionnistes, ils y trouvent la possibilité de s'enrichir personnellement.

Macrosty a publié une étude intéressante sur les résultats financiers des syndicats anglais (1). Les résultats furent très modestes, lorsqu'ils ne furent pas désastreux ; comme dans le cas de la *Salt Union* et de l'*United Alkali*, qui, depuis leur fondation n'ont distribué aucun dividende (2). Pour la plupart, ils ont dû se contenter d'un intérêt normal, que beaucoup n'atteignirent même pas. Il n'en fut pas ainsi dans les pays protectionnistes, et c'est arrivé seulement dans la Grande-Bretagne parce que là les prix des marchandises syndiquées ne se sont pas élevés dans la mesure que les producteurs eussent souhaitée. La concurrence étrangère a complètement empêché ce relèvement. Si l'on eut [parfois une élévation des prix de vente des objets manufacturés, cette élévation fut subordonnée à l'élévation du prix d'achat des matières premières et s'étendit à tous les pays. Cette demi stabilité des prix, que Martin Saint-Léon a si bien étudiée, est attribuée par lui à une *sagesse relative*, qu'il aurait pu nommer, avec plus d'à propos, une *sagesse forcée*. Ces faits démontreraient que si la protection n'est pas toujours indispensable à la formation des *trusts*, elle est presque toujours nécessaire au développement de leur fortune financière.

Il y a d'autres causes naturelles qui peuvent donner naissance

---

(1) *Economic Journal*, 1902, page 362.

(2) A. RAFFALOVICH, *Trust, cartels et syndicats*, Paris, Guillaumin, 1903.

(3) E. MARTIN SAINT-LÉON, *Cartels et trusts*, Paris, Victor Lecoffre, 1903.

au *trust*, là-même où le protectionnisme fait défaut. Cela arrive lorsque la production porte sur des marchandises naturellement limitées. Le Syndicat des charbons en Angleterre put se former et prospérer parce que seule la Grande-Bretagne possédait le précieux minerai en grandes quantités, et avait la faculté de le répartir entre les divers marchés étrangers où il faisait défaut. La coalition fut possible dans ce cas et même extrêmement utile. D'un côté, les frais de production diminuèrent ; de l'autre, les prix restèrent invariables. Le protectionnisme ne fut nullement nécessaire parce que, pendant longtemps, aucun marché ne put lutter avec l'Angleterre pour la production du charbon et parce que, maintenant encore, seuls, les Etats-Unis s'apprêtent à engager la lutte avec elle. Pour la même raison, le *trust* des diamants peut être florissant dans l'Afrique Australe, sans le secours d'aucune taxe ; et celui du pétrole dominer le marché mondial en dehors de tout stimulant artificiel de nature douanière. Dans ces cas spéciaux, la coalition peut atteindre ses manifestations les plus larges, même dans les pays libre-échangistes, car elle reste complètement indépendante de tout élément artificiel, et se trouve être la conséquence naturelle de l'évolution capitaliste.

Les conditions sont moins favorables dans les pays libre-échangistes, lorsqu'il s'agit de la production de biens complémentaires et dont certains, les matières premières, sont groupés en *trusts* et les autres, les produits manufacturés, restent indépendantes ; ou bien encore, lorsque les uns et les autres sont réunis en syndicats opérant pour leur propre compte. Si le *trust* des biens complémentaires en élève le prix, nécessairement, il élève ainsi le prix des produits manufacturés dans la fabrication desquels les biens en question interviennent à titre de matière première.

Dans les pays libre-échangistes cela provoquerait une concurrence plus intense de la part des fabriques étrangères. Il n'en va pas de même sur les marchés protégés, où la taxe d'entrée est une défense derrière laquelle il est possible aux industries de s'abriter et de subsister. Les marchés libres, même dans ce cas, sont plus vulnérables que les autres. Il est vrai que la tendance moderne porte à une coalition toujours plus large, qui embrasse toutes les marchandises se trouvant dans le rapport de la matière première au produit. Cependant, cette forme complète du syndicat ne se réalise que très lentement ; et dans beaucoup de pays, comme dans beaucoup de cas, les inconvénients indiqués par nous subsistent.

La situation reste défavorable aux marchés libre-échangistes en ce qui concerne les marchandises qui peuvent se substituer les unes aux autres. Chez eux, même si la coalition parvient à élever les prix, ces prix seraient immédiatement déprimés par la concurrence des marchandises pouvant remplacer les marchandises nationales. Donc, le *trust* se verrait en mauvaise posture. Il en est autrement sur les marchés protectionnistes, où aucune marchandise de cette nature n'échappe à ce droit d'entrée qui atténue la concurrence à un degré tel que l'action du syndicat cesse d'en être gênée.

En somme, la coalition se développe plus facilement à l'ombre du privilège. Elle naît parfois, comme aux États-Unis, sous l'influence des tarifs préférentiels des chemins de fer, qui constituent un privilège. Elle peut sortir, dans d'autres cas, de la possession exclusive d'un secret de fabrication, qui constitue un autre privilège. Elle est susceptible enfin du succès le plus considérable si elle obtient le secours de la protection, qui constitue également un privilège, le plus vaste et le plus général des privilèges. Et le privilège, quel qu'il soit, rend la concurrence difficile ou impossible.

Nous nous étonnons que Jenks, l'excellent collaborateur de l'*Industrial Commission*, qui eut le loisir d'étudier ce problème *de visu*, exclut le protectionnisme des facteurs qui facilitent la formation des *trusts* (1). Il se trompe lorsqu'il croit que, les

_____

(1) J. W. JENKS, *The trust problème.* Ce volume contient la collection des excellents travaux publiés par Jenks dans la première partie des procès

barrières une fois abattues, on puisse substituer un syndicat cosmopolite à un syndicat national. Il ne songe pas aux difficultés énormes qui s'y opposent et à la presque inutilité des efforts déjà faits pour atteindre ce but. Ely nous assure que plus le nombre des gens qui doivent arriver à un même accord est considérable, plus la probabilité de réalisation de cet accord est restreinte ; les faits le démontrent bien. Il faut ensuite tenir compte de la distance, des divers systèmes de production, des divers coûts et de tant d'autres difficultés d'ordre économique et psychologique qui rendent des accords semblables difficiles au delà de toute mesure (1).

Ces considérations sont plus que suffisantes pour affirmer, avec une certitude presque absolue : 1° que les rapports entre le protectionnisme et les *trusts* sont étroits et toujours nécessaires lorsqu'il s'agit de régler le prix de vente ; 2° que cette corrélation nécessaire peut parfois faire défaut, lorsque le but du trust est plutôt de réduire le coût de production que d'élever les prix ; 3° que même lorsque, sur les marchés ouverts, la réduction du coût a été obtenue, elle assure rarement au capital un taux de profit égal à celui dont bénéficient les capitaux étrangers qui, dans les mêmes conditions, opèrent sur les marchés protectionnistes ; et que l'impossibilité d'agir efficacement sur les prix provoque, dans beaucoup de cas, un échec financier irrémé-

verbaux de l'*Industrial Commission* et dans le *Bulletin of the Department of Labor* de 1900.

(1) Tandis que les *trusts* nationaux se chiffrent par centaines, les *trusts* internationaux étaient au nombre de dix en 1903. Parmi les plus importants il faut citer : *Nobel Dynamite Trust Company, International Nickel Co ; Borax Consolidated Company* et *Anglo Sicilian Sulphur Company*. Quelques-uns sont en liquidation, le dernier, par exemple, de ceux qu'on a cités.

Quant aux *Cartels* internationaux, il en va autrement. Le plus important est celui qui s'est établi récemment entre le *Standard Oil* américain et les mines russes de pétrole. Mais nous ne pouvons dire encore s'il durera beaucoup. Il existe, en tout, quatre ou cinq *cartels* de ce genre, parmi lesquels, celui du zinc, très important, ne s'occupe pas de déterminer les prix, mais de limiter la production.

diable ; 4° que les *trusts* des marchés ouverts offre une moindre
faculté de résistance que les *trusts* des marchés protectionnistes,
en ce qui concerne la concurrence des marchandises pouvant
se substituer l'une à l'autre et l'usage des marchandises complémentaires produites par d'autres syndicats.

62. Influence des trusts sur la politique commerciale.
— Les rapports de la politique commerciale et des syndicats ne
se limitent pas à ceux mentionnés plus haut. Jusqu'à présent,
nous n'avons examiné qu'un seul côté du problème, nous avons
vu comment la politique commerciale peut influer sur les *trusts*.
Il convient d'examiner, à présent, si les *trusts* agissent sur la
politique commerciale et l'orientent vers l'un ou l'autre de ses
pôles. Il faut, en somme, voir dans quels cas le *trust* agit sur
cette politique, après avoir passé en revue ceux où c'est le *trust*
qui se trouve être influencé.

Remarquons d'abord que le *trust* et la protection se trouvent
vite en rapport d'interdépendance. La production monopolisée
qui est, en grande partie, le résultat du protectionnisme, en devient bientôt le plus ferme soutien. La coalition désormais
établie au centre de la vie économique ne permet plus que cet
puissant instrument de domination lui échappe. Comme dans le
cas des Etats-Unis, elle pèse de toutes ses forces sur les mesures
législatives et impose le maintien du protectionnisme dont elle
est née et dont elle vit. La production monopolisée peut, à la
longue, ne pas s'opposer à l'emploi modéré d'une politique libre-
échangiste prudente. Il faut, toutefois, qu'elle ait la certitude
absolue de pouvoir triompher, sur le marché intérieur et sur le
marché mondial, de toute énergie concurrente. Sauf cette condition, le libre-échange sera subi mais non toléré par les *trusts*.
Ceux-ci, même ayant atteint un degré avancé de prospérité, pré-
coniseront le protectionnisme, sinon animés du désir jaloux de
conserver le marché national dont ils disposent sans réserves,
mais parce qu'ils savent que les consommateurs nationaux ne
toléreraient plus les prix élevés que la coalition a l'habitude
d'imposer.

Etant donnée la constitution des *trusts* et l'importance qu'ils ont acquise dans la vie moderne, il est facile de comprendre comment leur action ne peut se laisser comprimer dans les limites étroites d'un seul marché. Les capitaux qui y sont employés sont trop considérables pour ne pas désirer de plus vastes entreprises, — la soif des profits élevés est trop vive pour que la consommation étrangère ne soit pas considérée comme une excellente proie. Le commerce international, dans ce cas, est certainement moins avantageux que le commerce intérieur, mais il a l'inappréciable mérite de déverser à l'extérieur, avec une rapidité relative, tout excès de production. Mais même lorsque les *trusts* n'agissent pas sous l'aiguillon de la surproduction, ils ont toujours avantage, même en limitant les prix de vente et le profit unitaires, à approvisionner les pays étrangers.

Byron Holt cite beaucoup de cas où les *trusts* américains pratiquent des prix plus bas à l'extérieur qu'à l'intérieur. Ely, le savant professeur de l'Université de Wisconsin, spécialiste en matière de syndicats de production, confirme les dires de Byron Holt et énumère, lui aussi, toute une série de marchandises produites par la coalition et qui se vendent dans les mêmes conditions que les précédentes. Il ajoute même que c'est là une nécessité, parce que si les prix pratiqués à l'intérieur des Etats-Unis étaient étendus à l'étranger, la vente des marchandises américaines s'arrêterait et la production ne donnerait plus aucun profit.

Soixante quinze syndicats déclarèrent explicitement à l'*Industrial commission* des Etats-Unis, qu'ils pratiquaient, à l'extérieur, des prix plus faibles que ceux qu'ils exigeaient sur le marché national. On peut admettre que parmi les syndicats qui ne répondirent pas à l'enquête, beaucoup procédaient de la même façon. Ce fait a été reconnu et commenté avec à propos par A. Raffalovitch (1). Déjà, avant lui, le *Democratic congressional*

(1) A. RAFFALOVITCH, *Note sur les écarts de prix observés entre les cours*

Comittee des Etats-Unis avait mis le phénomène en pleine lumière, en publiant dans l'*American Iron Trade Almanach* une table intitulée *Tariff Trust Prices*, où sont rassemblés et confrontés les prix pratiqués par les différents syndicats industriels à l'extérieur et à l'intérieur du pays. Les recherches furent difficiles, car les industriels n'ignorent pas combien l'opinion publique est hostile à cette différence de prix, toute à l'avantage de l'étranger ; nonobstant, 54 produits figurent dans la table susdite, et les différences de prix sont énormes. Nous voyons, par exemple, que pour certains câbles en fil de fer, les prix du produit américain vendu à l'extérieur sont inférieurs de 261 0/0 à ceux pratiqués à l'intérieur. Nous voyons que pour certains produits de l'industrie chimique, comme le citrate de bore raffiné, cette différence n'est pas inférieure à 210 0/0. Nous voyons encore que cette différence, pour le plomb en saumons, monte jusqu'à 98 0/0. En résumé, pour ces 54 produits, il est rare que la différence entre les deux prix tombe au-dessous de 25 0/0.

Il en est ainsi aux Etats-Unis, mais si nous passons en Allemagne, où s'épanouit la production syndiquée, nous assistons au même phénomène.

Dietzel citait récemment le cas d'une raffinerie de sucre de Cologne qui, au commencement de l'année 1901, vendait son sucre en Suisse, avec l'assentiment du cartel, à un prix plus faible qu'en Allemagne. Le *Cartel* des plaques nickelées pour les cuirassés, dont la production est également syndiquée, vend à la marine impériale à raison de 2320 marcks la tonne, et seulement à raison de 1920 marcks, soit une diminution de 17 0/0, à la marine des Etats-Unis. Dans la Silésie septentrionale, les tôles laminées Thomas se vendaient 140 marks ; les Siemens de 140 à 145 et les tôles pour chaudières de 160 à 180. Ces mêmes produits étaient vendus à l'extérieur, par le *Cartel*, à un prix variant entre 100 et 125 marks. Pour certaines qualités de fils de fer, la différence de prix, en faveur de l'étranger, variait entre 10 et 20 marks.

Lorsque, le 15 juin 1903, vint, à la Chambre des lords anglaise, la fameuse discussion sur le protectionnisme préconisé par Chamberlain, lord Lansdowne, ministre des affaires étrangères, pour démontrer que de nos jours, la concurrence avait changé de forme, citait les faits suivants à l'appui de sa thèse : le syndicat allemand pour la fabrication des rails de chemin de fer vendait ses produits à 115 marcks en Allemagne et à 85 à l'étranger ; le fer en barres se donnait respectivement à 125 et à 100 marcks à l'intérieur et à l'extérieur, et les clous respectivement à 250 et 140 marcks.

D'aucuns, parmi lesquels Vergues (1), semblent croire qu'au fond ce système frappe les pays qui en usent, parce que, disent-ils, en vendant les matières premières et semi-ouvrées à des prix plus faibles à l'extérieur qu'à l'intérieur, ils permettent aux industries étrangères d'abaisser le coût de production de leurs produits et leur donnent ainsi une force de concurrence plus considérable. Mais cela arrive rarement : 1° parce que, la plupart du temps, ce sont les producteurs mêmes des marchandises brutes ou semi-ouvrées, qui se chargent encore de la production des marchandises finies (2) ; 2° parce que presque toute l'exportation des pays industriels est alimentée par les produits manufacturés.

La tendance porte donc à la vente des marchandises à l'étranger à meilleur prix que sur le marché intérieur. Le procédé se-

(1) Dans un article intitulé l'*Envers du Cartel allemand*, publié dans la *Réforme économique*.

(2) Lorsqu'il n'en est pas ainsi, on peut se trouver en face du danger signalé par Vergues. Ainsi la Chambre de commerce de Coblentz, en 1900, attribuait la crise des usines rhénanes au fait que le *cartel* métallurgique vendait aux usines hollandaises les matériaux de construction, en particulier les tôles laminées, à des prix plus bas que ceux exigés en Allemagne.

lon lequel on voudrait réaliser ce projet par le moyen de la coalition, est ingénieux.

En 1900, une crise brutale de développement éclata en Allemagne et s'étendit aux *cartels* du charbon et de la métallurgie. MM. Kirdorff, Weyland, Wendell et d'autres représentants des différents cartels indiquèrent comme une mesure certainement efficace l'adoption des primes à l'exportation. Selon eux, les *cartels* des producteurs de matières premières auraient dû accorder aux producteurs de marchandises manufacturées ou semi-ouvrées une prime pour les produits exportés par ces derniers : et cette prime aurait dû être égale à la différence existante entre les prix pratiqués en Allemagne et ceux pratiqués à l'extérieur. Ces primes devaient être données sous forme de rabais sur les prix de vente des matières premières nécessaires à la fabrication des produits exportés.

Schloss (1) cite d'innombrables exemples, qui ne pourraient pas mieux prouver que la reprise vigoureuse de l'exportation allemande après la dernière crise fut due à ce mode spécial d'encourager les ventes à l'extérieur par l'action des *cartels*. En 1902, à Düsseldorf, sur l'initiative des syndicats du fer, du charbon et de l'acier, se forma une véritable *Clearing-House*, dans le but d'établir et de réglementer les primes à l'exportation.

Comme l'on voit, la conséquence dernière de la coalition, soit qu'elle ait à produire elle-même toutes les marchandises, des produits bruts aux produits finis, soit que la production des marchandises complémentaires soit répartie entre divers *cartels* ou *trusts*, c'est de réaliser une faculté de concurrence plus considérable sur les marchés étrangers ; elle y parvient par un abaissement artificiel des prix.

Les intéressés n'hésitent pas à affirmer que ce moyen est absolument transitoire, parce que, à peine ont-ils conquis les marchés

(1) Dans une étude (*The Export Policy of Trust*) publiée en 1903 par le *Board of Trade*.

étrangers ou sont-ils sortis des crises de surproduction, que les *trusts* et les *cartels* ramènent à un même niveau les prix des marchandises vendues à l'intérieur et à l'extérieur. Mais ces arguments se trouvent démentis par les faits, car le système ne change pas, bien que les productions ne doivent plus accomplir d'extraordinaires efforts ni vaincre d'extraordinaires inerties. En Allemagne, l'esprit reste le même, bien que la crise ait été vaincue il y a déjà longtemps. En outre, l'Allemagne pourra toujours conquérir quelque nouveau marché. Ceux qui essaient de justifier ce système avec l'aide de la loi des rendements plus que proportionnels, semblent plus avisés. Ceux-ci prétendent que l'industrie a intérêt à produire des quantités de marchandises toujours plus considérables, pour diminuer, en proportion, le coût de production. Lorsque le marché national n'est pas capable d'absorber, à lui seul, toutes les marchandises produites, il faut les reverser à l'extérieur, à quelque prix que ce soit, pour ne pas perdre les avantages de la production en grand qui conduit à un coût plus faible. Ceux qui raisonnent ainsi oublient que la loi des rendements plus que proportionnels elle-même a une limite et qu'elle ne suffit pas à justifier le système en question. Mais, même en admettant que son application puisse s'étendre indéfiniment sans que la loi cesse d'être vérifiée, on peut voir, dans le fait même que le coût de production diminue et peut permettre l'abaissement des prix, la preuve de ce que la concurrence pourrait être exercée à l'étranger sans qu'il soit besoin de pratiquer des prix différents en deçà et au delà des frontières de l'Etat. La diminution du coût, conséquence des rendements croissants, peut suffire au triomphe de la concurrence.

Toutes les raisons d'ordre naturel sont insuffisantes pour justifier la vente à meilleur prix, à l'étranger, des marchandises monopolisées. Mais la concurrence ne cesse pas, pour cela, d'exercer une influence artificielle et déprimante sur les productions étrangères qu'elle vise, si celles-ci, pour une raison quelconque, n'ont pas trouvé la possibilité de se coaliser ou si leur coalition n'a pas encore déployé ses bienfaisants effets. Cette concurrence est particulièrement nuisible aux pays qui, aujourd'hui seulement, essaient de réaliser la transformation économique pour laquelle ils estiment avoir des aptitudes naturelles et fécondes.

Dans les cas analogues, le libre-échange préconise une solution très simple : celle qui consiste à ne recourir à aucune protection artificielle, parce que les consommateurs des marchés conquis ont tout à y gagner et rien à y perdre. C'est là un axiome. Il n'en est pas moins vrai cependant qu'il existe des intérêts qui méritent d'être protégés au même titre que ceux des consommateurs. Il faut penser encore aux producteurs nationaux, qui n'auraient rien à craindre si les choses suivaient leur évolution naturelle, et qui courent le plus grand danger par suite de la lutte artificielle engagée par la coalition extérieure. Il est vrai que les producteurs nationaux ainsi frappés pourraient se déclarer solidaires et opposer la coalition à la coalition. Mais, privés de toute protection, ils présenteraient toujours un côté vulnérable aux coups de la concurrence étrangère, qui bénéficie d'une protection douanière. En effet, il ne leur est pas permis d'agir (comme nous l'avons déjà vu) exclusivement sur le coût de production et non sur le prix des marchandises vendues à l'extérieur. Quant au prix des marchandises vendues à l'extérieur, il ne faut pas oublier qu'il ne peut être inférieur à celui pratiqué sur le marché national sans que le taux moyen des profits en soit entamé. La supériorité de la coalition secourue par la protection douanière apparaît donc évidente.

Même en admettant que le commerce international des pays libre-échangistes, en raison la transformation survenue à l'intérieur, trouve une nouvelle fonction d'équilibre, cet équilibre serait toujours instable, parce que continuellement exposé à l'abaissement artificiel des prix que la coalition étrangère peut se permettre. En dernier lieu, on aboutirait à l'altération des valeurs internationales toute en faveur des marchés libres. On aurait, en somme, une crise intérieure provoquée par la concurrence artificielle de l'étranger.

Tout en admettant que la coalition, dans les pays libre-échangistes, puisse conduire à des avantages aussi considérables que dans les pays protectionnistes, il reste néanmoins ce fait qu'elle a besoin, pour parfaire sa formation, d'un certain délai au cours duquel la protection lui est nécessaire. Il n'y a rien d'extraordinaire à ce que la protection née dans ces circonstances s'étende à beaucoup de productions ; car les industries monopolisées sont actuellement nombreuses, et presque toutes également à craindre dans leurs tentatives de concurrence.

Le protectionnisme, dans ce cas, ne ferait autre chose que de neutraliser une cause de concurrence artificielle et on ne pourrait, par conséquent, lui reprocher de fausser, comme à l'ordinaire, le développement naturel des forces économiques.

La concurrence des pays qui font usage des *trusts* et des *cartels*, agira toujours dans le sens d'une extension du protectionnisme aux pays qui, jusque-là, en étaient exempts, ou de son accentuation, là où il existait déjà. Lorsque, le 28 mai 1903, J. Chamberlain exposa à la Chambre des Communes son projet de réforme fiscale, l'argument le plus sérieux qu'il donna pour le soutenir fut que l'Angleterre devait se défendre contre l'action des *trusts* et des *cartels* étrangers.

Les économistes d'autrefois, à qui nous devons la logique indestructible des doctrines libre-échangistes, ignoraient que la coalition pût acquérir une telle puissance dans l'économie moderne. Si leur esprit avait pu le prévoir, ils ne nous auraient pas seulement conseillé la protection en faveur des industries naissantes, mais en faveur de celles que d'artificielles menées atteignent aussi cruellement.

Naturellement, la concurrence internationale, stimulée par la coalition, ne pousse pas toujours au protectionnisme avec la même violence. Son influence est plus grande dans les pays libre-échangistes et manufacturiers, parce que l'importation la plus à craindre est celle qui provient des pays protectionnistes.

Cette influence est moindre, au contraire, sur les marchés agricoles qui adoptent le libre-échange ; car la coalition agraire est plus difficile à réaliser, particulièrement lorsque la spécialisation des cultures est considérable. La coalition s'établit entre des industriels importants et peu nombreux, plus facilement qu'entre de petits agriculteurs dont le nombre est très grand.

En résumé, on peut dire que, selon le cas, tantôt c'est le protectionnisme qui agit sur la politique commerciale, tantôt c'est celle-ci qui agit sur le protectionnisme. Ce dernier, bien que n'étant pas indispensable à la coalition des productions, lui assure des profits plus élevés, tandis que la coalition lui donne une force nouvelle et plus grande.

CHAPITRE VI

LA POPULATION ET LA POLITIQUE COMMERCIALE

63. L'augmentation de densité de la population et ses facteurs naturels. — L'influence de la population se fait sentir dans toutes les manifestations de la vie économique. Son mouvement nous explique les raisons cachées de l'évolution économique, et aussi, en partie tout au moins, les variations constantes du protectionnisme et du libre-échange.

La prospérité d'un peuple est d'autant plus considérable, que le développement de deux facteurs dont l'action est parfois indépendante, s'accomplit plus harmonieusement ; ces deux facteurs sont : l'augmentation de la population et le progrès économique (1). Actuellement, la politique commerciale, opérant activement sur la production, est un moyen très efficace de maintenir ou de rétablir l'équilibre rompu entre le progrès démographique et le progrès économique.

L'expérience se chargea de démontrer qu'il n'y avait rien

(1) G. Schmoller, *Principes d'économie politique*, trad. franc., Paris, Giard et Brière, 1906-1908.

d'immuable dans le fameux principe de Malthus. Le célèbre pasteur de Haileybury vécut à une époque de dépression économique et en synthétisa tous les tourments dans l'épouvantable loi qui porte son nom. La merveilleuse pénétration de Malthus eut le tort de généraliser un principe qui apparut vrai seulement pendant une période éphémère de la vie d'un peuple ; il n'est pas moins vrai que d'autres peuples, en dehors du peuple anglais, traversèrent ensuite la même phase économique et sociale, où la loi de Malthus trouva, malheureusement, une application complète. Même aujourd'hui, où, d'une façon générale, les progressions de Malthus se trouvent renversées, nul n'osera nier que, dans certains cas, il existe entre la production et la population un déséquilibre néfaste, tout au détriment de cette dernière. Ce déséquilibre ne revêt pas le caractère aigu entrevu par Malthus, mais il donne lieu à certaines manifestations déplorables, quoique transitoires. Il importe peu qu'aujourd'hui, à l'excès de la population par rapport aux subsistances, se soit substitué l'excès de la population par rapport au capital (1), si les conséquences ne sont pas différentes. L'évolution continue des formes économiques n'a pas affaibli, ni tant soit peu entamé, la loi de fer qui soumet la population à la production ; il est donc nécessaire d'étudier tout au long son développement, l'influence que la première exerce sur la seconde et l'aide que la politique commerciale peut prêter à l'établissement définitif de la forme économique la plus avantageuse.

Le processus historique de l'augmentation de densité de la population est soumis à des lois naturelles (2).

(1) A. LORIA, *La vecchia e la nuova fase della teoria della popolazione*. Dans le volume : *Verso la giustizia sociale*. Rome, societa editrice libraria, 1904.

(2) Les causes déterminantes de la répartition géographique de la population, exposées par Schmoller, correspondent à peu près, à celles que Bertillon met à la base de l'augmentation de la densité démographique, c'est-à-dire : 1° les ressources agricoles ; 2° les ressources industrielles ; 3° les besoins alimentaires ; 4° les besoins de produits industriels.

Le lecteur désireux d'approfondir lui-même cette question peut utilement

Mais, à notre point de vue, il est bien plus important de connaître quel changement l'augmentation de la population peut
produire, en dehors des facteurs naturels, dans les formes économiques qui prévalent sur un même territoire, c'est-à-dire
quelles variations peuvent survenir dans la production, lorsque
l'ancien rapport entre l'élément démographique et le milieu économique vient à changer.

Selon Gide (1), il faut 3.800 hectares par tête pour une population qui veut vivre du produit de la chasse. Par conséquent un
pays qui adopte cette forme de production est vite surpeuplé.
Dans ces conditions, étant donnée une forte augmentation de la
population, la loi de Malthus ne tardera pas à fonctionner, si
une évolution des moyens de production n'intervient pas. Sous
l'action de cette cause, la chasse est remplacée, le plus souvent,
par l'élevage des troupeaux nomades, qui permet une grande
densité de la population pour la même superficie. Mais la production de l'élevage cesse d'être suffisante si la densité de la population s'accroît de nouveau.

La vie nomade prend alors fin pour faire place à l'agriculture,
qui suffit à l'existence d'une population 20 ou 30 fois plus dense.
La culture de la terre, aux stades préliminaires, prend la forme
la plus empirique. Quoi qu'il en soit, dès les débuts de l'agriculture, la terre prend la première place dans l'inventaire de la
richesse et c'est sur elle que l'activité principale se porte de
plus en plus, pour fournir à la population les éléments nécessaires à la vie.

Pour que l'on puisse déterminer une transformation économique qui soit un progrès, il faut que la disproportion entre le
nombre des habitants et la terre qu'ils occupent soit effective ; il
faut donc tenir compte du degré de fertilité de la terre même.

consulter le *Bulletin I, Geographical Distribution of Population* de l'United States *Census Office*, Washington, Government Printing Office, 1903.

(1) C. GIDE, *Principes d'économie politique*, page 485. G. SCHMOLLER,
Principes d'économie politique, tome I, page 488, Paris, Giard et Brière,
1906.

On comprend que de deux pays ayant une population égale, celui qui dispose de terres plus fertiles possède, toutes proportions gardées relativement à l'étendue du territoire, une densité de population moins forte. Cette densité ne s'accroît pas nécessairement à chaque augmentation de la population absolue. Il peut se faire qu'en raison des différents degrés de fertilité, la population soit plus dense là où il y a seulement 50 habitants par kilomètre carré, que là où il s'en trouve 100.

64. La population et la spécialisation des formes de travail. — Lorsque la population augmente, la quantité de produits obtenue jusque là devient insuffisante pour les besoins de la consommation et il peut se présenter trois cas :

1° La mise en valeur des terrains moins fertiles, si c'est possible; dans ce cas, on enregistre une augmentation du coût, parce que, avec les mêmes dépenses qu'auparavant, on ne peut plus obtenir la même somme de produits.

2° L'intensification, toujours grandissante, des cultures des vieux terrains, et la loi limitative des rendements décroissants entre alors en vigueur. Parfois cette intensification est impossible ; c'est le cas actuel de la Russie, où l'on constate une émigration intérieure considérable de paysans qui vont à la recherche de terres nouvelles à mettre en culture, en Sibérie et dans les régions asiatiques de l'empire.

Kauffmann a démontré que ces émigrations intérieures ne sont pas provoquées par le manque des terres cultivables, mais bien par la difficulté où l'on est de passer de la culture extensive à la culture intensive. Mais là où disparaît la possibilité de continuer la culture extensive sur de nouvelles terres, là où il n'est pas possible, non plus, d'intensifier les cultures déjà existantes ou d'avoir recours à l'émigration à l'étranger, quel terrible avenir ne prépare-t-on pas au peuple, obligé de se laisser comprimer à l'intérieur de limites aussi étroites qu'insurmontables ?

3° La culture des terrains d'égale fertilité, mais plus éloignés; on aboutira, dans ce cas, aux mêmes conséquences que dans le premier, car les frais de transport se traduisent, en fait, par une augmentation du coût. Mais lorsque toute la terre est occupée, le premier et le troisième cas ne peuvent se présenter, de sorte que l'on est obligé d'employer, sur la même terre, une quantité de capital et de travail double, triple, quadruple, sans pour cela obtenir une quantité de produit deux, trois ou quatre fois plus forte qu'avant. Donc, malgré des efforts toujours plus grands, on obtient des rendements proportionnels toujours plus faibles, qui deviennent rapidement insuffisants pour procurer à la population croissante les mêmes satisfactions en retour des mêmes efforts productifs. Il est inutile d'insister sur ce fait que les conditions deviennent extrêmement graves lorsque le pays persiste dans la production agricole, en dépit de l'augmentation de la population, et qu'il lui est impossible de reculer la double limitation que lui imposent les confins du territoire et la décroissance relative des rendements (1).

Schmoller soutient que, jusqu'à ce jour, il n'y a jamais eu un excès absolu de population, que cet excès n'existe pas même aujourd'hui et qu'on ne le constatera peut-être que dans l'avenir. Mais la question est différente à nos yeux, car il nous importe de savoir s'il existe, ou s'il peut se produire, un excès relatif de population, c'est-à-dire une densité telle qu'en face des conditions actuelles de l'existence et des prévisions économiques et sociales, on éprouve un sentiment d'oppression. Qu'une telle densité de population doive, selon des formes différentes, se présenter plusieurs fois de suite, cela semble une nécessité historique et, en même temps, une condition du progrès. Mais lorsque ce progrès est réalisé, lorsque l'on se sent mal à l'aise entre les

---

(1) L'agriculture ne peut satisfaire aux besoins d'une population très dense : 1° parce qu'elle ne se prête pas à une grande division du travail, qui permette d'élargir de plus en plus l'emploi de la main d'œuvre ; 2° parce qu'elle est subordonnée aux intempéries climatériques qui empêchent la stabilité du travail ; 3° parce que, et c'est la cause la plus grave, la loi des rendements décroissants ne tarde pas à s'appliquer, atténuant la production et diminuant les salaires.

confins étroits de la constitution économique, alors de nouveaux
stimulants accélèrent l'évolution technique, les institutions se
perfectionnent, l'émigration commence et l'on cherche à assurer
au peuple le bien-être perdu et auquel il a droit. Les peuples
qui ne sont pas en mesure d'opérer ces transformations se dé-
membrent et disparaissent; ceux, plus robustes, qui réagissent
et combattent, ont l'avenir pour eux.

D'aucuns croient que les habitants d'un pays, lorsqu'ils ressentent les effets de la faible productivité du travail, peuvent
trouver un palliatif à ce malheur, dans l'émigration vers les
pays qui se trouvent dans des conditions économiques contraires.

**65. Inefficacité de l'émigration comme remède à la surpo-
pulation.** — L'émigration constitue une soupape d'échappement
dans les pays surpeuplés; en effet, de nos jours, elle a un caractère exclusivement économique. Mais, à elle seule, elle ne
suffit pas à rétablir l'équilibre déjà rompu. Il suffit d'examiner
les chiffres que nous donnons ci-dessous, pour se convaincre que
lorsque l'agglomération de la population est trop considérable,
l'exode vers l'extérieur est insuffisant à en atténuer la densité
dans une mesure assez sensible pour pallier à la disproportion
qui existe entre les éléments démographique et économique.

*Différence entre l'excès des naissances sur les décès (1) et l'émigra-
tion pendant les périodes 1876-80 et 1896-1900.*

	Par mille habitants	
	1876–1880	1896–1900
Italie	5,27	5,81
Autriche-Hongrie.	7,08	8,27
Allemagne	11,54	14,23
Angleterre	10,59	8,57
Russie	13,52 —	12,38
Belgique	9,85	10,42
Espagne	2,54	3,39

(1) La différence est à l'avantage de l'excès des naissances sur les décès.

Nous avons négligé d'indiquer les chiffres concernant les autres pays. Mais, parmi tous les États européens, en Angleterre et en Russie seulement, pendant la dernière période, on remarque une diminution sensible de la différence existant entre les survivants et les émigrés. Partout ailleurs la tendance contraire s'accentue. Quelle meilleure preuve peut-on donner de ce fait que l'émigration ne suffit pas à rétablir l'équilibre entre les éléments de nature différente dont elle dérive. L'impuissance de l'émigration à clairsemer la population devenue trop dense est un phénomène qui s'explique par des causes diverses.

L'émigration se heurte à des résistances d'ordre intellectuel et psychologique, à des obstacles économiques, naturels, politiques et sociaux. Les peuples d'une culture intellectuelle peu avancée sont exagèrement prolifiques et ne savent pas réagir contre le malaise économique en se tournant vers l'étranger. Souvent ils arrêtent leur exode dès les premières désillusions.

Parmi les obstacles d'ordre économique, il faut citer la rareté du capital nécessaire à la mise en valeur des terres nouvelles, par rapport à l'étendue des régions colonisables. L'émigration et la colonisation peuvent être considérées comme un même phénomène. Le rapide développement de l'Australie, de la République Argentine, du Far-West, des États-Unis est là pour le démontrer. Mais cette rapidité d'évolution peut être réalisée seulement lorsque une grande abondance de capitaux peut être employée. Le capital est nécessaire pour la mise en communication des terres nouvelles avec les pays surpeuplés, pour le défrichement et la culture, pour le développement des diverses branches de l'industrie, laquelle, d'un mouvement naturel, se forme auprès de l'agriculture. Jusqu'à aujourd'hui l'émigration européenne a été bien peu de chose, par rapport au déve-

Ces chiffres sont reproduits d'après l'excellent livre de N. COLAJANNI, *La Demografia*, Naples, L. Pierro, 1904.

loppement démographique de l'Europe. Si l'accumulation des
capitaux avait été plus abondante, l'émigration eût été plus
forte. Pierson (1) affirme que l'augmentatation du capital a été
moins rapide que celle de la population.

Les obstacles résident dans la structure intime des pays non
encore libres, particulièrement dans leur climat. Dans la zone
torride africaine, des terres immenses, possédant d'exubérantes
ressources, restent incultes. Mais qui pourrait tenter de les
mettre en valeur avec l'aide d'Européens habitués à des conditions climatériques absolument opposées ? Il n'y a pas longtemps, les Etats-Unis acquirent les vastes territoires de l'Alaska.
Mais ce pays, qui emploie dans une large mesure la main
d'œuvre italienne, n'a pas l'idée de coloniser les terres acquises
par l'intermédiaire de colons italiens, qui peut-être ne sauraient
pas y vivre, et qui, certainement, ne pourraient pas y développer
la puissance de travail dont ils sont susceptibles.

Des obstacles d'ordre politique et social s'opposent encore à
l'émigration. Certains pays, comme la Russie, craignent l'immigration étrangère pour des raisons qui leurs sont propres.
D'autres, comme les Etats-Unis d'Amérique, s'efforcent d'opérer
une sélection parmi les émigrants et éloignent les races de couleur, les dévoyés, etc...

Ces obstacles de diverse nature entravent le libre mouvement de l'émigration. Les pays surpeuplés ne peuvent déverser
à l'extérieur le trop plein de leurs habitants, tout au moins dans
la mesure qu'ils désireraient. Ces pays doivent trouver en eux-
mêmes le moyen d'atténuer le malaise qui les opprime. Et le
salut consiste pour eux à faciliter la réalisation des formes nouvelles de production, qui se dessinent naturellement.

**66. La population et la transformation économique dans un
pays hypothétique.** — Prenons le cas d'un pays libre-échangiste, presque exclusivement agricole, dont la population est
trop considérable et où est en vigueur la loi de la producti-

(1) N. G. Pierson, *Problemi odierni fondamentali dell'economia e delle
finanze*, Turin, Roux et Viarengo, 1902.

vité décroissante. Le capital y sera insuffisant mais n'y fera pas complètement défaut ; car le capital qui a été accumulé pendant la période où la terre répondait par des rendements plus que proportionnels aux efforts des producteurs, a survécu au déclin de tant de prospérité. La consommation individuelle sera faible, en raison de la dépression économique ; mais la consommation totale sera considérable, en raison de la grande densité de la population. Ce pays prendra à l'extérieur les produits manufacturés qui lui sont nécessaires et les échangera contre les produits de la terre. Mais comme ces produits auront un coût toujours plus élevé, les produits manufacturés qu'ils permettent indirectement d'acquérir, auront eux-mêmes un coût plus élevé. Alors que les produits de la terre diminuent, il en faudra donner une plus grande quantité à l'étranger, pour obtenir la même quantité d'objets manufacturés. Les taux d'échange s'établiront selon les exigences de la concurrence internationale de tous les pays et ils seront toujours défavorables au pays considéré. En effet, les Etats manufacturiers préféreront faire leur commerce avec les pays où les terres présentent un degré de fertilité plus élevé, car ils savent bien que ceux-ci peuvent donner une plus grande quantité de produits agricoles que le premier, contre la même quantité de marchandises manufacturées. Le pays choisi par nous se voit exclu, petit à petit, des luttes internationales ; et pour lui le taux d'échange sera déterminé plutôt par les marchandises qu'il demande à l'étranger que par celles qu'il offre ; et c'est par là que les avantages du commerce international seront atténués pour lui. Il en résultera ultérieurement un malaise, et le capital et le travail verront diminuer leur rémunération. L'augmentation continue de la population, que l'émigration ne peut pallier, rendra le travail encore moins productif.

Où donc sera le salut ? Il faudra transformer la production agricole et remplacer la culture intensive, de façon à tirer du sol au meilleur rendement et même réaliser un emploi de travail plus considérable ; ou bien, on en sera réduit à se tourner vers la

production industrielle, qui utilise ce travail en plus grande
abondance, tout en assurant au capital un profit plus sensible.

Le capital disponible, à qui revient le mérite de l'initiative
— car le travail ne peut que le suivre aveuglément — se retire
du sol, lequel, dans les conditions énoncées, ne lui donne plus un
profit suffisamment élevé ; il n'ose pas, cependant, s'employer
dans les usines, où il serait exposé à la concurrence des exploitations étrangères. Il est vrai que les salaires sont très bas, mais
cela ne suffit point pour produire à un coût plus faible qu'ailleurs.
A la faiblesse absolue des salaires correspond un faible degré
d'habileté technique de la part des ouvriers ; cette inhabileté
peut être susceptible de neutraliser, totalement ou en partie,
l'effet de la dépréciation des salaires la plus sensible. Le coût du
travail est inférieur, mais d'une manière relative et non absolue.
Cela n'empêche pas, toutefois, que ceux qui plus tard se consacreront à l'évolution manufacturière, ne tablent sur le niveau
très bas des salaires. La répugnance qu'éprouve le capital à
s'employer dans la terre pour lui appliquer la culture intensive
est commune à tous les pays qui se trouvent dans les conditions
économiques que nous avons déjà décrites. Cette répugnance ne
se justifie pas seulement par l'état de dépression où se trouve
l'agriculture, ni par la conscience des efforts énormes qu'exige
sa transformation. Un élément psychologique exerce aussi son
influence ; l'économie politique n'en a pas toujours tenu le
compte qu'il fallait ; elle se manifeste dans les récriminations
de tous ceux qui assistent à la décadence agricole, et elle
s'étend, non sans exagération, à tout le milieu économique,
grossissant, au delà de toute mesure, l'image du mal, faisant
perdre de vue les moyens d'y remédier. Mais, même si cet élément psychologique ne venait pas augmenter la diagnose du
mal, le capital choisirait toujours la carrière industrielle,
parce que l'exemple des pays manufacturiers et de leur rapide
ascension vers la richesse le séduirait ; parce qu'il y serait
poussé par beaucoup d'autres raisons visibles pour tous, et

toutes conduisant à des prévisions tangibles. On dit que le protectionnisme ne crée pas de capitaux et ne peut, par suite, multiplier les productions et, avec les productions, les emplois pour le travail. On oublie toutefois les trois faits suivants.

1° Le protectionnisme, par la promesse de profits plus élevés, incite le capital existant à se dégager des formes improductives où il repose et cela, au fond, a le même effet qu'une augmentation de capital.

2° A la longue, la rémunération plus large du capital se traduit par une énergie capitalisatrice plus intense ; et il en résulte ultérieurement une production plus étendue. Le capital s'aperçoit que les produits de la terre deviennent d'une vente difficile, alors que les produits manufacturés sont plus largement accueillis sur le marché intérieur. L'élément aléatoire des saisons se voit exclu du processus industriel et il s'établit un mode de travail ordonné et certain.

3° Pour des raisons analogues, on peut attirer, — et l'on attire en fait, — le capital étranger. Ces pays ne sont jamais absolument dépourvus d'usines. Ils ignorent, il est vrai, la grande industrie, ses puissants organismes et son organisation savante ; mais, de ci, de là, ils possèdent des fabriques rurales consacrées à la transformation de certains produits agricoles ou manufacturés, et auxquelles une position géographique spéciale ou la disponibilité de certaines matières premières permettent de travailler et de vivre. C'est l'industrie à l'état rudimentaire ; ce sont les germes de l'activité manufacturière à l'état potentiel. Etant donnée leur production très spécialisée, la concurrence extérieure n'est pas capable de les mettre en danger ; mais elle empêche leur développement ultérieur et surtout leur passage aux formes supérieures de la grande industrie.

Le pays que nous avons étudié, se trouvant pris comme dans un étau entre la population qui augmente et la production qui se maintient stationnaire ou diminue, ne peut progresser sans qu'intervienne un changement essentiel dans la forme économique. Et ce changement intervient automatiquement, sans que beaucoup se rendent compte de sa vraie cause déterminante : la su population. Mais la nouvelle forme n'est réalisée qu'après une période de malaise plus intense.

Agriculteurs et industriels sont d'accord pour demander la protection de l'Etat, les premiers afin de relever artificiellement le revenu de la terre, les autres pour mieux installer leurs usines au centre de la vie économique. Le libre-échange est graduellement remplacé par la protection.

Peu avant la période initiale de la transformation, on voit se dessiner l'exode des travailleurs de la terre vers les centres manufacturiers ; et cela suffirait à démontrer que les emplois s'offrent plus nombreux au travail. Marshall remarque qu'une grande exploitation agricole n'emploie pas la vingtième partie du travail d'une fabrique d'importance moyenne (1) ; et Schmoller rappelle que les régions industrielles accueillent jusqu'à 318 habitants par kilomètre carré, chose impossible dans les pays agricoles (2). Seul, en effet, le progrès industriel peut faire vivre, sur le même territoire et avec un degré donné de bien-être, une population double ou triple de celle d'autrefois.

Mais le déplacement de la population, quoique produisant un avantage immédiat, ne le rend pas immédiatement sensible.

Le travail des usines est certainement plus productif, mais les salaires ne s'élèvent pas en raison de sa productivité ; et leur augmentation est neutralisée par le renchérissement de toutes les marchandises de consommation. Plus tard, lorsque la transformation est accomplie, la population bénéficie d'avantage réels et étendus ; lorsque les fabriques travaillant pour l'exportation imposent le libre-échange ; lorsque l'organisation prolétarienne agit sur le profit capitaliste et élève les salaires nominaux ; lorsque l'importation libre des marchandises alimentaires élève également les salaires réels, alors l'agriculture agonise ; mais

(1) A. MARSHALL, *Principes d'économie politique*, trad. franc., Paris, 1907-1908.
(2) G. SMOLLER, *Principes*, t. I, page 449.

la population évite les maux qui en résultent d'ordinaire, car elle est occupée au travail industriel.

67. L'exemple des pays anciens. — Tout ce que nous avons dit jusqu'à présent se trouve confirmé par l'histoire de tous les pays ayant atteint un degré avancé de civilisation. Mais l'exemple de l'Allemagne est particulièrement caractéristique parce qu'il est de notre époque.

L'Allemagne a une population relative de 104 habitants par kilomètre carré. A cet égard, elle vient après la Belgique, la Hollande, l'Angleterre et l'Italie. Mais l'Allemagne possède 5.000 milles carrés de terrains marécageux où toute culture est impossible, de sorte que, en réalité, tout bon sujet allemand a, à sa disposition, une superficie de terre utilisable inférieure à celle que lui assignent les statistiques. Quoi qu'il en soit, pendant longtemps la pratique de l'agriculture et la politique du libre-échange ne furent pas en conflit avec les intérêts de la population grandissante.

L'Allemagne exportait ses marchandises agricoles en Angleterre, où l'industrie était déjà développée, et les taux d'échange lui étaient favorables parce que, dans l'approvisionnement des consommateurs britanniques, elle ne se heurtait à aucune concurrence sérieuse. Mais, vers 1875, lorsqu'elle fut évincée dans cette fonction d'approvisionnement par les pays d'outre-mer, elle commença à payer les produits anglais à un coût trop élevé. Le revenu de la terre fut déprécié, tandis que la population continuait à s'accroître. Un malaise se fit jour et s'étendit. Même si la population était restée la même, elle aurait fini, un jour, par être trop forte par rapport à la production. L'Allemagne aurait alors souffert de la pléthore des habitants, tout en ayant conservé la même densité démographique. Le capital avait à sa disposition une masse énorme de travail inutilisé et qui ne trouvait pas un emploi assez productif dans la culture de la terre ; de plus, ce même capital consacré à l'industrie eût été en face d'une population immense qu'il fallait pourvoir de marchandises manufacturées.

Ainsi, en 1878, l'orientation de la politique commerciale change et on en arrive à la pratique du double protectionnisme. Mais si la protection douanière ne réussit qu'en partie à maintenir le capital et la population dans l'exploitation du sol, elle appelle, au contraire, dans les fabriques, la plus grosse part du capital national et en fait accourir d'autres de l'étranger ; la population, elle-même, n'est pas à l'abri de cette attraction. Dès ce-changement d'orientation de la politique commerciale, l'émigration intérieure, que Calwer, Schumann et Stuzke ont étudiée et mise en évidence (1), fait son apparition sur certains points du pays, se trouve renforcée sur certains autres, où elle existait déjà. Le nord-est, dit Stuzke, qui est pauvre d'industries, se voit continuellement abandonné par la population qui se dirige au contraire vers les provinces du nord-ouest, où les fabriques abondent. Les propriétaires terriens s'en plaignent et font l'impossible pour enrayer le mouvement. Mais l'attraction exercée par l'industrie est toujours considérable et ne semble pas devoir diminuer d'ici longtemps (2).

(1) R. CALWER, *Handel und Wandel*, Berlin, P. Edelheim, 1900. F. STUZKE, *Journal für Landwirtschaft*, 3e fasc. du 51e volume.

(2) Bien qu'elle eût déjà presque accompli sa transformation économique vers le milieu du siècle dernier, l'Angleterre, en 1851, dans les 18 comtés industriels, comptait 834.042 habitants nés dans les comtés agricoles ; il y en eut 1.604.298 en 1891. L'émigration irlandaise fut surtout considérable, elle fut provoquée par la différence énorme qui existait entre les conditions de l'île verte et celles des comtés industriels des environs de Londres.

Les causes de la formation des grandes villes sont nombreuses, mais nul ne conteste que la plus efficace réside dans l'emploi industriel. D'innombrables faits montrent que cette formation va de pair avec le développement manufacturier, dans les pays suivants : Angleterre, Allemagne, France, Etats-Unis. A présent encore, en Italie, on assiste à un parallélisme parfait entre ce phénomène et la production locale de fer et de charbon, l'importation des matières premières, l'augmentation en quantité de toutes les marchandises qui sont la base de l'exploitation manufacturière ; et nous trouvons encore ce fait que la concentration de la population augmente en même temps que s'accentue la spécialisation de la production industrielle.

La population allemande ne ressentit immédiatement aucun avantage par suite de la transformation qui s'élaborait, car elle était supprimée par le double protectionnisme qui enlevait aux salariés les bénéfices de l'augmentation du salaire nominal. Mais le travail devenait plus productif à mesure que la base de l'échange international se modifiait.

Vers 1890, la transformation est avancée, et l'Allemagne demande à l'étranger la plus grande partie des aliments dont elle a besoin ; elle l'échange contre des produits manufacturés ; c'est précisément le contraire de ce qui avait lieu vingt ans auparavant. Tandis qu'en 1875 elle achetait à un coût trop élevé les objets manufacturés étrangers, aujourd'hui elle se procure les produits de la terre à un coût relativement faible. Les taux d'échange lui sont à nouveau favorables. L'économie de coût importante qu'elle réalise vient augmenter la richesse publique ; les salaires s'élèvent encore grâce à l'action de l'organisation prolétarienne ; le pays n'est plus surpeuplé, quoique la densité démographique ait augmenté. Et il le sera encore moins, lorsque la transformation industrielle sera terminée.

Avant même que l'industrie ait conquis la suprématie dans l'économie allemande, la population avait opéré un changement d'emploi notable. En 1882, sur une population totale de 45,22 millions, l'agriculture, l'élevage, la production forestière et la pêche en occupaient 19,22 ; les industries extractive et manufacturière et le commerce en retenaient 20,40 millions. En 1892, sur une population totale de presque 52 millions, 18,52 seulement s'employaient à l'agriculture et dans les productions qui en dépendent, tandis que 26,21 millions se consacraient aux industries manufacturières. Il n'est pas douteux que ce déplacement n'ait continué son mouvement pendant les années qui suivirent. Brentano (1) affirme, avec raison, que non seulement les statistiques professionnelles, mais encore la position respective

---

(1) L. BRENTANO, *Die Schrecken des überwiegenden Industriestaates*, Berlin, 1901.

des diverses professions dans l'économie sociale, montre que le
pivôt de la production allemande est bien l'industrie, et non
plus l'agriculture. Meitzen (1), étudiant le phénomène, nous
dit qu'il devait se produire fatalement parce que l'agriculture
ne pouvait accueillir qu'un nombre restreint de travailleurs,
dans l'espace limité mis à sa disposition ; tandis que l'industrie
offrait la possibilité de donner une occupation stable et d'assurer la nourriture à une population toujours croissante. Wagner (2) et Dietzel (3) sont de l'avis de Meitzen et soutiennent
que l'augmentation de la population est la cause première effi-
ciente de la transformation économique en question.

C'est là un fait éloquent, tandis que l'Allemagne, stimulée par
le protectionnisme, procédait à son industrialisation, l'émigration diminuait peu à peu. Plusieurs années encore après 1878
(l'année où furent adoptés les tarifs protecteurs) l'émigration se
maintint assez forte, mais montra une tendance à décroître.
De 1881 à 1886, il y eut successivement 220.000 — 203.000 —
173.000 — 142.000 — 116.000 et 82.000 émigrants. Suivirent
quelques années où son intensité varia, mais la tendance décroissante s'accentua (4). L'émigration allemande tomba, en
moyenne, à 32.000 émigrants, de 1901 à 1903, et sa composition
même fut changée, puisque les travailleurs de la terre malheu-
reux y participèrent dans une moindre mesure. Donc l'industrialisation, résultat du protectionnisme, réduisit l'émigration,
parce que la capacité des emplois offerts au travail avait
augmenté. D'aucuns contestent que l'émigration ait été vaincue

(1) Dans le sixième volume de l'excellent ouvrage : *Der Boden und die
laudwirtschaftlichen Verhältnisse des Preussichen Staates*, publié par les
soins du gouvernement prussien.

(2) Les articles publiés par Wagner sur cette question, dans la *Zukunft*
de 1894 et 1897 et le *Lotte* de 1909, sont remarquables.

(3) H. Dietzel, *Weltwirtschaft und Volkswirtschaft*, Dresde, 1900. —
Kornzoll und socialreform, Berlin, 1901. — *Die Theorie von drei Welt-
reichen*, Berlin, 1900.

(4) *Vierteljahrshefte zur Statistik des Deutschen Reichs.*

par le protectionnisme, mais ils ne disent pas quelles sont les autres causes qui ont pu produire le phénomène.

Wagner exagère lorsqu'il s'alarme outre-mesure du rapide accroissement de la population allemande. Jusqu'à aujourd'hui, cette population, grâce à la transformation industrielle, a trouvé un emploi utile, et les fabriques allemandes pourraient, même dans un avenir prochain, absorber toute augmentation de la population ; d'autant plus que l'Allemagne n'est pas encore parvenue à la dernière phase de la civilisation manufacturière. La Grande-Bretagne, qui a atteint ce niveau élevé, trouve toujours le moyen de maintenir, dans la plus grande prospérité, 134 habitants par kilomètre carré ; pourquoi donc l'Allemagne ne pourrait-elle plus donner d'emploi utile à ses enfants, qui se montent à peine à 104 par kilomètre carré ? D'autres encore, plus audacieux que Wagner, ne verraient pas d'un mauvais œil le ralentissement du mouvement suivant lequel s'accroît la population allemande ; mais ils ne voient pas que cela compromettrait la position économique, sociale et politique que l'empire a su se réserver dans le monde ; ils ne voient pas que l'accroissement de la population pourrait servir merveilleusement à cette expansion coloniale, que l'Allemagne s'est attachée à réaliser.

Pourquoi donc Wagner suit-il en frémissant le mouvement ascensionnel qu'effectue la densité de la population allemande, et pourquoi voudrait-il empêcher ce développement en limitant les naissances ? Pourquoi, avec tant de préoccupation, caresse-t-il l'espoir d'un retour à l'état agricole, qui réduisant le nombre des mariages et des naissances, pourrait seul ralentir le mouvement actuel ? Cette épouvante ne se justifie en rien, au moins dans l'état actuel de l'économie de l'Allemagne. A quoi bon dire que l'Allemagne a vu, pendant les dernières années, augmenter sa population de 14 0/0, c'est-à-dire du double de l'augmentation constatée en Angleterre et en Italie, du triple de celle constatée en Autriche et en Hongrie, puisque, ainsi que nous l'avons dit, la population relative n'est pas encore très dense, puisque, en Belgique, par suite du progrès industriel, une

population relative plus que double trouve à s'employer et à se
nourrir ? Aucune force, au moins pour le moment, ne peut
réussir à arrêter l'accroissement de la population ; quoiqu'il
arrive, il restera toujours la grande soupape que constitue
l'émigration, à laquelle, dès aujourd'hui, on prépare des débouchés.

Pour les raisons que nous avons exposées, l'Allemagne se
verra contrainte de persévérer dans son évolution industrielle,
et de se procurer indirectement, dans une mesure toujours plus
large, les aliments dont elle aura besoin. Le protectionnisme
allemand, nous l'avons implicitement dit, ne fut pas seulement
créateur de bien. Mais le problème dépend de beaucoup d'éléments et il faudra voir si les maux pouvant découler de la
concurrence sont plus considérables que ceux qui résultent de
la protection.

La libre importation faciliterait certainement l'alimentation
du peuple, parce que celui-ci se servirait de marchandises étrangères d'un faible coût. Mais l'achat des produits étrangers est
subordonné à une autre condition, à savoir la possibilité
d'emploi de la main-d'œuvre de la part des consommateurs. Si
l'Allemagne eût conservé le libre-échange, la concurrence, loin
d'accélérer la transformation économique, aurait peut-être provoqué un mouvement inverse, c'est-à-dire une évolution rétro-
grade. Et, dans ce cas, la baisse des prix n'aurait servi à rien,
parce que le moyen d'acheter les marchandises nécessaires à la
consommation aurait fait défaut.

Le chômage aurait été plus dur à supporter qu'un relèvement
des prix.

L'Angleterre, après l'abolition des droits sur le blé, se serait
trouvée dans cette condition, si elle n'avait eu le secours d'une
industrie très avancée, au sein de laquelle elle déversait la
majeure partie du travail disponible. Après l'abolition de ces
droits, on aboutit, en Angleterre, aux résultats suivants :

	Superficie cultivée en blé (acres)	Population
1869-75	3 821 000	31 930 000
1893-94	1 955 000	38 600 000
1901	1 700 000	41 546 000

La superficie de la culture du blé diminua donc de 2 millions d'acres, tandis que, dans le même temps, la population s'augmentait de 10 millions d'habitants. Les terres autrefois consacrées au blé ne furent pas utilisées pour d'autres cultures intensives ; il ne se produisit pas une transformation dans un sens de progrès, mais bien une véritable rétrogradation agricole. La superficie des prairies et des pacages s'accrût dans une mesure correspondante. Etant donnée la baisse précipitée des prix (de 55 shellings par *quarter* en 1873, à 20 en 1894) dans certains comtés, comme celui d'Essex, où dominait la culture des céréales, les fermiers, en masse, abandonnaient la terre, et les propriétaires, dépourvus des moyens nécessaires, la laissaient en jachère. Donc en Angleterre, on assista à un retour vers les formes de production qui sont incompatibles avec une population qui s'accroît ; car le pâturage peut donner l'emploi et la nourriture à une population clairsemée, mais est insuffisant à satisfaire aux besoins d'une population déjà très dense et en voie d'accroissement. Les prix du blé diminuèrent, il est vrai, du tiers : mais comment les Anglais eussent-ils pu l'acheter, même à un prix plus faible, s'ils avaient été sans travail ? On ne peut pas dire que cet état de choses résultait du fait que le capital se retirait de la terre pour s'employer dans l'industrie ; autrement dit, qu'il était la conséquence de l'évolution industrielle commencée déjà depuis longtemps. On ne peut pas le dire, parce que le coût de production des céréales anglaises était notablement plus élevé que le prix auquel se vendaient les blés étrangers sur le marché britannique, et parce que, étant donnée la nature du climat et des terres, une transformation profonde et profitable était impossible. En persévérant dans la voie agricole on se serait heurté à une impossibilité absolue.

Heureusement, la population anglaise chercha, et trouva, un emploi utile dans les fabriques ; sans quoi, sait-on ce qu'il aurait été d'elle ? Il lui serait arrivé ce qui s'est produit en Irlande. Ce pays, exclusivement agricole, ne pouvant occuper sa population en dehors des travaux de la terre, la vit émigrer en masse. Cette population était de 6.800.000 habitants en 1821, de 7.700.000 en 1831, de 8.000.000 en 1841. Elle tomba à 6.500.000 en 1851, c'est-à-dire pendant la période décennale où la taxe sur le blé fut abolie. Ceux-là font erreur qui croient que cette importante diminution fut causée par le renchérissement des céréales ; et Schmoller se trompe aussi lorsqu'il affirme que l'émigration fut provoquée par des raisons politiques. En fait, l'émigration continua pendant les dix années qui suivirent lorsque, une fois la taxe abolie, le prix du blé se maintint à un niveau relativement bas. Pendant ces dix années la population de l'Irlande diminua toujours et dans des proportions alarmantes. On a, dans le fait suivant, une preuve nouvelle que l'émigration résultait bien de la suppression des droits sur le blé. Ces droits furent abolis en 1846, puisqu'après cette date il ne subsista qu'une légère taxe de statistique, incapable d'une conséquence économique. L'émigration irlandaise avait été de 77.686 personnes en 1845 ; elle en comprit 109.624 en 1846, 217.512 en 1847, et augmenta graduellement pendant les années suivantes, à mesure que se faisaient sentir les effets de la franchise accordée aux céréales. Qui donc peut nier que le dépeuplement de l'Irlande ait été dû à l'abolition des droits indiqués ? Et maintenant, quel est l'État qui peut rester indifférent à un tel dépeuplement, et qui même le laisse s'accélérer, à seule fin d'éviter l'établissement d'un tarif douanier qui puisse retarder la crise ? Il n'est pas douteux que si la Grande-Bretagne se fût trouvée dans une situation différente, elle eût maintenu les droits sur les céréales et en eût établi sur les produits manufacturés, afin de donner à l'agriculture le temps de créer d'autres productions plus adé-

quates aux besoins nouveaux qui se faisaient jour sous la poussée de la population, afin de permettre à l'industrie d'utiliser
une telle abondance de travail et de s'emparer d'une aussi vaste
consommation.

Le cas actuel de l'Italie ne diffère pas sensiblement de celui
de l'Allemagne. L'Italie est le seul pays de l'Europe continentale
qui offre le spectacle d'une population très dense vivant exclusivement de l'agriculture, c'est-à-dire de cette forme de production, qui, à la longue, se concilie mal avec une population
dense et désireuse de prospérité. Mais la densité apparente de
113 habitants est peu de chose par rapport à la densité réelle.
Si l'on tient compte de la longue et large ossature montagneuse
qui traverse l'Italie, et où, par suite des déboisements, plus
encore que de l'altitude, toute production est impossible, pas
même sous la forme du pâturage le moins productif ; si l'on
tient compte des terres insalubres qui sont dans la même situation économique, on arrive, selon Edouard von Ellen, au
chiffre de 166 habitants par kilomètre carré (1), pour la densité
de la population. Cette densité dépasserait donc celle de la
Hollande et de l'Angleterre, où la superficie des terrains stériles
est moindre. Mais la Grande-Bretagne peut, grâce aux fabriques,
employer une population aussi dense ; tandis que les fabriques
italiennes ne peuvent encore parvenir au même résultat. Si le
protectionnisme industriel n'avait pas été mis en vigueur, en
Italie, à partir de 1878, sans doute y aurait-on recouru plus
tard, et cela : 1° parce que la concurrence agricole de l'étranger
aurait diminué — et elle le diminua en effet — le revenu de la
terre, ce qui aurait rendu les professions agricoles plus pénibles
et aurait affaibli toujours davantage la production agricole ;
2° parce que la population déjà dense aurait encore accru sa
densité, non seulement sa densité absolue, mais plus encore sa
densité relative : ce qui aurait déterminé une misère toujours
plus grande, et une occupation utile toujours moindre ; 3° parce

(1) E. von Ellen, *Italiens Volkswirtschaft*, Fribourg, 1899.

que l'émigration, quoique très élastique, n'aurait pu déverser à l'extérieur tout l'excès de population.

Le progrès industriel aurait fourni le moyen d'occuper utilement une bonne partie de la population et de décharger un peu les campagnes, où la terre n'était plus susceptible d'offrir un emploi à tant de bras.

Les aptitudes du pays, à cette époque, ne semblaient pas favorables au travail manufacturier, mais l'expérience démontra que ce travail aussi était possible.

Quelle importance faut-il donc attacher désormais à la charge momentanée d'un droit protecteur, si l'on considère les avantages notoires qui peuvent en découler ? Dans ce cas les droits de douane ne représentent qu'une prime d'assurance contre les incalculables dangers du chômage. La protection est un mal, mais n'est-il pas beaucoup plus profond que celui pouvant résulter de l'inertie et du désœuvrement de toute une population, disposée, par suite, à toutes les violences, fatalement destinée à l'abrutissement ?

68. L'exemple des pays nouveaux. — Les rapports intimes entre la population, et la forme de travail prédominante et la politique commerciale s'étudient plus facilement chez les pays nouveaux, où les phénomènes ont une évolution plus simple, parce que ne subissant pas l'influence de facteurs de nature diverse, très nombreux dans les pays anciens.

Prenons l'exemple des colonies australiennes. Parmi celle-ci, la première habitée par les Européens fut Victoria, qui, en 1861 déjà, comptait 540.000 habitants, alors que la New South-Walles, qui venait immédiatement après, avec une superficie de beaucoup supérieure, n'en comptait que 350.000. La population relative (1) de ces colonies, sauf la Tasmanie constituée par une petite île dotée de caractères particuliers, s'exprimait par les chiffres suivants (2).

(1) Par mille carré.
(2) T. A. Coohlan, *A. Statistical Account of Australia and New-Zeland.* 1902-3, Sydney, W. A. Gullick, 1904.

	1861	1871	1881	1891	1901
New South Walles	1,13	1,62	2,42	3,65	4,36
Victoria	6,15	8,32	9,81	12,98	13,66
Queensland.	0,04	0,18	0,32	0,59	0,75
South Australia	0,14	0,20	0,31	0,35	0,40
Western Australia	0,02	0,03	0,03	0,05	0,19
New-Zeland.	0,95	2,55	4,69	6,00	7,39

Donc Victoria eut toujours, et conserve encore, la population la plus dense. Sous l'action de celle-ci, une grande partie
des terres disponibles fut rapidement occupée (1).

Cette colonie, quoique possédant le territoire le moins étendu,
a déjà occupé une superficie absolue plus considérable que
chacune des autres ; et, contrairement à ce qui a lieu pour ces
dernières, l'occupation présente un caractère agricole bien plus
que pastoral. Nous voyons, en effet, que de 1871 à 1902, la production de la laine est restée presque invariable, parce que le
nombre des moutons n'a pas changé. La quantité de gros bétail,
chevaux compris, qui avait augmenté graduellement jusqu'en
1891, au contraire, diminue sensiblement pendant les dix années
qui suivirent.

Il n'en est pas de même pour l'agriculture, qui a progressé
sans cesse, *est devenue plus intensive et a transformé ses cul-*
tures (2). Tandis que la production pastorale restait stationnaire

(1) Les chiffres suivant suffisent à le prouver :

	Superficie totale (en acres)	Superficie cultivée (en milliers d'acres)				
		1871	1881	1891	1901	1902
New South Walles .	198,848	390	587	846	2277	2245
Victoria.	56,246	851	1435	2117	2966	3246
Queensland . . .	427,246	60	118	243	483	275
South Australia . .	578,362	838	2156	1028	2236	2224
Western Australia .	624,589	52	53	64	216	228
New-Zeland. . . .	66,861	337	1071	1424	1545	1603

(2) En 1902, les cultures principales étaient celles du blé, de l'avoine,

et accusait même une tendance à décroître, l'agriculture s'étendait rapidement et essayait des transformations hardies, comme celle concernant la vigne. Ces transformations, il fallait les aborder pour échapper à la concurrence des autres colonies, car la productivité des terrains de Victoria, soit parce que soumis depuis plus longtemps à la culture, soit parce que naturellement moins fertiles, est aujourd'hui de beaucoup inférieure celle des autres provinces australiennes (1).

Victoria, quant au rendement du blé, reste au-dessous des autres colonies, sauf la South Australia. Il est à remarquer que ce rendement est plus du double dans le Queensland, du triple dans la Tasmanie, du quadruple dans la Nouvelle-Zélande.

Pour l'avoine, Victoria reste au-dessous du Queensland, de la Tasmanie et de la Nouvelle-Zélande qui la dépasse de moitié.

Pour le seigle et les pommes de terre, elle est dépassée par le Queensland, la Tasmanie, la Nouvelle-Zélande ; pour le foin également.

Ce n'est que dans le rendement du maïs qu'elle a un avantage incontestable sur les autres provinces.

du maïs, de la pomme de terre, du foin, des différents fourrages, de la vigne, du tabac, des arbres fruitiers, etc...
(1) Les chiffres suivants le démontrent :

Rendements moyens par acre, de 1893 à 1902.

	Buschells				Tonnes	
	Blé	Avoine	Maïs	Seigle	Pommes de terre	Foin
New South Walles . .	8,8	17,9	27,6	15,3	2,3	0,9
Victoria	6,7	18,4	55,4	17,2	4,1	1,2
Queensland	15,9	18,8	21,5	-19,0	2,1	1,9
South Australia . . .	4,6	10,4	»	13,3	2,6	0,8
Western Australia . .	10,5	16,3	16,6	11,9	3,1	0,9
Tasmanie	19,7	29,4	»	23,7	3,9	1,4
New-Zélande	27,2	36,6	42,11	30,2	5,9	1,8

Tout cela montre que la terre de Victoria, à quelque culture qu'on la soumette (sauf celle du maïs), donne des rendements inférieurs à ceux des autres colonies, et cela pourrait signifier encore que, tout au moins pour certaines terres, la loi des rendements décroissants est entrée en vigueur. Il existe encore des terres laissées en pâturages et qui pourraient être consacrées à l'agriculture. Mais leur transformation n'est pas avantageuse, soit parce que ces terres sont de qualité inférieure ou sont trop éloignées des ports, soit encore à cause de la concurrence des autres colonies. Par conséquent, les phénomènes que nous avons examinés évoluent, dans ce pays, comme si toute la terre était soumise à la culture intensive. En effet, le capital plus avisé depuis longtemps, cherche de nouvelles formes d'emploi ; et la population, quoique largement rétribuée par le travail de la terre, s'est tournée vers les fabriques qui l'attirent irrésistiblement. Certes, on ne peut pas dire que la population de Victoria, serait trop dense et ne jouirait d'aucun bien-être, même si elle se consacrait entièrement au travail de la terre ; mais elle est arrivée à un degré de densité avancé au point que les terres ne fournissent plus un rendement suffisant et que le travail des fabriques seul est assez productif.

L'émigration a cherché à remédier, jusqu'à un certain point, à cet état de choses. Nous voyons, par exemple, que dans la colonie de Victoria, où la densité est de 13,78 par mille carré, l'excès du nombre des émigrants sur celui immigrants a été de 12.672 de 1871 à 1880, de 108.795 de 1891 à 1900, et de 15.060 de 1901 à 1902. Ce fait ne prouve pas en faveur des conditions économiques moyennes de la Victoria. Cette province se serait dépeuplée si elle n'avait pas cherché d'autres formes de travail plus productives ; car, dans le domaine agricole elle se heurtait à une sérieuse et dangereuse compétition de la part des colonies voisines. Dans aucune autre colonie, l'émigration n'a pris le caractère permanent ni l'importance considérable qu'elle a présenté dans Victoria.

Il sera bon de rappeler encore qu'il s'agit ici de phénomènes relatifs. Les conditions agricoles de Victoria sont certainement de beaucoup supérieures à celles que l'on peut trouver dans toute l'Europe, mais non à celles de la New South Walles et de la Nouvelle-Zélande. Les phénomènes qui s'observent pour Victoria sont précisément étudiés par rapport aux autres colonies australiennes.

Sous l'action de ces faits, Victoria, qui cependant, dès les premiers temps du *responsible Government* se glorifiait de sa politique libre-échangiste, commença vers 1865, à incliner vers le protectionnisme ; et une fois dans cette voie elle dépassa les autres colonies, qui préludaient aussi par une forme de protection atténuée. Le tarif douanier du 18 janvier 1878 constitue un pas décisif dans la voie protectionniste, puisqu'il frappa tous les produits manufacturés et transforma en droits spécifiques les anciens droits *ad valorem*. Deux années après, c'est-à-dire en 1880, un nouveau pas en avant fut accompli. Les marchandises textiles manufacturées furent frappées bien plus lourdement, on apporta de nouvelles modifications en 1889, lorsque plusieurs produits manufacturés eurent à supporter un droit de 5 0/0 *ad valorem*.

En 1889, un parti agrairien fit son apparition et présenta un programme hardi de droits protecteurs sur le bétail et plusieurs céréales inférieures. Le gouvernement avec à sa tête Gilles-Deakin, le combattit et en triompha. Mais, si les droits sur les marchandises agricoles furent rejetés, les droits sur les produits manufacturés furent, au contraire, renforcés, de sorte que le progrès industriel reçut une impulsion nouvelle. En résumé, Victoria distança toutes les autres colonies, non seulement dans la marche vers le protectionnisme, mais encore dans l'évolution manufacturière.

Si les autres colonies, de population clairsemée, adoptèrent un protectionnisme industriel peu accentué, ce fut plus dans un but de protestation hostile contre la Victoria que sous l'influence effective d'exigences économiques. Fuchs et beaucoup de ceux qui étudièrent le développement du protectionnisme en Australie,

s'accordent sur ce point, qui présente, pour nous, la plus grande
importance. D'autres colonies, comme la New South Walles,
qui avaient une population clairsemée, résistèrent pendant longtemps à la tentation de nuire à Victoria. Ainsi, la New South
Walles, même lorsqu'elle abandonnera ses taxes *ad valorem*
pour des taxes spécifiques, les établit selon une mesure si faible
qu'elles ne perdirent pas le caractère de taxes fiscales. En réalité, la cause réelle du changement devait être cherchée dans le
déficit des finances coloniales et la répugnance qu'avait la population pour toute forme d'impôt direct. C'est beaucoup plus
tard seulement, en 1892, que commence une ère protectionniste
nouvelle, mais, selon Sir Charles Dilke, elle fut déterminée par
le désir de faire surgir quelque industrie, désir que la concurrence manufacturière de Victoria eût rendu à jamais irréalisable.

La population de Victoria trouva un emploi plus large, dans
les fabriques. Les chiffres suivants le démontrent :

Année	Fabriques	Ouvriers
1885	2813	49.297
1890	3104	56.369
1895	2724	47.746
1900	3097	64.207
1901	3249	66.529
1902	4003	73.063

Naturellement, les mines ne sont pas comprises dans ces
chiffres, ni les 27.000 personnes qu'elles occupent ; n'y figurent
pas, non plus, les fermes où se manipulent les produits du pâturage et qui emploient 18.000 ouvriers.

On comprend pourquoi Victoria, déjà forte au point de vue
industriel depuis l'année 1889, a défendu le programme des
droits protecteurs australiens, et s'est instituée le champion de
ce *Zollverein* australien qui put être réalisé douze ans plus
tard. Ce mouvement n'était pas désintéressé. Victoria voulait

trouver de nouveaux débouchés pour ses manufactures et elle savait serrer le but de plus près, en préconisant une politique basée sur le libre-échange intercolonial.

La fondation du *Commonwealth*, effectuée le 1er janvier 1901, fut une belle victoire de l'accord fraternel des colonies australiennes, mais ce fut un succès plus sensible encore pour la production manufacturière de Victoria. D'après l'art. 88 de la nouvelle Constitution, les douanes intercoloniales devaient être abolies à partir du 1er janvier 1903 ; elles le furent, en effet, même avant cette date, et dès le 8 octobre 1901. Les fabriques de Victoria virent leur marché de consommation s'étendre à toute l'Australie, tandis que le nouveau tarif fédéral continuait à les protéger contre la concurrence européenne et américaine.

La Victoria a parcouru un cycle de transformation presque complet. Nous l'avons vue pratiquer le libre-échange, tant que sa production principale affectait la forme pastorale et fournissait du travail à presque toute la population. Lorsque cette population s'accrût, le pâturage devint impuissant à l'employer avantageusement et l'on assista au développement de l'agriculture, et, conjointement, à des transformations de culture. Pendant cette période encore, le libre-échange se maintint presque intact. Mais lorsque la terre cessa de fournir les mêmes revenus que par le passé et accusa même une infériorité par rapport aux rendements recueillis dans les autres colonies ; lorsque la population commença à recourir à l'émigration (symptôme d'un malaise relatif ou d'une diminution de bien-être), alors l'industrie prit naissance et se développa avec l'aide du protectionnisme. Lorsqu'ensuite cette industrie n'a plus rien à craindre de la production coloniale et éprouve le besoin d'un développement plus étendu, elle se fait le champion du libre-échange intercolonial, qui ne sera peut-être que le prélude d'une liberté plus vaste encore, réalisable par le libre-échange international.

Victoria ne pouvait échapper aux mêmes lois qui s'étaient imposées à la mère-patrie, quelques siècles auparavant, et l'avaient poussée vers le libre-échange le plus absolu. Lorsque la plus grande partie de sa population vivra de l'industrie et voudra élever notablement les salaires réels, en facilitant, de plus en plus, l'entrée des produits alimentaires ; lorsque grandira le désir d'un emploi industriel plus étendu, réalisable par une plus grande abondance des exportations ; alors Victoria s'apercevra que la liberté intercoloniale est trop étroite pour contenir ses nouvelles et légitimes aspirations.

Dans l'Amérique du Nord également, l'acheminement vers l'industrie fut pénible tant que la population resta clairsemée. Déjà, en 1750, nous dit Benjamin Franklin, l'abondance et la fécondité des terres libres attiraient toute la population vers l'agriculture, rendaient le salariat difficile et limitaient la production manufacturière à la forme rudimentaire de la production domestique. Plusieurs années plus tard, en 1767, Sir H. Moore, gouverneur de la colonie de New-York, dans un rapport au ministre anglais du commerce, parlait de la tendance du travail à déserter les fabriques pour les champs, et indiquait les *indented servants* qui fuyaient la fabrique aussitôt leur contrat expiré. Plus tard encore, en 1814, Gallatin affirme que les causes naturelles qui empêchaient l'introduction et le progrès des manufactures devaient être recherchées dans l'abondance de la terre par rapport à la population. Cet obstacle diminuait peu à peu, à mesure qu'augmentait la densité de la population. C'est ainsi que dans les provinces du Nord-Atlantique la densité par mille carré augmentait dans la mesure suivante :

1790 —	12.1	1850 —	53.2
1800 —	16.3	1860 —	65.4
1810 —	21.5	1870 —	75.9
1820 —	26.9	1880 —	89.5
1830 —	34.2	1890 —	107.4
1840 —	41.7	1900 —	129.8

Etant donnée cette densité, les Etats-Unis eurent avantage, pendant de longues années encore après la conquête de leur indépendance, à se consacrer à l'agriculture et, par suite, à pratiquer le libre-échange. Mais lorsque les jeunes colonies,

bien plus pour réagir contre la mère-patrie que pour satisfaire
un besoin économique, adoptèrent le protectionnisme ; lorsque,
par le tarif de 1816, elles voulurent faire obstacle aux manufactures étrangères, nous voyons, ainsi que le dit Bishop (dans
son *History of American Manufacture*) que non seulement les
industries ne prospérèrent pas, mais encore qu'un léger symptôme de dépression économique se manifesta aussitôt ; les
industriels et les ouvriers, en grand nombre, abandonnèrent les
fabriques pour s'adonner à la culture des terres libres.

Mais cela ne devait pas se reproduire dans la période qui
suivit, lorsque, de 1830 à 1850, la population eut doublé et que
toute la terre des Etats-Unis eut été soumise à la culture. Il est
vrai qu'il existait bien encore beaucoup de terres disponibles
dans les régions occidentales ; mais elles étaient trop éloignées et
il fallait des frais de transport considérables pour y accéder, de
telle sorte que, au point de vue économique, les provinces des
bords de l'Atlantique étaient virtuellement séparées de celles
situées du côté du Pacifique. Du reste, nous avons déjà dit que
l'on doit entendre par terres libres celles qui sont facilement et
utilement occupables ; et cette condition faisait défaut aux Etats
de l'ouest.

Ensuite, lorsque la densité de la population devint considérable, les périodes alternatives de protectionnisme plus ou moins
atténué prirent fin. La protection douanière la plus rigoureuse
s'établit sur le marché nord-américain, à partir de 1861. Il n'est
pas douteux que l'adoption définitive du protectionnisme ait été
amenée en partie par des raisons financières et des aspirations
nouvelles du capitalisme. Mais un autre puissant facteur de ce
phénomène résidait dans l'élément démographique et développa
peut-être l'action déterminante la plus forte.

Il est certain que la population est l'un des puissants leviers
qui agissent sur l'évolution économique et qu'elle provoque, par
suite, les fluctuations continuelles de la politique commerciale.
Cette politique doit se proposer, entre autres fins, de procurer
au peuple non seulement une alimentation meilleure, mais

encore des emplois plus rémunérateurs. Par la pratique alternée
de ses deux systèmes, elle sera d'autant plus heureuse dans ses
effets, qu'elle rétablira plus rapidement et plus solidement l'é-
quilibre entre l'élément producteur et l'élément démographique.
On ne peut pas, on ne doit pas dire *a priori*, que le protectionnisme est plus ou moins avantageux que le libre-échange. Tout
dépend de la condition économique du moment et des difficultés
qu'il y aura lieu de vaincre. Tout système présente des inconvénients de même que toute forme de production offre des avantages. Mais ceux qui, par peur du protectionnisme, voudraient
renoncer à une phase ultérieure d'activité économique, sont
comparables à ceux qui, pour échapper aux périls lointains du
processus industriel, voudraient exclusivement et à jamais
se consacrer à la production agricole. Les uns et les autres
ressemblent également à ceux qui, selon la boutade de Lujo
Brentano, pour éviter un péril incertain et éloigné ont recours
au suicide immédiat.

**69. Capacité maximum de l'emploi que l'industrie offre
au travail.** — A quelle extension peut se prêter l'emploi de la
population dans l'industrie ? Son utilisation dans les fabriques
a-t-elle des limites ?

En passant en revue les Etats les plus industriels du monde,
en dehors de l'Angleterre dont nous parlerons ensuite, nous
voyons que, par rapport à la population active totale, les occu-
pations professionnelles se classent ainsi qu'il suit (1).

	Allemagne	Belgique	Etats-Unis	France
Agriculture et Pêche . .	37,5	29,9	35,0	44,3
Industrie.	37,4	38,2	24,1	33,6
Commerce et transports .	10,6	11,6	16,3	9,4
Armée et marine. . . .	2,8	1,7	0,4	2,6
Professions libérales . .	11,7	25,6	23,3	10,1
Total	100	100	100	100

(1) Lucien MARCH, *La population industrielle et les entreprises en*

Ces chiffres (1) n'ont pas la même valeur pour les quatre pays examinés, parce que les recensements industriels ne se font pas suivant les mêmes règles dans chacun d'eux. Tantôt ce recensement porte seulement sur les grandes entreprises ; tantôt, au contraire, il comprend les entreprises d'importance médiocre. A cet égard, les calculs les plus rigoureux sont ceux des Etats-Unis ; si ce pays figure avec un pourcentage modeste, c'est parce que les statistiques industrielles ne portent que sur les grandes fabriques.

Quant à ce qui se rapporte à notre étude, les statistiques les plus probantes sont celles qui tiennent compte exclusivement, des entreprises qui ressentent plus profondément les effets du protectionnisme. Au contraire, sur les statistiques qui s'étendent aux industries domestiques, on ne peut baser aucune déduction exacte, parce que ces industries, vu le modeste objectif qu'elles se proposent isolément, retirent de faibles avantages du protectionnisme. Il s'agit, en somme, d'étudier les divers degrés de la production manufacturière auxquels la politique restrictive agit d'une façon différente selon le développement des fabriques.

Ces observations, nécessaires à l'étude du phénomène, une fois faites, nous revenons au but réel de notre examen, et nous voyons, qu'en moyenne l'industrie emploie le tiers de la population active. Mais il n'est pas dit que son œuvre s'arrête là. L'industrie, dans beaucoup de cas, agit comme un stimulant sur toutes les autres formes de la production. Elle peut, par exemple, spécialiser et élargir l'objet du commerce. Etant donnée sa grande faculté de capitalisation, elle donne accès à toutes les formes d'activité qui étaient négligées jusque-là. Et, ce qui est encore

---

Allemagne, Belgique France et aux Etats-Unis, dans le tome XIV, 3e livraison, 1905, du « Bulletin de l'Institut international de statistique ».

(1) Les comparaisons précédentes ont pour base :

Pour l'Allemagne : le Berufs und Gewerbe Zählung, 14 juin 1895 ;

Pour la France : le Recensement des industries et professions, 29 mars 1896

Pour la Belgique : le Recensement des industries et métiers, 1er décembre 1896 ;

Pour les Etats-Unis : le 12 Census, 1er juin 1900.

plus intéressant, elle encourage la production des matières premières, partout où les ressources naturelles la rendent possible.
Il est certain que l'industrie cotonnière des Etats-Unis et de la
Russie contribua beaucoup à l'extension des plantations de
coton dans ces pays. La sidérurgie et la métallurgie agirent activement sur la production minière de l'Angleterre et des autres
pays carbonifères. Il en fut de même pour l'influence de l'industrie sucrière sur la culture de la betterave, etc...

Une industrie, quelle que soit la réalité de son autonomie, ne
reste jamais isolée du milieu économique. Il en résulte que
l'extension de l'emploi de la main-d'œuvre n'est pas restreinte aux
limites même de cette industrie et entame les productions qui l'approvisionnent de matière première et de biens instrumentaux.

Dire avec exactitude quelle est la population employée, non
pas dans l'industrie proprement dite, mais, indirectement, en
raison de cette même industrie, cela paraît difficile. Il n'est pas
douteux, cependant, que la quantité en soit considérable au
point de relever sensiblement la proportion de la population
productive d'un pays par rapport à la population totale.

Les pays que nous avons choisis sont, dans une mesure plus ou
moins large, exportateurs d'objets manufacturés. Il sera bon de
voir dans quelle proportion les industries exportatrices contribuent à l'emploi de la population. Il semblerait à première vue
que cet emploi dût s'étendre indéfiniment avec l'augmentation
de l'exportation industrielle. Au contraire, il se heurte aussi à
des limites. Giffen ne croit pas beaucoup à une large utilisation
de la main-d'œuvre, même lorsque l'industrie aura atteint le
plein de sa faculté d'exportation (1).

Il affirme (2) que l'Angleterre, en dépit de l'évolution accomplie, possède une population industrielle inférieure au 20 0/0 de
la population active totale (3); c'est-à-dire qu'elle dispose d'une

(1) R. Giffen, *Protection for Manufactures in New Countries*, The Economic Journal, 1898.
(2) Selon le *The Abstract of Labour Statistics*, p. 170-190.
(3) Giffen ne tient pas compte des causes indirectes qui élargissent

population industrielle d'environ trois millions et demi, puisque la population active totale dépasse à peine seize millions et demi. Et continuant ses recherches, Giffen établit que les deux tiers de cette population manufacturière travaillent pour l'exportation et un tiers seulement pour le marché intérieur.

Donc selon l'illustre statisticien anglais, lorsqu'un pays est arrivé à l'apogée de son évolution manufacturière, il occupe seulement le 6 0/0 de la population active dans les fabriques qui travaillent pour le marché intérieur et le 12 0/0 dans celles qui produisent pour l'étranger. A un autre point de vue cela signifie que, pour un Etat ayant atteint un développement aussi considérable, le marché étranger doit être défendu avec une énergie extrême, plus encore que le marché intérieur, parce que c'est celui-là, et non celui-ci, qui occupe la plus grande partie de la population industrielle.

Mais les pays qui font l'usage le plus intense du protectionnisme ne sont pas ceux qui participent, dans une mesure aussi large, au commerce d'exportation ; s'il en était ainsi, la protection n'aurait plus sa raison d'être. Au contraire, c'est pour les pays relativement surpeuplés que le progrès industriel est une né- cessité. Les pays nouveaux, dont la population est relativement clairsemée, n'ont aucun avantage à s'appliquer au développement de l'activité des usines. Et cela, non seulement parce que les habitants sont tous pris par le travail de la terre, qui laisse une rémunération élevée, mais encore, parce que la grande industrie en dépit de prédispositions naturelles, et précisément parce que la population n'est pas encore trop dense, se trouve être écono- miquement impraticable. Nous voyons, par exemple, que le rendement moyen de fonte, au-dessous duquel l'industrie ces- serait d'être économique, est de 100.000 tonnes par an, pour un haut-fourneau moderne. Nous voyons encore que jusqu'à ces dernières années, la consommation totale de fer était, en

l'emploi de la population, et qui découlent de l'industrie ; nous avons énuméré ces causes dans les pages précédentes.

Angleterre, de quatre millions de tonnes c'est-à-dire de 100.000 tonnes par million d'habitants. Ces chiffres nous montrent qu'un pays jeune ne peut prétendre à une industrie sidérurgique même modeste, tant que sa population reste inférieure à un million d'habitants ; et que, jusqu'à ce que cette condition soit satisfaite, tout effort de protection sera sans effet. Ce pays pourrait, même sans posséder ce minimum de population, encourager l'industrie ; mais celle-ci, pour les raisons exposées plus haut, produirait à un coût très élevé et il en résulterait pour elle une cause durable de faiblesse organique. En fait, la situation est encore plus délicate, parce qu'un pays, quelque jeune qu'il soit, n'aura pas seulement besoin d'une qualité unique de fonte et d'une qualité unique de fer. Il lui faudra donc posséder des hauts-fourneaux et des fonderies susceptibles de productions variées. Mais, ici encore, pour que la production soit économique, il faut qu'elle porte sur une importante quantité de marchandises, que le marché intérieur n'est pas en état d'absorber.

La situation serait à peu près la même par rapport aux autres industries.

L'Angleterre, par exemple, importe en moyenne chaque année quatre millions de livres sterling de poteries et autres produits connexes, c'est-à-dire 100.000 livres par million d'habitants. Cette industrie ne pourrait prospérer que dans un pays de population dense, parce qu'une fabrique susceptible de produire annuellement 100.000 livres sterling d'ustensiles serait de très médiocre importance et ne pourrait certainement pas résister à la concurrence étrangère, même avec le secours d'un protectionnisme modéré. Sans compter, en outre, que cette marchandise est minutieusement classée par qualités, et nécessite donc des usines spécialisées dans une production particulière, ce qui élargit la proportion entre la quantité de marchandise à produire et celle qui est nécessaire à la consommation. L'Angleterre elle-même, étant données les variétés très nombreuses que comprend cette marchandise, ne peut en produire une quantité suffisante. Pour les industries textiles, où la spécialisation est encore plus intense, et où, par conséquent, le contraste entre la production nécessaire et le nombre des habitants est plus frappant, le dommage serait plus grand. Il resterait le recours à l'exportation ; ce qui consisterait à charger les citoyens étrangers de consommer les marchandises non vendues à l'intérieur. Mais cette exportation n'est pas toujours possible, parce que les marchés neutres sont pourvus de la protection douanière ; parce que, au cas où cette protection n'existerait pas, la concurrence des autres pays s'efforcerait énergiquement de prendre possession du marché. Il faut cependant reconnaître que, dans plusieurs cas spéciaux, le salut pourrait être donné par le commerce d'exportation ; je veux dire lorsque les marchés concurrents sont très éloignés et que le marché où l'on importe est, au contraire, très rapproché. Les frais de transport auraient alors l'effet d'une protection efficace. La distance se substituerait à la taxe et remplirait un rôle protecteur. Ainsi un haut-fourneau de Victoria pourrait exporter ses produits dans les colonies limitrophes, sans avoir à craindre la concurrence anglaise.

Toutefois, sauf des cas exceptionnels, on peut dire que là où la population n'est pas entrée en conflit avec le milieu économique, les conséquences des efforts tendant à l'introduction de l'industrie, seront les suivantes : 1° la production industrielle ne sera pas économique ; 2° ou bien elle le sera, mais ses produits resteront invendus à l'intérieur, et la production, cette fois encore et d'une façon indirecte, ne sera pas économique. Et ces faits tendraient à démontrer que les déductions savantes de Smith et de Stuart-Mill à propos de la formation des industries nouvelles, sont exactes seulement lorsque les pays, même ayant les meilleures aptitudes industrielles, disposent de la population qui répond aux exigences du travail des fabriques.

70. Cas où l'industrialisation ne constitue pas un danger. — Beaucoup croient que ce mouvement évolutif vers les industries, imposé par l'accroissement de la population, constitue un danger contre lequel il y a lieu de se prémunir. Ce danger, en réalité, se présente sous un aspect peu sérieux, mais il sera nécessaire d'en parler cependant, car il s'agit de préjugés ayant une prise facile sur le public.

On dit, par exemple, qu'un pays à prédominance industrielle se trouve sous la dépendance de l'extérieur en ce qui touche à ses aliments et que cela constitue une cause de faiblesse, et même un danger dans certaines circonstances. L'extension des rapports internationaux d'échange fait en sorte que chaque pays jouit d'une indépendance suffisante par rapport à l'un quelconque des marchés avec lesquels il se trouve en relations d'affaires. Ainsi l'Allemagne peut obtenir les céréales qui lui sont nécessaires soit de la Russie, soit des Etats-Unis, de la République Argentine, de la Hongrie, des Indes ou de l'Australie, c'est-à-dire que l'Allemagne se trouve en état d'indépendance par rapport à chacun de ces marchés. Mais même s'il n'en était pas ainsi, de la même façon que l'Allemagne serait sous la dépendance de l'extérieur pour ses aliments, les marchés étrangers lui seraient assujettis pour les produits manufacturés ; et cette dépendance mutuelle conduirait au maintien pacifique des rapports d'échange.

La crainte que les pays jeunes ne soient obligés de se donner à leur tour à l'industrie, en face de l'augmentation constante de la population, et privent ainsi les pays anciens des marchandises alimentaires dont ils ont besoin, conserve encore de profondes racines. Quelques considérations suffisent pour détruire cette crainte (qui peut-être n'est pas sincère) chez ceux qui sont partisans de l'invariabilité des formes de production. A ceux-là, Elisée Reclus (1) rappelle bien à propos que la Russie, le Canada, les Etats-Unis, et l'Amérique centrale et méridionale, l'Asie occidentale, l'Australie et une grande partie de l'Afrique, disposent encore d'énormes étendues de terre où la population est clairsemée, et qui pourront suffire largement à tous les besoins alimentaires de l'Europe, lorsque celle-ci sera complètement indus-

(1) E. RECLUS, *Nouvelle géographie universelle.*

trialisée. Le haut bassin du Nil pourrait nourrir 50 millions d'individus ; celui du Zambèze, 200 millions ; de même pour le bassin de l'Orénoque ; le bassin du Gapore pourrait en nourrir 100 millions. Dans les îles de la Sonde pourraient vivre 200 millions d'hommes ; 90 millions dans le Turkestan et 100 millions dans la République Argentine. Lorsqu'on songe que tous ces territoires ne présentent qu'une population rarissime, absolument infime par rapport à la production de céréales dont ils sont susceptibles, il est facile de trouver de nouve... arguments en faveur de l'industrialisation plus intense des pays anciens.

La population de ceux-ci (Angleterre, Belgique, Hollande, Allemagne et Union Nord-Américaine), est évaluée à 222 millions d'habitants par Lujo Brentano. Wagner, au contraire, en y comprenant la population des États qui sont en voie de transformation (Russie, Autriche-Hongrie, Suisse, Italie, Suède, Norvège) estime que cette population doit varier entre 320 et 420 millions.

Comme on voit, même en amplifiant ces résultats, la population industrielle ne représente que le cinquième de la population mondiale ; elle est restreinte par rapport à la population qui pourrait vivre en mettant en valeur les terres qui se trouvent actuellement délaissées. Comment donc pourra-t-il jamais se faire que les populations manufacturières manquent d'aliments ? Pourquoi, en face d'un péril qui d'ailleurs n'existera peut-être jamais, les peuples qui se sentent poussés vers l'industrie devraient-ils se condamner au suicide et abandonner les nouvelles formes de production, qui constituent pour eux un dilemme de vie ou de mort ?

Il faut, en outre, se rappeler que nous avons déjà remarqué une certaine spécialisation dans le progrès industriel, et constaté que l'industrialisme ne se développera certainement pas indéfiniment. La spécialisation manufacturière fait en sorte que le progrès industriel s'intensifie sans provoquer de concurrence invincible, ni par conséquent de secousses trop violentes dans le champ de l'industrie. L'Allemagne, par exemple, a déjà acquis la suprématie dans la production chimique ; la première place dans la sidérurgie semble réservée aux États-Unis, et la Grande-Bretagne peut revendiquer la suprématie dans les industries textiles. Le danger d'un progrès industriel trop étendu est donc atténué par cette spécialisation, qui répartit plus rationnellement les formes de la production manufacturière, et remédie aux inconvénients d'une concurrence trop violente.

Ceux qui font semblant de croire à la possibilité d'un industrialisme indéfini, dont dériveraient les dangers énumérés plus haut, sont dans l'erreur. Un jour viendra où le progrès industriel se développera plus lentement. Un jour viendra aussi, plus éloigné, où le prix des céréales s'élevera naturellement. A ce moment, les salaires agricoles atténueront les tendances actuelles à la hausse, que les populations n'auront pas les mêmes raisons de rechercher et qui les animent aujourd'hui. Alors, petit à petit, sans secousse malencontreuse, l'agriculture reprendra son ancienne place, et dans ce nouveau mouvement évolutif, personne n'aura à s'effrayer des dangers énumérés plus haut, lesquels suivraient fatalement, aujourd'hui, tout acte ayant pour but d'empêcher l'acheminement actuel vers l'industrie. Les États surchargés de population ne doivent en aucune façon entraver ce progrès industriel dans lequel ils trouveront le salut qu'ils pourraient vainement chercher ailleurs.

CHAPITRE VII

LA POLITIQUE COMMERCIALE ET LA RÉPARTITION DES RICHESSES

71. De certains phénomènes généraux de répartition, résultant des changements du système de politique commerciale. -- La politique commerciale agit sur la production comme sur la répartition de la richesse. On pourrait dire qu'elle n'agit sur la seconde qu'autant qu'elle a une influence sur la première : car, à l'encontre de ce que soutient Stuart Mill (1), à savoir que les phénomènes de la production sont absolument indépendants de ceux de la répartition, il y a mille raisons de croire le contraire (2).

(1) J. STUART MILL, *Principles*, livre II, chapitre I.
(2) C. F. Bastable se plaint de ce que Marshall et Nicholson, qui cependant ont étudié à fond les phénomènes de la distribution, aient oublié de les mettre en rapport avec la politique commerciale.

La politique commerciale influe donc sur la richesse qui se répartit sous la forme de rente, d'intérêt, de profit ou de salaire. Cette influence, même lorsque deux Etats suivent le même système de politique commerciale, se manifeste différemment selon la forme de production qui prédomine dans chacun des pays, c'est-à-dire selon leur complexion économique. Naturellement, les rapports entre la politique commerciale et la répartition, simples dans les formes primitives du développement économique, deviennent plus compliquées et d'un examen difficile à mesure que l'on avance vers les formes développées de la production moderne.

Il est très difficile d'examiner les phénomènes de la répartition au moment où la forme de politique commerciale change. C'est là, en effet, une période relativement courte de l'économie dynamique, pendant laquelle les faits échappent aux observateurs les plus attentifs.

Il est donc préférable d'examiner la répartition au cours de l'économie statique, sauf à confronter les résultats des époques où a prévalu le libéralisme et de celles où le protectionnisme a prédominé. De toutes façons, il y a lieu de rappeler certains faits incontestables qui toujours et partout, se sont présentés aux époques où a changé l'orientation de la politique commerciale.

Lorsque la production succède au libre-échange, les classes productrices éprouvent un avantage par suite de l'élévation des prix, car elles sont, en général, plus débitrices que créditrices. Les entrepreneurs y gagnent plus que des ouvriers, car les prix s'élèvent plus rapidement que les salaires. Au contraire les classes rétribuées par des émoluments fixes, y perdent, à moins qu'elles ne réussissent à augmenter leurs traitements en propor-

---

Mais ce côté de l'important problème a été négligé par presque tous les économistes. Pierson, par exemple, y fait quelques passagères allusions; les autres n'en parlent pas plus longuement. Paul Leroy-Beaulieu lui-même n'envisage pas ce côté du problème dans son *Essai sur la répartition des richesses*.

tion. Les créanciers de toute espèce sont lésés ; ceux d'entre eux
dont les créances arrivent à terme alors que le protectionnisme
s'est consolidé et fait peser toute sa puissance sur la constitution
économique, sont encore les plus éprouvés.

Le contraire arrive lorsque c'est le libre-échange qui succède
au protectionnisme. Les prix s'affaiblissent et les créanciers réalisent à leur tour le gain inespéré qu'avaient recueilli tout à
l'heure les débiteurs. Cela signifie que le désavantage est plus
grand pour les classes productrices, spécialement quand elles
sont grevées d'énormes dettes hypothécaires, comme cela arrive
pour les classes agricoles. En résumé les effets de ce changement
sont bien équivalents à ceux qui résultent de la variation survenue dans la valeur de la monnaie (1). Toutefois, il n'est jamais possible que les bénéfices d'une meilleure production se
répartissent également entre les diverses classes de producteurs.
Tout changement, quoique avantageux, fera des victimes dans
un camp ou dans l'autre.

Des difficultés nouvelles et plus considérables s'offrent aux
investigations de ceux qui veulent étudier les phénomènes résultant, non du protectionnisme considéré dans son ensemble, mais
de chaque tarif qui fait partie du système protecteur. Supposons
que, par l'effet d'un tarif, la moitié de la terre soumise à la
culture de X, s'adonne au contraire à la production de Y.
Qui donc pourra jamais dire avec exactitude les changements
qu'introduira dans la répartition cette substitution de culture,
si le tarif stimule spécialement la production pour laquelle le
pays présente les aptitudes naturelles les plus faibles, et si dans
le même temps d'autres tarifs concernant d'autres marchandises
agricoles, provoquent des événements inverses.

La rente en sera influencée dans un sens ou dans un autre.
Mais dans quelle mesure et en faveur de quelle catégorie de
producteurs ?

---

(1) C. F. BASTABLE, *La théorie du commerce international*, Paris, Giard
et Brière, 1900.

Les consommateurs eux-mêmes seront touchés, mais de quelle façon? Quels changements la diminution de consommation de la marchandise plus efficacement protégée provoquera-t-elle dans la consommation des autres marchandises? Et si la marchandise imposée peut être remplacée, en faveur de quel bien protégé le remplacement se fera-t-il? Ce n'est pas tout. La marchandise protégée avec exagération verra son prix s'élever et verra même la consommation diminuer. Mais ce dernier phénomène réagit sur le prix dont il provoque l'affaiblissement, de sorte que la consommation finit par être atteinte dans une mesure différente de celle qu'on avait d'abord entrevue et calculée.

Pour toutes ces raisons -- et pour celles plus nombreuses encore qui résultent : 1° des différents degrés d'intensité de la protection pour chaque marchandise ; 2° de la fertilité et des aptitudes naturelles des diverses terres cultivées ; 3° des différentes positions de la consommation par rapport à chacune des marchandises protégées ; — il sera facile de comprendre que la répartition doit être étudiée dans sa complexité, sans égard particulier pour chaque tarif supprimé, modifié, ou imposé *ex novo*.

Mais l'étude de ce phénomène ne perd rien de sa rigueur pour cela. De nos jours, il n'arrive jamais que parmi tant de marchandises de la même nature, une seule soit protégée, alors que le commerce des autres reste libre, ou inversement. Désormais, si l'on pratique le protectionnisme agricole, celui-ci s'étend à presque tout les produits de la terre. Si l'on adopte le protectionnisme industriel, il s'applique à tous les produits manufacturés. Etant donné cet état de choses, les phénomènes de la répartition gagnent en clarté, car un grand nombre de forces agissent dans le même sens et triomphent des forces contraires.

Il est donc permis de regarder le phénomène dans sa perspective. Ainsi on pourra dire qu'à certaines époques, le loyer des terres a une tendance à s'élever, quoi qu'il soit difficile de fixer quelle sera la mesure de cette élévation. On peut affirmer que le salaire réel a tendance à faiblir, sans pouvoir rechercher dans quelle proportion la protection ou le libre-échange ont contribué à l'élévation du prix des denrées alimentaires. En définitive, cet examen qui néglige les particularités est plus expéditif et même plus sûr.

72. La répartition dans les pays agricoles libre-échangistes où la terre est encore libre. — Partons du cas le plus simple, celui d'un pays entièrement adonné à l'agriculture, et qui dispose de terres libres. C'est le cas des marchés nouveaux. Ce pays, intéressé à l'exportation des marchandises agricoles qu'il produit dans une mesure supérieure à ses propres besoins et à l'importation des objets manufacturés qu'il ne sait pas produire lui-même, adoptera le libre-échange. Les cas où le contraire se produit sont extrêmement rares. S'il y a des droits d'entrée, ceux-ci n'ont pas été institués dans un but de protection.

Dans ce pays, et dans tous ceux placés dans les mêmes conditions, la liberté économique est à peu près absolue. Il y existe la liberté du travail, de la propriété, du commerce et la liberté d'association ; de sorte que la formation de monopoles est extrêmement difficile, sinon impossible. La culture étant à ses débuts et la terre libre en partie, l'achat des moyens de subsistance et de production sera facile, ainsi que la formation du capital. Il n'existe ici aucune limitation dans aucun genre de biens, sauf pour le travail.

Dans ces conditions, le salarié jouit d'une situation absolument privilégiée. La transformation du travailleur en capitaliste est facile, car la somme de moyens exigée pour l'exercice d'une entreprise est restreinte. Les prolétaires devenus capitalistes augmentent la demande de travail, alors que pour la même raison et dans le même temps, l'offre diminue. Pendant ces périodes, on observe l'immigration des salariés étrangers ; mais en face de ce phénomène démographique et géographique, il en est un autre qui le neutralise en totalité ou en partie : c'est l'émigration économique représentée par le passage continuel de salariés dans la catégorie des patrons. Donc, pendant cette période de culture naissante et de liberté presque absolue, la demande réciproque se maintient en faveur du travail et le salaire conserve constamment un niveau élevé. Les raisons pour lesquelles ce niveau élevé se constate non seulement dans les salaires nominaux, mais encore dans les salaires réels, sont évidentes.

Benjamin Francklin mit ces phénomènes en relief en étudiant les phénomènes économiques des colonies britanniques de l'Amérique du Nord. A. Forster procéda de même pour les colonies anglaises de l'Australie méridionale. Puis d'autres auteurs conclurent également en faveur de ce fait : que le bon marché du terrain est la cause de la haute valeur du travail. L'attraction de l'homme vers la terre est invincible, comme invincible aussi son aversion pour le salaire (1). Sur ce sujet il n'y a rien qui ait échappé à A. Smith dans sa *Wealth of Nations*.

La terre libre est susceptible de donner naissance à bien d'autres phénomènes. Ainsi dans ces pays, la rente de monopole n'existe pas et la rente différentielle de Ricardo ou de Thünen demeure très réduite. La rente différentielle tend cependant à s'élever à mesure que de nouvelles terres sont soumises à la culture : cette augmentation sera même d'autant plus rapide que l'exportation, facilitée par le libre-échange, est plus considérable ; d'autant plus rapide encore l'augmentation de la population, que l'immigration intensifie. Il peut se faire que les terres de première qualité soient tellement étendues que leur production satisfasse aisément aux plus larges demandes de la consommation intérieure ou étrangère. Dans ce cas, la rente n'augmentera que dans la mesure dépendant de la position topographique des diverses terres ; en somme elle variera de peu, si les moyens de communication sont nombreux et économiques.

Dans les années où la récolte est partout très abondante, il peut encore se faire que l'exportation devienne difficile, non en

(1) Ces problèmes ont été lumineusement exposés par Ch. W. Dilke, dans ses *Problems of Great Britain*, Londres, 1890.

raison de la politique commerciale adoptée, mais par suite de
la diminution de la demande étrangère. Dans ce cas les prix
s'abaissent presque jusqu'à égaler le coût; ils tombent même
au-dessous du coût et provoquent un faiblissement parallèle
de la rente différentielle. Les entrepreneurs ne peuvent pas se
rattraper sur les salaires, car ceux-ci continuent à dominer la
répartition, en raison de la supériorité dont jouit le travail dans
la demande réciproque. A l'exception de ces cas fréquents, mais
non ordinaires, où la rente différentielle, quoique minime, tendra
à s'élever, l'intérêt du capital restera faible, soit en raison de
la facile conquête des moyens de production, soit à cause de la
simplicité de la production elle-même et de la brièveté de ses
périodes.

Au contraire, le profit sera élevé par suite des rendements
exceptionnels dont la terre est susceptible et de la facilité relative avec laquelle l'entrepreneur associe les différents éléments
productifs. L'élévation du profit est limitée seulement par la
valeur considérable du travail. Par conséquent, dans les pays
de culture naissante et, par suite, de liberté commerciale, la
répartition est caractérisée : 1° par un taux de profit très élevé,
qui se trouve limité par le taux très élevé aussi du salaire ;
2° par un intérêt réduit affecté au capital, et une rente différentielle restreinte, ayant tendance à s'élever.

**73. La répartition dans les pays agricoles libre-échan-
gistes où la terre est entièrement occupée.** — Un moment
arrivera où la terre étant déjà entièrement occupée, on verra
apparaître pour la première fois la rente de monopole. Cela
étant, la rente différentielle s'élève, parce que la culture s'est
étendue aux terres les plus diverses par leur fertilité naturelle
et leur situation topographique. Sur les terres déjà épuisées, la
loi de la productivité décroissante s'appesantit; la culture devient
plus difficile et moins profitable. Une plus grande quantité de
capitaux s'emploie à la culture de la terre, sans cependant réussir à maintenir les revenus d'autrefois.

La loi des rendements décroissants ne sévit pas toujours, ni

partout (1) ; on a plusieurs exemples où l'emploi des capitaux et
du travail dans l'industrie agricole, comme dans toutes les autres
productions en général, conduit à une augmentation graduelle
du produit unitaire bien plus qu'à sa diminution. Mais cela présuppose la possession de connaissances agronomiques et chimiques sans lesquelles il est impossible de rétablir l'équilibre
nécessaire entre les éléments nutritifs de la terre et les besoins
des plantes ; ces connaissances, le plus souvent, font défaut
aux agriculteurs ignorants des pays nouveaux. Pour cette
raison, à mesure que se font sentir les effets de la productivité décroissante, les formes de culture les plus simples cèdent
la place aux formes plus complexes, et le capital acquiert une
importance toujours plus grande et revêt, le plus souvent, le caractère définitif du capital indissolublement lié à la terre. Donc
la production devient plus difficile et ses périodes s'allongent. La
rente augmentera, non seulement parce que la terre est entièrement occupée, mais encore parce que cette occupation conduit
à une différenciation plus forte de la productivité des diverses
terres, et parce que la loi des rendements décroissants n'étant
pas entrée en vigueur partout, cette différenciation s'en trouve
encore accentuée. Cette loi a une influence presque toujours
opposée à la rente lorsqu'elle régit toutes les terres. Mais
lorsque quelques-unes seulement lui sont soumises, non seule
ment elle ne peut détruire ou atténuer la rente, mais elle en
provoque au contraire l'élévation.

En attendant la complexité de la production commence à peser sur le travail.

La transformation du capital circulant en capital fixe, diminue
la partie du premier qui représentait autrefois la demande de
travail, et modifie le rapport entre cette demande de travail et
l'offre. La demande réciproque, qui était d'abord favorable au

(1) En cela Price a raison contre les affirmations trop absolues de Nicholson dans le livre 1 de ses *Principles of Political Economy* et contre
celles non moins formelles de Marshall.

travail, se modifie aujourd'hui tout à l'avantage du capital. C'est à présent ce dernier qui domine la répartition, et non le travail. Il en résulte un fléchissement du salaire, dont l'origine peut-être attribuée : 1° à l'augmentation de l'offre de travail, soit par suite de l'augmentation de la population, soit par suite du grand nombre des producteurs indépendants qui deviennent des salariés devant les nouvelles et importantes difficultés de la production ; 2° à la diminution de la demande qui, ainsi que nous l'avons dit, s'atténue à mesure que les entrepreneurs sont contraints de transformer le capital-salaire en capital fixe. Sous l'action de ces deux causes, la puissance d'achat de la richesse disponible augmente, tandis que celle du travail diminue. Le salaire s'abaisse sous sa double forme de salaire nominal et de salaire réel, parce que les prix des marchandises alimentaires tendent à s'élever pour des raisons qu'il est facile d'apercevoir.

Cette tendance du salaire est entravée par l'élévation du taux de l'intérêt ; ce phénomène s'explique par la continuelle demande de capitaux, compréhensible maintenant que la production est plus difficile et moins rémunératrice et que le capital fixe a acquis une importance prédominante dans l'ordre économique.

Les profits devraient suivre la même transformation. Le rôle de l'entrepreneur est devenu plus difficile et mériterait une rémunération plus élevée. Mais la productivité plus réduite de la terre s'y oppose, car elle ne peut trouver d'autre compensation que la diminution de la valeur du travail. Mais les entrepreneurs plus avisés peuvent réaliser les mêmes profits qu'autrefois, et peut-être des profits plus élevés, s'ils savent atténuer la loi des rendements décroissants par une transformation rationnelle de la culture. Donc le profit, en général, restera invariable.

Cette seconde période de la vie des pays jeunes est caractérisée : 1° par l'apparition de la rente de monopole ; 2° par l'augmentation de la rente différentielle et de l'intérêt ; 3° par le fléchissement du salaire 4° par la stabilité du profit.

74. La répartition dans le cas du protectionnisme in-

dustriel pratiqué par les pays à prédominance agricole. —
Arrivé à ce point, il est difficile qu'un pays jeune persévère
dans la politique du libre-échange. L'exportation agricole, floris-
cante autrefois, perd de son ancienne vigueur. Il peut se faire
même que, de la part d'un pays voisin entrant dans sa phase
de formation, soit faite une concurrence agricole très abondante.
Alors la classe qui détient le pouvoir politique, et dont les intérêts sont placés dans l'agriculture, imprime une nouvelle direction à la politique commerciale et le libre-échange fait place au
protectionnisme agricole.

Il peut arriver encore, et c'est peut être le cas le plus fréquent,
que le protectionnisme agricole soit précédé du protectionnisme
industriel. Les pays relativement jeunes, même lorsque la loi
des rendements décroissants a commencé son œuvre, peuvent
toujours trouver un avantage à l'exportation agricole vers les
pays plus anciens dont les terres sont plus épuisées ; ils peuvent,
par conséquent, persister dans la pratique du libre-échange. Mais
il est certain que chez eux la production agricole devenant
plus coûteuse, le développement de l'industrie manufacturière ne
rencontre plus les empêchements auxquels il se heurtait et l'extension et la consolidation du capital deviennent plus faciles. Au
cours de cette période, lorsque le coût de la production agricole augmente, les manufactures peuvent se faire jour spontanément. Mais cela ne suffit pas au capital qui s'y emploie, lequel
trouvera toujours un obstacle dans la concurrence étrangère
et a tout intérêt à diminuer la valeur d'achat des produits
agricoles nationaux pour l'acquisition des objets manufacturés
étrangers.

Le protectionnisme industriel inauguré, un nouveau processus
de production commence ; les nouvelles formes de production
se multiplient et s'intensifient si elles étaient nées avant l'adoption des mesures protégeant les objets manufacturés. La rapidité
et l'importance de cette évolution dépendront des facteurs naturels dont le pays est doté et du capital qu'il possède. Le protectionnisme modifie immédiatement les rapports réciproques qui

existaient d'abord entre le capitalisme industriel et le capitalisme agricole et aussi la situation du travail vis-à-vis de ces deux capitalismes. Cette altération des rapports peut s'expliquer de façons différentes et le facteur qui agit dans l'un ou dans l'autre sens, est le salaire.

Nous avons vu que la terre et les moyens de production sont déjà la propriété des classes les plus puissantes, que l'anticipation est devenue indispensable à l'exercice du travail, et que, par suite, le nombre des salariés s'est accru. Le protectionnisme élargit les bases du nouveau système économique dont le salariat est le fondement. Maintenant, l'industrie à peine née, les agriculteurs émigrent de la campagne vers les fabriques à la recherche d'emplois plus rémunérateurs et plus certains. Le salaire agricole, autant que le salaire industriel, aura donc tendance à s'élever, car l'offre de bras diminue dans les campagnes, et la demande continue à se manifester largement dans les fabriques. Pendant cette période historique de l'économie capitaliste, les émigrations intérieures se produisent dans tous les pays (1).

Mais la hausse des salaires n'est nullement effective. L'élévation du salaire nominal est neutralisée, en totalité ou en partie, par l'élévation des prix de certaines marchandises industrielles. Par conséquent, le salaire réel ne progresse pas dans la même mesure que le salaire nominal. Il peut se faire, cependant, dans certains cas, que le salaire réel lui-même soit élevé. Cela arrive lorsque, en raison de la diminution des importations industrielles résultant du protectionnisme, l'exportation agricole, qui en est la compensation, diminue parallèlement, et que, par suite, le prix des produits de la terre, plus abondants sur le marché national, s'abaisse à l'intérieur du pays.

A ce moment, le capitalisme industriel commence à absorber petit à petit la richesse des consommateurs, qu'ils soient entre-

---

(1) A ce sujet il existe toute une littérature. Il suffit de citer : W. J. As-**HLEY**, *And Introduction to English Economic History and Theory*, Londres, 1893 ; trad. franç., Paris, Giard et Brière, 1900.

preneurs agricoles ou salariés de toutes formes. La réduction des salaires réels peut être sensible au point de neutraliser complètement toute augmentation survenue dans le salaire nominal, si, en raison du progrès industriel, les cultures se transforment et substituent la production des matières premières nécessaires aux usines à celle des marchandises immédiatement livrables à la consommation. Dans ce cas, les intérêts de l'agriculture et de l'industrie ne sont plus antagonistes, mais bien en harmonie, parce que l'agriculture, sous l'action de l'industrie, est poussée vers des cultures plus rémunératrices, qui conduisent à un relèvement de la rente ; mais ce fait ne s'observe pas toujours. D'une façon normale, les contrastes naturels deviennent plus âpres dans les rapports d'échange qui existaient d'abord entre les marchandises agricoles et les marchandises industrielles. L'industrie se trouve dans une situation privilégiée. Les agriculteurs, pour avoir la même quantité d'objets manufacturés, doivent donner une quantité plus grande de marchandises agricoles ; ou bien, contre la même quantité de denrées, ils n'obtiennent plus qu'une quantité inférieure de marchandises industrielles.

Mais entre les salariés et les entrepreneurs, il existe des classes intermédiaires, qui ressentent différemment les effets de la transformation en cours. Parmi ces classes intermédiaires se place celle des petits propriétaires qui s'alimentent directement avec les produits de leur terre ; il s'y place également le colonat partiaire. Les premiers supportent, comme des salariés simples, les effets du renchérissement des objets manufacturés, mais ne bénéficient pas des avantages de la diminution du prix des marchandises agricoles. Par conséquent, à ce point de vue, ils sont en plus mauvaise posture que les simples salariés. Les autres, c'est-à-dire les colons partiaires, sont dans des conditions plus défavorables encore, car les marchandises qu'ils reçoivent du propriétaire, en échange du travail fourni, sont dépréciées par rapport à la monnaie et par suite par rapport aux objets manufacturés. Ces colons sont soumis aux mêmes conditions défavorables que les ouvriers qui reçoivent le salaire en nature.

De toutes façons, le capital domine désormais toute la production, agricole autant que manufacturière ; le capital est donc devenu le moteur de la répartition. L'intérêt a des mouvements de hausse rapide et n'offre pas de longs arrêts, car le capital est activement recherché par suite du progrès industriel, dont les conquêtes s'étendent constamment ; le capital est également précieux à l'agriculture, où les transformations ne peuvent s'accomplir qu'avec son concours. La grande industrie et l'importance prise par les instruments techniques imposent un minimum de capital, et cette limitation devient de plus en plus impérieuse par suite de la facilité d'emploi de ce capital et de sa concentration dans un petit nombre de mains.

Les profits ont le même sort que l'intérêt, ils s'élèvent graduellement. Toute la production est devenue plus difficile et la coordination de ses éléments exige une rémunération plus large. Pendant cette période, une force limitatrice des profits peut se faire jour ; c'est le taux élevé des salaires. Mais cela n'arrive pas toujours. De toute façon, le profit reprend sa marche vers la hausse, au moins en ce qui regarde le profit industriel, lorsque le salaire, en vertu de l'augmentation de la population, a tendance à baisser. L'élément démographique, pendant cette période, accomplit une fonction essentielle.

La population augmente, soit par suite d'une augmentation naturelle, soit par suite de l'immigration. Par conséquent, le rapport de l'offre à la demande se modifie petit à petit. Si l'offre augmente plus rapidement que la demande, il en résultera une dépréciation du salaire réel, peut-être plus sensible encore pour ce dernier que pour l'autre. De ce que l'on a dit, il résulte que le protectionnisme, à partir du moment où il prend la forme d'un encouragement donné à l'industrie, change entièrement l'ancien système de répartition. Les profits s'élèvent, les profits industriels en particulier ; l'intérêt du capital augmente aussi. Pendant la première phase de cette période, les salaires industriels et agricoles s'élèvent aussi, mais l'augmentation du salaire nominal est plus sensible que celle du salaire réel. Et cela pendant que la rente se maintient au même niveau ou tend à s'élever.

Mais le protectionnisme industriel peut s'établir avant même que la terre soit entièrement occupée. Les fabriques peuvent se créer malgré qu'une partie de la terre soit libre, et la terre peut rester libre malgré l'action de la loi des rendements décroissants. Dans ce cas, en dépit de la puissance accrue du capital, le salaire continue à dominer la répartition, comme lorsque l'industrie n'était pas encore née et que la terre réclamait l'activité humaine toute entière. Même le travail voit sa puissance augmenter plus que jamais, en raison de la recherche intense qui en est faite par les industriels, et aussi parce qu'il est encore vivement attiré par la terre qui reste libre et où l'indépendance de l'emploi lui sourit.

Ce fut, et c'est encore, le cas des Etats-Unis d'Amérique et de quelques colonies australiennes. Dans ce cas, le protectionnisme voit sa puissance augmenter rapidement.

Ainsi dominée par les hauts salaires, l'industrie demande une protection plus efficace. Cette protection est indispensable pour assurer un taux de profit égal ou supérieur à celui dont jouit l'agriculture. C'est pour cette raison que le tarif nord-américain de 1824 éleva la protection industrielle de 35 à 40 0/0. Ce fut toujours pour la même raison, qu'en 1828 il porta la protection à 50 0/0 et même au delà. L'industrie de cette façon se met en posture de mieux résister à la pression des hauts salaires. Elle augmente les prix des marchandises produites et pèse de plus en p; s sur la consommation. Le travail qui pousse au protectionnisme, ne s'aperçoit pas qu'il laisse dans les mains des industriels une bonne partie du salaire nominal que lui vaut l'emploi dans les usines.

Etant donnée cette situation, le désaccord entre l'agriculture et l'industrie devient plus âpre, car, en raison du protectionnisme, le coût du matériel technique augmente et les agriculteurs éprouvent un dommage en tant que consommateurs d'objets manufacturés. Ce désaccord s'aggraverait encore s'il n'y avait pas de terres libres et s'il n'existait pas la possibilité d'exporter les produits du sol ou de vendre aux usines nationales les matières premières qui leur sont nécessaires. Heureusement, ces deux causes provoquent la mise en valeur de nouvelles terres, et n'empêchent pas pour cela l'élévation de la rente, de même qu'elles n'atténuent pas de beaucoup le profit agricole. En résumé, c'est à cause de l'existence de terres libres que les propriétaires peuvent résister à la double pression de l'augmentation des salaires et de l'augmentation du coût des produits agricoles et de consommation, provoquée par le protectionnisme manufacturier.

Mais le désaccord entre l'agriculture et l'industrie ne disparaît pas pour cela. On en trouve une preuve dans le mouvement de protestation des Etats du Sud de l'Union Nord-Américaine, contre les tarifs de 1828 qui favorisaient exagérément le travail industriel. Ces Etats, d'un caractère essentiellement agricole, s'insurgeaient avec raison contre une forme de politique commerciale toute à leur détriment, alors qu'elle favorisait les autres Etats de l'Union, comme le Massachusetts, qui avaient tourné leur activité propre vers la production manufacturière.

L'intérêt du capital, pendant cette phase de la vie économique d'un peuple, aura tendance à s'élever ; mais non pas, cependant, dans la même mesure dont il s'élèverait, si la terre était entièrement occupée et soumise à la loi des rendements décroissants. Ici, nous constatons une demande de capitaux très intense de la part de l'industrie et assez vive de la part de l'agriculture, régie, comme nous l'avons dit, par la loi des rendements décroissants. Mais là où cette loi n'agit pas, la culture est faible, les instruments de production sont simples, de sorte que le capital n'est pas très demandé et son loyer se trouve par conséquent réduit.

On peut dire, pour cette raison, que la répartition de la richesse, là où le protectionisme industriel est pratiqué alors qu'il existe encore des terres libres, présente les caractères suivants : tendance encore plus décisive des salaires nominaux à la hausse et limitation, par suite, du mouvement ascensionnel des profits industriels ; augmentation moins rapide de la rente et de l'intérêt que dans le cas précédent ; stabilité du profit agricole en raison de l'augmentation du coût des moyens de production et du taux élevé des salaires.

75. La répartition dans le cas du protectionnisme agricole pratiqué par des pays à prédominance industrielle. — En fait, nous trouvons des cas nombreux où le protectionnisme industriel va de pair avec le libre-échange agricole ; mais il est assez difficile de trouver un pays qui s'applique à protéger seulement l'agriculture, en laissant l'industrie libre de se développer à sa guise. De toute façon, ce cas, pour être difficilement observable, n'est pas impossible ; et il est intéressant d'examiner comment se déroulent les phénomènes de la répartition lorsque l'Etat s'applique à la défense exclusive de l'agriculture. Si l'on pense tant soit peu aux besoins de la consommation et aux marchandises qui contribuent le plus à les satisfaire, il sera facile de comprendre comment le protectionnisme agricole peut conduire à une répartition plus mauvaise que le protectionnisme industriel.

On ne peut pas concevoir le protectionnisme agricole dans un pays où la terre est libre et où, par conséquent, il existe une disponibilité considérable de ressources naturelles que l'homme n'a pas entamées. Nous devons donc supposer que le sol est complétement occupé, que la rente de monopole, qui résulte de la limitation économique de la terre, est établie.

L'application d'un droit aux marchandises agricoles comporte, comme conséquence première, l'élévation de la rente de monopole. En effet, la valeur des produits se différenciera du coût, c'est-à-dire que les prix s'élèveront ; et même pour les terres les moins fertiles, les plus éloignées, où aucun capital ne s'est encore employé, le revenu que retire le propriétaire lorsqu'il concède à des tiers l'usage de sa terre, s'élèvera aussi.

Les conséquences, en ce qui concerne la rente différentielle, ne sont pas différentes. Cette rente différentielle s'élèvera en même temps que les prix dont l'augmentation découle du protectionnisme ; on sait, en effet, que la rente dépend des variations que subit le prix des produits des terres de qualité inférieure.

Le tarif agricole aboutit presque toujours à maintenir le taux des salaires invariables, lorsqu'il ne produit pas son élévation. Sous son influence, on met en valeur les terres qui, auparavant, en raison de dons naturels peu favorables, étaient restées en pâturages ; cette influence peut encore avoir pour effet d'intensifier la culture des produits les mieux protégés. Quoi qu'il en soit, dans le premier comme dans le second cas, on constate une élévation de la rente foncière. Le bénéfice en revient entièrement aux propriétaires du sol.

Si le protectionnisme agricole est adopté pour permettre à l'agriculture d'opérer les transformations sans lesquelles elle ne pouvait pas résister à la concurrence étrangère, c'est-à-dire si le protectionnisme est appliqué dans le sens le plus favorable, l'intérêt du capital tendra à s'élever. L'agriculture aura besoin, en effet, de capitaux plus considérables pour accomplir ses transformations et ceux-ci se trouveront facilement à sa disposition. La protection se propose le but inférieur d'assurer aux propriétaires le taux de rente qui tendait à faiblir, c'est-à-dire que si aucune transformation agricole n'est en vue ou n'est possible, le niveau de l'intérêt ne subira aucune variation.

C'est le salaire qui fait les frais de cet état de choses, dont les désavantages sont de beaucoup plus importants que ceux qui résulteraient exclusivement du protectionnisme industriel.

Nous vivons dans une époque où les prix des marchandises tendent à diminuer, tandis que le prix de la marchandise travail tend à s'élever. Mais si le prix de cette dernière, évalué en monnaie, ne s'élevait pas, comme cela arrive dans quelques pays, la puissance réelle de la marchandise travail serait toujours accrue en proportion directe de la dépréciation des autres marchandises. Là où existe le protectionnisme agricole, le prix des marchandises indispensables à la vie s'élève artificiellement, et c'est ce prix qui contribue le plus puissamment à la détermination du salaire réel (1). Dans l'examen de la façon dont les salaires en monnaie sont dépensés, nous nous servirons de plusieurs investigations intelligemment poussées en Italie et à l'extérieur.

En Italie, particulièrement dans l'Emilie, une famille d'ouvriers dépense 500 francs par an environ (2) et les emploie presque totalement à l'alimentation (86 0/0) ; elle en dépense seulement 14 0/0 pour les vêtements et, en général, pour les marchandises d'origine industrielle. Ce rapport ne diffère pas beaucoup de celui relevé aux États-Unis, dans la Grande-Bretagne et en Belgique, où il est désormais démontré qu'un ouvrier touchant 1.500 francs de salaire annuel ne dépense pas plus de 14 0/0 pour ses vêtements. Les ouvriers qui, en Italie, reçoivent un pareil salaire, ne consomment pas une quantité très différente d'objets de cette nature. Il faut cependant noter qu'en Italie, cette proportion descend souvent plus bas. Pour les paysans vénètes, par exemple, la dépense de vestiaire ne dépasse jamais 11 0/0 et tombe quelquefois au-dessous de 7 0/0 (3). Pour certains ouvriers de la *Terra di Lavoro*, la proportion est encore plus décourageante, car elle tombe au-dessous de 5 0/0(4). On peut trouver la raison de ce faible taux dans le fait que dans les pays pauvres et de bas salaires, ces salaires sont absorbés presque en totalité par la consommation des produits indispensables à la vie, c'est-à-dire les produits alimentaires.

De toute façon, même en ne tenant pas compte de ce que l'ouvrier de fabrique subit des frais non négligeables pour

(1) L'excellente étude : *Ninth Annual Abstract of labour Statistics*, 1901-1902, publiée par le « Board of Trade » de Londres, rapporte que de 1871 à 1902, le prix des céréales est tombé de 100 à 63 et celui du sucre, de 100 à 29 ; celui de l'huile, de 100 à 72 ; et en moyenne, celui de 45 marchandises de première consommation, de 109 à 78,8.

(2) Selon les calculs de la *Società Umanitaria* de Milan.

(3) F. MANTOVANI, *Bilanci di trenta famiglie in provincia di Treviso*. Dans la « Riforma Sociale », 1898, vol. VIII.

(4) A. MINOZZI, *L'operaio muratore di Napoli*, dans la « Riforma Sociale », 1896, vol. V.

l'habitation, qui disparaissent ou sont moins sensibles pour les
travailleurs de la terre; en tenant compte que les premiers,
grâce aux salaires plus élevés, sont en mesure de consacrer des
sommes plus fortes aux produits de luxe, on peut dire, d'une
façon absolue, que le protectionnisme agricole frappe les salaires réels dans une mesure au moins quatre fois plus forte
que le protectionnisme industriel (1). Admettons donc que les
salaires nominaux s'élèvent, mais remarquons que cette augmentation ne sert à rien, puisqu'elle est neutralisée et même
dépassée par le renchérissement du prix des marchandises
de première nécessité, qui est la conséquence du protectionnisme agricole.

Le protectionnisme agricole, beaucoup plus que le protectionnisme industriel, déplace la richesse, et conduit à une répartition
mauvaise. Avec ce système, la richesse quitte complètement les
classes pauvres et est absorbée en entier par les classes riches;
le salaire est sacrifié au profit agricole et à la rente. Les industriels ne peuvent se soustraire à cette loi, ni même les classes
improductives. Les salariés ont beau combattre pour obtenir des
salaires plus élevés; la plupart du temps, ils ne s'aperçoivent
pas que même lorsqu'ils ont atteint leur but, ils n'ont amélioré
que très faiblement leur situation, car la cause qui les appauvrit
continue à agir avec toute sa vigueur. La lutte, le plus souvent,
reste circonscrite dans le champ des salaires nominaux, et est,
par conséquent, illusoire; alors qu'elle devrait se porter dans le
champ des salaires réels, pour être efficace et produire quelque
avantage.

Même dans ce cas, la répartition n'a pas les mêmes effets pour
tous ceux qui travaillent et vivent dans le monde économique.
Les simples travailleurs des campagnes, c'est-à-dire ceux qui
reçoivent un salaire en monnaie, supportent les mêmes frais que

---

(1) Cette affirmation est confirmée par les études de Denis, d'Engel et
de Mayo-Smith et de presque tous ceux qui ont étudié les lois des con-
ommations au moyen des monographies de famille.

les ouvriers industriels ; il n'en est pas de même de ceux — et il s'en trouve encore beaucoup dans certains pays — qui donnent leur travail sous la forme du colonat partiaire. Le colon partiaire retire de cette forme de participation aux produits presque toujours assez pour satisfaire à ses besoins et à ceux de sa famille. Dans ce cas, la répartition, bien qu'inique, ne le lèse pas dans ses intérêts ; même, si une partie du produit outrepasse ses besoins et est revendue par lui, il en retire un bénéfice de la même nature que celui du propriétaire. Ce bénéfice, naturellement, sera en raison directe de la quantité vendue. Cependant, au bout d'un certain temps, si le protectionnisme agricole, loin de présenter un caractère éphémère, prend une forme permanente, il pourra se faire que le propriétaire fasse peser sur le colon, dont il diminue la quote-part, le privilège dont la loi l'a investi.

Les petits propriétaires ont le même sort que les colons partiaires.

Quant aux travailleurs qui sont payées en nature, sous une autre forme, mais dans le même sens, ils ressentiront les effets de la répartition mauvaise qui sévit ; car ils verront bientôt se réduire la quantité de marchandises que représentait l'ancien salaire.

La répartition, dans ce cas, dépendra encore de l'organisation de la propriété terrienne : elle sera d'autant plus mauvaise que la propriété agricole sera plus concentrée ; elle le sera moins lorsque cette propriété sera plus fractionnée. En Allemagne, par exemple, il y a 4.250.000 propriétés agricoles de 2 à 5 hectares ; et 1.300.000 d'une superficie supérieure à 5 hectares. On suppose que les propriétés de 2 ou de 5 hectares fournissent les aliments à ceux qui les cultivent ; ceux-ci ne retirent aucun avantage du protectionnisme agraire, parce que la répartition s'effectue au moyen de l'échange qui leur fait défaut dans ce cas. Au contraire, les propriétés qui comprennent une plus grande étendue de terre, produisant plus de marchandises que n'en exigent les besoins de leurs cultivateurs, obligent ceux-ci à recourir à l'échange, dont les propriétaires retirent les bénéfices que leur vaut le protec-

tionnisme agricole en rigueur. Ainsi en Allemagne, les propriétés
supérieures à 5 hectares se répartissent de la façon suivante :
998.904 de 5 à 20 hectares ; 281.767 de 20 à 100 ; et 25.061 de
plus de 100 ; il sera ainsi facile d'évaluer l'avantage progressif
qui est réalisé à mesure que l'on remonte vers la grande propriété, laquelle destine à l'échange une plus grande quantité de
marchandises.

En France, la propriété est plus fractionnée qu'en Allemagne,
et, par conséquent, le nombre de ceux qui tirent profit du protectionnisme agraire, est plus petit. Les chiffres suivants, se
rapportant précisément à la répartition terrienne, ont une signification très claire.

	Nombre de propriétés		Superficie	
	Total	relatif	Totale (hectares)	relative
Jusqu'à 2 hectares . . .	10426363	74.08 %	5.211.455	10.55 %
de 2 à 6 hectares . . .	2174188	15.46 »	7.543.347	15.27 »
de 6 à 50 hectares . . .	1351499	9.60 »	19.217.902	38.90 »
de 50 à 200 hectares . .	105070	0.75 »	9398.057	19.03 »
de plus de 200	17676	0.12 »	8.017.542	16.24 »
Totaux	14.074.801	100	49.388.304	100

Yves Guyot affirme que les petites propriétés en France
sont cultivées par leurs propriétaires, c'est-à-dire que sur
14.074.801 propriétaires, il y en a 10.426.368 qui ne retirent
aucun avantage du protectionnisme, 2.174.188 qui retirent un
profit très mince et 1.484.245 qui en bénéficient dans une large
mesure. Ici encore, la protection est toute en faveur du petit
nombre et c'est dans ce petit nombre que sont les plus forts. Cependant on n'explique guère, avec les simples raisons économiques, les motifs pour lesquels les petits propriétaires français
soutiennent si vigoureusement le protectionnisme.

Il faut reconnaître pourtant que la grande propriété, dans
les pays comme la France, est avantagée par le protectionnisme

dans une mesure moindre que celle indiquée par la statistique. En effet, tandis que la superficie non cultivée est seulement de 1,35 0/0 du total des propriétés inférieures à un hectare, cette superficie atteint 13,83 0/0 pour les propriétés de 1 à 10 hectares ; 21,96 0/0 pour la propriété de 10 à 40 hectares, et de 62,86 0/0 pour les propriétés supérieures à 40 hectares. Donc la grande propriété a donc presque 63 0/0 de terres non cultivées et qui, par conséquent, ne peuvent bénéficier en rien des avantages artificiels du protectionnisme.

La répartition frappe encore les industriels, parce qu'elle déprécie les marchandises par rapport aux produits agricoles protégés. Si auparavant, il fallait 100 quintaux de fer par 100 hectolitres de blé, maintenant, en raison du protectionnisme agricole et du prix plus élevé des produits de la terre, il faudra, 110,120,130, en un mot plus de 100 quintaux de fer (la proportion est déterminée par le degré de dépréciation du fer par rapport au blé) pour obtenir la même quantité de froment. Les industriels éprouvent encore un autre dommage, du fait que les travailleurs, obligés de consacrer une plus grande partie de leurs salaires en monnaie à l'acquisition des produits alimentaires, en réservent une partie de plus en plus restreinte pour l'achat des objets manufacturés. En résumé, les propriétaires de fabriques sont frappés par cette répartition artificielle dans leur double qualité de producteurs et de consommateurs. C'est là un état de choses insupportable à la longue. Ceux qui en sont lésés finiraient par s'insurger.

Nous pourrons conclure en disant que le protectionnisme agricole, considéré au point de vue de la répartition, devient à la longue plus néfaste que le protectionnisme industriel. Ce sont les salariés, les industriels et les classes économiquement improductives qui font les frais de ce régime de protection ; et la protection qui est enlevée à ces classes avantage les propriétaires terriens en proportion de l'importance des propriétés. Ceux-ci recueillent cette richesse grâce au taux plus élevé du profit agricole et de la rente, tandis que faiblissent les profits

industriels et les salaires réels. Le taux de l'intérêt ne trouve
pas, dans ce régime, de raison pour subir de nombreuses et
importantes variations.

**76. La répartition dans le cas du double protectionnisme
pratiqué par les pays exportateurs de marchandises agricoles.** — Là où le protectionnisme s'étend et à la terre et aux
usines, les phénomènes de la répartition sont plus complexes que
jamais. Ils embrassent, en effet, d'innombrables rapports touchant les intérêts des classes les plus nombreuses ; car la constitution des pays économiques qui pratiquent cette double forme
de production, s'est formée peu à peu au cours de l'histoire, et
grâce à un concours de faits, de lois, et de rapports tels que la
recherche des liens qui rattachent un phénomène à l'autre devient
excessivement difficile. La richesse à répartir est dirigée dans différents sens sous la pression de forces nouvelles et souvent contraires. Les industriels et les agriculteurs, unis par le désir d'atteindre un niveau de profit et de rente plus élevé et conspirant
ensemble au détriment des consommateurs, s'aperçoivent vite
que leurs intérêts sont loin d'être en harmonie. Et le désaccord
se manifeste diversement : a) selon qu'il s'agit de pays à prédominance industrielle ou agricole, c'est-à-dire intéressés plus directement à l'exportation des produits manufacturés, ou à l'exportation
des produits de la terre ; b) selon que la protection est plus efficace
pour la production industrielle ou pour la production agricole.

Prenons le cas d'un pays où l'industrie soit mieux protégée
que l'agriculture, mais où celle-ci conserve une capacité d'exportation considérable. Dans les pays situés dans de semblables
conditions, la rente de monopole disparaîtrait si l'on n'adoptait
pas le protectionnisme agricole ; la rente différentielle disparaîtrait également en bonne partie. Sous la pression de la concurrence des pays jeunes et de la réduction continuelle des frais
de transport, les prix des marchandises agricoles tomberaient
au niveau du coût, sinon au dessous. La terre finirait par être
l'objet de contestation ; sa limitation ne s'effectuerait plus ; la
rente de monopole disparaîtrait donc.

L'abaissement des prix aurait aussi pour conséquence d'atténuer la rente différentielle. Dans les pays anciens, la rente ne représente le plus souvent que le profit du capital employé à mettre la terre en valeur, s'il ne représente encore moins que ce profit. Si le propriétaire, comme dans le colonat partiaire, perçoit sa rente sous la forme de participation au produit, il ressent directement l'influence des prix. S'il reçoit cette rente sous forme de fermage, le résultat est le même lors du renouvellement des contrats de location. Il pourrait encore se faire, que pour les terres les moins fertiles, les prix tombent au-dessous du coût. Dans ce cas, la rente différentielle disparaîtrait complètement, bien que l'avantage à continuer la culture de la terre n'ait pas diminué. Etant donné l'impossibilité de transférer le capital et le travail employés dans ses terres vers un autre emploi, le propriétaire, malgré la disparition de la rente, finirait par se contenter d'un profit moindre plutôt que de n'en recueillir aucun. L'abandon s'imposerait d'une façon inexorable, si le profit disparaissait en même temps que la rente (1).

Il en serait ainsi, dans les pays anciens, de l'avenir de la rente, si les taxes agricoles protectrices n'étaient pas adoptées. Mais dès que le protectionnisme entre en ligne, la valeur des produits agricoles s'éloigne du coût ; les prix des denrées s'élèvent, la rente de monopole et la rente différentielle s'élèvent avec eux. Il se peut, en effet, en raison de l'augmentation des prix, même pour les terres les moins fertiles, les plus éloignées et où aucun capital n'a encore été employé, que le revenu des terres affermées s'élève en faveur du propriétaire, et que s'élève, par suite, la rente de monopole. Naturellement, l'élévation des prix doit comporter une augmentation de la rente différentielle.

Il n'est pas dit que le protectionisme agricole conduise toujours à une augmentation de la rente. Souvent, le protectionnisme n'a

---

(1) G. VALENTI, *La rendita della terra in rapporto alla distribuzione della ricchezza e al progresso della coltura.* (Annales de la Société Agraire de Bologne 1898). *La proprietà della terra e la costituzione economica.* Bologne, Zanichelli, 1901.

d'autre résultat que d'enrayer un abaissement ultérieur, ou bien d'atténuer la rapidité du mouvement de baisse. Ainsi en Italie, malgré le protectionnisme adopté et malgré les efforts des propriétaires, la rente a diminué graduellement. Une augmentation considérable et générale se produisit, en effet, de 1860 à 1880, c'est-à-dire pendant l'époque du libre-échange. Mais pendant la période qui suivit, la baisse des prix des denrées agricoles eut lieu en dépit de l'adoption du protectionnisme, et la rente continua son mouvement de baisse irrésistible. Cette baisse fut souvent considérable, car elle varia entre un minimum de 10 et un maximum de 50 0/0. En Italie, la rente est loin de régir la répartition et si celle-ci est encore libre de cette domination, c'est parce qu'elle bénéficie d'une protection artificielle et de la possibilité de déprimer le salaire agricole.

L'élévation de la rente et des prix dépend non seulement de l'importance du droit de douane, mais encore de l'action combinée du droit, des frais de transport et du coût des marchandises dans les pays exportateurs. La taxe peut être neutralisée, comme elle l'est dans bien des cas, par la réduction de la distance économique et des coûts de production dans les pays exportateurs : dans ce cas la rente n'est pas avantagée. Mais là où il n'en est pas ainsi, la rente en retire plus ou moins d'avantage.

Si le protectionnisme industriel et agricole est pratiqué dans un but plus élevé, celui de faciliter la transformation manufacturière et agricole du pays, et si l'on veut accomplir cette transformation par des moyens adéquats et dans le plus bref délai possible, la demande de capitaux augmentera et cette augmentation aura pour conséquence une élévation du taux de l'intérêt ; mais dans le pays où la civilisation est avancée, où l'organisation du crédit est bonne, quoique la formation du capital ne soit pas aussi rapide que l'exigerait parfois ses emplois, les causes qui limitent le taux de l'intérêt se trouvent atténuées. Il n'est pas dit que l'intérêt doive approcher du coût du capital ; mais il est bon de ne pas oublier que contre la force qui tend à l'élever, et qui est représentée par l'augmentation du nombre des emplois disponibles, se dresse une autre force qui agit en sens contraire et qui prend naissance dans les perfectionnements des systèmes d'organisation et de crédit grâce auxquels le capital s'accumule plus facilement en masses compactes et peut satisfaire aux demandes incessantes des entrepreneurs. De toute façon, dans les pays en voie de transformation, l'intérêt tend à s'élever, mais non dans la mesure que les circonstances extérieures de la vie économique semblent indiquer.

On peut croire, à première vue, que la charge représentée par l'augmentation de l'intérêt peut trouver une compensation dans l'augmentation du taux de la rente ; c'est-à-dire que la certitude de retrouver cette rente ne puisse atténuer le désir de transformer la culture et de rechercher des capitaux, en dépit de l'élévation de l'intérêt. Mais la rente dans le cas spécial que nous examinons est déterminée par une double cause qui tend à la déprimer parce qu'elle empêche une rapide et sensible élévation des prix.

Si l'agriculture demande à être protégée, c'est parce qu'elle craint la concurrence extérieure à laquelle elle ne sait résister. Cette concurrence se manifeste même sur les marchés neutres vers lesquels on exportait avant une bonne partie des produits de la terre. Il en résulte qu'un pays pratiquant le double protectionnisme voit se restreindre les débouchés ; il en résulte nécessairement une abondance considérable des produits agricoles à l'intérieur. Mais bientôt, à cette première cause s'en ajoute une autre non moins dangereuse et qui tire son origine du protectionnisme industriel.

Cette dernière forme de protection, entravant l'entrée des marchandises manufacturières, rend plus difficile d'une façon indirecte la sortie des produits agricoles qui servent en grande partie à les payer. Ce second fait change en pléthore l'abondance des produits agricoles déterminée par la concurrence étrangère sur les pays neutres ; et le résultat de l'action de ces forces convergentes est un abaissement des prix des marchandises agricoles. Mais cet abaissement aura une signification très relative.

Nous avons déjà vu que le protectionnisme agricole avait pour conséquence nécessaire une augmentation artificielle des prix des produits du sol. Mais cette augmentation est subordonnée aux forces que nous avons désignées plus haut et qui agissent en sens contraire.

Si la pléthore des marchandises agricoles, indirectement produite par le protectionnisme adopté, est considérable, il se pourra que l'abaissement des prix soit tel que la tendance à la hausse qui devrait être la conséquence directe du protectionnisme lui-même, n'y apporte qu'une légère atténuation. Donc tout dépendra de l'énergie avec laquelle la concurrence agricole étrangère se manifeste sur les marchés neutres et de l'importance des tarifs protecteurs tant industriels qu'agricoles (1). Il est inutile de dire que l'abaissement des prix sera d'autant plus sensible que la marchandise est plus intéressée au commerce d'exportation et que cette diminution pourra même rester nulle s'il s'agit d'une marchandise agricole entièrement consommée à l'intérieur. Cette remarque est indispensable pour expliquer l'influence du protectionnisme sur les salaires réels.

En attendant, pendant que les prix des marchandises agricoles faiblissent, ceux des produits manufacturés s'élèvent. Il en résulte une double cause de dépréciation des premières par rapport aux secondes. Le phénomène peut s'aggraver si l'agriculture produit non seulement les marchandises alimentaires,

---

(1) De 1879 à 1887 lorsque en Italie était en vigueur un tarif de protection très léger, le prix moyen du vin se maintenait à 32 fr. 22 l'hectolitre. De 1888 à 1903, où les tarifs protecteurs étaient très élevés, en dépit de la taxe d'importation de 20 fr. par hectolitre (5 fr. 77, taux conventionnel), le prix moyen se réduisit à 28 fr. De 1878 à 1887 le prix moyen de l'huile d'olive fut de 133 fr. 35 le quintal ; dans la période suivante, (6 fr. taux conventionnel) ce prix tomba à 119 fr. 18. Il est vrai que la concurrence des huiles de graines y contribue, mais cette cause n'aurait pas suffi à produire une diminution pareille.

Les prix des fruits diminuèrent dans une proportion encore plus forte, mais il est juste de reconnaître que la cause principale fut un excès de la production nationale par rapport aux besoins de la consommation internationale, plutôt que le protectionnisme.

mais encore les matières premières nécessaires aux usines. Dans
ce dernier cas, étant donné l'abaissement des prix dans les catégories alimentaires, les industriels sont avantagés non seulement en tant que consommateurs, mais encore comme producteurs de marchandises manufacturés. Le profit industriel peut
donc s'élever au détriment de la rente de la terre. Les intérêts de
l'industrie et de l'agriculture qui semblaient d'accord quand ils
invoquaient le protectionnisme se trouvent maintenant en désaccord et un antagonisme s'établit entre eux. Ce que nous avons
dit jusqu'à présent, contredit seulement en apparence les considérations que nous avons exposées concernant l'élévation de la
rente dans la période où est adoptée cette double forme du protectionnisme. Comme nous l'avons dit plus haut, la baisse des
prix est due à ce fait que les marchandises agricoles s'exporte-
raient en plus grande abondance si l'on n'avait adopté le protectionnisme et si l'on n'était en butte à la concurrence étrangère. Il
se peut donc que la rente diminue pour les terres qui produisent ces marchandises, mais il n'en est rien pour celles qui produisent des marchandises destinées au marché intérieur et dont
le prix, grâce aux tarifs protecteurs, reste invariable, ce qui
conserve la stabilité de la rente; ou bien ce prix s'élève entraînant l'élévation de la rente ou arrêtant son mouvement de
baisse. Mais même dans ce dernier cas, qui est le moins
favorable, les terres qui produisent pour le marché intérieur
jouissent toujours d'une rente par rapport à celles qui produisent pour les marchés étrangers; et comme les intérêts les
plus forts sont ceux qui dépendent des premières (sans quoi toute
raison de protectionnisme disparaîtrait) nous voyons se dessiner
une tendance au maintien de la rente de la terre ou à son
élévation.

En ce qui concerne les industriels, en tant que consommateurs ils bénéficient des réductions des prix des catégories alimentaires, réductions qui peuvent même dépasser les augmentations des prix des autres produits de la terre; ils peuvent en
outre bénéficier, en tant que producteurs, de la diminution de

prix des matières premières. Donc, pour eux, tout dépendra de la nature des produits agricoles auxquels s'étend la protection et de l'efficacité de celle-ci. Tandis que pour ceux qui sont intéressés à la rente de la terre, en plus des facteurs indiqués ci-dessus, l'utilité de la protection dépendra de la superficie des terrains produisant les marchandises protégées et par conséquent de la quantité de ces dernières.

Il est plus difficile de déterminer les variations qui, en raison du double protectionnisme adopté et de l'organisation du pays, pourraient survenir dans le domaine des salaires. C'est une erreur grossière mais répandue que le protectionnisme cause partout et toujours un abaissement des salaires agricoles nominaux et réels. Cela se constate dans certains cas spéciaux et non pas pour toutes les formes de salaires. Dans beaucoup de cas, les choses vont différemment. L'exemple de l'Italie à cet égard est très instructif.

Ce pays se trouve précisément dans les conditions envisagées ; il adopte la double forme de protectionnisme, tout en conservant le caractère de marché exportateur de marchandises agricoles. De 1862 à 1877, c'est-à-dire dans la période où prévalut le libre-échange, les *index-numbers* (1) représentant les salaires nominaux et réels passèrent respectivement de 100 à 143, et de 86 à 108. C'est-à-dire que l'on eut une augmentation de 43 pour les premiers et de 22 pour les seconds.

En 1878, on adopta un système de protectionnisme modéré qui dura jusqu'en 1887. Il faut exclure de cette comparaison l'année 1887 comme ayant vu les salaires réels augmenter subitement d'une quantité notable sans que cette augmentation se continue par la suite.

Pendant les années extrêmes de cette deuxième période de 1878 à 1886, nous voyons que les *index-numbers* représentant les

---

(1) Ces nombres sont donnés par A. Geisser dans l'appendice au livre de E. Caudeller, *L'evoluzione economica del secolo XIX*, Rome, Società editrice Laziale, 1905.

salaires nominaux moyens montent de 145 à 168 et ceux des salaires réels de 111 à 178 ; on eut donc une augmentation de 24 pour les premiers et de 67 pour les seconds (1). Cette augmentation considérable des salaires réels a pu résulter exclusivement du protectionnisme adopté, mais il est difficile de l'affirmer ; cependant il n'est pas douteux que ce protectionnisme y ait contribué dans une certaine mesure. Le doute disparaît si l'on pense que les exportations italiennes, constituées en grande partie par les produits du sol et qui, de 1871 à 1877, étaient en moyenne de 1073 millions, restèrent stationnaires dans la période suivante de 1878 à 1886 (pendant cette période la moyenne fut de 1083 millions) ; et que par conséquent, les ventes à l'extérieur n'augmentèrent pas à mesure que s'étendait la production nationale des marchandises agricoles. Il ne faut pas oublier que cette période fut marquée par un certain réveil de l'agriculture et c'est alors que s'effectuèrent les transformations agricoles, en particulier en ce qui concerne la vigne. La production ayant augmenté et les ventes à l'extérieur étant restées invariables en partie par la faute du protectionnisme adopté, les produits agricoles abondèrent sur le marché intérieur et provoquèrent la baisse des prix des denrées alimentaires et par suite l'élévation des salaires réels.

Le protectionnisme adopté pendant les années précédentes n'ayant pas satisfait les Italiens, ils procédèrent, à partir de 1888, à l'élévation des droits de douane sur toute l'importation manufacturière étrangère, provoquant ainsi la réduction ultérieure de la masse des marchandises achetées et vendues à l'étranger. Comme l'on sait, la fermeture du marché français fut un grand malheur pour l'agriculture italienne. Le dernier effet néfaste

---

(1) Ces chiffres n'ont pas un sens absolu, il y a au contraire de nombreuses raisons pour ne pas leur accorder autant de confiance que certains économistes. Il n'est pas douteux cependant que ces nombres mettent en lumière une tendance véritable des salaires réels à la hausse. En ce qui concerne les salaires nominaux des ouvriers d'usine, il est certain qu'une élévation constante et sensible s'est toujours manifestée, même pendant la période protectionniste.

devait en être la réduction des prix des marchandises alimentaires et, par conséquent, une élévation correspondante des salaires réels. Il en fut bien ainsi : tandis que les ventes à l'extérieur, qui avaient atteint 1083 millions en moyenne pendant la période de 1878 à 1888 tombèrent à 937 millions de 1888 à 1894, les nombres représentant les salaires nominaux et réels qui étaient de 168 et 178 en 1888 devinrent respectivement 166 et 218 en 1894, c'est-à-dire pendant la dernière des années où les effets du protectionnisme se manifestèrent plus vivement. Nous voyons donc que les salaires nominaux éprouvèrent une réduction légère alors que les salaires réels augmentaient très sensiblement.

Nous arrivons ainsi aux années les plus proches de nous. A partir de 1895 les effets bienfaisants des traités de commerce stipulés quelques années avant avec les empires du centre de l'Europe et la Suisse commencèrent à se faire sentir. Les ventes italiennes à l'extérieur s'accrurent et montèrent de 1038 millions en 1895 à 1517 millions en 1903, élevant ainsi à 1278 millions la moyenne qui était de 937 pendant la période de 1888 à 1894. Les ventes plus considérables modifièrent le rapport entre l'offre et la demande et élevèrent les prix, ce qui enraya le rapide mouvement ascensionnel qu'avait effectué, pendant les années précédentes, le salaire réel, changeant même cette progression en une véritable régression. En effet, l'*index-number* représentant les salaires réels descendit de 218 en 1894 à 181 en 1903 et cela d'une façon graduelle et constante. Naturellement le même phénomène ne pouvait se produire dans le domaine des salaires nominaux, car la résistance prolétarienne, solide et avisée, se serait opposée à toute régression. En effet, les salaires s'élevèrent de 165 à 183 pendant ces mêmes années.

Nul ne peut dire si le protectionnisme agricole et industriel a produit une augmentation des salaires réels supérieure ou inférieure à celle qui devait résulter du libre-échange. Il nous importe seulement de connaître l'augmentation qui fut constatée en Italie, dans les deux formes de salaires, malgré le protectionnisme en vigueur et même un peu à cause de lui. Il nous importe peu de rechercher si le renchérissement des prix des marchandises industrielles a pu contribuer à ralentir le mouvement ascensionnel des salaires, car il est certain que ces marchandises absorbent seulement une infime partie des salaires en monnaie.

Par conséquent on peut dire que dans le pays où toutes les formes de travail sont protégées mais où l'agriculture maintient invariablement la tendance exportatrice, les phénomènes de la répartition sont caractérisés : 1° par l'arrêt de la diminution de la rente foncière ; 2° par l'augmentation des intérêts et du profit du capital ; 3° par l'élévation des salaires nominaux, résultat qui dépend plus de l'organisation prolétarienne que de la forme de la politique commerciale en vigueur et de l'influence qu'elle est susceptible d'exercer sur le système économique existant. Mais le salaire réel ne s'élève pas dans la même mesure ; car les prix des marchandises manufacturées s'élèvent en raison de la protection dont elles bénéficient et atténuent les conséquences de la hausse des prix des produits agricoles exportables.

77. La répartition dans le cas du double protectionnisme pratiqué par des pays importateurs de marchandises agricoles — Tous les pays qui pratiquent cette double forme de protection n'offrent pas les mêmes manifestations par rapport aux marchés extérieurs. Nous avons examiné le cas d'un pays où c'est l'agriculture qui exporte et non l'industrie ; on peut trouver des pays où la situation contraire se rencontre. Le premier cas s'observe actuellement en Italie, le second en Allemagne. Les phénomènes de la répartition ne sont pas les mêmes.

En Italie les transformations les plus considérables et les plus nombreuses se sont effectuées dans le domaine agricole, car l'on suppose que l'industrie une fois devenue exportatrice n'exige pas de changements continuels et profonds dans tous les organes de son économie. Il est à croire même qu'il y a une forte capitalisation. Les demandes de capitaux de la part de l'agriculture seront donc satisfaites avec facilité et l'intérêt servi au capital ne pourra acquérir une grosse importance.

Il n'en est pas de même pour la rente. Une fois la concurrence

étrangère supprimée ou efficacement réfrénée, de façon à
rendre possible la culture des terres délaissées auparavant, la
rente s'élèvera. On n'est plus en présence ici de la pléthore de
marchandises agricoles qui s'était rapidement manifestée sur
le marché intérieur dans le cas examiné précédemment; en
effet, l'agriculture se propose un but tout autre et qui consiste
précisément dans le monopole de l'approvisionnement du
marché national. Par conséquent, la pléthore ne peut survenir
qu'après que ce but aura été atteint, résultat toujours long et
difficile à obtenir. De toute façon, avant qu'il soit réalisé, les
prix des denrées se maintiendront élevés et, conséquence inévitable, la rente de la terre s'élèvera.

Le profit industriel suit une transformation inverse, en particulier, ainsi que nous l'avons dit, lorsque le protectionnisme
s'étend aux matières premières. Dans ce cas le coût des marchandises manufacturées s'élève, ce qui rend l'exportation plus
difficile et peut même, si l'augmentation est importante, provoquer une contraction de la consommation nationale. Il est
vrai que les industries, protégées à leur tour, pourront élever
les prix à l'intérieur, mais il faudra voir si cette augmentation
de prix est suffisante pour compenser ou non l'élévation du
coût. Dans l'affirmative, peut-être, les profits industriels su-
biront-ils une diminution moindre.

Aujourd'hui toutefois, en dehors des exemples exceptionnels qui se présentent seulement en Russie, les matières premières sont laissées libres de toute charge fiscale. Mais la réduction des profits, quoique dans une mesure plus étroite, peut
néanmoins se produire : et cela parce qu'une moindre quantité de marchandises agricoles étant achetée à l'extérieur, une
quantité moindre de marchandises industrielles y sera vendue,
ce qui interdira aux usines d'atteindre l'épanouissement auquel elles eussent pû prétendre dans d'autres conditions. Comme
l'on voit, le processus est dans ce cas l'inverse de ce qu'il était
dans les pays à prédominance agricole pratiquant le double
protectionnisme et intéressés, par conséquent, à l'exportation des

marchandises agricoles. On comprend qu'en Allemagne certaines catégories d'industriels patronnent un système de politique commerciale moins restrictif, alors qu'en Italie les desiderata des manufacturiers sont précisément opposés.

Les salariés en souffrent davantage. En effet, si les salaires en argent restaient invariables, les salaires réels seraient de beaucoup réduits, pour deux raisons. Il ne s'agit pas ici de rechercher quelle est celle des deux productions qui est la plus rapace, puisque toutes deux s'appliquent à la spoliation des salariés. Les prix des marchandises alimentaires augmentent, restent stationnaires, ou ne décroissent pas dans la mesure qui conviendrait; or ces marchandises absorbent au moins les trois cinquièmes du salaire; les prix des objets manufacturés également augmentent ou ne s'abaissent pas autant qu'il le faudrait.

Ici, comme nous l'avons dit, l'industrie se trouve dans les mêmes conditions que l'agriculture dans le cas précédent. La première, en raison de la diminution des achats de produits agricoles à l'étranger, doit réduire ses ventes d'objets manufacturés; il en résulte une entrave à son développement et la surproduction des marchandises peut même provoquer un recul, d'où parfois une diminution des prix. Mais cet avantage occasionnel est peu de chose par rapport à la perte énorme qui résulte de l'élévation consécutive certaine du prix des marchandises agricoles (1).

Mais cette situation ne se présente pas toujours, elle est même assez rare. L'accord entre les producteurs industriels ne tarde pas à s'établir, et il se traduit le plus souvent par une élévation des prix. Il sera bon de rappeler que les *cartels* et les *trusts* sont

---

(1) La dernière crise économique qui se produisit en Allemagne, ne fut pas provoquée par la longue pratique du protectionnisme. Il est certain, toutefois, que la lutte contre la crise fut ralentie et rendue pénible du fait de la protection : celle-ci, empêchant les achats à l'extérieur de s'amplifier, empêchait également le développement rapide des ventes, développement qui était cependant nécessaire pour diminuer l'énorme *stock* des marchandises invendues.

plus faciles à organiser dans le domaine industriel, en raison de la concentration de la production, que dans le domaine agricole, où la production est plus que partout fractionnée, ce qui rend l'accord difficile sinon impossible. Les choses allant ainsi les salaires réels ne peuvent se défendre contre la pression qu'exercent sur eux les prix des marchandises industrielles et agricoles. Il n'est pas dit que ces salaires doivent toujours faiblir, mais il est certain qu'ils ne s'élèveront pas autant qu'ils auraient pu le faire dans d'autres conditions. Ici encore, ceux qui trouvent à s'employer dans le colonat partiaire éprouvent un dommage du fait de l'une seulement des causes précédentes, et même de la moins importante, je veux dire le renchérissement des marchandises industrielles. Dans ces pays, comme dans ceux où le niveau des classes prolétariennes est plus élevé, la lutte n'est pas circonscrite aux abords de la partie la plus visible mais la moins importante du phénomène. Ici les ouvriers ne réclament pas seulement des salaires nominaux plus élevés, mais demandent encore un coût de vie plus faible. La preuve nous en est fournie par le suffrage unanime que la démocratie allemande laborieuse accorda, lors des dernières élections législatives, aux candidats libre-échangistes.

On dit avec juste raison qu'il ne faut pas considérer seulement la baisse et la hausse des salaires réels, mais voir encore si le protectionnisme multiplie les formes d'emploi offertes au travail. Nous pourrons à ce sujet nous en référer à ce qui a été dit à propos de la population et de ses rapports avec la politique commerciale et conclure en disant que, dans plusieurs cas, le dommage causé par le protectionnisme peut-être moindre que celui qui résulte du chômage (1).

Mais il faut user de cet argument avec précaution : il peut tou-

---

(1) On ne peut nier que l'application intelligente du protectionnisme multiplie le nombre des emplois. N. Colajanni, dans sa *Rivista popolare* (année 1904, page 514) donne un tableau instructif dont nous tirons les chiffres suivants :

jour être employé utilement lorsque le protectionnisme en vigueur est appliqué rationnellement et à un caractère transitoire.

Le protectionnisme agraire et le protectionnisme industriel pratiqués simultanément aboutissent aux pires formes de répartition. Ces formes varient selon que c'est l'industrie ou l'agriculture qui prédomine. Si c'est la première, la rente ne s'élève pas dans un rapport constant avec l'intensité de la protection ; et il en est de même pour le profit lorsque c'est l'industrie qui détient la suprématie. Quant au salaire, il est atteint plus fortement là où l'agriculture prévaut, et lorsqu'elle n'est pas encore stimulée par le désir d'exportations considérables.

Années	ALLEMAGNE			ANGLETERRE			ECOSSE		
	(1)	(2)	(3)	(1)	(2)	(3)	(1)	(2)	(3)
	Émigration totale	Excédent des naissances par 1.000 habitants	Émigration par 1.000 habitants	Émigration totale	Excédent des naissances par 1.000 habitants	Émigration par 1.000 habitants	Émigration totale	Excédent des naissances par 1.000 habitants	Émigration par 1.000 habitants
1893	87 677	12,17	1,73	134.045	11,57	4,50	22,637	11,51	5,49
1895	37 498	13,96	0,72	112,538	11,58	3,69	18,294	10,60	4,35
1897	24 631	14,65	4,60	94.658	12,19	3,03	16,124	11,57	3,75
1899	22 697	15,39	0,44	87,400	10,87	2,74	16,072	11,65	3,60
1901	29 874	14,09	0,39	111,585	11,62	3,42	20,920	11,61	4,66

Par conséquent, l'émigration a diminué plus rapidement pour l'Allemagne protectionniste que pour l'Angleterre libre-échangiste. En 1901 l'Allemagne avec presque 57 millions d'habitants eut une émigration inférieure à celle de l'Ecosse, qui avait à peine cinq millions d'habitants. La densité démographique étant de 215 en Angleterre et de 104 en Allemagne, l'émigration plus considérable en Angleterre pourrait s'expliquer par ce fait. Toutefois l'excédent des naissances sur les décès est sensiblement plus élevé en Allemagne et cela peut constituer une compensation à la différence des densités favorable à l'Angleterre. Mais le phénomène paraît plus évident si l'on rapproche l'Angleterre de l'Ecosse ; chez celle-ci, en effet, l'émigration est relativement douze fois plus forte, bien que la densité soit moindre, ainsi que l'excédent des naissances sur les décès.

78. La répartition dans les pays libre-échangistes à prédominance industrielle. — L'étude de la répartition est plus facile dans les pays libre-échangistes. Ici aucune mesure artificielle ne vient contrarier le cours naturel des faits économiques et les organes de répartition fonctionnent plus simplement.

Dans les vieux pays le libre-échange est adopté lorsque le capital industriel domine la production par suite de son triomphe définitif des résistances impuissantes de la propriété foncière. Ici la rente disparaît ; car les raisons font défaut qui ailleurs maintiennent artificiellement les prix au-dessus du niveau du coût. L'exemple classique, mais toujours valable, nous en est fourni par la Grande-Bretagne ; nous n'entreprendrons pas de rapporter ici tout ce qui a été démontré, avec des faits incontestables à l'appui, par les célèbres enquêtes anglaises de 1877 et 1893. Là, en dépit de l'absorbtion continue des capitaux par la terre, la rente disparut ; et ce fait, ainsi que put l'affirmer Caird (1) devant la *Royal commission on depression of trade ad industry* en 1886, fut provoqué uniquement par la baisse rapide du prix des denrées alimentaires. Les propriétaires s'efforcèrent inutilement d'arracher au moins à la terre les intérêts des capitaux qu'elle avait absorbés. Tout en tenant compte de la presque totalité des propositions de la Commission d'Enquête de 1879, et en particulier de l'exonération de plusieurs impositions grevant la propriété foncière, de la rémunération accordée aux fermiers pour reconnaître les améliorations apportées au fonds en culture, des lois répressives sur la fraude des substances alimentaires, etc. ; nous voyons que la baisse de la rente ne continua pas moins avec une rapidité décourageante. La *National Agricultural Conference* de 1892 fut, parmi toutes les interventions tentées en faveur de l'agriculture anglaise, celle qui atteignit

---

(1) James Caird reste toujours le plus consciencieux clinicien de l'agriculture britannique. Actuellement encore, après de nombreuses années, on lit avec beaucoup de profit, son *The Landed Interest and the Supply of Food*.

le but de plus près ; les membres de cette commission eurent le courage d'affirmer, devant l'impuissance du libre-échange anglais, que seule la protection douanière pouvait redonner à la rente une partie de sa vitalité déjà à moitié disparue (1). En réalité, l'atrophie de cet organe primordial de la répartition n'était imputable qu'au libre-échange imposé par les intérêts industriels.

Etant donnée l'énorme accumulation des capitaux dans les pays qui se trouvent dans des conditions analogues et en raison de l'évolution survenue, on peut comprendre que l'intérêt servi au capital faiblisse et qu'il ne réagisse contre cet état de choses qu'à de rares intervalles et pour des motifs indépendants de la production. La terre, pour pouvoir lutter contre les causes qui provoquent la disparition de la rente, exige de nouveaux capitaux, mais elle ne réussit pas à en élever le prix car la demande nouvelle est négligeable par rapport aux disponibilités. Les capitaux s'emploient dans la terre pour y trouver un emploi sûr plutôt que productif d'intérêts élevés. La terre est pour eux un refuge et un repos après les luttes périlleuses de la concurrence industrielle et commerciale. Il est inutile de parler du profit agricole. Tout profit est incompatible avec une situation telle que le capital doit se contenter d'un intérêt qui souvent ne dépasse pas 1 0/0 (2).

Un faible taux d'intérêt est compatible avec un taux de profit suffisamment élevé. Le premier est le résultat de la limitation qui se fait beaucoup moins sentir dans les pays jouissant d'une situation économique prospère. Le second, au contraire, dépend de l'habileté spéciale qui préside à l'emploi du capital et peut par suite atteindre un niveau élevé, même lorsque l'intérêt servi au capital reste très faible. A cet égard encore, l'Angleterre

(1) La *National Agricultural Conference* de 1892 demanda l'adoption du bimétallisme parallèlement à celle du protectionnisme agraire.

(2) Le duc de Bedford, dans sa *Story of Great Agricultural Estate*, Murray, Londres, 1897, a démontré que les capitaux anglais employés aux améliorations agricoles ne donnaient pas un intérêt supérieur à 1 0/0.

nous fournit un précieux enseignement. En réalité nous voyons
de l'autre côté de la Manche des industries qui périclitent
parce qu'elles s'obstinent dans des méthodes de travail désormais
démodées. Le profit du capital qui y est employé a subi,
pendant ces dernières années, une baisse importante. Mais les
fabriques qui ont su réagir contre la concurrence en transformant
leurs systèmes de travail, celles qui ont su, grâce à la
capacité des entrepreneurs, s'adapter aux exigences des temps
modernes, voient constamment le profit se maintenir à un
niveau assez élevé pour rémunérer convenablement tout nouvel
effort de production. Etant donné la répugnance que l'on éprouve
à recourir à la protection douanière, les profits, dans ces pays,
oscilleront aux environs du *profit minimum* pour les industries
atteintes par la concurrence étrangère et tendront vers le
profit maximum pour les industries qui dominent également le
marché international.

Mais, quoique le profit industriel soit enclos dans ces limites
extrêmes, il y subit l'influence du travail qui oppose à son augmentation
une barrière infranchissable. C'est en vain que le profit
demanda au libre-échange le secours espéré ; le prix des aliments
fléchit, il est vrai, mais le salaire ne s'abaissa pas dans
la même proportion. La coalition prolétarienne s'y opposa résolument
(1). C'est en vain que le profit eut recours à l'emploi des
femmes et des enfants ; la législation du travail et d'autres lois
restrictives du même genre s'opposèrent à cet effort avec une
énergie égale. Et comme si cela ne suffisait pas, nous assistons à
la diminution volontaire de la productivité du travail, réalisée
dans le but de rendre obligatoire l'emploi d'un plus grand
nombre d'ouvriers ; or cette diminution pèse sur le profit dont
elle limite toujours la faculté d'expansion (2).

(1) En Angleterre, la force des *Trade-Unions* a augmenté merveilleusement.
Les *Reports of the Labour Correspondent of the Board of Trade*,
publiés en 1901, en donnent une preuve nouvelle et édifiante.

(2) Beaucoup d'auteurs s'accordent sur ce point et on ne peut guère

Dans ces pays nous constatons des phénomènes qui ne
diffèrent pas complètement de ceux que nous avons étudiés
à propos de la répartition dans les marchés libre-échangistes
possédant encore des terres libres.

Dans un Etat comme l'Angleterre, l'industrie agit sur les salaires dans le même sens que la terre libre dans les pays jeunes
à prédominance agricole. Les marchandises agricoles échappent
à toute réduction de prix, même pendant les heures les plus
critiques de la crise agraire, parce que les prolétaires portent
dans les fabriques la marchandise-travail dont ils privent la
terre. Leur salut réside dans l'émigration. Selon le recensement
de 1901, le nombre des agriculteurs en Angleterre et au Pays
de Galles atteignait 631.728. Ce nombre était inférieur de
18 0/0 à celui de 1891, qui était de 774.762. Par rapport aux
chiffres recueillis en 1851, et en ce qui concerne exclusivement le
sexe masculin, la diminution atteignait en 1901, environ 40 0/0.
Le dommage pèse exclusivement sur les fermiers et sur les propriétaires, non pas sur les travailleurs. Sur ce point tous les auteurs
anglais sont d'accord et les témoignages de tous les intéressés
sont conformes. En Ecosse, pendant les vingt années où la dépression agraire fut la plus cruelle, les salaires des travailleurs
de la terre s'élevèrent de 25 0/0 ; dans les autres provinces de
l'Angleterre, de 1860 à 1892, cette augmentation resta rarement
inférieure à 20 0/0. D'autres, comme Wilson Fox, évaluent l'augmentation des salaires nominaux en 1901, à 60,8 0/0 par rapport
à ceux de 1861. En Irlande seulement la hausse fut moins sensible, mais l'émigration à l'étranger, en particulier vers l'Amérique du Nord, y apporta promptement un remède (1). MM. Co-

leur opposer la réfutation que tenta G. B. DIBBLE, dans l'*Economic Journal*
de mars 1902 (*The Printing Trades and the Crisis in British Industry*).

(1) Dans les procès verbaux de la *R. Commission on Agriculture* de
1887, on parle souvent de l'augmentation des salaires ; il en est de même
des principales revues anglaises comme *The Economic Journal* de juin et
décembre 1891, où W. E. Bear s'en est occupé ; de même le *Journal of the
Royal Agricultural Society*, de 1885 et le *Journal of the R. Statistical
Society*, de 1895 ; etc...

leman, Doyle et Little, membres de la commission d'enquête
de 1879, considèrent la hausse des salaires agricoles comme une
des causes principales de l'impuissance chronique de l'agriculture anglaise.

En somme des opinions nombreuses concluent dans le même
sens. Dans les pays jeunes c'est la terre libre qui rend la vie
des fabriques plus pénible ; ici c'est au contraire l'emploi offert
par les fabriques qui porte atteinte à la vitalité de l'agriculture.
Nous assistons à une inversion complète des faits, lesquels confirment cependant que les salaires agricoles sont plus élevés
dans les pays où la lutte existe entre l'industrie et l'agriculture,
que dans ceux où elle fait défaut.

Ceci dit pour les salaires nominaux. Quant aux salaires réels,
ils progressent bien plus rapidement et la cause de cette forte
augmentation réside dans la cause même qui provoqua la diminution et même la disparition de la rente : à savoir la baisse
des prix de toutes les marchandises alimentaires (1).

Les salaires industriels subissent d'autres influences. Tant
que les entreprises se multiplient et que la demande de travail
reste invariable, les salaires nominaux s'élèvent aussi, parce
que les émigrations intérieures ne peuvent pas toujours satisfaire à cette demande ; mais lorsque le processus industriel a
atteint son développement maximum et que la demande n'est

Plus récemment, en 1903, M. A. Wilson Fox, dans le *Journal of the R.
Statistical Society* (vol. XLVI, 2ᵉ partie) mit de nouveau ce phénomène
en lumière.

(1) D'après les réponses unanimes de la dernière enquête sur le travail
effectuée en Angleterre, les classes agricoles améliorèrent leurs conditions
matérielles : 1° par l'augmentation du taux des salaires, 2° par la baisse
des prix des principaux produits ; 3° par la diminution des heures de
travail.

La même Commission, en outre, calculait que si le 93 0/0 du salaire
journalier était, de 1831 à 1840, consacré à l'achat des marchandises indispensables à la vie, le 58 0/0 y suffisait de 1881 à 1890.

Dans le *Fifth and Final Report of the Royal Commission of Labour*, en
dépit du désaccord entre la majorité et la minorité, il semble évident que
tous les membres étaient convaincus de l'amélioration des salaires industriels et agricoles

plus aussi intense, les salaires nominaux devraient accuser une légère tendance à la baisse.

Il en a été ainsi dans la Grande-Bretagne pendant les dernières années. Là, les variations du taux des salaires intéressèrent 890.356 personnes en 1902, 896.598 en 1903, 795.087 en 1904. Ces variations eurent pour conséquence une perte nette sur les salaires hebdomadaires qui atteignit au total, pour toutes les industries : 72.701 livres sterlings en 1902 ; 38-327 en 1903 ; 37.117 en 1904. La tendance générale eut donc un caractère de baisse (1).

Toutefois, cette tendance est combattue par la coalition prolétarienne grâce à laquelle les travailleurs, loin de maintenir invariable le salaire qui leur revient, s'efforcent de l'augmenter encore ou, si c'est impossible, tâchent de diminuer le nombre d'heures de travail ; diminution qui pour l'entrepreneur équivaut à une augmentation des salaires.

En d'autres termes, comme le fait remarquer Pierson, dans les pays arrivés à un tel point de l'évolution économique, le taux des salaires dépend principalement de l'organisation prolétarienne. Nous voyons, par exemple, qu'en Angleterre, le taux des salaires est, pour la même industrie et dans le même endroit, plus élevé pour les ouvriers unionistes que pour les ouvriers libres (2).

Ce sont là les phénomènes de la répartition considérés au point de vue de la politique commerciale. Les rapports étudiés ne sauraient être plus intimes ni, dans certains cas, plus évidents. La cause première de beaucoup de fluctuations économiques et de plusieurs antagonismes qui rendent actuellement plus tendues les relations entre les diverses classes sociales, doit être recherchée dans l'orientation de la politique commer-

---

(1) *Abstract of Labour Statistics.* Cd. 2491. Londres, 1905.

(2) V. *La questione operaia in Inghilterra,* dans la quatrième série de la « Biblioteca dell' Economista ».

ciale. C'est celle-ci qui déplace la richesse, tantôt en faveur d'une classe tantôt d'une autre, provoquant des combinaisons économiques qui tantôt se rapprochent tantôt s'éloignent, de cet idéal de justice sociale que l'on s'efforce en vain d'atteindre.

CHAPITRE VIII

LA POLITIQUE COMMERCIALE ENTRE LA MÉTROPOLE ET LES COLONIES

79. Les colonies et la métropole forment des marchés distincts, affectés de besoins différents en ce qui concerne le commerce international et la politique commerciale. — La colonisation, par ses conquêtes quotidiennes et les intérêts nouveaux qu'elle met au jour, a donné des fins spéciales à la politique commerciale. Celle-ci depuis sa naissance dut étudier les systèmes les mieux adaptés à la mise en valeur des terres nouvelles par les capitaux nationaux. Et ces systèmes différèrent selon la rapacité apportée à cette mise en valeur et aussi selon la résistance que les colonies furent en mesure de lui opposer.

D'aucuns croient à l'unité du marché colonial et métropolitain, parce que les profits restent en la possession du même peuple et enrichissent la même nation. Mais ce phénomène ne se présente qu'au début de la colonisation. Par la suite de nombreuses compétitions économiques ne tardent pas à se produire entre les peuples des deux pays ; et elles mettent de plus en plus en évidence la profonde différence de caractère qui les sépare. Même en admettant cette identité d'intérêts qui en fait n'existe pas, nous voyons que la politique commerciale, en ce qui concerne les colonies, a recours à des moyens spéciaux pour assurer la possession du marché colonial aux nations qui estiment y avoir un droit exclusif.

Sur le même marché les salaires des industries similaires oscillent aux environs d'un même niveau. Tandis qu'il n'en est pas de même entre la mère patrie et les colonies, où l'émigration, même abondante et durable, ne suffit pas à niveler le taux des salaires. Entre les pays protecteurs et les pays protégés, nous voyons encore s'établir des émigrations importantes de capitaux et d'hommes, mais elles ne sont en rien comparables aux émigrations intérieures qui s'effectuent à travers des difficultés naturelles de beaucoup inférieures soit quant au nombre, soit quant à l'importance. Sur un même marché, les différences entre les divers éléments du taux moyen de l'intérêt sont peu importantes. Mais il n'en est pas de même entre la mère patrie et les colonies. Benjamin Francklin remarque que depuis 1751 le taux de l'intérêt, dans les colonies nord américaines, oscillait entre 6 et 10 0/0 alors qu'en Angleterre il s'établissait entre 3 et 5 0/0. Aujourd'hui encore, après un siècle et demi on constate le même dénivellement entre les nations colonisatrices et leurs colonies ; alors qu'une telle différence ne se rencontre jamais à l'intérieur d'un même marché.

En ce qui concerne les aptitudes naturelles la dissemblance est bien plus grande encore. Le climat, la végétation et le sous-sol sont parfois ceux des antipodes et donnent origine aux productions les plus variées. Quelle différence n'y a-t-il pas entre les dons naturels de la France et de l'île de Madagascar, entre la Grande-Bretagne et la colonie du Cap, entre la Hollande et l'île de Java? Ces différences peuvent dans certains cas s'atténuer ; mais elles ne disparaissent jamais complètement ou, s'il en était ainsi, il ne saurait être question de métropole et de colonies. C'est ce qui arrive pour la France et l'Algérie, l'Angleterre et le Canada. Mais lorsque même ces dissemblances naturelles paraissent peu profondes, les échanges s'effectuent toujours sur la base des coûts comparatifs de la même façon que, sur cette même base, s'effectuent les échanges avec les marchés étrangers Pour cette raison, dont découlent beaucoup d'autres après celles que nous avons énumérées, on comprend qu'il faille appliquer aux colonies une politique commerciale différente, sinon contraire, de celle qui est en vigueur dans la métropole.

Il en est généralement ainsi, mais avec des exceptions innombrables, inspirées de ce principe jamais en défaut que l'économie des colonies doit s'organiser de façon à servir le capitalisme de la mère patrie. L'Angleterre qui à cet égard suit le régime le plus libéral, accorde aux Indes la mise en pratique du protectionnisme mais empêche que la protection douanière s'étende aux cotonnades ; cette clause est imposée dans le but de ne pas nuire à la production similaire qui, en Angleterre, englobe un nombre important de puissants intérêts. Le protectionnisme des colonies Françaises ne peut toujours être comparé à celui de la mère patrie, mais ils ont ensemble de tels rapports de corrélation que les intérêts des capitaux employés sur les deux marchés sont rendus solidaires.

Nous verrons de quelle façon la politique commerciale, asservie au capitalisme métropolitain, cherche à assurer des profits élevés aux capitaux engagés aux colonies.

80. L'Angleterre et ses colonies. Le système ancien : le

monopole en faveur de la métropole. — Le système le plus ancien et aussi le plus largement employé est celui du monopole. Les productions coloniales ne peuvent être exportées que dans la mère patrie ; et les colonies ne peuvent importer que les marchandises produites par cette dernière. L'esprit monopoliste en vient parfois jusqu'à empêcher la formation des industries coloniales, c'est-à-dire à perpétuer la plus grosse injustice économique à laquelle la rapacité de la mère patrie puisse l'entraîner.

Le monopole imposait aux colonies des traités très durs.

En Angleterre le premier Acte de navigation, celui de 1651, dû à Cromwell et incorporé ensuite à ceux qui le suivirent en 1660 et 1664, décrétait : 1° que les colonies devaient exporter dans la métropole exclusivement ; 2° que le marché anglais devait, autant que possible, être réservé aux produits coloniaux, à l'exclusion des produits similaires étrangers ; 3° que les colonies ne pouvaient rien importer de l'étranger ; 4° que les échanges entre les colonies et la métropole devaient s'effectuer par l'intermédiaire de la marine anglaise. A ces clauses extrêmement onéreuses pour les colonies s'en ajoutait une autre, la plus dommageable de toutes, qui interdisait la transformation sur place en objets manufacturés des matières premières coloniales. On apporta par la suite plusieurs modifications à ce pacte léonin ; mais ce fut toujours dans le but de renforcer le monopole. C'est ainsi que l'obligation d'en exporter aux colonies les marchandises étrangères que la métropole ne pouvait produire, qu'après les avoir importées en Angleterre, d'où elles allaient ensuite sur le marché colonial par le moyen des vaisseaux anglais, n'était qu'un procédé nouveau et perfectionné ayant pour but d'étendre la zone d'action de la marine nationale et d'absorber tout le commerce de transit. Les dispositions nombreuses et fréquentes qui suivirent celle-là furent adoptées afin de perfectionner le système en le rendant plus avantageux encore pour la métropole.

C'est seulement après la déclaration de l'indépendance des colonies nord-américaines que quelques atténuations furent apportées à ces mesures rigoureuses. L'acte de 1788 permet l'échange direct entre les Indes occidentales et les États-Unis, à condition d'employer toujours le pavillon anglais. Les actes successifs de 1821 (1) et de 1822 (2) atténuèrent encore l'âpreté de la politique prohibitive en vigueur ; et celui de 1825 admit enfin le principe de la réciprocité. Les colonies sont actuellement en relations directes avec l'étranger, même par le moyen des marines étrangères, à condition que les autres nations accordent le même régime aux marchandises et au pavillon anglais. Un nouvel acte vint en 1833 élargir encore les brèches faites au système ancien, dont la rigueur resta pendant si longtemps sans être entamée (3).

Enfin on arrive à l'acte de 1846 qui accorda aux colonies, en même temps qu'un gouvernement responsable, la pleine liberté dans la réglementation de leur propre régime douanier. Le gouvernement métropolitain se réserve seulement la faculté de diriger le système douanier dans les colonies encore assujetties.

La France, à la longue, finit par adopter ce système.

Sous l'*Ancien Régime*, sous la Révolution et pendant le XIXᵉ siècle jusqu'en 1860, les colonies ne pouvaient exporter qu'en France et importer de France seulement, et toujours par le moyen de bateaux français. Colbert ne fut pas moins exclusif que Cromwell. Mais la politique commerciale pratiquée par la France vis-à-vis de ses colonies se fit par la suite plus douce que celle adoptée par l'Angleterre. Déjà en 1717 les marchandises des colonies françaises peuvent être admises en *entrepôt* dans la métropole pour être ensuite transportées à l'étranger. En vertu des décrets de 1767 et de 1784 les bateaux étrangers peuvent apporter aux Antilles françaises certaines marchandises qui leur sont nécessaires et en prendre d'autres. On a même l'exemple de

(1) Avec cet acte se dessina la tendance à admettre au même régime la marine coloniale et la marine étrangère.

(2) Cet acte permit l'exportation directe des colonies à l'étranger, à condition d'employer le pavillon anglais.

(3) Cet acte réglementa, dans un sens encore plus libéral, le transport des marchandises coloniales et étrangères.

quelques colonies auxquelles il est accordé l'entière liberté du commerce, comme à la Guyane en 1768. En outre, les colonies françaises ne connurent jamais les mesures prohibitives concernant les objets manufacturés, si fréquentes et si onéreuses dans les colonies anglaises.

Ce régime, ainsi que nous l'avons vu, avait subi plusieurs violations même avant 1790 ; il fut peu à peu modifié par la suite, de sorte que lorsque, le 3 juillet 1861, on l'abolit en principe par la faculté accordée aux colonies de supprimer toute taxe de douane, il n'existait plus en fait. Mais le régime libéral, comme on le verra plus loin, ne dura que jusqu'en 1884.

Nous nous réservons le loisir de critiquer plus longuement la politique commerciale que les métropoles adoptent actuellement à l'égard des colonies, et nous nous bornons à dire que l'ancien système présentait des défauts nombreux et graves. Il élevait outre mesure les prix des marchandises manufacturées importées aux colonies, tandis qu'il déprimait ceux des marchandises coloniales importées par la métropole. De sorte que la consommation aux colonies des produits métropolitains se restreignait et il en résultait, dans ce sens, un dommage pour la production manufacturière que l'on cherchait à avantager d'autre part. On limitait également l'extension des cultures coloniales qui, au lieu d'approvisionner tous les marchés extérieurs, étaient contraintes à ne pourvoir qu'aux besoins d'un seul : le marché métropolitain. Une orientation tout à fait artificielle était ainsi donnée à la production coloniale, car cette dernière était obligée de subordonner son activité aux exigences de la mère-patrie et de se limiter aux formes de production agréables à celle-ci. Les avantages de l'échange étaient diminués par des frais de transport considérables résultant de l'emploi obligatoire de la marine métropolitaine et du parcours plus long imposé aux marchandises coloniales qui, lorsque l'exportation était autorisée, ne pouvaient rejoindre les marchés étrangers qu'après avoir touché les ports de la mère-patrie. Les avantages de l'échange étaient encore réduits du fait que les marchandises étrangères, quand leur importation par les colonies était permise, devaient entrer d'abord dans la métropole pour y être embarquées sur des navires nationaux. La distance devenait plus considérable, le prix unitaire du transport s'élevait parce que toute concurrence de la part des pavillons étrangers était interdite. C'étaient là les principaux inconvénients.

Smith qui cependant combattit courageusement les lois interdisant la formation des industries aux colonies, approuva dans beaucoup de ses manifestations le monopole du commerce colonial que la métropole se réservait. Toutefois il observa : 1° qu'un tel monopole était désavantageux pour la Grande-Bretagne, parce qu'il détournait ses capitaux de certains emplois tout aussi utiles, pour les diriger vers le commerce colonial ; que le monopole mettait en danger la stabilité du commerce lui-même et par la suite il fut en effet sérieusement compromis par la révolte des meilleures colonies ; 2° que le monopole déprimait l'industrie des autres pays sans accroître en proportion, plutôt même en diminuant, le développement industriel du pays qui le pratiquait ; 3° que le monopole empêchait le capital anglais d'alimenter une quantité de travail productif aussi forte qu'il l'aurait pu faire dans d'autres conditions, car il rendait impossible la réalisation d'un revenu plus élevé et par conséquent l'accession à une faculté de capitalisation plus rapide ; 4° que le monopole, élevant le taux du profit mercantile, portait atteinte au perfectionnement de la culture de la terre et maintenait l'intérêt à un niveau trop élevé ; 5° que le monopole, pour augmenter le profit du capital commercial causait un dommage aux entreprises nationales et non pas seulement aux entreprises étrangères.

Ce sont là les critiques principales que l'éminent économiste adressa au monopole colonial. Plusieurs de ces critiques mettent bien en lumière les parties faibles du système. Certaines au contraire ne semblent nullement justifiées et furent à juste titre réfutées par Ricardo, Roscher, Rabbeno et d'autres.

Roscher n'admet pas, par exemple, le principe d'après lequel le commerce colonial pourrait, en raison de l'intérêt élevé qu'il assure, porter atteinte aux autres formes de commerce et cela en vertu de la loi bien connue, mise en lumière par Ricardo et selon laquelle tous les profits, dans quelque champ d'activité que ce soit, ont tendance à s'égaliser. Rabbeno n'a pas tort non plus lorsqu'il fait remarquer que le système du monopole, en dépit de ses défauts, peut avoir une heureuse influence, lorsqu'il s'agit de faciliter la transformation industrielle et commerciale de la métropole, transformation qui est imposée par des tendances naturelles, efficaces et tangibles. Dans certains cas le monopole ne fait autre chose qu'établir ou renforcer les relations d'échange entre les pays à population relativement dense, producteurs d'objets manufacturés, avec un pays à population relativement clairsemée, producteur de matières premières. Le monopole, étant donné cet état de choses, peut faciliter l'emploi des capitaux aux colonies et développer les cultures ; quoique même dans ces cas, les capitaux suivent plutôt les besoins de la mère-patrie que les inclinations naturelles des pays nouveaux.

Smith écrivait à une époque où la capitalisation, bien qu'importante, ne suffisait pas aux exigences de tous les emplois. De là sa crainte de voir le monopole distraire le capital anglais des autres formes d'emploi et lui faire négliger des entreprises tout autant profitables. Mais aujourd'hui le capital des pays les plus avancés a augmenté dans de telles proportions qu'il peut répondre à tous les besoins du marché, de sorte qu'il n'y a pas de forme d'emploi assez rémunératrice qui demeure inactive par suite de la défection des capitaux. On ne pourrait plus opposer au monopole cet argument qui était l'un des plus importants de ceux rassemblés par Smith ; mais les objections que nous avons mentionnées plus haut subsistent.

81. Le système moderne et les raisons qui l'ont déterminé. — L'Angleterre ayant abandonné le système du monopole devant les attaques de la critique et aussi par suite d'une perception plus exacte de ses intérêts propres, se tourna, ainsi que nous l'avons dit, vers un régime plus libéral. Elle concéda l'autonomie douanière aux colonies ayant un gouvernement responsable (Canada, Colonie du Cap, Australie).

Ces colonies ne manquèrent pas de se prévaloir de cette nouvelle faculté, tant ambitionnée, pour l'exercer même contre la métropole. Au contraire, la Grande-Bretagne se réserva le droit de réglementer le régime douanier des colonies sujettes, cette réglementation fut conçue de façon à répondre pleinement aux principes du libre-échange, en assignant aux taxes de douanes un but exclusivement fiscal.

Il ne faut pas dire que l'application aux colonies du libre-échange anglais, après deux siècles de contraintes rigoureuses, fut inspirée par un idéal de justice plus que par le désir d'un avantage matériel. La raison de ce libéralisme réside dans les mêmes causes qui, dans la métropole, imposaient le libre-échange. L'Angleterre avait désormais acquis une suprématie incontestable dans le domaine de l'activité industrielle et maritime; elle avait donc tout à gagner à une application générale des principes libre-échangistes. Qui aurait pu se mesurer avec elle? Il est certain que dans l'esprit des producteurs anglais l'adoption du libre-échange en Angleterre devait entraîner, à bref délai, la suppression des barrières douanières dans tous les autres pays. Cela aurait constitué un bénéfice énorme pour l'exportation manufacturière anglaise. Mais cette espérance, si ardemment caressée, fut vite déçue par les événements. L'Europe essaya de réduire les taxes et non de les supprimer. Toutefois l'Angleterre possédait un empire où les événements auraient dû plier devant sa volonté et où, par conséquent, les espérances anglaises n'auraient pas dû aboutir à autant de désillusions Il semblait que les colonies auraient dû, même libres, suivre l'exemple de la métropole; dans ce cas l'Angleterre aurait conservé, grâce au libre-échange, la position de supériorité absolue que la pratique du monopole lui avait assurée. Au contraire, même sur les marchés coloniaux, les faits ne répondirent pas à ses prévisions. Les principes auxquels se conformait la politique douanière de la métropole ne furent pas suivis par les gouvernement locaux.

Contre le tarif canadien de 1859, qui frappait les objets manufacturés de toutes les provenances y compris l'Angleterre, s'élevèrent plusieurs industriels métropolitains. La Chambre de Commerce de Sheffield adressa une protestation énergique au *Committee of Privy Council for Trade* ; et le secrétaire d'Etat pour les colonies se plaignit au Canada de ce qu'il suivait une politique tout à fait opposée à celle de l'Angleterre. L'origine de ce dissentiment ne réside certainement pas dans la divergence d'orientation qui se produisit rapidement, mais bien dans l'opposition des intérêts qui apparaît déjà comme irréductible. L'Angleterre, qui avait accordé l'autonomie avec l'espérance de dominer, grâce au libre-échange, les pays qu'elle avait d'abord assujettis par des mesures rigoureusement restrictives, voit maintenant avec amertume que ses prévisions ne se vérifient pas. L'exportation manufacturière commence à manquer des débouchés sur lesquels elle comptait avec assurance. Lorsque d'ailleurs quelqu'une de ses colonies lui accorde un traitement préférentiel qui viole en plein cœur le principe libre-échangiste, la métropole l'accueille avec satisfaction. Elle ne proteste plus au nom du libre-échange et s'accommode du vieil attirail protectionniste qui assure un avantage notable à ses exportations.

82. Le protectionnisme des colonies libres ; la préférence pour la métropole et les contradictions du libre échange anglais. — Le tarif canadien de 1879 accorda la franchise à plusieurs marchandises anglaises, tandis que les marchandises similaires étrangères étaient frappées d'une taxe. Quant à l'application des droits *ad valorem*, le tarif exigeait que le prix de la marchandise fut calculé en ajoutant à sa valeur le montant de tous les frais de transport, ce qui élevait considérablement le droit. Mais les frais de transport n'intervenaient pas dans le calcul de la valeur des marchandises anglaises, ce qui abaissait en proportion la taxe qui leur était appliquée. L'Angle-

terre protestait au nom du libre-échange lorsque le protectionnisme menaçait de lui nuire, mais elle l'agréait pleinement
lorsqu'elle y trouvait avantage.

Mais les plaintes émanées des producteurs anglais, en particulier des sidérurgistes, se font entendre à nouveau en 1887
aussitôt que le gouvernement canadien élève les droits protecteurs. Plusieurs Chambres de Commerce anglaises, au nom
du libre-échange, s'élevèrent contre ce renforcement du régime
protectionniste ; et le ministre pour les Colonies, incapable de
toute intervention directe, transmit leurs vœux à Montréal.
Le Gouvernement canadien répondit que le régime préférentiel
en faveur de certaines marchandises anglaises n'était pas
changé, que seul l'intérêt du *Dominion* avait exigé l'augmentation des droits et que le Canada ne faisait autre chose qu'appliquer les principes mêmes suivis par l'Angleterre alors qu'elle
se trouvait dans les conditions où était la colonie.

On peut relever bien d'autres contradictions à la charge de
la métropole. Le 28 avril 1892 le parlement fédéral canadien
fit la proposition ferme d'abaisser les droits sur les objets manufacturés anglais, à la condition que le gouvernement de
Londres appliquerait un régime préférentiel aux marchandises
du Canada. Une bonne partie de l'opinion publique s'émut et les
exhortations en faveur de l'accueil de cette proposition ne
firent pas défaut. Les industriels anglais intéressés à l'exportation de leur produit au Canada apprécièrent les sérieux avantages qui découleraient de cette nouvelle mesure, bien qu'elle
fut contraire aux principes du libre-échange britannique qu'elle
violait complètement. La Chambre Haute, sous l'influence du
comte Dunraven, recommanda au Gouvernement de suivre
les colonies dans cette voie. Balfour s'y opposa résolument, lui
qui, aujourd'hui débarrassé des anciens scrupules, penche vers
le protectionnisme impérialiste préconisé avec tant de juvé-
nile ardeur par Chamberlain. Cela n'empêcha pas l'Angleterre de dénoncer quelques années après les traités conclus en
1862 et 1865 avec l'Allemagne et la Belgique, traités qui inter-

disaient tout régime préférentiel en faveur des colonies, et d'accepter ensuite définitivement, non pas sous là forme confuse d'autrefois mais avec des dispositions nettes et explicites, un abaissement considérable des tarifs à l'avantage exclusif des marchandises anglaises exportées au Canada. Le tarif canadien de 1897 prescrivit qu'à partir du 1er août 1898 toutes les importations anglaises seraient taxées d'un droit inférieur de 25 0/0 aux taxes applicables aux marchandises similaires provenant des autres Etats ; que le même régime serait étendu aux Antilles et en général aux colonies et possessions anglaises qui accorderaient un traitement semblable aux marchandises canadiennes. Comme si cela ne suffisait pas, à partir du 1er juillet 1900, le régime préférentiel s'éleva de 25 à 33 1/3 0/0 (1).

L'avantage, très considérable en lui-même et étendu depuis à plusieurs autres colonies, eut des effets immédiats et bienfaisants sur les pays faisant partie de l'empire (2) ; mais les avantages les plus sérieux revinrent aux producteurs de la mère-patrie. Les cotonniers, qui perdaient du terrain devant ceux des Etats-Unis, purent élever leurs exportations au Canada de 4,6 millions de dollars en 1901 à 4,8 en 1902 et 5,2 en 1903. Les industriels anglais, sidérurgistes et constructeurs mécaniciens, qui étaient les plus frappés par la concurrence des producteurs de l'Union nord-américaine, virent leurs ventes au Canada passer de 2,5 millions de dollars en 1901 à 4,4 en 1902 et à 6,8 en 1903. Les lainiers de la métropole, pendant les mêmes années, vendirent au *Dominion* pour 7,3, puis pour 8,1 et 10,2 millions de dollars. Le régime préférentiel, accepté par l'Angleterre bien qu'étant en contradiction avec le libre-échange national, ne constitua pas une affirmation plato-

---

(1) *The Statistical Yearbook of Canada for* 1903, page 308.

(2) Les marchandises de l'Empire, importées par le Canada sous un régime plus favorable, atteignirent rapidement les valeurs totales suivantes :

En 1898	19,7 millions de dollars	en 1901	27,5 millions de dollars
» 1899	23,8 »	» 1902	30,6 »
» 1900	27,1 »	» 1903	37,6 »

nique du principe impérialiste, mais conduisit à un avantage direct et notable en faveur des industriels de la métropole.

Les colonies anglaises en Australie obtinrent le *responsible governement* en 1855 et s'acheminèrent bientôt dans la voie du protectionnisme. Engagée dans cette voie, devançant toutes les autres colonies et les distançant de beaucoup, la colonie de Victoria inaugura le système protectionniste avec le tarif de 1865. Dix ans après, sur l'exemple de la Victoria, le Sud-Australie, l'Australie occidentale, la Tasmanie et la Nouvelle-Zélande élevèrent leurs droits de douanes respectifs. Seuls le Queensland et les Nouvelles Galles du Sud les réduisirent. Le système protecteur fut consolidé définitivement dans la Victoria par le tarif du 18 janvier 1878, incorporé peu après, avec quelques retouches, à celui de 1880. Les autres colonies ne voulurent pas rester en arrière ; toutes, plus ou moins, pendant les années suivantes renforcèrent les barrières protectionnistes. Ce système, en opposition ouverte avec celui de la métropole, ne pouvait que déplaire à celle-ci. Mais tant que l'industrie locale resta dans la période de formation et que la concurrence internationale n'eut que de timides manifestations, il n'y eut pas lieu de craindre de graves dommages. Nous voyons en effet que la participation du Royaume-Uni aux importations tend à augmenter jusqu'en 1885.

Importations en Australie (1).

Années	Du Royaume-Uni	Des colonies anglaises	De l'étranger
1866-70	64,94 $^0/^0$	19,43 %	15,63 %
1871-75	69,39 »	18,28 »	12,38 »
1876-80	72,30 »	14,89 »	12,81 »
1881-85	73,34 »	12,88 »	13,78 »

(1) T. A. Coghlan, *A statistical Account of Australia and New-Zealand*, 1902-03, page 882.

Donc jusqu'à cette époque la Grande-Bretagne n'a pas de raisons de s'effrayer du protectionnisme en vigueur dans les colonies australiennes. Mais les scrupules libre-échangistes du gouvernement de Londres se réveillent aussitôt que ces colonies — comme acheminement vers la *Commonwealth* — font effort pour s'appliquer réciproquement un régime de préférence. En 1870 la Tasmanie prit l'initiative de la formation d'une fédération-commerciale-australienne comparable à celle qui s'était déjà constituée dans le *Dominion of Canada*. En raison de l'opposition existant entre la Nouvelle Galles du Sud, désireuse de ne pas renoncer à ses tarifs quasi libre-échangistes, et Victoria, tout aussi disposée à maintenir fermement ses taxes protectrices, l'accord ne put être réalisé. Toutefois on décida de faciliter les échanges réciproques par la conclusion d'accords opportuns de colonie à colonie, ces accords devant être basés sur le système préférentiel en faveur des parties contractantes. Cela aurait constitué un premier pas vers le *Zollwerein* ; mais la proposition ne fut pas acceptée par le gouvernement de Londres. Le secrétaire d'État pour les colonies, Kimberley, dans sa note du 13 juillet 1871, la déclare inacceptable parce que contraire aux principes du libre-échange. Dans une autre circulaire du 10 avril 1872, le ministre confirme son refus en ajoutant que le régime sollicité par les colonies aurait porté atteinte aux rapports existants entre ces colonies et la métropole. Mais ce même régime avait été concédé aux colonies canadiennes avant qu'elles se fussent constituées en fédération et l'on peut supposer que l'incohérence du gouvernement de Londres fut volontaire et non accidentelle, et qu'elle fut inspirée par des considérations d'intérêt bien plus que par le désir de respecter des principes appliqués sans aucun esprit de suite.

Dans les colonies nord-américaines les matières premières et les denrées alimentaires seules circulaient librement d'une colonie à l'autre avant la constitution du *Zollwerein*. Par la loi de 1868 cette facilité fut accordée par le *Dominion* aux provinces qui n'avaient pas encore consenti à faire partie de la fédération commerciale, de façon à rendre plus aisée leur entrée prochaine dans cette même fédération. Donc le régime préférentiel intercolonial adopté au Canada ne pouvait pas nuire à l'Angleterre, car il était limité à des marchandises ne faisant pas l'objet de ses exportations. Il n'en était pas de même en Australie, où le même régime, établi dans le sens où l'entendaient les colonies, se serait étendu à toutes les marchandises, y compris les objets manufacturés déjà produits par Victoria, qui aurait pu, grâce à ce régime, lutter avec avantage contre la concurrence anglaise.

Il est vrai que le ministre Kimberley, tandis qu'il refusait de sanctionner le traité préférentiel entre deux colonies Australiennes, conseillait à toutes d'adopter le *Zollwerein*, mais on connaissait déjà à Londres les nombreuses et importantes difficultés qui s'opposaient à la réalisation d'un tel accord. Du reste, le système du libre-échange avait subi une violation bien plus cruelle avec l'adoption du protectionnisme dans les colonies et il n'était pas vraisemblable qu'ont eût peur du régime préférentiel colonial, car ce régime, dans le sens où les colonies devaient l'appliquer, les aurait rapprochées du libre-échange au lieu de les en éloigner. La vérité est que cet amour du libre-échange s'atténue et disparaît aussitôt que le commerce anglais se sent menacé par des adversaires sérieux. Au Canada, peu d'années après, en 1878, on accepte déjà le principe de la préférence pour les marchandises anglaises, ce qui est bien plus grave que la préférence d'une colonie en faveur de l'autre ; et la même mesure ne tarde pas à être appliquée dans la Colonie du Cap.

Nous avons vu comment, jusqu'en 1885, la participation des marchandises britanniques au commerce d'importation des colonies australiennes avait augmenté et de quelles causes découlait un tel progrès. Mais l'année suivante le mouvement inverse se manisfesta. La diminution devient alarmante, en particulier pendant les années les plus proches de nous :

Importations en Australie

Années	De l'Angleterre	Des colonies anglaises	De l'étranger
1886-90	70,98 %	12,34 %	16,68 %
1891-95	71,27 »	11,64 »	17,09 »
1896-1900	64,58 »	11,08 »	24,34 »
1901-1902	59,06 »	12,24 »	28,70 »

Alors le libre-échange dogmatique atténue son intransi-
geance ; et tandis que, pendant un certain temps, en 1871, il
s'était déclaré, par la bouche de Kimberley, hostile à tout régime préférentiel intercolonial ; en 1901, non seulement il n'empêcha pas l'Angleterre de donner son consentement à la constitution de l'*Australian Commonwealth*, mais il accepta *à priori*,
c'est-à-dire avant qu'elle lui fût offerte, et sans répugnances
doctrinales, ce régime de préférence en faveur des marchandises
anglaises, qui constituait une hérésie protectionniste.

La Colonie du Cap de Bonne-Espérance jouit du *responsible
government* depuis 1872 et le caractère protecteur fut donné aux
droits de douane en 1884. Mais le protectionnisme s'y consolida
en 1889. Là encore, à l'instar du Canada d'abord et de l'Australie ensuite, nous voyons l'Union douanière s'établir entre les
colonies limitrophes, État du Cap et Orange, à partir du
1er juillet 1889. Le phénomène était naturel, mais on employa un
système spécieux pour vaincre les obstacles opposés à la mise
en pratique de la clause de la nation la plus favorisée. C'est
dans cette circonstance que fut inauguré le principe singulier
d'après lequel la clause de la nation la plus favorisée n'est pas
violée par l'union douanière lorsque celle-ci abat seulement les
barrières continentales sans toucher aux défenses maritimes.
Cette thèse, déjà repoussée autrefois par le Gouvernement anglais, montre que l'Angleterre, même pendant la plus récente
période de la politique commerciale qu'elle a appliquée à ses
colonies, n'eut jamais de scrupules impérieux, lorsque ceux-ci
pouvaient léser les intérêts métropolitains et coloniaux.

83. Les colonies sujettes ; autres violations du libre-échange en faveur de la métropole. — Le but utilitaire de la politique commerciale anglaise apparaît plus clairement que dans ses rapports avec les colonies libres, dans les dispositions adoptées à l'égard des colonies sujettes, en particulier de l'Inde.

L'Angleterre impose actuellement à ces colonies un régime libéral. Leurs droits d'entrée ont un caractère purement fiscal. Toutefois certaines d'entr'elles ont accusé des tendances protectionnistes, l'Inde principalement. Celle-ci, la plus importante des colonies sujettes, offrait d'excellentes dispositions à l'industrie cotonnière, car elle pouvait entr'autre produire la matière première en abondance. Mais la production des cotonnades aux Indes était contraire aux intérêts de l'industrie similaire métropolitaine du Lancashire, qui trouvait dans l'Inde son plus large marché de consommation. La Chambre anglaise des Communes s'aperçut alors que les taxes indiennes sur les tissus de coton étaient en contradiction avec les principes libre-échangistes suivis par la métropole et elle prescrivit, le 30 avril 1877, qu'en observation de ces principes, on ait à supprimer ces taxes aussitôt que l'état des finances indiennes le permettrait. Elles furent supprimées en effet. Déjà, avec le *Customs Tariff Act* de 1875, le tarif indien se trouvait réduit à 63 articles ; en 1879 il fut réduit à 35 et l'on en exclut tous les produits de coton manufacturés. Le vice-roi, sous la pression du secrétaire d'Etat pour les Indes et malgré l'opposition de la majorité de l'*Executive Council*, imposa ces réformes qui violèrent jusqu'à l'esprit de la constitution accordée aux Indes par l'Angleterre. Il est dit dans cette constitution que le vice-roi ne peut émettre des décrets, sans ou malgré l'avis de l'*Executive Council*, que « lorsqu'il s'agit de question très graves, dont dépend le bien de la patrie. » La constitution fait évidemment allusion à des problèmes urgents, d'ordre militaire et politique, et se place au point de vue de la sécurité des Indes en tant que possession britannique. Or les réformes douanières de 1875 et 1879 ne présentent aucun de ces éléments ; au contraire, elle en offre d'autres d'un caractère tout

à fait opposé. A cette époque les finances indiennes étaient mal
établies et la nouvelle disposition, en réduisant les importations,
les mettait plus sérieusement en danger. On poussait en outre
la jeune industrie cotonnière indienne, souffrant déjà d'autres
maux, dans les aléas d'une crise ruineuse, susceptible même de
susciter des complications politiques. Le même conseil pour les
Indes qui, à Londres, contrôle les actes du secrétaire d'Etat pour
ce vice-royaume, ne sut pas sanctionner à la majorité absolue
les dispositions oppressives citées plus haut. Il n'y avait pas en
jeu un intérêt public impérieux, mais plutôt un intérêt privé,
celui des cotonniers anglais. Ceux-ci ne se déclarèrent satisfaits
qu'en 1882, lorsqu'ils virent petit à petit tomber les quelques
droits qui subsistaient encore sur les cotonnades, c'est-à-dire
lorsque, sur l'autel du libre-échange et comme suprême hommage
à l'idée, ils sacrifièrent tous les droits protecteurs qui avaient
pu survivre. Cette année-là le tarif-indien fut calqué sur le tarif anglais, qui n'établit que quelques droits d'un caractère purement fiscal.

Le libre-échange anglais, bien que d'une forme plus élevée et
plus perfectionnée, nous fait penser à l'ancien pacte colonial
par la méthode coercitive qui fut suivie lors de son application
aux colonies. L'un et l'autre sont également attentifs à ménager
les intérêts du capitalisme de la mère patrie. Actuellement
le dommage est moindre pour les colonies ; mais la forme adoptée est plus hypocrite, puisqu'elle exige la même contribution
sous prétexte d'observer un principe de liberté qui dissimule
mal une pensée intéressée. En fait, cette liberté se manifeste à
l'avantage presqu'exclusif de l'Angleterre, qui est seule en mesure d'en jouir. Il en serait de même, si un homme jeune et ro-
buste disait à un autre encore enfant et malingre : voici, nous
nous trouvons dans la même situation de fait ; tu es, comme
moi, libre de courir par le monde à la recherche de conquêtes
et de richesses. Quel est l'avantage que cette liberté illimitée
pourrait comporter pour l'homme faible, condamné à l'immobilité par sa jeunesse et son impuissance ?

En vérité, l'élargissement de la liberté des échanges entre les colonies et les États étrangers ne coûta pas grand'chose à la Grande-Bretagne tant que les marchandises anglaises n'eurent rien à craindre de la concurrence des marchandises indigènes et étrangères sur le marché colonial. Mais aussitôt que quelqu'une des colonies sujettes devient capable de se suffire à elle-même, au nom du libre-échange, on retire au Gouvernement de la colonie la plus vaste et la plus peuplée, la liberté qu'il avait de choisir le régime douanier local. Au nom du libre-échange, l'Angleterre maintient énergiquement les avantages dont elle jouit. Lorsque l'homme fort et vigoureux voit que son concurrent jeune et malingre, grâce à un emploi intelligent de ses ressources physiques, va devenir un bon lutteur, alors, toujours désireux d'observer les principes de liberté, il l'oblige à laisser la nature agir librement, à suspendre tout traitement reconstituant et à demeurer dans cet état d'infirmité chronique, afin de pouvoir, lui, mieux profiter de la liberté qui lui est donnée de courir par le monde, de lutter et de vaincre.

En hommage au libre-échange, les dispositions douanières de l'Inde furent confinées dans un rôle strictement financier. Mais en hommage au même principe la Grande-Bretagne aurait dû renoncer au traitement préférentiel que le Canada et le Cap lui accordèrent quelques années après; et elle ne devrait entendre parler des préférences que les autres colonies libres sont prêtes à lui offrir, qu'avec une répugnance invincible. Les taxes préférentielles, de quelque nature qu'elles soient et quel que soit leur but, violent le libre-échange beaucoup plus profondément que les simples droits d'entrée.

Le fait est que jamais un Gouvernement tyrannique n'extorqua à ses propres vassaux, même au prix de leur ruine, un tribut aussi précieux que celui que recueille l'Angleterre dans ses colonies, et avec autant de profit pour celles-ci que pour elle-même. Il en fut ainsi pendant longtemps et cela ne constitua pas une conséquence des contraintes économiques et des régimes protecteurs, mais bien un effet de la liberté des échan-

ges (1). Tout cela cependant lorsque la Grande-Bretagne y
trouva son intérêt. Mais lorsqu'en Europe et hors d'Europe des
nations suscitent des compétitions à l'Angleterre ; lorsque les
colonies, en pratiquant le commerce avec ces nations, parviennent à modifier en leur propre faveur les valeurs internationales ;
lorsque, plus communément, les colonies achètent à meilleur
marché à l'étranger les marchandises qui leur sont nécessaires
et délaissent les marchandises anglaises, alors l'impérialisme
se dévoile, intransigeant et fanatique, s'inspirant en apparence
de raisons sentimentales et doctrinaires, mais ne constituant,
en fait, que la manifestation de l'utilitarisme britannique.

**84. Les colonies libres et les traités de commerce de la
métropole.** — Après l'adoption du libre-échange, quoique
n'ayant aucune concession à faire aux nations étrangères, l'Angleterre conclut avec elles une série de traités dans le but de
favoriser dans chacun des Etats l'importation de ses propres
marchandises et celles de ses colonies. Ces traités se basent
presque tous sur la clause de la nation la plus favorisée. Mais
les colonies dotées d'un Gouvernement responsable, déjà libres
de leur régime douanier, firent pression sur la métropole pour
obtenir encore la liberté de conclure des traités de commerce
internationaux. Cette faculté leur aurait permis de briser naturellement ce lien ténu qui les lie encore à la mère-patrie ; en
effet, elle aurait été équivalente à la reconnaissance de leur complète indépendance politique. Pour ces raisons on ne pouvait
la leur accorder. Cependant désireuse de satisfaire, même dans
ce sens, les aspirations des colonies libres, l'Angleterre adopta
le principe de les laisser libres d'adhérer ou non aux traités
commerciaux qu'elle concluait elle-même.

Le Gouvernement de Londres peut encore négocier des traités
commerciaux dans l'intérêt des colonies, mais les parlements de
celles-ci conservent le droit de les ratifier ou non. En 1854
l'Angleterre, au nom du Canada et exclusivement dans son in-

---

(1) E. L. CATELLANI, *Le colonie e la conferenza di Berlino*, Turin,
Unione Tipografica editrice, 1885, page 116.

térêt, conclut un traité de commerce avec les Etats-Unis ; et en 1893, un autre avec la France. L'Angleterre peut, en outre conclure des accords qui n'intéressent pas seulement une colonie libre mais toutes les colonies qui font partie de son empire. Toutefois dans ce cas les colonies à Gouvernement responsable peuvent refuser d'y adhérer. Ainsi la Grande-Bretagne en 1876 conclut avec l'Autriche-Hongrie un traité basé sur un régime plus favorable. Ce traité est encore en vigueur au Canada. On peut en dire autant des traités analogues conclus avec le Danemark, la Russie, l'Espagne etc... Mais le traité intervenu en 1883 entre l'Angleterre et l'Italie, comme celui de 1886 entre l'Angleterre et la Grèce, ne sont pas reconnus par le Canada, qui refusa d'y adhérer. Par conséquent les colonies anglaises à Gouvernement responsable ne peuvent stipuler des traités de commerce que par l'intermédiaire de la mère-patrie ; mais elles peuvent refuser leur adhésion aux traités conclus par celle-ci dans son intérêt propre et dans l'intérêt des autres colonies.

Quant aux colonies sujettes de l'Angleterre ou des autres pays, il est généralement admis que le régime déterminé par les traités de commerce conclus par la mère-patrie ne s'étend pas à elles, à moins que cette extension ne soit explicitement exprimée et acceptée. Souvent les métropoles écartent du régime conventionnel les colonies sujettes, afin de pouvoir mieux en exploiter les ressources à leur bénéfice propre exclusivement.

85. L'Impérialisme et les intérêts du capital anglais. — Un nouveau regain d'amour pour l'Impérialisme, c'est-à-dire pour la forme la plus étroite de l'Union avec les colonies, se fit jour en Angleterre pendant le ministère de Benjamin Disraëli qui devint plus tard lord Beaconsfield (1874-1879). Beaucoup croient que l'œuvre hardie du grand ministre en fut la cause, alors que le réveil de tant de foi impérialiste dépendit uniquement de causes économiques. La crise de 1873, bien qu'elle ait eu des manifestations diverses (1), avait frappé l'Angleterre

_____

(1) En Autriche-Hongrie les banques furent lézées ; en Allemagne les

directement dans son industrie minière et indirectement dans
son commerce. D'aucuns pensèrent alors que l'on pourrait trouver un remède efficace contre de telles infirmités dans une
union plus intime de la métropole avec ses colonies, de façon à
consolider le commerce d'exportation dirigé vers ces dernières.
Cette conception prit une forme bien déterminée lorsque plus
tard, sous l'influence des mêmes causes — la crise de 1885 —
la Grande-Bretagne voulut en connaître l'origine et rechercher
les remèdes par l'intermédiaire de la *Royal Commission on Depression of Trade and Industry*. La minorité de cette commission
conseilla l'adoption d'un droit de 10 0/0 *ad valorem* sur les marchandises provenant des colonies étrangères, et non applicable
aux marchandises des colonies anglaises lorsque ces dernières,
à titre de réciprocité, aurait établi ce même droit de 10 0/0 sur
les objets manufacturés provenant de l'étranger. C'est le régime
préférentiel que l'on voulait établir, régime qui violait les prescriptions essentielles du libre-échange manchestérien. La proposition partait de la minorité de la *Royal Commission*, mais
cette minorité représentait encore des intérêts en nombre considérable, car elle parlait au nom de beaucoup d'industriels exportateurs. Cette proposition fut un germe tombé sur un terrain
stérile et ne donna rien tant que les conditions du milieu ambiant ne changèrent pas. Toutefois, dès ce moment, les principes libre-échangistes furent entamés ; et l'on songea à orienter
la politique commerciale des colonies dans un sens favorable
aux intérêts de la métropole. Nous trouvons en effet d'autres
preuves de cette appréciation.

Le courant impérialiste tint tête, en 1884, à l'*Imperial Federation League* qui se proposait tout d'abord d'agir exclusivement dans le domaine politique. Toute considération économique avait été exclue de son programme. Son but principal, sinon unique, était la formation d'une ligue pour la guerre, un

sociétés anonymes de toute espèce, en particulier les sociétés de constructions, furent également atteintes ; en Angleterre, comme nous l'avons
dit, ce furent les mines ; en Amérique, les chemins de fer.

Kriegwerein, ainsi que put la qualifier Lord Salisbury, empruntant un mot allemand précis. Mais bientôt les considérations commerciales s'y firent jour de tous côtés et modifièrent le but primitif. Des membres notables de cette ligue, en particulier le député anglais Howard Vincent et le député canadien Laurié en 1890, sir Gordon Sprigg en 1891, commencèrent à préconiser ouvertement le régime préférentiel entre la métropole et les colonies. Le but économique expulsé par la porte rentrait par la fenêtre. L'*Impérial Federation League* commençait déjà à s'écarter du principe qu'elle avait choisi d'abord. Les partisans du régime préférentiel persévèrent dans leur idée, tout en restant dans le sein de la *Ligue;* mais par la suite ils s'en détachèrent complètement et formèrent l'*United Empire Trade League*. La base de son programme fut, naturellement, le *preferential treatment*. La nouvelle ligue, répondant le mieux aux intérêts du moment, se développa rapidement dans la Grande-Bretagne et trouva encore de nombreuses adhésions au Canada.

Cette rupture, prévue par ceux qui avaient une vision plus exacte de la situation, fut bientôt suivie d'un événement plus retentissant encore. L'*Imperial Federation League* reconnut que son œuvre serait vaine si elle se maintenait plus longtemps dans le domaine de la politique pure; et le 23 mai 1892, dans son assemblée annuelle, fut votée à l'unanimité une motion qui disait que toute forme de fédération impériale devait comporter, pour être forte et durable, l'union douanière de la mère-patrie et des colonies. L'*Imperial Federation League* acclamait ce qu'elle avait toujours repoussé et reconnaissait l'impossibilité de l'union politique sans le secours d'un accord commercial étroit.

La dissidence et la transformation qui bouleversèrent la *Ligue* démontrent excellemment que les considérations dont s'inspirait le nouvel impérialisme anglais n'étaient pas d'ordre politique, mais qu'elles supposaient au contraire un intérêt économique qui seul leur donnait toute leur influence. L'industrie anglaise essayait déjà de s'assurer des faveurs spéciales dans son exportation aux Colonies. Voilà quelles furent la nature et le but de l'Impérialisme anglais, tout au moins celui que la métropole avait conçu et qu'elle aurait voulu réaliser.

Les industriels agissaient plus efficacement encore dans un autre domaine. La Chambre de Commerce de Londres, en avril 1885, envoya au secrétaire d'Etat pour les Colonies une adresse mettant en relief l'importance commerciale de la fédération impériale espérée et réunit en congrès les Chambres de Commerce de tout l'Empire ; ce ne fut certes pas pour examiner uniquement le côté politique de l'*Imperial Federation*. Les producteurs de la *city* avaient bien compris ce qu'ils pouvaient tirer des avantages d'un réveil spontané de l'*imperial spirit* britannique.

Le 20 avril 1887, la Chambre de commerce de Manchester vint à leur aide et vota à l'unanimité de ses membres une résolution qui disait qu'à l'avenir on ne devait plus conclure ou renouveler aucun traité de commerce qui pût empêcher l'établissement d'un régime préférentiel entre la métropole et les colonies. C'est de Manchester même, la ville d'où prit naissance la fameuse ligue de Cobden, que venait l'opposition la plus vigoureuse contre l'un des commandements indiscutés du libre-échange ancien. L'exhortation à l'adoption du régime préférentiel venait de ces mêmes industriels qui autrefois n'avaient pas accepté les atténuations proposées à la pratique du libre-échange. Ce n'est pas en vain que l'exportation manufacturière accusait une diminution d'importance ! Les difficultés de cette exportation augmentaient et les enthousiasmes libre-échangistes diminuaient en proportion. Les industriels Anglais qui avaient défendu le libre-échange pour atteindre une prospérité manufacturière plus large, pour la conserver maintenant telle qu'ils l'avaient acquise, passaient dans le camp opposé. Ils estimaient, à juste titre, que la liberté des échanges était faite pour les hommes et non les hommes pour la liberté des échanges. Et ils ne se préoccupaient pas outre mesure du sens et des effets que pouvait avoir le régime préférentiel vis-à-vis des colonies.

La Chambre de commerce de Londres, qui avait déjà prévenu

celle de Manchester dans ce mouvement, se prononce, quelques années plus tard, encore plus résolument en faveur du régime préférentiel. En 1892, à l'assemblée annuelle des Chambres de commerce, d'accord avec celle de l'Ecosse méridionale, elle proposa le vote d'une résolution dans ce sens : ce qui fut adopté à l'unanimité. Cette même Chambre de commerce qui, le 8 mai 1820 avait adressé au gouvernement la célèbre pétition en faveur du libre-échange, se montrait ainsi la plus énergique entre toutes dans la défense des principes contraires. Sir A. Rollit, président de la députation de la Chambre de commerce de Londres, défendit la proposition en affirmant la nécessité d'assurer à l'industrie anglaise, même au prix du léger sacrifice de certaines considérations libre-échangistes, un marché de consommation dans les colonies qui pût remplacer les marchés étrangers dont le protectionnisme lui défendait l'accès ; et il combattit les traités de commerce de 1862 et de 1865 qui s'opposaient à cette politique.

C'est en vain que le Gouvernement, trop circonspect, avait écarté toute question commerciale du programme de la *Colonial Conference* de 1887. La question fut néanmoins discutée et prima toutes les autres par son importance. Le représentant de l'Etat du Cap y fit la proposition, apparemment révolutionnaire, de frapper d'un droit *ad valorem* toutes les marchandises importées dans l'empire et d'en réserver le produit à la défense commune. La proposition eut le mérite de recueillir l'adhésion presque unanime des intéressés (1). Aucun libre-échangiste n'en fut blessé. Et cependant elle venait de porter un rude coup aux principes qui avaient trouvé autrefois dans l'école de Manchester ses plus chauds partisans et ses plus célèbres glorificateurs. Un faible droit *ad valorem* ne pouvait certes pas présenter un caractère de protection bien intense, cependant il aurait été plus que suffisant pour assurer aux manufactures anglaises main mise

_____

(1) L'agent général de la Tasmanie fut seul à voter contre. Les délégués de la Nouvelle-Galles du Sud s'abstinrent.

sur le marché colonial. L'efficacité du droit dépend du coût peu élevé des marchandises qu'il frappe plus que de son importance propre ; il devait donc dans ce cas développer une influence décisive en faveur des fabriques métropolitaines. C'était, sous l'une ou l'autre forme, au régime préférentiel que l'on voulait en arriver. La proportion de Hendrick Holfmeyer ne différait guère, par ses effets, de celle que la minorité de la *Royal Commission on Depression of Trade and Industry* avait formulée l'année d'avant.

Mais tout régime préférentiel aurait été impraticable tant qu'on n'aurait pas trouvé le moyen de supprimer les traités du 30 mai 1865 et du 23 juillet 1862 conclus par la Grande-Bretagne respectivement avec le *Zollwerein* allemand et la Belgique. Ces traités, le premier en particulier, interdisaient tout régime préférentiel non seulement entre les diverses colonies anglaises, mais encore entre ces colonies et l'Angleterre. Tous les efforts de l'Impérialisme tendirent alors vers ce but suprême. L'histoire de ces traités est un peu l'histoire des opinions des ministres anglais à l'égard du régime préférentiel ainsi que de la fédération commerciale.

En 1880, une convention avait été stipulée entre les Etats-Unis et les Indes occidentales anglaises, dans le but de faire entrer en franchise les sucres de ces colonies dans l'Union ; moyennant quoi, certaines facilités étaient accordées aux marchandises américaines. Le gouvernement anglais refusa de sanctionner ce traité parce qu'il était contraire à ceux de 1862 et de 1865 en raison du régime préférentiel qu'il aurait institué. En 1882, une convention du même genre intervint entre le Canada et la Jamaïque ; lord Kimberley, alors secrétaire d'Etat pour les Colonies, refusa de le sanctionner pour le même motif. Et cependant un acte du Parlement anglais de 1873 avait autorisé des accords de cette nature entre les diverses colonies australiennes ; une autre ratification analogue par le Gouvernement Britannique avait eu lieu au sujet de l'accord intervenu entre la colonie du Cap et l'Etat libre d'Orange. Il est vrai que ces accords basés sur la préfé-

rence furent justifiés par le *limitrophe principle ;* mais cette justification était spécieuse et venait mal à propos.

En 1892, Sir M. Hicks-Beach, président du Ministère du commerce, déclarait à la Chambre des Communes, en répondant au
député Howard Vincent, que les dispositions des traités avec
l'Allemagne et la Belgique liaient seulement la métropole et
non pas les colonies entr'elles, ou les colonies dans leurs rapports avec les Etats étrangers. Lord Salisbury, quoiqu'il reconnut que ces clauses étaient malheureuses, n'accepta pas la proposition présentée et Balfour refusa même de la discuter.
Plusieurs de ces ministres défendirent ces traités avec acharnement ; d'autres les violèrent et justifièrent cette violation
avec des raisons étranges. Lord Kimberley, comme sir Mi-
chel Hicks-Beach, lord Salisbury comme son neveu Balfour,
s'opposèrent pendant longtemps à leur dénonciation. Mais
plus tard, ils se plièrent aux exigences suprêmes de l'exportation anglaise et la dénonciation eut lieu, alors que les trois
derniers étaient encore ministres : le 28 juillet 1897. Cet obstacle une fois déblayé, les colonies restèrent libres de leur action ;
elles auraient pu commencer, en fait, la formation de la fédération commerciale, en adoptant le régime préférentiel pour les
marchandises métropolitaines et pour celles des colonies libres
de tout l'empire. Le Canada se montra plus enclin à suivre cette
voie ; mais il sera bon d'examiner les raisons qui le poussèrent à
favoriser les marchandises de la mère-patrie.

**86. Pourquoi le Canada est partisan du régime préféren-
tiel.** — Dans le *Dominion*, après l'adoption du *Responsible Government*, il ne tarda pas à se manifester une forte opposition
d'intérêts avec les Etats-Unis. Ceux-ci, peu après 1830, avaient
commencé à frapper les marchandises canadiennes, et le Canada
tenait à répondre par des mesures de représailles. Le désaccord
fut momentanément assoupi grâce à l'intervention de l'Angleterre qui, au nom du Canada, conclut avec les Etats-Unis le traité
de 1854, lequel institua entre les deux pays la liberté du commerce des matières premières. Le Canada en retira de sérieux

avantages, car il était producteur des matières premières et les
exportaient librement dans l'Union. D'un autre côté, il avait la
faculté de règlementer le régime douanier des objets manufacturés qui n'avaient pas été compris dans le traité. Il éleva les
droits d'entrée qui frappaient ces produits par le tarif de 1858.

Les Etats-Unis protestèrent et, en 1865, ils dénoncèrent le
traité, qui ne fut plus renouvelé parce que les traités de 1862 et
de 1865 avec la Belgique et l'Allemagne étaient survenus entre-
temps, et l'on sait qu'ils interdisaient l'établissement de tout régime préférentiel. Lorsque le Canada voulut se transformer en
Etat industriel, les difficultés les plus sérieuses furent suscitées par
les fabriques américaines qui bénéficiaient du voisinage, et c'est
contre elles que fut mis en vigueur le tarif de 1879. Les oppositions d'intérêts entre les deux pays limitrophes se multiplièrent
et le Canada répondit en accordant le régime préférentiel (dont
nous avons parlé) aux marchandises métropolitaines. Cette préférence fut accordée dans le but de nuire aux Etats-Unis bien
plus que dans l'intention de favoriser l'Angleterre. Mais elle
n'eut pas d'effet, car l'importation des marchandises américaines, en raison du peu d'importance des frais de transport,
augmenta rapidement et sans interruption. Cette tension, que les
événements avaient exacerbée, se termina en 1891, lorsque le
bill de Mac-Kinley vint menacer sérieusement les exportations
du Canada aux Etats-Unis.

C'est alors qu'une crise économique profonde éclata dans le
Dominion ; le parti libéral commença à préconiser l'entente
douanière avec les Etats-Unis. Le parti conservateur, dirigé par
M'Donald, comprenant que ç'aurait été le premier pas vers la
rupture avec la mère-patrie et l'union politique définitive avec
le Canada, s'y opposa résolument et triompha. Mais les rapports avec la puissante confédération voisine se tendirent davantage encore. D'où les efforts persévérants faits par le Canada
pour arriver à la dénonciation des traités avec la Belgique et
l'Allemagne, dénonciation qui devait lui permettre de favoriser
plus efficacement les marchandises métropolitaines par rapport

à celles des États-Unis et de demander en retour à la mère-patrie un régime analogue en faveur des marchandises canadiennes. Cette dernière intention était désormais adoptée dans tout le Canada, où l'on croyait que l'Angleterre devait consentir quelque préférence aux marchandises du *Dominion*, comme une compensation au défaut d'accord de l'Union canadienne et des État-Unis. Les requêtes conçues dans ce sens ne discontinuèrent pas d'arriver au Parlement canadien, jusqu'au jour, le 28 avril 1892, où celui-ci prit la décision de réduire les droits sur les marchandises métropolitaines, si l'Angleterre était elle-même disposée à concéder un régime préférentiel aux marchandises canadiennes par rapport à l'étranger. La proposition fut repoussée par le gouvernement de Londres. Cependant, ainsi que nous l'avons vu, les traités avec la Belgique et l'Allemagne furent dénoncés et le Canada put inaugurer le régime qu'il s'était promis ; mais l'Angleterre ne put et ne pourra rien faire tant qu'elle ne sera pas retournée au protectionnisme. Ces faits montrent que l'enthousiasme du Canada en ce qui concerne le régime préférentiel était intéressé et découlait de compétitions et de considérations économiques.

Les autres colonies qui ne se trouvaient pas dans les mêmes conditions devaient montrer moins d'empressement. En effet, les adhésions de ces dernières à la fédération commerciale ne furent ni nombreuses ni enthousiastes.

Lorsque, en 1902, sur l'initiative de Chamberlain, la conférence impériale se réunit au *Colonial Office* de Londres, la question du régime préférentiel occupa le premier rang. Le Canada s'engagea à maintenir le tarif préférentiel alors en vigueur. Les premiers ministres des autres colonies se bornèrent à des déclarations d'importances diverses. Celui de la Colonie du Cap, par exemple, prit l'engagement de demander à son Parlement une réduction de 25 0/0 ; celui de la Nouvelle-Zélande, une réduction de 10 0/0 ; celui de l'Australie, une réduction qu'il y aurait lieu de déterminer par la suite.

87. Comment les autres colonies libres entendent et pra-

tiquent le régime préférentiel. — Le régime préférentiel fut presque aussitôt adopté dans la colonie du Cap. Par le tarif du 7 août 1903 on stipula que les produits de la terre et de l'industrie de la Grande-Bretagne devaient, à leur entrée dans l'Union douanière sud-africaine (1), jouir d'une réduction de 25 0/0 sur le droit *ad valorem*, et de la franchise complète les marchandises grevées d'un droit de 2,5 0/0 de leur valeur. Toutefois, aucune réduction ne fut apportée aux taxes spécifiques. Lorsque, ensuite, on stipula la dernière convention, qui modifie le traité de 1898 concernant l'Union douanière, on établit par l'art. 4, que la même préférence devait être étendue, après des concessions équivalentes, aux autres colonies britanniques.

La Nouvelle-Zélande adopta, dans le courant de la même année, le régime différentiel constitué, non par la réduction des droits existant en faveur des marchandises de la métropole et des colonies sœurs, mais par l'élévation de 50 ou de 20, 0/0, selon la nature des importations, des taxes sur les marchandises d'origine étrangère (2).

Une fois engagées dans cette voie les colonies indépendantes, excepté la Fédération Australienne, conclurent des accords spéciaux dans le but d'étendre réciproquement le régime préférentiel dont elles jouissaient. Le Canada et la Colonie du Cap inaugurèrent ce régime le 1er juillet 1904 ; le Canada et la Nouvelle-Zélande en février de la même année.

C'était quelque chose, mais ce n'était pas tout. La préférence accordée par le Canada n'avait eu d'autre effet que de mettre les marchandises anglaises à peu près sur le même pied que celles des Etats-Unis ; et les résultats ne pouvaient guère être différents de ceux obtenus pendant les années où le régime préférentiel n'était pas encore en vigueur. Comme nous l'avons dit, le Canada accorda une préférence de 25 0/0, à partir

(1) Etat du Cap, Natal, Colonie du Fleuve Orange, Transvaal, Rhodésia du Sud et plusieurs protectorats. V. *Board of Trade Journal*, 10 et 17 septembre 1903.

(2) *Board of Trade Journal*, 26 novembre 1903, 14 janvier 1904.

du 1er août 1898, puis l'éleva à 33 1/3 0/0, à partir du 1er juillet 1900. Les effets en furent nuls ou presque. La suprématie
acquise depuis 1870 par les Etats-Unis dans l'exportation au
Canada ne fut nullement entamée (1). La préférence donna
lieu à une espérance vite déçue.

L'état du Cap a adopté le régime préférentiel depuis trop peu
de temps pour qu'on puisse émettre un jugement certain sur les
résultats obtenus. De toute façon il sera bon de ne pas oublier
que le gouvernement de ce pays prit soin d'élever ses droits de
douane avant d'accorder la préférence. La défense vis-à-vis
de la métropole ne fut pas atténuée, mais celle dirigée contre
les autres pays fut renforcée. Pour la Nouvelle-Zélande les effets
doivent être identiques en raison du mode d'application de la
préférence.

L'Australie, au moins jusqu'à présent, s'est bornée à faire des
déclarations platoniques. Le 2 juin 1903, Sir Edmond Barton,
premier ministre de la *Commonwealth* australienne, dut déclarer que tant que l'Angleterre n'aurait pas renforcé ses mesures douanières offensives ou défensives, le système préférentiel
apparaîtrait d'une utilité douteuse. Evidemment la pensée
de Sir Barton était qu'il ne fallait pas faire usage d'une
préférence unilatérale, mais bien bilatérale ; ce qui ne serait
possible que lorsque l'Angleterre, en restaurant les droits de
douane, pourrait accorder quelque chose de réel en retour de
la préférence faite par les colonies (2).

(1) Voici la participation des deux puissances aux importations canadiennes, selon *The Statistical Year Book of Canada for* 1903, p. 276.

Année	Angleterre	Etats-Unis	Année	Angleterre	Etats-Unis
1895	29,58 0/0	51,91 0/0	1900	24,77 0/0	60,75 0/0
1896	29,82 »	52,91 »	1901	23,74 »	60,96 »
1897	26,43 »	55,34 »	1902	24,27 »	59,58 »
1898	24,86 »	60,22 »	1903	25,19 »	58,86 »
1899	24,05 »	60,37 »			

(2) *Australian Preferential Trade with Great Britain*, dans *Consular
Reports*, septembre 1903, p. 146, Wasington, Government printing office.

Celle conception, assez vaguement exprimée, prit une forme plus précise au cours d'un grand *meeting* public tenu à Melbourne, le 17 novembre 1904, sur l'initiative de la Chambre de commerce. Les principaux orateurs furent deux ex- premiers ministres de la *Commonwealth* : Alfred Deakin et J. C. Watson. Il fut décidé que l'Australie, indépendamment de ce que pourrait faire la métropole, ne devrait en aucune façon abandonner la politique protectionniste. Il y fut dit que les Australiens devaient avant tout se donner la préférence à eux-mêmes, bien qu'ils fussent tout disposés d'ailleurs à favoriser la Grande-Bretagne avant les pays étrangers. Le mot d'ordre fut : *The workers on the Yarra before the workers on the Thames, but the workers on Thames before the workers on the Rhine* (1).

On constata que les importations des autres Etats augmentaient au détriment de celles de l'Angleterre et on vota l'ordre du jour suivant : « Le congrès approuve à l'unanimité le régime préférentiel entre la mère-patrie et l'Australie, mais en tenant toujours compte des égards dus aux industries australiennes ». On décida en outre, décision d'une importance capitale que la préférence devait être accordée « par l'augmentation des droits frappant les importations étrangères et le maintien des droits existants sur les importations anglaises. Avant toute chose, la protection en faveur des fabriques australiennes ; ensuite les avantages accordés à la mère-patrie » (2).

88. Autres raisons qui militent en faveur du régime colonial préférentiel. — Que restait-il à l'Angleterre ? La ressource de préconiser l'adoption du protectionnisme dans le but de pouvoir accorder une compensation à la préférence consentie par les colonies et de faire pression sur celles-ci dans le sens

---

(1) Les travailleurs du Yarra avant les travailleurs de la Tamise ; les travailleurs de la Tamise avant ceux du Rhin.

(2) *Preferential Trade between Australia and Great Britain*, dans « Monthly Consular Reports », février 1905, p. 26.

Le 28 août 1906 le ministre australien du commerce et des douanes proposa au Parlement d'accorder le régime préférentiel à certaines marchandises venant de l'Angleterre et de la Nouvelle-Zélande.

d'une accentuation du système déjà inauguré. L'Angleterre avait tout intérêt à agir dans ce sens. Elle ne pouvait voir sans inquiétude les changements survenus dans son commerce dont les chiffres rapportés ci-dessous donnent un tableau éloquent :

Années	0/0 par rapport aux exportations totales		Totaux
	Vers les marchés protectionnistes (Etats libres et colonies)	Vers les marchés libres (Etats libres et colonies)	
Exportations anglaises totales			
1850	56	44	100
1860	51	49	100
1870	53	47	100
1880	49	51	100
1890	46	54	100
1900	45	55	100
1902	42	58	100
Exportation des marchandises anglaises manufacturées et semi-manufacturées			
1850	58	43	100
1860	50	50	100
1870	50	50	100
1880	47	53	100
1890	44	56	100
1900	42	58	100
1902	38	62	100

Ces chiffres nous donnent une idée à peu près exacte du mal que fit à l'Angleterre le protectionnisme adopté par les Etats libres et par les colonies anglaises. La Grande-Bretagne ne trouva d'autre moyen de salut que dans le changement d'orientation de son commerce d'exportation ; elle le dirigea plus abondamment vers les Etats et les colonies fidèles au libre-échange. Elle n'avait et n'a encore à sa disposition aucun moyen d'amener les Etats indépendants à abandonner le régime protectionniste. Elle pourra l'atténuer grâce à des traités lorsqu'elle jouira elle-même de tarifs qui lui permettront ces ententes ; mais actuellement elle ne peut rien. Comme d'ailleurs,

le retour au protectionnisme apparaît éloigné et incertain, elle
ne peut que s'efforcer d'amener ses propres colonies à lui accorder un régime préférentiel momentanément, un régime de libre-
échange ensuite, afin de sauvegarder la meilleure partie de son
commerce d'exportation et de sa production manufacturière.

Son attention devait se tourner vers les colonies *selfgover-
ning* parce que c'étaient celles qui absorbaient la plus grande
partie des exportations anglaises et qui accusaient une capacité
d'achat toujours plus forte (1). Les efforts devaient encore
converger dans ce sens parce que, par rapport aux colonies
libres jouissant de la plus large autonomie douanière, l'entreprise semblait plus difficile. Vis-à-vis du Canada, de l'Australie
et de l'Afrique australe on ne pouvait faire valoir que des
raisons de sentimentalisme patriotique et de solidarité impérialiste; quant aux autres colonies, le gouvernement anglais aurait pu délibérément et à quelque moment que ce soit, imposer les dispositions douanières les plus favorables à la métropole. Chamberlain, comme pour résoudre une situation où
s'agitent de nombreux intérêts de l'industrie d'exportation, se
tourne vers les colonies libres et s'efforce de les amener à consentir à nouveau à la métropole, les taux d'échange qui l'en-
richirent autrefois et qui semblent aujourd'hui se plier aux
convenances des autres marchés. C'est là que gît le véritable
fond du débat en question, auquel l'impérialisme abstrait ne
donna que l'apparence séduisante d'une pensée élevée, apparence

(1) En voici la démonstration :

Rapport entre l'exportation totale des marchandises anglaises manufacturées et semi-manufacturées (excepté les aliments, les boissons et le
tabac) et l'exportation des mêmes marchandises à destination.

	1893	1894	1895	1896	1897	1898	1899	1900	1901	1902
(pour cent)										
Des colonies autonomes . .	15	15	15	18	18	18	17	18	21	23
De l'Inde	15	15	12	14	13	14	14	13	15	13
Des autres colonies et posses- sions anglaises. . . .	5	6	5	5	5	6	6	6	6	6

sous laquelle se cache un mobile économique effectif et puissant.

Joseph Chamberlain, dans son fameux discours de Birmingham du 15 mai 1903, et plus explicitement encore dans celui de Glascow du 6 octobre suivant, pose très bien le problème. Il dit que les colonies, en échange d'une préférence légère accordée par la métropole, élaboreront pour elle des tarifs conçus de façon à ne pas permettre la naissance d'industries qui puissent rivaliser avec celles existant déjà dans la mère-patrie. Donc son idée est clairement exprimée : les colonies devraient accorder la franchise complète aux importations de l'Angleterre pour les marchandises que les colonies ne produisent pas encore elles-mêmes. La préférence actuellement en usage est reconnue par lui inapte à satisfaire les exigences du moment.

Savez-vous ce que vous aurez gagné avec la préférence? dit Chamberlain aux industriels de Glascow. Le maintien et l'augmentation de votre clientèle ! C'est là, en effet, l'argument qui domine et séduit les manufacturiers anglais et c'est sur cet argument que Chamberlain assied tout son programme. Dans ce programme est compris encore un droit moyen de 10 0/0 sur tous les objets manufacturés importés en Angleterre : mais dans un but financier et non comme moyen de défense. Ce droit, dit l'ancien ministre des Colonies, permettrait de réduire les impositions qui frappent la consommation et de neutraliser ainsi l'élévation des prix que l'introduction des nouvelles taxes aurait entraînée même pour certaines marchandises alimentaires.

Mais la conquête complète des marchés coloniaux sourit plus aux industriels anglais que la défense de leur production sur le marché intérieur. Ils savent parfaitement que l'Angleterre vit de l'exportation et qu'il faudra trouver à celle-ci de nouveaux débouchés avant de lui chercher des défenses à l'intérieur. Beaucoup sont du même avis que Balfour, qui voudrait un retour au protectionnisme pour faire usage des droits d'entrée dans un but de menace plus que de défense; de façon à amener les

autres Etats à ouvrir un peu plus leurs propres marchés aux
marchandises anglaises, sous peine de se voir en butte à des
mesures de représailles. Evidemment Balfour croit que les
colonies britanniques seules seraient aujourd'hui incapables
d'accueillir la plus grande partie des exportations anglaises et
il voudrait amener les Etats protectionnistes à abaisser leurs
tarifs, du moins tant que les colonies n'auront pas augmenté
leur population et leur faculté de consommation dans une mesure
suffisante pour absorber le plus gros de l'exportation métropolitaine.

Mais l'Angleterre, même lorsqu'elle appliquerait les droits,
ainsi que le voudrait Balfour, pour trouver dans cette application des éléments de négociations diplomatiques, ne
réussirait que dans une faible mesure à atténuer le protectionnisme des autres Etats. La preuve en est donnée par les traités
de commerce stipulés en Europe depuis 1890. Ces traités
réduisirent un nombre important de taxes de douanes, mais le
taux de la réduction fut toujours faible, de façon à n'enlever
aux tarifs qu'une partie, presque négligeable, de leur valeur
protectrice. La Grande-Bretagne s'efforcerait certainement d'obtenir des réductions plus sensibles. Mais les pays qui craignent
encore sa concurrence voudraient-ils les accorder ? Pour amener les autres nations à des dispositions moins rigoureuses, il
faudrait que l'Angleterre disposât d'un tarif autrement fort que
celui que préconisent Chamberlain et Balfour ; mais un tel tarif
se trouverait en opposition trop flagrante avec la constitution
actuelle, presque exclusivement exportatrice, de l'industrie anglaise. Il est certain que beaucoup d'industriels anglais sont au
courant de cet état de choses ; ce sont eux qui voient dans les
colonies leur salut futur et ils se rangent aux côtés de Chamberlain qui semble devoir leur assurer cet objectif.

L'impérialisme politique n'aurait pas constitué un but assez
intéressant pour déterminer le mouvement actuel. Lord Rose-
bery, Edward Grey et d'autres qui sont en même temps des
libéraux, des libre-échangistes et des impérialistes n'ont pas des

partisans nombreux. Ils négligent la question commerciale et voudraient multiplier et renforcer les rapports actuels avec les colonies, dans le but d'assurer la défense commune et d'accroître le prestige politique de l'Empire. Certes, ces parties du programme impérialiste ne laissent pas le public anglais indifférent ; mais il s'intéresse plus vivement à la fédération commerciale qui peut apporter d'autres avantages plus sérieux à l'industrie exportatrice de la mère-patrie. Cette dernière, comme dit Chamberlain, croit que sa prospérité future ne pourra pas avoir pour base le commerce étranger, aléatoire et instable.

89. La Fédération commerciale de l'empire est-elle possible ? — L'Angleterre parviendra-t-elle à constituer une fédération commerciale avec les colonies ? Le *Zollverein* paraît, pour le moment, impossible. Il comporterait le libre-échange à l'intérieur et procurerait les avantages les plus sérieux à l'industrie britannique. Il entraînerait par conséquent l'activité manufacturière des colonies libres, et c'est un point sur lequel celles-ci n'entendent pas transiger. L'attitude des colonies à cet égard ne permet aucune espérance vaine. Le Canada et l'Afrique australe eurent soin d'élever leurs tarifs respectifs dans une mesure correspondant au taux de la préférence ; ou, tout au moins, de laisser intacts les anciens droits sur les marchandises d'origine anglaise et d'élever au contraire ceux qui frappaient les marchandises étrangères. Evidemment le but du système adopté était de se défendre plus efficacement contre l'étranger, mais de se défendre néanmoins contre la mère-patrie. L'Australie, nous l'avons vu, entend ne pas s'écarter de cette ligne de conduite. Donc l'établissement du libre-échange ne semble guère probable. Il n'est pas dit d'ailleurs que les colonies n'aient pas déjà sacrifié une partie de leurs intérêts à ceux de l'Angleterre. La préférence accordée déjà aux marchandises métropolitaines, comporte l'acceptation d'un certain taux d'échange moins favorable que l'ancien au regard des colonies. Celles-ci achetaient auparavant, à des

prix plus avantageux, les marchandises de l'Allemagne et des
Etats-Unis. Aujourd'hui au contraire elles sont dans l'obligation d'acquérir à un prix plus élevé les marchandises anglaises. Etant donnée la notable différence des coûts comparatifs des marchandises produites aux colonies, le dommage doit
être peu important ; toutefois, lorsque la préférence monte
jusqu'à 33 1/3 0/0 ce dommage peut toujours être sensible.

Jusqu'à présent les colonies ne reçoivent rien en échange
de ce sacrifice et elle ne recevront rien tant que la Grande-
Bretagne n'aura pas adopté des tarifs dont elle est actuellement dépourvue. Il peut se faire que le Canada, par haine des
Etats-Unis, s'obstine à suivre le régime préférentiel en dépit de
tout. Il se peut encore que la Colonie du Cap, où l'on ne
trouve pas encore de nombreuses industries d'avenir, persévère
dans le même système. Mais la condition imposée par l'Australie
pour l'adoption du régime préférentiel et les récentes manifestations de l'opinion publique et de la *Commonwealth*, montrent
que là-bas la préférence ne sera accordée que lorsque la mère-
patrie pourra y répondre à son tour. On y veut le *do ut
des* et non des sacrifices unilatéraux. Quoi qu'il en soit, admettons que l'Australie elle-même soit disposée à sacrifier quelque
chose à l'idée impérialiste. L'Angleterre pourra-t-elle retirer
des avantages durables d'une telle solidarité basée sur la préférence ? Le bénéfice immédiat est évident et nous avons pu le
constater à propos du Canada. Mais que cet avantage soit susceptible de durer longtemps, cela semble pour le moins douteux. L'industrialisation de ces colonies est rapide et le protectionnisme, que la préférence n'atténue en rien, lui donnera une
impulsion toujours nouvelle et plus vigoureuse. Dans toute
l'Australie, y compris la Nouvelle-Zélande (1), les entreprises
industrielles montèrent de 10.578 en 1885 à 15.364 en 1902 ;
la population manufacturière, pendant les mêmes années, passa
de 127.360 à 248.735 personnes. Au Canada, de 1891 à 1901,

(1) Pour plus de détails voir T. A. COGHLAN, *op. cit.*, p. 918.
L'augmentation du nombre des établissements australiens ne donne pas

le nombre des établissements industriels diminua en raison de la concentration et tomba de 12.404 à 11.126. Mais le capital qui y était engagé monta de 296 à 441 millions de dollars et la valeur de la production totale, de 359 à 453 millions de dollars. Dans le même temps le nombre des ouvriers employés passa de 269.000 à 306.700. Dans les dernières années de cette période le capital industriel augmenta de 48,83 0/0, le nombre des ouvriers de 13,96 0/0 et la valeur de la production manufacturière de 26 0/0 (1).

En dépit d'un si grand progrès les colonies sont encore loin de pouvoir se suffire à elles-mêmes ; c'est précisément pour cela que la préférence accordée par le Canada a donné immédiatement des résultats appréciables. Mais la grande industrie moderne, étant donnés les puissants moyens dont elle doit disposer pour être rémunératrice, multipliera vite sa production, peut-être aussi rapidement que se fera le développement et l'intensification de la consommation locale.

Dans ces conditions l'importation manufacturière déclinera lentement et aucun système préférentiel ne pourra lui redonner quelque vigueur. Cette transformation ne s'effectuera pas en quelques années, mais la technique moderne dispose de tels moyens et ces moyens exigent de si vastes champs d'activité pour assurer des profits élevés, que l'indépendance industrielle des colonies libres ne peut pas être très éloignée. Donc la Grande-Bretagne, que le régime préférentiel paraît séduire, n'en retirera pas des avantages durables. Elle pourra peut-être obtenir des satisfactions plus subtantielles d'une nouvelle organisation douanière des Indes, des colonies sujettes et des possessions.

L'Angleterre, bien que ne pouvant se faire illusion sur les conséquences lointaines du protectionnisme colonial, sera

une idée exacte du progrès effectué. Pendant les dernières années on a assisté à une concentration industrielle considérable (autre symptôme de prospérité) qui a diminué le nombre des entreprises.

(1) *The Statistical Year-Book of Canada for* 1903, page 635.

contrainte elle aussi de tenter quelque chose en faveur de la
défense douanière. Il n'est pas sûr que les colonies consentent
longtemps à supporter le poids d'un sacrifice unilatéral ; et il
n'est pas sûr non plus que l'Australie admette jamais un tel
sacrifice. Ainsi, pour rendre la préférence acceptable et la faire
adopter par toutes les colonies libres, il faut que la mère-patrie
se mette en mesure de donner quelque chose en échange. Il
faut donc qu'elle revienne aux taxes de frontière et en particulier à celles qui frappent les produits de la terre et qui seules
pourront être utiles aux productions coloniales. En exemp-
tant ces dernières de ces taxes, les droits pèseraient, avec un
sens préférentiel, sur les produits du sol de provenance étrangère. '

90. Les dangers du protectionnisme impérialiste. —
Mais le système pourrait entraîner différents dangers très sérieux : 1° le coût de la vie renchérirait, ce qui abaisserait les
salaires réels, dont les travailleurs anglais se montrent, à juste
titre, extrêmement jaloux ; 2° le prix des matières premières
industrielles s'élèverait, ce qui augmenterait le coût des objets
manufacturés anglais et les rendrait moins aptes à combattre
la concurrence étrangère ; 3° le régime préférentiel amènerait
les pays qui en seraient atteints à adopter des mesures de
représailles.

Le renchérissement de la vie et des matières premières se produirait certainement parce que les aliments et les marchandises
brutes sont fournies en plus grande partie par les pays étrangers
et non par les colonies. Les représailles auraient lieu d'autant plus
certainement que beaucoup de pays, qui vendent ces produits à
l'Angleterre, pratiquent le protectionnisme et veillent avec le
plus grand soin sur leurs exportations.

La démonstration de ce qui est avancé ci-dessus peut être
fournie par les chiffres suivants qui se rapportent à l'année
1902.

Importations en Angleterre (milliers de livres sterling)

Marchandises	De l'étranger	Des colonies anglaises	Pays d'origine (par ordre d'importance)
Produits alimentaires			
Blé et farine. .	27 453	8 553	Etats-Unis (3/5 de l'importation) Canada, Inde, Russie.
Maïs. . . .	11 607	106	Roumanie, République Argentine.
Viandes . . .	38 352	8 737	Etats-Unis, République Argentine, Danemarck, Nouvelle-Zélande, Canada.
Beurre. . . .	17 993	2 534	Danemarck, France, Russie, Canada.
Fruits	11 545	1 306	Espagne, Etats-Unis, Grèce, Canada.
Sucre	13 792	940	Allemagne, France, Indes occidentales anglaises.
Matières premières industrielles			
Coton brut . .	40 565	581	Etats-Unis (3/4 de l'importation), Egypte, Brésil, Indes.
Laine brute . .	3 566	16 670	Australie, Colonie du Cap, Inde anglaise.
Lin et chanvre.	3 407	857	Lin de la Russie ; chanvre des Philippines, de la Nouvelle-Zélande, de l'Italie, de la Russie.
Bois	18 858	6 327	Russie, Canada, Suisse, Etats-Unis, Norvège.

Si on ajoute aux marchandises énumérées, qui sont les plus importantes, celles de la même catégorie que nous avons négligées pour aller plus vite, on trouve que le 79,5 0/0 des aliments provient des pays étrangers, tandis que le 20,5 0/0 seulement provient des colonies anglaises. Nous trouvons encore que le 71,6 0/0 des matières premières industrielles est fourni par l'étranger et le 28,4 0/0 seulement par les colonies.

Admettons, pour un moment, que l'Angleterre veuille passer outre aux exigences de sa consommation et aux besoins de ses

fabriques, et qu'elle s'attache à donner la préférence aux marchandises coloniales. Les Etats-Unis, la Russie, la France,
l'Allemagne et l'Espagne seraient frappées dans leurs intérêts ;
or ce sont des pays nullement disposés à supporter sans réagir
le dommage que leur vaudrait le régime préférentiel. Ils ne tar-
deraient pas à recourir à des représailles autrement ruineuses
pour l'Angleterre.

Il faut en effet se rappeler qu'en 1901, le 34,4 0/0, des marchandises manufacturées importées en Allemagne provenait de la
Grande-Bretagne ; que le 28,5 0/0 des produits ouvrés importés
en France était de provenance anglaise, ainsi que le 35,5 0/0
des objets manufacturés achetés à l'extérieur par les Etats-Unis
d'Amérique. L'Angleterre est donc très vulnérable. D'un autre
côté les Etats vers lesquels se dirige une partie si importante de
la production de ses fabriques ont une telle confiance dans le
système protectionniste qu'ils s'empresseraient de lui demander
les armes de guerre les plus meurtrières.

Quels sont les avantages qui pourraient compenser, à l'égard
de l'Angleterre, ce triple dommage immédiat ?

Il n'est pas douteux qu'à la longue les colonies anglaises
finiraient par fournir à la mère-patrie la presque totalité des
produits alimentaires et des matières premières qui lui sont nécessaires. Le régime préférentiel serait un stimulant efficace
pour l'extension des cultures indirectement favorisées. Mais si
même on obtenait ce résultat dans la mesure la plus large, tout
l'avantage serait pour les colonies et non pour la métropole.
Celle-ci ne pourrait pas compter sur une augmentation importante et durable de ses exportations vers les marchés coloniaux.
Comme nous l'avons dit, on opposera à cela l'industrialisation
rapide à laquelle depuis longtemps les colonies libres les plus
fortes ont consacré leurs efforts. L'Angleterre ne peut retarder
cette industrialisation en raison des conditions favorables créées
par le régime préférentiel adopté par les colonies ; d'un autre
côté, il est certain que la préférence accordée par la métropole
comporterait pour celle-ci une gêne onéreuse dans la consom-

mation, dans la production et dans l'exportation ; il semble donc
que le meilleur parti qui reste à la Grande-Bretagne soit encore
de persévérer dans l'ancien système de politique commerciale
qui lui assura, pendant un siècle, une prospérité économique
jamais démentie.

Nous ne voulons pas dire par là que l'Angleterre doive négliger le marché colonial. Il lui faut au contraire flatter et renforcer les sentiments impérialistes des colonies. Ces sentiments
pourront se traduire par une accentuation de la préférence actuelle, laquelle comporte un bénéfice sérieux pour la métropole
sans qu'il lui en coûte rien. C'est là son seul moyen de modifier
les taux d'échange dans un sens favorable aux marchandises métropolitaines, maintenant que la constitution politique des colonies ne lui permet plus les procédés coercitifs d'autrefois.

**91. La France et ses colonies. Du monopole à la préfé-
rence.** — La France, aussi, pendant longtemps, fit usage de
l'ancien système colonial, c'est-à-dire qu'elle interdit aux colonies tout échange avec l'étranger et réserva le monopole
des transports des marchandises coloniales à la marine nationale. Ce système, autrefois rigoureux et rigoureusement appliqué, perdit peu à peu de son âpreté. Une ordonnance du 15 février 1826 avait déjà concédé aux Antilles le droit de vendre et
d'acheter à l'étranger certains produits secondaires. En 1839 les
gouverneurs de la Martinique et de la Guadeloupe, pour mettre
un terme à la baisse continue du prix du sucre, prirent l'initiative d'autoriser l'exportation de cette marchandise vers tous les
pays étrangers sans imposer le choix du pavillon. Cette décision, annulée ensuite par le Gouverneur Général, eut le mérite
d'atténuer la crise. En 1845 et en 1846, malgré le maintien complet de ce système prohibitif, le nombre des marchandises étrangères importées dans les colonies augmente.

Ce système, objet d'attaques très violentes, fut abrogé par la
loi du 3 juillet 1861, qui établit le régime douanier de la Martinique, de la Guadeloupe et de la Réunion en se basant sur les
deux principes suivants : 1° Toutes les marchandises étrangères

importées en France peuvent être importées dans les colonies
où elles payent le droit en vigueur dans la métropole. Mais les
produits de cette dernière jouissent d'un traitement préférentiel
par rapport aux marchandises étrangères similaires ; et les produits coloniaux (sauf le sucre, le café et le cacao) entrent en
France exempts de tout droit ; 2° L'importation peut avoir lieu
par l'intermédiaire d'un pavillon étranger ; mais elle est frappée,
dans ce cas, d'une *surtaxe de pavillon* (20 ou 30 francs par
tonne) ; cette surtaxe s'applique également à la marine étrangère qui exporte les marchandises coloniales en France et dans
les autres colonies françaises. D'après un autre décret du 9
juillet 1869, les produits de toute nature et de toute provenance
purent être importés, sous des pavillons étrangers, dans toutes
les colonies françaises où l'acte de navigation du 21 septembre
1793 était encore en vigueur. Les marchandises de ces colonies
purent être expédiées vers toutes les destinations et sous tous les
pavillons.

92. De l'autonomie on revient à la préférence. — La loi de
1861 n'était qu'un pas vers l'assimilation des régimes douaniers
de la métropole et des colonies. Mais elle fut bientôt remplacée
par le décret du 4 juillet 1866 qui en bouleversa le principe (1).
En effet, à l'égard des Antilles et de la Réunion, elle substitue
à l'assimilation l'autonomie douanière qui permet aux colonies
de réglementer le système douanier au mieux de leurs intérêts
propres. Les colonies ne tardent pas à s'en prévaloir. La Martinique, en 1867, supprima tout droit d'entrée et commença ainsi
à traiter de la même façon les marchandises françaises et étrangères. Cet exemple fut bientôt suivi, quoique avec quelques
tempéraments, par la Guadeloupe (1868) et la Réunion (1873).

Grâce à ce régime libéral le commerce total des trois colonies
augmenta rapidement, mais les importations de la France diminuèrent. Les exportateurs français se plaignirent et firent pres-

---

(1) Ce décret établit, à côté des taxes de douane qui produisent au
bénéfice des finances coloniales, un droit d'*octroi de mer* dont le produit
revient aux finances des différentes communes des colonies.

sion sur le gouvernement pour qu'il remit en vigueur l'ancien régime douanier ; on aboutit à un compromis entre la métropole et les colonies. Celles-ci revinrent aux droits d'entrée et accordèrent une préférence aux marchandises françaises ; la France, à son tour, accorda la même préférence aux sucres coloniaux (1).

Mais les plaintes des producteurs français ne cessèrent point ; car ils trouvèrent que le régime préférentiel ne leur assurait pas le monopole qu'ils désiraient si ardemment. Ils voulaient obtenir des colonies la même protection dont ils jouissaient dans la mère-patrié : ils aspiraient donc à réaliser l'assimilation douanière.

93. L'assimilation imposée en faveur de l'industrie métropolitaine. — Ce principe fut accepté dans la loi du 29 décembre 1884, qui étendit à l'Algérie les tarifs de la métropole.

En 1887, sur la proposition des députés protectionnistes de la *Seine-Inférieure* et dans l'intérêt de l'industrie de ce département, on étendit à l'Indo-Chine (2) le tarif général français. Les conséquences furent désastreuses (3), et en 1889 on dut exempter des droits les marchandises étrangères non similaires des marchandises françaises.

Mais l'exemple ne fut pas instructif. Le parti protectionniste qui, en France, tendait vers l'autonomie douanière, était désireux de restaurer sous une autre forme le monopole douanier vis-à-vis des colonies. Le monopole devait se faire plus large et plus profitable ; à celui de la métropole devait s'ajouter encore celui des colonies.

Le commerce colonial se prêtait très bien au succès de la thèse protectionniste (4), qui triompha en effet avec la loi du 11 jan-

---

(1) Après cette expérience le Gouvernement français se garda bien d'étendre l'autonomie aux autres colonies. Celles-ci, comme la Guyane en 1879 et 1885, eurent seulement la faculté de donner leur avis à propos des tarifs douaniers à appliquer.

(2) Naturellement les marchandises françaises bénéficièrent de la franchise du fait de l'assimilation.

(3) En 1888 le commerce de cette colonie subit un tassement de 18 millions et le nombre des faillites fut quintuplé.

(4) En 1890 les colonies achetèrent 211 millions de marchandises, dont

vier 1892, laquelle impose l'assimilation. Ce principe, si cher
aux producteurs français, ne put trouver son application dans
toutes les colonies. Il était pratiquement inapplicable aux terres
éloignées et différant beaucoup par leurs aptitudes naturelles. On
eut ainsi des colonies dotées d'un régime douanier semblable à
celui de la métropole : La Réunion, Mayotte, l'Indo-Chine, la
Nouvelle-Calédonie, le Gabon et les quatre colonies françaises
d'Amérique. Les colonies qui restèrent en dehors de l'assimilation douanière furent : Madagascar, l'Indo-Française, Tahïti,
Sainte-Marie, Nossi-bé, Diego-Suarez, Obock et les établissements
de l'Afrique Occidentale.

Le nouveau monopole colonial (si peu différent de l'ancien)
ne satisfit pas les protectionnistes français. Peu après, en 1896,
l'assimilation fut étendue aux îles Comores ; en 1897, à Madagascar, à Nossi-bé, à Diego-Suarez et à Sainte-Marie. Les colonies qui en restèrent exclues furent peu nombreuses.

Celles du premier groupe appliquent les mêmes droits que la
France aux marchandises étrangères et c'est seulement à titre
exceptionnel qu'en vertu des articles 3 et 4 de la loi quelques
franchises et quelques réductions peuvent être instaurées, sur la
proposition des conseils généraux des différentes colonies. Mais,
comme c'était à prévoir, ces franchises furent toujours peu nombreuses et ne concernaient jamais les marchandises que pouvait produire la métropole. On en fit seulement usage en
Indo-Chine en faveur des produits chinois et dans la Nouvelle-
Calédonie, où le progrès économique se serait arrêté si la franchise n'avait pas été accordée aux marchandises industrielles des
pays les plus proches. Les produits de la monopole et ceux des
autres colonies françaises y sont admis en franchise.

71 seulement en France, 3 dans les autres colonies et 137 à l'étranger.
Donc les pays étrangers pourvoyaient, dans une mesure deux fois plus
grande que la France, aux besoins des colonies.

Dans la même année, les colonies vendirent 192 millions de marchandises: 101 à la France, 3 aux autres colonies, 88 à l'extérieur. La France
était donc la meilleure cliente des colonies, tandis que celles-ci n'achetaient qu'une quantité relativement faible de marchandises françaises.

L'assimilation imposa une âpreté immédiate au régime des colonies assez doux jusqu'à cette époque. En outre, par contre coup, ces colonies sentirent les effets de toutes les variations douanières qui se produisirent en France après la réforme de 1892, puisque c'était seulement sur les marchandises exemptées de droits dans les colonies, en vertu des dispositions spéciales de la loi (art. 3 et 4), que ces variations n'avaient pas d'influence. Une autre raison de modifications continuelles découlait du fait que les traités stipulés par la métropole s'étendent aux colonies assimilées. En résumé, on leur imposa un régime dont elles ne sentaient nullement le besoin. Au corps d'un adolescent moderne on voulut faire porter la pesante armure d'un guerrier d'autrefois.

Qu'obtinrent les colonies en retour de telles charges? Logiquement, leurs produits auraient dû entrer librement dans la métropole, puisque les produits métropolitains entraient librement chez elles. Mais cela aurait causé un préjudice financier énorme, les produits coloniaux constituant une matière parfaitement imposable au gré du fisc de la mère-patrie (1). Pour éviter le dommage on admit, sous la seule forme nominale, le principe de la franchise pour les marchandises coloniales françaises. Mais ce principe même fut violé si souvent qu'il devint tout à fait illusoire. Ainsi le café, le cacao, le poivre et en général les produits exclusivement coloniaux (excepté le sucre) payent la moitié de la taxe prescrite s'ils proviennent des colonies françaises.

Au contraire, le traitement préférentiel dont jouissent les sucres coloniaux est moins accentué, en particulier depuis que la convention de Bruxelles, du 5 mars 1902, à laquelle la France a adhéré, a supprimé les primes à l'exportation et les rabais de

(1) La taxe sur le café de toutes provenances avait produit en France, en 1890, 116 millions, c'est-à-dire plus du quart du rendement douanier total s'élevant à 381 millions. Dans la même année, les taxes frappant les produits venant des colonies françaises, donnèrent en tout 31 millions de francs.

Fontana-Russo.   26

fabrication dont bénéficiaient les sucres des colonies françaises. Il ne leur reste désormais que la *détaxe de distance*, instituée par la loi de 1897, et qui assure un bien mince avantage. Les colonies *assimilées* ont donc donné, ou mieux ont été forcées de donner tout ce qu'elles pouvaient, pour ne recevoir que bien peu de chose.

Dans les colonies non assimilées les taxes sont établies par des décrets spéciaux et n'ont rien de commun avec celles du régime douanier de la métropole. Parmi ces taxes nous trouvons des droits de consommation d'un caractère purement fiscal et qui frappent même les marchandises produites à l'intérieur. Nous avons ensuite les droits de douane qui s'appliquent aux produits étrangers. Les impôts de consommation s'ajoutent aux droits de douane et en augmentent la portée. Nous trouvons encore des taxes de sortie qui, dans les jeunes colonies, constituent l'impôt le plus facilement applicable, le plus rapidement perçu et le plus productif.

Les marchandises de ces colonies, à leur entrée en France, sont traitées (sauf de très rares exceptions, peu importantes d'ailleurs) comme si elles provenaient de pays étrangers. En général on leur applique les taxes du tarif minima ; mais le Conseil d'Etat peut instituer des exceptions à cette règle en accordant des exemptions de droits ou *détaxes*. En fait, des décrets successifs ont accordé la franchise à l'huile de palme et aux bois de la côte occidentale de l'Afrique ; ils ont réduit de moitié les droits qui frappaient le café de cette dernière colonie et ceux qui pesaient sur la vanille de Tahïti, etc. La quantité de ces marchandises admises au régime de faveur est fixée annuellement par un décret.

94. Le régime de l'Algérie et de la Tunisie. — La France accorde un régime tout à fait spécial à ses colonies les plus rapprochées : l'Algérie et la Tunisie.

Le régime des douanes algériennes a subi de nombreuses modifications. Les plus forts changements y furent introduits par les décrets du 11 novembre 1835 et du 16 décembre 1843, par les lois du 11 janvier 1851, du 17 juillet 1867 et du 29 décembre 1884.

Toutes les dispositions qui en découlaient furent prises dans le but de faciliter les échanges avec la métropole. Dans les premiers temps de la colonisation algérienne, les territoires douaniers de la colonie et de la France restèrent libres et, par conséquent, le système douanier n'institua aucune préférence en faveur du commerce réciproque établi entre elles. Au contraire le décret du 11 novembre 1835 admit tous les produits français exportés en Algérie au bénéfice de la franchise et supprima les droits de sortie en faveur des marchandises algériennes expédiées en France. La métropole commence à se constituer une part léonine. La suppression des droits de sortie se change en prime pour les marchandises exportées en France et se traduit par une réduction des prix à l'avantage de la métropole. La franchise accordée aux marchandises françaises conduit à l'asservissement commercial de la colonie à la mère-patrie ; car, en vertu du régime différentiel, aucune marchandise étrangère ne peut lutter avec les marchandises similaires françaises. L'Algérie, en raison de ce régime, est contrainte d'acheter à la métropole seule et de ne vendre qu'à elle.

Le décret du 16 décembre 1843 constitue un progrès dans la voie de l'union. Il supprime les droits de sortie pour les marchandises françaises exportées en Algérie. Quant à l'entrée en France, tout en conservant le principe qui consiste à soumettre à un même régime les marchandises étrangères et les marchandises algériennes, il réduit de moitié, pour quelques-unes de ces dernières, les droits qui leur étaient applicables et accorde à d'autres le régime dont jouissent les produits coloniaux français. L'Algérie s'est toujours plaint d'un tel système et c'est pour apaiser ses réclamations que fut élaborée la loi de 1851. Ce fut un nouveau pas vers l'union. Les droits de sortie algériens furent définitivement supprimés et la franchise fut accordée à beaucoup de marchandises coloniales à leur entrée en France. Sous l'influence de cette loi, les exportations de l'Algérie décuplèrent d'importance, et les importations furent doublées.

La loi du 17 juillet 1867 fut encore plus libé:ale; elle ne change rien au régime douanier franco-algérien, mais elle réduisit les droits d'entrée en Algérie des marchandises étrangères, dans la mesure suivante : sur les produits textiles manufacturés (qui intéressent le plus la métropole) mêmes droits que ceux en vigueur en France; sur les produits chimiques, les constructions mécaniques et autres marchandises peu importantes au regard de la production française, un tiers des droits métropolitains ; pour toutes les autres marchandises, franchise complète.

Les plaintes des industriels français furent véhémentes. Ils accusèrent la loi de 1867 d'être la cause du malaise que les fabriques françaises traversèrent vers 1881, malaise qui provenait au contraire de raisons bien différentes et beaucoup plus générales. On eut ainsi la loi du 24 décembre 1884, qui voulut englober l'Algérie dans le territoire douanier de la République (1); ce fut, principalement, la victoire des métallurgistes. On vota encore la loi du 2 avril 1888 qui, réservant le monopole de la navigation franco-algérienne au pavillon national, consacra le triomphe des armateurs français. On procéda donc à un retour à l'ancien système, avec cette différence que les droits de douane remplirent l'office des dispositions prohibitives.

La conséquence de la loi de 1884 fut une augmentation des échanges avec la France et une diminution des échanges avec l'étranger (2). Les avantages les plus sérieux du nouveau régime

(1) Il est fait seulement mention des produits coloniaux admis en Algérie moyennant des droits plus légers qu'en France.

(2) De 1883 à 1903, le commmerce total monta de 40',2 à 633,3 millions de francs. L'augmentation relative fut donc de 56 0/0. Les échanges franco-algériens passèrent de 252 à 526,7 millions de francs ; l'augmentation fut donc de 108,7 0/0. Au contraire les échanges avec l'étranger tombèrent de 156,1 à 106,5 millions.

Les importations de l'étranger, de suite après la dernière réforme, c'est-à-dire en 1885, tombèrent à 59 millions; alors qu'elles avaient été de 73,6 millions l'année précédente. Elles reprirent un peu par la suite, mais

allèrent à la métallurgie française (1). Un fait artificiel (la taxe) était venu modifier ce qui aurait été la résultante d'un fait naturel (la différence des coûts comparatifs). En France les viticulteurs, les agriculteurs, les éleveurs de bestiaux sont mécontents de la franchise accordée aux marchandises algériennes.

Leroy-Beaulieu remarque avec raison que la France paye à l'Algérie des primes indirectes considérables. L'Algérie fait de même, il est vrai, vis-à-vis de la France : c'est ce qui explique l'indisposition des agriculteurs métropolitains au regard du régime actuel. Les productions coloniales ne sont pas toujours en mesure de suffire aux besoins de la mère-patrie et d'autres marchés sont appelés à les suppléer. Il en résulte que, sur le marché intérieur, les cours s'établissent au niveau le plus élevé, celui du prix de vente de la marchandise étrangère. Donc, le produit colonial jouit en fait d'une prime d'importation qui équivaut à peu près au surcroît de droits payés par la marchandise étrangère. Cette prime, d'importance variable, car la différence des taxes ne se transmet pas toujours exactement aux prix, est payée par les consommateurs; à un autre point de vue, elle a pour conséquence une diminution des recettes publiques et peut entraîner des charges plus lourdes pour les contribuables, si les finances publiques ne peuvent se passer des fonds qui lui manquent de ce fait... Lorsque d'ailleurs les marchandises coloniales sont admises à la franchise, comme cela arrive parfois,

la réforme douanière de 1892, étendue à l'Algérie, les déprima de nouveau ; pendant les années 1891, 1892, 1893 les chiffres atteints furent successivement 70,7 ; 53,4 et 54,9 millions. Dix ans après, en 1903, ce chiffre tombe à 40,2 millions. Au contraire, les importations de la France, de 1883 à 1903, montent de 154 à 289, 1 million ; ce qui représente une augmentation de 64, 86 à 80,67 0/0 par rapport aux totaux des importations.

Quant aux exportations algériennes en France, elles montent, pendant les mêmes années, de 97,6 à 237,6 ; ce qui représente une augmentation de 58,9 à 86,84 °/₀ par rapport à l'exportation totale.

(1) En 1884, les produits des industries sidérurgiques et mécaniques vendues en Algérie par la France et par l'étranger représentèrent respectivement 8 et 9 millions, contre 13 et 1 en 1886.

la prime augmente pour elles et la charge incombant aux contribuables augmente en proportion.

Cette méthode n'est certainement pas la meilleure, bien qu'elle semble pouvoir se justifier avec les mêmes raisons que l'on invoque parfois en faveur du protectionnisme. La prime à l'importation devrait avoir la même influence stimulatrice que les taxes d'entrée. Toutefois celles-ci sont employées de préférence pour aider à la transformation industrielle ; quant aux primes, le plus souvent elles ne sont pas employées à cette fin. Le régime préférentiel est adopté dans le but de faciliter l'extension de certaines cultures; mais cette extension ne présentant pas de grosses difficultés pourrait être aussi bien obtenue sans avoir recours à des mesures de faveur spéciales. Prenons l'exemple du café à son entrée en France ; jusqu'à ces derniers temps, le tarif français maximum établissait, sur cette marchandises, un droit de 156 francs par quintal ; et la *détaxe* en faveur du café colonial était de 78 francs, d'où une prime de 50 0/0. Cette prime ne diminua pas, même lorsque, à la suite de l'accord avec le Brésil, les droits furent réduits à 20 francs, car les droits sur le café colonial furent réduits en proportion. Mais la culture du café dans les colonies françaises de l'Afrique occidentale n'exige pas des sacrifices tels qu'il faille recourir à un encouragement aussi considérable. Etant donné les conditions climatériques et telluriques de ces colonies, la culture du café y était très aisée et l'exportation du produit en France était possible sans le secours de facilités spéciales.

Au contraire, on n'a établi et maintenu la prime pendant longtemps que pour assurer un profit élevé au capital français engagé dans la culture du café, et cela, aux dépens des consommateurs et des contribuables de toutes catégories. Le capital employé aux colonies n'aurait pas suffi, tout seul, à conquérir un tel privilège. Mais il s'est trouvé solidaire du capital engagé dans les manufactures et l'agriculture nationales, ayant également intérêt à l'établissement du protectionnisme, et, par conséquent, disposé à une alliance quelle qu'elle fût, pour instaurer le régime qui devait satisfaire son insatiable soif de lucre.

La France ne put pas, immédiatement après l'occupation de la Tunisie, appliquer ainsi qu'elle l'aurait voulu un régime douanier exclusivement favorable à ses intérêts propres. Les *Capitulations* l'en empêchaient; elles lui imposaient un régime identique à celui de beaucoup d'autres Etats. Cependant, après quelques négociations spéciales, l'Autriche-Hongrie d'abord, puis tous les autres pays, y compris l'Italie et l'Angleterre (1), renoncèrent au régime des Capitulations et donnèrent donc à la France toute liberté pour réglementer ses rapports commerciaux avec la Tunisie. Aux Capitulations on substitua la clause de la nation la plus favorisée, tout en excluant de ses conséquences les facilités douanières réciproques établies entre la République et la Régence.

La France, libre de ses mouvements, réglementa le régime douanier de la Tunisie par les décrets du 2 mai 1898, qui accordèrent aux produits de la métropole un traitement préférentiel, tout en s'efforçant de ne rien changer aux recettes de douane et aux rapports d'échange ordinaires établis avec les pays étrangers. A ce traitement préférentiel, au bénéfice des marchandises françaises entrant en Tunisie, correspondent certains avantages notables accordés aux marchandises tunisiennes exportées en France. Une loi antérieure, celle du 19 juillet 1890, avait assuré trois sortes d'avantages aux marchandises tunisiennes : elle en admit quelques-unes au bénéfice de la franchise ; d'autres jouirent du régime préférentiel ; d'autres encore furent soumises au tarif minimum. Toutefois la franchise était subordonnée à une double condition : les marchandises qui en jouissaient devaient être transportées par les navires nationaux ; et la quantité en était annuellement fixée par décret.

(1) L'Italie obtint que les droits applicables, en Tunisie, à ses marchandises ne dépassassent pas, jusqu'au 5 octobre 1905, ceux du tarif minimum français. L'Angleterre demanda que les droits grevant ses colonnades ne fussent pas supérieurs au 5 0/0 de la valeur des marchandises au port d'arrivée.

95. Les autres pays colonisateurs. a) *Les Etats-Unis d'Amérique.* — Parmi les autres Etats possesseurs de colonies, certains suivent le système anglais, le plus simple de tous; d'autres se rapprochent du système français, le plus compliqué et non pas le meilleur.

Les Etats-Unis, devenus colonisateurs après leur dernière guerre avec l'Espagne, pratiquent l'assimilation douanière la plus complète vis-à-vis de Porto-Rico et des Iles Hawaï. Ces colonies constituent avec la métropole un seul territoire douanier. Il n'en est pas de même pour les Philippines, dont les marchandises paient, à l'entrée des Etats-Unis, les 3/4 des droits en vigueur dans l'Union. Mais les taxes d'exportation déjà payées par les marchandises de ces îles sont remboursées lorsqu'elles arrivent sur le marché métropolitain. Les marchandises des Etats-Unis ne jouissent d'aucun privilège à leur entrée aux Philippines.

Pour Cuba, c'est la Convention du 11 décembre 1903 (1) qui est en vigueur; elle admet les marchandises de l'île au bénéfice de la franchise ou d'une réduction de 20 0/0 à leur entrée dans l'Union. Quant aux marchandises des Etats-Unis, elles sont exportées à Cuba et bénéficient de la franchise ou d'une réduction de 20 à 40 0/0, selon la qualité.

b) *Le Japon.* — Le Japon fait usage de l'assimilation avec Formose. Mais la taxe d'exportation payée par les marchandises de l'île est remboursée en partie à leur entrée au Japon.

c) *L'Allemagne.* — L'Allemagne n'accorde et ne reçoit aucune préférence dans ses échanges avec les colonies. La métropole et les colonies s'appliquent la clause de la nation la plus favorisée.

d) *La Hollande.* — Le même système est employé par la Hollande.

e) *Le Portugal.* — Le Portugal réduit ses droits d'entrée de 50 0/0 en faveur des marchandises coloniales importées par le pavillon national et les colonies accordent des réductions pourcentuelles aux marchandises portugaises.

(1) *Treasury Decision*, 1903, N. 52.

f) *L'Espagne.* — L'Espagne soumet les marchandises des Canaries, de Fernand-Po, du Rio dell'Oro et des dépendances au tarif ordinaire des importations. Toutefois certains produits spéciaux (végétaux, poissons, etc.) jouissent de la franchise ou d'une réduction sensible des droits de douane si elles sont importées par le pavillon national.

Les marchandises espagnoles ne jouissent d'aucune préférence aux Canaries et bénéficient au contraire de certains avantages à Fernand-Po.

g) *Le Danemarck.* — Le Danemarck admet en franchise les marchandises en provenance des îles Ferroë, de l'Islande et du Groënland. Celles de l'Ovest-India, non comprises dans les précédentes, ne participent pas à ces avantages. Les colonies danoises n'accordent aucune facilité aux produits de la métropole.

Comme on voit, dans cette catégorie d'Etats, ceux qui adoptent les systèmes les plus libéraux sont la Hollande et le Danemarck; ceux qui ont recours aux obligations les plus étroites sont les Etats-Unis, l'Espagne et le Portugal. Ces deux derniers n'ont pas encore su se libérer de cette survivance de l'ancien pacte colonial que constitue l'obligation de l'emploi du pavillon national pour le transport des marchandises coloniales.

Naturellement les facilités réciproques que se sont concédées la métropole et les colonies ont le caractère préférentiel. Les Etats étrangers n'y ont aucun droit et elles ne sont nullement limitées par la clause de la nation la plus favorisée.

96. Etude critique de l'assimilation et de la préférence. — L'assimilation douanière diffère autant de l'ancien pacte colonial que le protectionnisme du prohibitionnisme.

Ici encore la production métropolitaine se réserve le plus sérieux avantage : elle ne tend qu'à se créer de nouveaux débouchés ou à élargir ceux dont elle dispose déjà. On a dit que le nouveau système s'inspirait d'une sage intention politique : celle de renforcer les liens établis entre les colonies et la métropole. Mais ce système politique, qui impose aux plus faibles un régime dont ils n'éprouvent pas le besoin et qui les désavantage sérieusement, paraît d'une bonté douteuse. Il ne constitue qu'une manifestation spéciale de l'égoïsme métropolitain agissant sous le couvert d'un patriotisme opportuniste.

Les effets d'un tel système ne devaient point remplir les prévisions faites. La solidarité politique est mise en défaut lorsqu'on oblige les colonies à acheter à la mère-patrie, à un prix très élevé, ce qu'elles auraient pu acquérir sur les marchés voisins à un prix bien plus bas. Si ensuite à la distance viennent s'ajouter d'autres conditions économiques en vertu desquelles les pays étrangers peuvent produire et vendre à meilleur prix les marchandises nécessaires au marché colonial, il est évident que le dommage subi par les colonies est augmenté d'autant et aussi le mécontentement que provoquent les obligations imposées par la mère-patrie. La prime injustement accordée aux industriels de la métropole est une cause perpétuelle de discorde bien plus qu'un élément de cohésion. La vérité est que les nationaux veulent réaliser un grand avantage économique plutôt qu'un progrès de la puissance nationale.

D'aucuns, plus sincères, veulent que ces privilèges en faveur de la mère-patrie servent à la dédommager des sacrifices accomplis en faveur des colonies (1). Ce serait au moins là une justification, d'ailleurs imparfaite et partielle ! Mais ce n'en est pas une que d'invoquer des principes de solidarité politique pour donner le change sur le sens d'une spoliation systématique. Mais cette compensation, même entendue ainsi, paraît illogique et injuste. Les sacrifices accomplis par la métropole ont généralement un caractère financier et se répartissent donc entre tous les contribuables; tandis que les avantages qui dérivent de

---

(1) « Nous sommes obligés, disait en 1896, au Parlement, M. Etienne député d'Alger, de vous acheter aux prix que vous indiquez: nous n'avons pas la faculté de nous adresser ailleurs: le tarif de douane nous en empêche. » M. Etienne estimait que ce prix était alors d'environ 20 à 25 0/0 supérieur à celui des produits étrangers; et d'après lui, l'Algérie payait plus de 50 millions de prime aux industriels français : tout cela, parce qu'il lui était interdit de s'approvisionner sur des marchés pratiquant des prix plus faibles.

l'assimilation reviennent aux industriels, qui ne constituent qu'une fraction des contribuables et non pas la plus nombreuse ni la plus besogneuse. La grande masse est exclue de toute participation à ces avantages (1).

L'assimilation provoque dans les colonies des effets contraires à ceux du protectionnisme dans les métropoles. Dans celles-ci, les droits de douane s'efforcent d'évincer un marché éloigné, le marché étranger, au bénéfice d'un marché rapproché. Dans les colonies au contraire elles agissent dans un sens opposé ; elles tendent à ce qu'un marché éloigné, le marché métropolitain, prenne la place des autres marchés extérieurs, sans doute plus rapprochés. Par conséquent l'un des arguments employés par Carey à la défense du système protecteur s'évanouit ; cet argument consiste à dire que le système protecteur évite des transports inutiles et par suite épargne du temps et du travail. On voudrait défendre aux Antilles de se servir sur le marché américain, dont elles sont seulement séparées par le golfe qui porte leur nom, pour les asservir à la France dont toute la largeur de l'Atlantique et de la Méditerranée les sépare. On voudrait arracher la Nouvelle Calédonie à l'influence économique de l'Australie, avec laquelle elle partage une même situation géographique, pour l'assujettir à l'influence de la métropole, dont elle est séparée par trois continents. Tout cela est absurde et, comme toutes les absurdités passées dans la pratique, nuisible.

Lord Grey, ministre des colonies dans le cabinet Russel (1846-52), put dire que la préférence équivaut à la protection et mérite toutes les critiques que l'on peut adresser à cette dernière. C'est bien vrai et même le régime préférentiel est encore plus dommageable que le protectionnisme.

L'assimilation est peut-être tolérable (quoi qu'on ait encore

(1) En 1890, le Conseil supérieur du commerce en France disait : « La France s'est imposée des sacrifices considérables pour ses colonies ; elle est en droit d'en rechercher la compensation dans l'établissement d'un régime destiné à lui assurer le bénéfice des échanges avec les différentes parties de son territoire colonial ».

de nombreuses raisons de la combattre) dans les colonies rapprochées géographiquement de la métropole et n'en différant pas beaucoup par les aptitudes et les ressources naturelles, au point de pouvoir être traitées comme une province de la mère-patrie. Au contraire, appliquée aux colonies ne remplissant pas ces conditions, comme cela a lieu actuellement pour la France qui étend l'assimilation à l'Indo-Chine et à Madagascar, elle a des conséquences déplorables. Ces régions produisent des marchandises que la métropole ne consomme qu'incomplètement et même en médiocre partie (le riz de l'Indo-Chine pour exemple), de sorte qu'elle ne constitue pas leur débouché naturel. Dans ce cas le régime ne sert pas à la colonie qui ne peut profiter des faveurs qu'il comporte. Pour l'Indo-Chine, par exemple, le débouché naturel sera toujours Hong-Kong et Singapore.

Si l'on admet le principe de l'assimilation, il faut admettre également que l'application doit en être aussi large dans un sens que dans l'autre. Au contraire, son application est faite avec partialité ; elle assure des avantages importants à la mère-patrie et n'en comporte. que de très faibles pour les colonies. Cette différence provient : 1° du fait que les exportations de marchandises métropolitaines aux colonies dépassent presque toujours les importations de marchandises coloniales dans la métropole ; 2° de ce que les premières entrent presque toujours librement sur le marché colonial, alors que les autres ne jouissent que d'une simple *détaxe* à leur entrée dans la métropole. Donc la répartition des avantages de l'échange est mal faite. Mais d'autres injustices aggravent encore cette mauvaise répartition. Ainsi le gain le plus important revient aux marchandises coloniales qui sont importées librement sur le marché métropolitain ; pour les autres l'avantage est atténué et varie selon la *détaxe*. Ici encore la distance agit comme un instrument perturbateur. Les plus grandes facilités sont pour les colonies assimilées les plus proches ; les plus faibles pour les colonies assimilées les plus éloignées. Ce fait, naturel et par conséquent inévitable, garde toute son influence, quelles que soient les circonstances,

et apporte un trouble profond dans les échanges. Du moment
que les colonies sont traitées comme si elles faisaient partie de
la mère-patrie, il vaudrait mieux éliminer, en fait, l'élément
géographique, en affectant une *détaxe* plus forte aux colonies les
plus lointaines, une *détaxe* plus faible aux colonies rapprochées ;
le système serait plus compliqué encore. Mais celui que pratique actuellement la France ne l'est-il pas énormément ?

Les inconvénients s'atténuent, sans disparaître, pour les colonies les plus rapprochées et les moins différentes, au point de
vue économique, de la métropole. Ces colonies, à l'encontre de ce
qui a lieu pour les plus éloignées, ont à peu près le même
climat et les mêmes aptitudes économiques que la mère-patrie.
On peut donc avec moins de difficulté les considérer comme
faisant partie du territoire douanier de la métropole et formant
avec celle-ci un même marché. Toutefois, les différences naturelles quoique atténuées ne disparaissent pas complètement
et elles provoquent toujours des inconvénients nombreux ; les
colonies finissent par subordonner leur production propre aux
conditions d'entrée de leurs marchandises dans la Métropole.
Leurs productions se plient donc aux besoins d'un marché
unique dont l'étendue et la faculté de consommation, si larges
soient-elles, auront néanmoins des limites souvent trop étroites
pour absorber toute la production coloniale (1). Ce caractère unilatéral des efforts de la production peut entraîner de

(1) Cette raison fut mise en lumière, avec beaucoup d'habileté, par
Villiers, dans une séance fameuse, celle du 9 juillet 1839, du Parlement
anglais.

Le système préférentiel persista, en Angleterre aussi, lorsque les compétitions économiques entre la métropole et les colonies rendirent le monopole impossible. Les intérêts étaient encore trop solidement défendus
pour que l'on pût triompher de cette survivance de l'ancien système colonial. Peel lui-même, avec tout le prestige qui s'attache à son nom et à
son cœur, la combattit inutilement en 1842 ; de même Labouchère, président du *Board of trade*, avait lutté dans le même sens, au sein du ministère Melbourne-Russel. Dans la Grande-Bretagne le régime préférentiel
du sucre des Indes occidentales fut abrogé en 1854 ; et en 1860 ce fut le
tour du régime qui favorisait les bois du Canada.

grands inconvénients. Il peut se faire en effet que les cultures coloniales, spécialisées en vue des besoins de la mère-patrie, s'étendent jusque dans le sein de celle-ci dont la demande diminuera en proportion et pourra même cesser complètement. Les colonies sont alors en face d'une surproduction qu'elles ne peuvent plus diminuer en écoulant leurs produits dans la métropole ni en les déversant sur les autres marchés, soit parce que les productions-étrangères similaires suffisent aux besoins locaux, soit parce que les pays étrangers n'agréent pas un produit spécialisé dans sa forme ou son essence selon ces goûts d'un autre marché. Il en résulte une crise, dont les manifestations les plus graves se tournent contre celui des marchés qui produit les marchandises au coût le plus élevé.

Un exemple topique de ce genre de crise nous est fourni par les rapports franco-algériens. L'Algérie, en raison de la franchise dont elle bénéficie, exporta toujours et presque en totalité son vin en France. Elle développa rapidement sa viticulture alors que la viticulture métropolitaine périclitait sous les ravages du phylloxera. Plus tard, la France reconstitua ses vignobles et, particulièrement après 1899, sa production devint telle que les vins métropolitains baissèrent de prix et entraînèrent les vins algériens à subir la même baisse. Les viticulteurs de l'Algérie auraient pu envoyer leurs vins sur d'autres marchés ; mais la recherche de débouchés nouveaux n'est pas facile pour ceux qui depuis de longues années ont approvisionné un marché unique. C'est peut-être pour éviter ces inconvénients que Tourret ministre français du commerce en 1848, eût voulu que seules pussent bénéficier de la franchise les marchandises algériennes dont la production était impossible en France. Mais un tel système, quoique susceptible d'atténuer les inconvénients signalés, en provoquerait d'autres encore plus graves. Les colonies verraient leurs anciens avantages sensiblement réduits. Puisque les dissemblances naturelles entre la mère-patrie et les colonies de cette catégorie ne sont pas profondes, le nombre des marchandises productibles avec avantage par suite de la facilité de leur exportation, serait très limité et il en résulterait un dommage très sérieux. Les colonies seraient obligées de se spécialiser dans les quelques productions auxquelles la métropole ne peut s'adonner. Le dommage serait en raison inverse de la différence des aptitudes naturelles de la métropole et des colonies.

L'assimilation complète (comme celle qui existe entre la France et l'Algérie, entre les Etats-Unis et les Philippines, entre le Japon et Formose, etc.) ou l'assimilation partielle, comme celle établie entre la France et la plupart de ses autres colonies, ont des effets plus néfastes encore lorsque l'étranger pratique plus généralement le protectionnisme que le libre-échange. Si la liberté des échanges trouve une large application, les marchandises coloniales bénéficient de la franchise ou paient des droits très réduits, à l'entrée des marchés étrangers comme du marché métropolitain ; la production s'adapte donc aux besoins de la consommation mondiale et les prix sont déterminés par des conditions bien plus générales que celles qui sont spéciales à la métropole. La stabilité des prix serait donc plus grande, car les fluctuations de la production sur le marché mondial peuvent se compenser d'un pays à l'autre, ce qui rend plus difficiles la surproduction ou la pénurie des marchandises.

Le contraire a lieu lorsque le protectionnisme est très répandu. Les colonies se heurtent alors, dans l'exportation de leurs marchandises, à toute une série d'obstacles dont quelques-uns sont parfois irréductibles. La mère-patrie seule offre le bénéfice de la franchise ou un régime douanier peu exigeant ; de sorte que la production coloniale se subordonne au marché métropolitain et devient extrêmement sensible à toutes les variations qui s'y produisent. Les prix tombent aussitôt que la métropole restreint sa demande et s'élèvent aussitôt qu'elle l'élargit. Cet élément variable agit plus énergiquement encore sur les prix des marchandises produites aussi dans la métropole.

Les colonies éprouvent un dommage important et la métropole retire peu de profit par suite des variations de prix qui dépendent des frais de transport et des droits de douane. Nous avons dit que beaucoup de droits en vigueur aux colonies et intéressant la production locale n'ont pas de raison d'être. Toutefois, ils mettent les colonies dans l'obligation d'acquérir la marchandise métropolitaine tant que l'augmentation des prix résultant des droits de douane reste inférieure à l'augmentation résultant des frais de transport. Au contraire, aussitôt que cette dernière augmentation est inférieure à celle qui résulte des droits de douane, les colonies s'approvisionnent aux marchés les plus voisins et non plus à la métropole. Quelles en sont les conséquences ? 1° Que les colonies, même lorsque les pays d'origine sont très rapprochés, doivent acheter les marchandises que peut-être elles ne produiront jamais et qu'elles n'ont donc aucun intérêt à protéger, à un prix artificiellement augmenté des droits de douane. 2° Que les marchandises métropolitaines, quoique protégées par la taxe, peuvent facilement être évincées par les marchandises étrangères. La mère-patrie ne recueille donc aucun avantage propre alors qu'elle lèse tout autant les intérêts coloniaux. 3° Que le dommage le plus sérieux est éprouvé par les colonies les plus éloignées qui sont obligées d'acquérir les marchandises sur les marchés qui les produisent au coût le plus élevé.

En somme, le régime préférentiel est avantageux pour la métropole lorsque ses effets neutralisent ceux des frais de transport imposés par la distance la plus grande. Mais les colonies sont toujours lésées ; si elles achètent sur les marchés voisins, elles paient les droits de douane ; si elles achètent à la métropole, elles doivent supporter des frais de transport plus élevés.

La France pratique l'assimilation dans la mesure du plus large. Eh bien, ses exportations dans les colonies les plus rapprochées, sont considérables ; elles diminuent graduellement pour les colonies plus éloignées (1).

(1) Dans les importations de la Guadeloupe, les marchandises de la France et de ses colonies figurent après celles des Etats-Unis et de l'Angleterre. Dans les importations de la Martinique, elles viennent après celles des Etats-Unis. Dans les importations de la Guyane, après celles

L'élément géographique a plus d'influence que la volonté des hommes. Il n'existe pas de régime préférentiel, si exagéré soit-il, qui puisse corriger l'état naturel des choses et faire dévier les échanges déterminés par les conditions naturelles.

Le système adopté vis-à-vis de la Tunisie présente aussi de nombreux inconvénients; dans ce système la quantité de marchandises de la Régence admise au bénéfice de la franchise sur le marché métropolitain est fixée annuellement par décret. L'intention du législateur a été d'ouvrir ce marché aux marchandises tunisiennes produites au delà des besoins de la consommation locale. Mais l'évaluation du total de la production agricole, difficile dans les pays anciens qui disposent de moyens d'investigation perfectionnés, est extrêmement incertaine dans les colonies, où ces moyens font presque toujours défaut et où la production elle-même est plus que partout ailleurs aléatoire en raisons de conditions naturelles mal connues. Etant donnés ces deux genres d'obstacles, les quantités de marchandises admises annuellement au bénéfice de la franchise ne répondent presque jamais aux excédents réels de la production coloniale ; il en résulte un trouble continuel du marché local, provoqué par le peu d'à propos des évaluations en question. Naturellement, les inconvénients sont plus néfastes lorsque les marchandises exportables librement en France sont soumises à des droits d'entrée dans presque tous les autres pays. Dans ce cas, le trouble du marché des marchandises favorisées est en raison directe des difficultés

des Etats-Unis, de la Guyane anglaise, de la Guyane hollandaise et du Brésil. Le Sénégal s'approvisionne plus abondamment en Angleterre qu'en France ; la Guinée, plus abondamment en Angleterre, en Allemagne et aux Etats-Unis. L'Allemagne et l'Angleterre occupent respectivement la première et la seconde place dans l'approvisionnement du Dahomey. De même, pour Madagascar, la France vient après l Angleterre, l'Allemagne et la Suède. Aux importations de l'Indo-Chine pourvoient l'Extrême-Orient, les *entrepôts* de Singapore et de Hong-Kong.

La colonie de Saint-Pierre et Miquelon achète au Canada, aux Etats-Unis, à Terre-Neuve, ensuite à la France. Parmi toutes ses colonies (excepté l'Algérie et la Tunisie) c'est seulement pour la Réunion que la France fournit la plus forte partie des importations.

qu'elles doivent surmonter pour être dirigées vers les Etats
étrangers. Si les droits qui pèsent sur les marchandises étrangères similaires à leur entrée dans la métropole, sont très élevés, au point d'augmenter très sensiblement les prix de ces
marchandises à l'intérieur, les colonies, même si elles n'en
éprouvent pas le besoin, exportent vers la mère-patrie toutes les
marchandises nécessaires pour atteindre la quantité fixée par le
décret, quittes à importer ensuite de l'étranger la quantité de
ces marchandises nécessaire à leur consommation propre. Elles
gagnent alors la différence existant entre les prix pratiqués dans
la métropole et ceux qui sont établis dans les colonies. L'intérêt
qu'elles auraient à suivre ce procédé serait d'autant plus fort
que les droits d'entrée dans la métropole sont plus élevés et ceux
imposés par la colonie plus faibles (1). Les défauts de ce système sont trop nombreux et trop évidents pour que nous nous
arrêtions à les analyser.

Le système préférentiel ou celui du monopole ne se justifient
même pas par le désir de réserver le marché colonial au capitalisme métropolitain. Il n'est pas douteux que les nations colonisatrices sont en même temps exportatrices de capitaux. Mais il
semble que les conquêtes de terres nouvelles ont dépassé de
beaucoup les facultés de colonisation. Les colonies, en y comprenant la Sibérie, embrassent actuellement la moitié du globe, à
savoir : les neuf dixièmes de l'Afrique, la moitié de l'Asie, toute
l'Océanie, le quart de l'Amérique, soit environ 69 millions de
kilomètres carrés, alors que 64 millions seulement sont réservés aux Etats libres.

La Grande-Bretagne, avec 315.000 kilomètres carrés de superficie et 41 millions et demi d'habitants, ne représente environ que la
centième partie de la superficie (30 millions de kilomètres carrés)

(1) Actuellement, les Tunisiens ont intérêt à vendre en France le plus
de blé possible ; le prix de cette marchandise dans la métropole dépasse
de près de 7 francs par quintal (total des droits de douane) celui qui est
pratiqué dans la colonie; ils en sont quittes pour racheter les farines françaises provenant des blés qu'ils ont exportés.

et la dixième partie de la population (397 millions) de l'Empire
anglais. La France, avec 536.000 kilomètres carrés et 39 millions
d'habitants ne représente que la dix-septième partie de la superficie (9 millions et demi de kilomètres carrés) et que les quatre
cinquièmes de la population (48 millions) de l'Empire français.
La Hollande, avec 33.000 kilomètres carrés et 5 millions d'habitants, ne représente que la soixantième partie de la superficie
(2 millions de kilomètres carrés) et le huitième de la population
(36 millions) de l'Empire hollandais.

Quelque considérable que soit le capital accumulé par chacune
de ces trois nations, et quelque rapide que puisse être l'augmentation ultérieure, il ne peut suffire qu'en partie à la colonisation
des terres déjà possédées par la Grande-Bretagne, la France et
la Hollande. L'Angleterre n'a colonisé qu'une faible partie de
l'Afrique Australe, du Nord-Amérique et de l'Australie, sans
parler de beaucoup d'autres terres dont la mise en valeur est
à l'état embryonnaire.

La France n'a pas encore mené à terme la colonisation de la
Tunisie, bien que ce soit la plus rapprochée de ses colonies.
Elle a fait beaucoup pour l'Indo-Chine, mais c'est peu par rapport à ce qu'il reste à faire. A Madagascar elle débute à peine ;
et elle n'a rien fait encore dans les régions équatoriales.

La Hollande elle-même, malgré la date déjà reculée de
ses conquêtes a seulement colonisé une petite partie de l'île
de Java.

Pourquoi donc la colonisation suit-elle si paresseusement
l'accaparement rapide des terres ? Pour diverses raisons parmi lesquelles la dernière n'est pas l'insuffisance du capital disponible,
jusqu'à présent non en proportion des entreprises grandioses
engagées. Le capital nécessaire à l'exploitation des forêts et
des mines, à la construction et à l'exploitation des voies de communication, à la pratique du commerce, est énorme. Mais celui
qu'exige l'agriculture coloniale est bien plus grand encore. Quel
avantage y a-t-il à ce que les terres dans les colonies aient moins
de valeur qu'en France, s'il faut y construire des habitations,

importer le bétail d'exploitation, le matériel, les semences et
tout ce qui est nécessaire à la production? La valeur du capital
technique dépasse le plus souvent celui de la terre où il s'emploie. On calcule que la mise en valeur des terres algériennes et
tunisiennes n'a pas coûté moins de cinq cents francs par hectare (1). C'est-à-dire que si la France voulait mettre en culture
seulement la moitié de ses terres coloniales, elle devrait employer
plus de 237 milliards de francs. C'est là un capital que la France
ne possède pas et que peut-être elle ne possèdera jamais. Si
l'Angleterre se proposait le même but, elle devrait employer une
somme quatre fois supérieure.

Étant donnée l'insuffisance du capital de chaque nation colo-
nisatrice par rapport aux innombrables emplois qu'offre leur empire colonial, il semble exagéré de craindre que le capitalisme
étranger puisse s'établir dans les colonies nationales et en évincer le capitalisme national. Le capital de toute nation colonisa-
trice trouve d'innombrables formes d'emploi dans ses propres
colonies, et ces emplois seront toujours préférés en raison de la
sécurité plus grande qu'ils présentent. Il est donc faux de dire
que le système du monopole ou de l'assimilation a pour but de
réserver exclusivement au capital national les entreprises qui
peuvent être engagées dans le domaine colonial. Cette exclu-
sivité s'obtiendrait encore, si l'on n'avait pas recours à des
mesures restrictives artificielles et onéreuses. La communauté
de la langue, des lois et des mœurs suffit pour assurer la préférence au commerce métropolitain, sans le secours de stimulants artificiels. Le capitalisme national verrait également les
profits les plus élevés réservés à lui seul, en raison de ce que
des éléments naturels excellents et encore vierges sont mis à
la disposition d'hommes intelligents et avisés. Stuart-Mill dit
que, dans l'état actuel du monde, les entreprises coloniales
constituent les meilleures affaires où puisse être employé le ca-

_____

(1) A. BILLARD, *Politique et organisation coloniales*. Paris, V. Giard et
E. Brière, 1899, page 53.

pital d'un pays vieux et riche (1). Parfaitement. Mais les emplois sont si nombreux et si rémunératifs dans l'empire colonial de chacun de ces pays, qu'aucune nation n'a intérêt à engager ses capitaux propres dans les colonies étrangères.

(1) STUART-MILL, *Principes*, livre V, chap. II, § 14.

CHAPITRE IX

97. Le facteur économique de la politique commerciale.
— Nous avons parlé longuement des raisons économiques qui
agissent de façon continue sur le libre-échange ou le protectionnisme; et particulièrement en ce qui concerne la population, la
répartition et les colonies. Sans vouloir nous répéter, nous résu-
merons rapidement ce qui a déjà été dit à ce sujet.

Karl Marx, dont le sens des choses économiques fut si péné-
trant, ne vit autre chose dans la prédominance du libre-échange
ou du protectionnisme que des formes d'adaptation diverses du
régime capitaliste. Qu'est-ce, disait-il, que le libre-échange ?
C'est la liberté du capital. Qu'est-ce que le protectionnisme ?
C'est un des moyens par lesquels la bourgeoisie se concentre et
renforce sa situation de classe dominante.

La conception marxiste de la politique commerciale n'est pas éloignée de la vérité.

Dans les premiers âges de la civilisation économique, la pratique du libre-échange est le résultat naturel de la simplicité du milieu. Il n'y a pas de forces en conflit. La terre, le seul capital disponible, est commune. Lorsque, plus tard, sous la poussée de la population croissante, la production acquiert des formes stables et que le sol perd peu à peu son caractère de communauté ; lorsque la propriété privée se substitue à la propriété collective et que le capital mobilier commence à faire sentir son action, alors encore le libre-échange conserve une suprématie incontestée.

La rente différentielle apparaît et commence sa domination. Elle ne peut accroître sa puissance que par la mise en culture de nouvelles terres ; mais la culture ne peut s'étendre qu'avec l'aide de l'exportation des produits agricoles, c'est-à-dire avec l'aide du libre-échange. Celui-ci ne se permet aucune déviation ; il conserve l'orientation première et se développe rapidement. Le travail et le capital y ont intérêt. Le travail, parce qu'étant donnée la simplicité de la production il peut échapper au salariat et conserver sa liberté ; le capital, parce qu'il trouve dans la rente la meilleure part de son profit et dans la liberté d'échange le moyen le plus sûr de maintenir ce profit même. Ce concours harmonique d'intérêts ne subit aucun changement jusqu'à ce que la rente ne se sente plus sûre d'elle-même et que le capital commence à trouver d'autres formes d'emploi rémunératrices.

La terre a déjà donné tout ce dont elle était capable et elle cède devant la loi des rendements décroissants. En attendant, d'autres marchés qui — plus fortunés — continuent à bénéficier des rendements croissants, font sentir l'aiguillon de leur concurrence. La rente se trouve minée par sa base ; l'une des raisons pour lesquelles le libre-échange s'imposait à tous et à tous était avantageux, perd de sa force.

La consommation intérieure augmente et avec elle les dispo-

nibilités de travail. L'augmentation démographique et l'impossibilité de continuer la culture de la terre sans le concours de capitaux abondants ont pour effet de déprimer les salaires. La
production industrielle se fait jour timidement, et elle trouve
l'obstacle le plus redoutable dans la concurrence étrangère. Les
premiers intérêts pouvant bénéficier du protectionnisme apparaissent et, à leur influence, s'ajoute bientôt celle de la rente
terrienne qui est désireuse de tirer une vigueur nouvelle de la
protection.

Donc, deux forces convergentes auxquelles la consommation
ne sait pas opposer une résistance capable de les neutraliser ; ces
forces imposent bientôt le double protectionnisme : industriel et
agricole.

Mais la protection accordée à l'agriculture apparaît vite
comme impuissante. Les taxes enrayent le faiblissement de la
rente sans pouvoir lui donner une nouvelle force dynamique.
Le profit industriel, au contraire, bénéficie de hausses subites.
De toute façon l'alliance reste étroite, jusqu'à ce que l'industrie
semble animée d'invincibles besoins d'exportation. Alors elle
supporte mal que le protectionnisme agricole s'oppose indirectement à l'exportation des objets manufacturés. En attendant,
les consommateurs possédant mieux l'expérience de la vie, se
prononcent en faveur du profit industriel contre la rente. Ils réclament un niveau de salaires réels plus élevé, niveau que l'on
ne peut atteindre qu'en réduisant les prix des biens consom-
mables, c'est-à-dire en favorisant l'importation agricole étrangère au détriment de la production nationale.

Les conflits économiques, pendant ces périodes, affectent un
caractère d'une âpreté extrême. La rente s'efforce de maintenir
sa domination, tandis que le profit et les salaires ne lui laissent
pas de trêve et la pressent de toutes parts. La lutte, après d'ardentes compétitions qui embrassent de longues périodes, se termine en faveur des industriels et des travailleurs. Les droits
agricoles tombent peu à peu, ainsi que ceux qui frappaient les
produits manufacturés ; mais les effets sont complètement diffé-

rents pour cette dernière forme de production. L'industrie, déjà
très forte, augmente rapidement ses exportations par cette raison aussi qu'elle paye de ses produits l'augmentation des importations de produits agricoles. Le travail obtient des salaires
réels plus élevés et s'oppose énergiquement à toute diminution
des salaires nominaux. La rente, au contraire, finit par disparaître complètement et les cultures périclitent. Les populations
abandonnent les campagnes pour les fabriques. Sur ces ruines
le profit industriel s'élève sans compétitions.

Ce sont là, en raccourci, les causes économiques qui agissent
au cours d'une évolution complète. Cette évolution, comme nous
l'avons dit, n'est pas rapide : car les périodes économiques sont
peut-être plus longues que les périodes historiques. Et il n'est
pas dit que le développemement du phénomène doive être,
même dans les cas particuliers, aussi simple que nous l'avons
décrit. Les forces qui agissent sur la production et qui animent
la politique commerciale, donnent lieu à des catégories innombrables de conflits, d'alliances et d'exclusions. Toutefois les
grandes lignes de l'évolution sont telles que nous les avons tra-
cées.

Après ce développement progressif, on assiste à des phénomènes d'involution économique, au cours desquels la rente et
le profit ne sont pas en conflit, mais sont au contraire alliés à
nouveau. Le protectionnisme, sous sa double forme, réapparaît ;
mais il n'est plus capable de rendre à la terre la rente dont elle
bénéficiait autrefois, ni le prestige perdu, au capital industriel.

98. Le facteur financier de la politique commerciale :
a) *L'action de la finance sur la politique commerciale des Etats
composés.* — Beaucoup parmi ceux qui recherchèrent les éléments de la politique commerciale, ne donnèrent pas au
facteur financier toute l'importance qu'il aurait mérité. Celui-
ci, en effet, est souvent décisif et fait prévaloir la cause qui
l'appelle à sa défense. Son action en temps que force déterminante n'est pas toujours la même ; elle est puissante et presque
décisive dans les périodes où le malaise financier est profond et

dans les pays où la finance publique a une organisation spéciale ; elle est faible, au contraire, lorsque le budget d'Etat
traverse des périodes d'heureuse prospérité et là où l'établissement de l'impôt ne donne pas lieu à des contestations trop
âpres.

Le facteur financier est susceptible de la plus grande efficacité dans les Etats fédérés lorsque les contributions indirectes
sont l'apanage du Gouvernement commun.

La nature de l'Etat fédéral (1), l'effort qu'exige la réalisation de son but, la nécessité d'adopter un impôt identique pour
tous les gouvernements particuliers, ont pour conséquence ce
fait que les impôts fédéraux doivent présenter des caractères
de généralité et d'élasticité et offrir encore la plus grande
uniformité dans les modes de perception. Les impôts indirects
satisfont parfaitement à de semblables exigences. Ils permettent
d'avoir une taxation uniforme applicable à tous les Etats, et
naturellement élastique ; c'est-à-dire une taxation idéale, que
l'on ne pourrait réaliser sans avoir recours à eux. La contribution directe a un caractère essentiellement local qui la
rend difficilement applicable à l'Etat fédéral qui exige précisément un impôt uniforme dans toute l'étendue de son territoire.

Ce besoin est parfaitement compatible avec un autre but de
l'Etat fédéral : la politique commerciale qu'il pratique dans
l'intérêt de tous les Etats fédérés. Il n'est pas possible de séparer la fonction économique de la protection, qui est évidemment du ressort du pouvoir central, de sa fonction fiscale. On
ne saurait à quel fragment du territoire attribuer le produit des
taxes payées par les marchandises importées dans le but d'être
consommées par les diverses fabriques de la Fédération. Les
réserver aux Etats frontières, cela reviendrait à concéder à
ceux-ci des contributions payées par les consommateurs des pays

_____

(1) Son rôle est de poursuivre les buts qui intéressent tous les citoyens
des différents Etats fédérés.

fédérés intérieurs; et ces consommateurs seraient ainsi dé-
pouillés du produit des droits d'entrée, qui doit cependant
leur revenir exclusivement.

L'élasticité positive et négative des impôts indirects constitue un grand danger pour les finances fédérales et aussi une
cause continuelle de trouble pour la politique commerciale. Le
rendement de ces impôts, étant donné son élasticité, ne correspond jamais exactement à l'augmentation des dépenses publiques ordinaires; et c'est ce qui n'arrive pas avec les impôts
directs qui présentent la plus grande régularité dans les
recettes. Il en résulte des excédents et des déficits fréquents et
parfois énormes; les excédents sont dangereux car ils entraînent
immédiatement des dépenses stériles; les déficits ne sont pas
moins embarrassants, car ils exigent qu'on trouve rapidement de
nouvelles ressources.

Le remède est souvent constitué par une augmentation des
contributions matriculaires ou des droits de douane. Mais là
où les premières font défaut, ou bien lorsque les Etats fédérés
s'opposent à leur augmentation, il ne reste d'autre solution que
de s'adresser aux impôts indirects et par suite aux droits de
douane. Dans ce cas le pouvoir central, pour des raisons
plutôt financières qu'économiques, élève les tarifs douaniers
dont la faculté protectrice est ainsi automatiquement renforcée.

Là où les droits de douane sont judicieusement établis, on
peut élever seulement ceux d'entr'eux qui ont un but fiscal.
Mais cela n'est pas toujours possible, soit parce que pour
plusieurs de ces droits on ne peut distinguer la fonction fiscale
de la fonction économique, soit parce que les besoins financiers
exigent parfois que l'on donne plus d'âpreté à la défense dirigée
contre toutes les marchandises étrangères importées en grande
abondance sur le marché intérieur.

Une autre cause encore a souvent pour effet de provoquer
un changement de tarif qui n'est pas toujours dépourvu de visées
économiques et qui se trouve être plus important que celui pou-

vant suffire aux besoins momentanés; cette cause est constituée par les occasions qui souvent se présentent de discuter l'organisation douanière et de la remanier en partie. Dans des cas semblables tous les intérêts s'agitent; le gouvernement n'est pas toujours maître de ses actes et la coalition des producteurs la plus puissante, même dans le but apparent de servir les finances publiques, exige l'élévation des droits qui l'intéressent et lui permettent de réaliser des profits plus forts.

Parfois, lorsque les entrées fédérales dépassent les besoins ordinaires du budget, le mouvement inverse se dessine; il est également dangereux, car il n'en est pas moins vrai qu'une considération financière toute occasionnelle finit par agir d'une façon décisive sur toute l'organisation douanière et, par conséquent, sur la politique commerciale.

A ce sujet, l'histoire économique de certains pays ne manque pas d'exemples.

Dans les Etats-Unis d'Amérique le premier tarif fédéral, celui de 1789, avait un caractère financier prédominant. Mais on ne peut pas dire que plusieurs des taxes prévues n'eussent pas un certain pouvoir de protection. Après la guerre avec l'Angleterre, qui se déroula pendant les premières années du XIXe siècle, ce fut la situation déplorable du budget de la Fédération qui en 1812 provoqua le doublement de presque toutes les taxes, dont beaucoup atteignirent le 30 0/0 de la valeur des produits. A cette époque, il est vrai, les productions intéressées à la défense nationale étaient peu nombreuses; mais les dispositions douanières n'en furent pas moins accentuées dans le sens protectionniste pour des raisons d'ordre financier.

Au contraire, l'augmentation des entrées constatée après l'application du tarif de 1828, provoqua en 1832 une réduction presque générale des taxes de douane. Cette réduction fut inspirée par le principe, sage au point de vue constitutionnel, de ne pas demander aux pays des sacrifices supérieurs aux besoins de la chose publique. Cependant les effets économiques de cette réduction se traduisirent par un changement dans l'orientation de la politique douanière et dans les rapports établis entre la production et la protection.

Les excédents successifs résultant du rendement financier des douanes furent pour quelque chose dans la réduction, en 1857, du tarif qui avait été voté onze ans avant. Pour atteindre le but plus rapidement, on accorda, lors de cette réforme, la franchise aux matières premières importées. L'innovention était parfaitement en harmonie avec l'esprit de la réforme. Mais en attendant, cette franchise, pour des raisons qui sont évidentes, se traduisit par une efficacité nouvelle donnée à la protection en faveur des industries américaines.

Les raisons d'ordre fiscal eurent encore une part plus considérable dans l'élévation des tarifs de 1862 et celle de 1864. Ces raisons furent même de deux espèces : il y en eut de directes et il en eut d'indirectes. Les unes tiraient leur origine de l'augmentation des besoins du budget fédéral ; les autres provenaient des désirs de donner compensation au travail national de l'aggravation importante des charges directes survenue au cours de ces années heureuses de l'histoire du Nord-Amérique. De toutes façons, l'ensemble des nouvelles mesures aboutit à un renforcement de la protection. La prospérité financière de cette époque justifie en grande partie la réduction de 10 0/0 appliquée à tous les droits de douane. Les difficultés financières de la période suivante, au contraire, aboutissent, en 1875, à la mise en vigueur à nouveau du tarif précédent. La protection douanière ne cessa pas d'avoir sa part même dans ce cas. En effet, en 1872, les producteurs protectionnistes préconisèrent l'abolition des droits de douane ayant un caractère financier, dans le but de rendre nécessaire l'élévation des droits économiques aussitôt que les besoins du budget seraient, une fois encore, excessivement pressants. Ici, comme avant, comme toujours, à côté de la finance publique, il faut voir s'agiter tout un monde de causes économiques qui ont le but unique d'employer selon leurs intérêts la politique commerciale de la Fédération. En

1888, le président de l'Union rappelle à l'attention du Congrès l'état excessivement prospère des finances et propose la révision des tarifs, trop élevés par rapport aux besoins de l'Union pendant cette ère de paix féconde (1). Ici encore, autour de la réforme espérée, nous trouvons de nombreux intérêts économiques. Tous sont d'accord pour réduire les recettes, mais sont très divisés quant au choix des moyens à employer pour obtenir cette réduction. Le projet approuvé par le Congrès s'inspire de ce principe que la diminution des recettes publiques doit s'obtenir seulement par la diminution ou l'abolition des droits protecteurs. Le contre-projet du Sénat, au contraire, confirme encore l'utilité d'une réduction des recettes publiques, mais déclare que les droits protecteurs doivent être conservés intacts et que l'on doit seulement diminuer les droits ayant un caractère fiscal. Comme l'on voit, la question financière n'est que le prétexte du débat qui porte entièrement sur le choix du système de politique commerciale à pratiquer. Aucun de ces deux projets ne passa à l'état de loi en raison des complications politiques qui survinrent. Malgré cela, le fait garde toute sa signification. D'ailleurs le *bill* Mac Kinley de 1890 ne fut autre chose que la conclusion de ces discussions et eut une influence décisive sur la politique commerciale. Le *bill* du futur président de la Confédération réduisit les recettes par l'abaissement des taxes frappant les marchandises non produites aux Etats-Unis ou produites par ce pays dans des conditions telles que la concurrence étrangère n'était pas à craindre. Au contraire, ces taxes furent accentuées, et dans une large mesure, pour toutes les autres marchandises. Le protectionnisme existant acquit donc une âpreté plus forte. Les raisons intrinsèques et les considérations d'opportunité qui firent adopter le *bill* Wilson, quelques années après, ne furent pas différentes.

---

(1) Le président annonça qu'au 1er janvier 1888 la trésorerie déclarait un excédent de 55 millions de dollars et prévoyait le chiffre de 140 millions pour le début de l'exercice financier 1888-89.

Les finances fédérales eurent donc une influence efficace et continue sur la politique douanière. Lorsqu'elles ne donnèrent pas naissance aux idées directrices de cette dernière, elles en furent encore la cause occasionnelle et le facteur prépondérant. Peut-être, dans l'avenir même, elles ne cesseront pas de peser sur les dispositions douanières. Dans le budget fédéral de 1904, pour parler de l'année la plus proche de nous, nous voyons que dans les recettes totales, s'élevant à 541 millions de dollars, les recettes douanières figurent pour 261 millions, ce qui représente presque le 50 0/0 de l'actif total. Nous voyons en outre que dans cette même année le budget fut bouclé avec un déficit de 41,8 millions de dollars. Heureusement, de 1900 à 1903 les finances fédérales s'étaient grossies d'excédents importants; mais si l'année 1904 devait inaugurer une nouvelle période de difficultés financières, le gouvernement finirait probablement par demander aux droits de douane les ressources nécessaires pour faire front aux besoins éventuels. Les autres impôts indirects frappant la consommation se prêtaient moins bien que les taxes de douane à une augmentation importante. D'autre part, la Cour suprême de Justice déclara comme inconstitutionnel l'impôt sur le revenu déjà appliqué avec succès de 1861 à 1882 et vers lequel le parti démocratique chercha inutilement de revenir en 1894 et en 1898. De nouvelles luttes acharnées s'engagèrent alors autour des tarifs douaniers.

La Suisse nous offre un autre exemple de ce que peut la question financière sur la politique commerciale. La constitution fédérale du 12 septembre 1848 comprit les douanes dans les attributions du gouvernement fédéral; et déjà, dans le message du conseil fédéral du 7 avril 1849, nous voyons que le montant des taxes aurait dû dépasser la somme totale des droits jusqu'alors réservés aux cantons. C'est que les besoins financiers résultant du nouvel état de choses commençaient à se faire sentir; et, en effet, le tarif du 7 août 1851 représente dans le sens fiscal un progrès notable sur celui qui l'avait précédé de deux ans.

En 1850, les dépenses fédérales n'atteignaient que 6,7 millions

de francs, dont 4 millions étaient fournis par les impôts douaniers. Mais en 1875 ces dépenses se montaient à 43 millions sur
lesquels 17 millions étaient perçus par la voie des taxes douanières. La situation financière, dont la constitution de 1874 avait
élargi les dépendances, présentait un déficit. Le Conseil fédéral,
dans son projet de réforme douanière du 16 juin 1877, se
raffermit dans cette idée que les tarifs devaient conserver un
caractère purement fiscal. Et il crût s'en inspirer de très près en
établissant un droit de 1 0/0 sur les matières premières, de
2 0/0 sur les marchandises semi-ouvrées et de 3 0/0 sur les
objets manufacturés. Ces taxes étaient certainement très modi-
ques, mais il était impossible de leur enlever toute portée dé-
fensive si réduite fut-elle, elle en conservait une, en particulier,
pour les marchandises facilement produites par le marché national. Cette protection légère augmentait avec la diminution
du coût de production à l'intérieur. Jusqu'à cette époque, l'orientation libre-échangiste fut acceptée par tout le monde et il n'y
eut pas d'oppositions sérieuses à son maintien. De sorte que la
raison financière agit sur la politique commerciale presque automatiquement ; sinon recherchée, du moins agréée par plusieurs
catégories de producteurs. Son action se montra au contraire
plus décisive et plus prompte aussitôt qu'elle rencontra des
alliés naturels dans les désirs de restrictions protectrices qui
venaient de se réveiller.

La cause qui eut une influence prépondérante sur le tarif de
1878 fut, comme nous l'avons dit, la raison financière. Mais elle
ne tarda pas à reparaître et à agir encore dans le même sens.
Les recettes fédérales perdirent rapidement leur élasticité, tandis
que la crûe des dépenses ne semblait vouloir s'arrêter. De 1887
à 1890, les excédents du budget diminuent progressivement et
se chiffrent successivement par 2,7 millions, 1,3 ; 1,1 ; 0,9. On
craignit et non sans raison, que le déficit ne fît une nouvelle
apparition. Le 2 mai 1890, on déclara officiellement l'opportunité d'un nouveau tarif douanier. Les motifs de cette déclaration étaient nombreux : les réclamations de certains produc-

teurs, les nouveaux traités de commerce, etc. Mais les exigences fiscales y contribuèrent aussi dans une large mesure; le conseil en était pénétré et il en parla longuement dans son message du 2 mai 1890. Dans le tarif du 10 avril 1891, les nécessités financières s'alliaient aux désirs d'une protection plus efficace. La Suisse, désormais, abandonnait toute tendance libre-échangiste et la rapide augmentation des dépenses publiques, ainsi que les besoins croissants de ses finances, n'ont pas peu contribué à la pousser dans la nouvelle voie.

Mais le tarif de 1891, quoique avantageux au point de vue fiscal, se montra vite impuissant à faire front aux exigences croissantes du budget fédéral. En 1900, ce tarif apportait 48 millions à l'actif du bilan, alors que le total des dépenses n'atteignait pas 103 millions. Précisément dans cette année le déficit reparut, que l'on n'avait plus enregistré depuis 1874. Les dépenses dépassèrent les recettes de 1,7, puis de 3,6 millions de francs l'année suivante.

La situation financière conseillait déjà une augmentation des droits de douane lorsque les événements économiques recommencèrent à exercer leur influence dans le même sens. Peut-être, dans les derniers actes de la politique commerciale helvétique, le facteur fiscal n'intervint pas d'une façon aussi décisive que quelques années avant; mais il est certain que son action ne laissa pas de se faire sentir. Le 12 février 1902, le conseil fédéral envoya un message au Congrès et lui proposa une nouvelle réforme douanière. Il affirme n'être pas poussé par des considérations fiscales. Il ajoute même textuellement : « Aucun motif fiscal ne nous a guidé, lors de la fixation des droits que nous vous proposons, sauf celui d'éviter une diminution par trop forte des recettes douanières. Nous regrettons, en conséquence, de n'avoir pu tenir compte que partiellement des nombreuses demandes concernant des réductions ou l'exemption de matières premières ou articles manufacturés auxiliaires. Nous sommes bien loin, par contre, de rechercher une augmentation des recettes douanières et aucune des élévations prévues ne l'est pour des raisons fiscales. »

Cette affirmation du Conseil fédéral, bien qu'elle déclare loin de l'esprit du conseil toute considération d'ordre fiscal, s'écarte trop visiblement des faits pour qu'on puisse lui faire confiance. Les conditions du budget d'alors, telles que nous les avons rapportées et elles étaient telles en réalité, ne permettaient pas de douter que le Conseil fédéral n'obéit aussi à des considérations fiscales. Mais, entre temps, le courant protectionniste s'était manifesté assez vivement pour que le gouvernement se trouvât dans l'obligation de faire de sérieuses concessions. Et ce fut une bonne tactique politique que de se rendre favorable la majorité des producteurs, déjà acquise au protectionnisme, en lui laissant croire que les augmentations des droits s'inspiraient seulement du bien-fondé de leurs réclamations. En fait, les choses se passaient d'une façon bien différente et la remarque en fut faite par ceux qui n'avaient aucun intérêt à déguiser la vérité (1). Le tarif helvétique du 10 octobre 1902 ressentit, comme tous ceux qui le précédèrent, l'influence inévitable de la situation des finances fédérales.

Paul Leroy-Beaulieu remarque avec raison que dans les petits pays, réduits par une impossibilité naturelle à fort peu de variété dans le climat et la production, le régime protectionniste est un moyen de percevoir les impôts, bien plus qu'un procédé artificiel d'agir sur cette production. Cela est vrai, mais en partie seulement. Et, en effet, la Suisse a été le dernier pays du continent européen à s'engager dans la voie protectionniste. Mais si c'est parce que la Suisse est un petit pays, c'est aussi parce qu'elle est constituée en Confédération et qu'elle doit, dans le choix de son système de politique commerciale, tenir compte de ses finances et obéir à leurs exigences.

La différence du mode d'influence de la situation financière

---

(1) Le *Bulletin Commercial suisse*, de mars 1903, en un vibrant article intitulé *Les arguments en faveur du tarif douanier et les besoins du fisc*, met parfaitement en lumière les raisons fiscales dont s'inspira la dernière réforme douanière en Suisse.

sur la politique commerciale, aux Etats-Unis et en Suisse, consiste en ce que, dans cette dernière, cette influence s'exerce toujours dans le sens protectionniste, tandis qu'aux Etats-Unis elle agit dans un sens ou dans l'autre, au gré des périodes de prospérité ou de besoin que traverse le budget fédéral.

En Allemagne, l'élément financier contribua sensiblement à l'orientation de la politique commerciale. Bien que ce pays, qui a une situation unique parmi les Etats fédéraux, dispose de recettes privées résultant de la propriété de biens patrimoniaux et de l'exercice d'industries spéciales, il n'en est pas moins vrai que la source principale des finances impériales réside dans les impôts indirects de consommation qui donnent plus de la moitié des recettes totales. L'Empire dispose en outre des contributions matriculaires provenant de chaque Etat et qui font défaut aux Etats-Unis et en Suisse, bien que ces deux pays soient constitués selon la formule fédérative. Cependant l'histoire de l'Empire allemand nous apprend que les douanes fournirent presque toujours les ressources nécessaires au développement de la politique impériale. Le premier chancelier, aussitôt que la nouvelle constitution fut bien assise, dût songer aux moyens de doter l'Etat de ressources propres et nouvelles. La question financière acquiert alors une importance très grande. Déjà, en 1877, les membres de l'*Association pour la réforme fiscale et économique* proclamèrent un programme douanier basé sur une taxe modique et uniforme frappant tous les objets importés... Ce fut le projet de tarif élaboré par Niendorf. Les idées libre-échangistes prédominaient encore à cette époque, mais il ressort évidemment des discussions engagées que les raisons financières devaient agir dans un sens contraire à ces mêmes idées. On reconnut plus tard qu'une taxe uniforme s'imposant à toutes les marchandises importées ne pouvait être privée de toute portée protectrice. Ainsi, dans le projet Niendorf, la taxe sur les céréales est considérée par certains comme de nature fiscale ; d'autres, au contraire, lui donnent un caractère économique. C'est ainsi que le comte Dürkheim la considère, au fond,

car, en le discutant, il met en évidence sa fonction de protection ; et c'est bien ainsi qu'elle est en réalité. Pour beaucoup
d'autres taxes, la portée fiscale ne pouvait être distinguée de la
fonction protectrice. La raison financière, presque à l'insu
des libre-échangistes, orientait les dispositions douanières vers
le protectionnisme.

Cependant, vers 1877, de nouveaux événements poussent à
l'augmentation des droits de douane dans le but d'en retirer des
ressources financières plus considérables. L'échéance du septen-
nat s'était rapprochée et l'on songeait également à une augmentation de l'effectif de l'armée. Les finances impériales voyaient,
de jour en jour, diminuer leurs ressources ordinaires et se
voyaient contraintes de demander toujours davantage aux contributions matriculaires. Cela n'était pas une petite cause de
mécontentement pour les différents Etats, dont plusieurs se trouvaient déjà dans une situation financière peu prospère et ne
pouvaient augmenter les contributions matriculaires, parce que
l'imposition directe était arrivée, chez eux, au maximum. Le
nouvel empire revenait désormais trop cher ! Les projets for-
més pour allouer à l'Etat le service des chemins de fer et pour
obtenir un rendement plus fort de l'impôt sur le tabac avaient
échoué. Quel moyen de salut restait-il encore, sinon celui de
demander aux douanes une contribution plus importante ? Ce fut
ce moyen que choisit le chancelier de l'Empire, d'autant plus
que les exigences du budget coïncidaient parfaitement avec ses
propres intentions économiques et avec le mouvement protectionniste qui se dessinait à ce moment.

Les ministres des Finances des Etats allemands, réunis à Hei-
delberg pendant l'été de 1878, avaient déjà décidé d'augmenter les droits de douane et d'éviter ainsi toute accentuation des
contributions matriculaires et des impôts directs. Dans le projet
de tarif présenté au *Reichstag* l'augmentation des taxes fiscales
constitue l'une des bases de la réforme projetée. La raison financière n'est pas l'unique mobile de l'évolution qui s'élabore
dans le domaine de la politique commerciale, mais elle en cons-

titue un facteur décisif. Bismarck, écrivant le 10 janvier 1879 au ministre Hofmann, l'informe de ce que les taxes de douane financières et économiques doivent être comprises dans un même projet, dans le but d'éviter que les unes soient approuvées alors qu'on déciderait le rejet des autres. Cette réunion devait faciliter l'entente politique et commerciale, car elle devait obtenir les suffrages de ceux qui avaient quelque inquiétude au sujet des finances impériales et de ceux qui réclamaient une protection plus efficace. Quelle meilleure preuve peut-on demander du fait que la raison financière était un facteur décisif dans la lutte engagée à cette époque entre le libre-échange et le protectionnisme. Les considérations financières acquièrent une réelle puissance grâce à l'habileté avec laquelle en joua le chancelier de l'Empire. Il avait déjà, dans la réforme projetée, assigné la première place aux raisons d'ordre fiscal ; il fit luire aux yeux des possesseurs de biens immobiliers le principe d'après lequel l'augmentation future du rendement de l'impôt serait en partie consacrée au dégrèvement des impôts directs devenus extrêmement lourds.

Cette promesse, expressément répétée par Bismarck, et embellie encore par l'effet de l'éloquence vibrante qui lui était habituelle, lui valut la confiance des propriétaires urbains ou campagnards qui étaient encore indécis. La réforme, en définitive, fut indiquée comme un bien pour les contribuables et une nécessité pour les finances des Etats particuliers et de l'Empire, lequel en était à faire figure de parasite. Les motifs financiers contribuèrent largement à grossir la majorité parlementaire (217 sur 336 votants) groupée autour du projet de tarif nouveau, tarif qui fut en effet très bénéficiable aux finances impériales. Tandis qu'en 1877-78, le produit net des douanes avait été de 103.7 millions de marcks, en 1883-84 il s'éleva à 189.7 millions, puis à 357.7 millions en 1889-90.

Le rendement des douanes fut toujours extrêmement nécessaire à l'établissement du budget impérial. Mais la nouvelle politique mondiale entraînant le développement de la marine et l'en-

treprise d'expéditions coloniales, imposa aux finances impériales
de nouveaux sacrifices pour lesquels les recettes ordinaires furent absolument insuffisantes. Allant même à l'encontre de la constitution, l'Empire fut forcé de recourir à des emprunts extraordinaires dans le but de couvrir le déficit ; car il devenait
impossible d'augmenter encore les contributions matriculaires.
Il arriva même souvent que les fonds des caisses de retraites
furent détournés de leur usage. Ces difficultés nouvelles et
d'autres, plus graves encore, prévues dans un avenir rapproché, firent que l'approbation du nouveau tarif du 25 décembre
1902, bien plus élevé que les précédents (1), fut plus aisée.

b) *L'action de la finance sur la politique commerciale des autres
Etats.* — Les nations qui ont une organisation fiscale différente de celle des Etats Fédérés, n'échappent pas à l'influence
que les raisons financières peuvent exercer dans le domaine
de la politique commerciale. Naturellement, cette influence
se fait sentir d'une façon plus ou moins décisive selon le plus
ou moins de solidité des bases de l'édifice financier et selon la
prospérité ou la gêne du moment.

Ainsi la Russie, toujours aux prises avec l'infirmité chronique
de ses finances, a mis son régime douanier à leur service. L'administration du comte de Cancrin (1824-42) qui ne fut pas dépourvue de bonnes directions, ne put pas ne pas tenir compte de
cet état de choses. Les finances russes, ployant sous la dette accumulée pendant trois guerres ruineuses, demandèrent aux douanes
des efforts plus efficaces. Le rendement des droits d'entrée, pendant cette période, augmenta de 25 0/0. La politique commerciale de l'Empire se proposa d'aider au développement de l'industrie nationale, mais songea à poursuivre ce nouvel objectif
uniquement parce qu'il était en harmonie avec les exigences
du fisc. Dans d'autres conditions, peut-être l'eût-il négligé,

(1) Les recettes plus fortes données par le nouveau tarif furent insuffisantes.

Le 1er juillet 1906 entra en vigueur la loi (*Steuermonstrum*) qui frappait
plus durement la bière, le tabac, les successions, etc.

tellement les considérations financières avaient acquis une influence capitale sur l'orientation commerciale. Contre cette influence vint se briser la volonté même du tzar Nicolas Ier qui aurait voulu une politique moins anti-libérale.

Vers le milieu du siècle fut instauré un régime douanier moins restrictif. Il y eut plusieurs causes à cela, parmi lesquelles le désir d'augmenter les recettes en atténuant les droits, ce qui aurait entraîné une intensification de la consommation. D'ailleurs cette saine conception n'eut le dessus que pendant peu de temps. Le régime en question, inauguré en 1857, prit fin entre 1859 et 1861, période pendant laquelle on voulut obtenir le même résultat par des moyens tout opposés, c'est-à-dire en augmentant tous les droits ; l'augmentation fut, en effet, de 5 0/0. Le ministre des finances, en commençant la revision douanière de 1861, en délimita clairement les fins : « augmenter les recettes de l'Etat tout en cherchant à aider au développement régulier du commerce ». Alors, comme toujours, la question financière occupe la première place dans la politique douanière.

Pour faire face aux énormes dépenses résultant de l'amélioration des moyens de communications et de l'énorme dette publique accumulée, le décret du 1er janvier 1877 ordonne que le paiement des droits soit effectué en monnaie d'or. Ce qui équivaut à une augmentation de 30 0/0 de tous les droits d'entrée. C'est là l'une des plus considérables et des plus salutaires dispositions auxquelles un pays puisse avoir recours. Le mobile en est toujours d'ordre financier, et la politique commerciale en demeure profondément influencée en raison du renforcement spontané et important de la protection.

La guerre avec la Turquie, en 1877, fit monter le déficit du budget à plus de 465 millions de roubles. Selon le système ordinaire, les douanes furent bientôt appelées à combler un vide aussi considérable et en 1881, uniquement pour des raisons financières, ainsi que dut le déclarer le Conseil de l'Empire du 16 décembre de cette année, une augmentation de 10 0/0 fut décrétée qui frappait toutes les marchandises soumises aux droits d'entrée. C'est encore pour le même motif, exclusivement, qu'en 1878 le coton brut nécessaire aux manufactures moscovites fut frappé de 40 *copecks* par *poud*.

C'est seulement plus tard que cette augmentation revêt un caractère économique, lorsque la production de la matière première qu'est le coton brut se développa dans les régions méridionales de l'Empire. Mais cela n'empêcha pas la production du coton indigène d'être protégée et stimulée à partir du moment même où la taxe fut imposée. Ici encore nous voyons qu'une taxe fiscale peut avoir l'effet d'une taxe protectrice ; c'est là un des nombreux exemples où la question financière détermine l'orientation de la politique commerciale.

Selon Stieda, écrivain qui ne saurait être suspect, parmi les motifs qui, en 1822, militaient en faveur d'une nouvelle revision douanière, ceux d'ordre financier étaient prépondérants. Et même on se basait sur cette revision pour aboutir à une réforme fiscale inspirée d'une équité plus large. On voulait remédier à la non-péréquation des impôts, nombreux et très lourds, en élevant les droits sur les produits de luxe, en atténuant ceux qui frappaient les produits de première nécessité. Les raisons pour lesquelles l'un des systèmes, ou l'autre, aurait pu conduire à des avantages plus étendus sont faciles à apercevoir. Selon Wittschewski, la politique commerciale russe, exclusivement inspirée de considérations fiscales, conserva la même orientation pendant la période 1882-91. La nouvelle augmentation de 20 0/0 décrétée le 7 juillet 1885, fut déterminée, principalement sinon exclusivement, par des raisons d'ordre fiscal. On peut en dire autant de toutes les augmentations qui suivirent, jusqu'à celle du 21 juillet 1900 qui éleva de nombreux droits dans la mesure même de 50 0/0.

Wittschewski assure que dans le tarif russe actuel il n'est pas possible de faire une distinction entre les taxes d'ordre fiscal et celles d'ordre économique, parce que, dans le plus grand nombre des cas, les intérêts de la production nationale vont de pair avec ceux du budget. C'est uniquement en vertu de ce parallélisme que les raisons financières pèsent de tout leur poids sur la politique commerciale, même aujourd'hui où l'on a fait beaucoup sans réussir complètement, dans le but de bien différencier les droits de nature fiscale de ceux qui ont un caractère économique.

Les débuts de l'établissement du protectionnisme en France furent aidés par les besoins financiers, auxquels la troisième République dut faire front, dès sa naissance. Les projets de Thiers sont connus. Aussitôt arrivé à la plus haute magistrature du nouveau régime et dans le but de remédier au déficit énorme qui résultait des sacrifices faits à l'occasion de la guerre de 1870-71, il présenta un projet prévoyant des impôts nouveaux et dont les douanes fournissaient la meilleure partie. Les taxes nouvelles et l'aggravation des taxes anciennes présentaient ce seul caractère fiscal. La proposition faite de frapper de droits d'entrée les marchandises brutes nécessaires à l'industrie présentait une gravité particulière. Plusieurs de ces taxes furent acceptées par le parlement, d'autres furent refusées. Parmi les premières, certaines avaient, en outre de leur caractère fiscal, un caractère protecteur plus accentué. La transformation des droits *ad valorem* en droits spécifiques, par exemple, aboutit à une protection plus efficace en même temps qu'à une augmentation des recettes financières. Ce n'est pas pour rien que cette transformation a toujours été demandée par les industriels protégés. De toute façon, le principe qui consiste à demander de larges ressources aux douanes fut accepté par tous, et il devait prendre plus de vigueur par la suite. Le projet de Thiers aurait impliqué un retour déguisé au protectionnisme, parce que la taxation des matières premières exigeait, en compensation, l'élévation des droits frappant toutes les marchandises manufacturées tirées de ces matières premières. Comme nous l'avons dit, ce danger fut écarté grâce, surtout, à l'opposition des Chambres, mais certains droits furent établis qui offraient un caractère à la fois fiscal et protecteur. Telles furent la loi du 30 décembre

1875 sur les sucres et celle du 30 décembre 1873 qui, après
avoir frappé beaucoup de marchandises susceptibles d'être produites à l'intérieur, établissait encore des droits additionnels de
4 et de 5 0/0 sur toutes les marchandises importées de l'étranger. Plusieurs années après, en 1878, le gouvernement, pour des
raisons financières, éleva les taxes proposées par le conseil supérieur du commerce et de l'industrie que l'on avait chargé d'étudier les nouveaux tarifs douaniers. Les augmentations furent
assez lourdes, puisqu'elles comprenaient les deux dixièmes de
guerre et plusieurs surtaxes. Par suite, il est hors de doute que
le motif de l'augmentation était d'ordre fiscal mais son influence
s'exerçait encore dans le domaine économique, parce que l'augmentation portait même sur les droits ayant un but de protection. Les droits, ainsi modifiés sous l'influence des besoins
financiers, furent maintenus par les tarifs de 1881.

La reconstitution économique et financière de la France fut
très rapide et le budget put bientôt s'équilibrer. Néanmoins, les
considérations fiscales ne cessèrent pas d'agir sur la politique
commerciale de la République. Lorsque, vers 1890, un nouveau
projet de tarif vint à l'étude, on fit valoir les besoins du trésor.
M. Méline, à la Chambre, dans son rapport sur le projet de
réforme, dit que cette réforme était nécessaire non seulement
pour des raisons économiques, mais encore « parce qu'elle augmenterait d'une façon notable les recettes du Trésor, ce qui nous
permettra, disait-il, non seulement de donner à notre budget un
large équilibre, mais aussi d'accomplir plus d'une réforme utile
au pays. On nous accordera bien que de pareils avantages ne
sont pas à dédaigner dans une situation financière aussi chargée
que la nôtre. » Et le chef des protectionnistes français se plai-
gnait de ce que la France, immédiatement après la guerre de
1870, n'eût pas imité l'exemple des Etats-Unis et de l'Allemagne,
qui cherchèrent dans les recettes douanières les ressources nécessaires pour faire face aux exigences d'une situation financière
compromise.

La Commission du Sénat, appelée à étudier le projet adopté

par la Chambre, eut à examiner des considérations du même
ordre. Le sénateur Dauphin, rapporteur de la « commission
générale des Douanes » évaluait à 130 millions de francs l'augmentation du rendement financier qui eût résulté de l'application des droits proposés. En réalité, la raison financière fut invoquée fort à propos par les protectionnistes, dans le but d'augmenter la valeur et la portée de la cause qu'ils défendaient. Mais
cela n'empêcha pas que cette même raison financière exerça une
influence qui eut pour effet de rendre plus facile le retour au
protectionnisme. Devant l'augmentation continue des dépenses
publiques, beaucoup de contribuables, déjà fortement atteints
par l'aggravation des impôts, se sentirent de la sympathie pour la
réforme douanière qui devait permettre d'éviter de nouvelles
augmentations des impôts directs. Une aide nouvelle vint encore
de la part de ceux — et ils étaient nombreux — qui voyant les
finances de la République manquer de bases solides étaient tout
disposés à recourir à quelque moyen que ce fût pour leur donner toute la fermeté désirable.

L'Italie, autant et plus peut-être que les autres pays, mit la politique commerciale au service de ses finances, plus particulièrement à certaines époques de son histoire. Le nouveau royaume
fut obligé, dès ses débuts, de lutter contre un déficit énorme. Ce
déficit dépassa un demi-milliard en 1861, atteignit 721 millions
en 1866 et ne descendit jamais au-dessous de 200 millions pendant
les dix premières années de l'unité politique italienne. Les droits
de douane n'apportaient au budget qu'une faible contribution.
Leur rendement sembla s'amoindrir depuis 1861 jusqu'en 1864 ;
et resta bien au-dessous de ce que les différents États de l'Unité
avaient tiré de leurs droits de douane, avant l'unification. Il fallait apporter une solution rapide à cet état de choses et l'on
commença par frapper de droits beaucoup de marchandises
importées ou exportées, dans le seul but de fournir des ressources au trésor. L'orientation libre-échangiste, particulièrement en raison du traité commercial de 1863 avec la
France, n'était pas abandonnée, mais déjà elle subissait cer-

taines modifications sensibles présentant un caractère fiscal.

Par la loi du 28 juin 1866, on augmenta ou l'on établit *ex novo*
51 taxes d'importation et 57 taxes d'exportation. Certaines de
ces dernières avaient, pour les marchandises qu'elles frappaient,
une portée protectrice, ainsi les droits sur le blé, sur le bétail et
sur la soie. L'orientation libre-échangiste subissait donc, en fait,
des violations importantes qui étaient provoquées exclusivement
par des motifs d'ordre fiscal.

Les tarifs de 1878 avaient pour but, avant tout, comme le dit
Victor Ellena, « de fournir des ressources plus larges au Trésor »
et de satisfaire, en même temps, aux justes réclamations des
producteurs, lésés par un régime douanier ne répondant pas
aux conditions économiques du pays. Comme l'on voit, dans
cette rapide conversion au protectionnisme, les besoins du fisc
sont les premiers mobiles. Aucune des taxes susceptibles de fournir des ressources au Trésor ne fut écartée, de sorte que beaucoup de droits d'entrée eurent une action protectrice bien que
tirant leur origine de considérations fiscales. Le protectionnisme
prenait tous les jours une force nouvelle avec l'appui intéressé du
fisc. Les finances publiques, en effet, en retiraient de grands avantages. Les recettes douanières, qui en 1864 n'avaient pas atteint
57 millions, montèrent, après les dispositions adoptées en 1866,
à 98 millions pendant l'exercice 1874, puis à 208 millions en
1884-85.

Il est peut-être vrai, ainsi que certains le prétendent, que les
raisons financières n'aient pas exercé la même influence dans
l'élaboration des réformes adoptées en 1886. Il est certain, cependant, que les conditions d'équilibre du budget, toujours d'une
réalisation difficile, entrèrent en ligne de compte, non seulement lorsqu'il s'est agi de réformes importantes, mais encore
dans le choix des dispositions de détail. C'est ainsi que, de 1885
à 1893, nous voyons 23 lois particulières parmi lesquelles sept
dites de *Catenaccio*, qui furent presque toutes provoquées par les
exigences du budget et vinrent renforcer très sensiblement les
taxes déjà existantes.

Certaines de ces taxes (il suffirait de citer entre toutes celle qui frappait les céréales, élevée trois fois en dix ans et portée de 14 à 75 francs par tonne) tout en fortifiant les finances publiques, eurent pour effet, d'un autre côté, de pousser l'Italie plus avant dans la voie protectionniste.

Les finances publiques exercent donc une influence presque ininterrompue sur la politique commerciale. Cette influence est considérable et parfois décisive dans les Etats Fédéraux, ou dans les pays contraints par des besoins financiers impérieux ; elle s'atténue dans ceux où l'organisation fiscale a trouvé des ressources diverses susceptibles d'un rendement suffisant. La distinction entre les taxes fiscales et les taxes protectrices ne permet pas toujours de circonscrire l'action du fisc au domaine qui lui est propre. Elle déborde souvent ; d'abord en influant sur les taxes qui ont une portée fiscale et protectrice à la fois ; en s'exerçant ensuite même sur celles qui devraient n'avoir qu'un but purement économique. La transformation des taxes fiscales en droits protecteurs peut être plus facilement étudiée dans les pays nouveaux. C. G. Fuchs, en parlant des colonies anglaises, fait remarquer que les premières taxes industrielles furent, sans qu'on l'ait voulu, la copie des taxes fiscales. Etant donnée l'augmentation énorme des dépenses publiques, il est assez difficile que l'augmentation du rendement des droits de douane puisse provoquer ou permettre une réforme dans le sens libre-échangiste. L'augmentation des recettes est à peine suffisante, lorsqu'elle l'est, pour faire face aux nouvelles dépenses. Ce n'est qu'aux Etats-Unis que, dans le passé, la prospérité des finances eut pour effet d'atténuer l'âpreté exagérée du régime douanier. Mais peut-être ce phénomène ne se présentera-t-il plus à l'avenir, en raison des charges croissantes que la politique impérialiste fait supporter au budget fédéral.

Les raisons financières expliquent les dispositions de la politique commerciale qu'il serait impossible d'expliquer par les seules raisons économiques.

99. Le facteur politique de la politique commerciale. —

Le facteur politique, s'il se contente modestement, quelquefois, d'agir sur le système commercial peut, dans certaines circonstances, se déterminer entièrement. Aux Etats-Unis, le premier tarif fut la résultante de causes très diverses, en particulier d'ordre financier ; mais des considérations politiques y contribuèrent aussi, car il fut conçu comme devant servir à consolider l'Union récemment constituée. Si, en outre, le premier tarif comprit plusieurs droits spécifiques ce fut dans le but d'assurer l'approvisionnement des marchandises indispensables au cas, plus que jamais probable, d'un conflit avec l'extérieur.

La pensée d'Hamilton, à qui l'on dut l'organisation financière de l'époque, était inspirée, selon Adams (1), de raisons politiques plus que de raisons économiques ; c'est-à-dire qu'elle subissait l'influence des mêmes causes qui formaient le fond de la politique du parti fédéraliste ; cette politique tendait à donner du prestige et de la puissance au pouvoir exécutif, et à asseoir sur des bases solides le sentiment national. L'émancipation complète vis-à-vis de l'Angleterre (2) fut le désir qui obséda les américains à l'époque héroïque qui suivit la reconnaissance de leur indépendance politique.

Ce fut la fin de la guerre soutenue pendant les années précédentes et, par conséquent, un fait d'un caractère exclusivement politique qui, en 1815, provoqua l'élévation des tarifs et le renforcement de la défense douanière (3). Une autre cause d'ordre politique exerça son influence sur le brusque mouvement de réaction dirigé contre le tarif de 1828. La convention de la liberté du commerce, constituée en 1831, et à laquelle adhérèrent 15 Etats du Sud, s'éleva contre ce tarif et l'accusa de violer l'esprit de la constitution. On crut être à la veille d'un mouvement séparatiste. La révolte de la Caroline du Sud en fut

(1) *Taxation in the United States*, 1789-1816.

(2) Thompson lui-même, protectionniste intransigeant, admit, à plusieurs reprises, cette façon de voir.

(3) Après la paix, le marché américain fut envahi par les marchandises anglaises qui n'avaient pas été vendues pendant la guerre.

le sanglant épilogue. Devant cet événement, d'une haute importance politique, les protectionnistes américains durent capituler et ils acceptèrent le tarif modéré de 1832. Par la suite la conception politique admise fut résumée dans la formule l'*Amérique aux américains*, et elle agit toujours sur la politique commerciale en faveur du protectionnisme. La raison politique ne se manifesta plus avec la même violence que dans le temps où l'Union travaillait à se consolider ; mais elle n'en continua pas moins, longtemps après, à exercer son action.

Un autre exemple, plus convaincant encore, de ce que peuvent les considérations politiques sur l'orientation de la politique commerciale, nous est fourni par l'histoire de l'Allemagne. Vers le milieu du siècle écoulé, la lutte entre l'Autriche et la Prusse pour la suprématie en Allemagne continuait, sourde et tenace. L'Autriche, pour renforcer son hégémonie au sein de la confédération, aurait voulu faire partie du *Zollverein* allemand ; la Prusse, au courant de cette intention, s'y opposa résolument. La situation économique et financière de l'Autriche était, à cette époque, loin de la prospérité. Les finances se ressentaient encore des guerres napoléoniennes et des révoltes qui avaient éclaté en 1848. La production traversait d'ailleurs une période de malaise général. Dans ces conditions, le protectionnisme paraissait doublement avantageux parce que des droits élevés auraient fortifié le budget de l'empire et auraient permis aux diverses branches de la production nationale de bénéficier d'une période de tranquillité indispensable. Cette situation s'était aggravée à la suite de la guerre de 1859, qui avait eu une répercussion désastreuse sur les finances déjà appauvries, et aussi parce que l'opinion protectionniste était devenue intransigeante et exigeante plus qu'elle ne l'avait jamais été.

La situation de la Prusse était certainement meilleure et lui permettait de prendre une attitude plus énergique dans les débats politiques.

Le traité de commerce conclu entre l'Autriche et l'Union en 1853, bien que n'apportant qu'une satisfaction incomplète aux

aspirations autrichiennes, ne les avait pas déçues ; en effet, il
avait été convenu qu'en 1860 on aurait engagé des pourparlers
relativement à la formation d'une ligne douanière plus vaste,
dans laquelle seraient entrés les pays soumis à l'hégémonie du
Gouvernement de Vienne. La Prusse, déjà victorieuse en 1853,
ne se dissimulait pas la gravité du danger pouvant alors résulter de l'entrée imminente de sa rivale redoutée dans l'Union
douanière. Elle eut l'idée de recourir à la démonstration hardie et
péremptoire, susceptible d'une imposante portée politique. Le
15 janvier 1861 elle engagea des négociations avec la France
dans le but de préparer une période de paix économique entre
les deux pays par la conclusion d'un traité de commerce. Le
moment était favorable à l'orientation libre-échangiste et le
nouveau traité ne pouvait pas ne pas en tenir compte ; il devait
ressentir les effets du célèbre traité conclu peu de temps avant —
le 23 janvier 1860 — entre la France et l'Angleterre. Le traité
franco-prussien fut définitivement signé le 29 mars 1862. Il
comporta l'assimilation la plus large des tarifs douaniers des
deux pays et la clause de la nation la plus favorisée. Comme la
France pratiquait un système douanier très libéral, ce caractère
de modération s'étendit, en vertu du traité conclu, aux États
de l'Union douanière, au nom desquels la Prusse avait mené les
négociations. La conséquence immédiate de cette habile démonstration fut que l'Autriche, toujours à cause du malaise
chronique de ses finances, ne pouvant s'engager dans la voie
libre-échangiste, dut renoncer à faire partie du *Zollverein*, qui
adoptait désormais cette orientation. Elle resta donc exclue de
l'Union, au grand avantage de la Prusse, dont le prestige politique en fut accru. Voilà donc un cas où une raison purement
politique détermine le choix du régime douanier d'un grand
marché et l'oriente dans un sens vers lequel, peut-être, la production nationale ne se fût pas encore tournée d'elle-même. Au
contraire, l'intérêt de la Prusse, à cette époque, aurait conclu
en faveur d'une alliance douanière avec l'Autriche. La Prusse
était l'un des pays les plus avancés du *Zollverein*, elle aurait

de ce fait, élargi considérablement le champ de consommation de ses produits. Cette situation n'était pas ignorée par les hommes qui avaient alors le pouvoir en Allemagne ; mais les événements exigeaient que toute considération économique cédât devant la grandeur du but politique poursuivi.

Les raisons issues de la politique intérieure ont pu, parfois, avoir une action sur le régime douanier. Si l'on veut étudier avec soin la réaction protectionniste de 1878 en Allemagne, on lui trouvera, parmi tant d'autres, des causes se rattachant à la politique parlementaire. A cette époque, c'est le refus, de la part des nationaux libéraux, de concourir à l'œuvre gouvernementale qui poussa Bismarck vers le centre et l'obligea à en accepter le programme économique. C'est encore des raisons politiques qui lui rendirent le succès plus aisé. En effet, les travailleurs, qui auraient dû s'opposer énergiquement aux menées protectionnistes, étaient tous absorbés dans la pensée du *Kulturkampf* et du socialisme, et s'étaient, par conséquent, désintéressés de la lutte qui les touchait pourtant de si près. En outre, les élections au *Reichstag*, survenues immédiatement après les attentats dirigés contre Guillaume Ier, avaient fait des vides dans les rangs des libéraux, parmi lesquels, en raison d'une longue habitude et d'une similitude de tendances, prenaient place les libre-échangistes. Il se forma ainsi une majorité disposée à voter les lois contre les socialistes et le nouveau tarif douanier. D'autres raisons politiques encore eurent pour effet de rendre le centre catholique favorable au nouveau projet de tarif. Ce ne fut un mystère pour personne que Windthorst, le chef autorisé de ce parti, persuada à ses partisans de voter conformément aux désirs du chancelier, qui avait promis, en retour, de renoncer bientôt au *Kulturkampf*. La tendance protectionniste du centre existait avant cet accord ; il n'est pas douteux, cependant, que cet accord même contribua à grouper autour du nouveau tarif un nombre de voix plus imposant.

Au cours des récentes manifestations de la politique douanière en Allemagne, le facteur politique eut une part considérable.

Dans les dernières années, pour mieux préparer les fins de la politique impérialiste, il devint nécessaire d'engager de nouvelles et importantes dépenses en faveur de la marine militaire. Une opposition s'était déjà fait jour au sein du *Reichstag* contre les nouvelles charges imposées au budget et une nouvelle demande de fonds n'aurait pas été accueillie sans l'appui des agrariens. Le projet de canalisation même, si cher au maréchal Moltke, si nécessaire à la stratégie militaire et devant donc constituer un élément de puissance politique, n'aurait pas été approuvé sans l'adhésion du parti agrarien. D'où le besoin de concessions réciproques, qui entraînèrent l'adhésion du Gouvernement au programme protectionniste présenté par les agrariens.

En France, le blocus continental qui contribua si fortement à influencer les dispositions douanières de la période violemment troublée pendant laquelle guerroya Napoléon Ier, fut de nature exclusivement politique. Les mesures de représailles adoptées par la Convention dans le but de frapper l'Angleterre dans ses intérêts économiques présentèrent le même caractère. Des considérations de politique intérieure même intervinrent en faveur de l'adoption d'un régime douanier moins restrictif lorsque, pendant la Restauration, le comte d'Artois songeait à rendre la Monarchie populaire, en accordant l'entrée libre aux marchandises nécessaires à la consommation générale. Les ministres de Louis-Philippe ne craignaient pas de déclarer hautement qu'il fallait abolir la protection douanière parce qu'elle représentait un privilège et, par conséquent, n'était plus compatible avec la forme démocratique des institutions monarchiques.

On dut en grande partie au même motif la conversion rapide qu'effectua, immédiatement après, la politique commerciale. Lorsque le Gouvernement du dernier des Orléans s'aperçut que le libre-échange n'était pas utile aux classes sur lesquelles comptait s'appuyer la monarchie, mais qu'il leur fallait le protectionnisme, il réforma alors le langage et l'œuvre de ses ministres. Des hommes éclairés, comme Guizot, commencèrent à s'inquiéter des intérêts des grands industriels et modifièrent, dans le sens qui leur était favorable, les dispositions douanières qui, quelque temps avant, semblaient devoir s'orienter dans le sens opposé. C'est en vain, cependant, que les hommes de la Monarchie s'efforcèrent d'en élargir les bases en adoptant la politique commerciale qui agréait le mieux aux puissants ; le Gouvernement d'alors, en dépit de ses efforts, fut bientôt renversé par la montée des aspirations républicaines.

Plus tard, pendant la troisième République, la réaction protectionniste fut encore aidée par le désir des gouvernants de gagner au nouveau régime les rentiers si nombreux en France en vertu du morcellement de la propriété foncière et partisans aveugles de la protection. Le ressentiment politique que la République nourrissait contre les vainqueurs d'outre-Rhin exerça son influence dans le même sens ; d'autant plus que d'après l'article 13 du traité de Francfort, qui imposait la clause de la nation la plus favorisée, toutes les facilités douanières que la France accordait aux autres États en vertu des traités conclus se seraient étendues à l'Allemagne. On crut, avec l'autonomie adoptée en 1892, remédier à cet inconvénient. On donna au protectionnisme toute la vigueur dont il était susceptible ; on rendit presque impossible la conclusion de traités de commerce et l'on supprima ainsi les avantages indirects dont l'Allemagne avait bénéficié jusqu'alors.

Les causes précédentes ont une importance décisive pour les États qui, venant d'obtenir leur indépendance politique, veulent en faire usage dans la politique internationale. Nous avons vu combien une telle intention put avoir d'effet au regard de la politique commerciale des États-Unis, immédiatement après le reconnaissance de leur indépendance. Les conséquences furent les mêmes en Italie. La politique libre-échangiste de Cavour ne fut pas le seul produit des idées personnelles du grand ministre ni de la conscience exacte qu'il pouvait avoir des intérêts du Piémont ; elle fut également inspirée par le désir d'atteindre un but politique plus élevé. Werner Sombart dépeint assez bien la situation à cette époque : « Pour celui, dit-il, qui tenait dans ses mains la destinée du Piémont et de l'Italie naissante, la politique commerciale même pouvait bien n'être qu'un instrument du grand œuvre politique : conquérir et conserver la sympathie de la France, grâce à un accord complet sur toutes les questions de politique commerciale. C'est à quoi Cavour consacra ses soins jusqu'à sa mort. Son penchant en faveur du libre-échange était en harmonie avec la disposition de Napoléon III, enclin lui-même aux traités de commerce. Le fait de mettre la politique commerciale sarde en parfaite harmonie avec la politique commerciale française devait être, aux yeux de Napoléon, une nouvelle raison de sympathiser. »

Pendant les années qui suivirent, lorsque l'unification du jeune Royaume fut un fait accompli, l'Italie, toujours dans le but de conserver l'amitié de la France, orienta sa politique commerciale dans le sens souhaité par sa voisine et modela, pour ainsi dire, son organisation douanière sur celle de sa fidèle alliée de la veille. Cela apparut à tous les partis comme une sage attitude destinée à consolider la situation politique italienne. Et ce fut encore le désir d'augmenter sa propre influence politique qui incita l'Italie à conclure des traités de commerce avec presque tous les pays européens.

Les mêmes faits se produisirent en Suisse lorsque, constituée en Confédération, elle voulut s'affirmer comme État indépendant ; depuis 1850 jusqu'en 1853 elle pratiqua, dans ce but, la politique des traités conçus dans un sens de libre-échange. La rapide propagation des idées démocratiques contribua à l'adoption d'un tel système, ainsi que la faveur avec laquelle l'opinion vint à s'occuper de ceux qui étaient les plus dépourvus de richesse. La politique libre-échangiste parut être le complément nécessaire de la politique démocratique. Elle devait assurer au peuple la vie à bon marché, par le moyen d'un régime douanier extrêmement modéré vis-à-vis des marchandises nécessaires à son alimentation.

L'Angleterre elle-même, en dépit de la stabilité de son système commercial, a fourni de nombreux exemples de ce que peut le facteur politique ; le désir d'accaparer les voix des industriels du

Nord amena le parti conservateur à supprimer les droits protectionnistes de l'Inde. Ce mobile de la politique intérieure contribua à soumettre les Indes à la suprématie de l'industrie cotonnière du Lancashire.

Les raisons politiques, en tant qu'éléments déterminants de la politique commerciale, ne déploient pas une action aussi continue que les raisons financières. Mais, parfois, elles prennent le dessus sur les mobiles d'ordre fiscal. Devant un intérêt politique supérieur toutes les autres considérations disparaissent. Les dispositions douanières, quoique pouvant léser des intérêts graves et nombreux, se plient docilement, au gré et à la satisfaction de tous, selon les desseins de ceux qui prétendent en faire une arme pour défendre les revendications nationales.

100. Le facteur scientifique de la politique commerciale. — Un autre élément de la politique commerciale, d'ordre intellectuel, est constitué par le courant d'idées que les hommes d'étude ont su parfois déterminer en agitant l'opinion publique, tantôt en faveur du libre-échange et tantôt du protectionnisme. Ce facteur, on peut le dire encore aujourd'hui, n'a pas beaucoup d'importance. Ses victoires furent presque toujours éphémères et n'aboutirent à une œuvre durable que lorsque les idées agitées correspondaient aux faits économiques.

Frédéric List, qui fut un homme de science et aussi un propagandiste inlassable et batailleur, contribua certainement, avec son *Système d'économie nationale*, au renforcement, en Allemagne, des droits de douane industriels et à l'augmentation de rigueur introduite dans leur application. Mais ces droits disparurent aussitôt que les questions politiques qui se posaient dans ce pays exigèrent un régime plus libéral. Il faut toutefois reconnaître que ces événements purent agir avec une facilité plus grande sur le régime douanier, parce qu'un autre courant d'idées répandait déjà dans l'opinion publique allemande la notion des avantages du libre-échange.

La propagande victorieuse de Cobden et le très récent exemple de l'Angleterre n'avaient pas été sans un retentissement considérable dans toute l'Europe.

En Allemagne, Prince-Smith détermina assez bien la part qu'ils eurent dans l'extension des idées libre-échangistes qui trouvèrent ensuite leurs meilleurs éléments de propagande dans les congrès d'économie sociale. Le mouvement, en Allemagne, se développa avec moins de rapidité parce que les idées qui s'agitaient alors dans les esprits tendaient à libérer de l'industrie de l'ancien système des corporations plutôt qu'à adopter immédiatement le libre-échange complet, comme étant le meilleur système de politique commerciale. Nous voyons même que dans les congrès d'économie sociale on traitait toutes les questions se rattachant à la liberté de l'industrie, sur l'opportunité de laquelle tout le monde était d'accord, alors que l'on s'occupait seulement, parmi les questions d'économie sociale, de celles qui ne donnaient lieu qu'à des divergences peu nombreuses et peu importantes (1). L'agitation en faveur du libre-échange était, en Allemagne, très circonspecte dans son mouvement; tandis qu'en Angleterre, elle avait envahi complètement tout l'ancien monde douanier et l'avait complètement révolutionné. Ce n'est pas tout : le courant libre-échangiste acquit en Angleterre une importance et une solidité si considérables qu'il a été presque toujours prépondérant depuis près d'un demi-siècle ; tandis qu'au contraire, en Allemagne, ce parti fut bientôt vaincu car se heurta à des considérations absolument contraires aux idées qu'il préconisait. Vers l'année 1875, les idées avaient complètement changé. Au congrès d'économie sociale qui se tint cette même année les libre-échangistes furent battus. Ils furent abandonnés par les agrariens qui jusqu'alors avaient constitué la majorité de leur parti. Précisément, à cette époque, l'agriculture allemande commençait à plier sous le poids de la

_____

(1) Au congrès d'économie sociale de 1857, on ne discuta qu'une seule question de politique commerciale: celle de l'abolition des droits de transit, abolition que tout le monde acceptait.

concurrence étrangère et avait donc perdu toute raison de donner
son adhésion au système du libre-échange. La différence dans
les résultats et dans la durée des agitations intellectuelles qui
eurent lieu en Angleterre et en Allemagne consiste en ce
qu'elle était née spontanément, en Angleterre, des intérêt réels du
pays avec lesquels elle devait se trouver, et se trouvait vérita-
blement, en parfaite harmonie ; en Allemagne, au contraire, ce
ne fut qu'une opinion d'école, une conséquence artificielle de ce
qui était naturellement arrivé ailleurs. En Angleterre, les com-
battants de première ligne furent les industriels, bien plus que les
doctrinaires libre-échangistes, et aussi les ouvriers parfaitement
conscients de la solidarité de leurs propres intérêts de classe avec
ceux de l'industrie ; ces industriels et ces ouvriers constituaient
deux éléments parfaitement homogènes. En Allemagne, au contraire, les apôtres les plus fervents du libre-échange se recrutè-
rent parmi les théoriciens et ils furent plus ou moins fidèlement
aidés par les agriculteurs du nord. Mais ces deux éléments hétérogènes ne pouvaient remporter qu'un succès éphémère, et il en
fut bien ainsi.

S'il existe un pays où la divergence entre les intellectuels et la
politique commerciale adoptée est le mieux en évidence et présente le plus d'âpreté, c'est bien la France. Dans la République
Française on peut dire que la littérature économique ne compte
pas de protectionnistes ayant quelque autorité ni quelque conviction. Tous les économistes furent et sont encore partisans du
libre-échange. En attendant, sans qu'il y ait de divergences
notables dans l'opinion publique et entre les diverses classes de
producteurs, le protectionnisme est pratiqué avec une constance
rarement démentie.

En 1846, Frédéric Bastiat, l'apôtre du libre-échange sur la
terre de France, essaya, mais en vain, de déterminer l'agitation
que Cobden avait provoquée au delà de la Manche. Il eut encore
moins de succès que Prince-Smith. Ses opuscules et sa parole, qui
furent cependant une merveille de dialectique sinon de profondeur de vue, n'eurent qu'une action très superficielle sur l'opi-

nion publique. On peut dire que cette action ne sortit pas du
cercle étroit des hommes d'étude, cercle qui était loin d'enclore
et de représenter les intérêts majeurs de la France. A cette époque,
l'état de la production en France, différait beaucoup de ce qu'il
était en Angleterre. En France la propriété et la richesse étaient
mieux réparties et les impôts plus équitables. L'agriculture et
l'industrie se trouvaient à peu près au même niveau et leurs
intérêts semblaient aller de pair. Les classes prolétariennes ne
voyaient dans la réforme préconisée que de maigres avantages et croyaient même que leurs intérêts étaient solidaires de
ceux des industriels. L'*Association pour la défense du travail
national*, opposée par les protectionnistes à l'*Association pour la
liberté des échanges* fondée par Bastiat, triompha rapidement;
elle répondait mieux aux intérêts économiques qui prévalaient
alors. En Angleterre, Cobden, Bright et Gibson furent écoutés et
suivis parce qu'ils préconisaient des principes dont la majorité
avait l'intuition avant même d'avoir appris à les connaître.
En France, au contraire, Say, Chevalier et Bastiat ne furent
presque pas écoutés parce que leurs idées tombaient dans des
cerveaux non préparés à les recevoir et, par conséquent, elles
devaient rester stériles. Pendant la période qui suivit, la politique commerciale eut un caractère moins restrictif, mais il
serait hasardé de dire que les principes proclamés par les
économistes ont contribué à cette modification. Du reste, il
leur aurait été plus facile de maintenir telle quelle l'orientation libre-échangiste qu'ils auraient eux-mêmes déterminée.
Au contraire, avec la troisième République, les choses prirent
une tournure toute autre, bien que les économistes eûssent per-
sisté à faire leur propagande autour des idées libre-échangistes. Léon Say, à la Chambre, stigmatisa la réaction protectionniste. En dehors de la Chambre, Leroy-Beaulieu, Gide,
Colson et tous les économistes continuèrent à s'opposer résolument à ce retour aux anciennes erreurs. Mais avec quel
succès ? Retardèrent-ils, même d'un jour, l'adoption de l'autonomie douanière ? Les efforts de la science sont évi-

demment vains lorsqu'ils s'attaquent aux intérêts matériels.

On peut en dire autant de l'Italie. Y eut-il jamais, dans ce pays, un économiste résolument favorable au protectionnisme ? Un déluge d'éloquence est tombé des chaires en faveur du libre-échange, soit avant que la politique commerciale italienne s'oriente vers la liberté, soit après. Mais elle n'eut pas plus d'influence avant qu'après. Le libre-échange alterna avec le protectionnisme sans que l'on s'inquiétât d'aucune considération de principe.

D'aucuns estiment qu'au delà de l'Atlantique l'œuvre des économistes a été, au contraire, très considérable. Cette influence, cependant, fut toujours peu importante, lorsqu'elle ne fit pas complètement défaut. Sans doute, les idées d'Alexandre Hamilton exposées dans son célèbre *Report of Manufactures*, présenté le 5 décembre 1791 à la Chambre des Représentants, pesèrent sur le choix du système de politique commerciale à suivre et contribuèrent, mieux encore, à former la conscience protectionniste. Mais cette influence se manifesta bien longtemps après, puisque les droits de douane, plusieurs années après la présentation de ce *Report*, avaient encore, au moins dans l'esprit des gouvernants, un caractère fiscal et non protecteur. C'est seulement plus tard que les idées d'Hamilton trouvèrent leur application, lorsque se dessina tout un état de choses, en vertu duquel le protectionnisme fut déclaré utile pour le bien de l'économie nationale. Le tarif du 27 avril 1816, le premier qui présente un caractère protectionniste bien net, fut adopté pour des raisons économiques dans lesquelles les doctrines des économistes d'alors ne se retrouvèrent que dans une faible mesure. Mayo Smith, l'historien de la politique commerciale des États-Unis, soutient à tort que le *Bill des abominations* de 1828 fut, en partie, le résultat des doctrines de Frédéric List. Il est avéré, au contraire, que Frédéric List, subit l'influence du milieu américain, lorsqu'en 1825 il voulut l'étudier en y faisant un long séjour. Il nous le dit lui-même dans la préface de son fameux livre. Ce fut aux États-Unis qu'il recueillit et choisit les argu-

ments qui servirent de base au système hardi qu'il publia plus
tard, en 1841. Mais en admettant que les choses aient suivi une
marche différente, c'est-à-dire que List ait prévu, dans son
ouvrage scientifique, le tarif de 1828, à quoi auraient servi ses
doctrines si l'industrie n'eût été déjà, dans la phase capitaliste,
assez avancée pour exercer une action prépondérante sur
l'orientation de la politique commerciale? Ce mouvement ne
se serait-il pas dessiné sans le secours de toute propagande
doctrinale et même contre cette propagande ? Henri Carey
batailla pendant les vingt années qui précédèrent la guerre de
Sécession. Il se convertit au protectionnisme en 1848 et accentua
sa propagande protectionniste pendant les années qui s'écou-
lèrent de 1848 à 1860. Cependant, c'est précisément durant
ces années-là que l'idée libre-échangiste trouva son application la plus large aux Etats-Unis. Les faits s'orientèrent dans
le sens opposé à celui qu'eût désiré Carey.

Plus tard, les doctrines de List, comme, avant, celles
d'Hamilton, comme, ensuite, celles de Carey, de Patten, de
Gunton, servirent à couvrir d'une apparence scientifique les
réclamations des producteurs américains, ou encore à les justifier tant soit peu aux yeux du public ignorant. Contre les
économistes fidèles au protectionnisme, il s'en éleva d'autres,
partisans du libre-échange, qui auraient pu contrebalancer
l'influence exercée par les premiers. Mais ce contre-courant fut
absolument sans effet parce qu'il s'agissait précisément d'un
pays où tous les éléments naturels lui étaient contraires.

La Suisse, le dernier pays du continent converti au protectionnisme, ne manqua en aucun temps de vaillants et talentueux
défenseurs du libre-échange. Il s'en faut. Il suffit de citer
Numa Droz, qui exerça une si grande influence sur les événements politiques de son pays, où il occupa la magistrature suprême et où il travailla avec la volonté ardente de bien faire.
Deux économistes italiens d'une très grande valeur, et tous
deux libre-échangistes militants, Pantaleoni et Pareto, prê-
chèrent longtemps en faveur du libre-échange et contribuèrent

à lui conserver des sympathies dans l'opinion. Mais lorsque les événements imposèrent une orientation vers le protectionnisme ; lorsque les besoins financiers exercèrent leur influence dans le même sens, quelle fut l'influence des théoriciens libre-échangistes ? C'est en vain que Droz continua à prêcher la solidarité entre toutes les formes de liberté, entre la liberté politique et la liberté du commerce ; c'est en vain qu'il chercha à grouper autour des principes du libre-échange tous ceux qui avaient le sens démocratique. Rapidement, la majorité des producteurs se convertit au protectionnisme ; la démonstration en fut faite par l'énorme majorité recueillie lors des *referendum* en faveur des derniers tarifs douaniers. Les citoyens suisses restèrent libéraux et démocrates, mais ils cessèrent d'être libre-échangistes. Une forme de liberté en écarta une autre, et cela démontre que la solidarité est impossible lorsqu'elle est contraire aux intérêts économiques.

Pourquoi donc, en Angleterre, le célèbre livre de Smith recueillit-il de si éclatantes adhésions ? La *Richesse des nations* parut en 1776, lorsque la Grande-Bretagne accomplissait la révolution industrielle qui devait la conduire en peu de temps au plus haut degré de prospérité. Ce fut donc neuf ans après l'Acte de 1767, qui avait frappé de droits plusieurs marchandises importées dans les colonies anglaises du nord de l'Amérique et qui avait provoqué la révolte de celles-ci. Ce fut également à l'époque de la proclamation d'indépendance (4 juillet 1776) de ces mêmes colonies. Ce livre célèbre parut donc au moment où le vieux système colonial croulait sous les coups de la révolution qui éclatait de l'autre côté de l'Atlantique, et où un nouveau système s'édifiait, basé sur la supériorité de l'industrie britannique. A cheval sur ces deux époques, Smith aurait été encouragé par le milieu même à porter les derniers coups au monopole colonial ; de même qu'il trouva le terrain tout préparé pour la propagande en faveur d'une doctrine mieux en harmonie avec les intérêts de la production et du commerce, qui à ce moment même commençait à se développer vigoureusement.

Déjà, le 19 avril 1774, Burke, mieux encore que ne l'avaient fait Pitt et Pownal en 1766 et en 1769, s'était distingué, à la Chambre des Communes, en mettant en lumière et en combattant le système du monopole colonial pratiqué jusqu'alors. Smith, au contraire, ne voulut pas combattre ce monopole comme il aurait pu le faire; il parut même, sur certains points, vouloir le défendre. Mais le monopole colonial tomba néanmoins, ainsi que l'avaient prévu Burke, Pitt, Pownal et d'autres. La demi défense de Smith ne suffit ni à arrêter ni à retarder la marche des événements. Encore une fois, les faits furent plus forts que les doctrines.

Quant à la forme de politique commerciale alors prédominante, le mercantilisme, Smith lui porta un coup terrible dont elle n'a pu se relever. En s'en tenant à sa lumineuse réfutation, les gouvernants d'alors auraient dû adopter immédiatement le libre-échange. Cependant, les réformes libre-échangistes ne vinrent que beaucoup plus tard, en 1820, plus d'un tiers de siècle après que le philosophe écossais les avait annoncées. Pourquoi une telle lenteur? Ce n'est certes pas parce que les esprits n'étaient point conquis à la solide logique de Smith, mais seulement parce que l'intérêt de la production anglaise eût été encore mal servi par un système plus libéral. L'influence de Smith ne put donc aboutir à rien par elle-même. Il est certain qu'elle s'exerça sur l'esprit de Huskisson, de Peel, de Gladstone, qui se trouvèrent en posture de pouvoir mettre en pratique les idées de Smith; ces idées séduisirent les intellectuels, qui applaudirent aux réformes libre-échangistes, et elles donnèrent aux manufacturiers et aux travailleurs des arguments nouveaux pour la défense de leurs intérêts de classe. Mais à quelle époque ces derniers résultats furent-ils atteints ? Lorsque, dans les classes humbles, on sentit le besoin *matériel* d'un régime plus libéral, dans le but d'en tirer un avantage plus grand et un mode de vie moins grossier. Le ministre qui, avant ce jour, s'inspirant des idées de Smith, se fut présenté au Parlement avec un projet effectif de réforme, aurait été renversé sans aucun doute. Smith fut acclamé par les *whigs* pour le même motif qui fit acclamer Malthus par les *tories*. Le premier prêchait une doctrine qui devait donner aux libéraux (industriels, commerçants et prolétaires) plus de richesse et plus de bien-être ; ceux-ci le comprirent donc et le suivirent. Le second reprocha aux pauvres d'être les auteurs responsables de leur propre misère ; il devint aussitôt l'homme des gros propriétaires conservateurs, auxquels il enlevait toute crainte d'être les fauteurs de la pauvreté populaire. Mais, de même que la doctrine de Malthus fut impuissante à maintenir l'aristocratie foncière dans son ancien prestige, de même l'œuvre de Smith serait restée sans effet, si les événements ne lui avaient donné une valeur pratique. Mac Culloch nous dit que la parole de Riccardo, libéral — alors membre de la Chambre des Communes — facilita l'œuvre de Peel. Mais on ne peut dire qu'elle la détermina, et l'éloquence des économistes n'aurait pas été écoutée si l'intérêt prépondérant des producteurs n'avait parlé dans le même sens.

L'influence de Smith fut considérable mais seulement lorsque ses doctrines furent en harmonie avec les besoins du peuple anglais. Le libre-échange se serait peut-être établi sans son intervention, de même que le système colonial fut abandonné malgré la défense que Smith essaya en sa faveur (1). Les spéculations théoriques, même les plus profondes, demeurent stériles si elles ne correspondent pas aux intérêts qui dominent la vie économique. Les doctrines peuvent faire l'office d'un but lointain qu'il faut atteindre ; elles éclairent l'évolution économique à la façon d'un phare éclairant une

---

(1) Cette remarque ne diminue aucunement le respect que tous les théoriciens doivent nourrir à l'égard de l'éminent économiste, en raison de la rigueur et du prestige qu'il sut donner à la science économique.

Vocke, *Geschichte der Steuern des bristischen Reiches*, Lipsia, 1866) a montré que la transformation de la politique commerciale anglaise fut la conséquence naturelle des besoins pratiques qui se faisaient jour et non pas seulement des théories de A. Smith et de D. Ricardo.

route ; mais leur application est d'autant plus difficile qu'elles s'écartent davantage des faits et des besoins économiques.

101. Les facteurs secondaires de la politique commerciale. — A côté de ces facteurs, qui agissent d'une façon presque ininterrompue, il en existe d'autres qui se manifestent et exercent leur action dans des conditions anormales et transitoires. Par exemple, les crises, l'exemple des autres Etats, la rupture imprévue d'un traité de commerce, l'exagération des sentiments d'indépendance, etc., sont des faits qui se présentent à des intervalles irréguliers, mais qui peuvent avoir une importance très appréciable bien que passagère.

La fortune ou l'insuccès des réformes douanières dépend souvent des faits survenus spontanément après leur application et que l'on n'avait pu prévoir. Le pire ennemi des tendances libre-échangistes est souvent la crise économique. Les conséquences douloureuses qu'elle comporte ont une répercussion parfois très longue à s'éteindre. Le mal ne disparaît pas lorsque, la panique calmée, les prix cessent de baisser. On ne subit plus alors, il est vrai, des pertes considérables et subites ; mais les dangers sont encore nombreux et difficiles à conjurer. Dans ces conditions, les producteurs songent à la défense douanière et lui demandent de mettre un frein à la concurrence étrangère, comme si cette dernière était responsable du marasme dans lequel le pays est tombé. Si la crise est partielle et passagère, ces plaintes restent sans écho et les producteurs sont obligés de réagir avec leurs propres forces. Mais si la crise est intense et étendue, les dispositions douanières ne restent pas insensibles aux exigences nouvelles.

Les événements politiques qui tuèrent le commerce entre 1808 et 1815 avaient donné une forte impulsion aux fabriques du Nord-Amérique ; et cette impulsion aboutit à une crise très grave lorsque la guerre cessa. La volonté d'aider les industries nouvelles, très éprouvées par cet arrêt, entra en ligne de compte lors de l'élaboration du tarif protecteur de 1816.

Toujours aux Etats-Unis d'Amérique le tarif libéral de 1857

fait place, en vertu de la crise survenue cette année-là, au tarif encore plus efficacement protecteur de 1861. Il en fut de même plusieurs années après. En 1872, on avait décidé de réduire de 10 0/0 tous les droits d'entrée. C'était un indice léger d'un acheminement vers une protection moins sévère. Mais, aussitôt après la crise de 1879, on annula la réduction établie en 1872, et les droits retrouvèrent toute leur valeur protectrice.

. . En France, la réaction protectionniste se dessina vers 1868. La crise commerciale qui éclata en 1864, prolongée par la crise survenue en Angleterre en 1866, rendue plus âpre par la guerre de Sécession, par celle des Duchés, et par les troubles de l'Amérique du Sud, fit que la cause du désordre économique fut attribuée à la politique libre-échangiste jusqu'alors pratiquée. Le moment parut opportun pour une levée de boucliers en faveur du protectionnisme. Un débat s'ouvrit au parlement, s'étendit dans le pays et aboutit à l'enquête législative de 1870, instituée dans le but d'étudier la situation réelle de la production française et de chercher des remèdes aux maux constatés. Les pays avec lesquels la France entretenait des relations commerciales les plus actives en furent eux-mêmes éprouvés. Le malaise avait donc à la fois des manifestations directes et des manifestations indirectes. Certains en recherchaient la cause dans le renchérissement de l'or, d'autres dans la reproduction générale, d'autres encore dans la tranformation des moyens de transport. Le fait est que les prix baissèrent avec une rapidité inquiétante. L'industrie française était obligée de travailler des matières premières achetées lorsque les prix étaient élevés, et d'en vendre les produits alors que ces mêmes prix avaient sensiblement baissé. Tout le profit escompté disparaissait ainsi et la valeur des matières premières en était elle-même diminuée : le capital en circulation fut réduit proportionnellement. Tout cela incitait les industriels à multiplier leurs efforts pour obtenir une protection efficace, dans le but de réaliser des prix de vente plus élevés à l'intérieur du pays. Dans ces conditions, les partisans

les plus hardis de la politique commerciale pratiquée jusqu'alors trouvèrent eux-mêmes qu'il serait téméraire de continuer l'expérience libre-échangiste.

La résistance diminua d'un côté, les efforts redoublèrent de
l'autre. On aboutit ainsi au tarif de 1881 qui atténua le libre-
échange pratiqué auparavant.

Malheureusement, ce tarif entra en vigueur pendant une nouvelle période de malaise. La dépression commerciale en 1864,
accentuée en 1873, semblait vaincue en 1880, année où l'abondance des capitaux disponibles eut pour effet de relever les prix.
Mais au début de 1882, précisément lorsque les nouvelles taxes
entraient en vigueur, on assista à la baisse des valeurs de
bourse. Les capitalistes restreignirent leurs affaires et le malaise
s'étendit graduellement à toutes les branches de la production.
Les causes de malaise retrouvèrent leur ancienne virulence
et exercèrent leur action avec une énergie nouvelle. La faute,
encore une fois, en fut attribuée aux droits de douane qui
n'étaient pas assez forts. A partir de cette année, on procéda
d'une façon continue au remaniement des tarifs, toujours
pour les renforcer, et on aboutit à l'autonomie douanière en
1892.

En Allemagne, le retour au protectionnisme effectué en 1878
fut provoqué par la crise de 1873. Les réformes libre-échangistes
qui avaient précédé ce retour avaient été accueillies sans grande
opposition parce qu'elles furent appliquées pendant une période
(1860-1873) excellente pour les affaires, où les prix étaient en
hausse et la consommation en voie d'extension. Mais la crise
de 1873 fut accentuée par la précipitation que le Gouvernement
apporta dans l'emploi de l'indemnité de Guerre. La *Grün-
dungsmanie*, qui en résulta, augmenta le désastre. Par contre-
coup, toutes les branches de la production s'en ressentirent et
demandèrent un secours aux mesures douanières.

En Allemagne, la crise commencée en 1900 par la déconfiture
des banques hypothécaires, et qui s'étendit ensuite à d'autres
formes de l'activité économique, eut une influence profonde sur

les tarifs de 1902 ; cette crise fournit de nouveaux sujets de plaintes à ceux — et ils étaient nombreux — qui estimaient que les droits de douane étaient insuffisants par rapport aux besoins de la production allemande. La dernière crise eut, en outre, pour effet de rendre plus aisée la victoire des agrariens, parce que les industriels exportateurs, absorbés comme ils l'étaient par des préoccupations d'une autre nature, ne surent pas opposer une résistance vigoureuse à leurs efforts ; sans compter que plusieurs de ces industriels, cruellement éprouvés par la crise, firent cause commune avec les agriculteurs pour obtenir une protection plus efficace.

Dans le choix de la politique commerciale, l'exemple des autres États exerce une action certaine, en particulier lorsque l'un ou l'autre des deux systèmes a reçu, à l'étranger, une application étendue.

Le libre-échange anglais eut influence certaine sur l'orientation libre-échangiste qui se dessina sur le continent. Mais la contagion de l'exemple s'étend plus profondément dans le cas contraire, c'est-à-dire lorsqu'il s'agit du système protecteur. La Suisse fut, parmi les pays de l'Europe continentale, celui qui conserva le mieux sa confiance aux principes libres-échangistes. Mais lorsqu'elle vit se convertir au protectionnisme les États qui l'entouraient : l'Autriche-Hongrie, l'Allemagne, la France, l'Italie, elle se crut désarmée au milieu d'un tel déploiement de défenses douanières. Désireuse de suivre la politique des traités, à laquelle elle n'avait jamais failli, il lui sembla que, dépourvue d'un tarif aussi protecteur que ceux des pays voisins, elle ne pourrait que très difficilement défendre ses intérêts propres lors de l'élaboration des traités futurs. Elle se flatta de croire que les concessions de l'étranger seraient plus importantes lorsque l'arme dont elle pouvait menacer et frapper les productions étrangères serait mieux aiguisée (1). D'où une

(1) Dans le rapport relatif au projet de tarif de 1891, présenté au Conseil national, on lisait : « Entourée de grands États dont [la législation douanière est, sans exception, protectionniste, la Suisse se voit peu à peu ré-

des raisons qui provoquèrent et facilitèrent les deux dernières réformes douanières.

Parfois, l'une quelconque des tendances de la politique commerciale s'accentue à la suite d'un traité conclu ou d'un traité dénoncé. Le traité de commerce de 1860, entre la France et l'Angleterre imprima un mouvement plus rapide aux progrès du libre-échange. La rupture du traité franco-italien de 1881, au contraire, permit au protectionnisme de se manifester plus vigoureusement.

Il s'ajoute souvent à ces influences un sentiment exagéré d'indépendance économique et un amour-propre mal placé, auxquels restent fidèles les chauvins de tous les pays. Ce chauvinisme est d'ailleurs habilement exploité et exagéré par ceux qui espèrent s'en servir au mieux de leurs propres intérêts. Le cri : l'Allemagne aux Allemands ! si fréquent au cours du débat qui précéda la réforme de Bismarck, fut vite adopté par ceux qui étaient encore ivres des récentes victoires et ne fut pas d'un faible secours pour la cause protectionniste. Le même cri, dans la bouche des Américains, déjà inféodés aux doctrines de Monroë, eut la même efficacité aussitôt qu'on le fit retentir en faveur du protectionnisme aux États-Unis. En Russie même le capitalisme industriel trouva spontanément un sentiment national le panslavisme, qu'il put exploiter grâce à son intensité et à son ampleur.

C'était, avant, la Russie qui haïssait l'Occident contre lequel elle était prête à se défendre ; aujourd'hui, c'est la Russie qui veut se suffire à elle-même et qui flatte, dans ce but, les passions exclusivistes du peuple. Ce sont là des raisons occasionnelles qui n'ont pas, en général, une grande influence, mais qui, dans certaines circonstances, peuvent agir profondément sur la politique commerciale.

duite à prendre des mesures peu en harmonie avec ses traditions libre-échangistes. Les principes que professaient, il y a actuellement dix ans, la majorité du peuple suisse, ont dû plier devant la force des choses et céder le pas à l'instinct de conservation. »

Dans le choix du système à mettre en pratique nous voyons donc intervenir des influences diverses et d'efficacité différente. La raison économique est prépondérante et cède rarement sa place aux considérations politiques. Mais, à côté du mobile économique, agissant comme des auxiliaires souvent inutiles, mais toujours efficaces, il existe d'autres influences. Certaines d'entre elles se neutralisent réciproquement, d'autres s'ajoutent et acquièrent une importance prédominante.

102. La lutte politique pour la conquête du libre-échange ou du protectionnisme. — Ce sont là les causes déterminantes de la politique commerciale. Mais de quelle façon l'hégémonie économique provoque-t-elle l'acte législatif dont découle ensuite la forme de politique commerciale la plus favorable aux groupes économiquement les plus forts?

L'exposition du processus par lequel l'hégémonie économique fait passer à ces groupes le pouvoir politique ne serait pas à sa place ici. Il nous suffira de dire que dans les pays démocratiques l'instrument de cette conquête réside dans le droit de vote politique, l'usage que l'on en fait, et non pas seulement dans l'ampleur que lui assigne expressément la loi. En Angleterre, sans la réforme électorale qui étendit le droit de vote aux classes qui en étaient privées et qui avaient intérêt à l'adoption du libre-échange, il est probable que la politique commerciale restrictive aurait vécu encore pendant de longues années, au grand avantage de l'aristocratie foncière. Au contraire, cette réforme accrut la force politique des classes qui avaient déjà la première place dans les manifestations de la vie économique, et il leur fut aisé, par la suite, de choisir les dispositions législatives qui devaient entraîner l'adoption du libre-échange et leur procurer de nouvelles sources de richesses en même temps qu'elles affaibliraient leurs adversaires. Ces réformes auraient été adoptées, même sans les efforts de Peel, car elles étaient imposées par des raisons plus fortes que toute volonté humaine.

En Angleterre, les lois libre-échangistes furent appliquées après un long délai, mais les deux éléments en opposition apparurent parfaitement distincts dès le début de la lutte : d'un côté la rente, de l'autre le profit. Et la lutte se poursuivit toujours sur le même terrain et dans le même sens.

Mais les intérêts ne se trouvent pas toujours groupés en deux partis imposants et la lutte ne se déroule pas toujours avec autant de simplicité. Le plus souvent les groupes de producteurs sont nombreux et nombreux, par suite, les groupes politiques qui les représentent. Certains de ces derniers, bien qu'inféodés au capitalisme industriel, se proposent des fins qui lui sont contraires et auxquelles ils veulent atteindre par le moyen de la politique commerciale. Il en va de même pour les possesseurs du sol. La lutte devient alors plus âpre et plus complexe. On assiste à toute une série d'actions et de réactions, de résistances conservatrices et d'audaces novatrices, de la part des divers groupes entrés dans la lice. Mais cette lutte reste à peu près la même quant au développement qu'elle adopte et aux résultats auxquels elle aboutit. La coalition des groupes les plus forts décide de la victoire et crée l'institution légale (tarif) selon le modèle qui lui convient le mieux.

Chaque page de l'histoire commerciale des différents pays nous apprend que les groupes de producteurs (et, en leur nom, les partis politiques qui en émanent), dont la coalition décide de l'orientation économique future, avaient toujours un but secret en concluant l'accord. Les uns recherchaient un moyen d'étendre la rente ou s'efforçaient désespérément de la conserver intacte ; d'autres souhaitaient un taux de profit plus élevé.

Aux Etats-Unis d'Amérique, lorsque le capitalisme industriel éprouva de la difficulté à obtenir, avec ses seules forces, une protection plus efficace, il n'hésita pas à faire alliance avec ceux des agriculteurs qui avaient le plus à craindre de la concurrence étrangère. Vers 1812, les Etats manufacturiers du centre firent cause commune, pour l'obtention du protectionnisme, avec plusieurs Etats agricoles du Sud, qui voyaient, dans le développement industriel, un moyen d'élargir les débouchés nécessaires pour la vente de leurs marchandises brutes. Les Etats de la nouvelle Angleterre étaient hostiles à ce mouvement car, pour eux, les intérêts commerciaux et maritimes étaient prépondérants Mais ces Etats, à leur tour, s'étaient alliés, en 1808, avec les Etats du Sud, dans le but d'obtenir des facilités en faveur de leur marine marchande; ils laissaient, en retour, une certaine liberté d'action aux Etats alliés, en ce qui concernait les questions économiques.

En 1820, la coalition fut dissoute. Le protectionnisme trouva des partisans convaincus dans la nouvelle Angleterre où les manufactures de coton et de laine étaient déjà en voie de prospérité ; mais ces partisans se liguèrent contre les Etats du Sud. Leur opposition résultait du fait que l'esclavage créait des difficultés au développement des fabriques et abaissait, pour une double raison, la valeur des produits agricoles.

Mais en 1824, un nouveau compromis intervint entre les Etats chez lesquels s'était localisée l'industrie de la laine et les Etats agricoles où se pratiquait en grand l'élevage des bestiaux. Les uns obtinrent l'élévation des droits frappant les objets manufacturés ; les autres, l'élévation du droit grevant la laine brute.

En vertu de ces ententes entre les groupes les plus forts et les mieux organisés, le protectionnisme se maintint fermement dans l'orientation politique et commerciale. Mais, lorsque les industriels du nord voulurent déterminer à eux seuls une réaction plus protectionniste encore, ils réussirent parce qu'ils furent aidés par des circonstances exceptionnelles, de natures diverses mais d'un caractère purement transitoire. Ils obtinrent alors le tarif de 1842, qui temporairement (pendant une seule législature) put arrêter la marche commencée, quelques années avant, vers un protectionnisme plus modéré. Par la suite, les autres groupes triomphèrent à nouveau des industriels qui agissaient presque seuls, et purent imposer la reprise du mouvement libre-échangiste quelque temps abandonné.

Le *bill* Mac-Kinley, si favorable à la production manufacturière, obtint plus facilement la victoire parce qu'il éleva les droits frappant les produits agricoles du Nord-Ouest de la Confédération ; cette région redoutait la concurrence canadienne ; le *bill* se recommanda encore parce qu'il porta de 10 à 30 0/0 les droits payés par la laine brute et ce fut toujours par une augmentation analogue que les industriels payèrent le concours des éleveurs de bestiaux.

L'enseignement qui se dégage nécessairement de cette lutte ardente, c'est que les partis politiques empruntent leur délimitation aux compétitions économiques.

Ce sont les producteurs libre-échangistes, nombreux dans les Etats agricoles, qui vont grossir les rangs du parti démocrate ; ce sont les protectionnistes, en plus grand nombre dans les Etats industriels, qui prennent place au sein du parti républicain.

En 1885, les démocrates triomphèrent et, en 1887, le président Cleveland qui les dirigeait envoya aux Chambres un message en faveur de la réduction des tarifs. En 1888, ce fut au contraire les républicains qui remportèrent la victoire et, quelques années après, fut voté le tarif ultra-protectionniste de Mac-Kinley. Au cours des débats parlementaires on retrouve toujours les deux partis aux prises ; l'un, le parti démocrate, parfois victorieux à la Chambre, comme lorsqu'il s'affirme en 1887 sur le *bill Mills* libre-échangiste ; l'autre, plus nombreux au Sénat et qui se groupe, à la même époque, autour du *bill Allison*. Mais toute cette combativité politique a toujours une raison économique pour cause première. Les partis politiques ne sont que les représentants des groupes qui s'agitent dans le champ de l'activité économique.

Comment expliquer que presque toutes les *lois-tarifs* américaines n'obtinrent pas une approbation rapide à la Chambre et durent être discutées par les *Conference Committee* ? C'est parce que les divers groupes de producteurs, s'efforçant d'agir sur le tarif, étaient inégalement représentés dans chacun des organes du Parlement et ne trouvaient pas très vite le moyen de tomber d'accord. Dans les Commissions mixtes, au contraire, les transactions pouvaient plus facilement se donner cours et un terrain d'entente était bientôt trouvé, au détriment des groupes qui avaient des intérêts contraires à faire prévaloir, mais qui se trouvaient en minorité. En Allemagne également, les différentes catégories de producteurs industriels ou agricoles ne triomphèrent jamais par leurs propres moyens.

La sidérurgie, presque toujours mécontente, s'allia souvent avec l'un ou l'autre groupe pour pousser la politique commerciale vers le protectionnisme. L'alliance fut d'abord conclue avec les filateurs de coton de l'Allemagne du Nord, puis avec l'industrie de la soude et enfin avec les viticulteurs. La coalition ne réussit pas toujours complètement parce qu'elle se heurta, dès la formation de l'empire, à l'agriculture qui, sauf de rares exceptions, était entièrement acquise au libre-échange. En effet, les modifications apportées aux tarifs en 1870, accordèrent une protection plus efficace à l'industrie [cotonnière, mais atténua celle dont jouissait la sidérurgie, grâce à l'opposition acharnée des agrariens. Mais, peu après, les industriels sidérurgistes prirent leur revanche. Lorsque, vers 1875, la culture des céréales céda, en Allemagne, devant la concurrence d'outre-mer, les gros propriétaires allemands de l'Est et les fabricants protectionnistes du Sud et de l'Ouest se trouvèrent d'accord pour réclamer une protection plus active. Le conflit entre ces groupements d'intérêts avait précédemment abouti à un genre de protection assez voisin du libre-échange ; leur entente entraîna, au contraire, l'adoption du protectionnisme le plus rigoureux. A cette époque encore, ceux qui déploient le plus d'activité, ce sont les sidérurgistes. Déjà instruits par l'expérience, ils s'efforcent d'élargir la base de leur alliance, et ils rencontrent les mêmes intentions non seulement chez les filateurs de l'Allemagne méridionale, mais encore chez les raffineurs de sucre, chez les papetiers et chez les industriels se rattachant à plusieurs branches importantes des industries de la laine et du lin. L'*Association centrale des industriels allemands* réunit en un seul groupe tous les manufacturiers protectionnistes de l'Allemagne, l'*Association en faveur de la réforme fiscale et économique* groupe dans son sein tous les agrariens. A elles deux, elles exercent une influence durable

sur le milieu politique au centre duquel est le *Reichstag*. Il a
semblé, à un certain moment, que l'entente intervenue entre
toutes ces compétitions menaçait de se rompre ; en particulier
après l'attitude des sidérurgistes qui, au début de l'année 1877,
étaient disposés à s'allier aux libéraux pour combattre les agrariens, à condition que l'on s'engagea à satisfaire à leurs revendications. Mais ce fut une diversion rapide, car les sidérurgistes
se ravisèrent bientôt et retournèrent dans les rangs du parti
agrarien, afin de mieux défendre leurs intérêts communs. Une
conférence eut même lieu, sous la présidence du comte Willa-
mowitz, dans le but d'élaborer un tarif de défense commune.
L'accord n'aurait pu adopter une forme plus explicite, mais il
se manifesta mieux encore durant la discussion du projet de
tarif au *Reichstag*. Le parti du centre comprenait les protectionnistes agraires et industriels. Le parti national-libéral était, en
majorité, favorable aux droits protecteurs industriels. Le parti
conservateur, comme le centre, était partisan du double protectionnisme. Le parti social-démocrate était seul contraire à toute
élévation du tarif en vigueur, mais il était trop inférieur en
nombre et trop dépourvu d'autorité pour mener la lutte avec
succès. La coalition des différents groupes économiques avait
entraîné la fusion des partis politiques devant le nouveau projet
de tarif. Le député Flügge dépeint très fidèlement la situation
politique à cette époque, lorsqu'il dit que « beaucoup de commerçants honorables partaient en chasse, l'un offrant une partie
de la taxe sur le blé à qui lui donnerait une taxe sur le fer, et
l'autre proposant une taxe sur le seigle à qui voterait contre
l'amendement Wendel ; à tel point qu'à certains moments il
fallait faire effort pour se rappeler qu'on était dans la *Leipziger
Strasse* et non dans une assemblée de la *Burgstrasse* ». Mais les
députés qui se démenaient au sein du Reichstag et échangeaient
des taxes industrielles contre des taxes agraires n'étaient que les
représentants des producteurs les plus intéressés à la pratique
du protectionnisme. La coalition des groupes prépondérants
n'eut pas la pudeur d'observer quelque réserve.

La dernière réforme douanière de l'empire, celle qui aboutit au tarif du 25 décembre 1902, nous fournit d'autres exemples de la façon dont les intérêts économiques peuvent agiter le monde politique. L'agriculture allemande se crut lésée par les traités de commerce conclus pendant les dix dernières années du siècle écoulé, alors que l'industrie en retirait de très grands avantages. Il en résulta une action énergique dirigée contre la politique suivie jusqu'à ce jour. La *Bund der Landwirthe* se forma en février 1893, et acquit bientôt une importance considérable par l'accroissement rapide de ses adhérents et par l'audace toujours nouvelle de ses propositions. Aussitôt une majorité agrarienne se forma au *Reichstag*, avec laquelle le Gouvernement dut entrer en composition. Le parti du centre et le parti conservateur, les plus nombreux et les plus aguerris, ne furent que les représentants politiques des intérêts agricoles. C'est en vain que le parti libéral et le parti socialiste s'efforcèrent de lutter contre eux, au nom de la grande industrie et des consommateurs plus besogneux encore. Les premières victoires des agrariens eurent donc un caractère politique. Sous leurs coups tombèrent les chanceliers Caprivi, Hohenlohe, les ministres Marschall et Bötticher. Avant ceux-ci, en 1878, et toujours sous les efforts des agrariens, avait succombé le ministre de l'agriculture coupable de s'être montré partisan peu chaleureux des taxes protectrices frappant les produits du sol. Ces hommes, à certains desquels la production allemande doit beaucoup, furent poussés par des considérations économiques plus que par des raisons politiques. C'est en eux que les groupes agrariens coalisés trouvèrent des énergies résolues à passer outre à leurs revendications économiques, et ils voulurent les éliminer afin de poursuivre plus librement leur but. Le Gouvernement, pour survivre, dut adopter le programme agrarien. Le tarif du 25 décembre 1902 consacre le triomphe des intérêts agricoles conquis par le moyen d'une coalition politique.

En France, la politique libre-échangiste voulue par Napoléon III naquit et disparut avec lui. L'agriculture s'insurgea bientôt contre cette politique et trouva une alliée dans l'industrie.

La victoire ne pouvait s'obtenir qu'au prix d'efforts immenses, car le libre-échange avait déjà fait éclore de nombreux et puis- sants intérêts. Les représentants politiques des classes agricoles et industrielles étaient déjà d'accord mais, pour plus de facilité dans la lutte, ils s'adjoignirent les représentants des classes ma- ritimes en promettant à celles-ci des avantages spéciaux pour la marine nationale. Vers 1878 on commença à s'occuper d'une protection plus efficace à accorder à la marine nationale ; c'est alors que les groupes les plus intéressés à cette protection exerçaient leur action en faveur du protectionnisme. Dès ce moment, la coalition, bien qu'encore imprécise et incomplète, prit place dans la vie politique française. Mais les ententes dessinées se raffermirent à mesure. Les élections qui sui- virent les désastres de 1870 avaient porté au pouvoir une majorité non seulement républicaine, mais encore protectionniste. La question des droits de douane, dans beaucoup de collèges électoraux, avait été mise sur le même plan que celle du régime politique à suivre. Devant la victoire politique des protection- nistes la vieille conviction libre-échangiste de Léon Say dut s'im- poser silence. En 1876, étant ministre des finances, il dut pré- senter au parlement un projet de nouveau tarif animé d'intentions restrictives. Les protectionnistes des deux Chambres eurent tôt fait de s'en emparer et de le transformer profondément dans le sens qui leur convenait. L'ardeur des partis politiques les plus intéressés au débat fut telle, qu'en janvier 1880, le ministre libre- échangiste Tirard essaya sans aucun succès de faire [rendre au Gouvernement la direction de la réforme.

On trouve une autre preuve de l'entente politique opérée sur le terrain de la question douanière dans la propagande de M. Pouyer-Quertier, déjà ministre avec Thiers et protectionniste ardent comme lui. Il parcourut la France, se faisant le cham- pion de l'accord des industriels et des agrariens, et leur offrant un terrain de lutte commun pour le plus grand bien de leurs revendications économiques mutuelles. Et il réussit. La coali- tion des groupes protectionnistes du Sénat l'élut président de la

commission et rapporteur du nouveau projet de tarif. Le même
Sénat avait choisi, comme président de la commission des
douanes, M. Feray, le grand industriel d'Essonnes, bien connu
comme protectionniste. La majorité de la Chambre n'aurait pas
pu se confier à des guides plus dévoués aux principes pour
lesquels elle combattait.

On aboutit à la loi du 7 mai 1881, qui éleva de beaucoup les
droits de douane et augmenta les droits industriels de 2 0/0 ; et
à la loi du 29 mai de la même année qui inaugura une ère nouvelle de protection en faveur de la marine marchande, protection consistant en primes accordées à la construction et à la navigation. Cette coalition se reforma dix ans plus tard, avec cette
différence que les représentants des classes agricoles, dirigés
par M. Méline, trouvèrent un appui dans les représentants de
quelques industries seulement : les industries du coton, du lin
et de la laine cardée.

L'influence accrue des protectionnistes décidait du choix des
hommes appelés au ministère du commerce, le plus directement
intéressé aux questions de tarif.

Ce ministère avait une tradition libre-échangiste. Il avait
été confié successivement à Tirard, à Rouvier, puis encore à
Tirard ; c'étaient là deux libre-échangistes ardents et éprouvés.
Cela déplaisait à la coalition agricole et industrielle, toujours
plus forte à la Chambre, de 1880 à 1890. Un vote sur une question secondaire, renverse Tirard, le 13 mars 1890. Et c'est ainsi
que disparut celui qui, avec le plus de ténacité, s'était opposé
à la poussée protectionniste. La coalition voulut mettre ses
hommes au poste important qu'était ce ministère ; et elle proposa Jules-Roche, protectionniste modéré, mais faisant partie de la majorité de la Chambre. En effet, ayant succédé à
Tirard, il présenta, en 1890, d'accord avec Develle, ministre de
l'agriculture, le projet des tarifs autonomes. La preuve de
l'entente qui intervint entre les divers groupes politiques
dévoués au protectionnisme, on la trouve dans l'élection de
Jules Méline comme président et rapporteur de la Commission

de la Chambre formée pour examiner le projet ministériel.

La coalition intéressée au protectionnisme imposa ses hommes et dans les ministères et dans les commissions parlementaires. Jules Roche dut, par la suite, faire des miracles d'habileté et d'énergie pour préserver les matières premières de la rapacité des protectionnistes, et c'est au prix de beaucoup d'efforts qu'il leur conserva la franchise. Il suffit de l'entente de tous les agrariens, d'un côté, et des entrepreneurs intéressés dans les trois industries citées plus haut, pour conquérir de haute lutte le tarif de 1892, qui instaurait l'autonomie douanière vers laquelle la France s'orientait depuis longtemps.

Le ressort qui mettait en mouvement toutes ces forces politiques, c'était le pays même. Il était manœuvré par les propriétaires fonciers, désireux d'élever le niveau de la rente, et par les industriels du textile et de la marine, qui réclamaient de plus larges profits. Voilà quel fut le résultat des luttes engagées sur le terrain économique, au sujet de l'orientation future de la politique commerciale ! Les libre-échangistes parlementaires du bon temps jadis ont disparu désormais de la scène politique française. Quelques-uns encore se survivent à eux-mêmes, sans influence et sans disciples. Le chef du Gouvernement actuel (1), sorti de la majorité protectionniste, c'est M. Rouvier, le même qui avait appelé les droits de douane un « impôt anti-démocratique » sur les découvertes de la science et les progrès des transports ; le même qui, en 1892, ministre jeune et énergique, s'était opposé de toutes ses forces à la poussée protectionniste. Toutes les organisations politiques de la République sont désormais pénétrées par l'esprit protectionniste : telle fut la volonté des puissants groupes de producteurs ; il ne pouvait d'ailleurs en être autrement.

Dans un pays seulement, la Suisse, la constitution a voulu tracer, selon des règles considérées comme irrévocables, la politique commerciale à suivre. Mais ces règles furent bientôt

(1) Janvier 1906.

violées, parce que les conditions économiques d'un pays, — et les conditions politiques qui sont presque toujours le reflet des premières — ne peuvent rester, et ne restent d'ailleurs pas, sans se modifier. Dans la Suisse libre-échangiste en 1886, aussitôt que le mouvement agrarien se fut dessiné, sous l'influence de la « Société agricole helvétique », plusieurs membres de l'Assemblée fédérale formèrent un club pour la défense, au Parlement, des intérêts de l'agriculture. Le contre-coup politique déterminé par la modification des conditions économiques fut immédiatement ressenti. Plus tard, l'industrie elle-même eut à se plaindre du régime libre-échangiste ; et tout de suite les protectionnistes manufacturiers firent leur apparition au Parlement. Ils firent cause commune avec les agrariens et conduisirent la politique commerciale au tarif du 10 octobre 1902, ouvertement contraire au principe libre-échangiste consacré par la Constitution.

La naissance d'un parti agrarien dans tous les parlements européens, animés de la prétention absurde suivant laquelle l'Etat doit garantir la *limite rémunératrice*, montre bien l'unité du principe essentiel de la société capitaliste actuelle ; mais ce n'était que la conséquence fatale de la constitution économique moderne. La violente affirmation du parti agrarien et du parti industriel, dans ses fins pratiques et positives, apparaît comme de pur égoïsme. Mais l'histoire nous montre que les grandes révolutions furent toujours provoquées par des intérêts de classe et non par des pensées d'altruisme. Les partis parlementaires d'aujourd'hui, qui ont choisi les noms de *parti agrarien* et de *parti industriel*, se considèrent comme l'émanation d'une seule classe, dont ils veulent exclusivement servir les intérêts. Ils rejettent la proposition première de l'économie libérale, à savoir que les intérêts particuliers doivent se fondre dans l'intérêt général ; et ils reconnaissent la nécessité d'une représentation de classe. Les esprits positifs avouèrent toujours que la confiscation du pouvoir politique est faite au profit d'une seule classe, mais ce qui caractérise notre époque, c'est que ce monopole n'est pas seulement reconnu, mais est considéré comme nécessaire. Marx avait raison de ne voir dans l'histoire qu'une lutte perpétuelle entre les classes sociales et les intérêts économiques ; mais il était loin de penser que la confirmation de ses paroles serait fournie par les partis qui croient être les plus rigoureusement conservateurs. L'Etat est aux mains des classes possédantes et, même s'il en avait la volonté, il ne pourrait rien changer à l'orientation commerciale, de même qu'il ne pourrait pas modifier le système économique qui l'a créé et qui le domine.

Il existe, il est vrai, des Etats dont la politique commerciale suit une orientation différente de celle qu'eût désiré la grande majorité des producteurs. En Russie, par exemple, cette orientation n'est pas en harmonie avec la constitution économique de l'empire. Le capitalisme mobilier n'y est certes pas prédominant par rapport à la propriété agricole, qui constitue réellement la base la plus importante de la production moscovite. L'agriculture, en raison des conditions spéciales où elle est exercée, aurait besoin d'un régime moins restrictif que le régime actuel. Mais les industriels, mieux organisés et plus rapprochés du pouvoir autocratique, le plièrent à la défense de leurs intérêts et triomphèrent sur un programme de protectionnisme manufacturier, qui n'est pas compris par la majorité du pays et qui lui est même absolument contraire. Ici, le tzar a intérêt à mieux appuyer son pouvoir à la minorité qui le domine, car cette minorité est la plus forte grâce à son organisation. En Russie, malgré les changements intervenus, la volonté de l'Etat est encore le reflet de la volonté de groupes politiques relativement peu nombreux.

Cela peut arriver seulement là où la constitution politique permet à la volonté d'un seul de vaincre celle de la grande masse des citoyens, c'est-à-dire dans les nations arriérées ; mais il ne peut en être ainsi lorsque la démocratie a déjà remporté ses premières victoires. Dans ce dernier cas, ceux qui, au cours de la production, fournissent tout le travail et qui aspirent à des conditions d'existence meilleures, ceux-là sont admis à faire entendre leur voix. La politique commerciale les écoute et s'efforce de satisfaire à leurs réclamations. Mais les choses se passent ainsi lorsque la poussée venue d'en bas part de groupes déjà solidement campés sur le terrain économique et qui peuvent opérer à titre d'alliés, de concert avec l'une des classes qui se disputent le pouvoir politique pour en disposer, après l'avoir conquis, au mieux de leurs intérêts économiques. Dans la Grande-Bretagne, les prolétaires se liguèrent avec les industriels contre l'aristocratie foncière, et ils eurent gain de cause. En Allemagne, le même mouvement est commencé depuis longtemps et le libre-échange sera le résultat des efforts combinés du capitalisme mobilier et du travail. Cela ne peut arriver que là où le pouvoir effectif le plus élevé est dans les mains du peuple.

Dans la lutte séculaire qui s'agite autour de la politique commerciale, il ne faut pas oublier l'œuvre de quelques hommes, mais il faut les considérer comme les représentants de groupes prépondérants. Le mérite de ces hommes d'action, ministres ou propagandistes, dépend de la faculté qu'ils ont eu de s'assimiler les intérêts de ces groupes, d'en incarner la pensée, de se faire les instruments de leur action politique. C'est ce à quoi réussirent Peel et Gladstone (1), en Angleterre, comme représentants des groupes les plus puissants : celui des industriels et celui de la démocratie laborieuse. C'est ce que sut faire Bismarck, en Allemagne, comme représentant des agrariens. C'est ce que devina Mac Kinley, lorsqu'il se mit à la disposition du capitalisme manufacturier et de l'agriculture mécontente. Et c'est ce que comprit Méline, en France, lorsqu'il se fit le champion des intérêts agricoles.

L'histoire nous offre une seule exception : celle de Napoléon III, qui alla contre l'opinion de la majorité de son peuple. Mais ce fait s'explique par des raisons politiques de diverse nature, et

---

(1) Achille Loria, avec quelque raison, appelle Gladstone « le ministre du profit ».

par la force dont était encore investi le pouvoir impérial. Du reste, dans tous les pays où le gouvernement adopte la forme démocratique, c'est la coalition des groupes économiques prépondérants qui constitue le milieu politique au sein duquel prend naissance et s'épanouit l'acte législatif le plus favorable aux classes possédant le plus de richesse et le plus de cohésion.

LIVRE III

La technique de la politique commerciale.

CHAPITRE PREMIER

LA DOUANE

103. La douane. — François Ferrara, dont l'esprit caustique possédait une pénétration admirable s'exprimait ainsi
dans l'une de ses savantes préfaces aux travaux des économistes
étrangers : « Le procès des douanes est désormais terminé ;
trois siècles portant le fardeau écrasant de faits monstrueux et
iniques témoignent contre elles, et nous montrent à quel honteux
mensonge elles n'ont cessé de recourir ; car de tout ce qu'elles ont
promis ou semblé promettre, elles n'ont jamais rien donné. » (1)

(1) F. FERRARA, *Esame di economisti e dottrine economiche*. Turin, Soc.
edit., 1891. Vol. 2e, page 188.

Fontana-Russo.   31

Mais un jugement aussi sévère n'a pas empêché les douanes d'étendre toujours leur domination et de la rendre plus effective par l'usage de moyens d'imposition nouveaux et perfectionnés. Les paroles sévères de Ferrara furent prononcées à une époque où les idées libre-échangistes touchaient à leur application la plus large ; alors que, sous les attaques des principes nouveaux, s'effondraient les sytèmes douaniers irrationnels issus du mercantilisme. Mais ce furent là des démonstrations rénovatrices passagères et bientôt les douanes eurent reconquis le terrain perdu et il n'y eut que l'Angleterre qui persévera dans la volonté de les maintenir dans le domaine d'une action strictement fiscale.

La douane est un organe de l'administration publique dont le rôle est de procéder au recouvrement des droits de frontière, de réglementer les remboursements de ces droits et de veiller à l'exécution des prohibitions. Mais du prohibitionnisme à la liberté on rencontre une infinité de systèmes douaniers, dont les effets sont très différents selon les pays qui les pratiquent.

104. La douane et les prohibitions. — La prohibition — le mot le dit lui-même — consiste dans la défense absolue opposée à l'entrée ou à la sortie de toutes les marchandises ou de certaines d'entre elles. En temps normal, lorsque de graves événements politiques ne contrarient pas le développement naturel des échanges internationaux, la prohibition ne concerne que quelques marchandises. Elle peut être née de diverses causes.

Elle est d'origine fiscale lorsqu'elle s'ajoute aux monopoles d'Etat, lorsque l'Etat se charge seul de la production et de la vente d'une marchandise déterminée et défend aux citoyens de la produire ou de la vendre pour leur propre compte. Dans ce cas la raison du monopole consiste dans la différence qui existe entre le coût de production de la marchandise et son prix de vente ; cette différence est toujours notable, car elle représente un impôt indirect prélevé par l'Etat. Mais lorsque l'Etat interdit aux citoyens de produire ou de vendre les marchandises en question, il étend cette interdiction aux étrangers en supprimant l'entrée même des marchandises (1).

Les prohibitions de nature économique sont tombées en désuétude et on leur a substitué des droits d'entrée élevés (2). Ces prohibitions, appliquées aux marchandises étrangères, avaient pour but de provoquer à l'intérieur la production de marchandises similaires; appliquées au contraire aux marchandises nationales, elles devaient les obliger à rester dans le pays pour y être transformées en objets manufacturés. Ces prohibitions imposaient de trop lourds sacrifices aux consommateurs et procuraient des profits trop élevés au capital pour pouvoir subsister longtemps. Elles tombèrent graduellement et furent remplacées par des droits d'entrée ou de sortie qui jouaient le même rôle, tout en évitant — au moins en partie — les mêmes inconvénients.

Les prohibitions d'un caractère social ont pour but d'adoucir les crises provenant de la pénurie des marchandises alimentaires et d'atténuer les contre-coups d'ordre social qui en pourraient résulter. La Russie y a fréquemment recours. Dans ce pays producteur et exportateur des céréales, les propriétaires seraient poussés à l'exportation, même pendant les années où la récolte est faible et sans s'inquiéter de savoir si la quantité de céréales restée dans le pays suffit à la consommation locale. La hausse des prix à l'extérieur résultant de la production intérieure plus faible les inciterait à agir ainsi. C'est alors que l'Etat intervient et interdit la sortie des marchandises intéressées à la crise. Ces

(1) Des prohibitions de cette nature s'opposent, en Italie, à l'entrée du tabac en feuilles et du sel. En France, ce sont les poudres pyrogènes et les allumettes qui en sont frappées. En Suisse, c'est l'alcool, etc.

(2) Le remplacement des prohibitions de nature économique par des droits fortement protecteurs a toujours été difficile à réaliser. Lorsque le gouvernement de Napoléon III, le 9 juin 1856, essaya d'introduire cette réforme, il se trouva en face d'une opposition presque violente. Il dut retirer le projet de loi en promettant de ne pas le représenter avant 1861. Et cependant les taxes qui devaient remplacer la prohibition s'élevaient jusqu'au 50 % de la valeur des marchandises.

sortes de prohibitions ne concernent que l'exportation des produits nationaux.

Les prohibitions de nature politique, comparables à celles auxquelles Napoléon Ier s'obstina inutilement, eurent leur plus vaste application lors du blocus continental. Il serait superflu d'en parler parce que le désir d'affaiblir l'adversaire en paralysant son commerce apparaît évidemment comme les ayant inspirées.

Une autre espèce encore c'est la prohibition d'ordre sanitaire, dont on fait souvent usage de nos jours. On s'efforce, par ce moyen, de préserver la population des maladies contagieuses, en interdisant l'entrée des marchandises alimentaires ou des bestiaux. Aucune prohibition n'est donc mieux justifiée que celle-là. Mais elle cache parfois une forme de protection hypocrite, bien accueillie du public, en raison du motif sanitaire dont elle se prévaut, quoiqu'ayant pour but réel l'exclusion de marchandises dont la concurrence est redoutable.

Les prohibitions de toute nature sont appliquées par les soins de la douane, soit qu'elle refuse de délivrer les documents nécessaires à l'exportation, soit qu'elle s'oppose, par le moyen coercitif de la confiscation, à l'entrée ou à la sortie des marchandises frappées par une mesure aussi rigoureuse.

105. Droits, catégories, tarifs, rubriques. — Le moyen normal dont la douane se sert, c'est le droit, c'est-à-dire l'impôt indirect, qui frappe les marchandises étrangères à leur entrée dans l'État ou les marchandises nationales qu'on exporte (1). Le tarif est constitué par l'ensemble des droits en vigueur dans un État. Il y a des tarifs plus ou moins spécialisés, des tarifs qui comprennent un nombre d'articles plus ou moins grand. Dans le premier cas, les articles du tarif ont une compréhension notable, c'est-à-dire s'étendent à des marchandises nombreuses ; dans le second cas, c'est le contraire qui a lieu.

(1) Il a existé aussi, à une certaine époque, des droits de transit ; ils sont abolis aujourd'hui.

Plus l'on veut mettre en rapport la mesure de la taxe et la valeur du produit, plus les diverses branches de l'activité industrielle sont spécialisées, et plus l'on sent le besoin de faire des distinctions plus nombreuses dans les articles du tarif. Lorsque l'on veut stimuler la production, à l'intérieur, de beaucoup de marchandises, et qu'on doit les protéger contre la concurrence des produits similaires étrangers, lorsque, dans les conventions commerciales conclues avec les autres Etats, on veut pouvoir accorder de nombreuses concessions, il est bon de posséder un tarif comprenant de très nombreux articles. Ces raisons, qui ont inspiré pendant les dernières anuées les tarifs en usage dans les douanes européennes, les ont poussés à une spécialisation toujours plus grande (1).

Lorsque les taxes sont nombreuses et s'appliquent à des marchandises très diverses, on les groupe en catégories pour faciliter les recherches qu'exige leur application. La catégorie n'est donc autre chose que le groupement des taxes selon les marchandises qui ont une plus grande affinité économique. Ainsi la

(1) Les raisons en sont évidentes. Supposons qu'un pays veuille développer l'industrie lainière, et la pousser à des perfectionnements techniques importants. Dans ce cas, une seule taxe applicable à tous les tissus ne répondrait pas au but poursuivi, car la protection serait la même pour toutes les qualités de draps de laine. L'industrie négligerait la production des tissus fins, pour s'adonner à celle des tissus plus grossiers.

Au contraire, si l'on spécialisait la rubrique *tissus* dans les sous-titres suivants : 1º tissus pesant 1 kg. par mètre carré ; 2º tissus pesant 1/2 kg. par mètre carré ; 3º tissus pesant 1/4 kg. par mètre carré ; et si l'on assignait au premier sous-titre un droit de 100 francs par quintal, de 300 francs au deuxième et de 1.000 francs au troisième, alors la production des marchandises les plus fines serait encouragée.

Dans le premier cas, si, par un traité de commerce, on eût touché à la rubrique *tissus de laine*, la taxe réduite aurait été étendue à toutes les catégories de draps de laine. Dans le second cas, au contraire, on pourrait atténuer seulement la taxe de la catégorie dont les marchandises intéressent le pays contractant ; les autres catégories resteraient donc indemnes.

Ces exemples montrent pour quelle raison les tarifs se spécialisent toujours davantage dans les pays protectionnistes qui veulent faire peu de concessions aux pays avec lesquels ils concluent des traités.

catégorie d'une industrie textile quelconque s'étend de la taxe
qui frappe la matière première jusqu'à celle qui pèse sur le produit le plus précieux, parce que le plus finement ouvré. La catégorie des métaux s'étendra du droit auquel est soumis le
minerai métallique jusqu'à celui qui impose les produits
sidérurgiques et mécaniques les mieux travaillés. La règle qui
préside au groupement des taxes frappant les produits agricoles
n'est pas différente. Il n'est pas dit que pour qu'une marchandise soit comprise dans une catégorie elle doive supporter un
droit. Les marchandises bénéficiant de la franchise font, elles
aussi, partie des catégories correspondantes. Mais il faut toutefois, qu'on connaisse le régime douanier relatif aux principales
marchandises.

Comme d'ailleurs le tarif ne peut mentionner explicitement
le régime douanier de toutes les marchandises qui circulent dans
le milieu économique, on fait usage du *répertoire* des droits de
douane. Dans ce répertoire, toutes les marchandises sont inscrites
et chacune est rattachée à celle du tarif avec laquelle elle présente le plus d'affinité et dont elle devra subir le régime douanier (1).

On appelle *rubrique* le groupement qui comprend les diverses
qualités de la même marchandise auxquelles peuvent correspondre une ou plusieurs taxes. « Roues de chemin de fer en fer
et en acier » voilà, selon le tarif italien, une rubrique, à laquelle correspond une taxe de six francs par quintal. Une autre
rubrique est celle des « fils de coton » et elle se décompose selon
les sous-titres suivants : *a)* « fils écrus » ; *b)* « fils blanchis » ;
c) « fils en couleur ». Pour cette seconde rubrique, la taxe est
différente pour chacun des sous-titres qui correspondent aux
divers stades de la fabrication de la même marchandise. Donc

___

(1) Ainsi, par exemple, les moteurs électriques ne sont pas explicitement
mentionnés par le tarif italien ; mais ils sont assimilés par le répertoire
aux machines dynamo-électriques. C'est-à-dire que ces moteurs paieront
le même droit que celui dont le tarif frappe les machines dynamo-électriques.

les *rubriques* du tarif peuvent comprendre, ou non, des *sous-titres*; elles peuvent correspondre à une taxe unique ou à plusieurs en nombre égal à celui des sous-titres de la rubrique. Les *rubriques* de tarif embrassent, en outre, toutes les marchandises qui leur sont assimilées par le *répertoire*; la taxe qui leur correspond peut donc s'étendre à des produits en nombre indéterminé.

106. Les diverses espèces de droits de douane — Les droits de douane, selon le but qu'ils se proposent, se classent en droits économiques et en droits fiscaux; selon la provenance ou la destination des marchandises, on distingue entre les droits d'exportation et les droits d'importation; selon le régime dont ils sont inspirés, ils se répartissent en droits généraux ou maximum, conventionnels ou minimum, différentiels ou préférentiels; selon leur mode d'établissement, ils se classent en droits spécifiques et droits *ad valorem*.

a) *Le droit fiscal.* — Les droits d'ordre fiscal n'ont d'autre but que celui d'assurer des recettes au Trésor de l'Etat; ils constituent un véritable impôt indirect; et ils ne devraient avoir aucune autre raison d'être plus ou moins dissimulée (1). Ces droits, de même que les impôts indirects auxquels ils sont assimilables (impôts de production, monopoles fiscaux, etc.), s'appliquent aux marchandises dont la consommation est la plus étendue.

Le droit sur le café, pour les pays d'Europe, a un caractère fiscal, car ce produit est consommé en quantité considérable dans toutes les classes sociales et n'est nullement susceptible d'être obtenu sur le vieux continent. La taxe fiscale, par conséquent, ne se propose pas d'encourager la production : elle est dénuée de tout caractère économique. D'ailleurs, étant donné la consommation très étendue de la marchandise frappée, le rendement pécuniaire de la taxe est toujours très élevé.

(1) Les droits fiscaux, dit Mill dans ses célèbres *Principes*, sont, *cæteris paribus*, beaucoup moins critiquables que les droits d'accise; mais ils doivent seulement être appliqués aux marchandises que l'on ne peut pas, ou du moins que l'on ne veut pas, produire dans le pays.

La taxe fiscale, nous l'avons vu ailleurs plus longuement, précéda la taxe économique. Les pays jeunes, dans la phase initiale de leur formation et de leur développement, y ont recours comme à la source unique de leurs revenus financiers. C'est seulement plus tard, lorsque d'autres besoins se manifestent dans la fonction économique, que les taxes fiscales se transforment graduellement en taxes économiques.

Ce qu'est la mesure de la taxe fiscale et son importance dans l'organisation financière des différents États modernes, nous l'avons vu par ailleurs et nous le verrons mieux encore par la suite : il est donc inutile d'y insister ici.

b) *Le droit économique.* — Le droit économique, comme son nom l'indique, se propose une fin économique : il doit avoir pour effet de stimuler la production des marchandises auxquelles il s'applique. Si les droits fiscaux constituent l'une des bases les plus solides de la finance moderne, on peut dire que les droits économiques jouissent de la même importance au regard de la production. La mesure en est exactement calculable, de même que le choix est facile du moment opportun pour leur application.

La nature économique de ces droits est parfois accompagnée d'une portée financière. On peut même dire que toutes les taxes économiques sont un peu financières, en raison de ce qu'elles apportent des recettes au trésor public.

Cependant, pour certaines d'entre elles, le côté financier devient aussi important que le côté économique : et alors la finance et l'économie s'associent et donnent au droit économique une stabilité qu'il n'aurait pas eue sans cela. C'est le cas du droit qui frappe le blé dans les principaux pays d'Europe. Ce droit a pour effet d'empêcher le recul de la culture de certaines terres ; mais il contribue aussi à consolider l'équilibre du budget des différents États.

Le droit économique a une double fonction ; sa fonction de protection n'est la source d'aucune recette pour le trésor ; sa fonction fiscale n'a aucune portée économique. En réalité, l'importance fiscale de la taxe est en raison directe de la quantité de marchandise achetée à l'extérieur ; tandis que son efficacité protectrice est en raison inverse de cette même quantité. La fonction protectrice est donc en opposition avec la fonction fiscale. Dans ce cas, la finance a des intérêts contraires à ceux de la production nationale, car le rendement financier de la taxe diminue lorsque son efficacité protectrice s'accroît. L'opposition est évidente.

Un autre phénomène, commun d'ailleurs aux taxes économiques, est le suivant : les consommateurs nationaux payent l'augmentation de prix sur la totalité de la marchandise achetée, qu'elle soit nationale ou étrangère ; tandis que le trésor ne perçoit la taxe que sur la marchandise étrangère importée. Evidemment, ces taxes à double fonction sont en contradiction avec la quatrième des règles fondamentales que Smith a données pour bases à l'organisation fiscale : à savoir que le meilleur impôt doit réduire au strict minimum la différence existant entre ce qui est enlevé aux contribuables et ce qui rentre dans les caisses de l'Etat.

c) *Le droit de sortie.* — La raison économique ne se rattache pas exclusivement aux droits d'entrée. Les droits de sortie peuvent aussi exercer une action protectrice, quoique, en général, ils aient une fin exclusivement fiscale. Si une taxe frappe l'exportation d'une matière première industrielle, elle l'oblige à rester sur le marché intérieur où elle finit par trouver la transformation manufacturière qu'elle aurait trouvée à l'extérieur. Ce stimulant ne peut résulter de la hausse artificielle des prix du produit étranger, mais on l'obtient par la baisse artificielle du prix de la matière première nationale. Les industriels, devant l'avilissement des prix de cette dernière, sont tentés d'essayer sa transformation en objets manufacturés.

Presque toujours, à ces droits de sortie dotés d'une portée protectrice correspondent des droits d'entrée, ayant également un but de protection. Aux premiers, qui abaissent les prix de la matière première sur le marché intérieur, s'ajoutent les seconds qui élèvent les prix des marchandises tirées de cette matière première. Naturellement, de l'action combinée de ces deux formes de protection résulte une incitation plus forte à la transformation manufacturière. Lorsque l'Italie voulut encourager la filature et le tissage des bourres de soie, elle frappa ces bourres d'un droit de sortie, car depuis longtemps on les exportait à l'état brut ; et elle appliqua, en même temps, un droit plus élevé aux fils et tissus tirés de ces bourres de soie et que l'on importait de l'étranger.

Mais, comme nous l'avons dit, les droits de sortie tirent généralement leur origine de raisons d'ordre financier. C'est dans un but fiscal que les pays jeunes frappent l'exportation de presque toutes leurs marchandises. Le dommage qui en résulte pour la production est peu sensible tant que les droits sont modérés, parce que le coût de production est assez peu élevé pour neutraliser l'effet néfaste du droit de sortie ; et la faculté de concurrence dont les produits sont susceptibles à l'étranger ne s'en trouve guère atténuée. Cependant, à mesure que la terre s'appauvrit ou que d'autres pays, situés dans de meilleures conditions, entrent en ligne, l'exportation frappée par la taxe en éprouve un empêchement qui diminue les avantages auxquels elle aurait naturellement abouti. Les taxes de sortie sont alors graduellement abandonnées, et il ne subsiste que celles d'entre elles qui frappent les marchandises pour la production desquelles le pays jouit d'un monopole de fait vis-à-vis des pays étrangers. Lorsque l'Italie commença à reprendre quelque vigueur, elle supprima toutes les anciennes taxes de sortie, excepté celle qui pesait sur le soufre, précisément parce qu'aucun pays ne pouvait lutter avec elle dans la production soufrière. Le Pérou, sans nuire en rien à la production ni à l'exportation, peut taxer la sortie de ses guanos et le Chili de ses nitrates ; et cela grâce au privilège naturel dont jouissent ces deux pays en ce qui touche aux produits en question. L'Angleterre même, bien que la production carbonifère ne soit plus invulnérable comme autrefois, adopta en 1901 un droit de sortie sur le précieux miné-

rai ; et cette imposition apparut comme très légitime, non seulement aux yeux de Sir Michael Hichs Beach, alors Chancelier
de l'Echiquier et qui la défendit courageusement, mais encore
aux yeux de tous ; on ne releva contre elle aucune contradiction
avec les principes économiques alors acceptés.

d) *Le droit* ad valorem *et le droit spécifique.* — Quant au mode
de prélèvement, les droits peuvent être classés en droits *spéci-*
fiques et en droits *ad valorem.* Ces derniers eurent autrefois une
importance considérable ; mais ils tombèrent ensuite en désuétude. Presque toujours la valeur était déterminée par la facture
délivrée par le vendeur ; elle était donc établie par le prix de
vente sur le marché étranger. A ce prix s'ajoutaient parfois les
frais de transport. Théoriquement, ce système semble le meilleur ;
en fait, il est entaché d'inconvénients profonds. Il ne permet pas,
en effet, de conserver à la protection une suffisante stabilité ;
car les prix des marchandises ne varient pas partout à la fois
dans la même mesure ni dans le même sens. S'ils diminuent à
l'étranger avant de diminuer à l'intérieur, ou s'ils diminuent à
l'étranger dans une mesure plus large, la protection douanière
en est atténuée et peut devenir insuffisante. Si, au contraire, la
diminution des prix a lieu sur le marché national, la protection
augmente d'intensité et dépasse les besoins réels de la production
nationale (1). Pour les mêmes raisons, les taxes fiscales manque-
raient de stabilité et leur rendement donnerait lieu à une nouvelle cause de trouble financier. Ce rendement ne varierait pas
seulement avec l'importation totale, mais encore avec la valeur
de la marchandise. Le Trésor ne pourrait pas, même approxi-

(1) « Quand les affaires sont en dépression et que les prix extérieurs
restent faibles, — disait le *Finance Committee* du Sénat américain en
1883, — quand les producteurs nationaux ont un besoin plus grand d'être
protégés, c'est alors que les taxes *ad valorem* faiblissent ; la protection
devient donc moins forte et la dépression des affaires s'accentue. D'autre
part, lorsque les valeurs à l'étranger sont plus élevées, les taxes deviennent plus lourdes et la restriction se transforme en prohibition. »
V. encore le *Congressional Record* du 5 octobre 1888, page 10.115 et suiv.

mativement établir ses prévisions relativement aux recettes douanières.

Mais, même en raison des fraudes qu'elle permet, la taxe *ad valorem* semble avoir un effet économique nuisible. Les industriels vendeurs délivrent souvent, pour la douane, une facture sur laquelle la valeur déclarée de la marchandise est inférieure à sa valeur réelle, ce qui entraîne une réduction proportionnelle de la taxe. Ils délivrent ensuite une deuxième facture à l'usage de l'acheteur et sur laquelle le prix porté est le prix exact. L'emploi des doubles factures fit que les industriels anglais, en particulier ceux de Bradford, accueillirent avec un vif sentiment de répugnance le traité de Cobden, intervenu entre la France et l'Angleterre. Ce traité substituait les droits spécifiques aux anciens droits *ad valorem*, et portait entrave, par cela même, à l'importation des objets manufacturés anglais ; car ces produits ne pouvaient plus bénéficier de factures apocryphes pour tromper la douane française.

Les inconvénients des droits *ad valorem* furent longuement énumérés et discutés par le *Finance Committee* du Sénat américain, lorsque le débat s'ouvrit sur le projet de réforme douanière défendu par M. Rogers Q. Mills. Ce *Finance Commettee* appelait l'attention sur les documents présentés par le secrétaire d'État, M. Manning, et qui dévoilaient les importantes fraudes perpétrées, au détriment du Trésor et du commerce honnête, par le moyen des droits *ad valorem* (1). « Mon opinion, disait M. Manning, est qu'il faut substituer les droits spécifiques aux droits basés sur la valeur. On peut, toutefois, adopter des mesures sérieuses pour mettre les commerçants en demeure de

---

(1) « Avec le système des taxes *ad valorem*, disait la Commission, les fabricants étrangers déterminent pratiquement la taxe qu'ils veulent payer, et dans beaucoup de cas, la seule limite qui s'impose à l'importation consiste dans le plus ou moins de crainte que lui inspire la répression de la fraude. Le dommage est si considérable et si manifeste que ce système ne trouve des défenseurs que parmi les politiciens réformateurs des finances et les industriels de mauvaise foi. »

produire des déclarations sincères » (1). Les rigueurs les plus
fortes et les protections les plus efficaces étaient donc demandées
à une application plus rationnelle des droits *ad valorem* qui
ne devaient être maintenus qu'à titre temporaire.

Pour éviter l'inconvénient de la double facture, certains pays
établirent des barèmes où la valeur des marchandises étrangères était portée en regard du montant de la taxe qu'il fallait
leur appliquer. Ce système était absolument inutile, car l'adoption du droit spécifique était beaucoup plus simple ; ce droit
spécifique est, en effet, assimilable au droit *ad valorem* lorsque la
valeur de la marchandise est fixée d'avance (2).

En raison des nombreux et profonds inconvénients auxquels
les droits *ad valorem* donnaient lieu, ils furent abandonnés
presque partout (3). On leur substitua les droits spécifiques, qui furent d'ailleurs toujours préconisés par les ministres des finances.
aux États-Unis, depuis Hamilton ; tous les secrétaires du Trésor
les demandèrent, sauf un seul d'entre eux, M. Robert Walker. En
Europe, on ne peut dire qu'il en ait été autrement. Les raisons
fiscales qui militent en faveur des droits spécifiques sont trop
évidentes pour ne pas justifier la faveur dont ces droits jouirent
toujours auprès des directeurs des finances publiques. Et les
raisons économiques ne sont pas moins manifestes.

Les droits spécifiques remplacent la mesure incertaine de la
valeur par la mesure certaine et facile du poids et du volume.
Ils donnent donc toutes les garanties d'uniformité, de rapidité et
de précision. La détermination de la valeur, rarement sûre et
rapide, et souvent rendue impossible par des manœuvres
intéressées, est complètement écartée ; on évite ainsi les gains
illicites opérés par les importations malhonnêtes par rapport

(1) *Report of the Secretary of the Treasary on tre Revision of the Tariff*,
Washington, 1886.

(2) Ce système est plus particulièrement pratiqué dans l'Inde anglaise.
V. le tarif de 1904 dans le *Board of Trade Journal* de janvier et février 1905.

(3) Ces droits sont encore en vigueur en Turquie, dans l'Inde anglaise
et, en général, dans les pays nouveaux.

là ceux qui agissent honnêtement ; la concurrence des marchandises adultérées ou inférieures s'atténue au bénéfice des marchandises authentiques et de meilleure qualité ; un plus grand sens de moralité finit par animer le commerce international. La protection douanière devient effective, bien que toujours variable. Mais cette circonstance ne provient plus des moyens frauduleux employés par les importateurs, mais bien du changement du rapport entre les coûts de production des marchandises nationales et étrangères. Pour cette raison, les changements interviennent avec plus de lenteur et sont la conséquence d'une transformation dans l'organisme producteur.

e) *Le droit général et le droit conventionnel.* — Les droits généraux ou tarifs généraux sont établis par les différents Etats selon les besoins du Trésor public ou de la production nationale. Leur mesure dépend entièrement de considérations d'ordre intérieur, bien que — dans les pays qui pratiquent la politique des traités de commerce — elle subisse encore l'influence des concessions probables qui seront consenties par l'effet des traités internationaux.

Les droits conventionnels sont, au contraire, établis d'accord avec l'étranger. Ces droits, naturellement, sont presque toujours plus faibles que les droits généraux ; et, contrairement à ceux-ci, ils sont invariables pendant toute la durée du traité. Dans quelque rare cas, cependant, le droit conventionnel peut être égal à celui prévu par le tarif général. Il en est ainsi lorsque l'Etat étranger contractant a intérêt à se prémunir contre une hausse possible.

Dans les pays qui adoptent le système des tarifs autonomes, les droits les plus forts correspondent au tarif général, les plus faibles correspondent au tarif conventionnel.

f) *Le droit différentiel dans la législation internationale.* — Les droits différentiels ne sont que des droits généraux notablement élevés dans un but de représailles. Le plus souvent, on les emploie lorsque deux nations ne parviennent pas à se mettre d'accord pour l'élaboration d'un traité de commerce ; on

lorsqu'un Etat veut amener les autres pays à accorder à ses propres marchandises un régime moins restrictif.

Toutes les lois établissant les tarifs accordent, à cet égard, tout pouvoir au Gouvernement. La loi italienne, dans son article 5, dit : « Les marchandises provenant des pays chez lesquels les navires et les marchandises italiennes sont l'objet d'un traitement différentiel pourront être l'objet d'une élévation, fixée à 50 0/0, de la taxe prévue par le tarif général. Les marchandises qui échappent au tarif pourront être soumises à une taxe représentant jusqu'au 25 0/0 de leur valeur commerciale officielle. Ces dispositions seront applicables par décret. — Dans ce décret seront indiquées les marchandises qui devront subir l'élévation des droits ainsi que la mesure de cette élévation. Le décret susdit sera immédiatement présenté au parlement pour être transformé en loi ».

L'Allemagne montre beaucoup plus de rigueur à cet égard. La loi douanière allemande du 25 décembre 1902, par son § 10, dit que les marchandises originaires des pays où les produits allemands ne jouissent pas d'un régime de faveur, peuvent être frappées du droit général qui les concerne, augmenté d'un droit additionnel, qui peut atteindre le double du premier, ou même égaler la valeur des marchandises. Les produits exempts de droits peuvent, dans des circonstances analogues, être soumises à une taxe pouvant s'élever à la moitié de leur valeur. On peut encore adopter les mêmes dispositions de tarif qui s'appliquent aux marchandises allemandes sur les marchés étrangers. Ces mesures peuvent être mises en vigueur par une ordonnance impériale, après approbation du Conseil fédéral. Mais on demande toujours instamment que cette ordonnance soit présentée à la Diète de l'Empire.

Toute cette rigueur est inutile. Les taxes allemandes actuelles sont tellement élevées qu'il suffirait d'une augmentation de 50 0/0 pour rendre à peu près impossible l'importation des marchandises originaires des pays en lutte douanière avec l'Empire. Une augmentation inférieure même à 50 0/0 aurait le même effet. Les agrariens allemands, qui voulurent armer le Gouvernement d'une telle puissance de représailles, négligèrent de tenir compte d'un fait d'une simplicité élémentaire, quoique extrêmement important dans la pratique. Ils ne comprirent pas que l'inconvénient du régime différentiel réside dans le traitement de faveur dont, implicitement, jouissent les autres pays, bien plus que dans l'élévation démesurée de la taxe. Supposons que l'Allemagne, à la suite de l'échec de certaines négociations, veuille frapper les vins espagnols. Supposons que ceux-ci bénéficient d'un avantage de deux marks par quintal sur les vins italiens et de trois marks par quintal sur les vins français, qui contribuent à l'approvisionnement du marché allemand. Il suffit que l'Allemagne leur applique un droit différentiel de trois marks pour que — ces conditions étant les mêmes sur le marché intérieur — les vins italiens soient avantagés au détriment des vins espagnols ; il suffit d'un droit de quatre marks pour que les vins français bénéficient d'un avantage analogue, ce qui excluera complètement les vins espagnols de l'importation allemande. A quoi donc servirait une élévation du droit différentiel à 45 marks, si la taxe générale était de 15 marks. On ne nuirait pas davantage à l'importation des vins espagnols ; et l'on frapperait démesurément la consommation nationale en portant le prix des marchandises à un niveau très élevé, sans qu'il y ait aucune raison pour cela.

Le bénéfice en serait entièrement recueilli par les producteurs nationaux ou par les exportateurs des Etats non atteints par le droit différentiel, en particulier si la marchandise produite par ces derniers éprouvait une concurrence redoutable de la part de l'Etat soumis au droit différentiel. La mesure ne serait pas légitime, même au cas tout à fait exceptionnel où le pays avec lequel est engagée la lutte jouirait, dans la production de la marchandise frappée par le droit différentiel, d'un monopole naturel par rapport à l'autre marché. Dans ce cas, il ne suffirait pas d'une légère accentuation de la taxe pour favoriser les marchandises étrangères concurrentes et pour évincer le pays que l'on vise : le marché importateur serait toujours obligé d'acheter les marchandises à celui qui est seul à les produire. Cette importation pourra diminuer, mais le dommage qui en résulte pour la consommation restera, pendant longtemps, considérable, car le prix s'élèvera d'une quantité presque égale à la taxe.

Cette exagération des représailles n'a même pas le mérite de constituer une menace sérieuse, puisqu'il est facile d'établir si la taxe différentielle est néfaste à l'importation et dans quelle mesure ; et il est facile de savoir à quel moment le dommage cesse d'augmenter avec l'augmentation de la taxe.

L'article 4 de la loi douanière suisse confère une latitude encore plus grande au Gouvernement fédéral. Cet article dit : « Le Conseil fédéral peut en tout temps augmenter, dans la mesure qu'il jugera utile, les droits du tarif général applicables aux produits d'Etats qui frappent les marchandises suisses de droits particulièrement élevés ou qui les traitent moins favorablement que celles des autres Etats. Dans le cas où la présente loi prévoit la franchise, le Conseil fédéral peut établir des droits. Le Conseil fédéral peut aussi, dans des circonstances extraordinaires, notamment en cas de disette, accorder temporairement les réductions de droits et autres facilités qu'il jugera opportunes. » Pour des mesures de ce genre, comme cela arrive dans d'autres Etats, le Conseil fédéral est tenu de demander un *bill d'indemnité* à l'Assemblée fédérale. Par conséquent, aux termes de la loi suisse, le pouvoir exécutif possède une arme dont il est libre de faire l'usage qu'il croit être le plus efficace. On ne lui impose point de limites, et ces limites sont d'ailleurs inutiles lorsqu'elles sont exagérément élastiques. Toutefois, l'article cité établit un droit qu'on ne retrouve pas ailleurs : celui d'élever les taxes générales non seulement lorsqu'il y a régime différentiel de la part des autres pays, mais encore dans le cas où le régime normal est considéré comme trop dur. Cette faculté, reconnue au pouvoir exécutif, est mise en œuvre dans le but d'inciter les autres pays à réduire leurs tarifs, par le moyen d'une convention, plus que par la voie d'une initiative autonome. Dans au-

Fontana-Russo   32

cune autre loi on ne trouve, comme dans la loi suisse, le principe du droit de réduire, dans des circonstances extraordinaires, les taxes douanières. Sur ce point encore, la législation suisse apparaît comme plus large et plus libérale.

La loi française du 11 janvier 1892 (art. 8) n'assigne aucune limite à l'action du Gouvernement en ce qui regarde le régime différentiel. Elle dit : « Le gouvernement est autorisé à appliquer les surtaxes ou le régime de la prohibition à tout ou partie des marchandises originaires des pays qui appliquent, ou appliqueraient des surtaxes ou le régime de la prohibition à des marchandises françaises. Ces mesures doivent être soumises à la ratification des Chambres immédiatement, si elles sont réunies ; sinon, dès l'ouverture de la session suivante. »

Il n'y a pas de limite à l'usage de cette faculté ; mais il est parlé, dans l'article qui la définit, de prohibition alors qu'il n'en est question dans aucune autre loi.

La loi canadienne du 24 octobre 1903 est, à cet égard, exceptionnellement dure dans son application, bien que la mesure en soit limitée. L'art. 5 de cette loi reconnaît au Gouvernement la faculté d'élever d'un tiers les taxes ordinaires frappant les marchandises des pays qui infligent un traitement différentiel aux marchandises canadiennes. Jusqu'ici, rien qui ne se retrouve dans les autres législations, et même, la limite assignée aux représailles possibles est très modeste. Mais la taxe différentielle peut être appliquée même aux marchandises d'un Etat ami si, dans leur constitution, il rentre un élément quelconque provenant de l'Etat que l'on veut combattre. Et les dispositions préférentielles en faveur des marchandises anglaises, dispositions que nous avons examinées à propos du régime colonial, ne peuvent même pas empêcher ni atténuer un tel déploiement de rigueur. Cela signifie que si le Canada appliquait le tarif différentiel aux produits argentins, cette mesure devrait s'étendre aux draps anglais exportés au Canada et confectionnés avec la laine brute de la Plata.

Mais cette mesure serait pratiquement inapplicable, parce

qu'il n'est donné à personne de savoir si, et dans quelle mesure, les laines de l'Argentine, de l'Inde ou de l'Australie concourent à la fabrication des draps anglais. L'impossibilité pratique de cette recherche rend inutile la rigueur des dispositions légales, dont l'effet serait d'ailleurs ressenti plus par les amis que par les adversaires ; bien plus, les nations amies — frappées injustement — seraient, de ce chef, incitées à user de représailles. Cela montre évidemment que les mesures douanières restent vaines lorsqu'elles ne s'inspirent pas d'un esprit sagement modéré.

Ainsi, toutes les législations prévoient l'augmentation soudaine des taxes douanières ; aucune — excepté la législation suisse — ne prévoit leur diminution subite.

La situation que le système différentiel peut faire aux échanges avec l'étranger est encore plus mauvaise. L'accès des meilleures voies du trafic international leur est défendu ou rendu difficile. La consommation en souffre, le commerce languit, la production des marchandises les plus durement atteintes s'engourdit. Aux échanges habituels, il faut en substituer d'autres avec des pays dont le régime normal, en raison de l'entrée en vigueur des taxes différentielles contre les marchés concurrents, se transforme en régime préférentiel. Mais la substitution du courant commercial nouveau à l'ancien est loin d'être aisée ; elle ne s'effectue pas sans causer des troubles profonds et sans faire de nombreuses ruines (1).

Malgré tout le préjudice économique que provoque la mise

---

(1) L'application, entre la France et l'Italie, des tarifs différentiels est mémorable en raison des dommages qu'elle provoqua.

En 1888-89, c'est-à-dire pendant les deux années qui suivirent la rupture, l'importation française en Italie diminua de 47 % par rapport à l'exportation annuelle moyenne de 1880 à 1887 ; l'exportation italienne en France subit une réduction de 56 %. L'agriculture italienne en fut très éprouvée, car elle vit se fermer ses débouchés sur le marché français ; de même, certaines industries françaises comme celle de la soie, furent très contrariées par le défaut de la matière première que, depuis déjà longtemps, on achetait à l'Italie.

en vigueur des taxes différentielles, l'histoire commerciale de tous les pays nous en offre de nombreux exemples. La France et l'Italie, à partir de 1888, et pendant de nombreuses années après, s'appliquèrent des tarifs différentiels. Il en fut de même entre la France et la Suisse en 1892 ; entre l'Allemagne et la Russie en 1893 ; entre l'Allemagne et l'Espagne en 1894 ; entre le Canada et l'Allemagne en 1903 etc., (1). Toutefois les conflits de ce genre se font plus rares. L'expérience, ruineuse pour tous, a assagi les Gouvernements.

Les droits préférentiels, à l'encontre des droits différentiels entraînent des facilités exclusives. Nous en avons parlé longuement à propos de la politique commerciale entre les colonies et la métropole, et à propos du commerce de frontière, sans qu'il soit besoin de nous en occuper à nouveau (2).

107. La surtaxe compensatrice. — On ne peut parler des surtaxes compensatrices avant de dire quelques mots des *drawbacks*. Ces surtaxes sont d'ailleurs rattachées aux primes d'exportation dont nous avons parlé dans le chapitre du protectionnisme sans droits protecteurs.

C'est un principe observé dans presque tous les tarifs modernes que les matières premières doivent bénéficier de la franchise. Mais, lorsque des raisons financières impérieuses exercent leur pression, les marchandises brutes elles-mêmes sont soumises à des taxes fiscales. Tant que les industries qui emploient ces matières premières ne travaillent que pour le marché intérieur, la législation douanière n'a pas recours à des dispositions

(1) L'année dernière encore, en août 1906, une bataille douanière était engagée entre l'Autriche-Hongrie et la Serbie ; d'autres conflits analogues semblent conjurés entre l'Espagne et la France, et entre l'Espagne et la Suisse.

(2) La taxe, différentielle pour les uns, est préférentielle pour les autres. On peut d'ailleurs l'employer autrement que pour des représailles. Ainsi l'art. 22 de la loi actuelle des Etats-Unis établit un droit différentiel maximum de 10 % de la valeur, en outre des droits ordinaires, sur les marchandises étrangères importées sur des navires n'appartenant pas à l'Union. Ici la taxe différentielle a un caractère préférentiel bien défini.

nouvelles. Mais aussitôt que ces industries se livrent à l'exportation, la nécessité apparaît de restituer la taxe payée par elles à l'entrée de la matière première, et c'est ce qui donne naissance au *drawback*. La restitution d'un droit de douane, ou *drawback*, est nécessaire pour mettre les objets manufacturés tirés de la matière première ayant payé ce droit à son entrée en mesure d'aborder les marchés neutres, d'y engager la lutte avec les produits étrangers fabriqués avec une matière première qui ne supporta aucun droit.

Ainsi compris, le *drawback* répond à une intention de justice, car il n'y a pas de pire mesure au regard des usines que celle qui limite leur clientèle et les contraint à ne travailler que pour le marché intérieur, alors qu'elles sont déjà en mesure de s'adonner à l'exportation.

Il n'y a pas lieu de s'étonner si le montant de la restitution est plus élevé que le droit payé par la matière première. Il est nécessaire qu'il en soit ainsi parce que d'un quintal de coton brut, par exemple, on ne tire pas un quintal de filés grossiers, on ne retire qu'une quantité moindre de filés fins, et une quantité moindre encore de tissus. Au cours de toute production, il se produit une perte de matière première dont une partie se transforme en ce que l'on appelle techniquement les « résidus » ou « déchets » de la production. On comprend donc que le *drawback* pour un quintal de filés grossiers soit plus élevé que la taxe payée pour un quintal de matière première ; et que le *drawback* pour un quintal de filé fin soit plus élevé encore. En somme, on élève le taux du *drawback* selon le degré que le produit atteint dans le processus de la production.

Toutefois, il est difficile de conserver un rapport exact entre le *drawback* et la taxe payée par la matière première incorporée dans le produit manufacturé. Certains États sont tentés de forcer ce rapport, de façon à lui faire contenir une prime d'exportation. Si le droit sur la matière première était de deux francs par quintal, et si pour obtenir un quintal de produit fini, il fallait un quintal et demi de matière première, le maximum du *drawback* devrait être de trois francs. Le montant réel pourrait être légèrement inférieur et rester dans la juste mesure, parce qu'il n'est pas dit que tous les résidus soient inutilisables, ni qu'ils le soient toujours et représentent, par suite, une perte absolue de matière première.

Mais, dans notre cas, si le *drawback* s'établit à un taux supérieur à trois francs par quintal, il contient une prime d'exportation qui provoque, comme nous le verrons, le recours aux surtaxes compensatrices (1).

La prime d'exportation peut être obtenue par un autre moyen. On sait que, toujours pour des raisons financières, beaucoup d'Etats font usage des impôts à la production dont la restitution est consentie lorsque les produits qui en sont frappés viennent à être exportés. Si cette restitution se mesure exactement au montant de la taxe payée, il n'y a pas de prime ; mais la prime apparaît aussitôt que cette limite est dépassée. Le plus souvent la loi n'en fait aucune mention, mais cela n'empêche pas que la prime existe en fait.

Les primes d'exportation, qu'elles soient ostensibles ou cachées, réduisent indirectement les droits de douane dont les pays étrangers frappent les marchandises primées ; et ces pays s'efforcent d'en neutraliser les effets en ayant recours à des surtaxes compensatrices, qui ont un caractère de représailles, car elles sont égales aux primes dont jouissent les marchandises visées (2). Les taxes

(1) Aux Etats-Unis d'Amérique, selon la loi fédérale de 1897, il n'est restitué que le 99 % de la taxe payée.

En Allemagne, la restitution est fixée, dans chaque cas, par le Bundesrath.

En France, les *drawbacks* n'ont été abolis qu'en apparence. En fait les *remboursements à forfait* accordés à certains produits obtenus avec les fils de coton importés de l'étranger, n'est autre chose qu'un *drawback*.

Même en Russie, on a recours à la restitution des droits de douane en faveur de certains produits du coton exportés, en Perse particulièrement.

(2) L'art. 4 de la loi douanière suisse donne au Congrès fédéral des pouvoirs étendus et l'autorise « à prendre les dispositions qui lui paraîtront appropriées aux circonstances. » Au contraire, l'art. 5 de la loi américaine soumet les marchandises primées « soit qu'elles proviennent

compensatrices n'ont d'autre but que de rendre aux droits d'entrée leur efficacité protectrice atténuée par la prime.

Les taxes compensatrices, bien qu'instituées dans le but parfaitement équitable de rétablir la protection affaiblie par l'effet des dispositions douanières en vigueur à l'étranger, ne sont pas exemptes d'inconvénients d'une autre nature. De la façon même selon laquelle, le plus souvent, les primes sont octroyées, il résulte une sérieuse difficulté dans leur évaluation. Donc, si la taxe compensatrice reste inférieure à la prime, son action demeure nulle ; si elle est supérieure à la prime, il en ressort une nouvelle cause de surprofit pour la production nationale.

Mais supposons que la prime soit exactement calculable, et que la taxe compensatrice soit exactement mesurée au montant de cette prime. Même dans ce cas, les inconvénients pourront être encore sérieux. Est-on certain que les prix de vente des marchandises exportées baissent d'autant que la prime est élevée? Lorsqu'il y a concurrence, il peut en être ainsi ; mais, en général, il arrive que les prix ne sont pas diminués du montant de la prime. Les producteurs, dans ces conditions, jouissent d'une protection plus forte au détriment de la consommation nationale.

Certaines lois, comme la loi suisse du 10 octobre 1902 et la loi américaine du 24 juillet 1897, donnent aux Gouvernements la faculté d'adopter des dispositions de nature à pallier aux inconvénients d'une telle situation, c'est-à-dire de recourir à des mesures compensatrices (1). Le Gouvernement américain a usé largement de cette faculté en frappant indistinctement toutes les marchandises primées, et en justifiant parfois cette rigueur

---

directement ou non du pays de production, soit qu'elles aient subi un travail de transformation quelconque, à un droit additionnel légal au montant net des primes concédées, quel que soit le mode adopté pour le paiement ou la concession de la prime même ». Le principe rigoureux de la défense énergique dont bénéficie la production américaine trouve, ici encore, une large application.

(1) Les Etats-Unis eurent soin, en particulier, de frapper les sucres importés d'Europe, lesquels avant la dernière conférence de Bruxelles, bénéficiaient d'une prime d'exportation.

par le simple soupçon de la présence dissimulée d'une prime
dans la restitution du droit de douane ou de l'impôt de production accordée par le pays dont la marchandise est originaire.

108. Le droit général d'entrée. — Pendant longtemps
et dans beaucoup de pays on eut recours à l'usage du *droit général d'entrée*. Par l'effet de ce droit, toutes les marchandises
non comprises dans le tarif étaient assujetties à une taxe uniforme. Ce système fut pratiqué pendant longtemps en Allemagne ; les colonies australiennes en firent usage également (1).
Mais il fut abandonné petit à petit, et il ne subsiste encore
que dans la loi du 24 juillet 1897 aux Etats-Unis, loi dont l'article 6 établit une base de 10 à 20 0/0 sur toutes les marchandises brutes ou manufacturées non mentionnées dans le tarif.

Le droit général d'entrée, quoique minime, par le fait qu'il
frappait un grand nombre de marchandises qui auraient fatalement échappé au tarif, donnait un caractère fiscal très accentué à l'ensemble des dispositions douanières qui avaient d'autre
part une portée économique.

En fait, des marchandises de nature très diverse, ouvrées à
des degrés différents, qui répondaient à des usages variés,
comme biens instrumentaires ou comme biens de consommation directe, étaient traités de la même façon, ce qui entraînait
des troubles profonds à l'égard de la production. La suppression d'un tel système était nécessaire et on y eut recours. On
pouvait, à la place du droit général d'entrée, établir le principe
de l'entrée en franchise pour toutes les marchandises non visées par le tarif. On préféra, au contraire, les assujettir au régime des marchandises tarifées avec lesquelles elles présentaient le plus de similitude (2).

(1) Avant la constitution de la Fédération australienne, les tarifs de
Victoria, de la Nouvelle-Galle du Sud, de la Nouvelle-Zélande et de la
Tasmanie, différaient de ceux des autres colonies anglaises par le *droit
général d'entrée* qu'ils établissaient.

(2) L'art. 4 de la loi italienne dit à ce sujet : « Les marchandises non

109. Importation et exportation temporaires. — Les
exportations et importations temporaires, appelées ailleurs
avec plus de clarté « commerce de perfectionnement », ont souvent pour but d'éviter les *drawbaks*, tout en laissant les marchandises bénéficier de tous les avantages du système. Elles
tendent également à combler, sans empêchements de nature
douanière, les lacunes du progrès industriel.

Une marchandise brute étrangère peut pénétrer sur le territoire douanier d'un État moyennant le paiement d'une taxe
établie expressément à cette fin et qui peut lui être remboursée
au moment où, ayant subi une transformation, elle est exportée
à l'étranger. Ce serait là une opération de *drawbaks* qui im-
pliquerait toute une série de calculs ayant pour but d'établir dans
quelle mesure la matière première concourt à la fabrication du
produit et quel doit être, par suite, le montant de la restitution
des droits perçus. Mais il y a des marchandises dont la transformation, quoique très considérable, s'accomplit d'une façon
uniforme. Les blés, par exemple, peuvent entrer en Italie pour
y être transformés en farines, puis en pâtes alimentaires. Le
rapport entre la matière première et le produit une fois établi,
la taxe est restituée conformément à ce rapport lorsque la marchandise transformée retourne à l'étranger. Selon la loi italienne,
ce serait là un procédé d'importation temporaire, qui se rapproche beaucoup du *drawback*, dont il diffère seulement par la
simplicité de son fonctionnement presque automatique.

Tandis que le *drawback* rembourse un droit effectivement perçu
sur la matière première, l'importation temporaire exige seule-

mentionnées au tarif ni au répertoire sont assimilées à celles avec lesquelles elles présentent le plus d'analogie. L'assimilation est prononcée
par le ministre des Finances, sur décret motivé, après avis du Collège
consultatif des douanes. »

La loi suisse du 10 octobre 1903 s'inspire du même principe lorsqu'elle
dit, à l'art. 2 : « Les marchandises non mentionnées au tarif seront classées par le Conseil fédéral dans les rubriques auxquelles elles appartiennent d'après leur nature. »

ment le dépôt du montant du droit à percevoir, conformément au tarif, sur les marchandises importées temporairement. Ce dépôt est requis pour que la douane soit garantie dans le cas où le retour du produit à l'étranger ne s'effectuerait pas dans le délai prescrit.

Comme l'on voit, bien que les deux dispositions douanières en question se proposent le même but, celui d'encourager les industries nationales, elles diffèrent beaucoup au point de vue financier ; et une différence également sensible peut être faite, si l'on se place au point de vue économique.

En effet, on n'admet pas seulement au bénéfice de l'importation temporaire les marchandises brutes devant être transformées en produits finis, comme cela arrive en Italie pour les blés à transformer en farines et en pâtes, ou pour les graines oléagineuses nécessaires à la fabrication des huiles. On étend également ce régime aux marchandises étrangères semi-ouvrées devant concourir avec les marchandises nationales analogues à la constitution d'un produit unique. Tel est le cas, en Italie, de l'importation temporaire des filés de coton allemands qui sont employés avec les filés de soie italiens pour la fabrication des tissus de soie et coton.

Il peut encore se faire que certaines marchandises passent d'un Etat à l'autre pour subir un travail de perfectionnement ultérieur. Il en est ainsi pour l'importation temporaire que la loi italienne accorde aux fils et tissus de coton, de lin ou de laine, importés pour être teints ou imprimés ; ou encore pour les fils et tissus de soie qui peuvent être, à leur tour, temporairement exportés en France pour y subir les mêmes opérations.

Le *drawback* a un effet unilatéral et ne concerne donc qu'un pays. L'importation temporaire présuppose l'exportation temporaire au regard d'un autre Etat. Dans les rapports franco-italiens, ce qui est importation temporaire en Italie est exportation temporaire en France et réciproquement. La différence des deux opérations consiste en ce que l'importateur est tenu de payer temporairement le droit, qui lui est restitué ensuite ;

tandis que l'exportateur, muni des documents nécessaires, se garantit le bénéfice de la franchise pour la réimportation des marchandises temporairement exportées.

Les pays qui ont atteint un degré élevé de progrès industriel disposeront d'un commerce d'importation temporaire important ; le contraire aura lieu pour les pays qui n'ont pas encore accompli leur transformation manufacturière. En fait, les diverses formes d'importation temporaire présupposent toujours, de la part du pays exportateur, une certaine insuffisance d'habileté technique dans la production manufacturière. Si les soies italiennes vont à Lyon ou à Crefeld pour y être teintes, c'est précisément parce que l'Italie n'a fait que des progrès peu importants dans cette branche d'industrie.

Il peut encore se faire que l'exportation temporaire résulte de causes d'une nature différente. Les fils de coton allemands, avons-nous dit, viennent en Italie pour y être tissés avec les fils de soie italiens. Cela peut dépendre, bien plus que de la plus grande expérience technique de la production italienne des tissus mélangés, du désir d'épargner des frais de transport, de salaire, etc... Si, par exemple, ces tissus doivent être exportés sur un marché plus rapproché de l'Italie que de l'Allemagne, il est évident que cette dernière aura avantage à exporter temporairement des fils de coton en Italie. Si l'on tient compte ensuite de ce fait que les salaires sont plus faibles en Italie qu'en Allemagne, on voit que le même travail effectué en Italie permettra une économie sur les salaires. A l'économie faite sur les frais de transport s'ajoute celle réalisée sur le coût de production.

Une autre forme d'importation temporaire est constituée par le bénéfice de l'entrée en franchise accordée à des marchandises qui vont à l'étranger pour y tenter la vente. Dans ce cas toute idée de travail de finissage ultérieur est écartée : l'intérêt en action est d'ordre commercial et non plus industriel.

Mais, la forme d'importation temporaire la plus complète, c'est toujours celle qui a pour but un travail de perfectionnement.

Nous allons voir maintenant quels en sont les mobiles et les effets économiques.

La cause déterminante réside dans la doctrine des coûts comparatifs. L'exportation temporaire est avantageuse parce que, dans le pays exportateur, le travail a une productivité plus grande s'il s'emploie dans des formes de production différentes de celles dont a besoin la marchandise temporairement exportée. Le plus souvent, le perfectionnement recherché à l'extérieur ne serait pas complètement irréalisable ; mais l'exportation temporaire est utile, parce qu'elle assure une économie de coût ou une valeur plus grande, par rapport à ce que le pays même dépenserait ou obtiendrait en faisant tout à lui seul.

Un premier effet de cette application du principe des coûts comparatifs, on le trouve dans la distribution géographique des différentes branches de la même industrie ; cette distribution toute spéciale est propre à notre époque dont les régimes douaniers améliorés et les moyens de communication perfectionnés l'ont rendue possible. Un deuxième effet se manifeste par un motif nouveau de dettes et de crédits internationaux ; et ce motif s'ajoute à celui qui réside dans la différence existante entre la valeur de la marchandise définitivement réimportée et sa valeur au moment de son exportation temporaire ; ou encore à la différence existant entre la valeur de la marchandise définitivement réexportée et sa valeur au moment de l'importation temporaire. Un troisième effet de l'application du même principe consiste dans la spécialisation à laquelle les fabriques ont recours ultérieurement, par suite de l'augmentation de travail que leur procure l'importation temporaire. Un autre effet encore c'est de provoquer les phénomènes qui, d'ordinaire, accompagnent les opérations de transit ; car, la marchandise temporairement importée et exportée, indépendamment de l'augmentation de valeur qui en est la conséquence, ne fait autre chose que passer en transit à travers un ou plusieurs États étrangers.

Les différentes législations, soit pour inciter les industries à soigner toutes les parties de la production, soit pour éviter des

pertes possibles aux finances publiques, ont entouré les dispositions relatives à l'importation et à l'exportation temporaires,
d'une série de restrictions, de garanties et de contrôles. Selon la
loi italienne, les importations et les exportations temporaires
sont réglementées par des décrets royaux prenant force de loi
après l'avis du Conseil supérieur de l'industrie et du commerce.
Elles sont autorisées lorsque l'on est certain que l'industrie nationale y trouve un avantage et qu'aucune de ses branches n'en
peut souffrir ; lorsqu'il s'agit de marchandises que l'on ne peut
pas, sinon difficilement, remplacer par des marchandises similaires d'origine différente ; ou lorsqu'il est possible d'empêcher
toute substitution ou tout abus de ce genre.

**110. La monnaie dans l'acquittement des droits de
douane.** — Comme nous l'avons vu, le droit *ad valorem* fut abandonné parce que, entre autre, il ne donnait aucune stabilité à
la protection ; car il est reconnu qu'à défaut de cette stabilité le
régime protecteur perd une grande partie de son efficacité. Pour
que le capital s'emploie volontairement dans les formes de production protégées, il faut qu'il puisse tabler, pendant une période assez longue, sur une protection certaine et difficilement
variable. Toute sécurité ferait défaut, si la monnaie admise pour
le paiement des droits de douane était susceptible de brusques
changements de valeur.

Prenons un pays dont la circulation est à cours forcé, où la
monnaie de papier subit une dépréciation de 50 0/0 par rapport à
la monnaie d'or. Si cette monnaie était acceptée pour le paiment
des droits, ceux-ci, tout en restant nominalement invariables, se
trouveraient, en fait, réduits de moitié. L'importation y trouverait un stimulant, au grand détriment des industries déjà fermées
dans l'espoir de bénéficier de la protection efficace, qui devrait
résulter du droit établi ; le progrès industriel commencé subirait
donc un retard, sinon un arrêt. Dans ces conditions, comme la
monnaie exigée dans les paiements internationaux est la monnaie d'or, le prix des marchandises importées doublerait si on
le réalisait en papier. Donc la taxe se réduirait dans la propor-

tion où s'élèverait le prix. Le résultat serait évident : les marchandises étrangères seraient frappées en raison inverse de leur valeur. Ce n'est pas tout. L'importateur, conformément aux usages commerciaux, a trois ou six mois pour éteindre la dette représentant le prix des marchandises achetées. Pendant ce délai, la valeur de la marchandise peut, comme cela arrive souvent, subir des variations importantes en hausse ou en baisse, ce qui accentuera ou atténuera le désaccord entre le prix de la marchandise importée et la taxe déjà payée trois ou six mois avant. La protection, en raison de cet usage commercial, devient donc plus incertaine et plus variable.

Le dommage peut être atténué pour les industries nationales qui emploient la matière première étrangère, parce que la taxe qui frappe celle-ci diminue en raison directe de la dépréciation du papier par rapport à l'or ; et la diminution effective de la taxe sur les produits manufacturés étrangers est en partie compensée par la diminution des droits payés par les matières premières dont on se sert pour la fabrication des produits manufacturés similaires.

Malgré ces considérations, nous voyons que dans beaucoup d'Etats où la monnaie est dépréciée, le paiement en or des droits de douane est exigé bien plus pour des raisons financières que pour des raisons économiques. Les Etats-Unis, lorsqu'éclata la guerre de Sécession, prescrivirent le paiement en or. L'Autriche-Hongrie et la Russie, bien que le monométallisme argent fût le sytème monétaire en vigueur, exigèrent aussi que les droits de douane fussent acquittés en or ; c'était surtout dans le but de constituer un stock de cette monnaie, nécessaire au paiement des intérêts de la dette publique placée à l'étranger, et de limiter la tendance à la hausse de l'agio qui avait déjà atteint un niveau très élevé.

Pour les mêmes raisons, toutes les républiques de l'Amérique latine, lorsqu'elles se trouvèrent aux prises avec des crises monétaires et économiques, recoururent au paiement obligatoire des droits de douane en monnaie d'or. Toutefois, étant donnée l'énorme dépréciation du papier-monnaie, il sembla que le fait d'exiger le paiement intégral en or était exagéré et pouvait avoir une répercussion fâcheuse. On admit alors qu'une partie seulement de la taxe fût payée en monnaie de métal. Les procédés adoptés dans ces pays se rapprochent plus ou moins de ceux qu'institua le Brésil par la loi du 10 mai 1890. Cette loi établit une nouvelle échelle mobile, suivant laquelle le 20 0/0 de la taxe devait être payé en or, lorsque l'agio oscillait entre 20 et 24 0/0. On réduisait le paiement à 10 0/0 lorsque l'agio variait de 24 à 27 0/0; en définitive le paiement en or devait cesser d'être exigé dès la disparition de l'agio. On aurait voulu, dans ces pays, concilier les besoins du Trésor avec les exigences du commerce. La taxe était le seul moyen qui s'offrait pour se procurer au moins une partie de l'or nécessaire à l'Etat. Toutefois, vu le niveau élevé de l'agio, on était très prudent dans la fixation de la quotité payable en or; car l'on avait conscience que cette quotité, quoique minime, avait pour effet de renforcer sensiblement la taxe, et de constituer un empêchement sérieux au commerce avec l'extérieur.

L'Argentine, en particulier, crut que le paiement en or d'une partie de la taxe pouvait fournir le stock métallique nécessaire au remplacement de la monnaie de papier dépréciée par la monnaie d'or.

En Italie, depuis juillet 1866, en dépit du cours forcé des billets, établi au mois de mai de cette même année, la législation fiscale fit toujours la distinction entre la monnaie nécessaire au paiement des droits d'entrée et celle servant à acquitter tous les autres impôts, y compris les droits de sortie. La loi du 7 avril 1881, qui abolit le cours forcé, proclama à nouveau ce principe, qui fut d'ailleurs violé par le décret du 1er mars 1883, admettant le papier-monnaie au paiement des droits. L'Etat perdit ainsi l'unique moyen qu'il possédait de maintenir dans le pays une partie de l'or qu'il avait emprunté dans le but de supprimer le cours forcé.

Du décret de 1883, pris en violation de la loi de 1881, peu de gens s'aperçurent et aucun ne se plaignit. L'agio, à cette époque, se maintenait bas par l'effet de l'émigration continue de la monnaie et des titres italiens qui servaient à combler le déficit de la balance des paiements. Mais, une fois le stock métallique mis en circulation, une fois l'émission des emprunts arrêtée, l'agio reparut, atténuant, à mesure qu'il s'élevait, l'efficacité protectrice des droits de douane. Longtemps après, le 8 novembre 1893, on remit en vigueur la loi de 1881, et ce retour au passé provoqua le fameux conflit avec la Suisse. La Confédération helvétique estima que l'Italie violait le pacte de commerce alors en vigueur entre les deux pays ; car le paiement en or des droits de douane avait pour effet d'élever ces droits d'une quantité égale à l'agio,

Toutefois, en Italie comme ailleurs, ce paiement en or fut exigé pour des raisons monétaires et fiscales, bien plus que pour des raisons économiques. Presque partout on a perdu de vue la raison principale pour laquelle la monnaie d'or doit être exigée. Cette raison est étroitement liée à la valeur protectrice de la taxe au regard de la production nationale.

111. Caractère constitutionnel de certaines dispositions douanières. — Le droit de douane est un impôt ; comme tel il ne peut être appliqué, ni varier dans sa mesure, ni dans son mode de perception, sans l'intervention expresse d'une loi. Cependant, dans des circonstances exceptionnellement graves, bien que la constitution de nombreux États s'y opposât, le pouvoir exécutif a pu, sous sa responsabilité propre, modifier les droits existants ou en établir de nouveaux sans l'approbation préalable du Parlement. Le pouvoir législatif est donc exercé en dehors des Chambres qui le détiennent. Le *décret-loi*, dont le Gouvernement fait usage dans ces cas, constitue donc une mesure par laquelle se réglemente une matière qui ressort de la compétence ordinaire du pouvoir législatif ; c'est donc une mesure dont l'initiative a nécessité du Gouvernement qu'il assure un pouvoir dont il n'est point investi.

Avant d'examiner le caractère constitutionnel de ces décrets, nous allons voir en quelles circonstances on y a recours.

Les Etats contraints par des besoins financiers urgents adoptent parfois les *décrets-lois* de *cadenas*, par lesquels les taxes fiscales sont brusquement élevées, à l'insu des contribuables et même du pouvoir législatif, et perçus aussitôt que les douanes reçoivent communication du décret. Une mesure aussi grave, sinon au point de vue constitutionnel mais au point de vue financier et au point de vue du prestige de l'Etat, peut sembler justifiée dans des circonstances tout à fait exceptionnelles. Supposons que l'on soit près de la date du paiement des intérêts de la dette publique et que le Trésor n'ait pas encore recueilli les fonds nécessaires ; ou encore que de graves incidents internationaux fassent prévoir l'éventualité d'une guerre prochaine dont la préparation financière doive être faite rapidement. L'urgence exclut, dans des cas analogues, la possibilité de recourir aux moyens ordinaires d'augmenter les recettes. L'augmentation du taux de l'impôt ne produit un effet sensible pour le Trésor qu'après un laps de temps assez long : on ne peut donc pas recourir à ce moyen. Au contraire, l'application d'un droit d'entrée surélevé peut être immédiate et un rendement plus fort est aussitôt recueilli. Le Trésor en bénéficie de suite et peut, au moins en partie, satisfaire aux obligations urgentes de l'Etat.

Une autre raison qui justifie une mesure du genre de celles dont nous parlons, c'est la nécessité de l'entourer du plus grand secret pour éviter que les commerçants ne s'approvisionnent à l'étranger des marchandises destinées à subir un régime plus lourd et ne les importent avant la mise en vigueur de la taxe nouvelle. Dans ce cas le *cadenas* procurerait un bénéfice aux importateurs les plus avisés — qui élèveraient les prix des marchandises frappées en raison de l'augmentation de la taxe qu'eux-mêmes n'ont pas payée — et ne serait d'aucun secours pour le Trésor. Dans ces cas on viole la Constitution, il est vrai ; mais c'est pour préserver l'Etat des désastres d'une faillite ou d'une guerre malheureuse.

L'Italie, lorsque ses finances traversèrent la période critique,

Fontana-Russo

fit un usage fréquent des *décrets-lois* de *cadenas*. On en compte
sept entre 1885 et1894 (1). Mais il ne semblent pas tous avoir
été justifiés par des raisons exceptionnellement graves et
urgentes. Toutefois ces infractions aux principes constitutionnels
cherchèrent une justification, parfois même très contestable,
dans l'état des finances publiques. Mais on peut trouver d'autres
exemples où fait défaut toute raison de recourir à une mesure
aussi grave.

Il est d'usage, en Italie, de mettre en vigueur les traités de
commerce — lesquels apportent toujours des modifications aux
droits de douane — par le moyen des *décrets-lois* qui sont ensuite présentés au Parlement pour en obtenir la ratification.
Dans ce cas, toute considération exceptionnellement grave ou
urgente fait complètement défaut. Les Etats qui s'entendent
pour l'élaboration d'un nouveau traité tomberaient encore plus
facilement d'accord s'il s'agissait de proroger l'ancien traité jusqu'à ce que le nouveau soit discuté et approuvé par les Parlements respectifs. Il n'est jamais question que de délais assez
courts pendant lesquels le commerce ne peut subir aucun désavantage notable. Le pouvoir exécutif ne devrait assumer une telle
responsabilité que si le pouvoir législatif était dans l'impossibilité
de fonctionner, au cas où la constitution serait, en fait, suspendue. Ainsi, étant donné le désaccord survenu entre le Parlement
hongrois et le roi, on comprend que le traité de commerce du
11 février 1906 entre l'Italie et l'Autriche-Hongrie soit entré
en vigueur sur les territoires royaux de Saint-Etienne par voie
d'ordonnances royales. Mais l'emploi du même procédé ne
peut se justifier en Italie, où rien ne troublait la fonction législative lors de la stipulation des derniers traités. Il ne manque pas
d'exemples de traités internationaux entrés en vigueur par voie
de *décrets-lois*, puis repoussés par le Parlement, qui ne sait

(1) L'un de ces décrets, celui du 22 novembre 1891, ne fut pas ratifié par
la Chambre. On en suspendit l'effet, comme l'on y était obligé, après le
vote de l'Assemblée ; mais en attendant de nombreuses marchandises
étaient entrées en Italie après avoir payé la taxe surélevée.

comment indemniser les importateurs de la surtaxe payée pendant un certain temps ni comment indemniser le Trésor de la diminution à venir de la taxe dont il bénéficiait pendant la même période.

La surtaxe payée en plus ou à percevoir en moins n'offre cependant qu'une importance secondaire par rapport à la question constitutionnelle soulevée par la mesure qui a modifié la taxe. La constitution italienne n'établit ni ne sous-entend aucune exception ; elle n'admet ni ne tolère que le pouvoir exécutif puisse se substituer au pouvoir législatif. On dira qu'une nécessité matérielle inéluctable peut constituer une raison suprême supérieure aux considérations de droit et peut, par conséquent, justifier et servir de base à cette puissance extraordinaire qui se manifeste par le *décret-loi*. Mais dans le cas exa· ·ιέ il n'existe aucune nécessité qui ne soit facile à prévoir ; et plusieurs constitutions étrangères, en effet, l'ont prévu. Cela accentue le contraste qui éclate en Italie entre ce que fait couramment le pouvoir exécutif et ce qu'établit la constitution, qui interdit rigoureusement au Gouvernement tout acte législatif. Tout acte de cette nature est arbitraire et ne peut être excusé par le Parlement que s'il se justifie par des raisons exceptionnelles. Mais comme le plus souvent, en Italie, toute justification complète et satisfaisante fait absolument défaut, il serait bon que le Parlement réprouve les actes du pouvoir exécutif modifiant les droits de douane en violation des principes constitutionnels.

CHAPITRE II

LA MESURE ET LA DURÉE DES DROITS DE DOUANE

112. Le droit protecteur et le coût de production. — Le
droit protecteur, lorsqu'il est établi empiriquement, trouve sa
base et sa mesure dans la différence existant entre le coût
moyen à l'intérieur de la marchandise dont on veut encourager
la production et son coût le plus bas à l'extérieur (1). C'est
parce que ce droit dérive de cette différence, ou tout au moins
devrait en dériver toujours, qu'il est nécessaire de spécifier ce
qu'il faut entendre par le coût de production.

La théorie du coût de production est peut-être la plus controversée de toutes celles qui constituent l'économie politique. Depuis les physiocrates elle a été soumise à des modifications continuelles. Smith la négligea, peut-être en raison de l'état d'imperfection où était encore la science à l'époque où il écrivit son
célèbre ouvrage (2) ; d'autres, après lui, ne firent qu'accroître

(1) Dans ce chapitre nous mettrons *coût* pour *coût de production*.
(2) Dans la *Richesse des nations* le coût de production est classé parmi
les questions relatives à la valeur et au prix. Smith n'y fait d'ailleurs,
qu'une allusion passagère.

le nombre des conceptions différentes relatives à cette question capitale. Pour certains le coût se compose de sacrifices et non de rémunération et, par conséquent, il ne doit pas comprendre les profits que d'autres lui incorporent. D'aucuns font figurer l'abstinence parmi les éléments du coût, d'autres au contraire l'en excluent. Ceux-ci confèrent à la qualité du travail l'importance d'un élément fondamental ; tandis que ceux-là ne voient dans le coût que la résultante du travail humain. Parmi ces deux dernières catégories l'accord semble prêt à se faire. Mais il ne manque pas de nouvelles raisons de divergence. Nous voyons, en effet, que certains économistes voient dans le coût la détermination des valeurs des marchandises ; d'autres — et avec raison — nient résolument qu'il en soit ainsi.

Parmi tant de façons de voir, il n'est pas facile de se décider et de dire ce qu'il faut entendre par coût ; ni s'il faut adopter la définition de Stuart Mill ou de Cairnes, qui en a donné le plus complet exposé, ou de Marx, de Marshall, de Wagner ou de Loria, etc.

Nous nous refusons à croire que la mesure du coût puisse être donnée par le travail. Peut-être cette conception aurait-elle été admissible autrefois, lorsque l'économie était rudimentaire au point que le travail pouvait servir de terme de comparaison entre tous les efforts consacrés à la production. Ashley a raison de dire qu'au Moyen-Age le coût de production était autre chose que ce qu'il est aujourd'hui, car il se réduisait entièrement au travail (1). A cette époque, en effet, l'homme constituait l'unique organe de la production et, par conséquent, tout était mesurable avec ce que Marx appelle « la force simple que toute personne ordinaire possède dans les organes de son propre corps ». Il n'en est plus de même. La production moderne est la résultante de forces diverses, dont le travail ne représente qu'une partie liée aux autres par un rapport d'interdépendance

---

(1) ASHLEY, *And Introduction to English Economic History and Theory.* Londres, Longmans, 1894 ; trad. franc., Giard et Brière, 1900.

assez étroit pour la rendre sensible à tout changement, même
léger, survenu parmi les autres facteurs. Ces facteurs sont nombreux et il n'est pas possible de les comprendre dans une définition donnée à un point de vue particulier. Lorsqu'on dit, par
exemple, que le coût de production est constitué par la quantité et la qualité du travail augmentées du capital qui est absorbé par la production, on donne une définition qui peut
conduire à une détermination suffisamment exacte des limites
du coût, mais qui n'en énumère pas les éléments. Bien plus,
une définition de ce genre ne peut servir aux fins de la politique
commerciale ; elle est trop abstraite pour que le raisonnement
puisse permettre de passer à la notion concrète du droit de
douane. Lorsqu'on dit que la production d'une marchandise X
exige une somme de sacrifices beaucoup plus grande en Italie
qu'en France, on dit implicitement que, pour stimuler la production de cette marchandise en Italie, le secours d'un droit
protecteur est nécessaire. Mais on n'aura pas dit — ce qui
est cependant essentiel — dans quelle mesure le droit devra
être établi. En effet, cette définition parle de sacrifices qui, tant
qu'ils ne se seront pas traduits par une manifestation matérielle,
n'exprimeront pas la différence réelle qui existe entre les deux
coûts.

Donc, au moins en ce qui nous concerne, il sera préférable
de désigner par coût de production l'expression, en numéraire,
des diverses combinaisons des éléments productifs consommés
au cours d'un processus de production. Ceci posé, nous n'aurons jamais à faire qu'à des éléments tangibles et non abstraits ;
et quand nous aurons additionné, par exemple, les 2 francs de
matière première, les 3 francs de capital, les 4 francs de travail,
etc., qui sont nécessaires à la production d'un produit déterminé, nous saurons que le coût de production est de 9 francs.
En d'autres termes, l'intervention du numéraire est nécessaire
pour évaluer avec une mesure unique tous les éléments du
coût, c'est-à-dire pour servir de terme de comparaison entre
ces éléments.

Mais tout processus de production comprend une série d'actes économiques coordonnés et dépendant l'un de l'autre ; on comprend donc combien il est difficile de calculer la résultante de ces forces diverses et diversement combinées. En essayant toutefois un examen prudent de chacun des éléments du coût, on peut arriver à établir très approximativement le coût réel de chaque marchandise. Il suffit pour comprendre ce que nous avons dit d'admettre que les facteurs du coût de production d'une marchandise ne représentent que la résultante d'autres facteurs qui produisirent cette marchandise à la suite d'un processus économique et technique.

Prenons l'exemple d'un tissu de soie. Parmi les éléments qui le produisirent, il y a eu le capital fixe représenté par les machines, la matière semi-ouvrée, le charbon pour la force motrice, etc. Mais tous ces éléments résultèrent d'un processus spécial de fabrication, dont d'autres facteurs déterminèrent le coût. La machine eut un coût de production propre auquel, en outre des éléments qui se rencontrent dans tout processus productif, contribuèrent le fer et la fonte. Les fils de soie, en outre des facteurs communs spécifiés ci-dessus, subirent l'influence de la soie filée. Le charbon produisant les force motrice exigea un autre travail, d'autres machines, un autre capital. De même pour toutes les marchandises employées.

Mais la recherche du coût de production de chacune d'elles n'est nullement nécessaire. Le processus économique et technique étudié doit être unique et ses facteurs sont représentés par les prix de chacune des quantités élémentaires employées à la production de la marchandise dont on veut connaître le coût. Donc, dans le cas que nous avons choisi, ces quantités élémentaires seront constituées par les prix des machines, du fil de soie, du charbon, etc. Etant admis qu'il est possible d'indiquer de façon certaine le coût de production d'une marchandise, il faudra bien choisir le coût de production dont on devra tenir compte dans la détermination du droit protecteur.

Il peut y avoir deux phases dans le processus productif : la

phase statique et la phase dynamique; et l'on comprend que si le
coût reste à peu près invariable pendant la première, il est susceptible pendant la seconde de variations continues. D'ailleurs,
comme les productions les meilleures traversent des phases
dynamiques plus ou moins intenses, nous n'avons pas un coût
unique pour ces productions, mais bien toute une série de
coûts. Dans ce cas, les termes de comparaison devenant mobiles, le droit protecteur n'aurait plus de base solide sur quoi
s'établir. Mais la difficulté de trouver dans ce cas un fondement aux termes du droit susdit est seulement apparente ;
parce que, d'un côté, on calculera le coût moyen de la marchandise dans le pays possédant les fabriques les plus avancées, qui
traversent donc une phase dynamique intense, et où, nécessairement, le coût est le plus bas ; d'autre part, on pourra toujours calculer le coût moyen de cette marchandise dans le second pays, et ce coût en raison de l'état stationnaire des systèmes de production est plus élevé. Dès à présent il est facile
de voir que la mesure du droit protecteur, pour rester juste, ne
devra pas être invariable. Elle devra changer à mesure que,
par l'effet des progrès réalisés dans la production, se modifie la
différence des coûts des mêmes marchandises dans les pays les
plus développés et les plus en retard.

**113. Le droit protecteur devra être basé sur le coût de
production et non sur le prix.** — Pourquoi le droit protecteur
devra-t-il être égal à la différence des coûts de production et non
à la différence des prix des marchandises?

Parce que le prix est infiniment variable tandis que le coût
possède une stabilité relative; en temps normal le prix ne tombe
jamais au-dessus du niveau du coût. C'est là une donnée de fait
relativement certaine. Le coût représente ce que François Ferrara
appelait le prix intrinsèque des marchandises. Mais c'est un prix
qui, reflétant les conditions organiques du produit, reste invariable tant que ne varient pas ces conditions organiques mêmes.
Il s'agit d'un prix qui pourrait mieux s'appeler *valeur*, car il
fait pressentir le rapport d'échange et en établit souvent la

règle. Le prix dans la signification ordinaire est au contraire la valeur exprimée en monnaie ; il résulte donc de l'action combinée des lois auxquelles celle-ci est soumise et des lois qui régissent la valeur. Il est donc influencé par toutes les causes qui agissent sur la valeur de la monnaie. Ces causes, d'origines très diverses, agissent tantôt dans le même sens, tantôt dans des sens contraires. Elles peuvent donc accentuer, atténuer ou supprimer complètement leur efficacité réciproque. Mais le cas de cette suppression absolue est très rare. Dans la plupart des cas, on observe un trouble plus ou moins sensible dans les oscillations des prix. Il suffit de penser à l'influence puissante que le change et l'agio exercent sur les prix pour comprendre que la protection douanière, si elle était menacée à la différence des prix et non à celle des coûts, serait continuellement modifiée par l'action des causes en question.

Les éléments naturels ne sont pas seuls à exercer une influence décisive dans la détermination du prix ; les éléments psychologiques interviennent aussi. Ainsi les effets de la pénurie ou de l'abondance des marchandises s'ajoutent à ceux qui résultent des appréciations individuelles relatives aux conditions futures de la production et des rentes.

Il est vrai que plus le marché d'une marchandise est vaste et plus les fluctuations de ses prix sont réduites. Mais nous sommes ici dans un domaine relatif et l'étendue du marché n'empêche pas les oscillations du prix de se produire et d'affecter une fréquence et une importance notables. Il est encore vrai que l'offre et la demande finissent à la longue par rétablir l'équilibre ; mais avant que cet état d'équilibre soit réalisé, les variations des prix ont eu le temps de se multiplier. Ce sont là des faits qui dépendent rigoureusement de la quantité de la marchandise considérée et de son utilité.

En attendant, la spéculation, avec ses tourmentes, vient souvent ajouter encore à l'incertitude des rapports qui devront s'établir entre la production et la consommation. Dans ces cas-là, le jeu à la hausse ou à la baisse exerce une influence décisive sur les ventes à terme, qui à leur tour influent non seulement sur les prix différés mais encore sur les prix au comptant.

La protection mesurée sur le prix pourrait être absorbée dans la marge dont dispose le profit dans les pays exportateurs. Pour un industriel anglais, par exemple, le profit normal que lui assurent ses marchandises exportées en Italie est de 20 0/0. Si l'Italie établit un droit de 10 0/0, calculé d'après la différence des prix anglais et italien, l'industriel britannique peut réduire de 10 0/0 la marge de son profit et neutraliser ainsi l'action du droit protecteur italien.

Il serait très commode dans notre étude d'admettre, comme certains le pensent, que le prix représente le coût réel de production. Mais l'erreur évidente de cette façon de voir ne permet pas qu'on s'y arrête. D'une façon toute approximative, elle répondrait au cas d'une société stationnaire, où la consommation serait immuable, de même que les méthodes de production et la quantité de produits obtenue. Mais à une époque comme la nôtre, où les changements se suivent sans interruption, cette thèse ne peut-être admise. Il reste établi, au contraire, qu'entre le coût de protection et l'utilité définitive de la marchandise, qui prennent une si grande part dans la loi de l'offre et de la demande, il existe une marge très grande pour les variations de prix tantôt lentes et mesurées, tantôt subites et importantes. Les inconvénients qui résultent de ces variations continuelles ne peuvent être évités, même si l'on a recours à la moyenne des prix des marchandises étrangères qui font aux marchandises nationales la concurrence la plus énergique, et des prix des marchandises nationales que l'on veut défendre. La moyenne, pour avoir quelque valeur, doit porter sur une longue période de temps. Mais dans ce cas elle ne peut plus servir de base pour la mesure de la protection à instituer. En effet, elle correspond à un état de choses déjà loin dans le passé, alors que c'est l'état de choses actuel qui est intéressant. On peut remarquer également que le coût de production ne constitue pas une limite fixe et inaltérable, parce que les progrès incessants de la technique tendent à en abaisser le niveau. Mais il varie avec beaucoup de lenteur car les perfectionnements techniques ne s'improvisent pas. De toute façon, on peut remédier à cet inconvénient en changeant le degré de la protection au terme de chacune des périodes pendant lesquelles les modifications apportées aux organes de la production ont été assez importantes pour entraîner une différence notable du coût. Parfois, ces transformations peuvent survenir lorsque la protection, ayant atteint son but, cesse d'être nécessaire. Dans ce cas on ne doit pas songer à la réduire mais bien à la supprimer.

114. Le droit protecteur ne doit pas être une source d'extra-profits. — Il est donc démontré que la protection ne peut pas — pour rester efficace — être basée sur la différence existant entre le prix moyen à l'intérieur de la marchandise que l'on veut protéger et son plus bas prix à l'extérieur ; il semble mieux indiqué de choisir pour base la différence entre le coût moyen à l'intérieur et le plus bas coût à l'extérieur.

Ceux qui ont intérêt à l'exercice de la protection estiment qu'une taxe égale à la différence des coûts de production n'est pas d'une efficacité suffisante. Ceux-là voudraient que la taxe restât sensiblement plus élevée que cette limite, dans le but d'en obtenir des profits plus élevés et d'attirer les capitaux en plus grande abondance vers les marchandises protégées. On pense encore que c'est là le moyen de faire venir de l'étranger les capitaux qui font défaut à l'intérieur. Il serait injuste d'accueillir les raisons intéressées des producteurs et de leur assurer artificiellement des extras-profits. Etant donnés les cas très spéciaux dans lesquels, selon nous, la protection est nécessaire, ce profit exagéré entraînerait de fâcheuses conséquences. Dans la généralité des cas le protectionnisme sert à faciliter la transformation du capital, c'est-à-dire son passage d'une industrie gênée à une autre susceptible de lui assurer de meilleurs profits. Mais si, pour que cette transformation s'accomplisse graduellement, on accorde une protection excessive aux industries existantes, la transformation s'arrête si elle est déjà commencée et elle ne se dessine même pas si elle n'est pas déjà dans sa phase initiale. L'industrie protégée parviendrait à trouver dans la protection cette raison d'être que les éléments naturels lui refusent, et l'on verrait se constituer un état de choses extrêmement désavantageux pour toute l'économie nationale.

Le dommage ne serait pas moindre si l'on voulait, par le moyen de la protection, rappeler vers une production quelconque non pas les capitaux déjà employés, mais ceux encore disponibles. Dans ce cas on aboutirait il est vrai à une mise en train plus rapide mais dans le même temps on assurerait aux nouveaux producteurs un extra-profit payé par les consommateurs et, conséquemment, tout à fait injuste. La concurrence viendrait ensuite qui éliminerait cet extra-profit. Mais cette concurrence, en raison même de la rareté des capitaux, peut ne manifester avec assez de lenteur pour assurer pendant trop longtemps des gains illégitimes aux producteurs les plus riches. L'emploi des capitaux nouveaux et la transformation des capitaux anciens doivent s'effectuer indépendamment de toute combinaison douanière ; c'est pourquoi la protection ne devra jamais, par les bénéfices qu'elle accorde, constituer la seule raison d'être de la transformation des capitaux, elle ne doit être qu'une des causes qui la facilitent. Lorsqu'une conception en désaccord avec ce principe finit par prévaloir, ce n'est pas sans des troubles profonds intéressant l'économie générale qu'elle passe dans le domaine de l'application pratique.

Une protection supérieure à la différence existant entre les coûts de production apparaît comme dangereuse ou superflue pour d'autres raisons encore. Lorsqu'on recherche une raison à la protection, et que l'on analyse les divers éléments du coût de production, la différence des coûts est le meilleur argument que l'on puisse invoquer. En effet, le pays qui veut se consacrer à l'industrie qui lui fait défaut n'a pas encore l'expérience et par conséquent l'habileté technique dont le moindre avantage est de réduire progressivement le coût de production. Les raisons fonctionnelles contribuent puissamment à cette réduction du coût, de sorte que grâce à l'expérience, résultat d'une longue pratique, le coût devra nécessairement diminuer. La différence des coûts diminuera en proportion. Elle diminuera même d'autant plus rapidement que dans le pays concurrent, en raison du degré de perfectionnement avancé de l'industrie en question, il n'est guère possible que le coût de production diminue comme dans le pays où l'industrie encore jeune a beaucoup à faire dans la voie des améliorations. En attendant, la protection douanière reste invariable, c'est-à-dire que son efficacité s'accentue et qu'elle assure des profits toujours plus élevés aux entrepreneurs avisés. Nous voyons qu'un des coûts de production reste fixe tandis que l'autre diminue ; les producteurs en arrivent donc à cette situation de fait qu'ils souhaitaient depuis le moment où la protection avait été instituée. Mais, dans ce cas, s'ils réalisent un profit plus large, on doit reconnaître que c'est un peu en raison de leur mérite propre et non seulement par l'effet de la faveur excessive d'une législation partiale.

Il peut par la suite se produire une situation de fait en vertu de laquelle ces extra-profits diminuent et finissent par disparaître complètement. Mais de nos jours, dans la plupart des cas, on remédie à cela en supprimant la concurrence et en cimentant l'entente entre les producteurs.

Si, dès le début, la protection est trop forte, à l'ancien extra-profit il s'en ajoute bientôt un autre qui provoque un état de choses inacceptable. Pour ces raisons, une fois qu'on a reconnu la nécessité de recourir au régime transitoire de la protection, il conviendra que la mesure que l'on voudra lui fixer soit exactement proportionnée à la différence existant entre le coût moyen de la marchandise à l'intérieur du pays protecteur et son coût le plus faible à l'extérieur.

115. Le droit protecteur dans ses rapports avec les causes organiques et fonctionnelles dont résultent les différences entre les coûts de production. — Les différences entre les coûts de production peuvent résulter de causes organiques et de causes fonctionnelles. Les premières ont presque toujours une origine économique et se rattachent directement aux divers éléments du coût. Parmi ces causes figurent les différences naturelles dans la richesse et la position des entreprises, le bénéfice d'un climat avantageux, etc. Parmi les causes fonctionnelles il faut compter la méthode plus ou moins rationnelle suivant laquelle les entreprises combinent les divers éléments du coût.

Si une fabrique est en mesure de produire les matières premières de meilleure qualité et à meilleur marché qu'une autre, si elle dispose en outre de la force motrice à des conditions plus avantageuses, si l'intérêt de son capital est plus faible, si, en résumé, ces causes et d'autres encore rendent la production plus facile et plus économique, la supériorité de cette fabrique par rapport aux autres dérivera de causes organiques.

Si, au contraire, deux fabriques se trouvent dans les mêmes conditions naturelles et ne diffèrent que par l'organisation intérieure de l'entreprise, si la différence des coûts provient du mode de traitement de la matière première et de la faculté de tirer de celle-ci une quantité de produits finis plus ou moins grande, nous pouvons dire que cette différence dérive de causes fonctionnelles. En fait, s'il y a une différence, elle provient uniquement de la diverse utilisation des moyens de production ; elle n'est donc pas d'origine économique, mais bien exclusivement technique.

Cette origine réside dans les perfectionnements mécaniques qui permettent d'obtenir un produit abondant et parfait ; dans les procédés chimiques de coloration qui deviennent plus économiques ; dans le moteur qui utilise de mieux en mieux les calories du charbon ; etc.

Lorsqu'on dit qu'à égalité de conditions, le coût de l'unité de produit est plus élevé dans les entreprises qui ont une production moindre, que ce coût est plus faible dans celles qui ont une production plus étendue, on reconnaît implicitement que cette différence des coûts dérive de causes fonctionnelles consistant dans l'utilisation différente qui est faite du capital technique. En disant qu'une fabrique pourra résister à la concurrence d'une autre si elle parvient à réduire sa dépense unitaire totale ; c'est-à-dire, si elle peut appliquer à une quantité plus forte de matière première une quantité de salaire plus forte aussi au point de vue absolu, mais relativement plus faible ; nous disons implicitement que, cette fois encore, les raisons d'infériorité se rattachent à des causes fonctionnelles, que l'on pourra vaincre en ayant recours à une utilisation plus intense du capital technique.

Dans notre dernière hypothèse nous avons envisagé le cas de deux fabriques qui disposent des mêmes ressources organiques et qui diffèrent seulement par leurs facultés fonctionnelles. Mais d'autres cas peuvent se présenter dans la pratique. Il se peut qu'une fabrique, dotée d'organes mieux appropriés, ait un coût plus faible qu'une autre qui est dépourvue de ces éminentes aptitudes. Dans ce cas encore la différence des coûts aura une origine fonctionnelle. Pendant longtemps l'infériorité de l'industrie américaine par rapport à l'industrie anglaise n'eût pas d'autre cause. L'Angleterre disposait de toutes les ressources d'une mécanique perfectionnée et pouvait tirer des marchandises brutes américaines les meilleurs produits manufacturés. C'était autre chose pour les Etats-Unis, qui s'aventuraient dans la production avec des machines imparfaites leur donnant des produits grossiers, moyennant une consommation importante de matière première, de force motrice et de capital.

Il peut se faire encore que la différence du coût dérive à la fois de causes organiques et fonctionnelles. C'est le cas de plusieurs industries italiennes par rapport aux industries similaires anglaises. Dans certaines branches de la production, l'Italie est en état d'infériorité vis-à-vis de l'Angleterre au sujet des approvisionnements de matière première, du développement de la force motrice, etc. ; et cette infériorité s'étend encore à l'organisation du capital technique, que les éléments organiques auraient dû élaborer et perfectionner. Si l'on admet que la protection doit être pratiquée, faudra-t-il l'accorder là où la différence des coûts dérive de causes fonctionnelles ou là où cette même différence dérive de causes organiques ?

Il est clair que cette protection doit tout d'abord être accordée lorsque la différence des coûts provient de causes fonctionnelles. Ces causes, en effet, ne sont pas difficiles à combattre, et aussitôt qu'on les aura vaincues, toute raison de protection disparaissant, les fabriques pourront être abandonnées à elles-mêmes. Nous avons cité, plus haut, l'exemple des fabriques américaines qui, pour des raisons fonctionnelles, avaient un coût plus élevé que les fabriques anglaises. Au bout d'un certain temps, cette cause d'infériorité fut annulée ; et actuellement les manufactures des États-Unis pourraient lutter victorieusement avec les fabriques similaires anglaises, même sous un régime de libre-échange. Tant que la protection s'inspira du désir de neutraliser les causes d'infériorité fonctionnelles en Amérique, elle ne fut certes pas illogique et inutile. Le mal commença lorsque le protectionnisme fut maintenu, malgré la disparition des raisons économiques en question.

Il n'en est pas de même quant aux causes d'infériorité qui ont un caractère organique. Il n'est pas toujours possible, en réalité, de neutraliser les effets de la différence des coûts établie à l'avantage d'un pays qui possède la matière première, la force motrice et certaines conditions climatériques qui font défaut dans un autre. Il n'y a que quelques causes d'infériorité organique qui peuvent être combattues, et ce n'est jamais sans difficulté. Un pays dépourvu de main-d'œuvre peut, par exemple, déterminer par des moyens en son pouvoir une forte émigration ; mais il n'est pas dit que cet objectif puisse être poursuivi par la voie d'un renforcement de la protection douanière adopté dans le but de permettre que des salaires plus élevés soient octroyés et attirent la main-d'œuvre étrangère. Mais, dans certains cas spéciaux, les infériorités organiques ne s'opposent pas à la pratique d'une protection rationnelle. D'ailleurs, les infériorités de cette nature peuvent se compenser réciproquement. Certaines fabriques, par exemple, disposent de la matière première, mais manquent de force motrice ; d'autres, au contraire, disposent de la force motrice, mais la matière première leur fait défaut. Les avantages qui en découlent se compensent de part et d'autre. Sauf ces cas spéciaux, les compensations de ce genre sont rares. Ainsi, dans les rapports de la main-d'œuvre et du capital fixe, il n'est pas dit que les fortes dépenses de salaire puissent être atténuée par un emploi plus étendu du travail mécanique. Il faut voir si la substitution est possible et dans quelle mesure on peut les réaliser.

Il est difficile également que l'infériorité résultant de tous les facteurs organiques puisse être contrebalancée ou dépassée par celle qui dérive des causes fonctionnelles. Tout au plus il se pourra qu'une seule cause d'infériorité organique, — et non encore la plus importante — trouve une compensation dans la supériorité absolue résultant des causes fonctionnelles.

Les facteurs d'infériorité organique ont un caractère permanent, tandis que les autres sont passagers. A la longue, le fonctionnement se perfectionne partout ; l'expérience exerce une action puissante qui corrige et modifie tout. Il y a des cas, il est vrai, qui prouvent que les facteurs d'infériorité organique eux-mêmes peuvent être neutralisés et anéantis. La substitution de la force électrique au charbon en est un exemple. Mais nous voyons qu'en dépit d'une aussi grande découverte la substitution se fait lentement et avec de grands efforts. Dans la généralité des cas, la somme des avantages qui découlent de raisons organiques dépasse toujours la somme de ceux qui proviennent de causes fonctionnelles. Le pays qui voudrait stimuler une industrie ne disposant d'aucune des ressources organiques nécessaires ne pourrait jamais l'abandonner à ses seules forces ; le protectionnisme, loin de présenter chez lui un caractère transitoire, deviendrait permanent.

Nous pouvons donc dire, pour conclure :

1° Que la protection doit être accordée aux industries qui pour des raisons fonctionnelles, et non organiques, ont un coût de production plus élevé que les industries étrangères.

Fontana-Russo   34

2° Qu'elle doit être accordée également aux industries dont le coût est plus haut par l'effet de quelqu'une seulement des causes d'infériorité organique, mais que cette infériorité peut parfois être compensée par l'insuffisance organique des industries étrangères concurrentes;

3° Qu'aucune protection ne doit être accordée aux industries qui sont dépourvues des ressources organiques nécessaires; car il est dangereux d'espérer que le coût élevé qui résulte fatalement d'une telle situation, puisse être réduit plus tard en raison des avantages fonctionnels réalisés.

116. Les principaux éléments du coût de production. — Une fois démontré que la mesure du droit protecteur doit être basée sur la différence des coûts de production, il faudra déterminer les divers éléments du coût pour savoir si la cause d'infériorité qui découle de l'un de ces éléments peut être neutralisée par le regain de force qui peut provenir d'un autre élément.

Dans le coût de production, la contribution naturelle est fournie par les matières premières, la force motrice, et tous les éléments qui dérivent directement de la matière brute. La contribution humaine est représentée par le travail sous quelque forme que revête sa participation au processus productif. La contribution légale peut provenir des charges qui se répercutent sur le coût et qui sont imposées par les lois fiscales et sociales du pays.

Nous commencerons notre étude sur l'élément qui contribue de la façon la plus décisive à la détermination du coût.

a) *Matières premières.* — Dans certaines industries, ce facteur constitue à lui seul la presque totalité du coût; dans d'autres, au contraire, il perd de son importance jusqu'à disparaître complètement, comme cela a lieu dans l'industrie minière, où la matière première est le produit de l'industrie et non un de ses éléments. Il sera bon de mettre ce fait en évidence : que là où la contribution de la matière première au coût est faible, la contribution du travail est élevée et réciproquement.

Comme nous l'avons déjà dit, nous entendrons par coût de la

matière première son prix au moment où elle entre dans la fabrication. Mais, même en tenant compte de cette définition, il faudra peser les causes qui peuvent élever le prix de la marchandise pour une fabrication à l'avantage d'une autre. Cela est d'ailleurs utile si l'on veut remonter jusqu'aux raisons premières qui font varier le coût dans les divers centres de production. Beaucoup de pays manufacturiers retirent la matière première des centres même de production où les marchandises brutes ont le même prix. Donc, de ce chef, il ne pourrait résulter aucune différence dans le coût. Mais, en fait, des différences essentielles existent et ce sont :

1° Le mode et le temps de l'achat de la marchandise. Les fabriques possédant un capital circulant plus considérable peuvent s'approvisionner de marchandises brutes aussitôt après la récolte, lorsque les producteurs, désireux de vendre, étendent l'offre, et que les acheteurs, ne se trouvant pas tous dans la situation financière voulue, ne peuvent accroître la demande dans la même proportion. A cette première cause de différentiation s'en ajoute une autre, lorsque certains entrepreneurs sont dans l'obligation d'acheter, en seconde main, la marchandise brute à ceux qui s'en approvisionnèrent en temps utile;

2° La distance économique, c'est-à-dire les frais nécessaires au transport de la marchandise brute des centres de production à ceux de transformation. Ici les raisons de différentiation sont nombreuses, parce que ce n'est pas seulement la distance géographique qui entre en action, mais encore les moyens de transport, et avec ceux-ci, selon leur rapidité plus ou moins grande, les frais d'assurance des marchandises et l'intérêt du [capital qu'elles représentent. Une fabrique, par exemple, peut faire usage des transports maritimes et réaliser de ce chef une économie considérable par rapport aux fabriques concurrentes qui sont contraintes d'employer les transports par voie de terre. L'une d'ailleurs peut employer des véhicules plus économiques sur un parcours identique et tirer un avantage de ce fait.

Il ne faut pas oublier que les différences dans le transport des marchandises brutes des centres de production aux centres de transformation peuvent être neutralisées et même dépassées par les différences qui se manifestent dans le transport des objets manufacturés aux centres de consommation. Si on suppose deux fabriques de cotonnades, l'une dans la patrie classique de cette industrie, en Angleterre, l'autre dans la Lombardie, toutes deux devront approvisionner la Sicile. Certes, le coton brut américain arrive en Angleterre grevé de frais de transport plus réduits qu'en Italie. Mais il n'en est pas moins vrai que la fabrique lombarde dépensera moins que la fabrique anglaise pour l'expédition des cotonnades en Sicile. Donc, le prix plus élevé de la matière première serait, dans une certaine mesure, compensé par la faiblesse des frais de transport des cotonnades. Cette compensation, dans le cas examiné, n'est pas complète, parce que les frais de transport des marchandises brutes (plus lourdes) sont toujours plus élevés que ceux des produits manufacturés (plus légers) et, par conséquent, la différence que ces frais établissent entre l'usine lombarde et l'usine anglaise s'en trouve accentuée (1). De toute façon, il conviendra de tenir compte de ce fait lorsque les producteurs, dans le but d'obtenir une protection plus élevée, exagèreront les frais de transport qu'ils ont à supporter quant aux matières premières.

Le fait que les entreprises, là où elles le peuvent, attirent dans leur zone d'influence la production des matières premières, est un fait symptomatique ; et il s'accomplit pour permettre à l'entreprise d'échapper aux fluctuations du marché et de dominer le prix (2). Aux Etats-Unis, sous l'influence de cette cause, on assiste depuis de longues années à l'émigration des fabriques de

(1) Pour cette raison, dit M. Loria dans son essai sur la *Distribuzione topografica delle industrie*, la production de la marchandise finie doit être établie aussi près que possible du lieu de production de la matière première. De sorte que l'on épargne les frais de transport de toute la matière première qui est absorbée au cours du processus productif. D'où la tendance des industries à s'établir à proximité des lieux de production de la matière première.

(2) P. JANNACCONE, *Il costo di produzione*, Turin, Società editrice, 1900.

cotonnades vers le Sud, où la production du coton est possible. C'est aux achats considérables de matière première — qu'elle était seule à faire entre tous les pays — que l'Angleterre doit en grande partie sa suprématie industrielle. Les fabriques continentales étaient obligées d'acheter les marchandises brutes dans les dépôts de Londres et de laisser, dans des mains anglaises, un gain considérable ;

3° La possibilité de pouvoir se servir ou non des grandes institutions commerciales publiques (magasins généraux, dépôts francs, etc.), où la marchandise brute peut être temporairement entreposée, avec la possibilité d'emprunter sur sa valeur ou de la revendre en partie avec beaucoup plus de facilité.

Ce sont là les causes qui peuvent influer sur les oscillations normales des prix des matières premières.

Avant de voir de quelle façon le prix de la matière première se répercute sur les divers genres d'objets manufacturés qu'on en tire, il faudra préciser ce que l'on entend par contribution absolue ou relative avec laquelle un élément donné figure dans le coût total du produit.

Dans les produits de la même série, la dépense absolue de matière première augmente à mesure que cette matière est plus avant dans la fabrication. C'est la conséquence des déchets de fabrication qui augmentent à mesure que s'effectue le finissage du produit. Imaginons que le prix d'un quintal de coton brut soit de 30 francs et que l'on tire 60 kilogrammes de fil ordinaire de ce quintal de matière première; qu'on en tire 50 kilogrammes de fil fin, 40 kilogrammes de tissus, 30 kilogrammes de mousseline, etc. Cela signifie que les prix du coton brut nécessaire pour chaque quintal de fil ordinaire, de fil fin, de tissu et de mousseline seront respectivement de 50, 90, 75 et 100 francs. Donc, le coût absolu de la matière première augmente à mesure que l'on tend vers la production des marchandises les plus fines.

Mais tandis que la dépense absolue de matière première augmente quand on passe d'un produit inférieur à un produit supérieur ; la dépense relative, au contraire, suit une courbe lentement descendante. Cela provient du fait que la matière première n'est plus considérée isolément, mais est associée aux autres éléments du coût. Supposons, dans l'exemple précédent, que, par chaque unité de marchandises produite, les dépenses exigées par les autres éléments du coût soient respectivement de 50, 65, 85, et 120 francs. Cela signifie que pour chaque qualité de produit, le rapport entre les dépenses de matières premières et celles exigées par les autres éléments du coût sera respectivement, 50 : 50 pour les fils ordinaire ; 60 : 65 pour les fils fins ; 75 : 85 pour les tissus et 100 : 120 pour les mousselines. Comme on le voit la dépense absolue augmente en ce qui concerne la matière première tandis que la dépense relative diminue. Il est facile de comprendre comment il peut en être ainsi. A mesure que l'on se rapproche du produit fini, l'effort de fabrication s'accroît ; par suite la dépense de travail s'accroît également, l'emploi de la machinerie est plus étendu ; donc le capital et l'intérêt sont plus considérables ; l'utilisation de la force motrice est plus intense et les dépenses de ce chef sont plus importantes, etc. Et les fortes dépenses résultant de toutes les causes énumérées ne font autre chose qu'accentuer les conséquences de celles qu'avait imposées l'acquisition des matières premières.

Il en est exactement de même dans la pratique. Dans la sidérurgie, par exemple, la dépense absolue pour la matière première conformément à la règle générale que nous avons annoncé augmente au fur et à mesure du finissage des produits. Mais la dépense relative représente, pour la fonte, jusqu'à ces dernières années, le 59, 65 0/0 de la dépense unitaire totale ; le 49, 56 0/0 pour l'acier en barres, le 42, 14 0/0 pour l'acier laminé ; et ce rapport faiblit encore pour les produits plus raffinés. La diminution relative est donc démontrée. Il en est de même encore pour les industries textiles. En 1882, en Italie, à une diminution de 15 0/0 du prix du coton brut correspondit une diminution de 9,4 0/0 du prix du fil et de 8,2 du prix du tissu. Dix années plus tard, une augmentation de 15 0/0 du prix du coton brut provoqua une augmentation de 10,6 0/0 du prix du fil et seulement de 4,4 0/0 pour le tissu. Lorsque, peu d'années après, les prix de la matière première subirent de courtes oscillations, elles n'eurent qu'une répercussion très faible sur les prix des fils et tout à fait nulle sur ceux des tissus.

Dans ces conditions, si les fabriques que l'on veut protéger sont en mesure de compenser le désavantage résultant du prix élevé de la matière première en faisant appel à d'autres éléments pouvant réduire le coût ou augmenter la productivité, elles pourront trouver ces éléments plus aisément parmi les produits finement travaillés que parmi les marchandises plus grossières. Et cela parce que dans les produits les mieux finis la contribution de la matière première est proportionnellement plus faible et par conséquent la contribution des autres éléments du coût est plus forte.

Jusqu'à présent nous avons admis que les fabriques concurrentes avaient atteint le même degré de développement économique et technique et que la différence des coûts dérivait exclusivement de la diversité des prix de la matière première. Mais en pratique, il pourra se faire que, même en cas de confirmation de cette hypothèse, les fabriques concurrentes se trouvent dans des situations économiques et techniques différentes. Dans ce cas nous verrons que la dépense absolue de matière première augmente ou diminue avec la dépense unitaire totale. C'est-à-dire que les fabriques les plus développées sont en meilleure posture parce que la dépense unitaire totale est moindre chez elles et, par conséquent, moindre aussi la dépense absolue de matière première. Les fabriques moins perfectionnées devraient, dans ces conditions, chercher à se perfectionner au plus tôt afin de diminuer leur dépense unitaire totale et, par suite, la dépense de matière première incorporée dans cette unité de produit.

Il est vrai que dans beaucoup de cas, la dépense relative de matière première est plus importante lorsque la dépense unitaire totale est plus faible ; et elle est moins importante lorsque cette dépense unitaire est plus élevée ; mais néanmoins les fabriques moins développées et protégées en raison de ce retard ne doivent pas s'attarder dans une phase statique. En effet, s'il en était ainsi, elles succomberaient devant la concurrence des fabriques plus avancées qui jouissent d'une dépense unitaire plus faible.

b) *Main-d'œuvre.* — La main-d'œuvre représente, dans le coût de production, la contribution humaine et elle se manifeste sous quelque forme de salaire que se soit. Mais bien que le salaire pèse lourdement sur le coût, il peut, selon la forme qu'il adopte, exercer une action variable. Ainsi le salaire mesuré aux pièces étant celui qui donne au travail la productivité la plus grande finira par grever le coût moins lourdement que le salaire mesuré au temps. Certes, pour l'entrepreneur, le meilleur système de salaire est celui qui incite l'ouvrier à produire, avec la même quantité de matière première, une quantité toujours croissante de produit fini, c'est-à-dire à agir sur la matière brute avec toujours plus d'énergie ; ou bien le système qui amène l'ouvrier à intensifier son travail et à produire dans le même temps une quantité plus grande de produits. Dans ce cas, l'ouvrier agit plus énergiquement sur le temps. Avec le premier système, le salaire mesuré au temps semble mieux indiqué ; avec le second, c'est le salaire mesuré aux pièces qu'il faut adopter.

Pendant longtemps, on crut que le taux élevé des salaires était un facteur d'infériorité, parce qu'il contribuait, dans une mesure trop forte, à la constitution du coût. Mais l'expérience a démontré qu'il n'en est rien. En effet, les salaires élevés correspondent le plus souvent à une forte productivité du travail ; de sorte que les salaires plus forts alimentent une production toujours plus intense. Ces salaires font en sorte que l'ouvrier ne peut pas épuiser ses forces ; la meilleure alimentation qui lui est accordée neutralise les effets de la fatigue et l'énergie au travail est toujours constante sinon toujours plus forte. Et cependant toutes les enquêtes industrielles ont montré que les entrepreneurs n'ont pas compris l'avantage des hauts salaires et des courtes journées de travail.

Ce n'est pas du salaire qu'il faut s'inquiéter, mais de la productivité utile du salarié. En Allemagne, les salaires sont plus bas qu'en Angleterre et ils sont moins élevés en Angleterre qu'aux Etats-Unis. Qu'importe puisque l'ouvrier allemand conduit seulement deux métiers, tandis que l'anglais en surveille quatre, et l'américain huit? Nous voyons qu'en passant de l'Allemagne à l'Angleterre, et de celle-ci aux Etats-Unis, la quantité de main-d'œuvre nécessaire à mettre en action la même quantité de capital technique, diminue; ou ce qui revient au même, à la même quantité de main-d'œuvre correspond une quantité plus grande de capital technique. Par conséquent, la fraction du coût de production qui provient de la main-d'œuvre n'est pas en raison directe du montant du salaire, et il peut très bien se faire que la contribution de la main-d'œuvre au coût de production soit plus faible là où la rémunération du travail est plus élevée.

Nous allons voir maintenant de quelle façon le prix de la main-d'œuvre s'incorpore dans les divers produits à mesure que la matière première, partie de l'état naturel, se transforme et acquiert des formes de plus en plus perfectionnées.

Les salaires agissent sur le coût des produits d'une même série de la façon inverse dont se manifeste l'action de la matière première. Ici encore, il est vrai, la dépense de main-d'œuvre s'accroît lorsqu'on passe d'un produit inférieur à un produit supérieur; mais la dépense relative, loin de diminuer, comme cela arrive pour la matière première, augmente à mesure que l'on approche du produit le plus élevé dans l'échelle de la fabrication (1). En d'autres termes, la dépense de main-d'œuvre aug-

___

(1) Jannaccone, qui a fait une si pénétrante analyse du coût de production, dit que la dépense de main d'œuvre diminue à partir d'un point maximum, pour continuer à s'élever ensuite. Cela est vrai si, dans l'analyse, on remonte jusqu'à la matière première; ainsi, dans l'exploitation des mines, les salaires absorbent la presque totalité du coût. Mais comme nous l'avons dit, nous prenons pour point de départ le prix auquel les fabriques acquièrent la matière première, de sorte qu'elle est modifiée dans le sens que nous indiquons d'autre part

mente, au point de vue absolu comme au point de vue relatif, à mesure qu'on monte dans la gradation des produits de la série considérée. Donc, en ne considérant que le salaire, nous pouvons dire que de deux fabriques similaires et jouissant des mêmes conditions économiques et techniques, celle où les salaires sont plus élevés est plus activement pressée par la concurrence à mesure qu'elle s'attache à la production des produits plus fins. Etant donné cet état de choses, en nous bornant à l'élément *travail*, la protection douanière devrait graduellement augmenter selon la qualité du produit, et suivre de près, afin de la neutraliser, la différence de coût qui provient de celle du taux des salaires.

Mais il est très difficile, en pratique, que les fabriques que l'on veut défendre, se trouvent dans les mêmes conditions techniques que celles d'où vient la concurrence. S'il en était ainsi, la justification de la protection ferait en partie défaut. Par conséquent, il faudra tenir compte des divers degrés de progrès techniques atteints pour en déduire l'influence que ce progrès exerce sur le taux des salaires.

Mais dans les pays les plus avancés nous voyons combien est constant l'effort des producteurs vers la réduction des dépenses de salaire, moyennant une utilisation plus large du capital technique. Ce faisant, ils atteignent le but supérieur de la production, à savoir, la réduction du coût unitaire total des marchandises; mais ils peuvent s'efforcer de l'atteindre par une réduction directe des salaires. L'enquête américaine (1) a prouvé ce que nous énonçons; mais elle a montré également que la mesure dans laquelle diminue le salaire, au cours du processus industriel, est plus lente que celle de la matière première. D'où il résulte que la matière première s'accroît de façon absolue mais diminue de façon relative, tandis que le travail s'accroît à tous les points de vue, à mesure qu'on monte des produits inférieurs aux produits supérieurs.

(1) *Annual report of the Commissioner of Labor. Cost of Production.* Washington, 1891.

Mais il ne faut pas croire que ces changements dans les dépenses en salaires se présentent toujours sous la même forme et suivent la même proportion. L'influence du développement économique et technique acquis est très considérable dans ce cas. Tant que les transformations techniques sont possibles et avantageuses, tant que le travail mécanique se substitue rapidement au travail humain, les dépenses en salaires diminuent de la façon dont nous l'avons fait voir. Au cours de la révolution industrielle qui se produisit vers le milieu du siècle écoulé, on en eut la preuve très claire. Mais une fois que les perfectionnements techniques connus sont introduits dans l'industrie, les transformations ne sont plus aussi aisées, ni aussi rapides. D'autres forces entrent en action qui impriment une impulsion nouvelle à la transformation des capitaux. Dans le même temps, la solidarité ouvrière s'étend, la grève s'affirme comme une arme efficace, et les salaires se soustraient aux rigoureuses lois limitatrices qui les régissaient depuis si longtemps. Ces forces font en sorte que tout en diminuant le coût unitaire des marchandises produites, elles permettent aux salaires de tendre à se maintenir à un niveau invariable ou à diminuer plus lentement, d'où résulte l'augmentation de leur contribution relative dans le même coût unitaire.

Ce fait présente la plus haute importance pour qui étudie le coût de production au point de vue de la politique commerciale. Car les pays d'où vient la concurrence se trouvent, pour la plupart, dans la période où les frais de main-d'œuvre cessent d'être réductibles, sinon dans une mesure très faible; tandis que les pays qui craignent cette concurrence et qui veulent s'en défendre se trouvent dans la période où la réduction de salaire est rapide et facile; ou tout au moins où leur maintien au même niveau est possible. Il ne faut pas, par conséquent, satisfaire complètement à toutes les demandes des producteurs lorsqu'elles sont basées sur une élévation du coût des marchandises. Il faut tenir compte de ce que c'est sous la pression du coût plus élevé du travail que se font les transformations techniques; et qu'elles sont d'autant plus rapides que cette pression est plus forte. Par suite, la dépense plus grande résultant du coût plus élevé du travail, pour les raisons que nous avons mentionnées, ne peut rester invariable ; car tandis que dans les pays avancés les dépenses de salaire se maintiennent presque au même niveau, dans les pays moins développés, ses dépenses tendent à diminuer.

En étudiant le deuxième élément du coût de production, nous voyons déjà que l'un des éléments de ce coût peut être neutralisé par un autre ; et que cet équilibre de forces peut se produire plus ou moins facilement selon que l'industrie se trouve dans l'un ou dans l'autre stade de l'évolution industrielle. En d'autres termes, les divers éléments du coût ne doivent par être considérés isolément, mais on doit les associer tous et l'on doit même tenir compte de la forme plus ou moins perfectionnée qu'affecte cette association.

En effet la contribution proportionnelle de chaque facteur varie à mesure que dans le processus productif on atteint le but qu'on ne cesse de poursuivre, à savoir la réduction constante du coût de production.

c) *L'Intérêt du capital.* — Un autre élément du coût de production, peut-être plus variable que les autres, mais non moins important, c'est l'intérêt du capital employé dans l'entreprise.

La production ne peut subsister qu'à la condition de reconstituer les agents qui y sont employés (1). Mais l'un des éléments qui servent de base à la reconstitution des agents productifs, c'est précisément l'intérêt du capital. Tous les producteurs, ceux qui travaillent avec des capitaux empruntés comme ceux qui se servent de leurs capitaux propres, en incorporent l'intérêt dans le prix de la marchandise produite (2) ; il en résulte que le coût de production ressent les effets du taux plus ou moins élevé de l'intérêt.

(1) G. de MOLINARI, *Le fondement et la raison d'être de l'intérêt.* « Journal des Economistes », 19. tome LIV.
(2) A. MARSHALL, *Principes d'économie politique*, trad. franç. Paris, 1907-8.

Il y des causes générales et des causes particulières qui influent sur les variations du taux de l'intérêt. Parmi les premières nous distinguons : *a)* le rapide accroissement de l'épargne; *b)* la concurrence, qui tend à la diminution graduelle de la productivité du capital ; *c)* l'organisation du crédit, qui accélère l'accumulation de l'épargne, et la circulation plus rapide des capitaux qui leur fait assumer des entreprises de plus en plus importantes par rapport à leur montant effectif. Ce sont ces causes générales qui tendent à la réduction de l'intérêt ; mais il en existe d'autres, de la même nature, qui agissent également dans ce sens.

Parmi celles-ci, il faudra compter : *a)* les nouvelles découvertes et les inventions nouvelles qui font naître des entreprises ignorées jusque là ; *b)* l'émigration des capitaux vers les pays nouveaux non développés et vers les pays anciens trop en retard ; *c)* les crises qui font perdre au capital toute initiative et l'obligent à chercher des emplois sûrs et peu rémunérés.

Ces causes générales montrent combien sont nombreuses et importantes les variations du taux de l'intérêt selon les époques et selon les pays ; et de quelle façon, par conséquent, le coût de production peut en être influencé. Dans la plupart des cas, nous assistons cependant à ce fait : dans les pays riches, les causes qui agissent dans le sens d'une réduction de l'intérêt triomphent de celles qui tendraient à le faire augmenter, de sorte que le prix de l'argent est bas et tend encore à diminuer. Le contraire a lieu dans les pays pauvres ou développés incomplètement encore ; l'intérêt y est plus élevé. On en a une preuve dans l'intérêt de la rente publique lequel, en 1894, était en France de 2, 92 0/0 (1), alors qu'en Italie, à la même époque, il atteignait 5 0/0.

A côté de ces grandes causes qui agissent sur l'intérêt du capital, selon les différents marchés, il en existe d'autres d'un caractère spécial, qui ont pour effet de faire varier le taux de

(1) P. LEROY-BEAULIEU, *Traité théorique et pratique d'économie politique,* Paris, 1897.

rémunération de l'argent selon les différents emplois d'un même marché : il y a, dans le même temps, un grand nombre de capitaux qui exigent des rémunérations très différentes (1). Il existe une quantité indéfinie d'emplois lucratifs qui donnent des rendements infiniment divers. La durée de l'emploi, le risque qui en découle, le profit probable, etc., sont autant de causes d'instabilité au regard de l'intérêt.

Mais dans l'étude de cet élévement du coût de production, le taux moyen général de l'intérêt ne peut servir que de terme d'approximation. Pour plus de précision, il faut au contraire comparer le taux normal de l'intérêt que l'on relève dans les emplois analogues des divers pays considérés. Ainsi, s'il s'agit de l'industrie du coton, on doit comparer les taux de l'intérêt du capital employé dans cette production tant en Angleterre qu'en France, qu'en Italie, etc.

L'intérêt du capital agit sur le coût de production de différentes façons : 1° quantitativement ; 2° proportionnellement ; 3° en raison de l'annuité d'amortissement et de la durée de l'entreprise.

Vers 1880, une fabrique de filés N. 16 coûtait en Italie de 65 à 75 francs par fuseau, c'est-à-dire plus du double de son coût en Angleterre. Cette dépense de frais de premier établissement plus considérable aboutissait, en raison de l'intérêt de l'argent employé, à un coût supérieur d'environ 10 centimes par kg. de filés produits en Italie. Mais cette différence aurait été beaucoup plus forte si l'on avait tenu compte non seulement de la quantité de capital exigée par cette industrie, quantité plus grande en Italie, mais encore du taux de l'intérêt italien beaucoup plus élevé que le taux anglais.

L'intérêt varie d'ailleurs en sens inverse du montant de l'annuité d'amortissement. Certaines industries veulent et peuvent amortir leur capital plus rapidement que d'autres. Il en résulte une nou-

(1) LANDRY, L'intérêt du Capital, Paris 1904.

velle cause de différentiation, parce qu'après le paiement de chaque annuité, l'intérêt se mesure sur la fraction du capital non encore amortie. Par suite de ce fait, les entreprises ont, selon leur âge, des coûts unitaires différents. Naturellement, à égalité d'autres conditions, l'avantage est pour les plus anciennes; car par l'effet de l'amortissement total ou partiel déjà réalisé, les intérêts à incorporer au coût auront diminué en partie ou complétement disparu. C'est cette raison, comme le dit Jannasch, qui a aidé les cotonniers alsaciens à vaincre les troubles économiques et financiers qui suivirent l'annexion.

Etant donnée cette situation, il semblerait que le montant total du capital, son taux d'intérêt et l'âge des fabriques doivent agir d'accord dans le sens du maintien à un niveau élevé de la protection dans les pays jeunes. Et, en effet, ce sont les trois causes dont découle une raison puissante de différentiation des coûts de production. Mais cette règle générale souffre des exceptions. En raison du progrès technique, les nouvelles fabriques peuvent se former avec un capital fixe d'un coût moindre, d'une puissance productive plus forte et, par conséquent, amortissable en peu de temps avec des annuités peu élevées. Et cet avantage peut être assez important pour neutraliser et outrepasser même ceux qui sont inhérents aux fabriques jouissant d'une longue pratique.

Donc, pour mesurer les variations de coût qui se rattachent à l'intérêt, il faudra tenir exempte: du montant total du capital fixe employé; du taux de l'intérêt et de l'annuité d'amortissement.

d) *La force motrice*. — Dans la détermination du coût on ne peut négliger l'élément qui constitue, pour ainsi dire, le pain de l'industrie, je veux dire le charbon. C'est le charbon qui a donné la suprématie industrielle à l'Angleterre d'abord, puis à l'Allemagne, puis à la Belgique et à la France. Il a causé une double différentiation des coûts, toute à l'avantage des pays qui le possèdent. Le premier élément de cette différentiation consiste en ce que l'industrie des pays carbonifères ayant pris l'avance sur celle des pays voisins dépourvus de combustibles, a acquis tous les avantages d'une longue pratique. Le second élément réside dans le prix du charbon, évidemment plus faible pour les industries des pays qui le produisent.

Ce qu'est l'importance du charbon dans les formes actuelles de l'industrie, il est inutile de le dire, car la force motrice représente une partie notable du coût de production de toutes les marchandises.

Dans le coût de production de la plus grande partie des industries la dépense de combustible entre pour un dixième environ (1). Mais si on décompose cette moyenne en ses éléments, on voit que pour certaines industries le coût de la force motrice dépasse de beaucoup la proportion du dixième.

En temps ordinaire, la différence des coûts de production qui résulte du fait qu'un pays ne possède pas de charbon ou en possède, devrait être représentée par les dépenses nécessaires au transport du combustible des centres de production à ceux de consommation, augmentées des frais d'intermédiaire s'il en existe. Mais les pays qui sont privés de charbon doivent se mettre à l'abri de toute perturbation du marché en procédant à des approvisionnements abondants (2) ; d'où une plus grande immobilisation de capital, et une somme d'intérêts plus élevée. Ce sont là les deux causes rattachées à la force motrice qui établissent une différence entre les coûts des pays riches en charbon et ceux des pays qui en sont dépourvu. En 1888, le transport du combustible pour les fabriques italienne participait au coût de production avec un coefficient trois ou quatre fois supérieur à celui qui lui est attaché à l'étranger. Mais à cet égard, d'autres différences se révèlent, soit entre les pays qui possèdent le charbon, soit entre ceux qui en sont privés. Dans

---

(1) Le Labour Department de Washington a fait une série de recherches sur le *cost of production* dans les diverses industries : toutes ont démontré que la dépense de combustible représentait environ le 1/10 du coût de production.

(2) Nous ne parlerons pas des différences se rattachant à la distance qui sépare les fabriques des mines ; cela sort de notre sujet.

les pays riches en charbon, ces différences peuvent résulter des divers procédés de l'exploitation minière et de la qualité variable du combustible. Il est certain, par exemple, que le coût plus avantageux de certaines marchandises américaines par rapport aux marchandises anglaises similaires dépend de ce que les mines, aux États-Unis, en sont à la première phase de leur exploitation, tandis que les mines anglaises en ont peut-être atteint leur dernier stade de productivité. D'où la diversité des frais d'exploitation et par suite la différence des coûts.

Mais pour mesurer la part de protection qui est nécessitée par la différence de coût imputable à la force motrice il n'est pas toujours nécessaire de comparer les pays riches en charbon à ceux qui en sont dépourvus. En effet, la concurrence peut provenir de centres de production manufacturière qui sont privés de charbon. Ainsi la Suisse qui, au point de vue du combustible, se trouve dans la même situation que l'Italie, a pu lutter victorieusement avec nos fabriques. Il ne serait pas étonnant que cette concurrence ait pu réussir en raison de ce que les fabriques suisses sont plus rapprochées des centres carbonifères étrangers, ou encore de ce que les moyens de communication qu'elle peut employer pour s'approvisionner du précieux minerai sont plus économiques.

Quoiqu'il en soit, en dehors de l'exemple de la Suisse et de l'Italie, on peut trouver des cas où la différence des coûts entre deux pays privés de charbon résulte de la plus ou moins grande distance qui sépare leurs fabriques des centres miniers étrangers, ou encore, à égalité de distance, d'un moyen de transport plus économique.

Il n'est pas dit toutefois que les réformes douanières, pour lesquelles il faut établir avec exactitude le coût de production des marchandises que l'on veut protéger, doivent s'accomplir en temps ordinaire, c'est-à-dire lorsque le marché du charbon n'est pas agité par des causes de perturbation périodiques ou accidentelles. Mais, si une réforme, ou les dispositions qui la préparent, coïncide avec une de ces périodes de trouble, il devient extrêmement difficile de déterminer la différence de coût qui s'établit, entre un pays et l'autre, par l'effet de la force motrice. Dans ce cas, il faudra savoir résister aux prétentions de ceux qui voudraient tirer un bénéfice personnel et permanent d'un événement tout à fait éphémère.

Le marché du charbon est aussi sensible que celui du blé, de sorte que les troubles qui l'agitent se répercutent rapidement et profondément sur les industries. La pénurie de charbon est, à certains égards, encore plus à craindre que la disette ; car autant il est facile de remplacer le blé par une autre céréale autant il est difficile de rien substituer au charbon. Il est vrai que dans ces derniers temps on a découvert l'énergie électrique et on a multiplié ses applications industrielles ; mais il n'est pas toujours possible de la substituer au charbon ; ou, tout au moins, la substitution ne peut pas être aisée, rapide, et peu coûteuse.

Les perturbations du marché du charbon ne sont pas seulement graves quant aux effets, mais encore quant à leur fréquence. Il s'en est produit à quatre reprises différentes pendant le dernier quart de siècle ; une crise extrêmement violente a éclaté en 1873, deux autres plus modérées en 1881 et en 1889-90 ; la dernière, absolument imprévue, en 1898. Ces quatre mouvements de hausse désordonnée furent provoqués par l'apparition, dans quelque partie du monde, d'une nouvelle demande fort imprévue et fort difficile à prévoir, et par l'impossibilité d'y faire face (1).

La hausse devint alors effrénée et folle. L'opinion publique s'émut et étendit hors de proportion la recherche du minerai, dans le but d'éloigner le péril imminent d'un défaut absolu de charbon. La loi de King s'appliqua dans toute son ampleur (2)

---

(1) L. EINAUDI. *La rendita mineraria*. Turin, Unione tipografica editrice, 1900.

(2) Le charbon suit de très près la loi régulatrice du prix du blé qui s'appelle loi de Gregory King et que l'on pourrait résumer dans la formule : à une légère extension de la demande correspond une forte augmentation du prix.

et tous les bassins houillers furent solidaires dans la hausse (1).
Naturellement les oscillations les plus fortes s'observent dans
les pays privés de mines et qui ont besoin de charbon. Dans les
centres houillers l'évaluation de la production est plus sûre et
l'écoulement des stocks est aussi plus facile. Par conséquent, dans
ces pays, l'accumulation des stocks étant moindre, la hausse est
moins démesurée. Il n'en est pas de même dans les autres où
l'inquiétude augmente avec l'éloignement des centres miniers et
le plus ou moins de temps nécessaire aux approvisionnements de
combustible. Ces inquiétudes ne sont pas dénuées de fondement.
Ainsi Pease, grand propriétaire minier de Durham, nous dit que,
tandis qu'il exportait, en temps ordinaire, 60 à 80000 tonnes
de charbon vers le marché allemand et la Baltique, en 1873,
lorsque survinrent les premières hausses, l'exportation se réduit à 10 000 tonnes seulement. Quelle fut la cause de cet état
de choses? Les demandes plus fortes du marché intérieur, lesquelles, venant diminuer la quantité de minerai que l'on exportait auparavant vers les marchés étrangers, faisaient monter
rapidement les prix pratiqués normalement sur ces marchés.

Dans ces cas, la différence de coût qui résulte de la force
motrice, ou mieux du fait de posséder ou non le charbon, ne
s'ajoute pas aux frais de transport du minerai augmentés des frais
d'intermédiaire. Ici, comme nous l'avons dit, entre en action un
facteur psychologique qui échappe à toute recherche et qui,
cependant, influe sur les prix et les soustrait à des lois tangibles
et connues. Il en résulte, le plus souvent, que le prix des
marchés d'importation dépasse celui des pays producteurs
augmenté des frais de transport et des autres frais accessoires.
Il ne peut donc pas être pris pour base dans l'évaluation du coût
de production. De même qu'on ne peut prendre pour base les
prix extrêmement dépréciés des périodes de crise. Cette évalua-

(1) En 1873, le mouvement de hausse commença en France et en Allemagne trois mois après la Belgique, et en Belgique, six mois après l'Angleterre. A mesure que l'on passe d'un pays à l'autre, dans l'ordre précédent
le mouvement, d'abord lent et graduel, devient brutal et subit.

tion doit être faite sur la base du prix ordinaire en temps normal ; et l'élément le plus important, sinon le seul, de la comparaison, sera la distance économique qui sépare les centres miniers des centres manufacturiers. Différemment on perpétuerait les effets de causes transitoires, et on aboutirait à une évaluation erronée de la contribution de la force motrice au coût de production dans les pays qui disposent du charbon et dans ceux qui n'en disposent pas.

Bien que l'on tire toujours du charbon la plus grande partie de la force motrice utilisée dans les usines, un élément nouveau est venu lutter avec lui : c'est l'électricité. Celle-ci a fait en sorte que dans l'évaluation de la différence que la force motrice établit entre les coûts de production on ne doit plus comparer les prix du charbon entre eux mais, aussi parfois, avec ceux de l'énergie électrique ; ou encore comparer ces derniers prix dans les divers pays en concurrence. Il n'est pas rare, même, qu'après l'emploi étendu de l'électricité, toute différence dans le prix de la force motrice disparaisse entre les divers pays ou que les conditions auxquelles, auparavant, on obtenait la force motrice, soient complètement changées.

En résumé, nous pouvons dire que les différences de coût résultant de la force motrice proviennent :

a) Entre des pays dont les uns possèdent le charbon alors que les autres en sont dépourvus : 1° des frais de transport et d'assurance, augmentés, le cas échéant, des frais d'intermédiaire ; 2° du capital plus considérable nécessaire pour les approvisionnements de combustibles.

b) Entre des pays tous riches en charbon ; 1° de l'état de l'exploitation minière ; 2° de la distance économique qui sépare les mines des fabriques ; 3° de la qualité du minerai, c'est-à-dire de la capacité calorique.

c) Entre des pays qui sont tous dépourvus de charbon : 1° de la distance économique qui sépare les usines des centres houillers étrangers ; 2° de l'intérêt du capital absorbé par les stocks de charbon.

Quant à l'intervention récente de l'énergie électrique dans la production, il est facile de comprendre qu'elle doit constituer une nouvelle cause de différentiation des coûts. Mais il n'est pas aussi facile de rechercher dans quelle mesure elle pourra se manifester.

c) *Les impôts.* — Les charges résultant des impôts constituent un autre élément du coût (1). Ce facteur est devenu très important de nos jours, en raison d'inégalités énormes dont le poids de l'impôt est susceptible dans les différents pays. Les impôts élèvent le coût, soit lorsqu'ils frappent les agents producteurs comme le droit d'entrée qui grève la matière première ; soit lorsqu'ils atteignent, dans son ensemble, le revenu de l'entreprise, comme l'impôt italien sur la richesse mobilière ; soit lorsqu'ils grèvent le produit fini, comme les impôts de fabrication. Il s'agit, il est vrai, d'une élévation du coût tout à fait artificielle, mais les effets n'en sont pas changés pour cela.

Cependant, ces effets ne se mesurent pas exactement au montant effectif des impositions. Celles-ci agissent sur le prix dans la mesure où leur répercussion sur les consommateurs est possible. C'est, en somme, une question d'incidence de l'impôt. Si, par exemple, les impôts de diverse nature qui grèvent une usine comportent une augmentation du coût égale à a par unité de marchandise produite ; mais si la répercussion sur le consommateur n'est possible que pour la quantité $\frac{1}{2} a$, ou $\frac{1}{3} a$, nous voyons qu'en réalité le prix est seulement augmenté de la moitié ou du tiers du poids de l'impôt. Il peut se faire parfois, comme cela arrive dans la production agricole italienne, que la répercussion des impôts ne soit pas possible ni leur déplacement, et dans ce cas le prix ne se ressent en rien des variations du montant effectif des impositions. Il s'agit, comme on voit, d'une augmentation très variable, car l'incidence de l'impôt est

---

(1) Le poids de l'impôt, dit PANTALEONI, se traduit par une augmentation générale du coût de production. *Scritti varii di economia.* Palerme, Sandron, 1904.

soumise à beaucoup d'influences et toutes d'une nature changeante.

Le poids de l'impôt peut se traduire par une élévation du coût selon des modes divers : soit comme une augmentation du capital circulant à la façon d'une taxe grevant la matière première ; soit comme une augmentation du capital fixe à l'instar de l'impôt sur les manufactures ; soit en frappant le produit fini (1).

Dans les deux premiers cas nous constatons les effets d'une augmentation du capital en exercice ; et cette augmentation se manifeste encore dans le troisième cas, parce que l'impôt sur le produit fini est payé par le producteur avant d'aller, en totalité ou en partie, frapper le consommateur. Le producteur en fait l'avance. Cette augmentation de capital est très onéreuse pour les pays où le taux de l'intérêt est très élevé ; elle est moins sensible pour ceux où ce taux est faible. Nous trouvons donc dans ce fait un motif d'infériorité pour les pays peu prospères ou peu développés. Et ce motif prend plus de valeur si l'on pense que là où la production industrielle est en meilleure posture, il est encore possible de remédier à toute élévation excessive du coût résultant d'une prime plus forte des impôts. Dans ces pays, les industriels, grâce à l'expérience d'une longue pratique, pourront plus aisément diminuer le capital fixe et augmenter la productivité des fabriques en évitant ainsi l'élévation du coût résultant d'un impôt sur le capital circulant. Ils pourront encore diminuer à la fois le capital fixe et le capital circulant pour éluder l'élévation du coût due à un impôt sur le produit. Ils pourront, d'une façon générale, trouver toujours un moyen de neutraliser, en totalité ou en partie, les conséquences onéreuses des impôts. De cette ressource, au contraire, sont privés les pays qui n'ont pas encore acquis, dans la production, un degré élevé de capacité technique. Dans ces pays, un dilemme ne tarde pas à se poser : ou la répercussion des impôts est possible dans une large

(1) JANNACCONE, *op. cit.*

mesure et alors les prix s'élèvent en proportion et, à égalité des autres conditions, les conséquences de cette élévation vis-à-vis de la concurrence étrangère sont inévitables ; ou bien, la réper- cussion n'est pas possible, sinon dans une mesure négligeable, et les producteurs voient diminuer leur revenu propre sur lequel sont prélevés les impôts. Nous croyons inutile d'insister davan- tage sur toutes les raisons qui rattachent les impôts au coût et à la protection à accorder aux productions que l'on veut encourager et développer. Toutefois, afin de montrer par des faits ma- tériels toute l'importance de ces problèmes, nous allons examiner les conséquences de la pression excessive des impôts en Italie.

Pour l'agriculture italienne, la répercussion des impôts sur la consommation est impossible, parce que n'existent pas les condi- tions de fait indispensables pour que les consommateurs puissent payer les marchandises assez cher pour couvrir, en plus du coût naturel maximum, la charge résultant des impôts. Les dé- ductions de Ricardo, basées sur une situation de fait qui ne se rencontre plus dans les vieux pays européens, sont aujourd'hui loin d'être vérifiées. La réalité actuelle se rapproche bien plus de la théorie de Carey. On ne peut dire, en fait, ainsi que le prétend l'économiste américain, que le prix des denrées agri- coles est déterminé par le coût le plus faible ; on doit cepen- nant admettre, au moins pour les pays d'importation, que le prix est déterminé par le coût des produits dont la production est susceptible de s'accroître jusqu'à complète satisfaction des exi- gences du marché[1]. L'Italie, supportant des impositions très lourdes, produit à un coût plus élevé que les pays dont elle im- porte les produits agricoles ; car ceux-ci, en outre des condi- tions naturelles qui permettent déjà un coût plus faible, sup- portent encore, du fait des impôts, des charges plus légères. Et comme le prix est déterminé par les pays d'exportation, il en

(1) Ghino Valenti, *Il sistema tributario in relazione cogli interessi dell' agricoltura*, Rome, 1898. — *Alcune osservazioni sulla rendita fondiaria*. Rome, 1898. — *La rendita della terra in rapporto alla distribuzione della richezza e al progresso della coltura*, Bologne, 1893.

résulte que les producteurs nationaux ne peuvent incorporer, dans le prix de vente de leurs produits, — lequel, pour des raisons naturelles, est déjà très élevé — les frais qui leur incombent pour le paiement des impôts.

Lorsque l'Italie entra définitivement dans la voie du protectionnisme agricole, elle dût tenir compte, dans l'établissement des droits de défense douanière, de l'élévation notable du coût de production provenant du poids plus lourd des impôts par rapport aux pays concurrents. Le poids de l'impôt est resté, en partie, à la charge des producteurs, c'est-à-dire qu'ils vendaient au-dessous du coût de production.

Nous avons négligé d'autres facteurs d'importance secondaire afin de ne pas compliquer notre étude. Cette dernière suffit néanmoins pour démontrer combien les facteurs qui déterminent le coût sont liés par des rapports étroits et nombreux et quelles sont les influences qui les régissent.

La mesure du droit protecteur, presque toujours négligée dans la pratique du protectionnisme, ou établie sans exactitude afin de favoriser les producteurs, a été cause des nombreux dommages du système protectionniste, que l'on aurait cependant pu réduire au strict minimum, si un plus grand sens de justice et d'exactitude avait présidé à l'examen des faits que nous avons passés en revue.

117. La durée du droit protecteur. — Nul ne peut, *à priori*, fixer la durée du droit protecteur, mais on pourra toujours tenir compte de certains indices faciles à relever et exacts, qui permettent d'apprécier l'intérêt qu'il peut y avoir à réduire ou à supprimer le droit, sans que l'industrie protégée en souffre. La protection change suivant les pays, non seulement dans sa mesure, mais encore dans sa durée. Mais celle-ci, jusqu'à un certain point, dépend de celle-là. En général, la durée de la taxe est d'autant plus brève que son efficacité protectrice est plus forte. Mais cette efficacité dépend encore des conditions générales du pays et des conditions spéciales de l'entreprise que l'on veut encourager.

Prenons deux pays qui ont des dispositions naturelles pour une forme de travail déterminée. Mais ces dispositions sont plus accentuées chez l'un que chez l'autre. Si le droit s'établit dans la même mesure dans les deux pays, il aurait une efficacité plus grande dans le premier que dans le second ; donc sa durée devrait être plus longue dans le second. On peut dire jusqu'à présent, que la durée de la protection dépend des aptitudes naturelles dont jouissent les industries protégées, et de l'importance du droit. C'est là un premier élément d'approximation : mais il est trop peu précis pour constituer une base sérieuse. Heureusement, il existe d'autres éléments dont on peut se servir.

Les fabriques nées à l'ombre du protectionnisme, comme celles qui s'épanouissent en dehors de toute protection, s'efforcent pendant les premières années de leur formation, d'amortir le capital employé. Le temps nécessaire à cet amortissement varie avec le taux des profits réalisés, mais après une période moyenne de vingt ans on peut admettre que l'amortissement est fait. Si ce délai a été insuffisant, c'est que la protection a été appliquée mal à propos et il vaudra mieux que l'industrie disparaisse. Elle ne pourra pas vivre de sa vie propre, si elle ne dispose pas de ressources naturelles en conséquence. Au bout de vingt ans, une première réduction des droits pourra se produire, dans une mesure telle que les profits diminuent d'une quantité égale à l'annuité d'amortissement, soit de 5 0/0 environ. Les fabriques déjà formées avant l'instauration du protectionnisme se trouveront dans des conditions moins favorables. Mais on ne pourra pas en tenir grand compte parce que s'il en était ainsi la protection ne pourrait jamais être réduite. Toutefois, ces fabriques pourront tirer profit de certains facteurs de succès qui font défaut aux premières. Parmi ces facteurs figurent l'habileté technique de la direction, les procédés de fabrication, etc.; que les entreprises anciennes durent conquérir elles-mêmes, d'essai en essai, ce qui les entraîna à des dépenses importantes.

D'autres indices d'appréciation s'offrent encore. Supposons

que par l'effet du droit de douane, l'importation des marchandises étrangères diminue et, au contraire, que l'exportation des produits protégés augmente. Supposons encore que la première se réduise graduellement jusqu'à disparaître presque ; tandis que l'exportation s'accroît dans des proportions imposantes.

Il n'est pas douteux, qu'à ce moment, devant les résultats acquis, on puisse diminuer la protection graduellement, jusqu'à sa suppression complète. Lorsqu'une industrie est devenue éminemment exportatrice, elle n'a plus besoin d'être protégée. Si ces produits affrontent la concurrence sur les marchés étrangers à plus forte raison pourront-ils en triompher sur le marché national. Le maintien du droit protecteur dans ce cas équivaudrait à un privilège dolosif et condamnable. Les statistiques commerciales sont d'un grand secours dans la détermination des conditions économiques des entreprises et dans l'évaluation de l'intensité de plus en plus réduite qu'il convient de donner à la protection dont ils jouissent.

La durée du droit protecteur en faveur des produits de la terre est plus considérable et cela en raison de ce que nous avons longuement expliqué dans le Chapitre III du Livre II.

Une fois confirmée la possibilité de réduire la protection, il faudra étudier le mode à adopter pour procéder à la diminution. Il sera toujours préférable d'en venir aux moyens contractuels et de ne recourir aux mesures autonomes que lorsque la première voie est impraticable. En signant un traité de commerce, le pays qui veut abaisser ses droits protecteurs, pourra obtenir, en échange de cette réduction, des facilités en faveur de ses exportations. D'où un double avantage : réduction d'une protection excessive, stimulation donnée au commerce d'exportation.

Les pays qui n'ont pas recours aux traités de commerce, peuvent toujours procéder à la réduction ou à la suppression des droits protecteurs suivant la méthode autonome. Mais, dans ce cas, l'œuvre serait plus difficile parce que la coalition intérieure des intéressés peut s'y opposer avec plus d'ardeur et de succès. Cependant la science économique ne laisse pas de mettre en évidence les meilleures solutions à prendre. Si on se refuse à les adopter c'est sous la pression des groupes qui détiennent la suprématie dans les domaines économique et politique.

118. La mesure du droit fiscal. — Nous allons nous occuper, maintenant, de la mesure du droit fiscal. Les besoins financiers de l'Etat présentent une graduation infinie et par conséquent l'importance des droits fiscaux peut varier, également, à l'infini, suivant ces besoins mêmes. Mais il existe une limite au-dessus de laquelle le droit fiscal ne peut être élevé, car il cesse alors de donner le surcroît de rendement qu'on lui demande, de même qu'il y a une limite minima, à laquelle la taxe peut tomber tout en étant encore capable d'assurer au Trésor la recette totale maximum, bien que le taux du droit fiscal soit très réduit. Les données apparentes du problème sont le taux du droit et le montant de la consommation. Et le problème consiste à rechercher un taux tel que le droit soit susceptible d'assurer le revenu financier le plus élevé. La loi de l'utilité décroissante nous montre que le bénéfice additionnel qu'un consommateur retire d'un bien, diminue à mesure qu'augmente la quantité de ce bien qu'il possède déjà. Il vient un moment où le consommateur a lieu de se demander s'il est avantageux ou non d'acquérir une nouvelle fraction de ce bien ; il en est ainsi parce que ce bien peut lui assurer une satisfaction qui ne peut dépasser le degré très restreint que l'on appelle *utilité marginale*. En énonçant cette loi avec les termes qui se rapportent aux prix, nous pouvons dire qu'une augmentation de l'offre d'un bien fait diminuer le taux de la demande marginale qui en est faite. Mais ces lois n'agissent jamais seules ; elles sont liées, par des rapports étroits, au degré de richesse du marché, ou mieux encore, au degré de richesse des diverses classes sociales. Ainsi, plus ces classes sont haut placées dans l'échelle du bien-être économique, et plus faible est pour elles l'utilité marginale de l'argent et d'autant plus élevé le prix qu'elles sont disposées à payer pour une marchandise déterminée. Au contraire, toute diminution de bien-être économique accroît l'utilité marginale de l'argent et diminue le prix auquel on a été d'abord disposé à payer une marchandise quelconque. Donc quand on dit que la demande d'une marchandise augmente, on veut dire qu'un marché, ou qu'une classe sociale achètera, au même prix, une plus grande quantité de cette marchandise. Le fait qu'un marché alimente des classes sociales ayant des goûts disparates et une puissance d'achat variable, n'enlève rien à l'accentuation de ces phénomènes, puisque les demandes résultant des besoins individuels se compenseront entre elles et donneront à la demande totale un mouvement relativement régulier.

Il était nécessaire de rappeler ces idées générales pour pouvoir donner à notre sujet tout le développement nécessaire. Le droit fiscal a pour but de procurer un bénéfice financier tout en provoquant l'élévation des prix des marchandises atteintes. Mais ce renchérissement s'observe toujours et même dans une proportion plus forte que lorsqu'il s'agit d'un droit d'ordre économique. En effet, le droit protecteur présuppose la possibilité de la production, à l'intérieur, de la marchandise protégée et, dans ce cas, la concurrence sur le marché intérieur même peut abaisser les prix. Il n'en est pas de même pour les marchandises visées par le droit fiscal puisque leur production est presque toujours impossible sur le marché national, comme pour le café, le thé, etc..

Il serait inutile de frapper, dans un but fiscal, une marchandise produite en abondance dans le pays. On ne parviendrait pas à en élever le prix de demande marginale, prix auquel la taxe devrait s'incorporer pour atteindre enfin les consommateurs. Le droit n'aurait donc aucune efficacité. Il ne faut donc viser que les marchandises non productibles à l'intérieur. Pour celles-ci, la demande augmente lorsque le prix faiblit. Il n'existe pas un rapport bien défini entre cette baisse de prix et l'augmentation de la demande. Il peut se faire qu'une diminution ou une augmentation de prix d'un cinquième modifie le total des ventes dans une mesure supérieure au cinquième. Tout le problème consiste à évaluer approximativement, a priori, dans quelle mesure la demande se ressentira de la variation du prix.

Cela n'est pas aisé. Tout dépendra du degré d'élasticité dont la demande du marché est susceptible ; il faudra donc savoir si la demande présente des variations imposantes ou minimes pour des variations données du prix. Souvent, des causes de perturbation agissent sur cette élasticité, et leurs effets se combinent alors, de sorte qu'il n'est plus guère possible de distinguer ceux qui ont suivi l'adoption d'une taxe nouvelle ou la modification d'une taxe ancienne. On relève, par exemple, l'influence de la capacité d'achat de la monnaie, des changements survenus dans la prospérité générale, de ceux que peut subir la population ; etc.. Les difficultés sont plus grandes encore parce que la statistique, si utile dans les recherches économiques, ne peut fournir dans ce cas aucune indication. Elle dit bien, il est vrai, quel est le montant de la consommation totale et individuelle de la marchandise frappée. Mais elle est impuissante à donner un moyen quelconque de trouver ce que deviendrait la consommation de la marchandise si son prix devenait double ou était réduit de moitié. Nous savons seulement que la consommation se restreindrait aux classes les plus riches, si le prix de la marchandise était trop élevé ; et que si le prix était très faible la consommation s'étendrait aux classes populaires. Si donc le prix actuel est relativement élevé pour les classes moyennes ou pour les classes ouvrières, nous pouvons inférer des lois de leur demande aux prix actuels quelle stabilité pourrait présenter la demande des riches si les prix venaient à être élevés, et quelle serait la contrainte probable qui s'imposerait aux gens moins fortunés dans la même circonstance. D'autre part, si le prix actuel est modéré relativement aux moyens des riches, nous pouvons déduire de leur demande ce que serait la demande des classes pauvres si les prix tombaient à un niveau tel qu'ils seraient modérés relativement aux moyens des pauvres. Et c'est seulement en rapprochant les lois particulières qui régissent les fractions de la demande que l'on peut avoir l'espoir de déterminer approximativement la juste mesure du droit fiscal (1). Mais le plus sage

(1) MARSHALL dans le 3e livre de ses *Principes d'économie politique* fait

parti consistera toujours dans le maintien de la taxe dans un mesure modeste, parce que c'est lorsque la consommation est le plus étendue et par conséquent lorsque l'importation est la plus considérable, que le Trésor public recueille les meilleurs avantages.

La démonstration en est aussi simple qu'évidente. Prenons une marchandise X, qui se prête parfaitement à l'imposition d'un droit fiscal. Supposons qu'à chaque augmentation du droit corresponde une augmentation du prix de la marchandise et que toutes les conditions qui peuvent agir sur la demande restent invariables. Dès le début, établissons ce droit dans la mesure de 5 francs par quintal : puis portons-le successivement à 10, 15, 20, 25 et 30 francs, selon les besoins financiers de l'Etat. L'importation de la marchandise et le rendement de la taxe seront, par exemple, les suivantes :

Taxe unitaire	Importation	Rendement du droit	Taxe unitaire Augmentation 0/0	Importation Augmentation ou diminution 0/0	Rendement du droit. Augmentation ou diminution 0/0
5	80.000	400.000			
10	100.000	1.000.000	100 0/0	+ 20 0/0	+ 150 0/0
15	90.000	1.350.000	50 »	— 10 »	+ 35 »
20	80.000	1.600.000	33 »	— 11 »	+ 18 »
25	64.000	1.600.000	25 »	— 20 »	—
30	30.000	900.000	20 »	— 53 »	— 43 »

La première augmentation est de 100 0/0. Mais cela ne nuit nullement à la consommation, car l'importation continue à s'accroître et son augmentation atteint 20 0/0, ce qui procure une augmentation de 150 0/0 des bénéfices financiers. Il semble que la consommation de la marchandise ne doive être nullement contrariée par une nouvelle élévation de la taxe. La seconde augmentation est de 5 francs par quintal, c'est-à-dire de 50 0/0

des remarques intéressantes sur l'élasticité de la consommation. On peut s'y reporter avec fruit.

par rapport au droit en vigueur. Toutefois l'augmentation totale du rendement financier n'est que de 35 0/0 par suite du resserrement de la consommation qui est suivie d'une diminution de 10 0/0 des importations. Au point de vue financier, cette augmentation est encore avantageuse mais la diminution ou l'importation nous avertit que la taxe n'est plus susceptible désormais d'une augmentation trop forte. La troisième augmentation porte la taxe de 15 à 20 francs par quintal ; l'augmentation est donc de 33 0/0. Elle n'a pas manqué de provoquer un nouveau resserrement de la consommation et une diminution consécutive des importations. Cette diminution a été de 11 0/0 et le rendement total, qui s'était élevé de 35 0/0 lors de la modification précédente, n'augmente plus que de 18 0/0 ; puis, à une quatrième augmentation de 25 0/0 apportée à la taxe unitaire, l'importation diminue de 20 0/0, ce qui neutralise l'effet de l'augmentation du droit, puisque le rendement total ne change pas. Ce rendement reste stationnaire parce que la consommation se refuse à supporter l'énorme charge du droit ainsi augmenté. Si les gouvernements étaient alors incapables de saisir la signification de cet arrêt et qu'ils voulussent encore élever le droit fiscal, ils s'apercevraient rapidement de la vanité de leurs efforts et le Trésor, loin de réaliser un nouveau gain, perdrait une bonne partie de ses ressources. Si l'on ne voulait tenir aucun compte de la consommation, ou mieux, si l'on ne voulait s'en occuper qu'au point de vue fiscal, le taux le plus avantageux à adopter pour le droit fiscal serait de 20 francs par quintal. Si l'on voulait au contraire concilier les intérêts du fisc et ceux des consommateurs, il faudrait fixer la taxe à 10 francs par quintal. Mais cette dernière façon de voir, si régulièrement adoptée par les Etats bien organisés et possédant des finances prospères, est au contraire fort peu en honneur dans les pays dont la situation financière est pénible. La juste mesure du droit fiscal peut être atteinte non seulement par l'augmentation graduelle de la taxe lorsqu'on part des taux les plus faibles, mais encore par sa réduction progressive lorsqu'on part des taux les plus élevés. Si l'on observe une certaine stabilité dans le rendement total du droit, on peut y remédier en rendant à la consommation l'élasticité qu'elle a perdue et, par conséquent, en stimulant indirectement l'importation. En renversant les chiffres que nous rapportons, on pourrait réduire la taxe de 30 à 25, puis à 20, au point que tous les facteurs agiraient dans le sens tel qu'une baisse ultérieure, en raison de l'état de saturation de la consommation, ne pourrait pas provoquer une importation plus abondante et, grâce à cette importation, un rendement plus élevé. On eut un cas de ce genre, il n'y a pas longtemps en Italie. En 1900, le Brésil, à la suite de la crise du café avait dénoncé son traité de commerce avec l'Italie et menaçait d'appliquer un régime différentiel à ses marchandises, si l'Italie ne consentait pas à faciliter l'entrée du café chez elle au moyen d'une atténuation de la taxe. Après de laborieuses négociations, le nouvel accord fut conclu le 3 juillet 1900, et l'Italie s'engagea à réduire de 150 à 130 francs par quintal son droit sur le café. On constata immédiatement un accroissement considérable de l'importation, ainsi que le démontrent les chiffres suivants :

	Années	Quintaux		Années	Quintaux
	1896	126.000		1901	159.000
	1897	130.000		1902	163.000
Taxe de 150 francs par quintal	1898	134.000	Taxe de 130 francs par quintal	1903	177.000
	1899	142.000		1904	177.200
	1900	141.000		1905	187.000

L'augmentation a été telle qu'en 1902, c'est-à-dire un an après le changement de régime survenu, le rendement du droit dépassait celui qu'on avait obtenu pendant la période précédente, bien que la taxe fut sensiblement réduite. Pendant les années suivantes, l'importation du café étranger resta presque constante, mais la dernière année accuse une augmentation importante. Qui nous dit qu'une réduction nouvelle de la taxe n'aurait pas pour résultat d'accroître l'importation et de procurer au Trésor un revenu plus large?

Il existe d'ailleurs des cas où la recherche de la juste mesure de la taxe ne peut être faite isolément, mais où il faut y procéder en tenant compte de la mesure des droits qui frappent les autres marchandises avec lesquelles la première est consommée. On sait, par exemple, que le café est consommé de concert avec le sucre et peut, par suite, en accroître la consommation. Etant donné cet état de choses, on peut établir la taxe frappant une marchandise à un niveau plus bas que celui qui serait susceptible d'assurer le plus important revenu fiscal, lorsqu'on sait que l'extension de la consommation de la marchandise qui est liée à la première non seulement comblera la lacune, mais encore conduira à un rendement total supérieur. Dans ce cas, les intérêts du fisc et ceux de la consommation semblent en parfait accord. Lorsque l'Italie pour les raisons que nous avons indiquées, réduisit la taxe sur le café, elle escomptait non seulement une augmentation de la consommation du café, mais encore de la consommation du sucre. Il en fut bien ainsi. Tandis que la période 1896-1900 accusait en Italie une consommation individuelle de 2 kg. 43 de sucre; la période 1901-1903, pendant laquelle le régime n'avait varié que de peu, donnait le chiffre de 3 kg. 29. Si le Gouvernement italien avait eu la décision nécessaire pour réduire la taxe sur le café au point d'en éprouver une perte dans le rendement, il en aurait trouvé la compensation dans l'accroissement de la consommation du sucre. Il en serait de même dans les pays où l'on consomme du thé.

Ce sont là des problèmes qu'on ne peut guère étudier isolément; il faut les envisager dans leur ensemble en ayant grand soin de ne pas négliger les rapports d'interdépendance qui les relient.

Il ne faut pas s'occuper seulement des marchandises qui se consomment ensemble, mais encore de celles qui peuvent remplacer les marchandises principales. En face d'un besoin impérieux des finances publiques et la nécessité de ne pas tenir exagérément compte des désirs de la consommation, on peut même élever la taxe jusqu'au point où la courbe de la consommation arrive à sa tension maximum ; on peut être certain que le danger d'une légère diminution du rendement total sera plus que compensé par l'augmentation des recettes provenant de l'extension de la consommation de marchandises succédanéés de la première.

De tout ce que nous avons dit, il ressort qu'il n'est pas possible, contrairement à ce qui arrive pour le droit protecteur, d'établir exactement quelle doit être la mesure du droit fiscal. De toute façon, on ne s'écartera pas beaucoup de cette mesure si l'on a soin : 1° de maintenir au début le droit à un niveau très bas ; sauf à l'élever ensuite graduellement lorsque l'on est en mesure d'évaluer approximativement la capacité d'achat des différentes catégories de consommateurs. 2° De procéder différemment selon que le rendement de la taxe, en raison de son taux élevé, reste invariable. Une consommation plus intense et plus étendue compenserait la diminution apportée au taux de la taxe. 3° De ne pas perdre de vue l'influence qu'un taux très bas du droit frappant la marchandise principale peut produire sur la consommation des marchandises qui vont de pair avec elle. Dans ce cas, une légère diminution du rendement fiscal de la marchandise principale peut être largement compensé par l'augmentation du rendement des marchandises accessoires. 4° De ne pas croire que le taux élevé de la taxe doit toujours conduire à un rendement financier plus satisfaisant, puisqu'en fait on aboutit toujours, dans ce cas, au résultat inverse. Sans compter, comme le remarquait Mill, qu'un taux trop élevé provoque la fraude et la contrebande et impose des frais élevés pour les combattre.

CHAPITRE III

RÉPERCUSSION ET INCIDENCE DES DROITS DE DOUANE

119. La répercussion des droits de douane dans les doctrines économiques. — 120. Les phénomènes de percussion, de répercussion et d'incidence des droits de douane. — 121. Incidence du droit frappant les
marchandises non produites sur le marché intérieur : a) dans le cas du
monopole ; b) dans le cas de la concurrence ; c) dans le cas du sur-revenu et de la rente du sol. — 122. Incidence du droit frappant les
matières premières destinées à être transformées sur le marché intérieur. — 123. Incidence des droits différentiels et préférentiels. — 124.
Incidence du droit dans le cas de la contrebande, du *cadenas* et dans
le cas des marchandises remplaçables. — 125. Influence du droit d'importation sur les prix mondiaux de la marchandise frappée. — 126. Incidence du droit frappant une marchandise dont la production à l'intérieur est variable.

**119. La répercussion des droits de douane dans les doc-
trines économiques.** — Les problèmes de répercussion des impôts se présentèrent, en économie politique, aussitôt que cette
science eut pris forme. Adam Smith et David Ricardo, bien que
dans des domaines différents, ne tardèrent pas à rechercher les
effets ultimes des impôts. Après eux, les économistes allemands
éclaircirent heureusement les confusions qui s'accumulaient autour de cette question capitale. Dans les autres pays, il ne manqua pas d'analystes consciencieux qui émirent des vues hardies
au sujet de l'incidence des impôts. Un petit nombre cependant
s'est consacré, avec une attention spéciale, à l'étude de la répercussion et de l'incidence des droits de douane. Mallekovits qui

consacra à ce problème une grande partie de ses efforts (1), se plaint précisément de ce que la science n'a pas poussé assez loin ses recherches en ce qui concerne les effets des droits de douane.

Et, à vrai dire, nous sommes encore loin de posséder un exposé complet de ces phénomènes complexes qui sont, d'après Nicholson, les plus compliqués et les plus délicats de l'économie politique. Les études faites jusqu'à ce jour ne fournissent pas aux chercheurs une orientation rapide ni certaine. Nous voyons, par exemple, que Stuart-Mill, Senior, Seligman, Bastable, Nicholson et beaucoup d'autres estiment que le droit peut, au moins en partie, peser sur les producteurs étrangers (2).

Mais contre ce groupe d'économistes si éminents, il s'en dresse un autre qui n'a pas moins de science et d'autorité. Roscher (3) conteste résolument qu'un effet de répercussion douanière puisse, en dernier lieu, frapper les étrangers. Mc. Culloch soutient la même thèse avec plus de vigueur encore (4), et il en est

(1) Dans son ouvrage *Zollpolitick der österr-ungarischen Monarchie und Deutschen Reiches*. Il démontra clairement combien il était faux de dire que les droits de douane sont toujours et complètement payés par l'étranger.

(2) Voir SELIGMAN, *The shifting and incidence of taxation*. 2e édition, New York, 1899.

F. Y. EDGEWORTH, *The pure theory of taxation* dans l'*Economic Journal* Vol. III, 1897.

G. S. NICHOLSON, *Tariffs and international Commerce*, dans le *Scottish geographical Magazine*, septembre 1891.

(3) T. ROSCHER, *Finanz wissenschatf*, page 411. Il affirme que le prix du blé en Allemagne est exactement égal à celui du blé en Angleterre, augmenté du montant du droit allemand.

(4) Il en parle dans ses *Principles of Political Economy*, 1re partie chap. V, et aussi dans *Taxation and Funding*, 2e partie, chap. V ; ainsi que dans d'autres écrits. Il prend pour base de son raisonnement le taux moyen des profits dans les pays exportateurs, et il semble ainsi détruire le fondement même des arguments de ses adversaires. — Si, dit-il, les droits étaient payés,même en partie,par les producteurs,ceux-ci verraient leurs profits tomber au-dessous du taux normal et ils abandonneraient les productions auxquelles ils s'étaient d'abord consacrés.

Mais, comme le fait justement remarquer Bastable, les prix des marchandises exportées peuvent être réduits sans changer les profits si l'on

de même de Sydney Buxton, de J. Lubbock (1) et d'autres qui
ne font même pas cette distinction élémentaire qui parut
nécessaire à Mac Kinley dans un remarquable article de la
North American Review (2);

Un étude de ce genre n'est certes pas facile, de même qu'il
est impossible de donner une solution exacte du problème. Divers obstacles s'y opposent, dont certains sont insurmontables :
1° le développement des moyens de communication; 2° le
perfectionnement des procédés techniques et commerciaux ;
3° l'usage des succédanés, en y comprenant les marchandises de
moins bonne qualité et d'un prix plus faible.

Mais tant que le problème ne sera pas résolu, au moins
avec une large approximation, aucune réforme douanière ne
pourra être entreprise selon une méthode rationnelle, ni permettre une grande confiance dans ses résultats définitifs. De même
dans la science financière aucune innovation sérieuse ne fut possible tant que l'on ne connût pas, au moins dans leurs grandes
lignes, les effets des impôts. En attendant, les erreurs les plus

---

réduit le coût avec le prix, ou si les productions exportatrices jouissaient
d'extra-profits. Dans ce dernier cas, la diminution du prix ne fait autre
chose que de ramener les profits au taux moyen du pays.

(1) Le premier en parle dans l'*A, B, C of Free Trade*, l'autre dans le
Chamber of Commerce Journal, juin 1892. Evidemment, ils craignent tous
deux que la possibilité de l'incidence du droit sur les producteurs puisse
nuire aux idées libre-échangistes.

(2) Il dit que lorsque le droit est établi sur les marchandises étrangères
qui ne craignent pas la concurrence, il est payé entièrement par les
consommateurs.

Dans le *Bulletin de l'Institut international de Statistique*, tome XIV,
2e livraison, 1906, Atkinson, Nicolaï, Levasseur et d'autres traitent la
question des droits de douane, mais il ne semble pas que les recherches
soient beaucoup avancées.

En Italie, on a une étude intéressante du phénomène due au professeur R. Dalla Volta qui y a consacré des articles remarquables de l'*Economista*, vol. XXXV. Le professeur Pantaleoni dans son magistral ouvrage
la *Teoria della traslazione dei tributi* (Rome, 1832), ne consacre pas à
l'incidence des droits de douane la place à laquelle cette question avait
droit.

grossières continuent à avoir cours à cet égard ; Bismarck, Méline, Chamberlain purent soutenir que, généralement, les droits
de douane frappent les producteurs étrangers et non les consommateurs nationaux. Et l'opinion des protectionnistes des
assemblées politiques n'est pas différente. L'erreur fondamentale
qui consiste à croire que les droits de douane frappent exclusivement les producteurs étrangers a été l'une des plus puissantes
causes du protectionnisme continental actuel. Les économistes
auxquels les esprits empiriques eussent pu demander quelque
enseignement, n'ont pas fait autant qu'ils auraient pu pour dissi-
per les erreurs en cours. Même sur ce point, ils se sont trouvés
en désaccord. Il est certain que les consommateurs ne paient
pas toujours les droits de douane de leur propre pays, de même
qu'ils ne paient pas toujours les impôts d'autre nature. S'il en
était ainsi, si les consommateurs devaient supporter toutes
les charges qui, d'après certains économistes, grèvent leur
maigre budget, il est évident qu'ils ne pourraient que succomber.
Etrange chose ! Tandis que l'on admet que les impôts directs ne
peuvent entamer les profits moyens sans provoquer la transformation des capitaux, personne ne voit une limite à la capacité
des consommateurs lorsqu'il s'agit de leur faire supporter le
poids exorbitant de tous les impôts et de tous les droits de
douane.

Dans l'étude de la répercussion des droits de douane il sera
bon de ne pas perdre de vue les règles suivantes :

1° Le droit est rigoureusement proportionnel à la quantité
de marchandise qui passe la frontière, et il a le même effet
qu'une augmentation de cette partie du coût de production que
l'on désigne sous le nom de *frais généraux* ; c'est-à-dire les frais
qui, à l'encontre des frais particuliers, ne varient pas, ou varient très peu lorsque la production augmente (1). L'élévation
du coût par l'effet du droit diminue presque toujours les avantages dont les centres d'approvisionnement jouissaient lorsque
le coût était plus faible.

(1) PANTALEONI, *op. cit.*

2° Le prix est l'élément par lequel la répercussion du droit peut s'effectuer ; mais il faut être prudent dans l'évaluation des oscillations imprimées aux prix et dans la déduction des conséquences absolues qu'elles peuvent entraîner. Les prix sont soumis à de nombreuses causes de variation. Ainsi, il peut se faire qu'après l'établissement ou l'élévation de la taxe, les prix des marchandises frappées restent invariables ; mais cela ne suffit pas à prouver l'absence de toute répercussion, parce que le prix aura subi l'influence des *stocks* disponibles ou des commandes données avant que la taxe fut établie ou modifiée. Stourm (1), récemment encore, remarquait que le prix du sucre en Angleterre avait diminué malgré que le droit de 11 francs par quintal ait été rétabli dans ce pays depuis l'exercice 1901-1902. Il peut néanmoins se faire que les consommateurs anglais aient payé ce droit en entier parce que la baisse des prix aurait pu dépasser 11 francs, si la taxe n'eût pas existé. La baisse pouvait résulter de la diminution du coût de production du sucre étranger, de l'augmentation apportée aux primes d'exportation dans les pays producteurs, ou d'autres causes, mesurables ou non, qui ont pu agir sur les prix.

3° L'étude doit être étendue aux variations des prix de la même marchandise sur les marchés qui n'ont pas changé leur régime douanier et qui se trouvent dans les mêmes conditions économiques et géographiques que le pays qui vient d'établir ou d'augmenter le droit. Ce serait mieux encore si, dans la comparaison, on pouvait comprendre les pays qui importent en franchise les marchandises dont on s'occupe. L'égalité des conditions économiques et géographiques est indispensable pour être sûr que le prix ne subit l'influence d'aucune différence dans l'état de la production, les frais de transport, l'organisation du crédit, etc. De la différence qui s'établit entre les prix de la même marchandise dans les pays qui ont changé leur régime douanier et dans ceux qui ne l'ont pas fait, on peut déduire dans quelle

---

(1) Dans l'*Economiste français*, avril 1901.

mesure le droit est allé frapper les consommateurs ou les producteurs.

4° L'efficacité maximum du droit de douane s'observe lorsque le prix de la marchandise à l'intérieur s'établit au même niveau que le prix du marché libre, augmenté du droit ; et le droit tend à élever le prix de la marchandise non seulement pour la quantité qui est importée, mais pour tout le stock disponible dans le pays.

5° L'incidence du droit varie selon le temps plus ou moins long pendant lequel le droit a été appliqué. Aussitôt après l'application ou l'élévation du droit, on constate un véritable phénomène de rente en raison de l'accroissement du profit des capitaux favorisés. Tous veulent en profiter et l'on augmente la production des marchandises auxquelles la protection a été étendue. Sous l'action de la concurrence, les prix faiblissent à nouveau, et la protection peut même ne pas atteindre son but. Il en résulte que la répercussion peut être complète au cours de la première période ; elle ne l'est jamais pendant la seconde, sinon très difficilement.

Il est bon de dire, en outre, que nous ne nous occuperons que de la répercussion au premier degré, sans tenir compte de la répercussion au second degré ; c'est-à-dire celle du droit qui, après avoir frappé le consommateur, se répercute ensuite sur le salaire.

120. Les phénomènes de percussion, de translation et d'incidence des droits de douane. — On entend par *translation* le fait par lequel le contribuable obtient le remboursement, total ou partiel, de l'imposition qui l'a frappé, et qu'il rejette sur un autre contribuable ; celui-ci, à son tour, s'en libère en totalité ou en partie.

A est frappé d'une imposition de 10 francs par hectolitre de blé produit ; il paie cet impôt mais l'incorpore ensuite dans le prix de vente de la marchandise que lui achète *B*. Ce dernier, à son tour, transformant le blé en pain, élève le prix du pain de façon à lui incorporer les 10 francs d'augmentation de prix du blé qu'il a dû payer à *A* et qui représentait l'imposition payée par *A* au Trésor public. En attendant *C*, qui achète le pain de la commune, est celui qui, en définitive, paie l'impôt que *A* a pu transporter à *B* et *B* à *C* (1). Voilà donc un processus complet des répercussions. Si *B* n'avait pu augmenter le prix du pain dans la mesure de 10, mais seulement de 5, la répercussion aurait été complète par rapport à *A*, et partielle par rapport à *B*.

On entend par *incidence* le paiement définitif de l'impôt et elle se traduit par une diminution de la richesse disponible pour qui en est frappé. Dans le cas précédent, l'incidence aurait atteint *C*, puisque celui-ci ayant consommé la marchandise imposée n'a plus eu le moyen de transporter sur un autre la charge de l'impôt. Mais il n'est pas dit qu'ainsi toujours, dans le cas précédent, l'incidence serait tombée sur B et C, si le premier n'avait pu la transporter au second que dans la mesure de 8 et non de 10.

Il se peut encore que l'on enregistre un processus de répercussion bien que l'impôt atteigne toutes les personnes entre les mains desquelles la marchandise passe. *A* pourrait être atteint dans la mesure de 1 s'il n'avait pu transporter que 9 à *B* ; et *B* eût été frappé dans la mesure de 3, s'il n'avait pu transporter que 6 à *C*, et ainsi de suite. Dans ce cas la répercussion serait partielle et *A*, *B* et *C* auraient été frappés tous trois. On peut donc dire que la translation n'est complète que lorsqu'une des personnes, au moins, qui y sont intéressées, ne supporte aucune charge.

On appelle *percussion*, la première manifestation de l'impôt. Cet impôt frappe tous les contribuables visés, bien que ceux-ci puissent n'en pas supporter la charge, par suite de la possibilité d'une translation totale ; ou bien, ils ne supportent qu'une fraction de cette charge, si la translation n'est que partielle,

(1) Comme nous l'avons dit, nous ne nous inquiétons pas de savoir si *C* a la faculté ou non de transporter, en totalité ou en partie, l'impôt qui le frappe à un troisième contribuable, par le moyen d'une augmentation de salaire.

Tous les producteurs qui se trouvent dans les mêmes conditions que A sont soumis à la percussion de l'impôt ; tandis que les autres, comme B et C ne sont soumis — dans l'un des cas examinés — qu'à l'incidence. Une distinction était nécessaire entre la percussion et l'incidence pour plus de rigueur dans le raisonnement ; mais la percussion n'offre aucune importance dans les phénomènes d'incidence et de translation.

L'évasion est le mode selon lequel celui qui devrait être frappé échappe à l'incidence de l'impôt en empêchant le Trésor d'en recueillir le fruit. En cas de fraude, par exemple, si A ne déclare pas avoir produit un hectolitre de blé, il n'est pas imposé par le fisc. Ce procédé est illégal et injuste, mais très avantageux pour qui l'emploie, bien qu'il offre quelque danger. La translation permet d'échapper à l'incidence, mais dans ce cas au moins l'impôt est payé par le contribuable qui en fait l'avance ; il n'en est rien dans les cas d'évasion. Il n'est pas sûr, cependant, que dans les cas d'évasion, l'impôt, quoiqu'impayé, n'aille pas frapper quelqu'un. Celui qui, grâce à la fraude, n'a pas payé l'impôt, consentira sans doute à laisser des tiers participer à son opération délictueuse, mais il exigera pour son compte la meilleure part de l'imposition non payée afin de se couvrir du risque qu'il a couru. A n'a pas payé l'impôt, mais comme tous ceux qui se trouvent dans les mêmes conditions l'ont payé, lors de la vente de sa marchandise, il incorporera au prix, en totalité ou en partie, le droit qu'il aurait dû acquitter. Dans ce cas l'évasion comporte néanmoins un phénomène de translation et d'incidence. Ce point sera plus longuement développé à propos de la contrebande qui représente une forme d'évasion très commune.

Il existe des processus de translation inverses qui remontent tantôt du producteur au consommateur, tantôt du consommateur au producteur. Dans le premier des exemples donnés, la translation part de A producteur et arrive à C consommateur. Supposons maintenant qu'une taxe de consommation qui devrait frapper C augmente le prix dans une telle proportion que ce dernier renonce à consommer la marchandise frappée. Dans ce cas, *A* pour ne pas être forcé d'abandonner son industrie, baisse le prix de ses produits : il paie donc une partie du droit, et il en paye ce qu'il faut pour que la marchandise soit à nouveau acceptée par la consommation. Il réduira donc ses profits, mais ne les perdra pas en entier. Des deux maux, il préfère le moindre. Voilà donc un cas où le consommateur parvient à transporter le droit au producteur ; c'est le contraire de ce qui se produisait tout à l'heure. Mais, dans les deux cas, le chemin de la translation est indiqué par le prix ; il serait impossible de la suivre sans l'échange et de nos jours l'échange ne s'effectue pas sans intervention de monnaie.

Le meilleur taux d'échange pour le producteur frappé est celui qui lui permet de récupérer à la fois les frais de production et les impositions sans entamer les profits réalisés jusqu'alors. Mais, bien que le producteur s'efforce de réaliser ce taux d'échange, cela ne lui est pas toujours possible ; car il lui est difficile d'agir, à lui seul, sur l'offre et sur la demande de la marchandise frappée. Il faut reconnaître que lorsqu'un même droit grève plusieurs marchandises, ou lorsque beaucoup de marchandises supportent des droits divers, la translation des droits des consommateurs aux producteurs est moins fréquente. Si le même droit pèse sur plusieurs marchandises, cas assez commun en pratique, la limitation de la consommation se répartit entre beaucoup de productions et, par conséquent, la faible diminution de la consommation de chaque marchandise particulière est facilement compensée par une faible diminution correspondante de la production de cette même marchandise, dont alors une quantité moindre est versée sur le marché.

La translation dépend de la mesure du droit de douane (1)

(1) Seligman, en étudiant les droits de douane et en énumérant les causes qui peuvent influer sur la translation, ne compte pas l'élévation du droit. Pourtant ce facteur exerce une action effective dans le développement du phénomène. Pantaleoni ne manque pas de nous faire remarquer que la faiblesse de l'impôt rend la translation plus facile et plus certaine.

de la nature de la marchandise par rapport à la consommation, de l'intensité de la concurrence, de la richesse du marché consommateur et du taux moyen des profits dont jouissent les pays exportateurs et du profit spécial qui revient aux productions exportatrices. Des diverses combinaisons de ces éléments peuvent naître un grand nombre de cas. L'importance des deux premiers éléments est considérable si l'on pense qu'un droit trop élevé, appliqué à une marchandise qui n'est pas nécessaire, peut en supprimer l'importation. De même un droit trop élevé, bien que visant une marchandise de première nécessité, peut atteindre à la fois les producteurs et les consommateurs si elle est soumise à la concurrence ; et l'incidence du droit peut-être plus forte pour les producteurs si la concurrence de l'un à l'autre est intense. Mais l'action de ces facteurs est elle-même relative ; il faut tenir compte du degré de richesse du marché consommateur. Beaucoup de marchandises qui ne sont pas nécessaires sur un marché pauvre, le sont au contraire sur un marché riche. On dit, par exemple, que la richesse anglaise ne s'accroît pas aussi rapidement qu'elle le pourrait, parce que, la consommation est en Angleterre très intense et très étendue. Si l'Angleterre voulait soumettre à des droits beaucoup de marchandises nécessaires à la consommation, l'incidence du droit atteindrait les consommateurs plutôt que les producteurs, parce que pour les premiers une augmentation de prix — qui serait éliminatoire dans les pays pauvres — ne représenterait qu'un léger sacrifice en raison de la richesse individuelle et la consommation, qui ailleurs aurait diminué, resterait là invariable.

Le taux moyen des profits des pays producteurs a une influence qui se manifeste par la transformation des capitaux que provoquerait une diminution de ces profits. Deux marchés exportateurs ont des taux moyens de profits respectivement égaux à 20 et à 15. Ils sont en concurrence. Survient un droit de 5 sur la marchandise qu'ils exportent tous deux. Le premier aura plus de force de résistance que le second et pourra assurer le paiement d'une partie du droit. Il n'en est pas de même pour le second qui, en tant que producteur de la marchandise exportée, devra transformer une partie de son capital pour s'adonner à une autre production.

Il faut encore tenir compte de la nature des marchandises que frappe le droit. Ces marchandises peuvent être : 1° d'une consommation générale et nécessaire ; 2° d'une consommation générale, mais non indispensable ; 3° elles peuvent même ne pas être remplaçables ou l'être dans une mesure plus ou moins grande ; 4° elles peuvent être plus ou moins durables.

Cette distinction n'est pas considérée comme utile par tous les économistes. Certains disent qu'en règle générale le droit est d'une répercussion d'autant plus aisée que les prix de la marchandise qu'il frappe s'élèvent plus rapidement que ne diminue l'offre. Et ils ajoutent que cette loi s'étend aux marchandises de toutes les catégories. On cite, à cet égard, le fait que certains produits d'une consommation nécessaire présentent une instabilité de prix, par rapport aux variations de l'offre, égale ou supérieure à celle de certains produits de luxe. Cela peut être vrai dans des circonstances autres que les circonstances ordinaires. Mais nul ne peut nier que tandis que les oscillations des prix des produits de luxe peuvent dépendre aussi bien d'un changement dans la consommation que d'un changement dans la production, les oscillations des prix des marchandises nécessaires dépendent, au contraire, des changements de la production bien plus que de ceux de la consommation lorsque celle-ci est arrivée à sa limite minimum ; par conséquent, ces oscillations même se produisant en grand nombre résulteraient d'une cause unique et leur étude serait par suite plus facile. Etant donnée cette situation, dans la recherche de l'incidence du droit de douane, parmi tous les facteurs dont elle ressent l'influence on tiendra peu de compte, ou on ne tiendra pas compte du tout, de celui qui, à lui seul, constitue un élément essentiel : je veux dire les changements de la consommation. Aussi l'étude que l'on veut faire de la translation possible au non du droit de douane se trouvera facilitée.

Jusqu'à présent nous avons parlé de la nature des marchandises par rapport à la consommation. Mais les phénomènes de translation diffèrent non seulement avec ces rapports, mais encore avec ceux des mêmes marchandises à l'égard : 1° de leur transformation extérieure ; 2° de la production nationale placée en face de la concurrence similaire à l'étranger ; 3° de la nature des droits, c'est-à-dire s'il s'agit de droits fiscaux ou protecteurs, de droits de guerre ou de droits préférentiels.

Mais quel que soit le mode selon lequel les facteurs agissent et se combinent, la condition nécessaire à la translation c'est que le prix minimum auquel les producteurs peuvent vendre, en tenant compte de leurs frais et des profits qui s'offrent à eux dans d'autres productions, ne dépasse pas le prix maximum auquel les consommateurs consentent à acquérir la marchandise.

121. Incidence du droit frappant les marchandises qui ne sont pas produites sur le marché intérieur. — Dans l'examen de la répercussion et de l'incidence des droits de douane, nous partirons des cas les plus simples pour remonter graduellement aux plus complexes. Le plus simple entre tous est peut-être celui d'une marchandise destinée à la consommation immédiate et dont la production est impossible sur le marché intérieur. Ce cas peut se présenter sous trois aspects différents : *a)* si le centre de production et d'approvisionnement est unique ; *b)* s'il y a plusieurs centres de production en concurrence réciproque ; *c)* si l'un de ces centres jouit d'un sur-revenu par rapport aux autres.

a) Cas du monopole. — Si le centre de production est unique, c'est qu'il possède un privilège naturel par rapport aux marchés qu'il approvisionne. Dans ce cas, il semble que le droit une fois imposé — et il sera d'ordre fiscal, puisque les autres pays ne pouvant produire la marchandise n'auront rien à protéger — les producteurs n'auront autre chose à faire que d'élever le prix du montant de la taxe pour les marchandises qu'ils livreront aux importations du pays considéré à l'intérieur du marché ; ou bien ils ne changeront rien au prix des marchandises livrées à l'importation, mais les importateurs les prendront sur place et les transporteront dans les centres de consommation. Dans les deux cas l'incidence du droit retombe sur les consommateurs ; et l'on a un exemple ou la répercussion du producteur au consommateur est complète. Mais il ne peut pas en être toujours ainsi.

La loi qui régit la consommation (1) nous apprend qu'en élevant le prix au delà d'une certaine limite, la consommation diminue ; elle augmente, au contraire, si le prix s'abaisse. Cette loi nous dit encore — et c'est la conséquence naturelle de ce que nous venons de voir — que l'intérêt du producteur n'est pas tant d'élever le prix que de réaliser un gain total plus fort, et ce gain représente le produit du prix multiplié par la quantité de marchandise vendue. En somme, le gain maximum dépend de deux facteurs : le prix et l'ampleur de la consommation, et lorsque l'un quelconque de ces facteurs augmente, l'autre diminue forcément (2). Dans le cas choisi, le prix augmente ou diminue selon la volonté du producteur, et la consommation est un élément sur lequel le producteur ne peut agir que par l'intermédiaire du prix : il abaisse ce dernier s'il veut étendre l'autre et inversement. Dans ces conditions, bien que le producteur jouisse du privilège d'un monopole, il ne peut rester insensible à l'imposition d'une nouvelle taxe ou à l'élévation d'une taxe déjà établie, parce que dans les deux cas il ne peut recourir à une élévation des prix ; cette élévation lui sera permise ou non selon que le droit sera : 1° très modéré ; 2° assez lourd ; 3° très élevé.

Si le droit est très modéré, il peut se faire que le producteur ne se trouve pas entraîné à abandonner l'ancien prix qui lui assurait le gain maximum, dans ce cas la taxe se traduit pour lui par une perte intrinsèque et entame le gain que lui assure le prix le plus avantageux. Ou bien le droit est moyennement lourd, mais encore assez pour que le producteur, s'il ne change pas ses prix éprouve une perte trop forte ; alors il élève ses prix jusqu'à ce

(1) Jean-Baptiste SAY, *Cours complet*, etc.
(2) PANTALEONI, *Teoria della pressione tributaria*.

qu'il atteigne le niveau qui lui assure le gain maximum. Ce prix plus élevé n'était certes pas le plus avantageux avant l'établissement du droit, sans quoi il l'aurait déjà choisi. Et l'on est certain dans ce cas qu'une partie du droit de douane va grever les consommateurs. Il n'est pas dit, toutefois, que la translation ne puisse pas être complète et faire supporter aux consommateurs la totalité du droit.

Si enfin le droit est excessivement élevé, il se peut que non seulement le producteur privilégié abandonne le prix qui lui assure le gain total maximum, mais encore qu'il n'en choisisse aucun qui se rapproche de celui-là. Il se peut donc qu'il renonce à tous les prix qui auraient assuré une consommation étendue à sa marchandise et que, limitant fortement l'expansion de celle-ci, il en restreigne l'usage aux classes sociales pouvant accepter un prix auquel le droit de douane soit incorporé en entier. Dans ce cas, la répercussion sera forcément complète et la taxe frappera seulement les consommateurs qui sont en mesure de la supporter.

L'important est de remarquer l'influence du fait qu'une marchandise est de première nécessité ou répond à des besoins de luxe. Dans le premier cas la répercussion est toujours plus facile.

Mais la nature prévoyante a fait en sorte que les marchandises de première nécessité soient produites par de nombreux marchés, ce qui élimine tout monopole. Lorsqu'au contraire le produit monopolisé répond à un besoin de luxe, la répercussion est plus difficile pour la raison suivante : si le prix est très élevé, en raison de la hauteur de la taxe, les acheteurs comparant l'utilité finale de la marchandise frappée avec l'utilité finale des autres biens auxquels ils sont forcés de renoncer pour l'acquérir, peuvent renoncer à cette acquisition. Le producteur, au courant de ce fait, ne poussera pas les choses assez loin pour perdre tous les consommateurs et finira par payer la taxe, au moins en partie. De ce que nous avons dit il découle un principe général et largement vérifié, auquel nous avons déjà fait allusion, à savoir, que la translation du droit est toujours possible là où le prix minimum auquel les producteurs peuvent vendre ne dépasse pas le prix maximum auquel les consommateurs peuvent acheter.

Quel peut être ce prix minimum ? C'est celui qui assure aux producteurs un profit normal, car s'il ne leur était pas possible d'obtenir ce prix, ils préféreraient se consacrer à d'autres productions. Pour les consommateurs, comme nous l'avons dit, le prix maximum résulte de la comparaison du degré d'utilité finale de la marchandise en question et de celle à laquelle il leur faut renoncer pour acquérir la première. Dans ce cas, le producteur qui peut disposer complètement de la production et par conséquent de l'offre, n'a pas d'autre souci que celui de surveiller la demande, pour savoir surtout avec précision qu'elle est l'intensité du besoin de la marchandise frappée par le droit et quels sont les moyens dont disposent les consommateurs pour y satisfaire. Le secret de la translation réside dans la connaissance exacte de ces éléments.

Dans le cas du *trust*, les choses s'enchaînent différemment ; à condition toutefois que le *trust* absorbe la plus grande partie de la production mondiale et de la marchandise visée et, par conséquent, ne se heurte pas à des concurrents redoutables. Le syndicat du coton, par exemple, formé aux Etats-Unis où la production est assez étendue pour approvisionner tous les marchés européens, ne représente qu'un grand monopole naturel et artificiel à la fois, par rapport à ces derniers marchés.

b) Cas de la concurrence — Si la marchandise, tout en n'étant pas produite sur le marché intérieur, est fournie par divers marchés en concurrence réciproque, les choses changent complètement. Nous croyons, en effet, que l'offre peut devenir variable plus encore que la demande ; il n'y a donc pas que cette dernière qui agisse sur la répercussion.

Si la marchandise n'est pas de première nécessité et si l'offre qui en est faite dépasse la demande, la translation des consommateurs aux producteurs devient plus facile, selon le coût auquel chacun de ceux-ci peut produire la marchandise et selon les profits moyens qui sont réalisés sur chacun des marchés de production. Nous verrons, dans le prochain paragraphe, comment vont les choses dans ce dernier cas, c'est-à-dire dans le cas des sur-revenus.

Au contraire, dans le cas où la différence des coûts est compensée par la distance, c'est-à-dire par les moyens et les frais de transport, la translation plus ou moins complète, plus ou moins facile, dépendra de la concurrence engagée entre les producteurs et par conséquent de la quantité de profit moyen qu'ils sont disposés à abandonner pour conserver ou étendre leur clientèle à l'étranger. Il peut se faire encore, mais plus rarement, que l'incidence tombe en entier sur les consommateurs, si ceux-ci, malgré que les nouveaux prix soient élevés par l'effet du droit, les acceptent immédiatement. Cela peut se produire lorsque le prix offert par les consommateurs est très supérieur à celui qui leur est effectivement demandé, en raison de la concurrence active que se font les producteurs. Comme il y a, dans ce cas, une grande marge entre le sacrifice auquel le consommateur est disposé pour jouir de la marchandise et celui qu'on lui demande en réalité, si ce sacrifice demandé vient à être quelque peu élargi, le consommateur préférera l'accepter tel quel plutôt que de voir diminuer l'offre qui est faite de la marchandise. Un exemple : X et Y, marchés de production, fournissaient à K, marché de consommation, la marchandise x dont le prix est a; ce prix convient parfaitement aux consommateurs en raison de l'utilité que la marchandise présente pour eux. Entre temps, un nouveau marché de production se met sur les rangs et, par son active concurrence, il fait baisser le prix à $a/3$. Si, immédiatement après, un droit d'entrée est établi sur la marchandise x et en fait monter le prix à $a/2$, la clientèle qui acceptait autrefois le prix a regrettera bien le temps où elle ne payait que $a/3$, mais elle acceptera l'augmentation qu'on lui impose plutôt que de renoncer à la marchandise en question ; elle payera donc volontiers $a/2$. C'est le cas de Jevons : lorsqu'un acheteur est disposé à payer 1000 francs une maison dont le

vendeur n'en exige que 800, si ce dernier en demande tout
d'abord 900, son premier prix est accepté et l'affaire est conclue
à la satisfaction de deux parties.

Mais en dehors de ce cas et d'autres cas très spéciaux, lorsque
l'on est soumis à un régime de concurrence, il est probable que
le droit, en totalité ou en partie, va, de préférence, frapper les
producteurs.

c) Cas du sur-revenu et de la rente foncière. — Il n'est pas
dit, toutefois, que les marchés concurrents doivent toujours
avoir des coûts à peu près égaux, ni que toute différence entre
les coûts doive trouver une compensation dans la différence
des distances et des moyens de transport. Si aucun facteur n'intervient pour égaliser les coûts, nous constatons qu'un sur-revenu
s'établit au bénéfice des centres de production dont le coût est le
plus faible. Si, au contraire, il n'y a aucune différence entre les
coûts, mais qu'il en existe dans la distance économique qui sépare
les pays producteurs et consommateurs nous voyons qu'un sur-
revenu de position vient favoriser les pays les plus rapprochés,
économiquement parlant. Dans les deux cas, les phénomènes
que nous analysons pourront présenter des manifestations différentes de celles que nous avons enregistrées jusqu'ici ; et la
raison de cette diversité doit être recherchée dans le fait que
les prix de la marchandise oscilleront autour du coût de production des pays qui se trouvent dans les conditions les moins
favorables. Il faudra bien spécifier que le sur-revenu dont
nous parlons n'a le plus souvent rien de commun avec la
rente foncière ; celle-ci, en effet, comme le dit M. Loria,
résulte de l'action concertée de la loi de décroissance extensive
et intensive de la productivité du sol, qui entre nécessairement
en vigueur pendant une certaine phase de l'évolution démographique, et de la loi d'égalité des profits (1) ; tandis que le sur-
revenu dont il s'agit peut résulter de la différence de situation
géographique des centres de production et de consommation.

(1) A. LORIA, *La rendita terriera e la sua elisione naturale.* Milano,
Hœpli, 1880.

Supposons que l'on établisse un droit d'importation sur les marchandises qui proviennent de pays dont quelques-uns jouissent du sur-revenu. Quelles en seront les conséquences ?

Les producteurs privilégiés ne peuvent pas maintenir le sur-revenu à un niveau invariable, car s'ils agissaient ainsi ils éloigneraient un petit nombre de producteurs non privilégiés, ils rendraient la concurrence plus active et feraient, par suite, baisser les prix : ils limiteraient le marché monopolisé. Donc, si le droit n'est pas tel qu'il absorbe en totalité le sur-revenu, sa répercussion n'est pas possible et il finit par être payé par les producteurs. Un exemple : prenons les trois pays producteurs A, B et C, qui peuvent approvisionner le pays consommateur D. Il est certain que A sera le pays privilégié. Soit a le prix, pour les trois centres de production, et soit 2 la distance entre A et D, entre B et A et entre C et B.

Le prix de la marchandise vendue à D sera :

$$\text{pour } A, \text{ de } a + 2$$
$$\text{» } B, \text{ » } a + 4$$
$$\text{» } C, \text{ » } a + 6$$

Le sur-revenu de A sera de 2 par rapport à B, de 4 par rapport à C.

Ceci étant, on met en D un droit d'entrée égal à 2 sur la marchandise en question. Si A désire que la taxe soit payée par les consommateurs, il augmentera son prix de 2. B, au contraire, ne serait-ce que pour conserver en D les mêmes débouchés, peut maintenir son prix invariable, en laissant le droit entamer ses profits, avec l'espoir que l'accroissement des ventes finira par assurer un gain total considérable, bien que les gains particuliers aient été réduits.

Mais la conduite de B ne saurait satisfaire A qui préférera réduire son sur-revenu et payer lui-même le droit d'entrée, si cette réduction lui permet de conserver le monopole dont il a toujours joui et qu'il veut encore exploiter. Et il fera dans ce sens des efforts d'autant plus grands que la concurrence de *B* sera plus active.

Supposons que le droit de douane soit porté de 2 à 4. Il devient alors difficile que *A*, après l'abandon qu'il vient de faire du sur-revenu dont il jouissait par rapport à *B*, consente encore à réduire ses profits de 2 ; et il est également peu probable que *B* accepte de diminuer ses propres profits de 4 ; ni que *C* (qui, à ce moment, pourra prendre part à la concurrence) veuille réduire les siens de 6. Très probablement *A* fera en sorte que son sur-revenu disparaisse, mais que la fraction de la taxe qui dépasse ce sur-revenu aille frapper les consommateurs, afin que ses profits restent intacts. Il s'efforcera d'atteindre ce but parce que, ce faisant, il conservera toujours un avantage par rapport à *B* et un autre plus grand encore par rapport à *C*. Nous pouvons dire que le droit frappe les producteurs tant qu'il n'est pas assez fort pour absorber la totalité du sur-revenu ; mais, dès qu'il dépasse cette limite maximum, l'excédent se reporte sur les consommateurs.

Ici encore l'influence de l'élévation de la taxe est loin d'être négligeable. Si celle-ci est trop élevée (lorsqu'il s'agit de marchandises qui ne sont pas indispensables) au point de rendre l'importation impossible, la production, en tant qu'industrie exportatrice, disparaîtra même dans les pays privilégiés, s'ils ne savent ou ne peuvent trouver d'autres débouchés. Si, au contraire, les consommateurs ont absolument besoin de la marchandise frappée, ils seront contraints de prendre à leur charge la quotité de la taxe que les producteurs privilégiés sont obligés de leur faire supporter pour pouvoir continuer leur industrie. Il en est de même dans le cas de la rente.

La rente et les sur-revenus d'autre nature, bien que n'ayant pas la même origine, développent les mêmes effets en ce qui regarde la translation et l'incidence des droits de douane. Donc le dernier cas exposé par nous peut se rapporter aussi bien à l'incidence du droit lorsqu'il y a sur-revenu, qu'à cette même incidence lorsque se manifeste la rente foncière. Les terres qui jouissent de la rente de la même façon que les industries privilégiées jouissent du sur-revenu, peuvent disposer d'un monopole sur des marchés déterminés. Tout droit nouveau ou toute élévation d'un droit de douane, selon qu'il peut en résulter la participation d'autres terres à la concurrence en cours, peuvent être supportés par la rente ; de même qu'ils peuvent aller frapper la consommation dans le cas où le droit absorbe le montant de la rente et le dépasse.

Prenons un pays A, dont les terres jouissent de la rente par rapport à toutes les autres, mais où cette rente atteint le maximum par rapport aux terres du pays F qui, entre toutes, produisent au coût le plus élevé. C'est-à-dire qu'entre A et F, il y a d'autres pays de fertilité moyenne.

Ces centres de production doivent approvisionner X. Les conditions sont les suivantes pour chaque unité de produit :

$$A \text{ produit au coût de } 10$$
$$F \quad » \quad » \quad \text{ de } 20$$

Le coût de A est donc la moitié de celui de F.

Un droit d'entrée égal à 5 vient à être établi par X sur la marchandise produite par les deux pays précédents et exportée par eux. Alors :

$$A \text{ produit au coût de } 15$$
$$F \quad » \quad » \quad \text{ de } 25$$

La différence relative des coûts a donc diminué : le coût de A ne dépasse plus celui de F que des 2/5 et non de la moitié, c'est-à-dire que A n'est plus éloigné de la concurrence de F autant qu'il l'était auparavant. Ou bien encore si cette concurrence est inaccessible à F, elle cessera de l'être à ceux des marchés intermédiaires qui ont un coût de production légèrement supérieur à 10, et qui se contentent d'un gain modeste.

Si le droit est doublé et devient égal à 10, voici les conséquences qu'il entraînera.

A produira au coût de 20
F » » de 30

La différence relative des coûts a encore diminué ; elle n'est plus que de 1/3.

La concurrence de F se rapproche de plus en plus, et les autres marchés qui élèvent des exigences plus modérées entrent en ligne. Si, dès le début, la taxe avait atteint 15 ou si on l'avait triplée par la suite, la distance relative entre A et F aurait encore été moindre. Maintenant A n'a plus qu'un seul moyen de distancer les marchés dont la concurrence est possible, c'est de payer, avec une partie de la rente dont il jouit, le droit d'entrée en X ; ce faisant, les choses s'établiraient de la même façon que si aucune variation n'avait fait osciller les coûts. Naturellement, l'incidence n'affecterait pas cette forme si le montant de la taxe dépassait celui de la rente.

122. Incidence du droit frappant les matières premières destinées à être transformées sur le marché intérieur. — Jusqu'à présent nous n'avons parlé que des marchandises destinées à la consommation directe. Mais les droits grèvent également les marchandises brutes étrangères, qui sont transformables ensuite en produits manufacturés et donnent lieu à des cas de répercussion qu'il est intéressant de connaître. Au fond, l'incidence du droit de douane est la même, soit pour les marchandises livrées directement à la consommation, soit pour les matières premières, tant que le droit frappe les importateurs. Mais ensuite, dans ce dernier cas, on peut être sûr que les importateurs s'efforceront d'en rejeter la charge sur les consommateurs. C'est alors que la répercussion donne lieu à des phénomènes spéciaux.

La fraction du droit qui est payée par les industriels se traduit par une augmentation du coût de production des marchandises manufacturées qu'ils tirent des matières premières importées. Les industriels, à leur tour, cherchent à élever les prix en proportion, de façon à récupérer tout ou partie de l'augmentation du coût. La concurrence intérieure et même étrangère, si cette dernière est possible, pourront rendre inutiles les efforts

des industriels, mais il est à croire que les fabriques les mieux
organisées pourront atteindre le but qu'elles se proposent. Ces
fabriques n'adoptent pas toutes les mêmes procédés de fabrication ; certaines d'entre elles utilisent plus avantageusement la
matière première importée, de sorte que l'augmentation du
coût résultant du droit de douane n'est pas très sensible. D'autres, au contraire, incapables d'une utilisation aussi bonne, ne
peuvent éviter d'avoir du déchet en quantité considérable, et
produisent à un coût plus élevé que les précédentes.

L'Italie soumet à un droit de 3 francs par quintal le coton
brut venant de l'extérieur et ce droit, par hypothèse, est payé
en entier par les importateurs. Supposons que l'on ait une fabrique très développée, qui ait besoin de quatre quintaux de
matière brute pour produire deux quintaux de fil, ou un de
tissus, ou un demi de mousseline. Le droit incorporé
à chacun de ces produits, indépendamment du poids unitaire, sera de 12 francs ; mais pour chaque quintal de marchandise manufacturée ou semi-ouvrée les taxes seront, respectivement, de 6, 12 et 24 francs. Prenons maintenant le cas d'une
autre usine, ni aussi bien organisée ni aussi développée que la
première au point de vue technique ; supposons qu'il lui faille
6 quintaux de coton brut pour produire la même quantité de
produits manufacturés. Dans ce cas, le droit incorporé à chaque
quintal de marchandise produite sera de 9 francs pour le fil, de
18 francs pour les tissus, de 36 francs pour les mousselines. Comme l'on voit, l'action du droit sera d'autant plus efficace que le
degré de finesse de la marchandise sera plus élevé. Dans ces conditions, les prix du marché intérieur prennent pour base le coût des fabriques les moins développées, l'incidence du droit sera entièrement
supportée par les consommateurs qui feront les frais de la mauvaise organisation industrielle du pays. Et cela aura lieu au moment où les usines mieux organisées commenceront à jouir d'un
sur-revenu égal au tiers de la fraction du droit qui est incorporée au prix de chacun des produits. Par conséquent l'établissement d'un droit de douane sur les matières premières peut

être avantageux aux usines les plus perfectionnées. Si ensuite celles-ci engagent une concurrence active contre les autres et réduisent leur sur-revenu afin de s'assurer le triomphe, le droit payé par les importateurs pèsera plus lourdement sur les consommateurs qui sont contraints d'acheter les produits des usines les plus imparfaites, et dans une mesure moindre sur ceux qui s'approvisionnent aux fabriques mieux organisées.

Un exemple montrera plus clairement qu'il en est ainsi. Nous avons dit que les fabriques perfectionnées jouissaient d'un sur-revenu de 3, de 6 ou de 12 francs, selon la nature de la marchandise produite. Si ces fabriques, dans un but de concurrence et dans l'espoir d'étendre leur clientèle, font le sacrifice de ce sur-revenu et baissent les prix, les consommateurs qu'elles desservent seront frappés par le droit moins lourdement que les clients des fabriques moins développées. Il est vrai que ces dernières pourraient, à leur tour, réduire les prix au détriment de leurs profits, si ces profits sont un peu plus élevés que les profits moyens réalisés sur leur marché. Mais il arrivera que quelques-unes d'entre elles ne voudront pas en venir là alors qu'il leur est loisible de s'en dispenser en raison de quelque privilège dont elles peuvent se prévaloir, comme, par exemple, les avantages qui découlent de leur propre situation géographique.

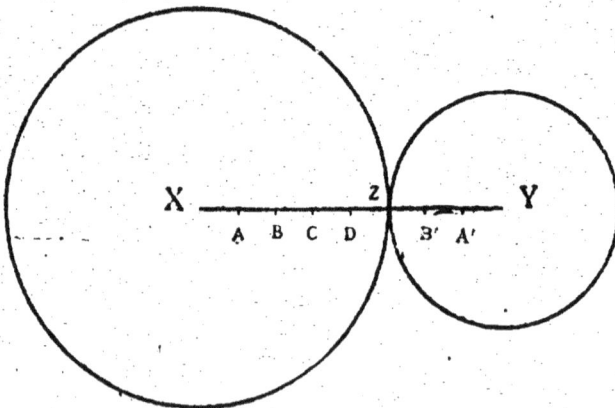

Tout marché, quelque restreint qu'il soit, se subdivise en d'autres moins étendus, dont les confins résultent de l'action

combinée de la distance économique et du coût de production.
Supposons qu'une fabrique X, très avancée, puisse vendre sa
marchandise 10 francs le quintal, prise à la fabrique même ; et
que ce prix augmente d'un franc (prix du transport) par 20 kilomètres parcourus pour arriver aux consommateurs éloignés.
Imaginons une deuxième fabrique Y, moins perfectionnée que
la première, dont elle est séparée par une distance de 200 kilomètres ; cette fabrique peut vendre sa marchandise 12 francs le
quintal, prise à la fabrique. Comment se passeront les choses,
aux points où les frais de transport sont les mêmes ? Le rayon-
nement des marchandises des deux fabriques par rapport aux
centres de consommation A, B,..... et A', B',.... s'établira
ainsi :

Prix de X		Prix de Y	
à la fabrique . .	10 francs.	à la fabrique . .	12 francs.
En A (à 20 km) . .	11 »	En A' (à 20 km) . .	13 »
» B (» 40 ») . .	12 »	» B' (» 40 ») . .	14 »
» C (» 60 ») . .	13 »	» Z (» 60 ») . .	15 »
» D (» 80 ») . .	14 »		
» Z (» 100 ») . .	15 »		

Comme l'on voit, X dispose d'une zone de consommation
beaucoup plus étendue, puisque ses produits pourront être
vendus jusqu'en Z, c'est-à-dire à 100 kilomètres du centre de production, sans avoir à craindre la concurrence. Il n'en est pas de
même pour Y, dont la zone d'action ne s'étend qu'à 60 kilomètres
à la ronde, et qui dispute à X le centre de consommation Z (où
les deux circonférences sont tangentes) où les deux fabriques
peuvent vendre au même prix. En effet, X ne pourrait dépasser
Z et arriver en B' sans succomber sous la concurrence de Y ; de
même que Y ne saurait arriver en D sans reculer devant la concurrence de X. Donc, jusqu'en Z, la fabrique Y, qui est cependant moins perfectionnée, peut encore vendre des marchandises
à un prix assez élevé pour y incorporer le droit supporté par la

matière première. Pour les marchandises que Y voudra vendre au delà de Z, cette répercussion n'est plus possible; de même que pour les marchandises que X voudrait vendre au delà de Z. La fabrique la plus développée elle-même se heurte donc à une limite dans la répercussion du droit qu'elle veut faire supporter aux consommateurs. D'autre part, la fabrique la moins développée peut encore, bien que dans une mesure plus modeste, bénéficier de la répercussion et rejeter sur les consommateurs le droit qu'elle a payé.

Il n'est pas dit pour cela que les fabriques les moins avancées doivent toujours se trouver dans des conditions d'infériorité vis-à-vis des autres. Il pourra se faire que la zone de consommation desservie par Y, bien que moins étendue, ait la même capacité de consommation que celle qui dépend de X, comme il peut se faire qu'elle ait une capacité supérieure. Nous voyons que, dans ce cas, la situation géographique apporte une compensation aux inconvénients de l'infériorité technique, et que le droit payé par la matière première se répartit sur une consommation plus étendue. Nous pouvons donc dire que la répercussion des droits de douane sur les matières premières qui concourent à la fabrication du produit fin ne dépend pas seulement du progrès technique réalisé par les fabriques, mais aussi de la distance économique qui les sépare les unes des autres, ou, mieux encore, du mode selon lequel le marché intérieur se divise et se subdivise en marchés plus petits.

Il est bon de dire qu'en cas de crise le droit peut rester entièrement à la charge des industriels.

La crise est l'état de réaction économique caractérisé par un fort avilissement des prix. Tout le monde veut vendre, peu de gens veulent acheter. Les offres sont d'autant plus larges qu'on a moins de confiance dans les prix, c'est-à-dire que l'on craint davantage une baisse nouvelle. Dans ces cas, les producteurs vendent leurs marchandises au-dessous même des coûts de production; et naturellement les droits de douane sont payés par eux, en même temps qu'une partie des frais de production,

123. Incidence des droits de douane différentiels et préférentiels. — Après avoir vu quelle arme dangereuse peut être le droit différentiel pour l'économie des pays qui en font usage, nous étudierons sa répercussion et son incidence.

Il se peut que la marchandise frappée si lourdement ne soit pas produite dans l'un des deux pays en guerre et que les producteurs des divers marchés d'approvisionnement se trouvent dans les mêmes conditions économiques, c'est-à-dire qu'ils ne bénéficient d'aucun sur-revenu ni d'aucune rente. Dans ces conditions, l'application du droit différentiel élève, dans la mesure du droit même, le coût de production des marchandises qui en sont frappées, c'est-à-dire que celles qui sont exemptes d'une aussi forte imposition jouiront d'une rente par rapport aux autres. Mais ce sur-revenu artificiel ne peut avoir, au regard de la répercussion, les effets mêmes qui résultent du sur-revenu naturel. Les producteurs favorisés ne pourront pas rejeter sur les consommateurs la totalité du droit que, du reste, ils n'ont pas payé, puisque, dans ce cas, leurs prix seraient les mêmes que ceux des marchés dont on veut l'exclusion ; mais il est vrai, aussi, que les producteurs privilégiés ne voudront rien abandonner des avantages qui résultent de leur situation.

Dans ce cas, comment iront les choses ? La répercussion du droit dépendra de la nature de la marchandise au regard de la consommation : si elle est indispensable, les producteurs privilégiés rejetteront sur les consommateurs une fraction du droit de douane plus ou moins grande selon la concurrence qu'ils se feront réciproquement. Si la marchandise, tout en s'adressant à la consommation générale, n'est cependant pas nécessaire, les producteurs privilégiés prendront pour eux une fraction plus forte du droit de douane ; car ils craindront qu'une élévation de prix importante autant qu'inopinée n'ait pour effet de restreindre la consommation.

Si la marchandise frappée peut être produite à l'intérieur, les producteurs privilégiés se trouveront en face d'un autre élément qui agira dans le sens d'une diminution de la fraction du droit

dont la répercussion est possible. En effet, en outre de la concurrence étrangère, ils devront lutter contre la concurrence intérieure qui peut être encore plus redoutable.

Lorsque la marchandise frappée par la taxe différentielle
peut être produite exclusivement dans le pays que l'on combat,
les conditions de la consommation nationale seront bien plus
mauvaises. Le droit est si élevé que les producteurs, s'ils voulaient en supporter une partie appréciable, se verraient contraints de se contenter de profits inférieurs aux profits normaux ;
et plutôt que de subir cette avanie ils préféreront chercher
d'autres débouchés à l'étranger. Dans ce cas, la fraction du
droit qu'ils consentiront à payer sera relativement faible et dépendra de la facilité que présentera la recherche des débouchés
normaux et de leur capacité d'achat.

Mais il n'est pas dit que les marchés d'approvisionnement
doivent tous se trouver dans les mêmes conditions économiques
par rapport au marché de consommation. Il peut se faire que
l'un d'entre eux, celui précisément que l'on veut atteindre, jouisse
d'un sur-revenu de position ; chose assez facile à rencontrer car
entre des pays limitrophes, en raison même de leur proximité,
les échanges sont plus actifs et plus nombreuses les contestations qui peuvent aboutir à l'adoption de tarifs d'offensive ou
de représailles. Dans ces conditions, on retrouve le fait qui se
rattache inévitablement à ces mesures de représailles ; à savoir
le resserrement de la zone d'action des producteurs qui jusqu'alors étaient privilégiés. Si la marchandise entrait autrefois
en franchise, les producteurs depuis peu favorisés par un régime préférentiel pourront toujours l'offrir à un prix qu'aucune
taxe n'aura surélevé ; tandis que cela est désormais impossible
au producteur qui possède en propre un privilège de position. Si
le droit établi comme traitement différentiel est égal au sur-revenu, tous les producteurs combattront à armes égales et le
droit ira frapper exclusivement les producteurs du pays avec lequel on est en guerre économique. Mais ceux-ci sont en mesure
d'opposer une certaine résistance et peuvent ne pas perdre tout

le bénéfice que leur assurait autrefois leur position privilégiée. Toutefois, comme le droit de représailles est toujours très élevé, au point même de dépasser tout sur-revenu possible, il est assez difficile que ce phénomène se rencontre en pratique.

Il n'est pas dit que le droit de représailles doive toujours écarter les producteurs frappés ou diminuer sensiblement leur zone d'action. Les producteurs que l'on voudrait exclure peuvent réaliser des gains sur d'autres marchés, rapprochés ou éloignés, et ces gains peuvent compenser les pertes éventuelles subies à l'occasion des ventes effectuées sur le marché avec lequel est engagée la lutte économique.

Dans ce cas, rien n'empêche que sur le marché ennemi on supporte, en vue des bénéfices futurs, la disparition de tout bénéfice résultant de la disparition de tout sur-revenu. Et il peut arriver encore que les producteurs les plus rapprochés, même lorsqu'ils ont perdu tout sur-revenu et tout profit, puissent avoir intérêt, pourvu que leurs frais soient couverts, à continuer leurs ventes sur le marché ennemi. Ils peuvent agir ainsi dans le but de conserver leur clientèle, en attendant des temps meilleurs, sachant bien que cet état de guerre économique ne peut durer longtemps et qu'il fera bientôt place à une période de paix commerciale. Dans ce cas, les consommateurs n'éprouvent aucun dommage, car le droit différentiel est payé par les producteurs. Mais le mal peut commencer pour ces consommateurs lorsque, les choses étant revenues à l'état normal, les producteurs les plus rapprochés veulent se refaire des pertes éprouvées pendant la lutte.

De tout ce que nous avons dit il ressort que, sauf ce dernier cas absolument exceptionnel, les droits différentiels, s'ils écartent les marchandises des pays que l'on combat, ne sont d'aucun avantage pour les consommateurs nationaux, car c'est sur eux qu'en totalité ou en partie finissent par retomber les droits de représailles.

Comme nous l'avons dit, le régime préférentiel peut être réalisé de deux façons : ou par l'élévation de tous les droits de douane, sauf ceux qui pèsent sur les marchandises des pays que l'on veut favoriser, ou par la réduction exclusive de ces derniers droits. Le premier procédé peut être employé à l'occasion d'une réforme douanière générale ; le second, au contraire, peut être adopté, même en temps ordinaire, lorsque les traités internationaux existants, en particulier la clause de la nation la plus favorisée, ne s'y opposent pas.

L'incidence du droit de douane, comme sous le régime différentiel, dépendra de la mesure des faveurs accordées et de la puissance productrice des pays qui les reçoivent. Si ceux-ci ne peuvent ou ne savent produire que la même quantité de marchandise qu'ils produisaient et qu'ils exportaient tout d'abord, les prix resteront invariables ou s'élèveront. Le cas dépendra de l'intensité du régime préférentiel, c'est-à-dire, selon qu'il sera assez efficace pour triompher, ou non, de la concurrence des pays non-favorisés. Les consommateurs pourront éprouver le même dommage qui découlerait pour eux d'un régime de représailles, car les prix pouvant s'élever d'autant que les droits ordinaires diffèrent des droits préférentiels, les consommateurs seraient tenus de payer un prix augmenté d'un droit qui n'a pas été imposé et que les producteurs n'ont pas payé. Le régime préférentiel se résoudrait en un profit plus grand pour les producteurs privilégiés : et même en un véritable sur-revenu par rapport aux producteurs qui ne bénéficient pas du régime en question. Par conséquent, le traitement préférentiel a parfois pour les consommateurs les mêmes conséquences que le régime de représailles ; dans les deux cas, ils peuvent être tenus de faire les frais des rigueurs ou des faveurs que l'on veut instituer. Donc le droit préférentiel, tout au moins par les conséquences à l'égard des prix, est assimilable aux droits de représailles.

Au contraire, si les pays favorisés peuvent augmenter leur production, au point de dépasser la mesure dans laquelle augmente la consommation, c'est-à-dire si la concurrence de ces pays parvient à établir les mêmes conditions qui se seraient imposées si les pays non-favorisés avaient continué la leur, non

seulement les pays frappés devront abandonner tout espoir de
vente sur le marché en question, mais les producteurs favorisés prendront à leur charge tout ou partie du droit préférentiel.
Il est certain que dans une telle situation, les consommateurs
recueilleront un avantage qui sera peut-être plus grand que si
aucun frein n'avait été mis à la concurrence.

Nous pouvons dire que le traitement préférentiel peut être
avantageux pour les consommateurs, lorsqu'il s'applique à des
pays qui, sous le stimulant que constitue cette faveur, savent
augmenter leur production de façon à dépasser l'offre qui venait autrefois de l'ensemble des producteurs. Dans ce cas la
répercussion du droit devient plus difficile. Et même, le droit
sera payé en entier par les producteurs si, sous l'impulsion de
la préférence et de la production désormais accrue on assiste à
une élévation de la rente ricardienne au bénéfice de toute une
catégorie de producteurs. Le droit sera payé par ces producteurs
heureux, pour les mêmes raisons que celles exposées par nous
à propos des centres de production jouissant de sur-revenus.

**124. Incidence du droit dans le cas de la Contrebande,
du Cadenas, et des marchandises remplaçables.** — Il est
bon d'examiner dans quels cas les marchandises de contrebande influent sur l'incidence du droit de douane qui grève les
marchandises régulièrement importées. — La contrebande consiste dans l'importation clandestine des marchandises étrangères
afin d'éviter le paiement du droit qui les frappe. — Le défaut de
paiement du droit se traduit, pour les marchandises de contrebande, par un sur-revenu vis-à-vis de celles qui sont importées
sous le contrôle de la Douane. On comprend donc que leur concurrence puisse être très active sur le marché intérieur. Le droit
représente une prime à la contrebande, et c'est pour la conquérir que le contrebandier s'expose au danger ; mais il n'est
pas dit que cette prime lui soit entièrement réservée. S'il en était
ainsi, le contrebandier devrait vendre sa marchandise au même
prix que celle qui a payé le droit ; cette vente serait donc difficile, ce qui n'est pas un faible obstacle, surtout lorsque le con-

trebandier est forcé de vendre en cachette, en raison des rigueurs de la loi financière et de la surveillance fiscale qui continue à s'exercer même après que la marchandise est arrivée sur le marché intérieur (1). La marchandise de contrebande, en raison de l'intérêt que l'on a à la vendre au plus tôt, devra être cédée à plus bas prix que celle qui a acquitté le droit. Par conséquent, une fraction seulement du droit reviendra au contrebandier, l'autre restera à l'avantage du consommateur. Mais le gain du contrebandier devra rester très élevé, faute de quoi la prime qui correspond au risque encouru cesserait d'être suffisante. L'abandon d'une partie de cette prime entre les mains du consommateur dépendra de deux raisons : 1° de l'intérêt qu'il y a à vendre une plus grande quantité de marchandises, en raison de leur prix modéré, étant entendu que le gain unitaire plus faible permet un gain total plus élevé ; 2° du risque plus ou moins grave encouru du fait de la fraude et du besoin de vendre clandestinement, pour les raisons déjà énoncées. Si le risque a été très considérable, le contrebandier exigera une prime plus élevée et le consommateur en retirera un bénéfice moindre. Dans le cas contraire, les conséquences seront opposées.

La surveillance exercée par l'Etat est donc doublement avantageuse : parce qu'en combattant avec énergie un mal qui doit être supprimé, les cas de répression directe se multiplient, et parce que, ce faisant, le risque augmentera, le contrebandier deviendra plus exigeant, l'avantage du consommateur diminuera, la vente du produit de contrebande deviendra plus difficile, et en définitive, la contrebande elle-même se restreindra.

La marchandise qui fait l'objet de la contrebande peut être produite ou non sur le marché intérieur. Dans le premier cas

(1) Les marchandises soumises à des droits d'entrée élevés et qui sont donc mieux indiquées pour la contrebande, ne peuvent pas circuler librement dans la *zone de surveillance* (zone adjacente aux frontières de terre et de mer) sans être accompagnées de documents prouvant que le droit a été payé, ou qu'elles ont été produites à l'intérieur.

l'influence de la contrebande sur la détermination des prix de la marchandise produite à l'intérieur dépendra de la quantité de marchandise frauduleusement introduite. Si cette quantité est faible, elle se répartira entre les consommateurs les plus rapprochés du lieu de la contrebande et la production nationale, au lieu d'abaisser ses prix de vente, a tout intérêt à abandonner ces consommateurs aux contrebandiers. Au contraire, si la contrebande est abondante au point d'envoyer ses produits dans tous les centres de consommation, la production nationale sera contrainte d'abaisser ses prix et, avec ceux-ci, les profits dont elle jouissait. Donc la consommation y gagnera. Si la protection était très élevée, en raison de la grande infériorité de la production nationale vis-à-vis de la production étrangère, il pourrait se faire que l'industrie finisse par disparaître. Mais cette hypothèse suppose une contrebande très active et, par conséquent, un état mal organisé. Si la marchandise n'est pas produite sur le marché intérieur, les contrebandiers jouiront d'un sur-revenu vis-à-vis des importateurs honnêtes et leur commerce dépendra, dans ce cas encore, de la prime dont se contentera le contrebandier et de l'abondance de la contrebande.

Des cas à peu près analogues se rencontrent, lorsqu'une marchandise soumise à un droit élevé est remplacée par une autre qui entre en franchise ou après avoir acquitté des droits moins lourds. Et c'est pour cela (c'est-à-dire pour des raisons fiscales) que l'Etat frappe les marchandises pouvant en remplacer d'autres, de droits presque aussi élevés que celles-ci. On croit que le régime moins dur que l'on constate parfois à l'égard de ces marchandises est compensé par l'infériorité de la qualité de la marchandise ; car, en somme, au point de vue de l'utilité du produit, les deux droits peuvent être considérés comme équivalents, sinon comme exactement égaux par le consommateur. Dans le cas de la contrebande, on a un phénomène d'évasion en ce qui regarde le droit de douane ; mais les conséquences, bien que dans une mesure atténuée, sont les mêmes que si le droit eût été acquitté. Lorsqu'il s'agit de marchandises remplaçables, il n'y a pas évasion à proprement parler ; mais comme il existe une différence entre le droit établi sur ces marchandises et celui qui frappe les marchandises que les premières remplacent, cette différence entraîne les mêmes effets que la prime qui s'offre au contrebandier.

Dans le cas du *Cadenas*, l'évasion est encore possible au regard d'une fraction du droit, cette fraction même dont le droit est augmenté par l'effet de cette extraordinaire mesure. En prévision du Cadenas, les importateurs les plus avisés achètent en grandes quantités la marchandise destinée à être bientôt frappée ; et ils bénéficient alors du régime normal. Dès que le cadenas a été déclaré, ces marchandises se trouvent dans les mêmes conditions que celles qui entrent alors en supportant un droit plus élevé et elles se trouvent avoir échappé à cette surtaxe ; il y a donc évasion. Il n'est pas douteux que l'avantage en soit conservé dans une mesure plus ou moins large par l'importateur avisé. Si la surtaxe s'incorpore au prix et frappe les consommateurs, l'heureux importateur recueillera cette surtaxe entière. S'il n'en est pas ainsi, il recueillera toujours la différence dont le nouveau prix dépasse l'ancien, quel que soit ce nouveau prix. Il est peu probable que l'importateur le plus au courant consente à abandonner une partie de ce bénéfice pour disputer le marché à ceux de ses concurrents dont la situation est moins bonne. Cela n'est guère possible parce qu'il s'agit le plus souvent d'approvisionnements qui s'épuisent en peu de temps et dont la vente est certaine. Il n'y a qu'un cas où une concurrence de ce genre pourrait se produire : celui d'une marchandise sujette à facile et rapide dépréciation. Il ne faut pas oublier d'ailleurs — et cela modifie un peu ce qui a été dit plus haut — que le gain de l'importateur privilégié ne sera pas exactement égal à la différence du nouveau et de l'ancien prix : il faut en effet tenir compte de l'intérêt du capital engagé dans l'affaire, et qui se trouve immobilisé sous la forme des stocks de marchandise pendant tout le délai qui s'écoulera avant que la consommation s'empare de ces stocks.

Les marchandises visées par le cadenas sont de telle nature et les augmentations des droits de douane sont si élevées et si inattendues qu'il est difficile, au moins pendant la période de trouble, que tout ou partie de la taxe ne retombe pas sur le consommateur, au lieu de frapper le producteur.

125. Influence du droit d'importation sur les prix mondiaux de la marchandise frappée. — Avant de parler de l'incidence du droit qui frappe une marchandise produite également sur le marché national, il est bon de voir quelle peut être, au point de vue de la répercussion, l'influence exercée par ce droit sur les prix du marché mondial.

Prenons une marchandise circulant librement sur le marché international, c'est-à-dire une marchandise ne supportant de droit dans aucun pays. Même si la production était partout possible, il serait difficile que chaque pays se suffit à lui-même. Il y aura donc des pays importateurs et des pays exportateurs de la marchandise considérée. Dans les conditions ordinaires le prix normal du produit oscillera aux environs du coût maximum des pays importateurs. Soit a le coût maximum unitaire : les prix dans tous les marchés du monde oscilleront aux environs de a. Supposons que sous la pression des produits indigènes, un des grands pays importateurs(1) ait recours à un droit protecteur mesuré par x. Qu'adviendra-t-il, si toutes les autres conditions restent les mèmes? Est-il possible que dans le pays importateur et protectionniste, le prix devienne $a+x$ alors que dans ceux qui ont conservé le régime libre, ce prix reste invariable aux environs de a? Est-il possible que la quantité de marchandise produite et exportée par les pays exportateurs reste la même?

Toutes ces hypothèses sont impossibles pour les raisons suivantes :

Si dans les pays protectionnistes le prix montait à $a+n$, une dé-

(1) L'ampleur du marché est indispensable aux fins de notre raisonnement ; s'il s'agit d'un pays peu important, l'influence de ses décisions sur le marché mondial serait nulle ou à peu près.

pense plus forte deviendrait nécessaire pour l'acquisition d'une même quantité de marchandise. Pour ce motif, on restreindrait la consommation et par conséquent la demande ; il en serait ainsi parce que l'augmentation de prix se répercuterait sur toute la production nationale ou, tout au moins, sur cette fraction qui n'est pas directement consommée par les producteurs. A cette demande diminuée ne pourrait faire immédiatement suite la diminution de l'offre.

L'équilibre entre la production et la consommation ne peut s'établir qu'après un long délai et des événements compliqués. Dans les pays exportateurs, la marchandise avait été produite avant l'imposition de la taxe d'entrée et en vue de l'exportation de la taxe d'entrée et en vue de l'exportation habituelle, par conséquent l'offre ne varie pas dans les premiers temps. Mais, même plus tard, elle ne peut diminuer rapidement, car il n'est pas facile de transformer ou de déplacer, même en partie, une production qui emploie d'abondants capitaux et un travail considérable. La transformation et l'émigration des industries ne s'effectuent pas sans de grands obstacles et de sérieuses pertes. Par conséquent, pendant cette première période, plutôt que de limiter la production ou de ne pas vendre la marchandise déjà produite, on abaissera le prix naturel du marché jusqu'à ce que l'équilibre soit rétabli sur des bases nouvelles mais solides. Il n'est donc pas possible que le prix de la marchandise reste invariablement aux environs de a sur les marchés libres, ni aux environs de $a+x$ sur les marchés protectionnistes. Ces deux niveaux sont les limites extrêmes entre lesquelles les prix peuvent osciller. Qu'ils s'établissent à un niveau plutôt qu'à un autre, cela dépendra du concours des différentes causes qui agissent sur eux.

De ce qui précède il résulte que l'influence du droit de douane — lorsqu'il est appliqué par un marché dont la consommation est très vaste et qu'il lui est donné une mesure importante — n'est pas restreinte au seul pays qui établit ce droit, mais elle étend indirectement ses effets à tout le marché mondial. En outre, on voit que si le montant normal de la production est maintenu, le droit a pour effet immédiat de faire baisser, plus ou moins, le prix naturel de la marchandise frappée. Enfin, dans ce cas, d'après M. Loria (1), le droit retombe en partie sur le producteur étranger. L'illustre professeur nous dit que « la valeur du blé ne s'élève pas toujours dans une mesure égale à celle du droit, puisqu'il peut se faire qu'une partie de celui-ci soit rejetée sur les producteurs étrangers. Cela arrive toutes les fois que les étrangers, voulant vendre leur blé à tout prix, baissent les prix courants, en dépit de la taxe. C'est même là la conséquence immédiate du droit de douane ; puisque, dès le début, augmentant l'exportation de monnaie du pays qui jusqu'ici exportait le blé, il provoque toujours, dans le pays qui a établi la taxe, une dépréciation des produits de l'autre ». Il faut croire, au contraire, que l'incidence du nouveau droit ne frappe pas sur les producteurs par l'intermédiaire de la monnaie, mais que ce résultat est atteint plus simplement pour les raisons que nous avons exposées ci-dessus. On ne comprend pas comment on peut mettre autant d'insistance à déterminer cette émigration de monnaie, alors qu'il existe tant d'autres moyens de reconstituer l'équilibre de la balance économique.

Bien que les données de fait qui sont à la disposition des économistes ne se prêtent pas à la découverte de la solution exacte du problème, on peut être certain que les choses se passent ainsi que nous l'avons dit. Comme l'on sait, en 1894, les droits sur le blé furent élevés sur le marché européen. En février 1894, l'Italie porta la taxe de 5 francs à 7 fr. 50 par quintal ; en mars, la France l'élevait de 3 à 7 francs. Les augmentations furent assez fortes, 50 0/0 en Italie, 133 0/0 en France. La caractéristique de cette année fut la baisse sensible des prix sur les marchés libres. En Angleterre, ils tombèrent à 5, 35

_____

(1) A. LORIA. *Il dazio sul grano*. Dans l'ouvrage *Verso la giustizia sociale*, Milan, 1904.

schellings par Cwt, alors que quatre ans avant, ils atteignaient 7,62 schellings (1).

On pourrait croire, à première vue, que cette baisse rapide a été la conséquence de l'abondance particulière de la récolte mondiale pendant cette même année (2). Mais en 1898, l'année où la récolte mondiale fut la plus considérable de la période 1887-1901 (3), — et la récolte anglaise dépassa de beaucoup la récolte moyenne de la période 1887-1897 - - le prix du blé en Angleterre monta à 8,02 schellings par Cwt, alors qu'il avait été, en moyenne, de 6,12 schellings pendant les quatre années précédentes. Il est vrai que le marché du blé, en 1898, fut très agité à cause de la spéculation et de la réduction ou de la suppression des droits effectuée en France et en Italie. Mais si nous prenons les données des années 1899 et 1901, qui apportèrent d'abondantes récoltes et ne virent aucun trouble transitoire, nous voyons que les prix anglais se maintiennent plus haut qu'en 1894, bien que les récoltes de 1899 et de 1901 aient été bien plus abondantes.

En somme, tout en reconnaissant que notre démonstration n'est pas d'une rigoureuse exactitude, il nous semble que l'exemple rapporté prouve amplement que toute élévation sensible d'un droit de douane, sur un grand marché et touchant une marchandise dont la consommation est générale, provoque un affaiblissement des prix sur les marchés libres.

126. Incidence du droit frappant une marchandise dont la production à l'intérieur est variable. — Il convient main-

_____

(1) *Statistical Abstract for the United Kingdom.* Londres, 1902, pages 156-157.

(2) Le *Corn Trade News* l'évalua à 945 millions d'hectolitres, et le *Bulletin des Halles* à 943, alors que pendant les quatre années précédentes, la production moyenne avait été évaluée, par les mêmes journaux, respectivement à 872 et 798 millions d'hectolitres.

La production anglaise, en 1904, quoique supérieure à celle de 1903, fut inférieure à la moyenne des récoltes de 1890 à 1893. Ces récoltes furent respectivement de 59 et de 63 millions de *bushels*.

(3) Elle fut évaluée à 1.058 hectolitres par le *Corn Trade News.*

tenant de voir si, et dans quelle mesure, la production intérieure de la marchandise frappée peut avoir une action sur l'incidence du droit de douane. Cette étude est d'autant plus
nécessaire que presque toutes les marchandises importées de
l'étranger et soumises à la douane sont produites en quantité
plus ou moins grandes par le marché national. C'est là un des
rares cas où les recherches purement spéculatives peuvent
s'aider de données statistiques suffisantes ; par conséquent les
conclusions auxquelles on aboutira auront une tout autre valeur.

Nous avons vu déjà que le premier effet de l'imposition d'un
nouveau droit à l'entrée d'un grand marché était de baisser le
prix de la marchandise sur le marché libre, jusqu'à ce qu'un
nouvel équilibre s'établisse entre la production et la consommation. Cela revient à dire que tant que ce nouvel état d'équilibre n'aura pas été trouvé, une partie de la taxe sera payée par
le producteur étranger. Il s'agit, comme l'on voit, d'une charge
transitoire et qui disparaîtra dès que l'équilibre sera rétabli.
Ce nouvel état d'équilibre s'établira facilement pour les marchandises dont la production peut être réglée avec assez d'exactitude, comme, par exemple, la production industrielle. Il n'en
est pas de même pour les productions agricoles, où l'élément
immuable constitué par l'étendue des cultures s'allie à des
éléments variables, comme le climat, l'irrigation, etc. Dans ce
dernier cas on voit que tout en maintenant la culture dans ses
limites territoriales premières on aboutira à des rendements très
différents selon les années, ce qui provoquera de nombreuses
variations dans l'offre, alors que la demande en présente de
moins fréquentes, parmi lesquelles la plus régulière dépend de
l'accroissement de la population. Ces changements des rapports
de l'offre et de la demande se reflètent sur les prix et, par suite,
sur la répercussion des droits.

Lorsque la production intérieure suffit à la majeure partie des
besoins nationaux, l'importation étrangère sera limitée et
l'influence du droit d'entrée disparaîtra presque. Dans ce cas,
le prix s'établit selon les conditions de la production intérieure,

sous l'action de la demande et de l'offre. Si le producteur
étranger ne sait vers quels débouchés diriger sa marchandise,
s'il a grand besoin de s'en défaire, il cèdera au marché protégé
la quantité de produits dont celui-ci a besoin à un prix auquel
ne sera pas incorporé le total de la taxe payée. C'est-à-dire
que le droit ira frapper aussi bien les producteurs étrangers
que les consommateurs nationaux, peut-être plus fortement
les premiers, mais jamais, sinon dans des cas absolument
spéciaux, les premiers exclusivement. Il n'est pas douteux que
si la taxe est trop forte, elle ne peut aller entièrement à la
charge des producteurs étrangers, car ceux-ci préfèreraient
garder leur marchandise en réserve, dans l'attente d'un prix à
venir plus élevé, en raison de quelque mauvaise récolte. Il ne
faut pas oublier que la répercussion du droit de douane sur le
producteur étranger sera plus ou moins facile, non seulement
selon l'état de la production intérieure, mais encore selon
l'état de la production étrangère. Ce sont là deux facteurs qui
agissent tantôt d'accord, tantôt en sens contraire. Bien que
dans ces questions on ne doive guère introduire des formules
trop absolues, nous pouvons dire qu'en pratique, approximativement, on peut distinguer les cas suivants :

1° Production abondante dans les pays exportateurs et production restreinte dans le pays protecteur : incidence presque
entière du droit sur les consommateurs.

2° Production faible dans les pays exportateurs et abondante
dans le pays protecteur, mais non pas au point de suffire à la
consommation nationale : incidence du droit répartie entre le
producteur et le consommateur, dans une mesure qu'il n'est
pas possible d'établir même approximativement, parce qu'à la
faiblesse de la demande correspond la faiblesse de l'offre ;
tout dépendra du léger excédent de l'une sur l'autre.

3° Production abondante des deux côtés : incidence partielle,
mais considérable, à la charge des producteurs étrangers.

4° Production restreinte des deux côtés : incidence du droit
presque entièrement à la charge des consommateurs.

Le phénomène peut être étudié avec plus d'exactitude dans les deux derniers cas, lorsque la production présente les mêmes caractères dans les pays exportateurs et dans le pays protecteur.

Toutefois, sans même le secours de données statistiques abondantes et sûres, nous pouvons montrer la réalité de ces deux cas et leur caractère.

Commençons par le dernier et bornons-nous à étudier les variations du prix du blé enregistrées en Angleterre et en France. La Grande-Bretagne est le seul pays d'Europe qui importe en franchise tout le blé dont elle a besoin. La France est un des pays continentaux qui ne consomment que du blé et pas de céréales inférieures, et dont les statistiques agricoles présentent une certaine rigueur. L'Allemagne, au contraire, bien qu'elle importe du blé et que ses statistiques agricoles soient rapidement établies, ne se prête pas à des confrontations intéressantes parce qu'elle consomme à la fois du seigle et du froment.

L'année 1897, de l'avis de tous les gens compétents, a vu la récolte mondiale de blé la plus maigre (1).

Elle fut excessivement mauvaise en France (2). Or, cette même année le prix moyen du blé s'éleva, en France, à 25 fr. 09 le quintal, tandis que sur le marché anglais ce prix ne fut que de 19 fr. 11 (3).

Il y eut donc une différence de 5 fr. 98, un peu inférieure au montant du droit d'entrée en France, droit qui fut toujours de 7 francs par quintal, sauf pendant une courte interruption.

Par conséquent, la faiblesse de la récolte de blé, tant en France

(1) La production de 1897 fut inférieure à celle de l'année précédente de 75 millions d'hect., d'après les calculs du ministère hongrois de l'agriculture : de 56 millions selon Beerbohn, de 49 millions selon le *Bulletin des Halles*, et de 34 selon le *Corn Trade News*.

(2) La production de blé en France tomba, en 1897, à 30.300.000 *quarters*, alors qu'elle avait été de 42.600.000 *quarters* pendant les trois années précédentes, toujours d'après le *Corn Trade News*.

(3) Ces prix ont été empruntés au Rapport de la *Commissione centrale dei valori per le Dogane*, session de 1897-98. Rome, 1899.

que sur le marché mondial, eut pour effet de faire supporter le droit d'entrée aux consommateurs français.

Prenons les années où les récoltes furent exceptionnellement abondantes. L'année 1898, par exemple, fut heureuse mais elle fut agitée par la spéculation et par la suspension temporaire du droit, tant en France qu'en Italie.

Il nous faut donc la laisser de côté. L'année 1899, au contraire, se prête à des comparaisons intéressantes, soit parce qu'elle ne vit se produire aucun trouble accidentel dans la fixation des prix, soit parce que les récoltes, quoique inférieures à celles de 1898, furent suffisamment abondantes. Donc, en 1899, la production fut importante tant en France (1) que dans les autres pays (2) ; le prix du blé se maintint en moyenne à 19 fr. 98 le quintal en France, et à 16 fr. 60 en Angleterre ; avec, par conséquent, une différence de 3 fr. 38 en faveur de cette dernière. Donc la moitié de la taxe française, soit 3 fr. 30 fut payée par les producteurs étrangers.

Et ce n'est pas par là un cas exceptionnel qui se retrouve difficilement en pratique. En effet, si nous examinons les prix de l'année 1901, nous constatons la confirmation du même fait. En 1901 la France eut une récolte moyenne, non pas abondante comme en 1899, ni trop réduite comme en 1897 (3) ; quant au marché mondial, la production de l'année 1901 dépassa celle des deux années précédentes (4). Les conséquences de cet état de choses furent les suivantes : en 1901 le prix moyen du blé en Angleterre fut de 16 fr. 40 le quintal et, en France, de 20 fr. 33. Une bonne partie du droit d'entrée en France pesa donc, cette

---

(1) La production de blé en France fut supérieure à celle de l'année précédente, considérée comme très abondante. Elle atteignit 45.700.000 *quarters* selon le *Corn Trade News*, et ce fut la plus élevée de la période 1894-1902.

(2) En 1899, la production mondiale s'éleva à 328.452.000 *quarters*. Elle fut donc inférieure à celle de l'année précédente, mais dépassa néanmoins la production normale de la période 1894-96.

(3) En 1901, la production de blé en France fut de 38.900.000 *quarters*.

(4) Elle fut de 347.973.000 *quarters*.

fois encore, sur les producteurs étrangers, mais moins qu'en 1899. La différence de 0 fr. 55 par quintal (3,93-3,38) fut le résultat de l'augmentation des besoins du pays.

Tout ce que nous avons dit jusqu'à présent se trouve complétement confirmé par les résultats de la dernière enquête anglaise (1).

M. Zolla arriva aux mêmes conclusions dans le débat qu'il

(1) *Memoranda, statistical tables and charts prepared in the Board of Trade with reference to various matters bearing on British and Foreign trade and industrial conditions.* Londres, 1903. A la page 125 on trouve le tableau suivant, qui montre bien que pendant les années où la production a été forte, et par suite l'importation restreinte, le droit a été payé par les producteurs étrangers. Le contraire a eu lieu pour les autres années. —

Excédent des prix et des droits d'entrée du blé en France sur les prix d'entrée en Angleterre.

Années	A sur les prix moyen	B sur les droits d'entrée	B — A Excédents de B sur A
	(Par quarters en shellings)		
Années de moindre importation en France 1895	9,8	12,2 1/2	2,6 1/2
1896	7,2	»	5,0 1/2
1897	9,3	»	2,11 1/2
1898	6,9	»	5,5 1/2
1899	8,6	»	3,8 1/2
Moyenne	*8,3*	*12,2 1/2*	*3,11 1/2*
Années d'importation moyenne ou considérable en France 1883	2,8	1,1	— 1,7
1884	5,8	1,1	— 4,7
1886	7,6	5,2 3/4	— 2,3 3/4
1888	11,11	8,9 1/2	— 3 1/2
1889	12,4	»	— 3,6 1/2
1890	12,2	»	— 3,4 1/2
1893	11,5	»	— 2,7 1/2
1897	13,7	12,2 1/2	— 1,4 1/2
1898	11,8	»	+ 0,6 1/2
Moyenne	*9,11*	*7,5 1/2*	*2,5 1/2*

engagea avec la *Société d'économie politique* de Paris (1).

Mais M. Zolla ne fait pas acte de bon statisticien lorsqu'il groupe en moyennes triennales ou quinquennales les prix du blé en France et en Angleterre. Il croit, ce faisant, avoir l'*avantage d'atténuer les brusques variations* des prix. Mais il oublie que les recherches du genre de celle dont nous traitons, pour ne pas être illusoires, doivent être basées sur des données annuelles ; parce que la production et les prix du blé dans tous les pays sont annuellement sujets à de si fortes variations que l'incidence du droit en subit le contre-coup et varie en conséquence. Si l'on fait la moyenne entre une année de grande récolte et une année de mauvaise récolte ; si pendant la première année l'incidence du droit a atteint, dans une large mesure, les producteurs ; si pendant la seconde ce sont les consommateurs qui ont été frappés ; jamais la moyenne ne nous révèlera un pareil phénomène et elle nous montrera comme tout à fait normales deux années aussi profondément dissemblables.

Donc l'expérience ne pouvait pas mieux prouver combien notre façon de voir est fondée.

La théorie et la pratique s'accordent à affirmer que lorsque la production d'une marchandise nécessaire à la consommation est faible aussi bien dans les pays exportateurs que dans les pays importateurs, le droit de douane pèse presque en entier sur les consommateurs. Au contraire, lorsque la production est abondante dans les deux camps, une partie du droit de douane retombe à la charge des producteurs étrangers. Mais il peut se présenter beaucoup d'autres cas que nous avons tous examinés, et dans lesquels, même sans le témoignage de données exactes et nombreuses, on a raison de croire que le droit frappe, dans une mesure variable, et les producteurs étrangers et les consommateurs nationaux.

(1) *Journal des Economistes*, 1903, Tome LIV. Voir encore le *Mémoire sur la répercussion des droits de Douane* de ZOLLA, dans le tome XIV du *Bulletin de l'Institut international de statistique*.

CHAPITRE IV

LES TRAITÉS DE COMMERCE

127. Traités et conventions de commerce; leur négociation et leur ratification d'après les diverses constitutions. — 128. Comment se résolvent les controverses concernant l'application, l'interprétation et l'extension des traités de commerce. — 129. Les traités de commerce en tant que mesures de tempérament à l'égard de la protection : raisons économiques et douanières qui facilitent ou entravent leur stipulation. — 130. La matière économique et juridique des traités de commerce : a) durée et dénonciation; b) clauses relatives à la marine marchande et aux transports; c) obligations relatives à la protection des commerçants et de la propriété intellectuelle; d) les cartels douaniers; e) les conventions sanitaires; f) les certificats d'origine; g) autres obligations stipulées dans les traités de commerce. — 131. Les conditions économiques pour que les traités aient un effet utile maximum : a) les avantages sont en raison directe de la différence des coûts comparatifs des marchandises exportables; b) les avantages sont en raison inverse de la distance économique des pays contractants; c) les avantages dépendent des lois du rendement plus ou moins que proportionnel. — 132. Les traités de commerce et leur influence sur la concurrence des marchés neutres. — 133. Raisons pour lesquelles on doit éviter de rompre brusquement les traités de commerce. — 134. L'équivalence économique, base des traités de commerce.

127. Traités et conventions de commerce : leur négociation et leur ratification d'après les diverses constitutions. — On entend par traité de commerce un accord quelconque entre deux ou plusieurs États, effectué dans le but de déterminer certains rapports juridiques d'où découleront ensuite des avantages économiques réciproques.

L'usage a prévalu de désigner par *traité* les pactes plus imposants vu l'importance de leur objet, et plus particulièrement ceux auxquels sont annexés des tarifs conventionnels relatifs à l'entrée dans chacun des Etats contractants.

La dénonciation de *convention* ou d'*accord commercial* est réservée aux pactes de moindre importance, comme, par exemple, ceux qui sont conclus sans tarifs conventionnels et qui se basent presque exclusivement sur la clause de la nation la plus favorisée.

Ce sont là, il est vrai, des dénominations arbitraires; d'autant plus qu'*en droit* il n'est fait aucune différence de forme ni d'essence, car tout dépend ici du *vinculum juris*. Mais, ne serait-ce que pour des raisons de clarté, on peut accueillir ces dénominations distinctes. Les obligations juridiques sont certainement les mêmes; il en est autrement des obligations économiques qui sont plus larges et plus compréhensives dans les traités que dans les conventions commerciales.

Les traités de commerce se stipulent par l'intermédiaire de négociateurs techniques, qui d'ailleurs ne sont jamais munis de pleins pouvoirs. Ils disposent d'une certaine latitude, toujours limitée aux instructions reçues et à l'obligation du *ad referendum*. Ces délégués mènent les négociations sous la responsabilité des ministres compétents. Il serait donc inutile d'engager toute discussion dans le but de voir si le mandant des négociateurs est engagé, et dans quelle mesure, par le fait de son représentant. Dans ces cas, la mission confiée au négociateur ne peut pas être comparée à un mandat proprement dit; et les règles en vigueur dans les négociations privées ne sont pas applicables.

Les conventions de commerce, en particulier celles qui ne comportent aucune obligation en dehors de la clause de la nation la plus favorisée, sont le plus souvent stipulées directement entre les deux Gouvernements, sans l'intervention expresse de négociateurs.

Les traités de commerce entrent en vigueur dans les rapports internationaux au moment où ils sont consacrés légalement par une ratification en règle. Les formalités de la ratification varient selon la constitution des différents pays. Toutefois, en dehors des Etats où sévit le pouvoir absolu, le chef de l'Etat n'a jamais la faculté de prononcer cette ratification. Pour que l'obligation découlant du traité soit complète, il faut : 1° que le pacte soit contresigné par le ministre ou les ministres responsables ; 2° qu'il soit ratifié par la Chambre législative et que cette ratification soit confirmée par le Sénat.

En Italie, d'après l'art. 5 de la Constitution, le Roi a le droit de conclure les pactes de commerce et, parmi ces pactes, ceux qui comportent une charge financière n'ont d'effet qu'après avoir obtenu l'approbation des Chambres. Donc tous les traités de commerce, comme ceux qui réduisent les droits d'entrée, comportent une charge financière et doivent, par conséquent, être approuvés par le Parlement. Les conventions de commerce mêmes ne peuvent pas se soustraire à ce contrôle ; car la clause de la nation la plus favorisée, bien que ne modifiant en rien les régime douanier général, étend le régime conventionnel aux marchandises qui auparavant étaient soumises au régime général, et il en résulte un changement dans les recettes douanières. Même lorsqu'il s'agit de renouveler une convention de ce genre, la sanction parlementaire est requise pour que l'Etat puisse s'engager à ne pas appliquer, à l'avenir, les droits généraux qui assureraient au Trésor des recettes plus considérables. C'est là une forme spéciale de la charge financière que vise l'art. 5 de la loi ; la charge consiste dans l'abandon d'une partie des recettes futures possibles. Les formalités qui accompagnent la ratification ne sont pas très différentes en France, en Espagne et en général dans tous les Etats non autocratiques.

En Allemagne, selon la Constitution de 1871, l'empereur peut conclure les pactes de commerce, mais il lui faut l'approbation du Conseil Fédéral et celle du Reichstag pour qu'ils soient valables.

Les lois des Etats-Unis d'Amérique s'écartent beaucoup de cette façon de voir. Là, d'après l'art. 3 de la *Loi-Tarif* du 24 juillet 1897 encore en vigueur de nos jours, le Président de la République est autorisé à stipuler les accords commerciaux avec

les pays étrangers et à suspendre, par voie d'affiches, la perception des droits établis sur les marchandises énumérées par le
même article. Mais le pouvoir et l'initiative du Président sont
sensiblement limités, lorsqu'il s'agit de pactes basés sur l'art. 4
de la loi en question. Dans ce cas l'avis et le consentement du
Sénat sont nécessaires pour la stipulation du pacte, et sa ratification dépend à la fois du Sénat et du Congrès. Ces restrictions,
inspirées par l'esprit exagérément protectionniste qui règne
dans ce pays, ont pour but d'empêcher le Président de la Confédération de conclure, s'il y était personnellement favorable,
des accords réciproques basés sur l'art. 4 de la loi-tarif actuelle.
En Allemagne et aux Etats-Unis, en ce qui concerne cet article,
le Conseil fédéral ou le Sénat sont appelés à parfaire la capacité
du Souverain ou du Président pour la conclusion de ces
traités.

Mais l'initiative que les autres Constitutions réservent au chef
de l'Etat, en ce qui concerne la stipulation des pactes commerciaux, s'est toujours manifestée au mieux des intérêts économiques de ces pays. Elle a servi à mettre les assemblées où la
majorité était protectionniste en face des faits accomplis et à
modérer l'âpreté excessive des tarifs douaniers. En Allemagne, le
Comte Caprivi, dans les dix dernières années du siècle écoulé,
n'aurait pu réussir à atténuer la protection exagérée du tarif
de 1878 si, fort des prérogatives du souverain, il n'avait conclu
des traités avec l'Italie, l'Autriche-Hongrie, la Suisse et la Russie.
Il est vrai que le Reichstag aurait pu repousser ces traités, mais
les considérations d'ordre politique ont toujours une influence
dans les délibérations des Assemblées législatives et elle s'exerce
largement à propos de l'approbation des traités internationaux,
même lorsque ces traités ne présentent pas les caractères économiques souhaités.

En France, Napoléon III qui s'efforça de donner au pays une
orientation libre-échangiste entre 1855 et 1870, aurait vu ses
efforts réduits à néant si la Constitution ne lui avait pas reconnu
le droit de stipuler les traités de commerce avec l'étranger.

Fontana-Russo.   39

Lorsqu'ensuite le colbertisme reprit son ancienne influence dans la direction des destinées économiques de la République, les tentatives faites pour dépouiller le chef de l'Etat de facultés aussi étendues furent violentes. Et l'on ne peut évoquer sans les admirer les fières paroles avec lesquelles Tirard revendiqua la pleine initiative du Président de la République en ce qui touche à la stipulation des traités de commerce.

Il est inutile d'ajouter que le pouvoir législatif, qui peut seulement rendre les pactes de commerce parfaits, a le droit de les repousser mais non de les modifier, puisque l'accord est basé sur le *do ut des* et ne peut, en aucune façon, subir un changement quelconque sans le consentement de l'autre partie contractante. Heureusement, les cas sont rares où le Parlement d'un pays ait refusé son approbation aux pactes de commerce stipulés par son propre gouvernement. Il n'y eut que les Chambres françaises, lorsque se dessinait l'automonie douanière si fervemment attendue par les protectionnistes, qui eurent recours à une décision aussi grave ; elles repoussèrent en effet les pactes déjà conclus avec l'Italie et la Grèce. Et en 1906, la Chambre italienne, à son tour, repoussa l'accord stipulé avec l'Espagne.

Tout État qui a conquis ou qui n'a pas perdu sa personnalité internationale peut conclure des pactes de commerce.

128. Comment se résolvent les controverses concernant l'application, l'interprétation et l'extension des traités de commerce. — D'après une jurisprudence constante, la guerre elle-même ne peut détruire les traités de commerce. Ils sont naturellement suspendus pendant la lutte, mais ils reprennent vigueur à la conclusion de la paix, sans qu'aucune déclaration expresse soit nécessaire.

Les traités de commerce obligent non seulement à tout ce qui a été explicitement convenu, mais encore à ce que, en toute équité, on doit considérer comme virtuellement compris dans les clauses spécifiées. C'est cette thèse que la Suisse soutint dans sa fameuse controverse avec l'Italie au sujet du paiement des droits de douane, et dont nous parlerons plus loin.

De toute façon, il est bon de résoudre pacifiquement et d'un commun accord toute contestation concernant l'application, l'interprétation et l'extension des traités de commerce. L'arbitrage doit être accepté commme moyen ordinaire d'arriver à une solution. Ce moyen fut préconisé par Richard au Parlement anglais et fut adopté partout. Mais son application fut partielle et tardive. Heureusement elle est aujourd'hui beaucoup plus étendue. L'Italie inaugura la clause arbitrale, et s'y conforma dans les traités de commerce du 11 décembre 1882 avec la Belgique, du 15 juin 1883 avec la Grande-Bretagne, et du 19 avril 1892 avec la Suisse. Cette clause établissait seulement le principe d'après lequel le règlement des différends serait effectué par voie d'arbitrage. Mais dans le traité avec la Suisse du 13 juillet 1904, et celui avec l'Allemagne du 3 décembre de la même année, les règles précises relatives à la constitution et au fonctionnement du tribunal d'arbitrage sont spécifiées. Ce fait marque un pas en avant dans le sens d'une application pratique de cet excellent principe.

129. Les traités de commerce en tant que mesures de tempérament à l'égard de la protection: raisons économiques et douanières qui facilitent ou entravent leur stipulation. — Le système des pactes commerciaux doit nécessairement exclure toute forme de protection excessive, il doit tenir compte des intérêts de l'exportation et ne pas trop léser la consommation. Son action résultant d'un ensemble de forces diverses et non toujours en accord devra donc se manifester avec modération, de façon à conduire à un état d'équilibre. Du reste le fait lui-même que le protectionnisme vient à perdre son âpreté exagérée constitue un notable avantage.

Malgré des traités, l'orientation de la politique commerciale ne change pas; mais ses effets s'atténuent sensiblement. L'exportation est facilitée par les concessions faites par l'étranger en retour des concessions dont il bénéficie lui-même; la nature et l'importance de ces concessions est très variable, selon l'état économique des pays contractants. On voit donc que ce système permet de satisfaire aux besoins qui se manifestent peu à peu dans le domaine de la production et qu'il peut alors mieux s'adapter aux exigences du commerce international. Les bénéfices du commerce de sortie seront plus sensibles, et la pression des exportateurs pour l'élargissement des débouchés extérieurs deviendra plus efficace. Comme d'ailleurs les traités à stipuler peuvent être nombreux et ne pas comporter tous la même échéance, les modifications peuvent être aussi nombreuses et graduelles, puisque les réductions douanières s'effectuent au fur et à mesure de la stipulation des pactes de commerce. L'Italie, par exemple, a intérêt à exporter des primeurs et, en retour des facilités accordées à ces marchandises, elle sera disposée à réduire les droits établis sur les produits de l'industrie mécanique. Supposons que le droit sur ces produits soit réduit de 10 0/0 par les traités conclus avec la France et que l'industrie italienne n'ait nullement souffert de cette diminution. Dans ce cas, pour élargir de plus en plus les débouchés extérieurs, on pourrait accorder une réduction de 5 0/0 à l'Allemagne sur les droits frappant les mêmes produits, et contre des avantages réciproques. Et ces réductions ne devraient s'arrêter que lorsque l'on aurait atteint la limite au delà de laquelle l'industrie nationale serait lésée. Ce faisant, on étendrait l'exportation et on enlèverait à l'industrie mécanique les profits exagérés dont elle jouissait. Car cette industrie baisserait ses prix au grand avantage de ceux qui emploient ses produits.

La solidarité établie entre les exportateurs et les consommateurs apparaît donc clairement, et leur entente peut parfois tenir tête aux exigences des industries protégées. C'est là un fait qui se constate difficilement dans les pays qui adoptent l'autonomie douanière où, par l'effet de la stabilité des dispositions correspondantes, les occasions manquent de livrer bataille dans une intention de libre-échange.

Les traités de commerce comportent deux avantages essentiels: 1° ils permettent de réduire les tarifs en sorte que les pays étrangers sont amenés à réduire leurs propres droits de douane

et ils facilitent ainsi les exportations ; 2° ils favorisent le passage
graduel d'un système protectionniste à un système plus libéral :
ils atténuent ainsi les privilèges concédés par la loi aux producteurs protégés et évitent toute secousse trop brusque qui, autrement, pourrait déterminer une orientation libre-échangiste trop
accentuée.

Le régime des traités de commerce comporte un double
tarif : le tarif conventionnel et le tarif général. Mais leur usage
est très différent de celui qui est fait des tarifs constituant
l'essence du système autonome. Ici, le tarif général sert de base
aux négociations. C'est de là que l'on part pour établir les concessions réciproques ; on ne peut pas dire que ce soit un tarif de
réprésailles, puisqu'il n'en a ni la nature ni l'efficacité. Le tarif
général va au delà du besoin de protection du travail national,
mais ne constitue pas à lui seul une arme offensive redoutable.

A côté du tarif général, on trouve le tarif conventionnel, qui
comprend tous les droits que l'on a réduits ou établis au cours des
négociations avec l'étranger. Plus les traités sont conçus dans un
sens libéral, plus les tarifs conventionnels présentent une compréhension large et une grande modération. Toujours, dans ce
cas, les tarifs conventionnels développent ce minimum de protection que l'on estime indispensable à l'industrie nationale. Il
n'est pas dit, toutefois, que même alors certains droits ne de-
meureront pas plus élevés qu'il ne serait nécessaire.

Les libre-échangistes les plus convaincus contestent l'utilité
des pactes de commerce, et on en eut une preuve dans la sourde
hostilité avec laquelle le fameux traité de Cobden fut accueilli
en Angleterre. Cette thèse est injuste. Un pays qui, tout en
n'ayant pas besoin de le faire, adopte le protectionnisme, se
fait du tort et en fait aux autres. Si un second pays l'imite, il
accentue le dommage. Mais si ces deux marchés sont d'accord
pour baisser les tarifs, ils réduisent ce dommage en proportion de
la réduction des droits. Les bénéfices de l'échange augmentent.
Et tout en n'atteignant pas le niveau où les porterait le libre-
échange, ils peuvent s'en rapprocher. Sans compter que les

traités de commerce présentent l'avantage inestimable d'assurer aux dispositions douanières une stabilité dont la durée est parfois très longue.

La stipulation de ces pactes est parfois contrariée par des antagonismes d'intérêts qui s'opposent à l'orientation de la politique commerciale vers l'un ou l'autre des buts qu'elle peut se proposer. Soit qu'ils aient pour l'objet de faciliter aux productions nationales la conquête des marchés étrangers, soit qu'ils tendent à procurer des avantages à la consommation intérieure, ces pactes trouvent une opposition résolue et persévérante chez les producteurs qui voudraient accaparer le marché intérieur en en défendant l'accès aux produits étrangers.

On voit, par suite, qu'il n'y a pas un intérêt commun et homogène de la part de tout un pays, en face d'un intérêt analogue, de la part d'un autre pays. Les intérêts sont au contraire très divergents dans chacun des pays qui négocient ; de même que dans certains cas les diverses catégories de producteurs nationaux et étrangers se trouvent être solitaires. En Italie, par exemple, les intérêts de l'agriculture, en ce qui touche à la stipulation des pactes commerciaux, sont en opposition avec ceux de l'industrie — mais les intérêts de l'agriculture italienne sont parfaitement solidaires de ceux de l'industrie allemande, parce que la première voudrait exporter ses marchandises en Allemagne et la seconde vendre les siennes en Italie. D'autre part, pour des raisons opposées, l'agriculture allemande est solidaire de l'industrie italienne et toutes deux sont d'accord pour s'opposer à tout pacte commercial entre les deux pays. La raison de cette nouvelle forme de solidarité doit être recherchée dans le fait que l'industrie italienne redoute la concurrence de l'industrie allemande, et qu'il en est de même de l'agriculture allemande vis-à-vis de l'agriculture italienne. Par conséquent, dans la question des pactes de commerce, les agriculteurs nationaux et les industriels étrangers sont solidaires lorsqu'il s'agit de deux pays dont l'un est à prédominence agricole, l'autre à prédominence industrielle. Une alliance analogue rapproche au contraire les industriels nationaux des agriculteurs étrangers, qui se trouvent dans une situation économique exactement opposée.

Dans tout rapport l'échange réside une opposition naturelle. Mais les traités de commerce présupposent d'innombrables échanges et par conséquent des oppositions infinies ; c'est de là que provient la difficulté des négociations. Leur stipulation n'est pas toujours facile entre des pays qui adoptent les mêmes dispositions douanières, et elle devient plus que laborieuse entre un marché qui fait usage de l'autonomie douanière et un autre qui a recours aux droits conventionnels. Le seul engagement que puisse prendre un pays où le système autonome est en vigueur, c'est celui d'appliquer le tarif minimum tel qu'il peut résulter des lois en cours et sans qu'aucun droit soit au préalable supprimé ou réduit. Le pays qui négocie dans ces conditions reste libre d'élever les droits toutes les fois qu'il le veut ; et, bien entendu, l'autre pays contractant peut dénoncer le pacte dès que cette augmentation a rompu l'équilibre économique précédemment établi. Le régime autonome est inconciliable avec les traités à terme fixe : un Etat ne peut demander à d'autres un engagement de durée, lorsqu'il entend se réserver toute liberté d'action.

Ces accords peuvent être très importants si on les considère au point de vue de la réciprocité, et non pas au point de vue, parfois plus intéressant, de la stabilité.

Les difficultés deviennent insurmontables lorsqu'un pays doté de tarifs autonomes tient à traiter avec un autre qui ne trouve pas dans le tarif minimum du premier les avantages correspondant à ceux qu'il accorde lui-même et qui demande alors l'abaissement de certains droits peu importants. La France, en 1905, a conclu avec la Suisse un traité basé sur la clause de la nation la plus favorisée ; mais la Suisse ne procéda à l'application du pacte que lorsque la France eut réduit, par une loi intérieure, les droits du tarif minimum, qui, sans cela, n'auraient pas assuré aux marchandises helvétiques des avantages équi-

valents à ceux dont allaient bénéficier les marchandises françaises. Ce pacte, comme tous les pactes analogues dont nous avons
parlé, ne donne aucune garantie de stabilité, parce qu'on peut à
chaque instant en faire cesser l'application, après un préavis de
six ou de douze mois.

**130. La matière économique et juridique des traités de
commerce.** — En outre des tarifs conventionnels qui leur sont
annexés, les traités de commerce comportent des clauses concernant : 1° la durée du pacte ; 2° la date de la dénonciation ;
3° les garanties inhérentes à la navigation, s'il s'agit d'Etats maritimes et si, comme cela arrive souvent, on stipule un pacte de
navigation en même temps que le pacte de commerce ; 4° la
sauvegarde des droits des nationaux établis à l'étranger ; les
brevets d'invention ; les marques de fabrique et la propriété artistique et littéraire ; 5° la clause de la nation la plus favorisée
ou des engagements spéciaux relatifs au commerce de frontière ;
6° les cartels douaniers.

n) *Durée et dénonciation.* — La durée du traité de commerce
devrait dépendre de la situation économique des pays contractants ; et, plus encore, de l'état réel des industries qui produisent les marchandises à propos desquelles on a supprimé ou
réduit les droits de douane. Certes, le pays auquel les concessions sont faites a intérêt à ce qu'elles lui soient conservées le
plus longtemps possible. Mais, d'autre part, ces pays ayant accordé
des concessions équivalentes pourront être tentés de revenir
sur quelques-unes des réductions consenties et, en prévoyance du
cas où ces réductions nuiraient aux industries intéressées, ils ne
veulent pas s'engager pendant un trop long délai. En effet, la
durée du traité étant courte, ils pourront vite corriger une situation qui leur paraît nuisible aux industries nationales. Si
la durée du traité était très longue et si l'évolution des industries
protégées était très rapide, on arriverait vite à un degré de développement où les productions n'auraient plus besoin d'être
protégées, où, tout au moins, elles pourraient continuer leur
progrès avec le secours d'une protection plus modérée. Il est

vrai que, dans ce cas, l'Etat pourrait abaisser le droit sans provoquer les réclamations de l'autre contractant ; mais on n'a jamais recours à cette façon de faire parce que l'on croit, avec raison, que les industries ont compté sur la stabilité du régime douanier jusqu'à l'expiration du traité. Une autre considération peut être invoquée contre la trop courte durée des pactes de commerce ; c'est que le commerce d'exportation se développe beaucoup plus aisément lorsqu'il est assuré qu'aucun changement ne se produira pendant une période relativement longue.

Les derniers traités de commerce stipulés en Europe ont eu une durée moyenne de douze années. Cette durée, qui n'est cependant pas excessive, ne manqua pas d'être vivement combattue, en particulier lorsque la viticulture austro-hongroise reconstituée sur des bases nouvelles trouva dans notre exportation œnologique une redoutable concurrence. Il ne serait certes pas mauvais que l'on fixât une longue durée aux traités conçus dans un esprit libre-échangiste ; en effet, si les protectionnistes ne triomphent pas au moment où le pouvoir législatif sanctionne l'accord, ils ne pourront plus, jusqu'à l'expiration du traité, s'insurger contre les dispositions établies par la voie contractuelle. Il est plus facile, en outre, qu'un acheminement vers le libre-échange puisse être tenté par le moyen des traités de commerce, car les protectionnistes les plus tièdes se laissent convaincre par des considérations politiques et acceptent des traités dont ils désapprouvent cependant la matière économique.

Les traités commerciaux peuvent être conclus : 1° à échéance fixe ; 2° à échéance renouvelable ; 3° à échéance indéterminée. Lorsque l'expiration d'un traité doit s'effectuer à une date déterminée et immuable le traité ne comporte aucune formalité de dénonciation. C'est-à-dire que les deux gouvernements, cette date arrivée, mettront en vigueur un autre traité préalablement stipulé, ou bien appliqueront réciproquement leurs tarifs généraux. Presque toujours, cependant, l'échéance quoique fixée à l'avance, peut être renvoyée si la dénonciation n'a pas lieu. Ainsi, le traité du 6 décembre 1891 entre l'Autriche-Hongrie et l'Italie expirait le 31 dé-

cembre 1904; la dénonciation devait être faite un an avant. Si l'Autriche-Hongrie ne l'avait pas dénoncé, il serait resté en vigueur
après le 31 décembre 1903 ; et si, par exemple, la dénonciation avait
été faite le 31 juin 1900, le traité aurait cessé son effet à partir du
31 juin 1903. Généralement, le temps qui s'écoule entre la date
de la dénonciation et celle de l'expiration est mis à profit pour
les négociations nouvelles ; et lorsqu'elles n'aboutissent à aucun
résultat on a recours aux prorogations, si la possibilité de
l'accord n'a pas complètement disparu ; si, au contraire, on
aboutit à une rupture douanière plus ou moins brutale, on en
revient au régime différentiel ou au régime général. Un autre
cas peut encore se présenter. Les deux contractants s'accordent
à faire durer le traité jusqu'à une certaine époque, étant bien
entendu que si la dénonciation n'est pas faite un an ou six mois
avant l'époque choisie, le pacte sera considéré comme prorogé
pour un nombre déterminé d'années. On eut un exemple de ce
genre lors du traité italo-français de 1881, qui devait durer jusqu'en 1888, si la dénonciation en était faite, et jusqu'en 1892,
dans le cas contraire.

Il existe des traités où il n'est pas fait mention d'échéance ; ils
durent *sine die*. Mais, dans ce cas encore, on en fait cesser les
effets six mois ou douze mois après leur dénonciation.

Mais cette dénonciation n'est plus possible lorsqu'il s'agit
d'engagements commerciaux incorporés à des traités de paix.
C'est ainsi que l'article 11 du traité de Francfort entre l'Allemagne et la France prescrit le régime le plus favorable aux marchandises échangées entre les deux États. Cette obligation durera
jusqu'à ce qu'un nouveau traité de paix, terminant une autre
guerre, ne vienne la modifier ou la supprimer. Il s'agit d'obligations qui, une fois entrées en vigueur, subsistent indépendamment
des changements pouvant survenir dans la politique douanière.

Jusqu'à présent nous avons parlé de la durée des traités commerciaux, dont l'expiration est prévue et convenue. Mais il existe
d'autres cas où le traité cesse d'être en vigueur. Cela se produit :
1° à une époque quelconque, sur le consentement réciproque des

parties contractantes ; 2° lorsque l'un des pays contractants perd sa personnalité internationale. Ce fut le cas de beaucoup d'Etats Italiens lors de l'unification de la péninsule.

Mais dans ces périodes heureuses de la vie des peuples, d'autres questions autrement importantes surgissent à propos de l'application et de l'extension des traités de commerce. Le Gouvernement italien, par exemple, aussitôt l'Italie constituée en nation, étendit à tout le Royaume le tarif piémontais et les pactes commerciaux que le roi de Sardaigne avait conclus avec l'étranger avant 1860. L'extension du tarif fut un acte de législation intérieure, qui échappait à toute obligation internationale. Mais l'extension des traités comportait deux difficultés qui se rapportaient à l'entrée en Italie des marchandises originaires des pays contractants, et à l'exportation, vers ces mêmes pays, des marchandises italiennes. La France, par exemple, aurait pu objecter que [les concessions accordées aux marchandises piémontaises ne pouvaient s'étendre à toutes les marchandises similaires de la péninsule, sans rompre les rapports d'équivalence établis par le traité. Il est vrai que la France, de son côté, acquerrait le même droit en ce qui concernait les marchandises exportées par elle en Italie. Mais dans l'évaluation des nouvelles charges et des nouveaux sacrifices, l'étendue du territoire ne compte pas, et c'est la production des pays auxquels on étend les anciens pactes qui a une importance décisive ; et c'est exclusivement cette production qui est susceptible de modifier le rapport d'équivalence. Par conséquent, pour des raisons évidentes, les pactes de commerce ne peuvent être étendus à des pays annexés de gré ou de force à l'un des pays contractants, sans le consentement de l'autre partie. Même après le traité de Francfort les autres pays auraient eu le droit de refuser à l'Alsace-Lorraine le bénéfice de leur régime conventionnel, car les pactes de commerce stipulés par la Prusse au nom du *Zollwerein* allemand ne prévoyaient pas qu'il pût venir des marchandises manufacturées de ces deux provinces.

Heureusement pendant les années que l'Italie employa à se

refaire, alors que la Prusse imposait le traité de Francfort à la France, les principes libres-échangistes acceptés partout permirent d'éviter toute discussion relative aux conséquences économiques des pactes stipulés auparavant. Sans quoi, ces pactes auraient d'un commun accord cessé d'être observés, ou bien on les aurait soumis à une revision minutieuse. Tout cela parceque le protectionnisme n'entend pas toujours les conseils les mieux indiqués. En effet, dans le cas de l'Italie et de la France, si les productions du reste de l'Italie jouirent des avantages concédés aux marchandises piémontaises à l'entrée du territoire de la République, d'un autre coté, les marchandises françaises bénificièrent des avantages convenus non seulement lorsqu'elles étaient vendues au Piémont, mais encore à toutes les autres provinces de la péninsule. Leur marché s'était donc élargi tandis que le marché français s'ouvrait aux produits des provinces venues à l'unité italienne.

Nous estimons que le Gouvernement italien, toujours pendant les années du relèvement de la Péninsule, a mal interprété l'esprit des ententes déjà établies entre le Royaume de Sardaigne et la Suisse. Le 8 juillet 1851 un traité avait été conclu entre les deux Etats; par l'art. 9 de ce traité ils s'engageaient à « ne pas frapper leurs produits industriels de nouveaux droits, ou de droits supérieurs à ceux qui étaient établis sur les marchandises similaires provenant de la nation admise au traitement le plus favorable ». Ce pacte fut étendu le 10 septembre 1862 à l'Italie toute entière. Mais le Gouvernement sarde, en avril 1860, déclara que la Suisse pouvait seulement prétendre aux avantages qui existaient avant le 8 juillet 1851, mais non pas à ceux découlant des traités conclus postérieurement. Cette manière de voir était basée sur une interprétation erronée du traité et de la clause de la nation la plus favorisée ; et ce ne fut pas une des moindres causes de la prévention dont plus tard la Suisse fit preuve à l'égard de l'Italie.

Pour des raisons de simple équité il ne nous semble pas qu'un pacte de commerce puisse être étendu aux pays qui, de gré ou de force, sont annexés à l'un des Etats contractants, sans obtenir au préalable le consentement de l'autre partie. L'équivalence économique, qui sert de base à tous les pactes de ce genre doit être l'objet d'un nouvel examen.

Parfois, on procède à la dénonciation non pas parce que l'on est mécontent des effets du traité, mais parce que l'on y est contraint par un changement profond à introduire dans la politique commerciale. Si un pays veut adopter un nouveau tarif, pour que l'on puisse au plus tôt procéder à son application il est nécessaire de dénoncer tous les traités stipulés conformément aux exigences de l'ancien régime douanier. Les droits conventionnels précédemment accordés doivent donc être abandonnés. Il s'agit d'une dénonciation générale à laquelle font suite, presque toujours, de nouvelles et laborieuses négociations. Ce fut le cas de l'Italie après l'approbation du tarif de 1887, de l'Allemagne après la réforme douanière du 25 décembre 1902, de la Suisse après celle du 10 octobre 1902, etc.

b) *Clauses relatives à la marine marchande et aux transports.* — Lorsque, dans le cas le plus complexe, le traité de commerce concerne en même temps la navigation, nous y trouvons des dispositions qui ont pour but d'étendre à la marine de l'autre Etat contractant, le traitement dont jouit la marine nationale, non seulement pour ce qui touche à l'exercice de la navigation, mais encore pour ce qui concerne les marchandises transportées.

L'égalité des droits maritimes des pavillons des deux pays écarte le danger d'un régime différentiel qui consisterait à imposer les navires étrangers et par conséquent les marchandises étrangères, plus lourdement que ceux du pavillon ami et que les marchandises qu'il couvre. Mais cela n'était pas suffisant pour éviter tout inconvénient de la même nature, parce que les marchandises ne circulent pas seulement par la voie maritime.

Pour ce motif, nous voyons qu'il existe des dispositions destinées à garantir aux marchandises des pays contractants expédiées par voie de terre une assimilation complète en ce qui concerne les prix du transport, le temps et le mode d'expédition. C'est de ce principe que s'inspire l'art. 10 a du traité italo-allemand du 3 décembre 1904, lequel exige que les expéditions des marchandises venant d'Italie et dirigées sur une gare allemande, et que celles qui traversent l'Allemagne en transit, ne seront pas soumises, sur les chemins de fers de l'Empire, à des tarifs de transport plus élevés que ceux qui sont applicables, dans les mêmes conditions, aux marchandises similaires allemandes ou étrangères. Le même principe est appliqué sur les chemins de fer italiens, en ce qui concerne les marchandises venant d'Allemagne, à destination d'une gare italienne, ou qui traversent l'Italie en transit. Ce faisant, on ne peut neutraliser en totalité ou en partie, au moyen d'une élévation des tarifs applicables aux marchandises de l'autre Etat, les effets produits par la réduction des droits de douane. Différemment, l'Italie, qui a consenti, par exemple, une réduction de 10 aux cotonnades allemandes, pourrait élever dans la même mesure ou dans une mesure plus forte, les tarifs de chemin de fer concernant ces marchandises et leur étant applicables sur le parcours qui sépare la frontière des centres de consommation auxquels elles sont destinées. Ce stratagème retirerait aux cotonnades allemandes l'avantage qu'on avait entendu leur accorder par le moyen de la réduction des droits d'entrée.

Il est inutile d'insister plus longuement sur l'utilité des dispositions de ce genre.

c) *Obligations relatives à la protection des commerçants et de la propriété intellectuelle.* — En ce qui concerne les entrepreneurs, des dispositions spéciales sont prises, qui ont pour but d'étendre aux nationaux de l'autre pays contractant tous les droits et privilèges, tous les avantages quels qu'ils soient en matière d'industrie, de commerce et de navigation dont jouissent ou doivent jouir les nationaux ou les sujets de la nation la plus favorisée. Des garanties de ce genre s'étendent même aux impôts, aux taxes, aux restrictions et aux charges de toute nature que supportent les entrepreneurs.

Quant aux dispositions relatives à la garantie de la propriété intellectuelle et qui se retrouvent dans beaucoup de traités de commerce, le Congrès international tenu à Paris en 1878 a proposé qu'elles fassent l'objet de stipulations internationales particulières, au lieu de dépendre de simples clauses adjointes aux traités. Il s'agit là de questions très complexes et très délicates. Mais on a déjà fait un grand pas vers une solution satisfaisante au congrès cité plus haut.

d) *Cartels douaniers.* — Les Etats limitrophes, quelquefois, s'entendent sur les mesures à prendre pour supprimer la contrebande. Ils stipulent, dans ce but, le *cartel douanier*, qui fait partie intégrante du traité. Les obligations qui en résultent pour les contractants sont: 1° de dénoncer les contraventions aux lois douanières dont les nationaux établis dans l'autre Etat se rendent coupables ; 2° d'empêcher, sur le territoire national, la concentration des marchandises destinées à la contrebande ; 3° d'appliquer, à la demande officielle de l'autre Etat, les lois douanières nationales aux personnes qui se livreront à la contrebande au détriment de cet autre Etat ; et en général d'adopter toutes les mesures préventives et répressives qui peuvent entraver l'action des contrebandiers.

e) *Conventions sanitaires.* — Parfois, pour mettre un frein aux abus qui résultent de l'exercice de la police sanitaire, on joint aux traités des conventions spéciales contre l'épizootie. Le traité italo-austro-hongrois du 11 février 1906 contient une convention de ce genre. En général, ces conventions stipulent : 1° que l'importation des animaux ou de leurs dépouilles, susceptibles de servir de véhicule aux maladies contagieuses, doit être soumise, dans une gare-frontière, à un contrôle vétérinaire ; 2° que cette importation doit être accompagnée d'un certificat d'origine, dans lequel il est assuré que les animaux ou leurs dépouilles ne donnent lieu à aucune crainte au point de vue sanitaire ; 3° que l'un des deux contractants peut empêcher ou limiter l'entrée du bétail provenant de l'autre pays lorsque sévissent des maladies contagieuses.

Cette question devait être réglementée, car, le plus souvent, les prohibitions étaient imposées dans un but de protection plus que de préservation.

f) *Certificats d'origine.* — Pour que les avantages réciproquement consentis ne puissent faire l'objet d'aucun abus ; pour que leur bénéfice soit réservé aux seuls Etats qui y ont droit, on a institué les certificats d'origine. Ces certificats sont délivrés par les autorités du pays exportateur (chambres de commerce, municipalités, etc.,) et visées par les autorités consulaires et diplomatiques du pays importateur qui résident dans l'autre Etat. Dans ces documents, les marchandises destinées à l'exportation sont désignées par leur qualité, leur quantité et leur lieu d'origine. On entend par marchandises propres à l'économie des pays contractants, non seulement celles qui s'y produisent complètement, mais encore celles qui y sont transformées au cours de manipulations importantes. Ainsi les cotonnades ont droit au régime de faveur, bien qu'elles dérivent d'une matière première provenant d'un pays auquel ce régime n'est pas applicable.

Par l'adoption des certificats d'origine, on empêche, par exemple, les marchandises françaises n'ayant pas droit au régime de faveur d'entrer en Italie en passant par la Suisse et d'être taxées, conformément aux conventions, comme des marchandises suisses qui ont réellement droit au régime en question.

g) *Autres obligations stipulées par les traités de commerce.* — Les obligations imposées par les faits de commerce, bien qu'ayant toutes pour but de faciliter les échanges réciproques, offrent une grande diversité.

A côté des obligations positives, qui sont les plus nombreuses, il y en a d'autres qui interdisent certaines initiatives et qui sont, par conséquent, négatives. Ainsi l'art. 2 du traité italo-helvétique du 13 juillet 1904, interdit aux deux pays contractants d'opposer, sinon à titre tout à fait exceptionnel, une prohibition quelconque à l'entrée, à la sortie ou au transit de leurs marchandises. Il en est de même, en vertu de l'art. 9 du traité austro-italien de 1891, pour les deux États contractants qui s'engagent à n'augmenter aucune taxe de sortie.

Parfois les obligations sont conditionnelles, et il est naturellement nécessaire que la condition soit intégralement remplie pour mettre en vigueur les obligations correspondantes. A cette catégorie appartenait la fameuse clause insérée, pour la première fois, dans le traité autro-italien de 1887 et intégralement transportée dans celui du 6 décembre 1891. Cette clause obligeait l'Autriche-Hongrie à réduire la taxe sur les vins italiens à 3,20 florins par quintal aussitôt que l'Italie aurait réduit la sienne à 5 fr. 77. Cette obligation ne resta pas sans force pendant toute la durée du traité de 1887, parce que la condition stipulée ne fut pas remplie par l'Italie. Mais lorsque le 4 août 1892, cette condition fut remplie, l'Autriche se conforma promptement à l'engagement devenu dès lors valable.

Il existe encore des engagements mettant un des pays dans l'alternative de remplir l'une ou l'autre, à son choix ou au choix de l'autre pays, de deux obligations stipulées au préalable. Au point de vue du droit absolu, la faculté de choisir revient à l'État au bénéfice duquel l'obligation est prise. Ce cas se rapproche de celui où il est institué un droit d'*option* parfois réservé à l'un des États contractants relativement au choix qu'il pourra faire entre l'exonération d'une charge et l'obtention d'un avantage équivalent. On en eut un exemple dans le traité austro-hongrois de 1887. L'Italie s'y réservait le droit d'*option* entre l'abandon complet du tarif conventionnel en faveur des produits de lin et de chanvre du Royaume, et le maintien de la taxe de faveur dont ses tissus de soie bénéficiaient à l'entrée du territoire austro-hongrois. En 1887, le droit d'option s'exerça en faveur des tissus de soie, c'est-à-dire que les droits établis sur les produits de chanvre et de lin ne furent pas changés.

131. Les conditions économiques nécessaires pour que les traités aient un effet utile maximum. — Après avoir exposé les diverses dispositions stipulées dans un traité, il faut examiner les cas où ces dispositions peuvent procurer les avantages les plus sensibles et déterminer la conduite à tenir pour que ces avantages ne viennent pas à diminuer et même à disparaître.

Comme l'on sait, la condition nécessaire et suffisante pour que deux nations se livrent à l'échange c'est que leurs rapports d'*ofélimité*, comme les appelle Pareto, ou les utilités marginales, comme disait Jevons, ne soient pas les mêmes sur les deux marchés. C'est de ce degré d'utilité finale ou d'utilité marginale que dépendent les échanges internationaux et par conséquent les pactes de commerce. Le taux d'échange des marchandises est l'inverse du degré d'utilité finale des quantités de ces marchandises utilisables par la consommation après que l'échange est effectué.

n) *Les avantages sont en raison directe de la différence des coûts comparatifs des marchandises exportables.* — Il ne faut donc jamais perdre de vue ces rapports dans les négociations commerciales. Précisément pour cela, la première condition pour qu'un pacte de commerce soit susceptible de beaucoup augmenter les échanges réciproques, c'est que les deux pays aient des aptitudes économiques contraires; que l'un d'eux, par exemple, soit industriel et l'autre agricole. Dans ces conditions, la différence des coûts comparatifs doit être considérable, de même que celle des degrés d'utilité finale des marchandises destinées au commerce international; par conséquent l'échange doit être plus avantageux.

Prenons deux pays, l'Angleterre et la Russie, qui veulent favoriser l'échange de deux marchandises, le blé et le fer, exclusivement; supposons encore que les frais de transport n'exercent aucune influence. Dans ce cas, si les coûts des deux marchandises sur chacun des marchés étaient les suivants :

	Blé	Fer
Angleterre	— 100	— 10
Russie.	» — 8	» — 90

la Russie, très supérieure dans la production des céréales, s'adonnerait à la production du blé pour l'échanger contre le fer anglais ; et il en résulterait un gain total de 82. En même temps l'Angleterre, disposant d'une industrie sidérurgique florissante, acquerrait le blé russe contre son propre fer et y trouverait un bénéfice de 90.

Si maintenant entrait en ligne un troisième pays, l'Autriche-Hongrie, qui n'étant complètement développé dans le sens industriel pas plus que dans le sens agricole, pourrait produire le blé au coût de 60 et le fer au coût de 40 ; ce marché ne pourrait compter sur un développement considérable de ses échanges ; en tant que producteur de blé, il se heurterait à la concurrence russe ; en tant que producteur de fer, il trouverait en face de lui la concurrence anglaise. Toutes les autres conditions étant d'ailleurs les mêmes, la participation de l'Autriche-Hongrie au commerce international serait réduite et ses produits ne seraient pas recherchés comme ceux des productions propres aux deux autres pays.

Mais si l'Angleterre n'avait pas les moyens de satisfaire à la demande de fer qui lui vient de Russie, l'Autriche-Hongrie interviendrait ; et il en serait de même si la Russie ne pouvait pourvoir la Grande-Bretagne de tout le blé dont elle aurait besoin. Mais les avantages réciproques diminueraient à mesure. Nous pouvons donc dire que les traités de commerce, quoiqu'étant plus avantageux pour les pays où la différence des coûts comparatifs est la plus forte, peuvent encore être utilement étendus à ceux où cette différence est moins sensible. Cette extension est d'ailleurs limitée par l'intérêt qu'il peut y avoir à produire en propre les marchandises que l'on demandait à l'échange. La politique commerciale et les traités de commerce, qui en sont l'instrument, doivent donc tenir toujours grand compte de la différence des coûts comparatifs.

b) *Les avantages sont en raison inverse de la distance économique des pays contractants.* — Mais cette considération, quoique très importante, va de pair avec une autre, celle de la distance géographique et des transports, en un mot celle de la *distance économique.* Dans le cas précédent, si l'Autriche-Hongrie était assez rapprochée de l'Angleterre pour que ses marchandises, bien que produites à un coût plus élevé, puissent être vendues sur le marché anglais à plus bas prix que les marchandises russes, il est certain que le gouvernement autrichien, au courant de cette situation, demanderait à l'Angleterre des facilités douanières en faveur de ses céréales. Et l'Angleterre serait bien heureuse de les accorder en retour de facilités analogues consenties à ses produits sidérurgiques qui, toujours en raison [de la proximité des deux marchés, pourraient lutter avec plus de succès contre les produits similaires des marchés étrangers plus éloignés. Le cas actuel des relations austro-italiennes est très instructif à cet égard. Les bois de construction sont produits en Italie à un coût plus élevé qu'en Autriche-Hongrie (1) ; et ils sont produits dans cette dernière à un coût plus élevé qu'en Norvège et qu'aux États-Unis d'Amérique. En dépit de cette différence des coûts, l'Italie a intérêt à acheter les bois autrichiens, pour lesquels le Gouvernement viennois ne laisse pas de réclamer des facilités spéciales à son entrée en Italie ; et ces facilités, pour des raisons évidentes, sont toujours accordées. Par conséquent, nous pouvons dire que l'utilité des traités de commmerce est en raison directe de la différence des coûts comparatifs des marchandises exportables et en raison inverse de la distance économique qui sépare les pays liés par le traité.

c) *Les avantages dépendent des lois des rendements plus ou moins que proportionnels.* — Il existe un autre élément dont il faut tenir un compte étroit : c'est le rendement, selon qu'il est plus ou moins que proportionnel.

Comme on sait, il existe des productions pour lesquelles le rendement est plus que proportionnel au capital et au travail qui s'y emploient. Dans ce cas, en traitant avec l'étranger, il sera bon d'ouvrir les marchés extérieurs aux marchandises qui suivent ces lois ; et les marchés étrangers, dans leur intérêt même (sauf si de graves considérations protectionnistes s'y opposent) doivent faciliter leur accès, d'autant plus que le coût des

---

(1) Ces bois ne suffisent pas aux besoins nationaux.

marchandises en question tendra graduellement vers un niveau plus bas. On comprendra mieux de quelle nature peut être l'influence du rendement plus que proportionnel sur le commerce extérieur si l'on songe qu'il agit de façon continue sur les valeurs internationales. Sa première conséquence pratique c'est la diminution de la valeur des marchandises qui sont soumises à la loi. Si l'augmentation subite de la quantité offerte est réellement considérable, il faudra trouver pour cette marchandise nouvelle des couches de consommateurs étrangers (les nationaux en étant déjà saturés) afin d'éviter une crise de surproduction, et cette recherche est d'autant plus angoissante que la valeur de la marchandise et par conséquent les prix diminuent beaucoup plus rapidement que ne s'accentue l'augmentation quantitative.

Il ne sera pas mauvais de prévoir encore les conséquences de ce fait. La libre importation d'une marchandise soumise au rendement plus que proportionnel et dont, par conséquent, la valeur décroît alors que toutes les autres conditions restent invariables, a pour effet de faire naître le besoin et de provoquer la demande de marchandises d'une autre nature et de servir ainsi les intérêts des industries existantes ou d'industries nouvelles consacrées à la production de ces dernières marchandises.

Imaginons que notre pays soit inondé de céréales australiennes dont la valeur décroît et qu'en France on n'éprouve aucun besoin de se défendre temporairement contre ces marchandises. Si le prix du blé tombait de 50 0/0, avec les économies réalisées du fait de cette réduction les consommateurs pourraient satisfaire plus largement au besoin qu'ils éprouvent de consommer de la viande. Et si la France présentait des aptitudes naturelles pour l'élevage des bestiaux, elle trouverait dans cette augmentation de la demande de viande de nouvelles raisons pour se consacrer à cette production. Voilà donc comment une cause lointaine et ignorée du plus grand nombre, mise en valeur au moment voulu par un traité de commerce approprié, peut agir non seulement sur la consommation, mais sur la production même des pays importateurs.

Il existe, au contraire, des productions pour lesquelles, au delà d'une certaine quantité de travail et de capital employée, toute augmentation ultérieure de cette quantité ne procure que des rendements sensiblement inférieurs. Dans ce cas le coût des marchandises tendra à s'élever ; elles auront donc, à mesure, moins de facilité à franchir l'obstacle que constitue le droit d'entrée perçu par l'Etat contractant. D'où l'intérêt d'insister davantage encore pour que des facilités plus grandes soient accordées aux productions susceptibles d'aboutir au rendement moins que proportionnel. Si plus tard d'autres pays s'offrent à approvisionner celui avec lequel on est lié par un traité ; si, dans l'un de ces pays, la même production est facilitée du fait du rendement plus que proportionnel et, dans un autre, rendue plus pénible en vertu du rendement moins que proportionnel ; alors le marché qui, toutes les autres conditions restant égales, se trouve dans cette situation, ne doit pas faire effort pour obtenir des facilités douanières qui pourraient être exploitées par d'autres centres de production.

L'application de ces principes dans la pratique des traités de commerce est relativement facile lorsque l'on connaît bien la complexion économique des pays qui engagent les négociations. On sait, par exemple, que la loi de la productivité décroissante n'agit dès le début, d'une façon vigoureuse et constante, que dans les industries extractives. Pour ces industries des combinaisons nouvelles autant qu'heureuses pourront augmenter la productivité, mais elles conduiront plus rapidement à l'épuisement de la mine.

Pour l'agriculture, au contraire, cette loi n'agit que beaucoup plus tard, et seulement lorsqu'on néglige les améliorations agricoles, puisque dès que la terre est mise en culture elle obéit à la loi contraire, celle de la productivité croissante.

Toutes les industries manufacturières ne peuvent pas toujours se soustraire à la loi de la productivité décroissante, car il existe ici encore une limite à l'efficacité productrice. Il est certain cependant, étant donné le progrès économique et technique, que la spécialisation du travail est plus fréquente et affecte des formes très variées et que les innovations introduites ont un effet utile plus étendu. La productivité décroissante trouve donc des limites qu'elle ne peut pas toujours franchir ; il arrive donc que sa course s'arrête ou tout au moins que son œuvre s'atténue.

Ces principes admis, dont doivent s'inspirer les enquêtes qui précèdent la stipulation des pactes de commerce, les avantages de ces pactes seront toujours plus sensibles, en vertu des considérations que nous avons exposées.

132. Les traités de commerce et leur influence sur la concurrence des marchés neutres. — Dans les stipulations commerciales il est bon d'examiner sérieusement la position initiale des marchés qui peuvent se trouver en concurrence avec le nôtre dans l'approvisionnement du pays contractant. Tout pays qui entre dans le courant de la concurrence internationale, à quelque moment qu'on le prenne en examen, a une position initiale particulière, dont les éléments sont : le degré de civilisation économique atteint, les aptitudes économiques de ses habitants, l'organisation du crédit, les moyens de transport, et en général toutes les forces susceptibles de prêter une énergie plus ou moins grande à son action dans la lutte mondiale des marchandises.

On comprend comment les positions initiales peuvent avoir une influence décisive sur les positions finales, c'est-à-dire celles que l'on finit par conquérir après que la concurrence commerciale a eu son complet développement. Le pays qui conclut un traité en retirera le plus grand avantage s'il se trouve dans une position initiale meilleure que celle de ses concurrents. Supposons que l'Italie stipule un traité de commerce avec la République Argentine, dans le but de faciliter l'exportation de ses marchandises industrielles. Les réductions douanières qu'elle obtiendra s'étendront, en vertu du régime le plus favorable à l'Angleterre et à l'Espagne. La position initiale au moment où le pacte entre en vigueur est excellente pour la Grande-Bretagne, modeste pour l'Italie, très mauvaise pour l'Espagne. Quelle en sera la conséquence ? La position finale, à l'échéance du traité, sera excellente pour l'Angleterre, qui aura absorbé presque toute l'importation manufacturière de l'Argentine ; elle sera moins bonne pour l'Italie et très mauvaise pour l'Espagne. En attendant c'est l'Italie qui a fait les frais des réductions douanières sans en tirer un seul avantage ; tandis que la Grande-Bretagne, bien qu'elle n'ait rien donné, a bénéficié des plus sérieux et même des seuls avantages.

En pratique, il est difficile à un troisième marché de se substituer complètement à l'un de ceux qui ont conclu le pacte. Mais il ne faudra pas moins conduire les négociations avec beaucoup de prudence, parce que la substitution est toujours possible pour une ou plusieurs marchandises, et précisément celles dont parfois on espérait le plus.

Mais la substitution d'un marché à un autre, dans l'approvisionnement d'un troisième pays, peut être la conséquence de causes différentes. Nous imaginerons, pour un moment, deux marchés fermés. L'Italie et l'Espagne, et un marché ouvert à leur concurrence réciproque : l'Allemagne. L'Italie et l'Espagne pourvoient l'Allemagne de la marchandise vin en échange de la marchandise fer. En Italie, le coût de production du vin est exprimé par X et celui du fer par Y ; en Espagne, ces coûts sont respectivement X' et Y' ; et en Allemagne, X'' et Y''. Dans ces conditions, les prix du fer en Italie ne peuvent varier qu'entre X et Y, tandis qu'en Allemagne ce prix est représenté par Y''. Si l'Espagne veut lutter avec l'Italie pour l'approvisionnement du vin, il faut qu'elle puisse le fournir à l'Allemagne à des prix meilleurs, ou bien qu'elle donne, pour la même quantité de fer, une quantité de vin supérieure à celle que donne l'Italie. Mais, sur le marché espagnol, les limites maximum et minimum imposées au fer sont comprises entre X' et Y' ; par conséquent, l'Espagne ne pourra pas offrir le vin pour un prix

moindre que celui auquel peut l'offrir l'Italie; sinon dans le cas
où la différence des coûts comparatifs du vin et du fer en Espagne
est supérieure à cette même différence en Italie; c'est-à-dire si
l'on a :

$$\frac{Y'}{X'} > \frac{Y}{X}.$$

Dans combien de cas cette condition sera-t-elle réalisable?
Dans deux : 1° si en Espagne la production directe du fer est
aussi pénible qu'en Italie, la production directe du vin y étant
plus facile, c'est-à-dire si l'on a, à la fois :

$$Y' = Y \quad \text{mais} \quad X' < X.$$

2° Si en Espagne la production directe du vin est aussi facile
qu'en Italie, la production du fer y étant plus difficile, c'est-à-dire
si l'on a, à la fois :

$$X' = X \quad \text{mais} \quad Y' > Y.$$

On voit donc que la possibilité de lutter victorieusement avec
un autre pays sur un marché neutre peut dériver d'une plus
grande fécondité du travail dans la production de la marchandise qui a le plus faible coût comparatif; ou bien d'une fécondité
moins forte du travail dans la production de la marchandise qui
possède le coût comparatif le plus élevé. Il y a supériorité relative dans un cas, infériorité relative dans l'autre.

L'exemple que nous avons choisi n'est pas éloigné de la vérité.
Tout le monde sait, en effet, que la concurrence œnologique que
l'Espagne fait à l'Italie sur le marché allemand est impossible à
vaincre. Evidemment, la fécondité de la production vinicole n'est
pas très différente dans les deux pays, mais en Espagne la production du fer est beaucoup plus difficile que dans la péninsule ;
et la perte de la consommation vinicole allemande est due, pour
l'Italie, à l'infériorité industrielle de l'Espagne vis-à-vis d'elle.

On procède toujours à ces recherches à la veille de la stipulation des traités de commerce, et on doit procéder aussi à des enquêtes d'autre nature, qui peuvent révéler d'autres éléments

de concurrence et déterminer d'autres lignes de conduite à adopter au cours des négociations. Ainsi, toujours dans le cas de l'Espagne, l'expansion de ses marchandises sur le marché allemand, au détriment des marchandises italiennes, ne provint pas seulement de son infériorité relative vis-à-vis de l'Italie, mais encore du niveau élevé de l'agio qui modifie continuellement ses rapports économiques intérieurs et internationaux. On a parlé longuement ailleurs des effets de l'agio. Mais ce que nous en disons ici, c'est pour démontrer que l'agio, agissant seul ou de concert avec d'autres éléments, rendra vaine, pendant longtemps encore, toute réduction douanière en faveur des marchandises italiennes qui restent très vulnérables par rapport aux marchandises espagnoles similaires.

133. Raisons pour lesquelles on doit éviter de rompre brusquement les traités de commerce. — Malgré toutes les raisons que l'on peut avoir pour rompre un traité, il ne faut pas procéder brusquement à cette rupture. Si la conclusion d'un traité a été suivie de bons résultats, sa suppression entraînera des perturbations considérables. Les traités commerciaux provoquent souvent une spécialisation du capital et du travail et aussi une division territoriale de la production. Plus le traité sera libéral et durable, plus ses effets seront considérables ; ces effets mêmes influeront de façon décisive sur la position finale, représentée par la capacité qu'a acquise chacun des pays contractants de procéder à l'approvisionnement de l'autre.

Mais si le traité, après une durée aussi longue et aussi profitable, n'est pas renouvelé, nous voyons que la mesure de cette capacité change. Ces deux pays redevenus relativement fermés doivent procéder à une nouvelle division du travail et, ce qui est pire, à une nouvelle répartition des éléments de production. Cela résulte du bouleversement des positions initiales, bouleversement provoqué par le changement des habitudes consacrées, et qui se traduit par des ruines, par une dispersion de forces, par la naissance de sur-revenus ou de sous-revenus multiples. C'est-à-dire que la crise se produit avec tous les désordres qui l'accompagnent fatalement. Nous en donnerons un exemple récent et douloureux.

Sous l'action du traité de commerce franco-italien de 1881, la superficie des vignobles italiens s'était accrue de beaucoup; pendant longtemps, l'orientation des positions initiales pour la viticulture italienne fut vers le marché français. Mais ce traité, quoique très avantageux pour l'Italie, fut brusquement rompu en 1888. L'orientation fut changée et cela bouleversa les positions initiales. Immédiatement la tendance du marché italien, jusqu'alors dirigée vers l'extérieur, s'orienta vers la consommation nationale. Les vignobles piémontais qui, pendant la durée du traité de 1881, avaient eu une position initiale moins heureuse que celle des vignobles siciliens, acquirent, lorsque le but fut de conquérir la consommation nationale, une position meilleure que celle des vignobles méridionaux. Ceux-ci tentèrent la lutte, mais les événements leur étaient contraires et ils eurent à traverser une crise ruineuse. Il y aurait eu moins de dommages si l'Italie, au lieu de donner une orientation unilatérale à sa politique commerciale, tournée seulement vers le marché français, avait cherché à stipuler d'autres traités de commerce plus compréhensifs avec le restant de l'Europe. Ce faisant, d'autres marchés seraient restés ouverts à l'exportation œnologique italienne au grand avantage du pays. La tendance du marché aurait changé également, mais ce changement n'aurait pas entraîné un aussi redoutable bouleversement des positions initiales italiennes.

L'expérience commande donc, une fois le système des traités de commerce adopté, d'en faire la plus large application. En élargissant, par des engagements contractuels, les relations d'échange, on atténue les contrecoups de la rupture violente des rapports commerciaux avec un pays quelconque.

134. L'équivalence économique, base des traités de commerce. — Les négociations commerciales, tout en ayant pour but de servir les intérêts des deux pays contractants, doivent être conduites dans la ferme intention d'aboutir à un accord complet. Cela dans l'intérêt même des parties, car il vaut toujours mieux procéder aux échanges, quelles qu'en soient les conditions, que d'en être complètement privés. L'échange présuppose sans peine un avantage pour chacun des deux pays qui le pratiquent. Si cet avantage est, au total, de 100, il peut se répartir par moitié, ou bien être de 60 pour A, de 40 pour B. Et tant qu'une fraction de cet avantage, si petite soit-elle, revient à B, ce pays a intérêt à rendre l'échange possible, sans quoi il perdrait jusqu'à ce modeste avantage. Le marché A, d'autre part, retirant un gain de beaucoup supérieur n'hésiterait pas à consentir à B des concessions importantes concernant d'autres marchandises, même si la proportion des avantages réciproques devait être renversée pour cette nouvelle marchandise.

Le traité sera d'autant plus profitable que les réductions douanières seront plus larges et plus rationnelles et que les échanges seront plus abondants ; car un plus grand nombre d'échanges aboutira à un plus grand nombre d'avantages. Mais on pourra se demander s'il est juste que sur un total d'échanges qui produit un bénéfice général de 100, les 3/4, ou les 4/5, ou les 5/6 de bénéfice soient prélevés par l'un des contractants alors que l'autre n'en retire que le 1/4, le 1/5 ou même le 1/6? Evidemment non. Qu'il y ait inégalité dans la répartition du bénéfice résultant de chacune des opérations d'échange, peu importe ; mais il est juste que la répartition du bénéfice total soit équitable ; il est bon que le traité assure aux contractants ce que l'on appelle l'équivalence économique.

Supposons que l'on ait deux marchés A et B, tous deux susceptibles de produire du blé et du fer, mais avec des aptitudes naturelles différentes. La situation pourrait être représentée par les chiffres suivants :

		A				B	
	Coût	Droit de douane			Coût	Droit de douane	
		général	conventionnel			général	conventionnel
Blé :	100	40	15	80	»	»	
Fer :	60	»	»	150	100	85	

Comme l'on voit, il conviendra d'échanger le blé de B avec le
fer de A, les droits généraux qui grèvent ces marchandises étant
réciproquement réduits. Supposons que les frais de transport
n'exercent aucune influence ; ou que leur influence ne suffise
pas à modifier l'action des taxes et des réductions douanières.
Au régime du tarif général, le fer de A exporté en B ne pourra
pas être vendu à un prix inférieur à 160, parce qu'en négligeant
le transport et tous les autres faux frais, ce prix sera la somme
du coût de production (60) et du droit d'entrée (100). Cela
étant, A ne pourrait exporter en B que la quantité de fer nécessaire pour parfaire l'approvisionnement de la consommation
étrangère, qui, peut-être, ne pourrait pas être complètement satisfaite par la production sidérurgique locale. Très probablement,
cette exportation ne pourrait pas devenir importante ; de toute
façon elle serait toujours subordonnée à la production sidérurgique de B, puisque sur ce marché le fer national se donnerait
au prix de 150, c'est-à-dire à 10 francs de moins que le fer
étranger. Donc A demandera à B une réduction douanière en
faveur de son fer. Admettons que B condescende à ce désir et
ramène le droit à 85. L'exportation en profitera largement et les
fonderies de B en seront désavantagées, puisque leur produit ne
peut se vendre à moins de 150, alors que les produits étrangers
se vendraient à 145. Admettons que du bénéfice de l'échange les
3/4 aillent à A et le 1/4 à B.

B qui réduisit de 100 à 85 le droit sur le fer demandera, à titre
de compensation, que le droit sur le blé perçu par A soit réduit

en proportion. Le blé de B, soumis aux droits généraux, ne peut être vendu en A au-dessous de 120. Si A ne voulait donner qu'une réduction de 2, les ventes de blé de B sur le marché A seraient entravées et la situation serait encore pire si, pour la quantité de blé étranger nécessaire à A, les avantages de l'échange étaient répartis de façon à favoriser A au détriment de B.

Evidemment, un pacte établi sur ces bases n'assurerait aucune équivalence économique : 1° parce que B exposerait sa production sidérurgique à la concurrence de A ; et A se mettrait dans la même situation vis-à-vis de la concurrence des céréales de B ; 2° parce qu'en outre de cet avantage, le bénéfice de l'échange revenant à A serait de beaucoup supérieur à celui recueilli par B. Mais B n'acceptera pas cet état de choses et se déclarera satisfait seulement lorsque A aura réduit son droit sur le blé à 15. Cela fait, l'exportation des céréales en A se trouvera dans les mêmes conditions que l'exportation sidérurgique en B. Si ensuite, étant donnée la puissance croissante de la concurrence résultant des réductions douanières, les bénéfices de l'échange adoptent une répartition plus équitable, on pourra dire que l'équivalence économique est réalisée. Il ne faut pas perdre de vue que l'égalité des réductions douanières n'a rien à voir avec l'équivalence économique. Ainsi B a réduit son droit de 15 seulement, alors que A réduisait le sien de 25 ; cependant les conséquences de ces réductions sur la production nationale, sur la concurrence réciproque et sur l'échange ont été à peu près équivalentes. On doit encore tenir compte des quantités probables de marchandises qui, à la suite de l'accord, seront réciproquement échangées. Cette estimation, toujours délicate, est parfois impossible même approximativement.

Pour les pays caractérisés par une exportation considérable de main-d'œuvre, ce serait de bonne politique que de se lier aux pays d'émigration par des traités de commerce. Car les émigrants étant des consommateurs fidèles des marchandises de la mère patrie, ils pourraient en faire une plus large consommation si des réductions douanières leur permettaient de les acquérir à plus bas prix.

La politique des traités de commerce semble la mieux appropriée au développement des échanges internationaux, car elle aboutit à la réduction des taxes douanières exagérées et donne aux divers marchés une confiance plus grande dans la stabilité de leurs débouchés.

CHAPITRE V

L'AUTONOMIE DOUANIÈRE ET LA CLAUSE DE LA NATION
LA PLUS FAVORISÉE

135. L'Autonomie douanière. — Nous avons longuement
parlé des deux formes de politique commerciale. Mais ces
formes peuvent être atténuées ou renforcées par des dispositions spéciales. Tous les pays ne suivent pas une orientation
rigoureusement protectionniste ou libre-échangiste ; un grand
nombre écartent avec raison les systèmes trop absolus et trop
exclusifs. Ils adoptent au contraire des méthodes qui présentent simplement des tendances vers le protectionnisme ou
le libre-échange. On a ainsi toute une gradation dans le
protectionnisme dont certains degrés se rapprochent beaucoup
du libre-échange, alors que d'autres sont également très près du
prohibitionnisme.

L'autonomie, comme il est facile de le comprendre, se refuse
à toute obligation contractuelle. Elle entend que l'Etat soit toujours le maître de ses tarifs afin de pouvoir en disposer pour répondre aux jalouses réclamations des producteurs. C'est une
menace permanente qui pèse sur les consommateurs et c'est
une arme toujours prompte au service dès intérêts du capital.

L'autonomie peut n'employer qu'un seul tarif, applicable à tous et difficilement modifiable, comme dans le système américain ; ou bien elle peut en employer deux, le tarif maximum et le tarif minimum, comme dans le système français. L'application du premier de ces deux tarifs est une menace contre les pays qui n'accordent pas le régime de faveur aux marchandises nationales, et contre ceux qui, tout en accordant le régime de faveur, maintiennent des droits trop élevés. Ce tarif constitue donc, à ce point de vue, une mesure de représailles. Il résulte de l'élévation presque uniforme des droits du tarif minimum, et sa raison d'être n'est nullement justifiée ; car toutes les lois douanières laissent au pouvoir exécutif la faculté d'élever tous les droits lorsqu'on peut répondre aux représailles de l'étranger ou inaugurer *proprio motu* un état de guerre économique. Les pays dépourvus du tarif maximum peuvent eux aussi frapper instantanément et en tout temps les importations des marchés hostiles en mettant en vigueur des tarifs différentiels. Donc le tarif maximum est inutile. En temps de paix commerciale, c'est une arme inutilisable ; en temps de guerre, d'autres armes, malheureusement, peuvent être forgées rapidement et sont bien plus redoutables que celle-là.

Comme on l'a dit, le tarif maximum peut être appliqué non seulement aux pays qui n'accordent pas le traitement le plus favorable, mais encore à ceux qui, tout en l'accordant, frappent nos marchandises encore trop lourdement. Dans ce cas le seul moyen de tourner l'obstacle qui s'oppose à nos exportations consiste dans la stipulation d'un traité avec le pays qui établit des droits aussi élevés. On peut, au cours des négociations, l'amener à les abaisser moyennant des facilités équivalentes. Au contraire on exclut à *priori* toute entente et on s'interdit fatalement tout accord commercial dont les avantages eussent été cependant appréciables. On prétend que le meilleur moyen de persuasion consiste dans l'application sans plus du tarif maximum ; il serait pourtant bon de savoir si l'autre pays a adopté des droits élevés parce qu'il a estimé, de son côté, que les taxes de nos tarifs étaient exagérées. On rejette le traité qui constitue cependant le seul moyen d'arriver à une réduction douanière mutuelle dont les deux pays tireraient avantage.

On adopte l'autonomie par répugnance pour la clause de la nation la plus favorisée, et, en effet, sous une forme différente, le sytème autonome fleurit aux Etats-Unis et en France, pays qui depuis longtemps sont hostiles au régime qui découle de cette clause. Cependant l'autonomie demande précisément aux pays étrangers ce régime qu'elle leur refuse. La France n'hésite pas à appliquer le tarif maximum aux marchandises originaires des pays qui n'accordent pas à ses propres marchandises le traitement le plus favorable. Les Etats-Unis sont également prompts dans des cas analogues à recourir à des mesures de représailles, mais cette forme discourtoise de persuasion n'est nullement inspirée de la parole évangélique : *ne faites pas à autrui ce que vous ne voudriez pas que l'on fit à vous-même.* L'autonomie substitue le règlement automatique à la discussion et elle agit en dehors de toute équité puisqu'elle méconnaît les conseils de la modération et du discernement. A la paix économique, inaltérable et certaine en vertu des traités, elle substitue le danger permanent d'une guerre, un état de tension et d'insécurité, qui est loin d'encourager les échanges et peut même entraver leur mouvement et leur enlever toute vigueur.

Le but de la protection est atteint par l'application du tarif minimum, qui devrait répondre aux besoins précis de la production nationale. Le défaut fondamental de ce tarif réside dans le fait qu'il ne permet que très rarement de réduire les droits qui le composent, et qu'il n'admet en aucun cas des réductions essentielles. Les conditions de la production nationale peuvent changer au point qu'elle devienne assez forte pour triompher de toute concurrence; mais les droits établis ne diminuent pas pour cela. Ce tarif, quoique parfaitement variable en droit, comme tout acte de législation intérieure, reste en fait immuable pendant de longues années.

Derrière ce tarif se développent et se groupent les intérêts qu s'opposent ensuite à toute modification. Il s'agit ici du cas où toutes les formes de la production nationale sont protégées ; et où, par conséquent, tous les intérêts sont solidaires et se coalisent pour la même lutte. Mais lorsque les productions nationales se transforment sans que les droits de douane changent, la protection se trouve virtuellement accrue. Précisément parce qu'elle dépasse la mesure que l'on croyait nécessaire à la formation de productions nouvelles, elle assure aux nouveaux producteurs un avantage d'autant plus illégitime. La protection augmente, alors qu'en raison des progrès techniques et économiques de l'industrie elle cesse d'être nécessaire. Le sacrifice imposé aux consommateurs ne s'étend pas, il est vrai, mais l'injustice qui s'y attache apparaît, s'accentue et semble évidente si l'on songe qu'on pourrait le restreindre ou le faire tout à fait disparaître.

Encore si l'autonomie se bornait à maintenir la stabilité douanière pendant une longue suite d'années, et même pour un temps indéfini ! Mais, au contraire, aussitôt qu'elle est inaugurée, précisément parce que les droits de douane sont libres de toute obligation internationale et parce que le protectionnisme ne souffre aucun frein, on assiste à toute une série de dispositions isolées qui ont pour but d'élever tantôt l'un, tantôt l'autre des droits autonomes. C'est ainsi qu'en France la loi du 11 janvier 1892, qui inaugura le système autonome, semblait avoir donné au régime douanier une base immuable. D'après les déclarations unanimes de ceux qui la soutenaient, elle ne devait subir aucune modification pendant de longues années. Au lieu de cela, dès le 4 juillet 1892, nous enregistrons déjà une augmentation de plusieurs des droits qui venaient d'être votés et elle venait après la mise en vigueur de deux prohibitions d'importation adoptées, en apparence, pour des motifs sanitaires, mais en fait provoquées par des considérations protectionnistes. De 1894 à 1898 nous trouvons 14 lois modifiant, en les élevant, les droits votés peu avant avec autant d'entrain. Même après 1898 d'autres lois se suivirent à brève échéance et vinrent satisfaire aux réclamations des divers groupes de producteurs. Au contraire, pendant les années où la France suivit la politique des traités de commerce, les modifications apportées au régime douanier furent bien moins nombreuses et n'aboutirent pas toutes à une élévation des droits. C'était là un obstacle opposé aux appétits croissants des producteurs, et c'est pourquoi le vieux protectionnisme français combattit avec tant d'énergie la politique des traités de commerce.

Cette méthode d'exaspération douanière n'est pas possible là où il est fait largement usage des pactes internationaux. L'Italie, par exemple, dans son traité du 3 décembre 1904 avec l'Allemagne, suspendit ou réduisit 204 droits de son tarif général ; le nombre des droits suspendus ou réduits par le traité stipulé avec la Suisse, le 13 juillet de la même année, est à peu près le même. Voilà donc environ 400 droits que l'on ne peut pas changer pendant toute la durée desdits traités. Et lorsqu'un pacte nouveau sera conclu avec l'Autriche-Hongrie on pourra dire que tous les droits du tarif italien seront l'objet d'une obligation et seront par suite immuables (1). Voilà comment s'impose la stabilité douanière, et voilà en quoi consiste l'obstacle qui s'oppose aux augmentations successives et que redoutent les partisans de l'autonomie.

Au contraire, avec le système des pactes commerciaux la question des tarifs douaniers est toujours ouverte et on peut procéder à des diminutions, car les exportateurs peuvent entreprendre de lutter contre ceux qui voudraient écarter toutes les marchandises étrangères. Comme nous l'avons vu, les traités commerciaux sont basés sur le *do ut des*: il faut donner pour obtenir et les facilités réciproques doivent être équivalentes. Dans ces conditions, toutes les fois que l'on stipule un pacte de commerce, tous les producteurs intéressés à l'exportation font

(1) Le traité austro-italien, non encore conclu à l'époque où l'auteur écrivait ces lignes, a été signé dans les premiers jours de 1906 et les droits suspendus ou réduits par ce traité sont très nombreux.

effort pour que l'autre pays contractant soit amené à réduire ses tarifs en faveur de leurs marchandises. Ces producteurs demandent donc implicitement que l'on réduise les tarifs nationaux, moyennant quoi l'autre Etat abaissera ses propres droits d'entrée en retour des faveurs équivalentes qu'il a reçues. Les tarifs, peu ou prou, finissent toujours par être réduits, particulièrement si les productions protégées ont atteint ce degré de développement qui rend inutile une partie de la protection en vigueur. Les producteurs qui réclament le maintien de cette production sont combattus par les exportateurs qui ont des intérêts opposés et qui trouvent des alliés naturels dans les consommateurs nationaux. Il est vrai que parfois le producteur protégé et l'exportateur ne sont qu'une seule et même personne ; il n'en est pas moins exact que lorsque ce producteur est engagé dans l'exportation il demande des facilités pour les marchandises qu'il exporte et doit nécessairement accepter que la protection soit atténuée.

Avec ce système, le plus souvent, les consommateurs alliés aux exportateurs triomphent de la coalition qui mettait en avant des intérêts contraires. Mais même si, dans certains cas, la victoire leur échappait, ils pourraient concentrer leurs forces pour les batailles prochaines. En effet, les occasions de lutte sont fréquentes, une fois que le système des pactes de commerce est adopté, on en stipule beaucoup avec les différents pays étrangers, à des époques variables et dans des buts divers.

Le système de l'autonomie douanière ne tient pas compte des intérêts des productions exportatrices. Bien que les affirmations absolues soient toujours dangereuses, on peut cependant dire qu'une des raisons qui ont le plus contribué, pendant ces dernières années, à contrarier l'exportation française réside dans l'autonomie douanière, à laquelle la troisième République se confia avec tant d'enthousiasme. Beaucoup nient qu'il en soit ainsi, parce que, disent-ils, les exportations des pays qui possèdent l'autonomie douanière jouissent presque partout du régime le plus favorable dans les mêmes conditions que les produits des pays qui pratiquent la politique des traités. Mais en fait il en est autrement.

Les tarifs actuels sont extrêmement spécialisés : on en a la preuve dans le nombre considérable des *articles* qu'ils contiennent. Mais lorsque deux pays stipulent un pacte de commerce, ils s'efforcent de s'assurer des avantages réciproques en ce qui touche les marchandises dans la production desquelles ils ont acquis une supériorité technique. Il est vrai que ces faveurs s'étendent indirectement, par la suite, aux marchés qui pratiquent l'autonomie douanière, mais il n'arrive pas toujours que ceux-ci possèdent des productions aussi spécialisées que celles des pays qui obtinrent directement les faveurs en question. Il est presque impossible par conséquent qu'ils puissent en retirer les mêmes bénéfices. En tout cas, cette égalité d'avantages ne pourra se présenter que pour un petit nombre de marchandises, mais non pour toutes, parce que les productions modernes se sont spécialisées autant que les tarifs douaniers.

L'autonomie douanière, comme le protectionnisme, présente des degrés nombreux. La forme la plus rigide est celle que nous offre la France qui n'admet que de rarissimes violations du régime adopté (1). Nous trouvons, cependant, d'autres formes d'autonomie, moins exclusives, comme par exemple le système américain actuel. L'organisation douanière des États-Unis repose sur un tarif unique indistinctement applicable à tous les pays. Mais bien que ce soit là la caractéristique de cette organisation,

(1) Pour éviter de fausses interprétations, il est bon de dire que dans quelques cas tout à fait rares, tout en respectant l'autonomie, on peut descendre au-dessous du tarif minimum. C'est ce que fit la France lorsqu'elle négocia le traité de 1893 avec la Russie et celui de 1895 avec la Suisse. Mais, il est facile de comprendre, qu'il s'agit de véritables exceptions ; sans quoi on reviendrait au système du tarif général et du tarif conventionnel en usage dans les pays qui pratiquent la politique des traités. Fidèle à son système, la France, lorsqu'intervint l'accord de 1898 avec l'Italie, ne concéda rien au-delà du tarif minimum, tandis que l'Italie, au contraire, ne se contenta pas d'accorder à la France le régime conventionnel, mais la fit bénéficier encore d'un tarif nouveau dont les droits étaient tous réduits.

nous voyons que l'art. 3 de la loi-tarif permet la stipulation de pactes de réciprocité avec l'étranger; il fixe toutefois, *à priori* la mesure des réductions à accorder et énumère les produits à favoriser: dix en tout. Donc les traités stipulés en vertu de l'art. 3 sont soumis à une double limitation: celle du nombre des produits et celle de la mesure des faveurs pouvant être concédées.

L'art. 4 du même tarif est plus libéral. Cet article autorise la stipulation, pour une durée de 5 ans, d'autres traités dont les concessions ne devront pas dépasser, en moyenne, le 20 0/0 des droits établis mais peuvent immédiatement s'étendre à des marchandises quelconques; ils peuvent encore, à titre exceptionnel, aller jusqu'à la franchise complète. Si ce dernier article devait trouver une large application, il détruirait l'autonomie douanière. Toutefois, c'est un fait symptômatique que celui de beaucoup d'hommes éminents de cet heureux pays (1) qui tendent vers le système des traités de commerce et qui l'inaugurent même, en droit sinon en fait, par l'application de l'art. 4 du tarif en question. Il est exact cependant que cet article, quoique soutenu de bonne foi par quelques-uns, fut adopté par d'autres dans un but bien différent de ce que l'on pourrait croire. En effet, cet article permet de maintenir plus élevés qu'il n'était nécessaire les droits du tarif actuel, en laissant croire que beaucoup seraient, par la suite, abaissés de 20 0/0, que d'autres seraient même supprimés à la suite de négociations ultérieures.

136. La clause de la nation la plus favorisée. — Les traités de commerce, sauf de rares exceptions, contiennent la clause de la nation la plus favorisée. A cette clause presque tous les pays ont recours: soit ceux qui font usage des pactes de commerce avec des tarifs spécialement modifiés, soit ceux qui

(1) Parmi eux feu Mac Kinley. Bien que protectionniste intransigeant il aurait voulu pendant les dernières années de sa présidence stipuler des traités de réciprocité basés sur l'art. 4 de la loi-tarif. Il se heurta à l'opposition du Sénat qui, inféodé au protectionnisme, ne voulut jamais même entamer la discussion.

adoptent l'autonomie douanière. A ces derniers, elle impose l'obligation d'accorder le tarif minimum aux marchandises étrangères importées et donne droit au tarif conventionnel pour les produits nationaux exportés. Elle astreint les autres pays à s'appliquer réciproquement leurs tarifs conventionnels.

Parfois elle constitue la base unique de l'accord des deux pays qui estiment alors ne devoir accorder aucune réduction des droits de douane, mais qui veulent s'appliquer les tarifs les plus légers — conventionnel ou minimum. La France, par exemple, ne veut pas réduire les droits du tarif minimum, aussi fait-elle largement usage des conventions basées sur la clause de la nation la plus favorisée, en vertu de laquelle elle accorde son tarif minimum tel qu'il est aujourd'hui et, plus tard, tel qu'il pourra être, moyennant quoi elle bénéficie des tarifs conventionnels étrangers. L'Italie n'est liée à la Belgique que par une simple convention signée en 1882 et basée sur la clause en question. L'Angleterre n'a pas de traités où il soit question de tarifs, car elle ne peut rien accorder aux importations étrangères ; et cependant elle a stipulé avec beaucoup d'Etats des conventions spéciales qui lui assurent — toujours en vertu de la même clause — le bénéfice des tarifs conventionnels ou minimum en vigueur à l'étranger.

La dénomination de *tarif minimum* donne une idée exacte de ce que peut être un tel tarif et par suite de sa portée pratique ; il n'en est pas de même de la dénomination de *tarif conventionnel*. La première, en effet, assigne exactement le niveau le plus bas auquel soient descendus ou doivent descendre les droits de douane ; tandis que la deuxième n'a pas une détermination aussi rigoureuse : il pourrait y avoir pour la même marchandise, deux ou plusieurs droits conventionnels, de mesure variable, stipulés avec deux ou plusieurs marchés étrangers. Dans ce cas chacun de ces droits serait appliqué à la marchandise provenant du pays avec lequel ce même droit est convenu. Les inconvénients du système seraient énormes ; tout l'avantage irait au pays qui jouit du droit conventionnel le plus bas, et les autres tout en bénéficiant de droits également conventionnels, seraient frappés plus lourdement. L'un quelconque de ces pays qui aurait donné l'équivalent des faveurs qu'on lui aurait accordées, verrait ses espérances promptement déçues par le fait que des réductions ultérieures plus fortes pourraient avoir été consenties, par de nouveaux traités, à des pays concurrents. En somme, toute garantie contractuelle ferait défaut ; et l'équivalence économique serait impossible. La base possible de tout pacte commercial disparaîtrait ; la politique des traités est comme un système hérissé de difficultés et de dangers.

C'est pour éviter de si graves empêchements que la clause de la nation la plus favorisée est mise en vigueur ; elle a pour effet d'étendre automatiquement l'application du tarif conventionnel et de restreindre, en proportion, celle du tarif général. Par cette clause deux pays s'engagent à s'accorder réciproquement toutes les facilités douanières que chacun des contractants a concédées à d'autres États. Il suffit de réfléchir un instant sur la portée de cette disposition pour comprendre qu'elle écarte fatalement les inconvénients énumérés plus haut. Cette clause nivèle les tarifs conventionnels et il s'en dégage, à ce titre, une action libre-échangiste dans les pays qui en font usage. Les échanges en sont très favorablement influencés et deviennent plus abondants. L'Allemagne, en 1891, stipula un traité de commerce avec l'Italie ; en 1892, elle en stipula un autre avec la Serbie, puis en 1893, un autre avec la Roumanie ; et un autre encore, en 1894, avec la Russie. Tous ces traités comportèrent des concessions notables sur les tarifs agricoles allemands, et ces concessions s'étendirent à l'Italie, en vertu de la clause. L'Italie, à son tour, en 1892, conclut un pacte avec la Suisse et les concessions stipulées s'étendirent à l'Allemagne, qui en profita largement, parce qu'elles avaient un caractère industriel qui les rend précieuses à la production allemande fort développée dans ce sens.

187. Formes successives de la clause de la nation la plus favorisée. — La clause de la nation la plus favorisée n'eut pas toujours la même importance. Depuis des temps déjà reculés, elle eut une acception plus ou moins large. Dans le traité du 6 février 1778 stipulé entre les Etats-Unis et la France, nous la trouvons déjà, avec cette signification que « les deux parties contractantes s'étendront réciproquement, et sans compensations ultérieures, les faveurs consenties par chacune d'elles à d'autres Etats, sans que ceux-ci rendent des faveurs équivalentes. Toutefois, si ces faveurs sont accordées contre des compensations suffisantes, l'autre contractant aura néanmoins le droit d'en réclamer le bénéfice lorsqu'il sera disposé à donner, de son côté, les mêmes compensations. »

De sorte que si les Etats-Unis avaient, *proprio motu* et sans demander d'avantages équivalents, réduit de 10 0/0 leur droit sur le vin espagnol, la France aurait eu droit à la même réduction pour son propre vin, sans rien avoir à donner en retour. Mais si les Etats-Unis avaient consenti cette réduction contre une réduction de 20 0/0, accordée par l'Espagne en faveur des cotons américains, la France n'aurait pu jouir du même avantage qu'en réduisant, à son tour, de 20 0/0 son droit sur les mêmes cotons américains. Dans le traité de commerce du 4 mars 1835, entre la Grèce et l'Autriche-Hongrie, nous retrouvons la clause en question conçue et appliquée dans le même sens (1).

En somme, dans ces pactes, la valeur restrictive de la clause conduisait au résultat suivant : les faveurs nouvelles s'étendaient librement aux deux parties si elles étaient librement concédées à un troisième pays ; au contraire, l'extension de ces faveurs était conditionnelle si elles avaient été conditionnellement concédées au troisième pays.

Mais on eut bientôt à enregistrer des limitations d'une autre nature. En vertu de l'art. 19 du traité franco-anglais de 1860, la clause de la nation la plus favorisée n'entre en vigueur que pour les marchandises visées par le tarif annexé au traité, c'est-à-dire

___

(1) Toutefois, même avant ces deux traités, on avait donné à la clause son sens le plus large. Comme par exemple dans l'art. 3 du traité russo-anglais de 1766.

que les concessions ultérieurement accordées ne pouvaient être étendues aux pays contractants que si elles concernaient les marchandises visées par le traité. Pour les autres, au contraire, le bénéfice des réductions n'allait pas, de droit, au pays ami. Cette limitation était trop en opposition avec les principes libre-échangistes qui prévalaient alors, et le traité complémentaire du 16 novembre 1860 donna à la clause de la nation la plus favorisée son sens le plus large. Elle fut insérée, avec cette large acception, dans tous les traités stipulés en Europe depuis cette époque. Nous la retrouvons en effet, avec ce sens, dans les traités que conclut la Prusse, au nom du *Zollwerein* allemand, entre 1862 et 1865, avec la France et la Belgique. Dans les pactes conclus pendant les dix dernières années du siècle écoulé entre les différents États européens, nous relevons en outre que non seulement la clause s'applique dans son sens le plus large mais s'étend encore au mode de paiement des droits et aux autres dispositions financières qui se rattachent aux questions douanières.

La forme la plus complète, suivant laquelle est assurée le régime le plus favorable, est celle qu'établit l'article premier du traité du 13 juillet 1904 entre l'Italie et la Suisse. Cet article dit : « Les parties contractantes se garantissent réciproquement, en ce qui concerne l'exportation, l'importation et le transit, les droits et le traitement de la nation la plus favorisée ». Puis, à titre d'éclaircissement, il ajoute : « Chacune des parties contractantes s'engage, en conséquence, à faire profiter l'autre, gratuitement, de tous les privilèges et faveurs que, sous les rapports précités, elle a concédés ou concéderait à une tierce puissance, notamment quant au montant, à la garantie, et à la perception des droits fixés ou non dans le présent traité, aux entrepôts de douane, aux taxes antérieures, aux formalités et au traitement des expéditions en douane, et aux droits d'accise de consommation perçus pour le compte de l'État, des provinces, des cantons ou des communes.

« Sont exceptées, toutefois, les faveurs actuellement accordées ou qui pourraient être accordées ultérieurement à d'autres Etats limitrophes pour faciliter le trafic-frontière. »

Il n'était sans doute pas possible d'adopter une formule plus détaillée que celle-là.

138. Inconvénients évités par la clause de la nation la plus favorisée. — De ce qui précède il résulte que la clause en question a une compréhension plus ou moins grande selon 1° que les concessions s'étendent de plein droit à toutes les marchandises des pays contractants, sans limitation d'espèce, comme il est d'usage aujourd'hui entre les pays d'Europe ; 2° que les réductions ultérieures des droits de douane sont applicables seulement aux marchandises visées par le tarif revisé annexé à chaque traité de commerce ; 3° que ces réductions de droits s'étendent toujours à l'autre pays contractant lorsqu'il s'engage à donner en retour la même compensation dont elles ont été payées par le pays qui les a obtenues directement.

Il est inutile de dire que ce n'est qu'à première vue que les avantages recueillis sont les plus faibles, pour le pays qui fait l'usage le plus large des traités commerciaux, par rapport à celui qui n'y a recours que modérément.

Le résultat dernier du traitement différentiel, car c'est à ce traitement que conduirait la non application de la clause de la nation la plus favorisée — écarterait certaines marchandises originaires de tierces Puissances, de l'approvisionnement d'un marché déterminé. Et cette exclusion serait la conséquence du droit de faveur qui, étant à l'avantage exclusif d'un pays, définirait le taux d'échange de la marchandise favorisée de façon à éloigner les marchandises d'autres Etats, lesquels, ne jouissant pas du même droit réduit, ne peuvent accepter le même taux d'échange.

Soit deux marchés, A et B, tous deux producteurs de la marchandise X, qu'ils peuvent échanger contre la marchandise Y produite par un troisième marché C. Le gain total résultant de l'échange des deux marchandises entre A et C est de 10, par exemple, et se répartit de façon à donner 4 à A et 6 à C. La différence des coûts comparatifs des deux marchandises sur les marchés B et C étant plus grande, l'échange donne un gain total plus fort de 12, par exemple, réparti de la façon suivante : 5 à B et 7 à C. Cette situation se maintient tant que X n'entre pas en franchise dans le marché C.

Plus tard, ce marché stipule un pacte de commerce avec A à qui il accorde un droit conventionnel de 4 en faveur de la marchandise X qu'il produit ; alors que sur la même marchandise, originaire de B, pèse le droit général qui est de 9, parce qu'il n'y a aucun pacte entre B et C, ou bien parce que le pacte existant ne comporte pas la clause de la nation la plus favorisée. Supposons que le droit conventionnel soit payé de la façon suivante : 1 par le pays exportateur A et 3 par le pays importateur C, et que le droit général frappe les pays B et C respectivement de 3 et de 6. Que résultera-t-il de cet état de choses ? Que B, c'est-à-dire le pays qui pourrait donner le gain le plus considérable à C, moyennant l'échange des deux marchandises, serait exclu du commerce et non seulement à son propre détriment mais encore au détriment de C ; le dommage serait même plus sensible pour C que pour B. Cet exemple prouve que l'absence de la clause de la nation la plus favorisée peut se traduire par une perte pour le pays qui n'y a pas recours. Le cas choisi par nous est un cas particulier. Mais qui pourrait affirmer qu'en pratique il ne se présente pas souvent ?

Au contraire, si C fait usage de la clause de la nation la plus favorisée et étend à B le droit conventionnel qui frappera de 3 les marchandises de ce pays (en admettant qu'il ait la même incidence que pour le cas de A et de C) nous voyons que l'avantage de C monte à 4 dans l'échange avec B ; il en retirera donc un bénéfice supérieur de 1 à celui qui a résulté pour lui des échanges avec A. Il est vrai que dans ce cas, A éprouverait un dommage, en particulier si cette réduction a été obtenue par lui en retour d'autres concessions. Mais c'est là un inconvénient auquel on pourra remédier en limitant les demandes aux seules marchandises pour lesquelles on a les mêmes conditions de production, au moins, qu'à l'étranger. En somme, la clause en

question est plus avantageuse pour les marchés importateurs (1),
tandis qu'elle peut quelquefois nuire aux marchés exportateurs.
Toujours, bien entendu, lorsqu'on n'a pas de raison de donner
aux droits de douane une grande valeur protectrice. Pour les
protectionnistes aveugles ces avantages sont considérés comme
des inconvénients d'une importance égale.

La clause a le mérite d'influer le moins possible sur les coûts
comparatifs, ou mieux encore de maintenir presque invariable
la différence existant entre ces coûts. Elle fait donc en sorte
que l'échange, malgré l'emploi général actuel des droits de
douane, ne subisse leur influence qu'avec le moins d'intensité
possible.

Peut-être est-il bon de dire que l'équivalence économique,
même lorsqu'elle a été réalisée par chaque pacte particulier,
est tant soit peu altérée par les facilités indirectes qui résultent
des différents degrés d'extension donnés par les deux pays à la
politique des traités de commerce. Mais cela ne constitue pas
un tel inconvénient qu'il faille abandonner un système présentant d'innombrables avantages.

**139. Le pour et le contre de la clause de la nation la plus
favorisée.** — De nombreuses et ardentes batailles se sont livrées
autour de cette clause, et aujourd'hui encore, toutes les fois que
l'occasion s'en présente, il ne manque pas de gens, dans tous
les parlements, pour en proposer l'abandon. Contre elle, les
Chambres de commerce françaises se sont déclarées presque à
l'unanimité, lorsqu'en 1880, s'élaboraient les réformes économiques et douanières qui eurent leur complet développement en
1892. En Allemagne l'opposition se manifesta violemment. Le
remarquable ouvrage du député Calwer (Die Meistbegünstigung
der Vereignigten Staaten) y contribua pour beaucoup ; ce livre

(1) Dans cette conclusion on fait abstraction du degré de protection que
l'on veut accorder aux productions nationales ; car il peut se faire que la
clause de la nation la plus favorisée leur porte tort, si elle ouvre de plus
en plus le marché national aux produits des industries étrangères plus
développées.

mettait en évidence le grand avantage que les Etats-Unis retirent de l'interprétation européenne de la clause de la nation favorisée accordée sans que rien soit demandé en retour. Les agrariens allemands et en général les plus chauds partisans du système protectionniste se sont coalisés depuis longtemps pour lutter contre cette clause. Mais celle-ci a opposé une résistance victorieuse et parmi les grandes puissances, les Etats-Unis sont seuls à n'en pas faire usage.

L'Union Nord-Américaine se réserve le droit de faire des concessions en échange de faveurs équivalentes, de même qu'elle se réserve le droit de décider si les faveurs offertes par un Etat sont ou non équivalentes à celles reçues par elle d'un autre Etat. Ce principe a été confirmé par le verdict du 23 mai 1887 rendu par la cour suprême des Etats-Unis à propos de l'affaire Bartram-Robertson (1).

Les arguments que l'on fournit pour et contre la clause sont les suivants. D'abord, en obligeant un Etat à concéder à d'autres, sans compensations correspondantes, tous les avantages accordés ou devant être accordés à de tierces puissances, elle altère toute proportionalité entre les bénéfices que l'on donne et ceux que l'on retire soi-même (2).

---

(1) Le Danemark, en vertu du traité de commerce du 26 avril 1826, établissant que les marchandises réciproques ne pouvaient être soumises à des droits plus élevés que ceux des autres nations, demandait aux Etats-Unis que certaines marchandises des possessions danoises fussent admises en franchise dans l'Union comme les marchandises similaires provenant des îles Hawaï et énumérées dans la convention du 30 janvier 1875 conclue entre le roi de ces îles et le Gouvernement de Washington. Mais la Cour suprême décida que le Danemark n'avait pas droit à la franchise, parce qu'il n'avait pas donné aux Etats-Unis les mêmes avantages que le roi des îles Hawaï. La clause de la nation la plus favorisée reçut donc, dans cette affaire, l'interprétation la plus restrictive.

(2) Ce fut la raison pour laquelle, en 1895, on demanda au Reichstag allemand la dénonciation du traité de 1857 avec l'Argentine. Les blés de la Plata jouissaient des réductions accordées par l'Allemagne à la Russie et à l'Autriche-Hongrie, sans que l'Argentine fournisse aucune compensation.

. Comme on l'a dit plus haut, cet inconvénient n'existe pas, même lorsque la politique des traités est pratiquée à des degrés différents par les deux pays, et cela parce que les bénéfices sont peut-être plus grands pour les marchés importateurs qui concèdent la clause de la nation la plus favorisée que pour les marchés exportateurs qui en jouissent. Mais, même si cet inconvénient existait, il faudrait se rappeler qu'aucun système n'est parfait ; c'est seulement dans l'évaluation exacte des avantages et des charges totales auxquels conduit la présente méthode que l'on peut arriver à une opinion précise sur son degré de bonté.

On fait encore remarquer que sous le régime de la clause il arrive parfois qu'une concession soit plus avantageuse pour un troisième État que pour l'État même qui l'a demandée et a donné en retour une compensation équivalente. En Italie, par exemple, on enregistra ce fait que les facilités accordées autrefois à l'importation des tissus de laine français allèrent surtout à l'avantage des tissus anglais ; que des facilités de même nature accordées indirectement aux fils et aux tissus de lin austro-hongrois, se traduisirent au bénéfice des produits belges. Par conséquent, l'Angleterre et la Belgique, par l'effet de la clause, étaient plus avantagées que la France et l'Autriche-Hongrie qui cependant avaient fait des concessions pour qu'il n'en fut pas ainsi.

Il en fut de même dans le traité de 1891 entre l'Allemagne et l'Italie ; l'Italie obtint une réduction de 15 à 4 marks de la taxe qui pesait sur les raisins secs, et elle en donna une compensation ; mais cette réduction fut beaucoup plus profitable à l'Espagne qui put faire à nos exportations une concurrence ruineuse.

Mais il n'est pas très difficile de remédier à cet inconvénient ; il suffit d'apporter plus d'attention dans le choix des concessions à demander. Ainsi la France, sachant qu'elle ne pouvait lutter contre la concurrence anglaise des draps de laine pour homme aurait mieux fait de ne demander aucune facilité pour ces produits. Elle aurait pu, au contraire, demander des facilités pour les draps de laine pour femme où sa supériorité sur la Grande-

Bretagne était incontestable. Les inconvénients de cette nature sont assez faciles à éviter de nos jours, parce que les productions sont tellement spécialisées qu'aucun pays n'a la prédominance absolue dans chacune d'elles ; et aussi parce que les tarifs sont tout autant spécialisés exagérément même, de sorte que l'on peut réduire exclusivement les droits qui correspondent à la marchandise que l'on désire exporter et dans la production de laquelle on a une supériorité suffisante.

L'Angleterre, si elle devait stipuler un traité avec l'Italie, ne demanderait pas de faveurs douanières pour les machines dynamo-électriques, parce que l'Allemagne la dépasse désormais dans la production de cette marchandise ; elle ne demanderait rien en faveur de ses métiers à tisser parce que la Suisse les produit dans des conditions meilleures ; elle insisterait au contraire, sur les avantages à accorder aux autres produits mécaniques, pour lesquels la Grande-Bretagne détient la supériorité sur tous les autres pays. Donc, il suffirait d'un peu de circonspection pour éliminer une bonne partie des inconvénients dont on se plaint.

On dit encore que la clause qui nous occupe restreint la compréhension des traités de commerce, parce que, ne pouvant connaître l'extension que comportera son application, les pays contractants hésitent à faire des concessions, car ils craignent que d'autres nations en profitent.

Cela pouvait arriver autrefois ; c'est plus difficile aujourd'hui, car on peut évaluer exactement les conditions économiques de chaque marché et déterminer avec assez de précision la concurrence dont chacune de ses marchandises est capable sur les marchés étrangers. Mais, cette concurrence pouvant venir d'un troisième pays, il est toujours possible de refuser ou de concéder les faveurs que l'autre contractant demande en faveur des mêmes marchandises.

Un exemple : Lorsque l'Italie, en faveur des vins austro-Hongrois, réduisit ses droits de 20 francs à 5 fr. 75 par hectolitre elle savait très bien qu'une forte concurrence pouvait être à craindre de la part de l'Espagne, à laquelle cette réduction s'étendrait en vertu de la clause. Que fit alors le gouvernement italien ? Il dénonça la convention de commerce existant alors avec l'Espagne et en stipula une autre où il était dit que l'Italie concédait le traitement le plus favorable aux produits espagnols, sauf cependant en ce qui concernait les faveurs accordées à d'autres pays postérieurement au premier juillet 1892. Et comme la réduction dont il s'agit eut lieu après cette époque, l'Italie put faire ce qu'elle souhaitait au mieux de ses intérêts, tout en se mettant à couvert de la concurrence espagnole (1). D'autres exemples pourraient être cités. Lorsque la France et l'Italie conclurent l'accord de 1898, elles craignaient que la clause put nuire à la production de la soie dans les deux pays. On convint alors que les produits visés en seraient exclus, c'est-à-dire que l'Italie a droit au tarif minimum français et la France au tarif conventionnel italien, sauf pour les produits italiens de l'industrie de la soie auxquels la France appliquait le tarif maximum et les mêmes produits français auxquels l'Italie appliquait le tarif général.

Pour les mêmes raisons, le Portugal n'étend pas la clause aux facilités accordées à l'Espagne et au Brésil ; et la Serbie ne l'étend pas au bétail ottoman ; ni la Suisse et la Norvège ne l'étendent aux faveurs réciproquement concédées.

Il existe une façon encore, contrairement à ce que certains pensent, de tirer de toute concession accordée à l'étranger le maximum d'effet utile. Un exemple le mettra mieux en lumière. Supposons (et la supposition est très proche de la réalité) que l'Italie soit disposée à faciliter l'entrée des cotonnades, des produits chimiques et des marchandises mécaniques à la condition d'obtenir des avantages correspondants en faveur de son exportation agricole. Supposons que les pays avec lesquels l'Italie veut traiter soient intéressés à l'exportation de ces trois caté-

(1) Un procédé identique fut employé pour écarter la concurrence des vins grecs.

gories de produits. Dans ce cas, diront les adversaires de la clause, si l'Italie stipule un traité avec la Suisse et favorise ses cotonnades, l'Allemagne et l'Autriche-Hongrie ne demanderont dans leurs négociations futures avec l'Italie, aucune réduction pour les marchandises similaires qu'elles produisent : elles savent en effet que les facilités accordées aux productions suisses seront, en vertu de la clause, étendues à leurs propres productions. L'Italie ne retirerait donc pas des concessions faites tout l'avantage qu'elle aurait dû y trouver, puisque l'Autriche-Hongrie et l'Allemagne bénéficieront des facilités accordées à la Suisse, sans avoir rien à donner en retour. Et si l'Italie accordait des réductions en faveur des produits chimiques allemands, l'Autriche-Hongrie et la Suisse ne demanderaient plus rien à ce sujet. Il en serait de même pour la Suisse et l'Allemagne à propos des industries mécaniques.

Même en faisant abstraction du fait que l'Italie, à propos d'autres produits et en raison d'autres traités conclus par ces trois pays avec des pays étrangers, jouirait des mêmes avantages qui reviennent à l'Allemagne, à la Suisse et à l'Autriche-Hongrie, il existe d'autres raisons de défendre la clause de la nation la plus favorisée. On pourrait, en effet, stipuler simultanément tous les traités de commerce auxquels sont annexés des tarifs. Et dans ce cas, les différents pays, ignorants des facilités qu'ils accorderont au cours des négociations avec d'autres États, se mettraient à couvert en demandant directement ces mêmes faveurs qu'on leur aurait étendu en vertu de la clause. Et ces faveurs, naturellement, seraient compensées par des avantages équivalents. L'Allemagne, par exemple, auparavant se serait bornée à demander des réductions douanières pour ses produits chimiques, et eût négligé de faire des demandes analogues pour ses cotonnades déjà favorisée par l'Italie en vertu de ses arrangements avec la Suisse ; actuellement, au contraire, elle demanderait les mêmes facilités pour ses cotonnades, dans la crainte que ce produit n'ait été exclu du traité entre l'Italie et la Suisse, ou bien qu'il n'y soit pas suffisamment avantagé.

Désormais conscients de cet état de choses, les Etats qui pratiquent la politique des traités s'efforceront de faire tomber à peu près à la même date l'expiration des pactes déjà conclus avec l'extérieur et de stipuler en même temps toutes les nouvelles conventions. Ils ont encore la ressource de garder secret le traité qui aurait été conclu avant les autres. L'Allemagne fit expirer le 31 décembre 1903 ses pactes avec l'Autriche-Hongrie, l'Italie, la Suisse, la Russie, etc. L'Autriche-Hongrie en fit autant pour ses traités avec l'Italie et l'Allemagne. De même que la Suisse pour ses obligations contractuelles avec les dix dernières années. Presque tous ces pactes furent renouvelés en 1902-1903. Mais ceux qui furent signés les premiers ne furent notifiés qu'après la signature des autres.

Mais la clause de la nation la plus favorisée est la plus avantageuse lorsqu'il s'agit de soustraire les marchandises d'un Etat au traitement différentiel. Ce qui nuit le plus aux exportations d'un pays, ce n'est pas la hauteur des barrières douanières étrangères, mais la différence du régime douanier auquel les marchandises sont assujetties par rapport aux produits similaires des autres Etats. Si l'Italie et l'Espagne vendent à l'Allemagne le vin qui lui est nécessaire et si celle-ci frappe d'un droit de 20 marks par hectolitre les vins des deux pays, les conditions des deux produits seront égales. Mais si l'Allemagne en faveur de l'Italie seulement réduit son droit de moitié, la concurrence des vins espagnols sur le marché allemand ne sera plus possible ou deviendra extrêmement difficile.

La France, par le traité de 1881, avait établi un droit conventionnel de 3 francs par hectolitre en faveur des vins italiens. Puis, par un traité conclu avec l'Espagne, elle réduisit ce droit à 2 francs. Si le traité de 1881 ne comportait pas la clause de la nation la plus favorisée, les vins italiens eussent subi un régime différentiel et n'auraient pu résister à la concurrence espagnole. Lorsque, par suite de la rupture des relations économiques, la France appliqua à l'Italie le régime différentiel, dont la clause l'avait jusque là préservée, les vins espagnols évincèrent les vins italiens dans l'approvisionnement de la France.

Même si les arguments hostiles à la clause prédominaient, il serait difficile de se prononcer pour son abolition. On sait, en effet, que tous les pays n'ont pas ou ne veulent pas donner des réductions sur leurs propres tarifs d'entrée. Dans ces conditions, pour asseoir les échanges sur une base solide et pour écarter ce danger d'un régime différentiel, le meilleur moyen consistera dans l'adoption réciproque de la clause de la nation la plus favorisée qui assure un régime de pays sans contrevenir à aucun tarif.

Dans les derniers temps, on a trouvé moyen d'éluder les conséquences précises de la clause, et ce moyen réside dans les facilités que l'on a l'habitude d'accorder au trafic-frontière. Les frontières politiques ne coïncident pas toujours avec les frontières économiques, de sorte que les provinces limitrophes éprouvent un dommage sensible du fait de la barrière artificielle qui les sépare. On y remédie en facilitant l'échange des marchandises produites des deux côtés de la frontière, mais ces facilités sont limitées aux produits propres des provinces-frontières. Toutefois, en exagérant l'esprit de ces dispositions, on est arrivé à comprendre dans les facilités accordées au trafic-frontière, celles qui concernent toute la production d'une marchandise, sans distinction faite entre les territoires où cette production s'exerce. Ainsi, les provinces adjacentes à la frontière austro-italienne s'adonnent à la culture de la vigne; il était donc légitime de faciliter l'échange du vin qu'elles produisent. On voulut cependant étendre ces facilités aux vins produits par d'autres provinces italiennes. Cette concession n'aurait, en elle-même, pas beaucoup d'importance; mais elle en présente beaucoup en ce qui touche à la clause de la nation la plus favorisée. Les facilités du trafic-frontière ne sont pas du ressort de cette clause et ne peuvent donc pas être étendues à d'autres Etats. Il en résulte que lorsque ces facilités sont exagérées, les importations des pays qui bénéficient de la clause peuvent parfois subir un régime différentiel. Dans des cas semblables, l'élision qui est faite de la clause apparaît avec évidence. Franchement, on ne peut nier que lorsque l'Autriche-Hongrie accorda, à titre de facilité pour le trafic-frontière, le droit de 3 florins 20 à presque tous les vins italiens, tandis que ceux des autres provenances payaient encore 8 florins, elle viola la clause de la nation la plus favorisée, dont jouissaient d'autres Etats. Si le principe sanctionné par le traité austro-italien de 1891 recevait une extension, les marchés limitrophes verraient encore s'améliorer leurs conditions par rapport aux marchés éloignés. Par conséquent, tandis que les facilités accordées au trafic-frontière sont parfaitement conformes à l'équité si on les emploie à leur véritable usage qui est aussi le meilleur, elles constituent, au contraire, des violations profondes à la clause de la nation la plus favorisée, si on leur enlève leur vrai caractère en leur donnant une extension exagérée.

Les batailles engagées autour de la clause furent, nous l'avons dit, ardentes et tenaces. Mais la lutte devint plus violente encore après l'interprétation qui fut faite de l'art. 11 du traité de Francfort. Lorsque, en 1871, la paix intervint entre la France et l'Allemagne, le prince de Bismarck, certainement inspiré par Delbrück, qui tenait alors dans ses mains les destinées de la politique commerciale allemande, voulut fixer le régime douanier que les deux nations se seraient réciproquement appliqué pendant la durée de la paix. Les principales dispositions de l'art. 11 du traité de Francfort sont ainsi libellées : « Les traités de commerce avec différents Etats de l'Allemagne ayant été annulés par la guerre, le Gouvernement français et le Gouvernement allemand prendront pour base de leurs relations commerciales le régime du traitement réciproque sur le pied de la nation la plus favorisée.

« Sont compris dans cette règle les droits d'entrée et de sortie, le transit, les formalités douanières, l'admission et le traitement des sujets des deux nations ainsi que leurs agents.

« Toutefois seront exceptées de la règle susdite les faveurs qu'une des deux parties contractantes, par des traités de commerce, a accordé ou accordera à des Etats autres que ceux qui suivent: l'Angleterre, la Belgique, les Pays-Bas, la Suisse, l'Autriche, la Russie. »

Les dispositions de cet article sont, en vérité, un peu ambiguës, et pendant longtemps on discuta s'il avait pour effet de limiter l'application du régime le plus favorable aux seules concessions faites par l'Allemagne et par la France aux pays énumérés dans le traité ; ou bien s'il fallait comprendre que cette application devait être étendue aussi, indirectement, aux concessions faites par les deux nations à d'autres Etats. La France, par exemple, avait-elle droit aux avantages établis par un pacte de commerce stipulé entre l'Allemagne et l'Italie, bien que ce dernier pays ne fut pas mentionné dans le traité de Francfort ? L'Allemagne avait-elle droit aux avantages établis par un pacte entre la France et l'Espagne, bien que cette dernière se trouve, au regard du traité de Francfort, dans les mêmes conditions que l'Italie ? Après de longues discussions, qui devinrent très vives en Allemagne et en France, mais qui intéressèrent tous les pays, l'interprétation libérale triompha de l'interprétation restrictive. C'est-à-dire que le régime le plus favorable doit être étendu aux concessions que les deux nations intéressées consentiront même aux pays non mentionnés à l'art. 11 du traité de Francfort.

Le caractère libéral de la clause paraît évident, on ne peut pas logiquement contester qu'elle soit défectueuse dans quelques-unes de ses conséquences, ni même, qu'en certains cas, elle n'entraîne quelque dommage. Mais ses avantages dépassent de beaucoup ses inconvénients ; son application paraît de plus en plus profitable, maintenant que le protectionnisme continental refleurit et menace d'arrêter le développement des échanges internationaux.

CHAPITRE VI

LES STATISTIQUES COMMERCIALES ET LEUR VALEUR DE COMPARAISON

140. Importance des statistiques commerciales. Leurs divisions. — Tous les Etats, à l'expiration des périodes d'exercice, procèdent à l'inventaire des marchandises échangées avec l'extérieur (1). Cet inventaire, qui s'opère par le moyen des statistiques commerciales, quoique n'ayant pas l'importance que lui assignaient les mercantilistes, ne doit pas être négligé.

Les statistiques commerciales, en effet, contribuent à faire connaître la complexion économique d'un pays et mettent en relief les changements survenus dans le domaine de la production. Elles déterminent, avec une exactitude suffisante, l'un des éléments de la balance des paiements, celui que constituent les importations et les exportations, et nous indiquent la direction et l'importance des courants commerciaux et monétaires. Elles aident la finance publique dans le choix des droits fiscaux les plus productifs et donnent une sécurité appréciable aux prévi-

(1) Ces périodes coïncident généralement avec les années solaires. Seuls, les Etats-Unis et le Canada possèdent, à ce sujet, une année commerciale.

sions relatives à leur rendement. Au service de la politique commerciale, elles lui permettent d'évaluer les concessions et les
compensations découlant de tout pacte de commerce ; elles indiquent les marchés avec lesquels les échanges doivent être
plus étroitement protégés, en vue d'une augmentation du commerce. Ces statistiques nous montrent, en outre, les résultats
des pactes commerciaux et les effets qui suivent toute modification des dispositions douanières des autres pays. Il s'agit là, en
somme, d'un service de renseignements du plus haut intérêt
économique et que tous les pays ont le devoir de perfectionner.

Le commerce international est susceptible de deux évaluations: celle qui est basée sur la valeur des marchandises échangées et celle qui est basée sur leur quantité métrique. Cette
dernière estimation est utile lorsqu'il faut connaître avec exactitude les variations brusques de chaque marchandise à l'entrée
ou à la sortie du pays. Dans ce cas les causes d'erreur sont
moins nombreuses, car le volume ou le poids des marchandises
s'expriment par des mesures invariables.

Mais les quantités métriques ne sont pas réductibles à un dé-
nominateur commun et on ne peut même pas sommer celles du
même genre car elles présentent encore trop de variété (1). De
sorte que si l'estimation quantitative est utile lorsqu'il s'agit
d'une marchandise isolée, l'estimation basée sur la valeur, bien
que moins exacte, est nécessaire lorsqu'il s'agit de connaître le
total de tout ou partie du commerce international. Dans ce
cas, l'estimation n'est jamais précise, parce que la valeur s'établit d'après le prix de chaque marchandise et que ces prix sont
variables. Il en résulte qu'à une valeur totale inférieure à celle
que l'on a enregistrée pendant une période donnée, peut correspondre une quantité totale supérieure, et inversement. D'où la
nécessité, lorsqu'on veut connaître les augmentations ou les diminutions du commerce total ou de l'une de ses branches, de

_____

(1) M. PANTALEONI, *Teoria della pressione tributaria.* Rome. L. Pasqua-
lucci 1887.

calculer la somme des valeurs que l'on aurait eue, si les prix n'avaient pas changé ; d'où encore la nécessité d'évaluer la plus-value ou la dépréciation moyennes qui ont pu se produire. Inutile de dire qu'au point de vue technique ce calcul est un des plus difficiles.

Les statistiques commerciales classent les marchandises selon leur lieu d'achat ou de vente. Nous avons, par exemple, le commerce d'importation et le commerce d'exportation, chacune de ces deux branches comporte des divisions correspondant aux pays d'origine ou de destination ; le classement est fait dans ces subdivisions : a) selon la nature économique de chaque marchandise, c'est-à-dire selon qu'il s'agit de marchandises industrielles brutes, semi-ouvrées et finies ou de marchandises alimentaires ; b) selon le but dans lequel l'importation ou l'exportation est faite ; c'est-à-dire selon qu'elles sont destinées à la consommation ou à un travail de transformation ; ce dernier cas est constitué par l'exportation ou l'importation temporaire.

La façon dont les statistiques sont dressées change beaucoup avec les pays (1). Mais on accepte partout la division du commerce en commerce général et commerce spécial. Le premier comprend toutes les marchandises entrées dans l'Etat ou qui en sont sorties, sans tenir compte de leur destination dernière, économique ou géographique. De sorte que ses chiffres sont grossis par le commerce de transit, qui n'a pas beaucoup d'importance pour le pays à travers lequel il s'exerce. Inutile de dire que ces chiffres ont une mince valeur statistique et écono-

(1) Beaucoup d'ouvrages traitent de la valeur et de l'emploi des statistiques commerciales, en outre des travaux de Giffen, de Bodio et de Stringher, publiés dans la quatrième série de la *Biblioteca dell' Economista*. F. Collerti, *Del valore statistico delle cifre nel commercio internazionale*, Turin, Bocca frères, 1903, s'en occupe longuement. Le dernier travail en date, mais non le moins important, est celui du Dr Gustave Lippert, *Ueber die Vergleichbarkeit der Werte von international Waren*, Uebertragungen, Wien, Verlag von Wilhelm Braumüller, 1903. Dans ce livre qu'il nous faudra citer par la suite, sont traités tous les problèmes négligés par les autres auteurs, comme par exemple celui qui se rapporte à la valeur de la monnaie appliqués aux statistiques.

nique. Le second au contraire comprend, en général, les marchandises produites complètement à l'intérieur ou y ayant subi un travail de transformation et qui se vendent ensuite à l'étranger ; ou encore les marchandises étrangères que l'on achète pour alimenter les fabriques nationales ou la consommation intérieure.

Il est inutile de dire que le commerce spécial est beaucoup plus intéressant que le commerce général. Il est la résultante fidèle des besoins nationaux, alors qu'on n'en peut dire autant du commerce général. Il s'agit, bien entendu, d'une fidélité relative. Ainsi, par exemple, les objets manufacturés que l'on a tirés de la matière première étrangère figurent dans l'exportation au titre de marchandises nationales (1).

Dans les comparaisons internationales, c'est du commerce spécial qu'il faut tenir compte.

Mais les statistiques de tous les pays, tout en adoptant presque toutes ces divisions, classent de façon différente les marchandises qui appartiennent à chacune de ces catégories. Cette divergence de méthode dépend surtout du besoin de connaître dans ses particularités les plus menues le mouvement effectué dans ces branches du commerce international qui intéressent de plus près le marché intérieur, c'est-à-dire que de telles divisions découlent directement de la complexion économique du pays. En Angleterre, par exemple, comme nous le verrons sous peu, on donne la première place au commerce colonial, pour des raisons qu'il serait oiseux d'énumérer. Et tandis qu'on néglige les diverses catégories du commerce d'entrée, on analyse au contraire le commerce de sortie qui constitue la source la plus puissante de la fortune anglaise. En Allemagne, le commerce de perfectionnement est relevé avec soin, parce que ce pays a inté-

(1) Giffen et Bateman voudraient, avec juste raison, que des produits manufacturiers obtenus avec la matière première étrangère l'on déduisit la valeur de cette dernière lorsqu'on établit les calculs de la balance commerciale. Mais le compte de ces déductions est, pour des raisons techniques, extrêmement difficile.

rêt à connaître avec précision le progrès technique des fabriques.

141. L'établissement des statistiques commerciales dans les différents pays et leurs principaux défauts. — Les méthodes suivies pour dresser les statistiques, tout en se conformant aux principes généraux que nous avons énumérés, diffèrent dans leurs particularités. Nous passerons rapidement en revue trois des systèmes actuellement en usage dans les différents pays européens, et nous avons choisi ceux qui peuvent le mieux servir de type à trois méthodes distinctes. La méthode adoptée en Angleterre est la plus simple ; vient ensuite celle de l'Italie qui occupe la place moyenne et, enfin la méthode allemande, la plus minutieuse et, par conséquent, la plus compliquée des méthodes connues.

La statistique anglaise comprend dans l'importation *(Imports)* les marchandises importées pour un usage quelconque. Le commerce spécial, celui qui devrait tenir compte des marchandises introduites pour la consommation, ne comprend que les quelques marchandises soumises à des droits d'entrée, soit qu'elles viennent des dépôts, soit qu'elles viennent directement de l'étranger. Dans l'exportation sont comprises : *a)* les marchandises nationales ou naturalisées *(Exports of bristish produce)* ; *b)* les marchandises coloniales ou étrangères réexportées *(Exports of foreign and colonial produce)*.

Le défaut principal de la statistique anglaise, c'est de ne pas faire connaître avec précision la quantité des marchandises entrées dans le Royaume pour y être définitivement consommées ou bien pour y subir une transformation. Elle tient seulement compte des marchandises soumises à des droits, mais elles sont peu nombreuses par rapport à celles qui jouissent de la franchise et qui échappent, par conséquent, à l'enregistrement statistique. Il n'est pas possible de connaître, même approximativement, le total des marchandises en question. Même en retranchant du commerce général d'importation le commerce spécial d'entrée on serait loin d'obtenir un chiffre représentant la quan-

tité de marchandises introduites sur le marché anglais pour y
être transformées par l'industrie ou pour y être livrées à la consommation. En effet, dans ce chiffre rentreraient aussi les marchandises — les marchandises coloniales en particulier — qui ne
font que traverser l'Angleterre pour gagner d'autres marchés et
qui atteignent un total considérable. On pourrait avoir seulement
une idée approximative des marchandises importées dans ce but
en retranchant du commerce d'importation le commerce spécial
d'entrée et les marchandises coloniales et étrangères réexportées.
Mais ces calculs pourraient être fortement entachés d'erreur,
parce que les statistiques sont imparfaites par elles-mêmes et les
opérations arithmétiques auxquelles on les soumet peuvent parfois amplifier les erreurs au lieu de les corriger.

L'exportation elle-même ne représente pas fidèlement la valeur des marchandises anglaises exportées ; il faudrait en effet en
retrancher la valeur des matières premières dont l'Angleterre
tire des produits manufacturés. Comme il s'agit d'un pays qui
vend à l'étranger la plus grande partie des marchandises fabri-
quées, cette cause d'erreur se trouve renforcée, car la quantité
de matière première incorporée aux produits finis est plus considérable ; dans une mesure moindre, cette cause d'erreur est
commune à tous les marchés.

Une telle imperfection statistique s'explique par le désir de ne
pas entraver le commerce par des méthodes d'évaluation et de
contrôle dont les manifestations seraient inconciliables avec la
liberté des échanges adoptée en Angleterre.

La statistique italienne comprend dans le commerce spécial
d'importation : a) les marchandises étrangères introduites dans
le royaume pour la consommation, soit qu'elle proviennent directement de l'extérieur, soit qu'elles sortent des dépôts ; b) les
marchandises suivantes, importées temporairement pour y subir
les transformations déterminées par la loi relative aux importations temporaires : sucre, filés de coton, bourres de soie
brute, chiffons, tôles étamées, blé et matières métalliques ;
c) les autres marchandises étrangères importées temporaire-

ment et non réexportées dans les délais prescrits; *d*) la soie et les déchets de filés de soie, teints à l'étranger et réimportés, et les marchandises nationales réintroduites en franchise, aux termes de l'art. 4 de la loi du 7 avril 1898, n. 110 (1).

Toujours d'après la statistique italienne, le commerce spécial d'exportation comprend : *a*) les marchandises nationales et naturalisées définitivement exportées à l'étranger ; *b*) les marchandises nationales exportées temporairement pour en tenter la vente et non réintroduites dans les délais prescrits; *c*) les produits tirés des matières premières temporairement importées ; *d*) la soie brute et les déchets de filés de soie exportés temporairement pour être teints.

Cette statistique n'est pas exempte de défauts. Par exemple, le classement dans le commerce spécial des marchandises importées et exportées temporairement est illogique, parce qu'il en résulte que la statistique enregistre deux fois les marchandises qui font l'objet du commerce de perfectionnement, et par conséquent double leur valeur. De ces marchandises là on devrait faire un compte à part, comme on le fait pour les marchandises en transit, et non pas les incorporer au commerce spécial d'entrée et de sortie. Les soies italiennes qui vont à l'étranger pour y être teintes et retournent ensuite en Italie, ne changent pas de nationalité pour cela et il est inutile par conséquent, et même inexact, de les enregistrer au titre de marchandises étrangères lors de leur réimportation. On peut en dire autant des bourres de soie brute qui viennent en Italie pour le cardage. Ce travail ne leur enlève pas leur nationalité propre et, lors de leur réexportation, elles ne devraient pas être comprises dans le commerce spécial de sortie, parce que n'étant pas des marchandises italiennes avant le cardage, elles ne peuvent être considérées comme telles après.

(1) Il s'agit des marchandises nationales exportées à l'étranger, auxquelles — étant données des circonstances spéciales — on accorde la réimportation en franchise.

Une autre erreur, dont la correction est impossible à faire, est celle qui consiste à comprendre les marchandises naturalisées dans le commerce spécial d'exportation. Le commerce spécial de sortie devrait seulement comprendre les marchandises propres à l'économie du pays, ou celles auxquelles un profond travail de transformation a incorporé la nationalité italienne en faisant disparaître, pour ainsi dire, la nationalité première. Ce n'est certes pas le cas des marchandises naturalisées (1). Mais c'est là une erreur inévitable car, une fois faite l'importation de la marchandise étrangère sur le marché national, il est impossible de faire la distinction entre les marchandises nationales et naturalisées. Et il devient impossible d'en tenir compte dans l'exportation.

La statistique allemande est peut-être la plus compliquée de toutes. En Allemagne, en outre du commerce général (*Generalhandel*) et du commerce spécial (*Specialhandel*), nous avons le commerce effectif (*Gesammteigenhandel*). Le commerce général allemand ne diffère pas beaucoup du commerce général italien : il comprend le commerce effectif augmenté du commerce de transit. Le commerce effectif comprend, à l'importation : *a*) les marchandises importées de l'extérieur par voie directe, définitivement ou temporairement ; *b*) celles qui viennent des dépôts. A l'exportation figurent : *a*) les marchandises temporairement ou définitivement exportées par voie directe ; *b*) celles qui partent des dépôts.

Le commerce spécial comprend : à l'importation, les marchandises destinées à la consommation et qui viennent soit directement de l'extérieur, soit des dépôts ; à l'exportation, les marchandises exportées définitivement, y compris les marchandises indigènes soumises à un impôt de production intérieur et exportées après remboursement de cet impôt. Ici encore nous

_____

(1) On entend par marchandise naturalisée toutes les marchandises ayant pénétré à l'intérieur d'un Etat soit en franchise, soit après le paiement de droits.

voyons que les statistiques sont dressées de façon à mettre en
évidence cette partie de l'économie nationale qui a acquis la plus
grande importance. L'Allemagne étant actuellement développée
industriellement, sa statistique accorde une large place au commerce de perfectionnement et ne néglige même pas d'indiquer
la destination et la provenance des marchandises à perfectionner.
C'est là un indice sincère du progrès industriel réalisé. La statistique allemande, grâce à sa triple répartition, corrige l'erreur
que nous avons fait ressortir à propos de la statistique italienne.
Là, le commerce effectif correspond au commerce spécial italien
et nous voyons que chacun d'eux comprend le commerce de perfectionnement. Toutefois le commerce spécial allemand ne tient
pas compte de cette dernière forme de trafic ; cela évite l'erreur
en question et rend la statistique plus parfaite. Les statistiques
des autres pays se rapprochent plus ou moins des trois formes
que nous avons examinées.

**142. Le calcul des valeurs unitaires pour les statistiques
commerciales.** — Ce qui précède a trait aux grandes divisions
employées par les statistiques des différents Etats. Nous allons
voir maintenant comment on calcule les valeurs unitaires dont
la statistique se sert ; et comment ces valeurs contribuent ensuite à déterminer les valeurs totales du commerce international.

Tant que furent en usage les droits *ad valorem*, le calcul de la
valeur du commerce fut facile, car on se basait, pour y procéder, sur les valeurs déclarées par les importateurs qui suppor-
taient les droits d'entrée. Mais cette méthode était aussi simple
dans son application qu'erronée dans ses résultats. On sait trop
que les importateurs, pour échapper à une fraction du droit, dé-
claraient une valeur inférieure à la valeur réelle des marchandises ; par conséquent, les chiffres du commerce extérieur étaient
au-dessous de la vérité. Maintenant, les droits étant presque tous
spécifiques, le calcul de la valeur unitaire s'établit indirectement ;
et les chiffres sont moins inexacts qu'autrefois. De toute façon,
il existe toujours des erreurs, communes d'ailleurs aux statis-

tiques de tous les pays, et elles résultent : 1° de la difficulté d'établir avec exactitude la valeur de chaque marchandise, et par suite sa valeur unitaire ; 2° du mode selon lequel ces marchandises sont groupées en rubriques ; et par conséquent de l'obligation où l'on est de se baser sur la valeur moyenne des marchandises de la rubrique ; 3° de la difficulté d'établir avec précision la quantité de marchandises importées et exportées par le pays.

La première cause d'erreur n'exige aucun éclaircissement spécial. Un service de renseignements contrôlé sans diligence et, en général, des recherches effectuées sans exactitude peuvent en être la cause. Et les inexactitudes peuvent être nombreuses et de nature diverse. Le plus souvent les prix sont calculés à la frontière et représentent les prix d'origine augmentés des frais de transport, mais non du droit de douane (1). Mais, en pratique, on n'ajoute pas toujours les frais de transport aux prix d'origine ; de même, on n'en retranche pas toujours le montant des droits de douane (2). La recherche de la valeur réelle est donc très délicate et l'erreur est d'autant plus facile. Comme si cela ne suffisait pas, il existe encore d'autres inconvénients qui entachent d'erreur la recherche en question.

La même marchandise donne lieu à plusieurs qualités, parfois très nombreuses. Or, les prix dont les statistiques douanières tiennent compte ne correspondent pas à chaque qualité de marchandise, mais bien à la *rubrique* douanière dont nous avons parlé et dans laquelle sont groupées non seulement les qualités différentes d'une même marchandise, mais encore des marchandises différentes. La première considération suffit à montrer que la valeur statistique des chiffres de la douane est plus ou moins

---

(1) Un exemple : pendant la session 1891-92 de la Commission italienne des valeurs en douane, les valeurs de 13 *rubriques* furent rectifiées parce que la valeur établie l'année précédente fut reconnue fausse. Combien d'autres erreurs ne doit-on pas laisser passer ?

(2) Au sujet de la méthode selon laquelle les valeurs sont établies, consulter LIPPERT, *op. cit.*, p. 15.

éloignée de la vérité selon la *compréhension* plus ou moins grande des *rubriques* en question. Cette erreur provient soit de la nécessité d'établir une valeur moyenne pour les marchandises d'une même rubrique, soit de la quantité différente de chacune de ces marchandises exportée ou importée. Prenons une *rubrique A*, qui comprend deux marchandises *a* et *b* ; le prix de la première est de 3 francs par quintal, celui de la seconde est de 15 francs. Si la quantité importée a été, pour chaque marchandise, de 100 quintaux, la valeur totale accusée par la douane sera de 1800 francs. Ce chiffre est exact, car on y est conduit en calculant soit avec les prix spécifiques, soit avec le prix moyen des deux marchandises.

Mais si nous changeons les quantités, l'erreur apparaît et augmente avec la différence de ces quantités.

Supposons que la quantité de *a* ne varie pas et que la quantité de *b* soit doublée. Alors, la valeur totale, calculée avec les prix spécifiques, s'élève à 3300 francs ; alors que le calcul basé sur la valeur moyenne ne donne que 2700 francs. D'où une différence de 600 francs.

Si la quantité de *a* reste invariable, tandis que triple la quantité de *b*, la valeur totale calculée selon les deux méthodes successivement sera de 4800 francs ou de 3600 francs. D'où une erreur en moins de 1200 francs. Cette erreur augmenterait encore avec la différence des quantités des deux marchandises en question. Au lieu d'y avoir erreur par défaut, il y aurait erreur par excès, si la quantité de la marchandise importée qui a la plus faible valeur unitaire était plus importante que la quantité de l'autre marchandise.

Nous pouvons dire, en règle général : *a*) que la seconde erreur des statistiques douanières de tous les pays découle de la nécessité de faire usage pour chaque *rubrique* des valeurs moyennes et non des valeurs unitaires ; *b*) que cette erreur varie à mesure que les éléments (la valeur ou la quantité) de la moyenne s'écartent de cette moyenne même (1). Si l'on pense qu'en pra-

(1) Dans le dernier cas, par exemple, l'erreur qui atteint 1.200 francs

tique, une seule rubrique englobe parfois, en raison de leur affinité, des centaines de marchandises qui ont des valeurs très différentes et ont été exportées et importées par quantités très variables, on comprendra aisément l'importance de l'erreur que nous relevons, tout en reconnaissant qu'une certaine compensation peut quelquefois avoir lieu (1).

On a cherché à remédier à cet inconvénient par le moyen de la *discrimination* des *rubriques*, qui consiste à tenir un compte à part pour chacune des principales marchandises de la rubrique. Mais ce système, loin de supprimer l'erreur, ne fait que l'atténuer. Aucun doute, toutefois, que les erreurs de cette nature ne diminuent lorsque s'accentue la *spécialisation* des *rubriques* et leur *discrimination* adoptée aux fins de faciliter la statistique.

La troisième cause d'erreur n'est pas moins importante. Les erreurs de cette nature diminuent généralement lorsque la portée protectrice et fiscale des droits de douane augmente. Les pays orientés vers le libre-échange accordent la franchise à beaucoup de marchandises dont la douane n'est nullement intéressée à contrôler les quantités présentées à l'importation. Il n'en est pas de même dans le cas où l'on applique le *droit de statistique* (2), même aux matières premières, de sorte que l'on peut d'une façon au moins approximative évaluer les importations. Quant au commerce de sortie, les évaluations erronées sont plus nombreuses encore, car les droits de sortie sont devenus très rares et l'on accepte, sans aucun contrôle, les quantités déclarées par les exportateurs.

serait moindre si les éléments (100 et 300) de la moyenne quantitative (200) au lieu de s'en écarter de 100 s'en écartaient seulement de 50. Si les éléments (3 et 15) de la moyenne des valeurs (9) ne s'en écartaient pas de 6, mais seulement de 3.

(1) Aux termes du règlement italien, 109 instruments divers sont compris sous la rubrique « Instruments de physique, de chimie, de calcul et de précision » ; 275 produits de nature diverse sont rattachés à la rubrique « Produits chimiques non nommés ». Dans des cas de ce genre, les erreurs peuvent être très considérables.

(2) C'est un droit très faible, adopté dans certains pays, et qui frappe presque toutes les marchandises importées.

143. La comparaison des statistiques commerciales. — La comparaison des statistiques du commerce international peut permettre d'apercevoir le progrès ou le recul survenu dans l'échange de toutes les marchandises ou de certaines d'entre elles avec tous les pays étrangers. Cette comparaison est basée sur le temps. On compare le commerce extérieur de 1886 avec celui de 1889 pour voir quels résultats suivirent l'application du nouveau tarif douanier-italien de 1887.

Cette comparaison peut avoir lieu entre les statistiques de la même année dans différents pays dans le but d'évaluer la mesure dans laquelle le commerce total augmente ou diminue dans chacun d'eux.

Enfin, cette comparaison peut être faite pour préciser de façon certaine la mesure dans laquelle augmente ou diminue le commerce d'entrée et de sortie d'un pays donné.

Dans les deux premiers cas, la comparaison embrasse toutes les marchandises échangées, ou quelques-unes d'entre elles, sans égard pour leur provenance et leur destination. Dans le troisième cas, au contraire, la comparaison est faite seulement entre quelques branches de commerce, en tenant compte des différents pays avec lesquels les échanges ont été pratiqués.

Quelle que soit la comparaison à tenter, il faudra ne pas oublier certaines règles de logique propres à la statistique, faute de quoi on aboutira à des résultats inexacts. Si la statistique commerciale a pu être appelée le *mare magnum* de la sophistication et si cette appellation a pu sembler justifiée, cela tient non pas tant à l'imperfection naturelle de la détermination des données qu'à l'absence de tout principe d'impartialité statistique dans la pratique des comparaisons. L'idée préconçue dirigea souvent les recherches et le matériel statistique ne fut pas vérifié ni employé comme il eût convenu, de sorte que les mêmes chiffres servirent tant à la défense du libre-échange qu'à celle du protectionnisme. On en éprouva une certaine défiance envers les statistiques commerciales, qui cependant savent révéler la vérité lorsqu'on les consulte avec toutes les précautions nécessaires.

Dans toutes les recherches statistiques, les causes régulières doivent être distinguées des causes accidentelles ; nous avons vu que pour certaines comparaisons statistiques du commerce il fallait éliminer les années qui avaient été agitées par des troubles anormaux. On ne peut pas comparer le commerce d'entrée de l'année qui précède une réforme douanière avec celui de l'année qui suit et en tirer des conclusions absolues. On sait, en effet, que pendant l'année qui précède une telle réforme, les importations se multiplient ou s'arrêtent, selon que la réforme à un caractère protectionniste ou libre-échangiste dans le but de soustraire les marchandises à des droits plus lourds. Donc, le principe de l'homogénéité statistique serait violé, si l'on comprenait une pareille année dans la comparaison. De la même façon, on ne peut comparer le commerce spécial d'un pays avec le commerce général d'un autre ; cela équivaudrait dans la statistique de la criminalité à comparer le nombre des crimes découverts avec celui de crimes condamnés. Et même lorsque les données confrontées sont apparemment homogènes, comme, par exemple, les statistiques du commerce spécial de deux pays, il faudra ne pas négliger la différence de compréhension des deux statistiques, si l'on ne veut pas aboutir à des résultats erronés.

De toute façon, tandis que de comparaisons statistiques d'une autre nature, comme, par exemple, la statistique des naissances et des morts, on peut tirer des conclusions absolues, dans le domaine de la statistique commerciale, au contraire, on ne peut qu'approcher de la vérité ; car les causes d'erreur sont nombreuses et importantes et agissent sur les données statistiques de tous les pays. Parfois ces erreurs se compensent, le plus souvent il n'en est rien.

Pour qui veut comparer les statistiques du même pays, pour apercevoir les variations du commerce au cours de plusieurs années, il pourra tirer des conclusions assez exactes, s'il borne son examen à une seule marchandise. Mais, même dans ce cas spécial, la comparaison quantitative ne conduit pas toujours à des résultats exacts. Elle ne le peut pas, non seulement pour des raisons que nous analyserons longuement par la suite, mais encore parce que les qualités d'une marchandise comprise dans la rubrique peuvent être extrêmement nombreuses. Ainsi les tissus de soie mélangée sont classés, par la statistique italienne, parmi les tissus de soie pure lorsque la soie y rentre dans une proportion supérieure à 50 0/0. A l'étranger, cette limite est variable, de sorte que la rubrique « tissus de soie pure » comprend des qualités très différentes et nullement comparables. La comparaison est plus exacte, approximativement, lorsqu'on veut connaître les changements survenus dans le commerce de l'un des *sous-titres* qui constituent la rubrique. Mais, si l'on veut étendre cet examen à tout le commerce international ou à une de ses branches importantes la comparaison est faite entre les valeurs et elle n'aboutira à rien.

Les prix, en effet, varient avec le temps et, même si les quantités ne changent pas, les valeurs relevées par la douane peuvent être plus ou moins élevées suivant les années ; et l'on ferait erreur si, en se basant sur les variations des valeurs, on voulait tirer des conclusions absolues relatives à l'augmentation ou à la diminution du commerce.

En 1891, pour en donner un exemple, les valeurs en douane de 560 *rubriques* sur 934 furent différentes de ce qu'elles étaient l'année d'avant. Il y eut augmentation pour 60 rubriques seulement, et diminution pour les 500 autres. Il est donc facile de comprendre quelle différence il a pu en résulter pour la valeur totale, en particulier si l'on pense que la valeur de certaines *rubriques*, comme celle du pétrole, faiblit dans une proportion de 19 0/0.

Cela ne se produisit pas seulement pendant les périodes exceptionnelles. Le cas des années 1901 et 1902 est caractéristique ; sans présenter des changements considérables des valeurs unitaires, elles en offrirent un très important dans la valeur totale.

La valeur de l'importation fut :

en 1901, de	1718 millions
» 1902, de	1776 »
d'où une augmentation de	58 »

Mais si aux marchandises importées en 1902 on appliquait les valeurs de 1901, on trouverait que pour la valeur totale correspondant à l'année 1902 le chiffre de 1843 millions, c'est-à-dire une augmentation de 125 millions et non plus de 58. Cette différence, provient de ce que les valeurs unitaires de 1902 furent inférieures, en moyenne, de 3 ou de 4 0/0 à celles de 1901.

Quant aux exportations de la même année, c'est le contraire qui eut lieu.

La valeur de l'exportation fut :

en 1901, de	1 375 millions
» 1902, de	1 472 »
soit une augmentation de.	97 »

Mais en appliquant aux marchandises de 1902 les valeurs unitaires de 1901, la valeur totale de la première de ces années se réduit à 1445 millions, c'est-à-dire une augmentation de 72 millions seulement au lieu de 97. L'explication en est fournie par ce fait que les valeurs unitaires de 1902 furent, par rapport à l'exportation, de 1,87 0/0 supérieures, en moyenne, à celles de l'année d'avant.

Par conséquent, la comparaison, basée sur le temps, des valeurs en douane totales et faite dans le but de déterminer les variations de quantités, est extrêmement trompeuse en raison du changement des valeurs unitaires (1). Mais on y remédie en appliquant aux quantités exportées et importées pendant les années de la période prise en examen, les valeurs unitaires de l'année initiale. Ce faisant, tout changement des valeurs totales reste subordonné aux changements survenus dans les quantités.

Pour faire ressortir rapidement les variations quantitatives du commerce extérieur, il va drait mieux recourir aux nombres-indices, en réduisant les valeurs absolues obtenues par la méthode

(1) A. L. BOWLEY, *Statistical Methods and the Fiscal Controrery*, dans le « The Economic Journal » de septembre 1903, expose quelques règles à observer pour procéder à la comparaison et à l'interprétation des statistiques.

dont nous avons parlé, en valeurs proportionnelles qui indiqueraient toujours le sens des variations des quantités et leur mesure.

La comparaison peut être faite encore pour une même année entre différents pays. Il semblerait qu'avec cette dernière forme de comparaison, les causes d'erreur dussent être diminuées ; elles sont au contraire beaucoup plus nombreuses et même beaucoup plus graves. En outre de celles dont nous avons déjà parlé et qui ne laissent pas d'agir aussi sur ces comparaisons, les principales proviennent de ce que :

1) le commerce spécial, celui cependant qui indique le plus fidèlement la capacité commerciale d'un pays, est différemment entendu selon les États et a dans chacun d'eux une compréhension particulière ;

2) les quantités et les qualités des marchandises, exactement connues lorsqu'il s'agit de produits soumis à des droits de douane, ne sont pas indiquées avec précision pour des marchandises entrant en franchise. De sorte que les causes d'erreur sont plus considérables dans les pays où les droits d'entrée sont légers et peu nombreux que dans ceux où la raison économique et financière pèse sur l'organisation douanière ;

3) la contrebande opère différemment selon les différents pays, et selon que la défense douanière est plus ou moins accentuée ; les erreurs imputables à cette cause sont plus fortes là où les droits sont plus élevés ;

4) le règlement relatif aux tares change avec les États ; de sorte, par exemple, que la même marchandise est taxée selon le poids net dans certains pays, selon le poids brut dans d'autres ;

5) le commerce de transit altère — en l'augmentant — le commerce spécial d'importation. Les marchandises exemptes de droits ne sont pas toujours enregistrées dans le commerce de transit et la douane ne se soucie pas toujours de connaître leur destination exacte. Ainsi lorsque le coton brut entrait en franchise en Italie, ce pays apparaissait exportateur de coton, alors

qu'il ne produit pas cette marchandise. Aussitôt qu'un droit d'entrée fut imposé sur ce produit, l'erreur fut corrigée.

6) dans les pays où la circulation monétaire est saine, les valeurs unitaires et totales se maintiennent à un niveau plus bas que ceux des pays où la monnaie est dépréciée. Les raisons en sont évdentes. Elles résident précisément dans la baisse de la valeur de la monnaie et dans l'élévation des prix consécutive. Cependant, tous les auteurs ont négligé d'en tenir compte. Lippert, dans le remarquable ouvrage dont nous avons parlé à plusieurs reprises, expose assez bien le phénomène en comparant respectivement les échanges entre des pays dont la circulation monétaire est saine (l'Allemagne d'un côté, avec l'Autriche-Hongrie, la Russie et l'Italie de l'autre ; la Suisse avec l'Autriche-Hongrie ; l'Angleterre et la France avec l'Italie) et ceux dout la circulation est dépréciée. Il trouve que les premiers accusent des valeurs sensiblement inférieures à celles des seconds, et que la différence augmente avec l'agio (1).

Ces causes ne peuvent pas toujours être combattues. La première erreur pourrait être éliminée avec une facilité relative si un accord international déterminerait les marchandises qui doivent être comprises dans le commerce spécial. Quant à la seconde erreur, on ne peut pas la corriger complètement en établissant des droits de statistiquo sur les marchandises sorties et rentrées. Ces droits prélevés de façon uniforme et dans une mesure modeste sur toutes les marchandises font abstraction de la qualité. Par ce procédé, la correction ne serait faite qu'en ce qui touche aux quantités et non en ce qui concerne les qualités et qui présente parfois le plus d'intérêt.

Il est inutile de dire combien toute mesure contre la contrebande reste sans effet. Si les droits de douane se maintiennent élevés, la contrebande trouvera toujours le moyen de sauter la frontière et pourra soustraire ainsi à tout contrôle une importante partie du commerce. Toutefois dans le cas des Etats limi-

---

(1) LIPPERT, *op. cité*, p. 182 et suiv.

trophes, la marchandise passée en contrebande ne figure pas dans les statistiques de l'exportation du pays dont elle provient. Dans ce cas, une lacune existe dans les statistiques des deux pays, mais bien qu'elle change les chiffres relatifs aux échanges internationaux, elle ne se traduira pas par une contradiction entre ces deux statistiques. Mais si la marchandise frauduleusement importée provient d'un pays éloigné elle figurera dans les statistiques du pays exportateur et la contre-partie de cette écriture fera défaut dans les statistiques du pays importateur.

Quant aux tares, il ne serait pas difficile d'obtenir que la question soit réglée par un accord international. D'autant plus que, même lorsque le règlement qui les régit est subordonné à de graves considérations fiscales, le produit qui en revient au Trésor est toujours minime. De toutes façons, on pourrait facilement concilier ce règlement avec la rapidité des opérations douanières, à laquelle tous les pays tiennent beaucoup, et avec raison.

Les erreurs qui proviennent du transit se corrigent facilement par l'imposition des droits de statistique, qui ne s'appliquent jamais aux marchandises faisant l'objet de ce commerce. Lorsqu'il s'agit de marchandises que le pays ne produit pas et qui figurent dans le commerce spécial de sortie, on peut, en effectuant la comparaison, corriger l'erreur en retranchant les mêmes marchandises du commerce spécial pour les ajouter au commerce de transit.

Donc, pour les raisons précédentes, la comparaison des statistiques des différents Etats n'a qu'une valeur approximative. Il n'est pas exact de dire que, de telle année à telle autre, le commerce spécial d'un pays X s'est accru de 20 0/0 et celui d'un autre pays Y de 10 0/0. Il faut voir dans quelle mesure cette augmentation provient des erreurs inhérentes à la recherche des valeurs, à la compréhension statistique plus ou moins large du commerce spécial, et non seulement de celles inhérentes à l'indication des quantités et des qualités des marchandises, à la contrebande et aux tares.

Des erreurs d'autre nature altèrent encore le sens des comparaisons faites à propos de la provenance des marchandises (1).

La déclaration de la destination dernière des marchandises n'est pas exacte pour toutes les marchandises exportées. Beaucoup de produits italiens sont vendus à l'Allemagne et sont déclarés à la douane comme étant expédiés en Suisse ; ils sont donc enregistrés avec une destination qui n'est pas la vraie. Bien souvent, à cette première erreur s'en ajoute une seconde qui est corrélative, c'est que les douanes allemandes enregistrent ces marchandises italiennes comme des marchandises suisses. Par suite, dans la comparaison des échanges entre l'Italie et la Suisse, le caractère exportateur de l'Italie est exagéré, tandis que dans la comparaison des échanges entre l'Italie et l'Allemagne, ce même caractère exportateur est diminué. Inversement, les marchandises allemandes qui franchissent à l'est la frontière italienne sont souvent considérées comme provenant de l'Autriche-Hongrie, ce qui fausse les statistiques.

Même lorsque les déclarations sont exactes il arrive que pendant le transport de la marchandise, sa destination dernière vient à changer, ce qui multiplie les erreurs. Il se peut aussi que l'importateur se montre plus diligent que ne l'a été l'exportateur et qu'il déclare la véritable provenance de la marchandise. Dans ce dernier cas, la douane importatrice voit les provenances d'un pays donné dépasser les exportations que sa douane accuse. S'il y a plus d'exactitude dans les chiffres du pays exportateur que dans ceux du pays importateur, l'erreur persiste mais elle change de sens. C'est ainsi qu'on explique que les exportations italiennes en Allemagne ne correspondent jamais aux importations venant d'Italie relevées par les statistiques allemandes ; c'est ainsi qu'on explique encore que les importations italiennes signalées par les statistiques nationales ne correspondent jamais aux exportations de l'Allemagne en Italie signalées par les statistiques allemandes. Tout cela, en faisant abstraction d'autres

(1) A propos de la classification des marchandises selon leur provenance, Cf. LIPPERT, ouvrage cité, p. 23.

erreurs qui résultent des diverses méthodes adoptées pour la détermination des valeurs des marchandises échangées.

Les indications de la statistique au sujet des échanges internationaux sont beaucoup plus précises qu'autrefois, mais les erreurs résultant des causes précédentes n'ont pu être corrigées.

La France, en 1902, prétendait avoir envoyé en Italie pour 175 millions de francs de produits divers, tandis que l'Italie disait en avoir reçu 184 millions. Dans la même année, l'Italie élevait à 168 millions son exportation en France, alors que ce dernier pays n'en avait enregistré que 153 millions. Certes, les déclarations des exportateurs et des importateurs, en plus de la différence des modes de calcul des valeurs, contribuent à l'apparition de ces différences, qui étaient autrefois plus considérables encore. Ainsi en 1887, la différence entre le commerce spécial français d'exportation en Italie et le commerce spécial italien d'importation de France atteignait 134 millions en faveur de ce dernier. La raison en était qu'une bonne partie des marchandises anglaises, belges, etc., que l'Italie prenait dans les ports français ou tenait du transit à travers la France, figuraient dans nos statistiques comme étant de provenance française.

Naturellement, les causes d'erreur sont plus efficaces lorsque les pays ne sont pas limitrophes et que l'échange s'exerce à travers le territoire d'autres Etats. C'est le cas du commerce de l'Italie et de l'Allemagne. La statistique italienne, en 1903, fit monter à 226 millions les exportations en Allemagne, alors que la statistique allemande l'éleva à 245 millions.

Les erreurs sont plus fortes encore lorsqu'il s'agit de pays séparés par des distances de plus en plus grandes. En 1902, la statistique du *Commonwealth* australien accusait 3 millions et demi d'exportations en Italie et un peu plus de 4 millions d'importations venant de ce pays. Mais la statistique italienne n'accusait réception que de 1 million 400 mille francs, et disait avoir envoyé en Australie pour 6 millions de francs de produits divers. Ici encore, les valeurs ont une grande importance ; mais qui pourra calculer la valeur des marchandises parties de l'Australie à destination de l'Italie et débarquées dans des ports intermédiaires ? Et, d'autre part, combien y a-t-il eu de marchandises déclarées comme étant expédiées en Australie et qui se sont cependant arrêtées sur les marchés qui séparent ces deux pays ?

Les gouvernements, pendant ces derniers temps, ont tâché d'éliminer les erreurs résultant de la provenance ou de la destination mal indiquées des marchandises. La Suisse y remédia par la réforme statistique de 1891, l'Angleterre par celle de 1906. Pendant longtemps les marchandises importées en Angleterre étaient classées selon des provenances déterminées par les pays d'embarquement direct (*Shipped direct*) à destination du Royaume-Uni.

Seules, les marchandises exportées étaient classées selon les pays de destination dernière, sauf celles destinées à des pays privés de littoral maritime, auquel cas les marchandises figuraient directement sous le nom du pays où était situé le port de débarquement. Au contraire, les chiffres des échanges sont maintenant groupés en tenant compte des pays d'où l'expédition (*consignment*) pour l'Angleterre a eu lieu et de tous les pays auxquels les marchandises exportées sont dirigées en dernière destination (1).

Cette modification a permis plus d'exactitude. Avec la nouvelle méthode s'accrurent considérablement les chiffres des importations de l'Allemagne, de l'Italie et de l'Autriche-Hongrie ; ceux des importations des Pays-Bas, de la Belgique et de la France diminuèrent. Maintenant les chiffres commerciaux anglais ont certainement une valeur statistique plus grande; de même que les chiffres suisses eurent plus de valeur après la réforme de 1891, qui était faite dans le même but.

Une autre cause d'erreur réside dans le fait que les marchau-

---

(1) *Annual Statement of the Trade of the United Kingdom, etc. Supplement to volumes I ad II. Abstract and detailed tables showing Countries of Consignment of imports and Countries of ultimate destination of exports.* Londres, Wyman and Sons, 1905.

dises parties d'un pays vers la fin de l'année arrivent à destination l'année suivante; et leur double enregistrement est fait par les statistiques des deux années. Ces erreurs sont en raison directe du montant des expéditions effectuées d'ordinaire à l'époque indiquée et à la distance des deux pays.

L'énumération des causes de désordre et d'erreur qui détruisent la concordance des statistiques n'est pas finie. Il n'est pas tenu compte, par exemple, des marchandises entrées aux *dépôts francs* qui sont considérés comme faisant partie du territoire étranger. Car les marchandises qui y rentrent ont déjà été enregistrées par les statistiques des pays d'origine et ne trouvent pas leur contre-partie dans celles des pays de destination pour une quantité égale à celle qui, des dépôts francs, a été réexpédiée à l'étranger. Il en est de même pour les places de semi-stationnement et de réfection. Trieste, par exemple, est une place de semi-stationnement pour les primeurs italiennes. Par suite, la statistique italienne est en défaut lorsqu'elle enregistre ces produits comme étant exportés dans la monarchie voisine, puisqu'au contraire ils sont en grande partie réexpédiés à l'étranger, particulièrement en Suisse, dans les Balkans et en Pologne.

Le régime différentiel (et on peut aussi considérer comme tel le régime du tarif général appliqué à un pays alors que le tarif conventionnel est appliqué à d'autres) a le mérite, parmi tant de dommages qui lui sont imputables, de corriger, au moins en partie, les erreurs auxquelles nous avons fait allusion. Dans des cas semblables, on fait usage des certificats d'origine pour indiquer de façon sûre la provenance des marchandises et faire la distinction entre celles qui ont droit au tarif conventionnel et les autres. C'est à cela que l'on dût la réduction de 134 millions en 1887 à 18 en 1891 de la différence des chiffres fournis par les statistiques française et italienne. Même dans ces circonstances, les erreurs ne sont pas complètement éliminées, parce que, dans le but d'échapper à un régime inclément, beaucoup de marchandises sont importées par d'autres frontières et avec de faux certificats d'origine. Toutefois la fraude ne peut prendre une extension démesurée et les statistiques quoique imparfaites, reflètent un peu plus fidèlement le tableau réel des provenances et des destinations. Il est bon de dire que les statistiques d'exportation pour les pays qui appliquent ce régime différentiel à certaines provenances ne sont pas soumises à moins de causes d'erreur. En effet, la douane a intérêt à connaître exactement la provenance, afin d'appliquer la taxe en conséquence, mais elle n'a pas lieu de s'occuper des destinations.

Contrairement à ce qui se produit avec le régime différentiel, la clause de la nation favorisée, recommandable à d'autres titres, provoque au contraire de nombreuses inexactitudes quant aux statistiques. Lorsque la paix commerciale continue le régime normal des transactions internationales et que la clause de la nation la plus favorisée est appliquée partout, l'usage des certificats d'origine disparaît et avec lui la nécessité de vérifier les provenances. Les statistiques, dans ce cas, sont entachées des erreurs les plus fortes.

Des erreurs d'une nature différente se produisent encore lorsqu'il s'agit de comparer certaines branches du commerce d'un pays avec les branches correspondantes dans d'autres pays. Nous avons déjà dit que, pour mieux suivre le développement économique, on a groupé toutes les marchandises échangées avec l'extérieur en grandes catégories qui, presque partout, prennent le nom de matières premières industrielles, de matières premières semi-ouvrées, de produits manufacturés et de produits alimentaires. Mais même lorsque ces catégories se correspondent de façon précise, quant à la dénomination, elles ne comprennent pas souvent les mêmes marchandises. Aussi certains produits que l'Italie place parmi les matières premières semi-ouvrées, sont classés par l'Allemagne parmi les produits fabriqués ; et *vice versa*. De sorte que la dénomination, bien qu'identique, couvre des éléments très différents et, par suite, impossible à comparer.

Parfois la répartition par catégories n'est pas exactement la même dans les deux pays. La Suisse et l'Allemagne, par exemple, ne tiennent pas compte à part des marchandises semi-ouvrées et le groupement a lieu d'après les trois catégories : produits bruts, produits alimentaires et produits manufacturés. Dans ce cas, on ne peut comparer les statistiques italiennes et suisses, ou italiennes et allemandes, afin de voir quelle est la mesure du progrès effectué. La comparaison est possible, au contraire, entre les statistiques allemandes et suisses ; possible, mais non exacte pour les raisons que nous avons exposées.

Mais la comparaison reprend son caractère d'exactitude approximative, lorsqu'elle s'applique aux résultats de la statistique d'un même pays pendant des années différentes.

Donc, lorsque la comparaison est faite dans le but de vérifier la mesure des variations de l'échange commercial entre les différents pays, on ne doit pas négliger les nombreuses causes d'erreur, que l'on ne peut pas toujours éliminer bien que plusieurs soient susceptibles d'une correction facile.

On doit donc être, dans ces recherches, extrêmement circonspect, si l'on veut arriver à des résultats appréciables. La science statistique fournit, à cet égard, des indications précieuses dont nul ne pourra s'écarter sans s'éloigner de la vérité. La matière statistique, que tous les pays façonnent annuellement, n'est pas — comme on l'a dit — le *mare magnum* de la mystification économique. Elle ne pourra pas fournir tour à tour des arguments pour la défense d'intérêts contraires si on la soumet à une discussion méthodique. Il est faux de dire que les statistiques commerciales ne renferment pas la vérité ; il est vrai, au contraire, que souvent ceux qui s'efforcent de défendre des préjugés doctrinaires peu solides refusent d'accepter ses justes enseignements et essaient de dénaturer ses chiffres selon les exigences de leur mauvaise cause.

FIN

INDICE ALPHABÉTIQUE DES MATIÈRES

—

INDICE ALPHABÉTIQUE DES AUTEURS CITÉS

—

TABLE DES MATIÈRES

—

LIVRE PREMIER

—

CHAPITRE PREMIER

ORIGINE ET NATURE DU COMMERCE INTERNATIONAL

CHAPITRE II

LES COÛTS COMPARATIFS ET LES VALEURS INTERNATIONALES

CHAPITRE VIII

LA POLITIQUE COMMERCIALE ENTRE LA MÉTROPOLE ET LES COLONIES

CHAPITRE IX

LES FACTEURS DE LA POLITIQUE COMMERCIALE ET LA LUTTE POLITIQUE POUR LA CONQUÊTE DU LIBRE-ÉCHANGE OU DU PROTECTIONNISME

LIVRE III

LA TECHNIQUE DE LA POLITIQUE COMMERCIALE

—

CHAPITRE PREMIER

LA DOUANE

CHAPITRE II

LA MESURE ET LA DURÉE DES DROITS DE DOUANE

CHAPITRE III

RÉPERCUSSION ET INCIDENCE DES DROITS DE DOUANE

SAINT-AMAND, CHER. — IMPRIMERIE BUSSIÈRE.

BIBLIOTHÈQUE INTERNATIONALE D'ÉCONOMIE POLITIQUE (¹)
publiée sous la direction de A. Bonnet

(SÉRIE in-8)

I. — COSSA (Luigi). — **Histoire des doctrines économiques**, trad. Alfred Bonnet, préface de A. Deschamps, 1899, 1 vol. Broché . . . 10 fr. »»

II-III. — ASHLEY (W. J.). — **Histoire et Doctrines économiques de l'Angleterre**, 1900. 2 vol. Br. . . . . 15 fr. »»

IV. — SÉE (H.), professeur a l'Université de Rennes. — **Les classes rurales et le régime domanial au moyen-âge en France**, 1901.1 vol. Broché 12 fr. »»

V. — CARROLL D. WRIGHT. — **L'Évolution industrielle des Etats-Unis**, trad. F. Lepelletier. Préface de E. Levasseur. 1901. 1 vol. Broché. 7 fr. »»

VI. — CAIRNES (J. E.). — **Le caractère et la méthode logique de l'Economie politique**, trad. G. Vatran, 1902. 1 vol. Broché. . . 5 fr. »»

VII. — SMART (William). — **La Répartition du revenu national**, trad. Guéroult; préface de P. Leroy-Beaulieu. 1902. 1 vol. Broché . . 7 fr. »»

VIII. — SCHLOSS (David). — **Les modes de rémunération du travail**, traduit, avec introduction, notes et appendices par Charles Rist. 1902.Broché 7 fr. 50

IX. — SCHMOLLER (Gustav). — **Questions fondamentales d'économie politique et de politique sociale**. 1902. 1 vol. Broché . 7 fr. 50

X-XI. — BÖHM-BAWERK (E.). — **Histoire critique des théories de l'intérêt du capital**, trad. par J. Bernard, 1902. 2 vol. Broché . 14 fr. »»

XII-XIII. — PARETO (Vilfredo), professeur à l'Université de Lausanne. — **Les systèmes socialistes**, 1902. 2 vol. Broché . . . . 14 fr. »»

XIV-XV. — LASSALLE (F.). — **Théorie systématique des droits acquis**, avec préface de Ch. Andler, 1904. 2 vol. Broché . . . . . . 20 fr. »»

XVI. — RODBERTUS (C.). — **Le Capital**, trad. par Chatelain, 1904. 1 vol. Broché. . . . . 6 fr. »»

XVII. — LANDRY (A.). — **L'Intérêt du Capital**, 1904. 1 vol. Broché 7 fr. »»

XVIII. — PHILIPPOVICH (Eugen von). — **La politique agraire**, trad. S. Bouyssy; préface de A. Souchon, 1904. 1 vol. Broché . . . . . 6 fr. »»

XIX-XX. — DENIS (Hector). — **Histoire des Systèmes économiques et socialistes**. Tome I. Les Fondateurs, 1904, 1 vol. Broché 7 fr. — Tome II. Les Fondateurs (fin), 1907, 1 vol. in-8 . . . . 10 fr. »»

XXI. — WAGNER (Ad.), professeur à l'Université de Berlin. — **Les Fondements de l'Economie politique**. Tome I. 1904. 1 vol. Broché . 10 fr. »»

XXIV-XXVIII. — SCHMOLLER (Gustav), professeur à l'Université de Berlin. — **Principes d'Economie politique**, t. I, II, III, IV et V, 1906. 5 vol. Br. 50 fr. »»

XXIX-XXX. — PETTY (William). — **Œuvres économiques**, trad. Dussauze et Pasquier; préface de A. Schatz, 1905. 2 vol. Brochés . . 15 fr. »»

XXXI. — SALVIOLI (G.). — **Le Capitalisme dans le Monde antique**, trad. A. Bonnet, 1906. 1 vol. Broché . . . . 7 fr. »»

XXXII-XXXIII. — EFFERTZ (Otto). — **Les antagonismes économiques**. Avec préface de Ch. Andler, 1906, 1 vol. Broché . . . . 12 fr. »»

XXXIV. — MARSHALL (Alfred) — **Principes d'économie politique**, trad. Sauvaire-Jourdan, 1907, tome I. Broché . . . . 10 fr. »»

XXXVI. — FONTANA-RUSSO (L.). — **Traité de politique commerciale**, 1908, 1 vol. broché. . . . . 14 fr. »»

PARETO (V.) — **Manuel d'économie politique** (en préparation).

(SÉRIE in-18)

I. — MENGER (Anton). — **Le droit au produit intégral du travail**, trad. Alfred Bonnet; préface de Charles Andler, 1900. 1 vol. Broché . 3 fr. 50

II. — PATTEN (S. N.). — **Les fondements économiques de la protection**, avec préface de Paul Cauwès, 1899. 1 vol. Broché . . . 2 fr. 50

III. — BASTABLE. — **La théorie du commerce international**, trad. Sauvaire-Jourdan, 1900. 1 vol. Broché. . . . . 3 fr. »»

IV. — WILLOUGHBY (W.-F.). — **Essais sur la législation ouvrière aux Etats-Unis**, Trad. et annotés par A. Chaboseau, 1903. 1 vol. Broché 3 fr. 50

(¹) Les volumes de cette collection se vendent aussi reliés avec une augmentation de 1 franc pour la série in-8° et de 0 fr. 50 pour la série in-18.